lonely planet

中国旅行指南系列

# 内蒙古


**本书作者**

何苗苗　何望若　楼学　盛洋　袁亮

中国地图出版社

## 计划你的行程

欢迎来内蒙古 ............ 4
内蒙古亮点 .............. 6
内蒙古Top13 ............. 8
行前参考 ............... 18
新线报 ................. 20
如果你喜欢 ............. 21
当地人推荐 ............. 23
省钱妙计 ............... 25
每月热门 ............... 26
旅行线路 ............... 28
负责任的旅行 ........... 38
草原之旅 ............... 40
沙漠之旅 ............... 46
节庆之旅 ............... 49
自驾游 ................. 53

## 在路上

**呼和浩特及周边 .... 60**

**呼和浩特 .............. 64**
呼和浩特市 ............. 64
**呼和浩特周边 .......... 76**
辉腾锡勒草原（黄花沟） .. 76
希拉穆仁草原 ........... 77
格根塔拉草原 ........... 78
哈素海（敕勒川文化旅游区） ... 79
老牛湾国家地质公园 .... 79
**包头 .................. 80**
包头市 ................. 80
**包头周边 .............. 87**
五当召 ................. 87
美岱召 ................. 88
梅力更 ................. 89
白云鄂博 ............... 89
**鄂尔多斯 .............. 90**
鄂尔多斯市 ............. 90
**鄂尔多斯周边 .......... 95**
成吉思汗陵 ............. 95
库布齐沙漠 ............. 97
**乌兰察布 ............. 102**
乌兰察布市（集宁） .... 102
**乌兰察布周边 ......... 105**
岱海 .................. 105
苏木山 ................ 105

**呼伦贝尔和兴安 ... 107**

**呼伦贝尔 ............. 110**
海拉尔 ................ 110

苏德夫 摄

那达慕
（见49页）

视觉中国 提供

莫日格勒河
（见118页）

视觉中国 提供

呼伦贝尔草原
（见110页）

# 目录


鄂温克族自治旗........116
陈巴尔虎旗............118
新巴尔虎左旗..........120
新巴尔虎右旗..........121
满洲里................123
扎赉诺尔..............129
额尔古纳..............136
根河..................144
鄂伦春自治旗..........147
加格达奇..............150
莫力达瓦达斡尔族自治旗..............152
扎兰屯................152
扎兰屯周边............156
**兴安..................158**
乌兰浩特..............159
乌兰浩特周边..........162
阿尔山................164
阿尔山国家森林公园..............169

## 锡林郭勒..........172

**锡林浩特..............174**
锡林浩特市............174
207国道沿线...........178
**锡林郭勒东线..........179**
西乌珠穆沁旗..........180
西乌珠穆沁旗周边......181
东乌珠穆沁旗..........183
满都宝力格............186
乌拉盖................187
**锡林郭勒西线..........188**
阿巴嘎旗..............189
洪格尔高勒............190
苏尼特左旗............191
二连浩特..............193
**锡林郭勒南线..........197**
多伦..................197
正蓝旗................201
小扎格斯台淖尔........203
正镶白旗..............203
太仆寺旗..............205

## 赤峰和通辽........207

**赤峰..................209**
赤峰市................209
**赤峰周边..............212**
喀喇沁旗..............212
克什克腾旗............214
乌兰布统..............218
宁城县................220
黑里河国家自然保护区..........222
巴林右旗..............223
白塔子及周边..........224
巴林左旗..............226
翁牛特旗..............227
**通辽..................228**
通辽市................229
**通辽周边..............233**
孝庄园................233
大青沟国家级自然保护区..........233
珠日河草原............234
阿古拉草原旅游区......234
霍林郭勒..............235
库伦旗................236
奈曼旗................237
扎鲁特旗..............238

## 阿拉善及周边.....240

**阿拉善................242**
额济纳旗..............243
阿拉善左旗............250
贺兰山................256
腾格里沙漠............257
阿拉善右旗............259
巴丹吉林沙漠..........263
**巴彦淖尔..............265**
临河..................266
乌拉特中旗............269
磴口..................271
乌梁素海..............273
**乌海..................274**
乌海市................274

## 了解内蒙古

**今日内蒙古...........280**
**历史.................282**
**内蒙古人.............291**
**建筑和艺术...........296**
**饮食.................300**
**环境.................304**

## 生存指南

**出行指南.............312**
**交通指南.............319**
**健康指南.............323**
**幕后.................326**
**索引.................328**
**地图图例.............333**
**我们的作者...........334**

### 特别呈现

**挑选适合你的草原....44**
**节庆之旅............49**
**自驾游..............53**
**步行游览中东铁路建筑........154**

# 欢迎来内蒙古

从巫觋的古老吟唱到格萨尔王的壮丽史诗，神格化的内蒙古是一份正被逐渐封存的古典标本。沙漠、草原、森林，广阔的美景自西向东延展开来，"永恒生长"的秘密隐藏在风中的长调里。

## 自然挥毫泼墨

内蒙古的两端是上帝亲自染色的神奇之地，东首是用白桦、落叶松织成的大兴安岭，西面则是屹立千年的金色胡杨。巴丹吉林沙漠起伏的沙山中藏着蓝宝石般晶莹的海子，锡林郭勒草原上"风吹草低见牛羊"的景致旁蜿蜒着"九曲"。呼伦贝尔并非只有纯净的草原，斑斓的湿地与森林无缝切换。沿着雄鸡版图的背脊一路向南，阿尔山、克什克腾和乌兰察布连缀起火山的群落。在内蒙古，多样的地貌勾勒出高低起伏的地理景观，色彩的饱和永远满格。

## 重新书写中国

红山文化的石器凿出了史前文明的火光，玉龙从此写入华夏的基因。在漫长的历史时期里，"中国"的定义由东胡、匈奴、鲜卑、契丹、蒙古人不断更新，绵延1200公里的大兴安岭如同一枚天然的指南针，把草原儿女的视线引向遥远的中原。入主中原的梦想激励北方民族一次次挥鞭南下，拓跋鲜卑在盛乐城站定脚跟，而在金莲川草原的废墟里，至今仍可寻见忽必烈的夏都。近代"走西口"为内蒙带来了大量的山陕移民，牛羊肉与面食在这里碰撞出新的食谱，你偶遇的内蒙人或许也有一个中原故乡。

## 味蕾亦有山水

广阔的区域令此地的饮食丰富多彩，在伊利与蒙牛的牛奶加工厂里开始味觉之旅。牛羊肉既是内蒙饮食的基调，也蕴藏着内蒙人性格的奥秘：朴素、厚实，以及单刀直入的热忱。森林和草原是取之不尽的菜市，夏天可在街头拣选鲜嫩欲滴的各色山货，而冬日里大可体验一把内蒙人对羔羊、肥牛的极致追求。待火锅、烧烤的腾腾热气散去，味蕾的山水逐渐浮现。

## 摩登也在故乡

草原上的煤矿、电机重构了大地的面貌，魔幻现实主义的鄂尔多斯还怀揣着"温暖全世界"的雄心。但蓬勃发展的工业只是内蒙现代版故事的一半：在巴尔虎与科尔沁的秘境中，逐水草而居的背影正在远去；当游牧民族在广阔的北方草原上退场，斩获联合国人居奖的包头已将草原引入钢城。这是一个日新月异的世界，勒勒车正拖曳着冬夏赶场的传统，驶向草原怀抱中的摩登故乡。

## 我为什么喜欢内蒙古

本书作者 何望若

在这片狭长广袤的土地上，从东到西，有中国最大的草原、排名第二的沙漠，大兴安岭也把最精彩的一笔留在了这里，它无疑是赏心悦目的。但当我走入内蒙古高原，发现它除了长调中传递的安宁平和，更要时时面对大自然的残酷。游猎文化已湮灭，游牧文明也翻到了最后一页。在当下，再没有别处比这里更能让我们深刻反思人与自然的关系。我们身处这个时代，有幸也是不幸得以见证了内蒙古高原的变化。

**更多关于作者的介绍，见334页。**

上图：阿尔山秋色

# 内蒙古亮点

俄 罗 斯
贝加尔湖
海拔高度
5000m
4000m
3000m
2000m
1500m
1000m
500m
200m
50m
0m
图 例
铁路
高速
国道
省道
乌兰巴托
蒙
古
额济纳胡杨林
一年一度的巅峰秋色在此展现（243页）
巴丹吉林沙漠
穿越汹涌沙海，攀登沙漠珠峰（263页）
白云鄂博
世界“稀土之都”有百闻不如一见的巨型采矿场（89页）
曼德拉山岩画
记录在岩石上的古人日记（260页）
戈 壁 阿 尔 泰 山
额济纳旗
嘉峪关
酒泉
G312
合 黎 山
巴 丹 吉 林 沙 漠
内 蒙 古
呼和巴什格
2364m
阴 山
乌拉特中旗
白云鄂博矿区
达尔罕茂明安联合旗
乌拉特后旗
杭锦后旗
五原
乌 加 河
固阳
武
G110
巴彦淖尔
乌拉特前旗
呼和浩特
磴口
包头
黄
达拉特旗
土默特右旗
和林格尔
祁
黑
北 大 山
龙 首 山
雅 布 赖 山
阿拉善右旗
张掖
连 河
乌达区
乌海
海南区
杭锦旗
鄂尔多斯
河
甘
金昌
大 山
通 河
G227
肃
阿拉善左旗
贺 兰 山
石嘴山
G109
伊金霍洛旗
准格尔旗
清水
鄂托克旗
G315
武威
腾格里沙漠
银川
乌审旗
青 海 湖
青 海 省
G312
G109
鄂托克前旗
毛 乌 素 沙 地
西宁
吴忠
榆林
G209
省
中卫
陕 西 省
山 西
宁夏回族自治区
海东
白银
靖边
甘肃省
吕梁

0
150 km
根河至满归的火车
穿梭于大兴安岭腹地的赏景专列(144页)
恩和
俄罗斯风情的田园牧歌在此奏响(140页)
呼伦湖和贝尔湖
呼伦贝尔草原上的一对明眸(122页)
阿尔山国家森林公园
包裹着座座火山的，是色彩四季变幻的茫茫林海(169页)
乌里雅斯太山
怪石嶙峋的山后是牧民的自留地(184页)
乃林郭勒
草原上迂回的河曲和最后的游牧生活(186页)
克什克腾世界地质公园
竭力展现丰富的地貌奇观(215页)
召庙(真寂之寺)
历经千年依旧精美完好的辽代石窟群(226页)
康巴什新区
鄂尔多斯神话的盛世之作，沙漠中的海市蜃楼(91页)
俄
罗
斯
黑
龙
江
额
尔
古
纳
河
石
勒
喀
河
漠河
塔河
玉地山
激
流
满归
莫尔道嘎
恩和
根河
鄂伦春自治旗
石头山
830m
加格达奇
黑龙江省
大兴安岭地区
行政公署驻地
古利牙山
1394m
乌
勒
兹
河
满洲里
陈巴尔虎旗
呼伦贝尔
鄂温克族自治旗
牙克石
嫩江
莫力达瓦
达斡尔族自治旗
大光顶山
1455m
新巴尔虎右旗
新巴尔虎左旗
阿荣旗
扎兰屯
克
鲁
伦
河
贝尔湖
呼
伦
湖
乌
尔
逊
河
哈
拉
哈
河
太平岭
1712m
齐齐哈尔
林甸
阿尔山
兴安岭平杠
1305m
扎赉特旗
大庆
西老头山
1252m
科尔沁
右翼前旗
乌兰浩特市
白城
东乌珠穆沁旗
乌拉盖高壁
霍林郭勒
突泉
科尔沁
右翼中旗
巴代艾来
1540m
西乌珠穆沁旗
扎鲁特旗
苏尼特左旗
阿巴嘎旗
锡林浩特市
二连浩特
巴林左旗
阿鲁科尔沁旗
科尔沁左翼中旗
长春
黄岗梁
2029m
林西
巴林右旗
开鲁
通辽
双辽
四平
呼日查干淖尔
浑善达克沙地
克什克腾旗
西拉木伦河
苏尼特右旗
翁牛特旗
红山水库
奈曼旗
科尔沁
左翼后旗
辽源
镶黄旗
正镶白旗
库伦旗
多伦
正蓝旗
赤峰
敖汉旗
彰武
铁岭
化德
商都
太仆寺旗
元宝山区
阜新
察哈尔
右翼中旗
喀喇沁旗
沈阳
抚顺
乌兰察布
宁城
朝阳
辽阳
本溪
卓资
兴和
黄旗海
盘锦
鞍山
丰镇
张家口
承德
密云水库
锦州
大同
葫芦岛
营口
北京市
北京
秦皇岛
丹东
新义州
廊坊
唐山
天津
天津市
渤
海
大连
忻州
沧州
太原
石家庄
黄
海
吉
林
省
朝
鲜
G301
G111
G203
G304
G207
G208
G305
G303
G306
G102
G202
G201
G205
G109
G108

# 内蒙古 Top 13

1

## 穿越大兴安岭

1 从克什克腾的西拉木伦河到中俄边境的黑龙江畔，绵延1200多公里的大兴安岭连接起沙漠和西伯利亚腹地。从2015年开始的全面停伐已为这片壮阔的森林绘制了全新的旅游蓝图。从海拉尔出发，一路向北穿越额尔古纳和根河源的秀美湿地，左边是俄罗斯族流传百年的淘金传说，右边则是使鹿鄂温克人追寻家园的脚印。在伊克萨玛和莫尔道嘎两大国家森林公园的深处，颠簸的土路通向原始森林的边缘，自驾穿越已然变成了传统项目，漂流与森林小火车能够帮你获得全新的视角。从春夏的满目葱翠，到秋的缤纷和冬的纯白，大兴安岭一年四季从未令人失望。

## 巴丹吉林沙漠

2 巴丹吉林沙漠总会在第一时间颠覆你对沙漠的认知。这里有高度世界第一的沙峰，也有永不枯竭的清澈湖泊，湖边除了有萋萋水草、有水鸟飞翔，竟然还有一座遗世独立的寺庙。巴丹吉林沙漠同样也会修正你对沙漠越野的定义，当越野车在连绵的沙山之间如一叶小舟般孤独飘摇，你就会知道以前坐过的沙漠冲浪车不过是在儿童游乐场里玩过山车。勇于挑战的人可以在沙漠中游荡三四天，穿过沙漠一直到达额济纳；你也可以选择在某个海子边住上一晚，夜里仰望星空。与你的越野车司机搞好关系，说不定他会在傍晚带你驶上高处，看夕阳渐渐坠入远处的沙山。

视觉中国 提供

视觉中国 提供

3

## 九曲，草原之舞

3 内蒙古有中国最美的草原，那内蒙古最美的草原在哪里？请顺着河曲望去。莫日格勒河、乃林河、乌拉盖河、巴拉嘎尔河等，在大地的绿毯上左弯右绕，如昆曲演员的水袖，也似闪着光泽的绸缎，细腻婉转且无限悠长，给一色无际的草原增添了几分动感与柔情。九曲上，每一道弯虽为天作，却超越任何大师之笔。形已堪称完美，更有光影变幻无穷，从薄暮晨曦到斜阳夕照，光线尽展七十二变的魔力。日落前总是最佳观赏时期，九曲畔，有黄昏饮马傍交河，有牧归的牛羊聚拢而来，加上星星点点的白色蒙古包，勾勒出最生动的场景。

## 自驾内蒙古

4 没有什么方式比自驾更能体会内蒙古的辽阔与壮美。尽管旅程或许会因此变得辛苦，但你的探索却能更加自由，你也更有机会一窥草原腹地或森林深处的秘境，就连穿越荒凉的沙漠无人区也不再是妄想。更何况内蒙古处处是风景，你永远不知道下一处低调而绚烂的美会在何时何地出现，唯有随停随走的自如操控，才有可能留住那些打动你的瞬间。也不用过于担心自己的驾驶技术，内蒙古普遍良好的路况对新手非常友好，再加上天然的地广人稀、路多车少，你大可在这里肆意驰骋，亲身体会一把“天高任我行”的畅快。

4

5

6

## 阿尔山

**5** “酒香不怕巷子深”，尽管这只是一座藏在大兴安岭腹地的中蒙边境小城，却依旧引得无数人为它遗世独立的美远道而来。层层叠叠随山势蔓延的密林夏季青翠，秋日绚烂，是阿尔山最先俘虏人心的外衣。而30万年前频繁而剧烈的火山喷发，意外造就了点缀其间的“天上瑶池”，每一个熹微的清晨，湖面升腾的水汽漫入四周山林，缥缈之感恍如幻境。除此之外，温泉群的疗效口口相传，低等植物在黑色火山熔岩中“野蛮生长”，大量地热使得不冻河在三九严冬也能自在流淌……如此神奇的阿尔山，你怎能错过？

## 额济纳胡杨林

**6** 当秋季降临额济纳（见243页），在那短短十数日里，彩色的额济纳就是天堂的模样。全国各地的旅行者不惜血本涌向这个戈壁小镇，只为一睹44万亩原始胡杨林铺陈出来的金色世界。312省道串起一道桥到八道桥约30公里的风景，黑河蜿蜒流过，水面倒映着绚丽色彩。你可以幻想自己是《英雄》中的主角在四道桥胡杨林中出镜，也可以守在二道桥的河水边捕捉蓝天白云与金色胡杨的倒影，或者一直走到八道桥，触摸巴丹吉林沙漠的边缘，在这里露营一晚，夜深拍繁星满天，早起拍沙海日出。

## 克什克腾旗

**7** 无须怀疑“世界地质公园”的头衔是否浪得虚名，居高不下的人气就是对克什克腾旗最真实的赞美。全旗分布着各种地貌奇观，草原、森林、峡谷、湖泊、冰臼、石林、沙地、温泉，无一不在彰显这片土地的独特，也无怪乎有人将它誉为“内蒙古的缩影”。达达线和热阿线两条经典景观公路令无数自驾旅行者神往，每年12月在达里诺尔湖冰面上的蒙古族传统冬捕又为食客们带来了美味的华子鱼。如果你恰好还是蒸汽机车爱好者，别错过“退休”机车一年一度的“返聘”表演，拖着长烟的列车在崇山峻岭间穿行的壮观景象绝对不可多得。

## 铁路旅行

**8** 内蒙古的首条高速铁路刚刚串联起鄂尔多斯与乌兰察布间的几大重要城市，但在更广阔的内蒙古高原上，并不快的铁路时速仍适合人们把车窗作为了解内蒙的取景器。沿着昔日的中东铁路，你可以在扎兰屯满城的俄式砖房中找到近代史的记忆，在博克图翻越大兴安岭的主脉后，这条铁路将把你带向一望无际的巴尔虎草原，并最终抵达充满异国风情的口岸城市满洲里——“一日火车旅行”穿越的不只是森林、草原和城市景观，甚至还有季节。当然，还有牙克石到满归的铁路带你去往大兴安岭的密林深处。

## 呼伦贝尔草原

**9** 草原始终是呼伦贝尔最重要的主题，在“风吹草低见牛羊”的吟唱中，不要忘了这里曾是多个游牧民族逐鹿中原前的故乡。沿着海满公路一路寻访各式草原景区，与莫日格勒河、海拉尔河一而再、再而三地重逢。在辽阔的呼伦湖和贝尔湖（见122页）畔，连绵的草原衔接起澄澈的湖水和蓝天，无论选择传统的蒙古包还是新颖的集装箱酒店，抬头就是阔别已久的璀璨银河。蒙古族对自然的敬畏和崇拜在宝格德乌拉（见121页）的祭祀中可见一斑，在蒙古长调和呼麦声中登上草原圣山，朝圣转山的信徒如同流动的传统，不曾停歇。

## 召庙

**10** 藏传佛教自13世纪初传入内蒙古，逐渐取代了原始的萨满信仰，成为蒙古族最主要的宗教。遍布内蒙古的召庙便是佛教传播和历史发展的见证者，大大小小的法会、祭祀和佛教节日千百年来从未停歇。多伦的汇宗寺（见198页）因纪念“康熙会盟”而兴建；契丹建立辽上京时的皇家寺庙召庙（见226页）至今香烟缭绕；内蒙古第一座佛教寺庙美岱召（见88页）中，仍保存着大面积的明代壁画精品。有“召城”之称的呼和浩特更是寺庙云集，大召（见65页）、席力图召（见69页）和慈灯寺（见65页）都值得一一拜访。

9

10

## 那达慕

**11** 在一年中水草最丰美的时节，内蒙古草原上会举办大大小小的那达慕，这是草原特有的“嘉年华”，也是属于蒙古族男儿的盛会。你将有机会看到各种华丽的蒙古袍，听一听悠扬的马头琴乐曲和蒙古长调，品尝地道的羊肉和奶食品。最精彩莫过于欣赏赛马、摔跤、射箭比赛，这是从成吉思汗时代延续下来的“男儿三艺”，三个赛场正对应三个年龄段，全面展现了蒙古男儿的技艺与精神。以盟为单位的那达慕，时间长规模大，但已带有官方旅游节的色彩，若想体验更单纯的那达慕，各旗、苏木、嘎查的那达慕更有草原味道。

## 美味羊肉

**12** 如果有一个全国羊肉榜单，内蒙古一定名列前茅。作为乌珠穆沁羊、苏尼特羊、巴尔虎羊的故乡，内蒙人从不掩饰对羊肉的喜爱与自豪。地道的吃法从朴素的盐水煮开到花样繁多的火锅与烧烤，“肉中人参”的名号或许并不准确——如此价廉味美，人参如何相比？呼伦贝尔、锡林郭勒和阿拉善都是吃羊胜地。烤全羊足够隆重，小火锅充满温情，无论社会如何变迁，我们有理由相信，羊肉是永远活在舌尖上的游牧传统。内蒙古的羊毛温暖了全世界，羊肉的野心不大，只想温暖你的胃。

11

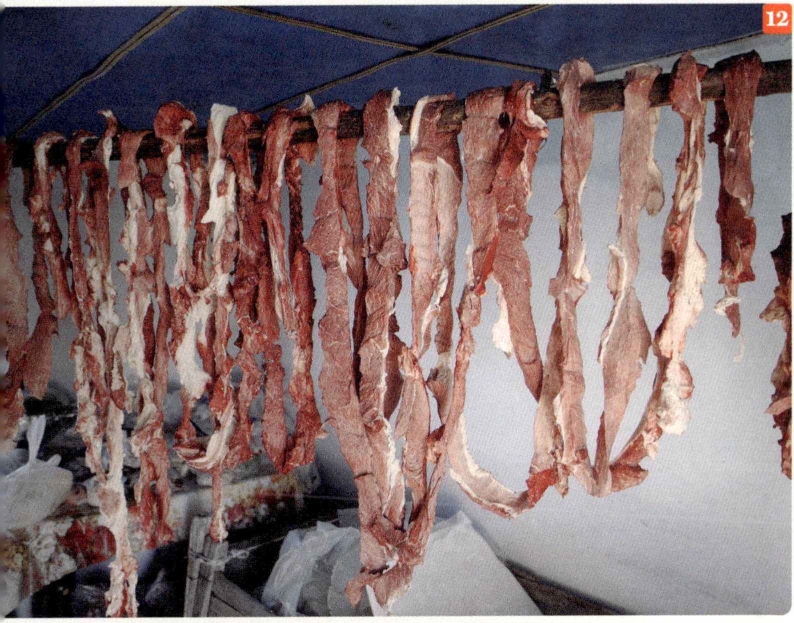

## 工业之旅

**13** 想更深入地了解内蒙古中部这些老牌工业城市，有什么比参观企业的厂房和展览馆来得更直接？走进包钢的热轧车间，便能看到“钢铁是怎样炼成的”的现场版。包钢的展览馆不仅展示了包钢和新包头的渊源，还记录了一个激情年代。在“中国乳都”呼和浩特，蒙牛和伊利现代化的生产车间是最生动的科普课堂，牛奶从储奶罐进入灭菌、灌装、储运等自动化生产环节在此一一展现。在鄂尔多斯，等待你的是“温暖全世界”的鄂尔多斯羊绒产业园，一件羊绒衫是如何诞生的，参观结束便有了答案。

# 行前参考

更多信息参考“生存指南”（见311页）。

### 少数民族
49个

### 语言
除草原上的牧民多用蒙古语外，普通话基本畅行。内蒙东部地区的口音与东北话类似，呼和浩特、包头、乌兰察布的方言接近晋北话。

### 现金
刷卡消费在乡镇并不普及，建议在大城镇取足现金。偏远乡镇以邮政储蓄银行和内蒙古农村信用社为主。不少私人旅店、餐馆、商店和包车司机已接受手机支付。

### 通信
4G网络已覆盖城市和大部分旗、县的县城，村、乡和偏远地区移动和电信的信号占优。森林、沙漠、草原深处鲜有信号。

### 上网
除了极少数地区和部分牧家乐蒙古包住宿，几乎所有酒店、旅馆都有无线网络。

## 何时去

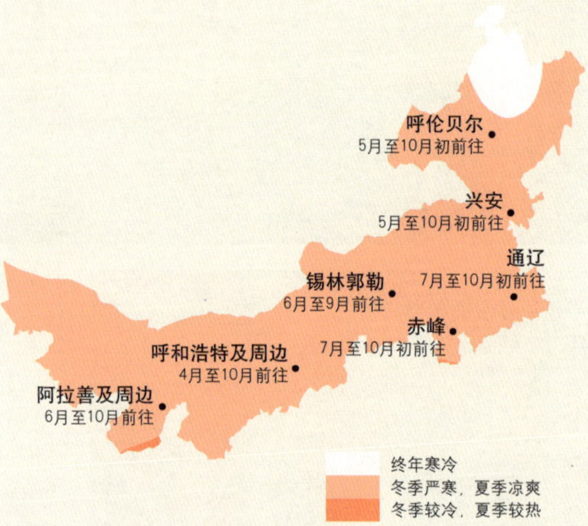


**旺季**（7~8月，9月底至10月8日）

➡ 夏季的草原与大兴安岭绿得沁人心脾，油菜花、向日葵黄得灿烂。明媚的阳光伴随着习习微风，一切正当时。

➡ 住宿紧张，价格居高不下，那达慕、音乐节期间必须提前预订。国庆前后胡杨披金的短暂10天，额济纳的房价飙至平时的10倍，心疼几秒便会一床难求。

**平季**（5~6月，9月）

➡ 大兴安岭森林吐新绿，漫山遍野的杜鹃花驱赶着残雪。草原在春风中积攒能量，丰富的节会和祭祀活动此起彼伏。

➡ 进入9月，东部地区的绚烂秋色自北向南渐次呈现，旅游热度与食宿价格一起下降到平均水平；西北沙漠中胡杨蓄势待发，房价与日俱增。

**淡季**（10月中至次年4月）

➡ 严寒将旅游业带入漫长的冬眠期，不少景区和住宿点歇业。

➡ 大兴安岭林海雪原，冰雪节、滑雪场和温泉聚集了一些人气。若能克服严寒，便能看到内蒙古洁白、静谧的一面。

## 网络资源

**微信公众号"智游额济纳"**（ZYTXEJN）提供额济纳旅游全方位的信息和服务，可在线购买景区门票、车票、团队游等，其中家庭旅馆的预订非常实用。

**新浪微博@活力内蒙古**、**@巴彦淖尔旅游Bayannur**或**@新浪内蒙古旅游**信息实用、及时，可以让你快速融入当地。

**微信公众号"内蒙古呼伦贝尔旅游网"**（hlbrlyw）提供呼伦贝尔的旅游新闻、旅行线路、活动预告和生态环境科普等信息。图文并茂，更新频率高。

## 重要号码

| | |
|---|---|
| **报警** | 110 |
| **急救** | 120 |
| **呼和浩特旅游投诉** | 0471-460 8315 |
| **呼伦贝尔旅游咨询和投诉** | 0470-821 7020 |
| **阿尔山旅游咨询** | 0482-712 2210 |

## 主要城市/地区区号

| | |
|---|---|
| **呼和浩特** | 0471 |
| **呼伦贝尔** | 0470 |
| **锡林郭勒** | 0479 |
| **赤峰** | 0476 |
| **阿拉善** | 0483 |

## 每日预算

### 经济
### 200元以下

- 青旅铺位40～60元，多人蒙古包80元以内
- 快餐或小吃20元左右
- 不去门票昂贵的景点
- 尽量利用公共交通或拼车

### 中档
### 200～500元

- 宾馆或蒙古包标间100～300元
- 吃手把肉等特色菜
- 包车出行或去收费的景点

### 高档
### 500元以上

- 豪华酒店标间400元以上，或住景区内
- 遍尝当地美食
- 包车或自驾游，300～500元/天
- 骑马，骑骆驼，看实景演出
- 购买特产、纪念品

## 营业时间

- **餐馆** 早餐6:00～9:30，午餐11:00～14:00，晚餐17:30～21:00，其余时间大多数餐馆都闭餐。城市夏季烧烤至凌晨2:00。
- **银行和邮局** 工作日9:00～17:00，部分邮局有午休，周末和节假日营业至16:00。
- **景点** 9:00～17:00，多数博物馆周一休息，部分景点在11月至次年4月间无人管理或歇业。
- **商铺** 10:00～20:00。

## 抵达内蒙古

### 飞机

**呼和浩特机场** 机场大巴15元，打车30～50元。

**包头机场** 机场巴士21元，打车到东河区20元左右，到昆都仑区和青山区50～70元。

**海拉尔机场** 机场大巴5元，打车30元以内。

**通辽机场** 可乘3路和50路公交车（1元），打车一口价30元。

**锡林浩特机场** 机场大巴10元，打车约50元。

**额济纳机场** 没有机场大巴，打车约30元。

### 火车

几乎各省都有火车可通抵包头和呼和浩特。内蒙东部的呼伦贝尔、兴安、赤峰和通辽与东北三省有密切的火车往来。前往内蒙古西部，可以先抵达临河，再换乘到额济纳旗。

### 长途汽车

前往内蒙东部可从东北三省多地和北京、河北承德乘车；去内蒙中部可从河北张家口，山西大同、朔州，陕西榆林等地乘车；前往内蒙西部的阿拉善，可从银川坐车到阿拉善左旗，或从甘肃酒泉直达额济纳。

## 当地交通

内蒙古的小型支线机场很多，自治区内航线常有不错的折扣。

铁路东至海拉尔，西至额济纳，普通列车可通达内蒙各主要城市，但耗时较长。往来乌兰察布、呼和浩特、包头和鄂尔多斯可乘动车。

长途汽车是从各旗府、县城前往村、镇的主要交通工具。但大部分景区需要自驾或包车前往。

## 旅行安全

内蒙古治安情况普遍较好，但在人流密集地区仍需留意财物。在旅行者扎堆的7～8月，呼伦贝尔、阿尔山和克什克腾旗等热门区域车流量大，是事故高发地段。部分地区雨后公路会出现塌陷，务必提前向当地人打听，并密切留意天气预报。包车或搭车尽量选择整体状况较好的车和稳重有经验的司机。冬季多数道路会有暗冰，有时班车也会停发。

更多**交通信息**见319页交通指南。

# 新线报

## 动车驰骋内蒙古

内蒙古第一条高速铁路已于2017年8月开通运营，目前设有鄂尔多斯、东胜西、达拉特西、包头、包头东、呼和浩特、呼和浩特东、集宁南和乌兰察布9座车站。呼张高铁和京张高铁全线贯通，从北京到呼和浩特只需3小时。内蒙古东部的通（辽）新（民）高铁和赤（峰）喀（左）高铁分别与京沈高铁对接，已于2018年建成通车。

## 大道通途

2017年7月通车的G7京新高速横跨内蒙古大部分地区，自中部城市群乌兰察布、呼和浩特和包头一路向西，穿越河套平原的向日葵花海、阿拉善地区的戈壁荒漠，直抵最西端的额济纳旗。

## 新兴的“工业旅游”

呼和浩特的蒙牛乳业集团和伊利集团、包头的包钢集团、鄂尔多斯的鄂尔多斯羊绒集团等企业开展了工业旅游项目，部分园区和生产车间向旅行者开放，允许参观。

## 阿拉善将建成国际岩画博物馆

位于曼德拉山脚下、系统展示世界岩画文化艺术的阿拉善国际岩画博物馆已基本完工并完成展陈规划，有望在2020年下半年对公众开放，届时将成为世界最大的岩画专题博物馆。

## 更友好的景区交通

2017年，通辽市开通了市区至周边几大景点景区的直通车。乘坐莫尔道嘎国家森林公园的“森林1号”小火车，无须自驾也能深入森林腹地。老牛湾和成吉思汗陵的景区交通车更解决了游客在景区内长距离的步行之苦。

## 厕所革命

近些年来，内蒙古持续推进旅游厕所建设，2017年新建、改建旅游厕所2000座。预计到2020年累计建成3000座旅游厕所，并在外观设计上秉承“厕融于景”的理念，旅行者在当地的文明体验将得到提升。

## 景区升级

除了原始森林与矿泉，阿尔山还密集分布着数量众多、类型丰富的火山遗迹，它因此在2017年正式跻身世界地质公园之列。

## 建设中的地铁

呼和浩特的地铁已开工建设，建设中的1号线和2号线的路线分别与城市一纵一横的主干道重合，因此在2020年建成运营前，还要忍耐一下满城的工地造成的施工噪声、交通拥堵等问题。

## 新机场通航

乌兰察布、霍林郭勒和扎兰屯三处民航支线机场已于2016年相继通航。位于市区南部和林格尔县的呼和浩特新机场——盛乐国际机场于2017年7月全面开工建设。

# 如果你喜欢

## 自然景观

或浓墨重彩，或静谧纯净，广袤的土地透着原始和野性。你尽可先发挥最大的想象力，再任由一幅幅生动画卷映入眼帘。

**草原** 乌珠穆沁草原九曲河湾映着蓝天，呼伦贝尔草原丰茂无垠，北京"后花园"乌兰布统则有更丰富的景观。

**沙漠** 巴丹吉林是探险者的集结地，而库布齐几乎就是个大型沙漠游乐场。

**大兴安岭** 阿尔山国家森林公园和莫尔道嘎国家森林公园，浓烈又纯粹的色彩四季流转。

**金秋胡杨** 最短暂、最绚烂的秋色在额济纳尽情绽放，满城尽带黄金甲。（见243页）

**地质奇观** 克什克腾世界地质公园浓缩了石林、峡谷、冰臼群等地貌，阿尔山—柴河火山群将火山地貌尽数展览。

**湿地和湖泊** 河套平原上的牛轭湖和东部草原中的湿地水泊荡漾芦苇摇曳，西部沙漠中的湖泊则拥有唯美的日出和日落景观。

## 户外运动

多样的地貌为丰富的户外运动提供了场地，在这里享受激情也能静赏风景。

**沙漠徒步** 参加户外俱乐部活动，或DIY小段路线穿越库布齐沙漠。（见102页方框）

**征服"沙漠珠峰"** 在巴丹吉林沙漠攀爬世界上最高的沙山必鲁图沙峰，将沙漠的七滴"泪珠"尽收眼底。（见264页）

**贺兰山徒步** 徒步18公里登上贺兰山第三高峰巴音笋布尔峰，领略宁蒙两省区分界的美景。（见256页）

**阿尔山滑雪** 超过半年的积雪期和多样的雪道让滑雪爱好者过足了瘾。（见167页）

**哈拉哈河漂流** 河床比较平缓，沿途群山、森林和湿地风光徐徐跟随。（见167页）

## 如果你喜欢观鸟

每年4~5月和9~10月，每天都有数以千计的候鸟在乌梁素海（见273页）、图牧吉国家级自然保护区（见163页）等地短暂地停留、休养，形成了一道亮丽的风景线。

## 民风民俗

流淌在血液中的信仰，世代传承的德行技艺，隆重的节日年复一年千载不休。

**男儿三艺** 考验蒙古族勇士的三项技能：摔跤、赛马、射箭，在那达慕、祭敖包等庆祝活动上精彩呈现。

**成陵祭祀** 一年中成吉思汗陵大大小小祭祀不断，其中春、夏、秋、冬各一次的四时大典最为隆重。（见96页）

**祭敖包** 每年农历五月十三，各旗的草原都有盛大的敖包祭祀活动。乌拉特中旗的祭敖包仪式则在阳历8月18日举行。

**达里诺尔冬捕节** 厚厚的冰面上，源自辽金时代的隆重的祭湖、醒网仪式已延续千年。（见217页）

## 佛教寺庙

大大小小的召庙记录了藏传佛教传入内蒙的历程，承载着蒙古族的信仰，也留下了岁月的印迹。

**大召** 这座声名显赫、金瓦红墙的召庙已存在了500多年，出自明代的银佛、木雕和壁画是最大看点。（见65页）

**广宗寺** 这里供奉着六世达赖喇

嘛仓央嘉措的舍利，还坐拥贺兰山麓不俗的风景。（见256页）

**美岱召** 从阿拉坦汗的府邸到明朝金国最早的都城，再有蒙古地区第一座藏传佛教寺庙灵觉寺落户于此，美岱召是寺庙也是城池。（见88页）

**五当召** 依山而建，高低错落，五当召有着内蒙地区少见的藏式寺庙外观，也是研究藏蒙佛教理论的高等学府。（见87页）

**汇宗寺** 因纪念“康熙会盟”而兴建的汇宗寺曾是整个蒙古地区信仰的中心，如今规模和地位虽不复从前，但仍值得拜访。（见198页）

## 历史遗迹

遥远的史前文明，各游牧民族的兴盛衰亡，第二次世界大战的沉重往事，都一一在这里留下足迹。

**曼德拉山岩画** 数千年前，古人就开始在这些光滑的黑色岩石上记录了他们眼中的世界和生活。（见260页）

**元上都遗址** 元朝繁荣的草原陪都，如今仅剩残壁废墟供怀古思幽。（见201页）

**大明塔** 辽中京的城池早已荡然无存，唯有一座80多米高的辽代古塔在此屹立千年。（见220页）

**召庙石窟** 在千年历史的石窟中，近距离观摩辽代的精美石刻。（见226页）

**黑城遗址** 黄沙掩埋的城墙、残存的佛寺、沙地上散落的陶片及碎骨，都体现出浩劫之后的苍凉。（见246页）

**海拉尔要塞** 第二次世界大战时日本关东军在东北设立的17个军事要塞中规模最大的一处。（见111页）

## 博物馆

大大小小的博物馆将内蒙古各民族及各朝代的历史和文化细致勾画，呈现出来。

**内蒙古博物院** 堪称一部浓缩了北方少数民族变迁史和草原文明发展的“百科全书”。（见65页）

**阿拉善博物馆** 讲述了居延的历史、土尔扈特部的西迁东归、航天城背后的艰辛搬迁等故事。（见251页）

**中东铁路博物馆** 中东铁路百年间的风云变化在这座古老的俄式建筑中尽数展陈。（见153页）

**中国河套文化博物院** 来此解读“黄河百害，唯富一套”的含义。（见266页）

**元上都遗址博物馆** 出土于元上都遗址的大量文物带你回到繁荣的元朝。（见202页）

**诺门罕战役遗址陈列馆** 在这里，你会发现第二次世界大战在正式开战前便已有了结果预示。（见120页）

# 当地人推荐

## 博·照日格图

内蒙古民族大学蒙古文学教授，土生土长的通辽人，主要研究东部蒙古族。

**内蒙古东部有什么特点呢？**

东部比较典型的特点就是汉族移民多，这和历史上清朝中期到末期开垦放荒有一定关系。内地人说“闯关东”，关东包括东三省和内蒙的东四盟。汉族人带来了自己的文化，有些地方开始蒙汉杂居，东部的生产方式就逐渐变成了半农半牧。但现在的情况是，牧业消失得特别快，农业推进得也特别快，东部蒙古族的语言、文化以及牧场的损失或退化都很厉害。不过也因此，东部的文化交融更深，教育水平也相对高。像在清朝，从科尔沁走出去的王公都很开化，有些还把自己的孩子送去日本留学，我的父辈中就有会说蒙、汉、日三语的。

**你觉得最能体现传统蒙古文化的地方在哪里？**

如果就内蒙而言，那还是锡盟，锡林郭勒的传统生活方式、民族习俗保存得比较好，可以感受到蒙古文化中最值得自豪的崇尚自然、天人合一的思想。

**请为旅行者推荐一些了解内蒙古或蒙古族的书籍。**

内地人大概比较熟悉《狼图腾》，它确实从文化的层面上阐释了蒙古族的世界观、自然观，可以用来大致了解。不过其中有些说法也不完全准确，例如认为狼和鹿是蒙古人的祖先，这纯粹是个误解，根据蒙古文文献和我在蒙古国留学的经验，《蒙古秘史》上提到的“苍狼白鹿”并非指代动物，而是人名，男的叫作苍狼，女的是白鹿，换言之就是酋长。系统一些的话，还是推荐特·官布扎布（和阿斯钢共同）翻译的现代汉语版《蒙古秘史》。

## 那音太

巴丹吉林沙漠中人，阿拉善苍狼车队首席车手。

**2017年你去参加阿拉善英雄会了吗？**

去了，阿拉善英雄会是我们越野人的节日，也是在我们家乡举行的盛大活动，阿拉善水准较高的车队都会参加，对此我非常自豪。2017年的英雄会更加热闹，即使你错过了，在平时也可以去开车跑一跑这条直达汽车公园的穿沙公路，在周边的沙丘上体验一下沙漠冲浪的刺激。

**巴丹吉林沙漠最精彩的风景是什么？**

巴丹吉林这样高大的沙山是任何沙漠都没有的，乘坐越野车翻越一个又一个沙山，就是能在巴丹吉林沙漠获得的与其他地方完全不同的体验。何况沙山之间还能不断看到各种形状的海子。如果还想看到更美的海子，那得有充足的体力，一大早爬上最高峰必鲁图看日出，脚下七个海子环绕着沙峰，那种美绝对震撼你的心。

**来巴丹吉林沙漠需要注意什么呢？**

沙漠驾驶和公路区别很大，没有经验不要轻易尝试。每年来沙漠参加英雄会的越野人很多，但每次都会有车陷入沙漠的情况出现。进入沙漠之后，要注意防晒和补水，早晚温差大，保暖也很重要。

## 苏德夫

巴尔虎的蒙古族，摄影师。

**在巴尔虎草原上有哪些独特的文化体验？**

在巴尔虎草原上主要生活的是巴尔虎蒙古人，日常的生产生活就是文化的载体，在日积月累的过程中不断传承和延续。

最独特的文化体验莫过于参加传统牧民那达慕，观看男儿三艺的比赛，尤以赛马和搏克比赛最有观赏性。为了让马匹在凉爽时段比出好成绩，赛马一般在日出前开始。在不同的分组中，成年马竞争最为激烈，参赛马匹也最多。源于战争的搏克比赛也非常吸引人，人们在草原上进行无重量差别的比赛，观众们会绕成一个大的圆圈，搏克手就在圆圈内进行比赛。

**草原摄影有哪些技巧？**

在草原上拍照片一定要“赶早”或“赶晚”，日出和日落的时候光线最美，所以一定要选择一个好的机位，静静地等待光线的到来。

如果想更进一步拍摄当地人的生活，也要静下心来找一个地方观察这里的人如何生活。如果想给牧民拍摄肖像，请提前沟通好，并给被拍摄者留下你所拍摄的照片，这样拍出的照片更有感染力，也更容易被牧民们接受。

**在草原旅行有哪些注意事项？**

在草原上，河流、山川、湖泊、湿地、敖包都是神圣的，要尊重每个自然景观。在日月轮转四季更迭间，靠天吃饭的牧民感恩自然给予他们的一切，即便风雪霜灾无情，他们也会顺应和保护自然。与大自然的长期对话中，他们练就出淡泊质朴的性格，包容、隐忍，绝不会刻意去改变自然。草原属于对自然有敬畏心的人，每一个旅行者应如同在风雪中跋涉的人，带着敬畏之心在路上前行。

## 敖日格力

蒙古族，锡林郭勒蓝天救援队筹建队长。

**近年来内蒙古草原持续干旱，是否会加剧草场退化？**

有风调雨顺自然也会有水草欠丰时，这是大自然的规律，草原维护的好坏不能怪天，而且草遇水就长，哪怕久旱，只要一两场雨光顾，青青草尖立马露出地面。草场退化主要还是人为因素。现在草原上能供50头羊放牧的就会养80头羊，草场负担很重，而雨水充足的年份，牛羊就会越养越多，超负荷放牧肯定对草场有伤害。

**西乌旗草原有些区域实行禁牧，这是对草原的有效保护吗？**

表面上看禁牧区的草确实长得好，但供放牧的草场总面积减少了，会导致允许放牧的草场被过度啃食，载畜量超过草场承受力，最后的结果还是破坏草场。每一片草都应该让羊吃一下，羊吃草也会刺激草的再生，适度放牧才是遵循能量守恒的有效措施。

**导致春天沙尘暴的根源是什么？**

最大原因是草原改农耕。很多人只知道内蒙古春天沙尘暴严重，其实秋天更甚。如果冬天雪够厚的话，春天雪水化了，风沙就不会大。但秋天土地没有遮挡，加上天气干旱，风一吹就掀起漫天黄沙。

# 省钱妙计

## 门票

➡ 学生、军人、老人有门票优惠，记得带上证件。

➡ 携程网、飞猪和一些团购网站常有折扣门票。对单项收费很多的景区来说，购买套票更实惠。

➡ 大召、五当召经会，成吉思汗陵春季祭祀大典，以及不少景区农历五月十三的敖包祭祀活动期间，都有门票优惠或免票。

➡ 去收费的草原度假村，试试告诉售票处你打算住在里面或可免去门票。有的公路横穿景区（如阿尔山森林公园），若说明只是过路不停车游览，就可以进去。

➡ 收费的草原或沙漠景区周边往往也有不俗的景观。锡林郭勒草原收门票的景点很少，即便有也在30元以内。

## 住宿

➡ 去城市、县城（旗府）或较大的旅游区，订房网站的价格比前台更便宜。

➡ 景区内住宿最贵，距离景区越远价格越低，住在附近的县城最实惠。

➡ 不少中小型旅馆和蒙古包都有普间和标间的选择，“普间加公共淋浴”能比标间节约至少20%的花销。

➡ 旺季的周末房价普遍上涨两三成，如遇当地那达慕等大型节会一定要尽早预订。

➡ 旺季，草原上蒙古包度假村常有“日租房”，9:00~14:00，每个蒙古包约100元。当地人喜欢一家人来此打牌、野餐，这不失为体验蒙古包生活较实惠的办法。

## 餐饮

➡ 尽量不在景区内和景区周边用餐，同样的菜在附近的县城价格不到一半。

➡ 内蒙菜量很大，结伴同吃分摊饭费，吃得好又花得少。

➡ “网红店”人气高但价格未必实在，较大城市的餐厅有团购活动或手机支付优惠。

## 交通

➡ 北京、天津飞包头、二连浩特、阿尔山、海拉尔等地的机票经常有很低的折扣。7~8月前往呼伦贝尔，飞到哈尔滨再坐夜班火车过去也很划算。淡季阿拉善三旗互飞的机票和海拉尔飞扎兰屯的机票价格堪比汽车票。

➡ 去较远的目的地可乘夜班火车。通辽和赤峰一带铁路线密集，坐火车比汽车更省钱。

➡ 在内蒙古包车出行不可避免，独自出行可提前约伴或找人拼车。去往市区或市区周边的景点，用“滴滴打车”更划算。

## 购物

➡ 避免在景区内和所谓的“免税店”购物。当地特产在大型超市或农贸市场都能买到。

➡ 蘑菇、蓝莓、葡萄等果蔬收获的季节，可在沿途农牧民的小摊上购买，虽然价格不会便宜太多，但货真价实，也能让当地人直接获益。

## 淡季出行

➡ 6月和9月是性价比最高的旅游季节，景色很美，却是淡季的物价。

➡ 冬季的内蒙古太冷清了，门票打折，有的甚至连售票处都撤了，但冬季那达慕和林海雪原同样有吸引力。

# 每月热门

## 最佳节会

**那达慕** 7月和8月

**国际金秋胡杨生态旅游节** 10月1~15日

**查干苏鲁克大祭** 农历三月十七日至二十四日

**敖包祭祀** 农历五月十三

**冰雪节** 12月

## 1~2月

**千里冰封的林海雪原美丽又冻人，滑雪、泡温泉却是别样享受。**

### 大召庙会

春节期间，呼和浩特的大召会举办庙会。最热闹在正月十五，当天上午有转召、晒大佛和跳恰木等活动。其他藏传佛教寺庙也会举行大大小小的法会。

### 泡温泉

阿尔山和克什克腾旗拥有丰富的地热资源和多样的温泉场所，岱海和哈素海的温泉酒店也能让你畅快地“泡个热水澡”。

### 滑雪

岱海和昆都仑水库的滑雪场适合初学者练手，牙克石凤凰山庄度假村和赤峰美林谷滑雪场拥有更优质的雪道。在阿尔山滑雪后，直接投入温泉的怀抱更过瘾。

## 3~4月

**春风拂过沙漠，扬起阵阵沙尘。海子边又出现了候鸟的身影，节会和祭祀活动拉开序幕。**

### 观鸟

北上的候鸟回到内蒙古大大小小的湖泊和湿地，乌梁素海、哈素海、七星湖、图牧吉国家级自然保护区的观鸟季再次到来。

### 查干苏鲁克大祭

农历三月十七日至二十四日举行的苏鲁克大典，是成吉思汗陵一年中最隆重的祭祀仪式。蒙古族(包括蒙古国的蒙古族)都会身着民族服装、带上祭品前来，声势浩大。

### 巴斯克节

4月末的巴斯克节是额尔古纳俄罗斯族一年中最热闹的日子。人们穿上民族服饰，用染成五颜六色的熟鸡蛋来款待客人，晚上则聚在一起唱歌跳舞。恩和、室韦等俄罗斯民族乡气氛最浓。

## 5~6月

**大兴安岭的杜鹃花迎着冰雪绽放，大青沟杏花盛开，丰富多彩的民俗活动和节日狂欢随之而来。**

### 杜鹃花海

5月，大兴安岭的白雪尚未完全消融，阿尔山、达尔滨湖的杜鹃花已迫不及待地褪去冬装，怒放枝头。

### 阿拉善丁香节

南寺牦牛塘滨沟一带的丁香花盛开。5月18日，南寺旅游区会举办“丁香旅游节”。有大型民族歌舞表演和宗教活动。

### 双合尔·楚古兰

农历五月初五，通辽的蒙古族会聚集到“天下第一敖包”双合尔山登高祈福，并在山下举办“双合尔·楚古兰”盛会，节庆中有赛马、摔跤、四胡等比赛，还有民族文化展览和贸易集市。

### 敖包祭祀

农历五月十三，盛大的敖包祭祀大典在草原各处同步上演。各地蒙古族人穿着民族盛装，带着哈达、奶食品和酒聚集而来。祭祀仪式结束后，有摔跤、赛马等庆祝活动。

### 鄂温克族瑟宾节

6月18日，在巴彦呼硕草原举办的鄂温克族传统节日，有赛马、拔河、劲力、射箭等比赛和民族歌舞表演，晚上还有热闹的篝火晚会。

### 鄂伦春族篝火节

这一传统民族节日现在已经演变为不分民族的节庆，每年6月18日在阿里河的库图尔其广场上举行，有各种比赛、表演等。

### 达斡尔族斡包节

这个达斡尔族规模最大的祭祀活动于每年6月28日在达斡尔民族园举行。祭祀仪式结束后是全民大狂欢，有歌舞表演和曲棍球、射箭、摔跤等竞技活动。

## 7~8月

**这是草原一年中最热闹、最漂亮、气候最好的时候，游人数量和物价也随之达到顶峰。**

### 草原花海

草原进入水草肥美、鲜花如海的时节。西乌旗和正蓝旗沿途的金莲花、乌拉盖的芍药花、呼伦贝尔的油菜花、辉腾锡勒的柳兰花和韭菜花等数百种野花漫山绽放，芳香四溢。

### 向日葵正昂首

7月的内蒙古中部，金灿灿的向日葵尽情铺展。最密集的地区在巴彦淖尔，从乌拉特前旗到五原、临河再到磴口，沿途300公里的向日葵昂首等候你检阅。

### 那达慕

从7月中下旬到8月末，从内蒙古东部到中部，几乎各旗都会举办草原"嘉年华"那达慕。你可以在陈巴尔虎旗、甘珠尔庙、西乌珠穆沁旗、扎赉特旗等几处规模较大的会场参与这一民族盛会，看看精彩的"男儿三艺"。

### 哲理木赛马节

每年8月18日前后的哲理木赛马节是通辽最盛大的活动。各旗县都举办赛马、射箭、祭敖包、摔跤、篝火晚会等比赛和娱乐项目，其中珠日河草原会场规模最大最热闹。

### 五当召嘛呢经会

农历七月二十五（小月为七月二十四）至八月初一，五当召举办嘛呢经会。由八世活佛带领信徒转召，并有跳恰木、送百令等宗教仪式，最后一天上午有晒大佛仪式。

### 音乐节

在内蒙古中部的希拉穆仁草原、辉腾锡勒草原、格根塔拉草原等地，7~8月间会举办规模浩大的音乐节，不乏国内歌坛明星和来自蒙古国、俄罗斯和欧洲其他国家的摇滚乐队参演，气氛火爆。

## 9~10月

**人潮散去，秋色狂舞。额济纳的胡杨金黄耀眼，大兴安岭、阿尔山等各处山林间的色彩层次也丰富起来。**

### 国际金秋胡杨生态旅游节

额济纳胡杨的黄金季节总"贴心"地在十一小长假如约而至。10月1~15日期间，除了畅游金色胡杨林，还能观看或参加自行车赛、汽车拉力赛等体育赛事和文体娱乐活动。

### 内蒙古东部秋景

从9月上旬开始，由北向南，大兴安岭、阿尔山、乌兰布统的秋色渐次呈现；额尔古纳的白桦林在9月中旬炫耀一年中最灿烂的金黄，各个草原则被星星点点的草垛子点缀。

### 阿拉善英雄会

马达轰鸣，人声鼎沸。各路越野爱好者在10月集结在阿拉善左旗的腾格里沙漠，向各种汽车挑战赛、拉力赛发起冲击。

## 11~12月

**冰雪统治了内蒙古每一寸土地，雾凇挂枝头，一片晶莹。除了冰雪节还有冬季那达慕。**

### 冰雪节

12月的满洲里是冰雕、雪雕的世界，三国选美是此时的一大亮点。阿尔山冰雪节在圣诞节前举行，有冰灯、冰雪雕塑展，还有冰上自行车、雪地摩托、雪橇、冰车等娱乐项目。

### 克什克腾冬季旅游节

12月底开幕，为期一个月。内容包括国际蒸汽机车摄影节、骆驼选美大赛、雪地摩托赛等多项活动，达里诺尔冬捕节是其中的重头戏。

### 冬季那达慕

通常在12月举行，除了摔跤、赛马、射箭的传统比赛，还会加入雪地套马、雪地赛骆驼、雪地摩托等冬季赛事。

视觉中国 提供

计划你的行程

# 旅行线路

## 8~10天 沙漠穿越

**内蒙古西部这片戈壁荒漠不仅有湖泊湿地和金秋胡杨，还藏着古代岩画和佛教名刹。**

从银川坐车到**阿拉善左旗**，以巴彦浩特为大本营。在**阿拉善博物馆**（见251页）了解该区历史后，用1天时间前往贺兰山，分别造访大有来头的南寺**广宗寺**（见256页）和北寺**福因寺**（见256页）。再用1天深入**腾格里沙漠**（见257页），候鸟季节的天鹅湖格外生动，黄沙中芦苇环绕的月亮湖景色尤美。随后到阿拉善右旗，不妨先花1天时间去**曼德拉山岩画**（见260页），看看古代游牧民族留下的生活印记。接着进入**巴丹吉林沙漠**（见263页），在越野车中体验刺激的沙漠冲浪，或步入浩瀚沙海试着登顶“沙漠珠

巴丹吉林沙漠

峰”，可视钱包的底气选择包车1~4日游。

然后前往额济纳旗。若是自驾，可在途中的**海森楚鲁怪石城**（见259页）看看戈壁中的怪石林。第2天起个大早，在**居延海**（见247页）看日出后，参观策克口岸和880岁高龄的胡杨神树。下午到南边的**黑城·怪树林遗址景区**（见246页）守候落日。

留1天时间给**胡杨林沙漠地质公园**（见244页）。若你恰好在9月底10月初来，满林金黄将点燃此行的高潮。回程走酒泉的话，可以远观东风航天城的火箭发射塔。

满归
莫尔道嘎
国家森林公园
根河
白桦林景区
额尔古纳湿地
俄 罗 斯
俄罗斯
呼伦湖
贝尔湖
黑龙江省
蒙 古
中国温泉博物馆
阿尔山国家森林公园
阿尔山
东音沟
乌拉盖九曲湾景区
布林泉景区
乃林郭勒
乌里雅斯太山
游牧部落
遥鲁海日罕山
成吉思汗瞭望山
锡林郭勒盟博物馆
热水塘温泉
克什克腾世界地质公园
吉 林 省
辽宁省

视觉中国 提供

视觉中国 提供

: 乌珠穆沁草原

: 穿越大兴安岭的火车

# 15天 蒙东揽胜

**从草原、湖泊、火山、湿地的不断切换中一路北上，直抵大兴安岭深处的小镇满归。跟随奇美的自然景观了解蒙古文化。别忘了带上泳衣，克什克腾旗和阿尔山都有优质的天然温泉为你洗去旅途疲劳。**

从赤峰出发，先前往克什克腾旗。把**克什克腾世界地质公园**（见215页）细细玩下来大概需要2天。别忘在品质极好的**热水塘温泉**（见217页）泡个澡。接着到达锡林浩特，在**锡林郭勒盟博物馆**（见176页）将蒙元帝国历史和草原各部民俗捋一遍。

随后来到乌珠穆沁草原。先到西乌珠穆沁旗，用大半天时间走个西乌旗—**成吉思汗瞭望山**（见182页）—**游牧部落**（见182页）—**遥鲁海日罕山**（见183页）—西乌旗的小环线，若在8月中旬之前来，便能把如织花海、草原九曲和白桦林尽数收入囊中。再到更原始的东乌珠穆沁旗，去**乌里雅斯太山**（见184页）深处原生态的**东音沟**看看牧民们的“自留地”，与羊群和骏马不期而遇。继续前往乌拉盖草原，《狼图腾》的粉丝可以去电影取景地**布林泉景区**（见187页）朝拜，傍晚到**乌拉盖九曲湾景区**（见188页）欣赏日落。接着“转场”去额仑草原，在一路大美的风光中抵达**乃林郭勒**（见186页）。

告别草原，经宝格达山向**阿尔山**进发。这座漂亮而新颖的小城市会让你恍惚有种身居北欧的感觉。可以用2~4天的时间在**阿尔山国家森林公园**（见169页）和周边游玩。这里不只有森林，还有数量众多、类型丰富的火山遗迹。传有医疗奇效的温泉群位于**中国温泉博物馆**（见167页），不妨享受一次“治愈系”的温泉之旅。

一路北上，在草原、林地的风光中积极赶路，直抵额尔古纳。在恩和感受浓郁的俄罗斯族风情后，让**额尔古纳湿地**（见136页）和**白桦林景区**（见138页）为你的森林之旅预热。接着穿越**莫尔道嘎国家森林公园**（见143页）直到边境村落奇乾，或者回到**根河**（见144页），让一段绝美的火车路线带你穿越大兴安岭至**满归**（见146页）。

## 10天 初识内蒙古

**从草原到沙漠，从博物馆到工业厂区。首次到访内蒙古，不如从文化风景皆丰富、食宿交通更便利的中部地区开始。**

从乌兰察布启程，前往**乌兰哈达火山地质公园**（见106页方框），轻松爬上火山口探秘。晚上住察右后旗，第2天坐一早的班车前往察右中旗，经过亚洲最大的白色风车阵到达辉腾锡勒草原。6~8月，**黄花沟**（见76页）的野花正艳，晚上抵达呼和浩特。

第3天，把半天的时间留给**内蒙古博物院**（见65页），带孩子还可去旁边的**内蒙古科技馆**（见68页）探秘。下午游览**大召**（见65页）及其周边数个寺庙，体验呼市“召城”文化，晚上逛逛风情浓郁的伊斯兰风情街。第4天，参观**蒙牛六期工厂**（见70页方框，需提前预约），返程顺路参观**盛乐博物馆**（见69页）和**昭君博物院**（见67页）。

第5天，经湿地**哈素海**（见79页）、内蒙古历史最悠久的寺庙**美岱召**（见88页）和**敕勒川博物馆**（见88页方框）到达包头。第6天到**白云鄂博**（见89页）一日游，看看白云铁矿开采了50年的巨型矿坑，再深入牧区寻访“草原英雄小姐妹”旧居。下午回到包头，到**赛汗塔拉城中草原**（见80页）跟放风的鹿群打个招呼。

第7天，进入库布齐沙漠。在大型沙漠游乐场**响沙湾**（见98页）畅玩后，前往**七星湖**（见100页），在天鹅湖边与水鸟一起守候日落，夜宿景区内。第8天在景区游玩，下午前往鄂尔多斯。

第9天，到蒙古民族的圣地**成吉思汗陵**（见95页）了解传承数百年的祭祀文化。若在8:30前到达，还能赶上成陵每天的日祭典礼。下午来到**康巴什新区**（见91页），感受这座沙漠中的新城的奇特气场，参观**鄂尔多斯博物馆**（见91页）。第10天，留在鄂尔多斯的主城区东胜，对“鄂尔多斯青铜器”文化感兴趣可逛逛青铜器文化广场，参观**鄂尔多斯青铜器博物馆**（见92页）。或者前往鄂尔多斯现代羊绒产业园（见94页方框），参观羊绒衫的生产车间后，采购羊绒制品。

视觉中国 提供

视觉中国 提供

**上图：** 呼和浩特的大召

**下图：** 辉腾锡勒草原

白云鄂博
乌兰哈达火山地质公园
察哈尔右翼后旗
黄花沟
内蒙古
科技馆
呼和浩特
内蒙古博物院
大召
昭君博物院
蒙牛六期工厂
盛乐博物馆
哈
素
海
美
岱
召
敕勒川
博物馆
土默特右旗
包头
赛汗塔拉城中草原
七星湖
黄
响沙湾
河
鄂尔多斯青铜器博物馆
鄂尔多斯
康巴什新区
鄂尔多斯博物馆
成吉思汗陵
陕西省
山 西 省

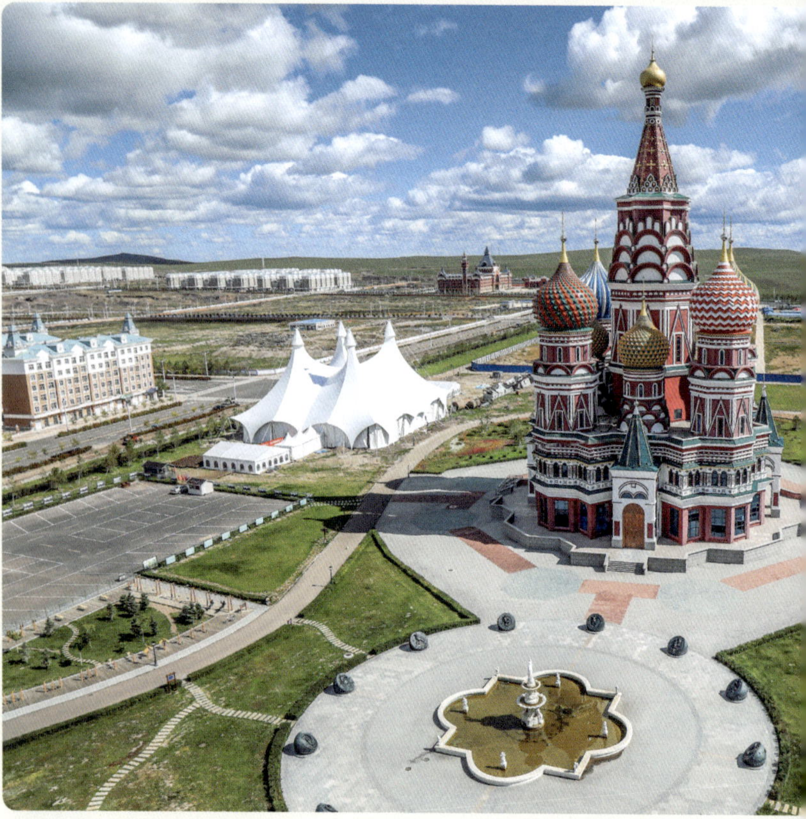

## 5天 跟着中东铁路走

**这条由沙皇俄国建设、于1903年通车的中东铁路穿越了承载着战争史和殖民史的广袤地带。你可以把它当作进入或离开呼伦贝尔的路线，车窗外的巴尔虎草原和大兴安岭是车票的赠品。**

行程从满洲里的**国门景区**（见123页）开始，中东铁路从这里进入中国。**满洲里市博物馆**（见125页）和**沙俄监狱旧址**（见124页）是当年这座边城作为铁路附属地的见证。

第2天前往**扎赉诺尔国家矿山公园**（见129页），扎区几大重要符号——猛犸象、人类化石、煤矿，全都与这里有关，你能在**扎赉诺尔博物馆**（见129页）看到这些珍贵化石的复制品。

第3天，在地处海拉尔要塞废墟上的**世界反法西斯战争海拉尔纪念园**（见111页）了解日军的侵略史，致敬**苏联红军烈士纪念碑**（见113页）铭记的一段功勋。

第4天前往昔日重镇博克图，**百年段长办公室**（见157页）中的铁路文物、**机车库及蒸汽机车水塔**（见158页）和**兴安岭隧道**（见158页）等古老的铁路建筑及工事诉说着往日辉煌。

第5天到扎兰屯，**中东铁路博物馆**（见153页）除了有关于这条铁路全方位的解读，其建筑本身也富含历史信息。扎兰屯城内大量的俄式砖房是值得铁路迷探访的历史幽境，你可以跟随154页的步行线路一一拜访。

楼学 摄

**左图：** 扎区猛犸公园

**右图：** 博克图百年机车库

刘恒宇 摄

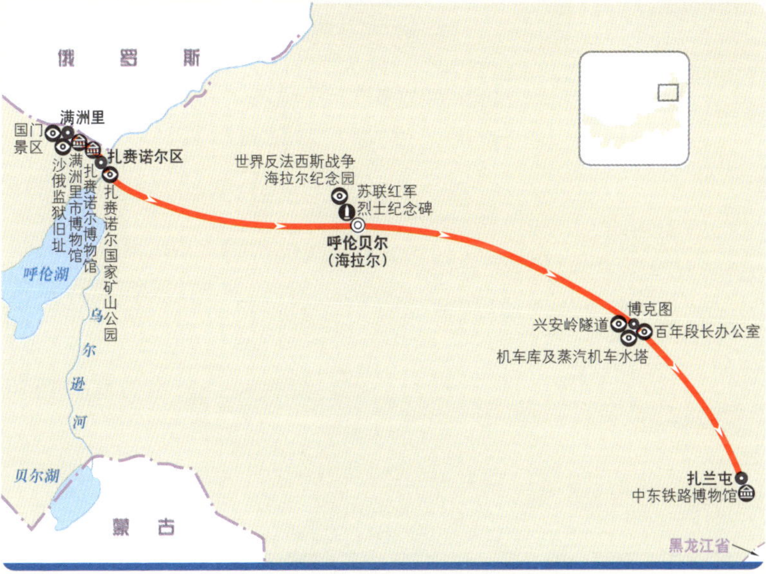

视觉中国 提供

盛洋 摄

**左图：**敖汉旗史前文化博物馆里的展品
**右图：**辽庆州白塔

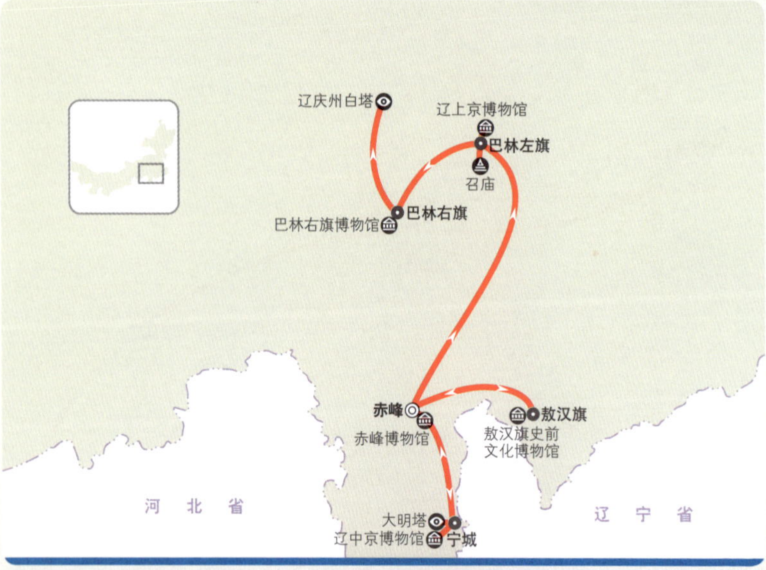

## 5天 追溯辽文化

**这条路线串起了多个契丹文化博物馆和辽国遗迹，专为历史发烧友而设。**

前两天住在赤峰。第1天先去**赤峰博物馆**（见209页）了解契丹民族的文化遗迹。接着乘班车前往敖汉旗。数千年前，多个史前文明在此发源，**敖汉旗史前文化博物馆**（见213页方框）收藏了其中许多精品，包括从辽墓中揭取而来的78幅壁画真迹。

第2天到宁城县。郊外的**大明塔**（见220页）是辽鼎盛时期的遗迹。辽中京城池不再，可在塔院内的**辽中京博物馆**（见221页）看到辽中京的模拟沙盘和多种契丹文物展品。然后由此向西1公里寻找辽中京小塔，和大明塔西南4公里处的另一座半截塔。

第3天前往巴林左旗。在**辽上京博物馆**（见226页）了解过契丹文化后，到南侧的辽上京遗址看看残存的城墙，再爬上西面的建筑基址俯瞰全城。

第4天，去辽上京时期的皇家寺庙**召庙**（见226页）欣赏辽代精湛的石窟雕像，后面的桃石山可观冰臼和四野风光。接着坐车到巴林右旗，参观**巴林右旗博物馆**（见223页）。“辽代文物精品展”中，辽庆州白塔中的珍贵石雕、辽代皇陵与契丹贵族墓葬出土的珍贵文物都非常值得一看。

第5天前往白塔子乡的**辽庆州白塔**（见225页），虽历经沧桑，但那些工艺精湛的佛像浮雕仍清晰完整。

## 计划你的行程

# 负责任的旅行

“负责任的旅行”已经成了新一代旅行者的口头禅。旅行不只是看世界赏风景，如果同时能对当地文化、环境及居民有所裨益，那么你走的每一步都会更加有意义。下面的一些小贴士可以帮助你保护和支持内蒙古的环境与社区。

## 网络资源

在旅途中你也能为内蒙古的环保和公益做出点滴贡献，可以通过下列网站了解详情。

➡ **母亲水窖**（www.mothercellar.cn）由中国妇女发展基金会发起的集中供水工程，在兴安盟、鄂尔多斯、阿拉善盟等地设有以解决生活用水困难为主的公益项目。

➡ **阿拉善SEE生态协会**（www.see.org.cn）由中国近百位企业家联合发起的荒漠化防治民间组织，致力于内蒙古阿拉善地区的荒漠化防治。

➡ **自然之友**（www.fon.org.cn）每年会组织志愿者到恩格贝进行义务植树。

## 对文化负责

➡ **多了解信息** 多读一些关于内蒙古（以及蒙古国）的读物，了解蒙古族和当地的历史、经济以及文化差异。研究地图，了解内蒙古的地理位置。学习一些简单的蒙古语，如问好、致谢等。

➡ **尊重少数民族的风俗习惯** 内蒙古自古便是游牧民族的生活之地，这里的少数民族以蒙古族为主，同时还包括满族、回族和鄂温克族等。行前最好多了解一些少数民族的禁忌和民俗风情，如进入蒙古包时不要踩门槛、不要在敖包前撒野尿等。

➡ **善用沟通的艺术** 在旅行途中，多看、多听、多问，带着你的善意和好奇而不是偏见去旅行。大多数当地人对待旅游者都很热情，会很乐于向你介绍当地的风土人情。

➡ **不要挑剔生活的不便** 你是来体验的，你享受的是大自然的美景和传统的生活，不能用城市标准来衡量乡间生活。

## 对环境负责

➡ **带走你的垃圾** 使用可降解的产品，尤其是不要把城市垃圾带到草原和沙漠等自然环境中，也不要就地掩埋，最好打包带回城市集中处理。

➡ **保护脆弱的大自然** 尽量保护草原脆弱的生态系统，自驾旅行者不要随意在草原上行车，最好沿着车辙印驾驶；不要因为你的个人兴趣，在草原和森林中采摘野花；在额济纳不要随意捡拾玛瑙，保护原生态；不要在草原和森林中抽烟以及随意丢弃烟头，注意防火。

➡ **保护野生动植物，拒绝购买濒危动植物产品** 内蒙古处于候鸟的迁徙通道上，请在保护区允许的范围内活动，不要影响野生动物的迁徙和繁衍；没有买卖就没有杀害，拒绝购买野生动物制品，如狼牙、熊牙等；拒绝参与打猎行为；拒绝购买珍稀植物；拒绝进野味餐馆。

➡ **不要购买文物或破坏文物** 盗墓行为并不只存在于小说中，内蒙古的盗墓活动十分猖獗。旅行中不要在文物商店以外的地方购买文物，一方面可能面临上当及违法的风险；另一方面也会助长盗掘活动对文物的破坏。在古代遗址，不要带走石器、陶片等看似不起眼的文物，对考古学家而言，它们都蕴含有丰富的历史信息。

➡ **节约能源** 使用水电等能源时注意节俭。尤其是在蒙古包住宿，请尽量避免长时间放水，不要习惯性地把水龙头拧到最大，也不要肆意浪费电力资源。

## 对当地人负责

➡ **尽量确保当地人直接获益** 在旅游热点地区，当地人并非大众旅游的主要受益者，却是环境成本的主要承担者。所以，我们提倡：住在当地人开的旅馆或者度假村；在路边的小吃摊和家庭餐馆享用美味；喝当地酒水饮料；从当地手艺人那里直接购买工艺品；尽可能分散消费，使更多人从旅游业中获利。

➡ **有所买有所不买** 有选择地购买纪念品。尽可能选择那些真正的手工艺品，而非工厂流水线的产品，这是帮助传统工艺延续传承的一部分。在适当的范围内还价。

➡ **照相前先询问** 除非获得允许，否则不要拍摄私人或者宗教活动。如果有可能，可以与被拍摄者分享照片。

## 对自己负责

➡ **提前规划** 熟悉目的地，了解当地的地形、气候，学会制作路书（行程攻略），为自己的行程做好规划。

➡ **迷路** 无限广阔的草原、沙漠、森林中有很多荒无人烟的地带，很容易令你迷失方向。在没有向导的情况下不要轻易进入草原和沙漠深处，不要试图挑战原始森林。提前下载离线地图数据包非常必要，因为在荒野中手机信号是真正的奢侈品。避免夜间在草原中行车，当地人也很容易迷路。

➡ **饮酒** 蒙古族的饮酒风格向来豪迈，并且十分热情好客。面对端向你的酒杯，酒量不佳的旅行者大可礼貌地拒绝，或者仅以嘴唇轻触酒杯示意即可。呼伦贝尔的鄂温克族酒风很彪悍，不要轻易举杯。

➡ **采摘** 在大兴安岭，已知的有毒菌类至少有38种。不要随意采食森林中的野果、蘑菇，不要轻信“口诀式”的分辨技巧，这些民间经验往往缺乏科学依据。尽量在正规的市场购买食材，在正规的饭店就餐。

乌兰布统

## 计划你的行程

# 草原之旅

连绵起伏的草原是每一位旅行者最熟知的内蒙印象。无论是纵马奔腾原野上，还是只身游走星河间，从最北端的呼伦贝尔到南面的河套平原，草原始终是内蒙古多彩自然与人文的底色。呼伦贝尔与锡林郭勒成名已久，但在游人聚集的热门景区之外，仍有广袤的原生态腹地等候你的到来。尽管外观上都是绿色的波涛起伏，但每一片草原都是独特的，选择一片适合自己的草原不容易而且十分重要。

视觉中国 提供

## 适合……的最佳草原

### 一路看风景的自驾者

**锡林郭勒草原** 内蒙草原的新招牌

**乌兰布统** 穿越森林、湖泊与峡谷

### 喜欢热闹的观光客

**金帐汗草原** 丰富的活动与天下第一曲水

**蒙古汗城** 草原上热闹的"度假村"

**辉腾锡勒草原** 花海、怪石和游乐场

### 另辟蹊径的背包客

**呼和诺尔草原** 国道旁的湖泊、河流与草原

**元上都遗址** 金莲川草原上的辉煌都城

### 追逐光线的摄影师

**乌拉盖九曲湾景区** 乌拉盖河倒映的日落

**黑山头** 蜿蜒的根河切分出秀美的湿地与草原

### 原生态的田野旅行家

**阿鲁科尔沁** 古老、真实的游牧传统

**乃林郭勒** 美丽的乃林河，乌珠穆沁的精华

### 影视综艺的爱好者

**布林泉** 为拍摄《狼图腾》打造的"兵团小镇"

**巴彦呼硕草原** 《敖包相会》的悠扬旋律

## 草原在哪里

"草原在哪里？"大多数时候这个问题难以回答。在包头、锡林浩特或满洲里，你很难界定你身在城市还是草原——草原有时深入城市腹地，而城市才是草原中的"人类绿洲"。无论你通过何种交通方式开始草原之旅，旅程往往出人意料地提前开始：你也许还在路上，但已在草原的怀抱之中。

尽管草原看似触手可及，但大多数的草原景区仍难以依靠公共交通直达，包车或自驾是更便捷的选择。如果你并不执着于到各大景区打卡，城际班车只要一离开城市就能把你送进无边草原的怀抱。

了解草原的分布需要更宏观的视角。在内蒙的狭长版图上，最东北的呼伦贝尔草原拱卫着呼伦湖和贝尔湖，这里历史上是多个游牧民族的故乡；在大兴安岭东面，曾经广袤的科尔沁草原正面临严重的沙化，在清代辉煌的历史过后，游牧传统已经萎缩至并不宽广的阿鲁科尔沁一带；隔着大兴安岭的是植被最完好的锡林郭勒草原，这里以浓郁的色彩和良好的生态闻名，堪称游牧文明的最后秘境；一路向西，草原的绿色渐次隐没，乌兰察布草原、鄂尔多斯半荒漠草原与阿拉善荒漠草原引领着旅行者走向草原的尽头，沙漠登场了。

## 草原看什么

连接天际的无垠草地也许很快让你感到审美疲劳，好在草原是最佳的编剧，森林、河流、湖泊、湿地乃至古城遗址都能信手拈来，点缀以草长花开、鸟栖日落，随手一笔即是一幕幕充满张力的自然舞台剧。金莲川草原包容了蒙古族横跨欧亚的野心，呼伦湖则见证了这个民族青春时代的脉脉温情。辉腾锡勒、赛汗塔拉美在盛夏花开，而与森林结合的代钦塔拉最美不过斑斓的秋季。

就旅游业而言，内蒙草原有着类似的"温度计"：5月、6月旅游业还未"回温"；7月、8月，紧邻城市的热门草原景区陷入拥挤喧嚣中——更精确的草原"全盛时期"往往在7月下旬至8月中旬间；9月开始后，游人散去、物价跳水，牧民开始"打草"，遍布的草垛子有别样的草原风情；10月至次年的4月，大雪覆盖一切，低温阻挡了游人的脚步，冬季那达慕往往更淳朴、真实。

## 草原玩什么

草原是内蒙旅游的金饭碗，最传统的当然是骑马射箭，但如果你是骑马的初学者，不要沉浸在英姿勃发的幻想中。100元骑马可能是景区里的10分钟散步，也可能是偏远草原上的1小时征程。记得穿轻便的鞋子、保持放松，在难受的时候可以踩稳马镫、夹紧马肚站立一会儿。漂流、滑草、越野车乃至滑翔机已经开始出现在热门景区中，夏冬两季的那达慕大会正越来越像民俗演出，但在

乌珠穆沁草原上远离游客的乃林郭勒，你仍能走近原生态的牧民家庭。

你也可以随时准备好相机从草原上偷走光影的瞬间。草原摄影的关键要素有两个：角度、光线。无论是登上山头寻找俯瞰草原、河流的完美机位，还是早出晚归守候晨昏时分的迷人光线，无疑都是体力活。丰富的民俗活动是草原的人文精髓，但涉及宗教活动的拍摄往往需要事先征得同意。

当然，不能亏待了自己的舌头。乌珠穆沁、巴尔虎、苏尼特都以美味羊肉而闻名：苏尼特羊肉质紧致，最适合涮锅；乌珠穆沁羊体形修长、肉质肥软，有一对多出的肋骨；巴尔虎羊是巴尔虎蒙古人的能量来源，无论涮烤水煮都不会让人失望。

## 危险和麻烦

危险通常来自气候和环境。在草原上过夜，早晚一定要注意温差。即使再热的夏季，外套也是必备的。你的长衣长裤不仅为御寒准备，还可用来抵挡蚊虫。驱蚊水、风油精都得带足，墨镜、围巾是抵御飞虫的法宝。

草原深处没有手机信号，不要独自走入。蛇也会不时来草原巡游，不过大多没有毒。骑马请带好护具。尽量在正规的旅游场所参与草原活动，确认报价的可信度。在一些小型马场和蒙古包，价格纠纷的风险依然存在。

## 特色草原概览

| 草原名称 | 交通情况 | 住宿条件 | 特色 |
|---|---|---|---|
| **从海拉尔出发** | | | |
| 巴彦呼硕草原 | 乘坐前往红花尔基的班车 | 蒙古包 | 有呼伦贝尔草原上最著名的敖包，每年6月18日为瑟宾节 |
| 金帐汗草原 | 自驾或包车 | 蒙古包、床位及酒店 | 丰富的游乐项目，莫日格勒河蜿蜒而过 |
| 呼和诺尔草原 | 乘坐前往满洲里的班车 | 蒙古包 | 2016年的春晚分会场，宝蓝色的呼和诺尔湖就在公路旁 |
| **从满洲里出发** | | | |
| 达赉湖小河口 | 乘坐公交至灵泉电厂后打车前往 | 回扎区或满洲里住宿 | 亲近呼伦湖的最佳机会 |
| **从乌兰浩特出发** | | | |
| 代钦塔拉五角枫生态景区 | 乘坐前往科尔沁右翼中旗的班车 | 周边城镇有酒店 | 每年秋季，五角枫如浓郁的油彩装点起代钦塔拉草原 |
| **从赤峰出发** | | | |
| 阿鲁科尔沁 | 自驾或包车 | 蒙古包、招待所 | 在牧场、河流与高山之间是原生态的游牧传统 |
| **从锡林浩特出发** | | | |
| 锡林郭勒草原 | 自驾或包车 | 露营 | 欧亚大陆的样板草原，拥有丰富的草原形态和一座博物馆 |
| 蒙古汗城 | 乘坐前往西乌旗的班车后包车或骑行前往 | 蒙古包 | 极具人气的旅游景区，有篝火晚会和小型那达慕 |
| 游牧部落 | 自驾或包车 | 蒙古包 | 敖包山将草原、河曲的魅力悉数纳入眼底，吃住玩一条龙 |
| **从呼和浩特出发** | | | |
| 格根塔拉草原 | 自驾或包车 | 蒙古包 | 人工布景的草原，还有“神舟五号”着陆点 |
| 赛汗塔拉城中草原 | 乘坐前往包头的班车 | 包头市区住宿 | 全国最大的城中草原，候鸟的栖息地 |
| **从北京出发** | | | |
| 乌兰布统 | 自驾前往 | 酒店、民宿、蒙古包 | 结合了峡谷与森林，是摄影爱好者的福地 |

**上图:** 乌兰布统的坝上秋色 苏德夫摄

**下图:** 巴尔虎草原上的蒙古包

# 挑选适合你的草原

无论是逃离城市的短暂周末，还是深入草原的漫长旅行，内蒙古已为你准备好不同的草原。

## 开始 惬意的周末

从城市到这里只需几小时

**我想拍……**

- 蜿蜒无尽的河曲 → 日落山 见139页
- 森林草原的合唱 → 游牧部落 见182页；代钦塔拉五角枫生态景区 见163页；赛罕乌拉自然保护区 见225页
- 绝美的湿地草原落日 → 辽庆州白塔 见225页；元上都遗址 见201页
- 湖岸边的奇峰 → 达里诺尔湖 见215页

**我希望可以……**

- 自驾穿越 → 乌兰布统 见218页
- 带孩子尽情玩耍 → 辉腾锡勒草原 见76页
- 骑马、看篝火晚会 → 巴彦呼硕草原 见117页

**但是又担心……**

- 距离市区太远 → 赛汗塔拉城中草原 见80页；希拉穆仁草原 见77页
- 娱乐项目匮乏 → 金帐汗草原 见118页

**除了草原，我还想有……**

- 现代的博物馆 → 猛犸公园 见129页
- 碧波万顷的呼伦湖 → 达赉湖小河口 见129页

## 开始 难忘的小长假

虽然麻烦，但适合深度寻访

**我打算……**

享受景区的便利

乌拉盖九曲湾景区 见188页

远离拥挤的人潮

罕山神泉 见239页

**这些还不够，我还想要……**

盛开的鲜花

灰腾锡勒天然植物园 见179页

观鸟的胜地

图牧吉国家级自然保护区 见163页

辉特淖尔草原 见235页

追寻御用草场

御马苑 见205页

山地草原旅游区 见239页

## 开始 纯净的远方

无论自驾还是包车，为找到梦中的草原不畏艰难

**尽管跋山涉水，但我愿意去看……**

帝国的辉煌昨天

峡谷中的草原石盘

乌里雅斯太山 见184页

有特色的集装箱酒店

贝尔湖 见122页

**我想住在……**

帐篷里看星星

乃林郭勒 见186页

阿古拉草原旅游区 见234页

**还想亲近远去的游牧传统**

盛大的神山祭祀

宝格德乌拉 见121页

神山 见163页

逐水草而居

阿鲁科尔沁 见227页

热闹的赛马会

珠日河草原 见234页

巴丹吉林沙漠

## 计划你的行程

# 沙漠之旅

西部广袤的沙漠就像是内蒙古的另一张名片，相比绿色的大草原，沙漠更显神秘，更具野性，它仿佛一座梦想乐园，成年人渴望在这里实现驰骋沙场的英雄梦，孩子们可以从这里开启一场未知世界的探险。在沙漠中住上一晚，还有机会看到绝对寂静的浩瀚星空。

视觉中国提供

## 最佳景观

- 海子边的苏敏吉林
- 小扎格斯台淖尔
- 电影外景地玉龙沙湖
- 酷似中国版图的月亮湖
- 七星湖一沙两湖

## 最佳体验

- 最自虐的体验：攀登“沙漠珠峰”必鲁图
- 最昂贵的体验：买张1780元的岛票在响沙湾享受贵宾待遇
- 最文艺的体验：去阿拉善英雄会听一场沙漠音乐会
- 最浪漫的体验：在八道桥扎营看星星
- 最刺激的体验：从巴丹吉林沙漠穿越到额济纳看胡杨

## 为何去

巴丹吉林、腾格里、乌兰布和三大沙漠组成了阿拉善世界沙漠地质公园，它的景观当然也是“世界级”的。中部的库布齐沙漠相对温柔，是初次体验沙漠风光的首选。由南部至东部的诸多沙地也能让你感受到沙漠、稀树草原和沙地地貌相互交错带来的震撼。别以为沙漠皆是不毛之地，走进去你就会发现，宝石般的海子镶嵌在沙山之间，每年有候鸟定时来访，湖边和沙丘上都生长着顽强的沙漠植物，除了在跌宕的沙海里过一把越野瘾，你还能品尝到“沙葱”这种独有的沙漠美食。

## 何时去

5~8月，沙漠气候适宜，人潮也未涌来，但风沙较多。8月的尾巴是涨价前最佳的出行时机。白天沙漠中阳光刺眼，做好防晒准备。

9~10月，旺季来临，预算增加。各种与沙漠相关的节庆纷纷举行，你或许很难拍到空无一人的沙漠，但也能享受到更多的娱乐项目。

11月至次年4月，冬季沙漠自然环境严酷，并不适合旅行。沙漠地质公园和一些沙漠景区闭园。

## 沙漠风情

沙漠绝非单调的黄沙漫漫。在巴丹吉林沙漠，你可以看到连绵起伏的巨大沙山，山脚下有一汪明晃晃的湖泊，深藏在沙漠地底的地下水支撑起世界最高的沙山必鲁图沙峰（见264页），也为巴丹湖（见264页）提供了永不枯竭的淡水，唯一的沙漠庙宇苏敏吉林（见264页）就镶嵌在高大的沙山和蓝色的湖面之间，成为巴丹吉林的景观代言人。腾格里沙漠之中，月亮湖（见258页）响亮的名气来自它对中国版图的“模仿秀”，温婉的天鹅湖（见257页）则以每年迁徙停留的天鹅为亮点。如果你想在沙漠里面小住几天，七星湖（见100页）是首选，沙漠中有草原、湿地、湖泊，还有水鸟，展示着库布齐沙漠的治理成果（见97页）。

内蒙古中部和东部地区的沙地也有丰富的自然景观，“科尔沁沙地”近几十年来的生态防治已经取得成效，以通辽为主的科尔沁地区也开始“靠沙吃沙”，库伦在素有“八百里瀚海”之称的塔敏查干沙漠中开发出了银沙湾景区（见238页），奈曼的宝古图沙漠旅游区（见238页）甚至推出了高难度越野赛道。赤峰玉龙沙湖（见228页）能成为电影《后会无期》和《万物生长》的外景地，确有其过人之处，集合了沙漠、湿地、草原、湖泊、怪石等多种自然景观，同时又有相当丰富的游玩体验项目。

浑善达克沙地（见189页）与真正的沙漠截然不同，半固定的沙垄间生长着榆树、杨树、沙柳和各种沙生植物，高格斯太河从中流过，形成乌里雅斯台（见190页）。绿色的草地、蓝色的湖泊、千姿百态的古榆树林，在小扎格斯台淖尔（见203页）最完美地融合。

## 玩转沙漠

如果只想看一看沙丘、体验踩一踩沙子的感觉，在沙漠公路上随便找个口子进去，在沙漠边缘小走几步，就能满足要求。不过那些被围起来收门票的地方，的确有沙漠中最值得一看的风景。

库布齐沙漠的游乐资源最充足，银肯塔拉（见99页）号称有两项世界之最——最长的沙漠索道（2.5公里）和最大的敖包。如果你对体力够自信，不妨挑战一下库布齐的穿沙徒步（见102页方框）。夜鸣沙（见102页）的特制越野车带你驰骋于沙漠腹地大起大落的峰谷间，刺激程度堪比过山车。想要更high？玉龙沙湖（见228页）拥有中国难度系数最高的沙漠赛道，你可以乘坐沙漠越野车体验一段等级稍低的越野赛道。沙漠越野的终极版当然是在巴丹吉林沙漠（见262页），包一辆越野车在层层沙浪上跌宕起伏数百公里，手脚并用地爬上世界第一的"沙漠珠峰"，你甚至还可以穿越沙漠，向北抵达额济纳，在八道桥（见245页）仰望浩瀚银河。

## 亲子乐园

大人们尽可以去徒步沙漠或者玩一回心跳的越野冲浪，孩子们则把沙漠当作一座巨大的游乐园。响沙湾（见98页）景区里能玩沙也能玩水，沙漠火车、沙漠游泳、DIY沙雕，待上一天都不过瘾，丰富的风情演出和不限次数游玩的套票尤其适合带孩子又不差钱的旅行者。"寓教于乐"是家长带孩子旅行的目的之一，请放心，恩格贝景区（见100页）中有农业观光园、果蔬大棚、树林、水库和养殖场，七星湖（见100页）南线有沙漠自然博物馆、沙漠植物园和世界沙漠科技馆，北线还能与鹿苑中散养的小鹿、羊驼和鸵鸟一起奔跑。月亮湖畔的阿拉善SEE博物馆和植物园，都能让孩子们在玩耍的同时，了解沙漠的秘密，在心里播下一颗热爱自然的种子。

## 危险和麻烦

沙漠地区基本不用担心人为的安全隐患，倒是需要和自然环境做些对抗。内蒙古的沙漠平均海拔在1000米左右，白天阳光直晒，早晚温差较大，防晒和保温两方面都要注意，遮挡阳光和风沙的头巾、面罩、墨镜等一样都不能少，务必带足保暖的衣物。携带摄影设备的旅行者切记要为镜头准备好塑料袋等防沙装备，同时也要保护好你的手表、手机等贵重物品，沙粒进入机械内部可能导致无法修复。巴丹吉林和腾格里沙漠内车行颠簸异常，不论是否有晕车史，都提前备好晕车药为妙。如果有徒步或攀爬计划，建议选择穿防沙鞋或备好雪套。多天的沙漠穿越，需要充足的户外装备，要提前校准GPS定位仪或手机定位软件。没有沙漠经验的旅行者要量力而行，建议参加户外俱乐部的集体行动。

### 内蒙古沙漠景区一览

| 沙漠名称 | 所在地 | 面积（平方公里） | 景观 | 活动 | 食宿 | 旅行成本（元/天） | 旅行建议 |
|---|---|---|---|---|---|---|---|
| 巴丹吉林 | 阿拉善右旗 | 4.7万 | 沙山海子 | 越野车沙漠冲浪 | 酒店、民宿、露营 | 约1000元 | 旺季应尽早预订越野车和司机 |
| 腾格里 | 阿拉善左旗 | 4.27万 | 月亮湖/天鹅湖 | 越野车沙漠冲浪/游艺项目 | 月亮湖景区酒店 | 约800元 | 天鹅湖4~5月观鸟最佳，建议当天返回巴彦浩特镇食宿点 |
| 库布齐 | 鄂尔多斯北部 | 1.61万 | 响沙湾/七星湖/恩格贝 | 综合型沙漠游乐园/穿沙公路自驾/徒步穿越 | 酒店、度假村、接待中心 | 视游玩景区100~1000元 | 库布齐沙漠有多个景区，包车时一定说清目的地，避免被拉到错误的地方 |

新巴尔虎左旗的冬季那达慕

## 计划你的行程

# 节庆之旅

从东到西，从春到冬，在森林、草原和沙漠的诱惑之外，总有一场或传统或特别的节庆盛会，吸引着旅行者踩着时间点前往内蒙古。在草原那达慕上听一首悠扬的蒙古长调，在沙漠英雄会中感受越野越快乐的刺激，或者在冰天雪地里参加一场盛大的骆驼选美……

## 最佳节庆

- 国际金秋胡杨生态旅游节
- 西乌旗乌兰五台祭敖包
- 成吉思汗陵春季查干苏鲁克大祭

## 最佳体验

- 在西乌珠穆沁旗那达慕上看蒙古汉子身骑白马过草原
- 裹成“粽子”，在达里诺尔冬捕节上看上万斤湖鱼被渔网拖出水面
- 已经“退休”的蒸汽机车在国际蒸汽机车摄影节上为你重新行驶回到铁轨上

## 为何去

从森林到草原再到沙漠，内蒙古高原的风景已经令人惊艳。当你打马走过草原，有幸加入一场热闹的那达慕大会之中，或是在冰天雪地里鼓起勇气前往满洲里，欣赏在晶莹童话世界中举行的选美大赛，四季不断的民族节日和文化活动，将为你的旅行锦上添花。乌拉特草原上最大规模的祭敖包何时举行？呼伦贝尔大草原上最传统的赛马会在哪里才能看到？摄影党能去的难道只有胡杨节？收好这张由作者亲身体验过的节庆时间表吧，其中那些只有内蒙古才有的节庆活动，必将成为你规划行程和确定目的地的最佳参考。

## 何时去

一年四季内蒙古各地都有不同的节庆活动，按照你喜欢的主题选择出行就好。

**正月** 呼和浩特的大召会举办庙会。最热闹的一天是正月十五，上午有转召、晒大佛和跳恰木等活动。其他藏传佛教寺庙也会有大大小小的法会。

**4月** 持续了近800年的成吉思汗陵最隆重的春季祭祀在农历三月二十一（主祭日）举行。

**6月** 草原上各个地方都有自己的祭敖包和祭神山的传统仪式。

**8月** 那达慕大会上有最壮的蒙古汉子和最动听的蒙古长调。

**10月** 国际金秋胡杨生态旅游节和阿拉善英雄会几乎“承包”了大半旅行者。

**12月** 东部草原多数地方都会举办冬季那达慕，满洲里中俄蒙国际冰雪节为一年的节庆活动画上完美的句号。

## 宗教祭典

内蒙古草原上最为隆重的祭祀大典莫过于成吉思汗陵四时大典。在每年农历三月十七到二十四的春季查干苏鲁克大典、五月十五的夏季淖尔大典、九月十二的秋季斯日格大典和十月初三的冬季达斯玛大典上，人们在供奉着成吉思汗遗物的供桌前敬献贡品，手托蓝色哈达，聆听祭祀主持人吟唱悠远的祭歌。祭典结束后，你可以欣赏到赛马、射箭、摔跤等传统竞技。还会举办旅游文化周、那达慕大会、马文化节等活动。在鄂尔多斯旅行期间可以登录成吉思汗陵官网（www.cjshl.gov.cn）查询祭祀安排和活动预告。

民间祭祖活动则是一年一次的祭神山和祭敖包，通常以家族为单位举行，这也是蒙古族一年中最盛大的节日。宝德格乌拉每年有两次大型的祭祀神山活动，农历五月十三规模较小，农历七月初三声势浩大。届时，神山上聚满了穿戴隆重的牧民们，除了传统的祭祀仪式，还有摔跤、赛马比赛，你也可以加入篝火晚会中去。

锡林郭勒盟东乌旗的白音敖包已有300多年祭祀历史，每年农历六月初三举办敖包节。节日前两天，牧民们就会从四面八方赶来，驻扎在这里热热闹闹地过节。西乌旗草原上的乌兰五台在2006年建起了“天下第一大敖包”，每年农历五月十三会举办盛大的祭敖包活动。而在巴彦淖尔乌拉特草原上，每年8月18日，分散各地的乌拉特蒙古族都会来到海流图敖包前举行盛大的仪式，他们坚信这座敖包才是世界第一。其实，只要你这个时间在草原上，不管在哪里都有机会遇到这个隆重的仪式，看当地人在敖包前插上用

上图：陈巴尔虎旗的祭火仪式

下图：陈巴尔虎旗的那达慕

何望若 摄

## 走过路过不要错过

有些地方的节庆活动，专程跑一趟并无必要，但如果正好在那里，也可以当成旅途中的意外收获。

- **阿拉善丁香节** 5月18日，贺兰山南寺。
- **鄂温克族瑟宾节** 6月18日，巴彦呼硕草原。
- **鄂伦春族篝火节** 6月18日，阿里河的库图尔其广场。
- **音乐节** 每年夏季，希拉穆仁草原、格根塔拉草原、辉腾锡勒草原和七星湖等地。

更多信息见26页“每月热门”。

五彩布条装饰的长杆，献上熟牛羊肉，在主持人的吟唱声中祈求风调雨顺、人畜平安。

## 民俗节庆

要看内蒙古人最自豪的男儿三艺，就到8月的草原上来吧，每一场那达慕都是蒙古汉子展示勇敢和力量的舞台，相伴的还有蒙古长调、舞蹈和地道的草原美食。那达慕在7~8月间举行，时间不固定，通常在立秋左右，为期2~3天，有赛马、摔跤和射箭等赛事。西乌珠穆沁旗是乌珠穆沁草原的门户，也是传统的搏克胜地，有着全内蒙古最好的摔跤手；在巴尔虎旗、甘珠尔庙、东乌珠穆沁旗、希拉穆仁草原等地，都会看到精彩的那达慕。为了配合胡杨生态旅游节，额济纳蒙古族的那达慕则会在9月27日举行，除了赛马、摔跤等传统比赛，还能看到“沙漠之舟”阿拉善骆驼的比赛。

赤峰的内蒙古人在冬天会迎来同样重要的达里诺尔冬捕节，祭湖、醒网、打眼、破冰、下网、拉网、放生等一系列过程都在厚达50厘米的湖面冰层上进行，上万斤湖鱼被拖拽出水面的那一刻，场面蔚为壮观。

## 旅游节会

各种名目的旅游文化节庆活动似乎已经成为各地政府形象宣传的捷径，抛开那些经济唱戏的噱头，旅行者还是能从中获得一份独特的体验。

每年7月举行的呼和浩特昭君文化节和少数民族文化旅游艺术活动总能吸引大批旅行者到此，你可以在呼和浩特的民族艺术剧院音乐厅、乌兰恰特剧院和昭君博物院等地欣赏到精彩的歌舞演出和摄影展。

每年10月在腾格里沙漠举行的阿拉善英雄会是越野人的狂欢，除了传统的T3汽车挑战赛、拉力赛和岩石挑战赛，腾格里国际音乐节以及2017年加入的达喀尔中国拉力赛都为英雄会注入了更多活力。

摄影人不能错过的节日则是国际金秋胡杨生态旅游节，每年10月1日至15日期间，金色胡杨林就召唤着人们奔向这里，除了拍摄大片，还可以顺道欣赏“环胡杨林”国际自行车邀请赛、穿越胡杨林国际马拉松赛等精彩体育赛事。每年12月在赤峰市克什克腾举行的国际蒸汽机车摄影节则由已经“退休”的蒸汽机车充当摄影爱好者的“模特”，拍摄机会难得。

每年12月，满洲里中俄蒙国际冰雪节在一片晶莹的童话世界里拉开帷幕，看冰雕、看选美，除饱眼福之外还可以享受各种冰上游乐活动。阿尔山国际冰雪节一般在圣诞节前举行，有冰灯、冰雕展和雪地汽车漂移赛、雪地健步等活动。值得关注的还有以赛骆驼、骆驼选美等活动为主的银冬驼文化节，近千名牧民会身着节日盛装、牵着自家的骆驼前来赴会，成为你冬季前往内蒙古的理由之一。

新巴尔虎右旗宝格德乌拉苏木的公路上

## 计划你的行程

# 自驾游

内蒙古绝对是中国最适合自驾的地区之一。从西部的阿拉善沙漠，到东部的呼伦贝尔草原，整体车少路宽的路况对新手司机十分友好：你只需要一般的驾驶技术，就能换来不一般的沿途景致。要是能避开旅游旺季，你更有机会独自承包无敌风光，享受肆意驰骋的畅快。

## 最佳自驾体验

- 在茫茫无际的草原中央驰骋
- 越过大漠，寻找最美的胡杨林
- 秋季穿行于五彩梦幻的大兴安岭山林
- 游走边境线，饱览界河风光

## 最热路段

- 乌兰布统到克什克腾
- 满洲里到阿尔山
- 额济纳北线

## 为何去

从呼伦贝尔、锡林郭勒一望无际的草原，到阿拉善苍凉无边的戈壁大漠，甚至县城里随随便便的六车道，无一不在昭示着内蒙古的"大"。用脚丈量在这里显得不切实际，而不够发达的公共交通也在很多时候限制了旅行者的探索。相比起圈地收费的商业景点，许多不加修饰的、低调的美景反而更令人意犹未尽，而这些往往就在旅途之中不经意出现，只待你停下脚步去捕捉。一辆来去自如的车，显然是行走内蒙古的最佳伴侣。

与此同时，四通八达的路网，不断升级的路面，以及"路宽车少"的常态，也都让内蒙古逐渐演变为自驾旅行者的首选地。即便是新手上路，大部分情况下也能轻松应对。或许自驾才是打开内蒙古的正确方式。

## 何时去

**6~8月** 水草丰美的季节，万物生机盎然，最适合一家人自驾出行。不过此时也是内蒙古的旅游旺季，热门路段的自驾车数量会直线上升。同时，考虑到夏季降雨，提前了解道路泥泞情况也很有必要。

**9~10月** 夏秋之际，山林开始渐渐染上红黄的色彩，额济纳胡杨林也迎来了一年中最美的季节。基本上除了十一黄金周，大部分时间你都能感受到在路上独享美景的畅快。

**11月至次年3月** 内蒙古的冬天极其寒冷，除非你有足够好的驾驶经验和维修技术，通常不建议在此时自驾游览。乘火车出行是比较好的替代方式。

**4~5月** 内蒙古的春天来得晚，尽管开始回暖，但自然风光的观赏性依旧不强。此时可以考虑自驾游览地质地貌奇观。

## 草原森林路线

当锡林郭勒与呼伦贝尔强强联手，你的旅途会有多精彩？这条路线比较长，大体分为三段，每一段都可以独立成行。你不妨灵活组合，拼出最适合自己的自驾方案。

### 第一段：锡林浩特—宝格达山—阿尔山（约800公里）

这段重点在于从锡林浩特到宝格达山，有两条路线选择。一条是走307省道前往**西乌珠穆沁旗**（见180页），出城不久就可以看到开阔的**乌珠穆沁草原**如画卷一般在道路两侧铺开。之后经白音华沿着白霍一级路朝**乌拉盖九曲湾景区**（见188页）方向行进，中途无论取道巴音胡硕还是霍林郭勒，路况都非常理想。接下来沿乌拉盖河向上游，顺着草原小路行驶，再转入303省道，就可以到达位于大兴安岭西南麓的当地圣山**宝格达山**，一路都有绝美的草原风光相伴。

另一条是从锡林浩特向北，走101省道，经额吉淖尔前往**东乌珠穆沁旗**（见183页），去见识在满都宝力格镇东北31公里处更加淳朴、原生态的草原**乃林郭勒**（见186页）。之后便可沿303省道前往宝格达山。如果无意继续去阿尔山，那么你可以将上述两条路线连成一圈环线。

宝格达山向东走上十多公里，就可以转上通畅的203省道，往北直达阿尔山。如果想给这一小段行程增加看点，不妨稍绕远路，沿303省道继续向东到**五岔沟**，再走与203省道平行的白阿线，顺路**南兴安碉堡**（见165页）和**白狼峰景区**（见166页）。

这里需要注意，303省道路况比较糟糕，越野车才能驾驭。其他车辆可以退而求其次，游览完乌拉盖九曲湾之后向南走霍林郭勒，由霍阿一级路转203省道前往阿

新巴尔虎右旗克尔伦苏木的莫尔根山

尔山。

### 第二段：阿尔山—新巴尔虎左旗—新巴尔虎右旗—满洲里（约430公里）

从阿尔山前往满洲里最经典的自驾路线，适合一边赶路一边观景：7~8月欣赏绿色的草原，9月看阿尔山的红黄秋色。整体路况平稳，沿途都能找到不错的食宿点。从**阿尔山**（见164页）出发，沿203省道北行，一路可以游览**玫瑰峰石林**（见164页）、**诺门罕战役遗址陈列馆**（见120页）、**甘珠尔庙**（见120页）以及如大海般烟波浩渺的**呼伦湖**（见122页）。最快一天时间就能到达充满异国风情的**满洲里**（见123页）。

如果觉得这条路线过于热门，想要另辟蹊径，连通阿尔山与蘑菇气镇的**蘑阿公路**会是不错的选择。虽说路面不宽，但路况良好，沿途森林风光不输阿尔山，经过**柴河月亮小镇**时还可顺便一游。蘑菇气镇紧邻高速，南下乌兰浩特或北上扎兰屯、海拉尔甚至满洲里都很方便。

### 第三段：满洲里—黑山头—室韦—太平—莫尔道嘎（约500公里）

这段行程的前一大半就是当地人口中的"卡线"，从满洲里到室韦一路沿边境线上行，风光无限好，9月尤佳，黑山头到室韦一段也已浇上柏油，路况大有改善。出室韦后转东行，大兴安岭的森林景致开始成为主角，**莫尔道嘎国家森林公园**（见143页）美不胜收。室韦与莫尔道嘎之间通有更近更平整的公路，不过为了更多地欣赏风光，仍建议绕经太平，只是需要做好走一大段土路的准备。

黑山头到室韦还有另一种"绕路"方案，即离开卡线，走301省道前往**额尔古纳湿地**（见136页），之后经**恩和**（见140页）俄罗斯民族村，再到达室韦。

## 河套沙漠路线

2017年京新高速（G7）的通车，让自驾旅行者终于有机会在戈壁沙漠间高速飞驰。如果你正跃跃欲试，不妨看看这条融合了穿

## 内蒙古租车和自驾锦囊

### 车型选择

内蒙古公路建设得不错，常规线路对自驾车的越野性能和排量均无过高要求。如果计划前往一些较为偏僻、需绕山的地方，有可能遇到坑坑洼洼的土路，选择动力较大的车辆会更保险。如果你开着自己的爱车出发，建议在出发前做一次保养，并确认一下车辆保险是否包含异地出险。记下保险公司的客服电话，带好保险单和驾驶证、行驶证。

### 租车

以下几家全国连锁的租车行在内蒙古多个城市设有分店，可以预约代驾和机场提车，部分支持异地还车，不过会收取很高的手续费。注意，阿拉善地区较少有此类连锁店。

**神州租车**（☎400 616 6666；www.zuche.com；⏲8:00~20:00）在呼和浩特、包头、呼伦贝尔、通辽等主要城市都有设店。其中部分是加盟店（非直营店），不支持异地还车。

**一嗨租车**（☎400 888 6608；www.1hai.cn；⏲9:00~18:00）在呼和浩特有三个门店，包括白塔机场店（☎185 4818 6221；白塔机场航站楼一楼到达大厅东侧商业柜台，西起第一节），包头也有一个门店（☎0472-514 2697；劳动路21号新泰花苑5-D1）。

租车一般需要根据天数、车型交纳数额不等的押金，押金会在查验没有违章记录的15个工作日后退还。

市区和旗县一般也有私人租车行，费用比连锁店便宜，车本身也没有大问题，但有时存在隐藏条件，例如每日行驶里程限制等，建议提前了解清楚。租车前全面检查车身及性能，以免还车时为前任租客造成的问题买单。

### 自驾注意事项

**加油** 内蒙古的加油站比较密集，多为92号和95号汽油。部分地区还有加醇站。

**导航** 电子地图导航通常比较准确，但有些道路维修、改道等信息可能更新不够及时，最好的办法仍是在出门前向当地人打听。前往偏远地区时建议提前下载离线地图。

**过路费** 除了高速，内蒙古的国道、省道、县道上都有收费站，虽然每笔费用不多，但叠加起来可能价格不菲。

**限速** 内蒙古境内的各类公路标志还算清晰，测速的地方都有明显的指示。由于路宽车少，自驾时很容易开快车，需要时刻提醒自己控制车速，尤其在经过村庄时。

**路况** 除部分未开发的林场、草原等景点是土路外，内蒙古绝大部分都是铺装路面，有些路段会有一些坑洞，但不影响通行。大兴安岭地区在雪天行车比较危险，建议改用火车作为交通工具。

沙段的超级大环线。由于阿拉善地区四通八达，我们同样将整条路线分为较独立的三段，便于你自行规划。

## 第一段：乌海—磴口—巴彦淖尔—额济纳（约800公里）

此路段的重点是体验穿沙公路（约650公里），不过你能欣赏到的可不只有沙漠风光。乌海出发走**沿黄公路**，一路看黄河，如果正逢夏秋之际，你还能见到大片金黄色的向日葵花田。经过磴口到达巴彦淖尔，在**中国河套文化博物院**（见266页）做个行前预热。之后进入京新高速，你可以开足马力直奔**额济纳胡杨林**，也可以在中途纳林湖出口下高速就近看看**阿贵庙**（见272页）或**敖伦布拉格大峡谷**（见254页方框）。高速公路两侧十分空旷，注意横风，车速不宜过快。到达额济纳之后，你还可以走北线前往“沙漠中的绿洲”**居延海**（见247页）和中蒙边境**策克口岸**（见247页），或是去南线上的**黑城遗址**（见

246页）和**怪树林**（见246页）拍日落。这里继续走京新高速便可穿过甘肃进入新疆哈密（约700公里）。

## 第二段：额济纳—东风镇—海森楚鲁—巴丹吉林（约500公里）

从额济纳沿315省道一路南下，在开过东风镇之后约50公里处，你会远远见到孤独矗立在戈壁之上的火箭发射塔，它的所在地就是**额济纳东风航天城**（见248页方框），也就是酒泉卫星发射中心。继续南下进入真正的甘肃酒泉，在航天镇左转前往**海森楚鲁怪石城**（见259页），看看现实里的科幻世界。接下来走316省道便可直抵巴丹吉林镇，用几天在**巴丹吉林沙漠**（见263页）这个巨大的乐园中尽情玩耍，不过进入沙漠需换乘园区越野车。这里距离甘肃张掖非常近，仅约3小时车程，可以在此调整线路。

## 第三段：巴丹吉林—巴彦浩特（约500公里）

这一段道路很通畅，先后走317省道和218省道，路上顺便一览**曼德拉山岩画**（见260页）的风采。抵达巴彦浩特后，如对沙漠意犹未尽，城区附近还有湖泊众多的**腾格里沙漠**（见257页）等待你的探索。再花一天时间将南北两座重量级寺庙看遍，最后去**阿拉善博物馆**（见251页）为行程做个完美的总结（反向也可作为行程预热）。宁夏银川距此仅1.5小时车程，你可以去看看贺兰山的另一面。

## 危险和麻烦

➡ 不要随意碾压草原，进入泥滩或沙地。前者会毁坏草皮，破坏生态，还可能面临罚款；后者则很容易陷车，给自己造成不必要的麻烦。

➡ 在过于平直的公路上长时间行驶，很容易造成视觉疲劳，一定要经常停车小憩。同时注意别超速。

➡ 忌长时间使用空调车内循环挡，这会令车内氧气减少，加速司机的疲劳。

➡ 内蒙古公路上突然出现牛羊家畜占据车道是经常的事。避免按喇叭驱赶它们，以免动物受到惊吓。

➡ 行进在看不到对面来车的山路时，转弯切记要减速、鸣笛、靠右，不可侵占对方车道，以免发生危险。

➡ 国道上大卡车较多，要注意避让，保持车距。尽量避免夜间行车，夜间的大货车数量远远多于白天，且大车司机经常有疲劳驾驶的情况。

苏德夫摄

**上图:** 在室韦远眺额尔古纳河对岸的俄罗斯村庄

**下图:** 新巴尔虎右旗达赉苏木的牧民

# 在路上

# 呼和浩特及周边

**包括 ➡**


呼和浩特市 ........................ 64
辉腾锡勒草原(黄花沟) ..... 76
希拉穆仁草原 ..................... 77
格根塔拉草原 ..................... 78
老牛湾国家地质公园.......... 79
包头市 .................................. 80
白云鄂博 .............................. 89
鄂尔多斯市 ......................... 90
成吉思汗陵 ......................... 95
库布齐沙漠 ......................... 97
乌兰察布市(集宁) ........... 102


## 最佳自然景观

- 辉腾锡勒草原(见76页)
- 乌兰哈达火山地质公园(见106页)
- 七星湖(见100页)
- 赛汗塔拉城中草原(见80页)
- 老牛湾国家地质公园(见79页)

## 最佳就餐

- 贝尔杂碎馆(见72页)
- 额尔敦传统涮(见73页)
- 乐厨家常菜(见85页)
- 德顺源(大观园店)(见72页)

## 为何去

呼和浩特及其周边的包头、鄂尔多斯、乌兰察布三市位于内蒙古中部,又在中国正北方。就凭着贴近中原的风土人情、通达的交通和繁荣的商贸,只要追求不是过于狂野,这里便是体验塞外风光和了解民族历史的首选。曾经风吹草低见牛羊的阴山下,辉腾锡勒草原和希拉穆仁草原还有着不俗的表现;绿意点缀的库布齐沙漠中有参与性更强的娱乐项目和更为丰富的自然景观。大大小小的召庙讲述着藏传佛教首传内蒙古的历程,古老的城郭和府邸记录了城市起源和发展的踪迹。族群历经兴衰逐渐远去,成吉思汗陵却是蒙古民族永远的圣地。

工业旅游则是认识这片土地的新方式,这里的钢铁、矿业、兵器和重工依然保留着激情岁月的印记,走向现代化的轻工企业更让你体会到"中国乳都"呼和浩特的甜润和鄂尔多斯的温暖。加上中原与草原美食汇聚,肉类面食不厌其精,以及中心城市群的住宿环境和条件优势,一场内蒙古的全印象之旅即将展开。

## 何时去

**4月至6月** 北上的候鸟与春天一起到来,在海子和湿地短暂落脚。农历五月十三,盛大的敖包祭祀活动在草原上演。

**7月至8月** 草原迎来了最美的时光,那达慕大会、音乐节等活动此起彼伏。但各景区人头攒动,食宿费用也水涨船高。草原和沙漠早晚温差很大,既要防暑,也要防寒。

**9月至10月** 草黄了,树叶也黄了,苏木山、大青山的色彩层次逐渐丰富起来。库布齐沙漠迎来了一队队的徒步者。

**11月至次年3月** 大部分草原和沙漠景区闭门关张,但城市观光不受影响。岱海和哈素海可泡温泉,各处冰上娱乐陆续开启,热腾腾的火锅和烤肉是此时最好的回馈。

## 历史上的河套平原

汉代就有“黄河百害，唯富一套”说法，与北朝民歌《敕勒歌》所唱的草场丰美、牛羊成群的景象都是指阴山脚下的呼、包、鄂所处的河套地区。据《汉书》记载：“匈奴失阴山之后，过之未尝不哭也。”确实，有什么比痛失广袤丰腴的土地更为悲伤的呢？因此，河套地区历史上就是游牧民族和农耕民族争夺的前沿，在草原文明和农耕文明间不断改旗易帜。蒙古人在明代一直依托河套威胁中原。对中原王朝而言，占据河套不仅可驻兵屯田、移民开垦，更可将防线推到阴山北麓；而失去河套，黄河南岸的鄂尔多斯高原无险可守，防线就要退到陕北——从秦汉和明朝长城的走向就能看出。

### 孩子们的呼、包、鄂

呼、包、鄂不只有便利的交通和舒适的条件，这里丰富的寓教于乐活动还能让小朋友收获满满。

**亲近自然** 在赛汗塔拉城中草原（见80页）与放风的鹿群亲密接触；欣赏沙漠绿洲七星湖（见100页）的同时，摄取丰富的沙漠生态知识；草原中的黄花沟（见76页）和沙漠里的响沙湾（见98页）是大自然中的游乐场。

**走出课本** 白云鄂博的稀土矿是如何开采的？原奶经历哪些步骤才变成了市场上的奶产品？厚厚的钢坯如何转换成薄薄的钢板？从羊绒到羊绒衫需要经过哪些过程？只要提前1天预约，你就可以带孩子走进这些大型企业的生产车间，在现场的实物演示和讲解中学到课本上没有的知识。

**探索科学** 内蒙古博物院（见65页）二层的自然科学陈列，内蒙古科技馆（见68页）和北方兵器城（见83页）都对孩子们有着很强的启蒙性和吸引力。

## 行前提示

由于每年的炎热气候只持续月余，大部分的中小型宾馆和餐厅都没装空调。夏季夜晚气温舒适，但白天难免闷热，我们调研时，这片地区的公共场所尚未禁烟，即便一晚五六百元的高级宾馆也未必有无烟房。

95%的餐厅在14:00～17:00都闭餐，部分场馆中午11:00～14:00休息，出行要合理安排时间。

客运班车从客运站准点发车后，往往会龟速行驶或绕城拉客。如果车上只坐了几个人就爽快上路，那极有可能是把你送到在某地等候的另一辆班车上。

去往草原或沙漠景区，住在附近的县城不但性价比更高，还能避开消费陷阱。

## 快速参考

- **呼和浩特**

人口：308万

区号：0471

- **包头**

人口：285.8万

区号：0472

- **鄂尔多斯**

人口：205.5万

区号：0477

- **乌兰察布**

人口：289万

区号：0474

## 如果你有

- **1天** 把时间留给呼市的**内蒙古博物院**（见65页）和**大召**（见65页），再挑家蒙餐馆子大快朵颐。

- **3天** 第1天同上，第2天去**黄花沟**（见76页），欣赏白色风车阵。第3天前往**乌兰哈达火山地质公园**（见106页方框），看草原上的火山群。

- **5天** 第1天同上，第2天去**希拉穆仁草原**（见77页）游玩后前往**百灵庙**（见90页），第3天回包头。第4天游览**七星湖**（见100页）后，走穿沙公路到杭锦旗。第5天到鄂尔多斯的**康巴什新区**逛一逛（见91页）。

## 阅读内蒙古中部

**《寻路中国》**，彼得·海斯勒著，其中描写了10年前自驾穿行在内蒙古中部的故事。

**《内蒙访古》**，翦伯赞著，以历史学家的视角描写了20世纪50年代的内蒙古之行。

## 呼和浩特及周边亮点

❶ 盛夏到**黄花沟**（见76页），尽览草原芳菲。

❷ 在**乌兰哈达火山地质公园**（见106页）的火山群间穿梭，仿佛身处外星。

❸ 走进**内蒙古博物院**（见65页），任草原数千年的风云变幻再现眼前。

4 傍晚来到**七星湖**（见100页）沙丘环绕的海子前，与水鸟一起营造夕阳中的最美剪影。

5 在沙漠中的新城**康巴什**（见91页）漫步，了解鄂尔多斯跌宕起伏的经历。

6 登上**白云鄂博矿区**（见89页）的观礼台，领略“世界稀土之都”的强大气场。

# 呼和浩特

## 呼和浩特市

地处边疆、朔漠之城。作为自治区的首府，呼和浩特与现代化大都市尚有些距离，也没有别具一格的自然风光，但千百年来民族的传承和成长却造就了它独特的气韵。云集的召庙500年香火不绝，大召小召的红墙青瓦在高楼大厦间更显古朴；将军衙署最后的主人用新的方式终结了昭君与恪靖和亲睦边的历史，古朴的庭院和长青的墓冢依旧见证了古今变化；城郊仍有芳草萋萋的田园牧歌，蒙牛和伊利让"中国乳都"成为农耕与游牧的科技升华，宏大的园区和先进的生产线随时欢迎你的造访。

你可以把呼和浩特作为走进内蒙的第一站，在讲述民族历史文化的博物馆打开视野，在草原风味弥漫的奶茶店激活味蕾，再乘着通达便利的交通工具继续前行。

### 历史

在2000多年的建城史中，呼和浩特的"曾用名"不少。建城之始可追溯到战国时期，公元前306年，推行"胡服骑射"的赵武灵王在现托克托县境内建城设郡，并诗意地称之为云中郡。秦汉时期，云中郡周围先后建了23个县，范围不断扩大。南北朝时，鲜卑族拓跋部在北方兴起，拓跋珪建立的北魏政权定都于云中郡的盛乐（今和林格尔县）。直至10世纪，辽国在今呼市东郊白塔村建立军事重镇丰州城，"云中郡"这个叫了1400多年的名称才被替换。

"库库和屯"其实就是呼和浩特的另一个蒙文音译版本。明朝中后期，阿拉坦汗率土默特部到这里驻牧筑城，城墙都用青砖垒成，便有了"青城"之名。自从藏传佛教取代了原始的萨满信仰，一座银佛寺开启了几百年建庙史，成就了"召城"威名。由于阿拉坦汗和明朝修好并接受了赐封，库库和屯也有了政治意味十分明确的汉名"归化"。修建归化城时，步入老年的阿拉坦汗不久便辞世了。他的夫人三娘子继续主持了这一工程，呼和浩特也因此得名"三娘子城"。明朝末年，察哈尔部林丹汗从土默特部手里"克归化城，夺银佛寺"，但又在自己手里败给满人，归化城毁，汗廷不复。清政府重建归化后，又在城东北2.5公里处新建了以军事功能为主的"绥远"城。派驻绥远将军管辖漠南蒙古王公，调遣宣化、大同二镇的绿营官兵。归化作为内蒙古中西部政治军事中心的地位得到进一步确认。直到今天仍有一些市民用旧城、新城称呼着归化、绥远对应的片区。

长达400多年的"走西口"历史中，归化一直都是重要的目的地。今天这里有着许多山西人、陕北人的后裔。晋商也和"走西口"密不可分。清康熙年间，从福建武夷山通往沙俄的万里茶路上，晋商是最大的经营者，归化则是重要的贸易中转城市。阵阵驼铃间，响起的还有俄语、蒙古语和山陕方言的吆喝声。

1928年，归化和绥远合称"归绥"，民国时期曾以归绥市为省会，建立了绥远省。1954年，绥远省被撤销，全境并入内蒙古。归绥市也变成首府，并根据民族政策，重新用蒙古语音译，是为呼和浩特。1986年，呼和浩特被国务院评为"中国历史文化名城"。2005年，伊利、蒙牛两大乳业龙头企业的迅猛发展为呼和浩特赢得了"中国乳都"的称号。2017年内蒙古自治区成立70周年大庆之际，动车驶入呼和浩特，大手笔的城市设施和形象工程令城市面貌焕然一新。

### 方位

呼和浩特位于大青山南麓的平原上，四个城区个性分明。正对着火车站的锡林郭勒南路把城市分为城西和城东。城西的回民区聚集着全市70%的回民，球形的殿顶、高耸的塔楼、尖拱的门窗和彩色的琉璃砖营造出伊斯兰景观街（通道南路）浓郁的风情。往南的玉泉区以蒙古族居民为主，大大小小的召庙聚集于此。城东是汉族为主体的多民族聚居区，多所高等院校坐落在赛罕区，成就了热闹的美食街和夜市。宽阔的新华东街则是新城区的纽带，它连接了火车站、火车东站和机场，串起了政治、文化和商业地标如市政府、博物院、万达广场等。位于市中心、连接东西两城的中山路是呼市最繁华的商圈，这里有民族商场、海亮广场、维多利购物中心等大型商场。

## 景点

### ★内蒙古博物院 博物馆

（见66页地图；☎461 4333；www.nmgbwy.com；新城区新华东街27号；免费；⏲9:00~17:00，16:00停止入馆，周一闭馆）高耸的蒙古包穹顶，两翼划出飞翔的弧线。这座充满现代创意的白色建筑，稳稳地坐落在绿草如茵的高坡上。2017年内蒙古自治区成立70周年之际，博物院内部装修，重新布展后全新开放，明亮高阔的观展空间内展出了丰富的藏品，并辅以详细的介绍，为旅行者提供了很好的观展体验。

博物院的展厅分别位于二、三、四层，每层内容各有侧重。三层的**天骄蒙古**和**草原烽火**两个展馆是博物馆的精华所在，以蒙古族历史为主线，展示了从公元前2000年左右蒙古族的发祥到现代革命的近四千年兴衰和历程。四层的展馆侧重各个边疆少数民族的历史。不要错过这里的**边关岁月**展厅，大量以动物纹饰和动物咬斗图案为主的金饰品和青铜器具有浓郁的游牧民族文化特征。其中**鹰顶金冠饰**是博物院的镇馆之宝，出土于鄂尔多斯市杭锦旗，据考为战国时期匈奴单于的头冠。它是迄今为止发现的唯一一件匈奴酋长冠饰，纯金打造工艺精巧。在鄂尔多斯的市博物馆和青铜器博物馆，均将其复制品作为"镇馆之宝"展出。

如果带孩子前来，他们会喜欢二层以自然科学为主的几个展厅——无论是内蒙古这个"古生物王国"的化石陈列、各类生态环境下的动植物模型，还是亮晶晶的矿石宝藏，以及"神舟号"飞船的发射、回收过程和太空故事（神舟系列飞船都是从额济纳旗发射升空的，五号、六号、七号和十号飞船的返回舱又都降落在四子王旗境内），都科普性与趣味性十足。

博物院每天9:00和14:00各有一场免费讲解。你可以在二层大厅找到公益讲解员，他们各自负责讲解其中一个楼层的展厅并同时开始，持续约2小时。服务台也提供有偿讲解服务，有多个展厅组合可选，价格40~140元。博物院二层还设有特产超市、快餐厅等。

乘2路、3路、16路等十余条公交线路在博物院站下车即到。

### 大召 寺庙

（见66页地图；玉泉区大召前街；门票35元）这座召庙由顺义王阿拉坦汗和夫人三娘子主持修建，于1580年建成，是呼和浩特最早的寺庙，500年的历史与其金顶红墙外观一样耀眼。1586年，三世达赖亲临大召为银佛开光，寺庙从此名声大振；1652年，五世达赖路过呼和浩特驻锡大召，至今大召内还供有他的铜像。早在明末，后金皇太极追击蒙古察哈尔部林丹汗，焚毁了归化（今呼市老城）却保留了威名远播的大召。皇太极开国清朝后，又重修扩建大召，寺名由明帝赐名的"弘慈寺"被改为清帝赐名的"无量寺"，并沿用至今。顺治曾歇宿大召，康熙则铸"皇帝万岁"龙牌供于银佛之前，从此"皇庙"的名号叫响，拜谒者多了文武百官。大召由此取消了活佛转世制以表尊崇，成为极少不设活佛的藏传佛教寺庙之一。

大召不仅地位显赫，寺内珍藏也非凡。山门正中，由满、蒙、藏、汉四文书写的**大召无量寺**匾额为皇太极所赐。**大雄宝殿**中有称为"大召三绝"的明代文物：一是由尼泊尔工匠用3万吨纯银铸造的释迦牟尼**银佛**，因此大召也有银佛寺的别称；二是一对通天柱上的木质**龙雕**，雕工了得，大有翔于天地之间的气势；三是通墙覆陈的**壁画**，绘制的770个神佛和凡俗人物引人入胜。还有一处看点是供奉缅甸玉制的释迦牟尼坐像的**玉佛殿**，高4.2米、重20吨的佛像上镶嵌着4.8万颗、20多种宝石，眉心所镶上乘红宝石更是罕见。大召广场牌楼前的**玉泉井**相传是康熙皇帝御马奋蹄刨出的"玉泉"，后被称为古代北方九个边疆镇的泉水之首，它所在的城区因此得名玉泉区。

大召最热闹的日子当属农历正月十五和六月十五，这两天上午有转召、晒大佛、跳恰木等活动。其他诸如佛诞日（农历四月初八）、宗喀巴大师成佛日（农历十月二十五）等也有法会。每年春节、暑期，大召门前也常有庙会举办。

乘6路、38路等公交在大召站下，或乘3路、19路等在光彩市场站下亦可。

### 慈灯寺（五塔寺） 寺庙

（见66页地图；☎597 2640；玉泉区五塔寺前街；门票35元，讲解30元）慈灯寺原为小召僧

## 呼和浩特城区

人呈请清朝廷于1732年修建，后因活佛圆寂寺宇逐败，仅有五塔保存下来，直至1977年寺院才得以重建。源于古印度佛陀伽耶佛塔造型的**金刚座舍利宝塔**（俗称五塔）很是夺目，以致“五塔寺”这个名字比慈灯寺更被人熟知。五座玲珑的小塔代表五方佛，矗立在象征佛陀世界坛城的方正台座之上。七层绿色的琉璃挑檐环镶于台座四周，1119尊各种姿态的鎏金小佛像层层坐落。国内同类样式的五塔还有几座，大都分布在北京。

寺院中部有一个**呼和浩特召庙文化展**，列出了呼和浩特召庙分布图和召庙一览表，图文简洁地展示了召与城的渊源。五塔后方土墙上镶嵌的三幅石刻，据说其中**蒙文天文图**格外珍贵，其清晰的拓片在文化展中展出。可惜原图裸置土墙未加任何保护，已经十分模糊。

乘公交1路、26路、31路等在蒙西文化广场站下车。二十六中站、内蒙古疾控中心站离五塔寺也很近。但最好是游览大召和席力图召后沿小召头道巷一路步行过来，10分钟就到。

### 呼和浩特市博物馆 博物馆

（见66页地图；☎652 7433；呼伦贝尔路与新华大街路口；免费；⏲9:00~17:00，16:30停止入馆，周一闭馆）这座楼顶有骏马凌空造型的白色楼宇，是华丽的城区地标，当地人也因此称之为“大白马博物馆”。这里是内蒙古博物馆旧址，如今作为市博物馆专题展出**中国古代蒙元文化展览**。近5000平米的四个展厅用700多件（套）蒙元时期文物和精彩的文字图片，全方位展示了从1206年忽必烈统一蒙古建立大蒙古国到建立元朝统治的大国版图，以及至元朝终结的162年间蒙元文化的历史内涵和地域特色。三楼的**青城记忆**小展厅

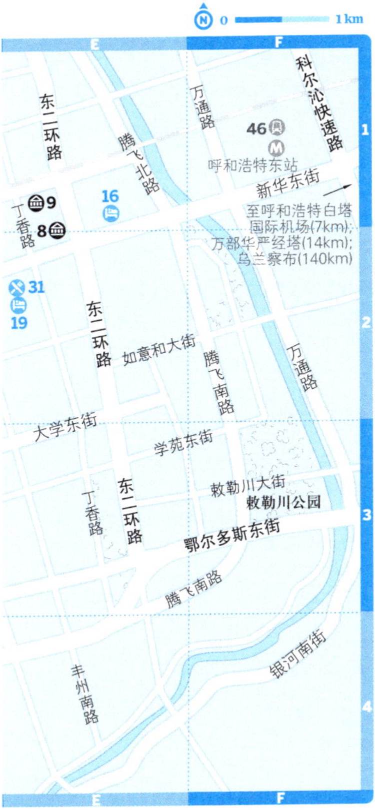


展出的多是20世纪30~50年代拍摄的呼市老照片。博物馆每天10:00和15:00提供免费讲解，时长1小时。

乘公交56路、82路、89路、97路到K1路新世纪广场站下，或乘公交26路、37路、58路、76路金航商城站下。

## 昭君博物院　　陵墓

（☎515 0201；玉泉区桃花乡呼青公路旁；门票 夏季65元，冬季50元；导游50元；⏲夏季8:00~18:30，冬季 9:00~17:00）美人远嫁塞外多少有些凄婉，昭君和亲促进汉匈近半个世纪和平的故事却广为传颂。步入修缮一新的园区，一条宽阔的千米大道通向深处高耸的青冢。青冢因萋萋芳草四季不枯得名，作为王昭君的陵墓据说已存在了2000年。登上33米高的坡顶，能看到北边的大青山和呼和浩特的城市天际线。在园内的匈奴文化博物馆、昭君出塞陈列馆和中国历代和亲文化博物馆可了解相关背景知识。7~8月每天10:30和15:30可免费观看在单于大帐演出的《昭君情缘》舞蹈，但位置不多，坐满就关门了。

前往昭君墓，可在城南的内蒙古大学创业学院乘公交44路（1元），或从旧城北门乘209路（5元）到达，这两趟车发车间隔都很长。44路经过距昭君墓一站之遥的蒙古风情园，园内的草原上建有零零散散的蒙古族风情建筑，可乘电瓶车（15元/人；1小时）逐站参观、拍照。从昭君墓继续往南可达蒙牛六期工厂（见70页方框）和盛乐博物馆（见69页），若时间富余，这几处可以一起游览。

## 绥远将军衙署　　历史建筑

（见66页地图；☎690 4478；新城区新华大街31号；门票35元；⏲7:30~18:00，冬季 9:00~17:00）"漠南第一府"牌匾与古朴简洁的四进院落在想象上有些差距，但"一座将军府，半部青城史"所言不虚。这座建于1737年清乾隆时期的绥远将军署衙，见证了青城数百年的历史风云。清廷在172年间正式授封的78任绥远将军在此"屏藩朔漠"管理驻扎，民国之后变为政府机构的办公场所。解放战争中，和平解放北京功不可没的"绥远方式"在这里诞生。直到21世纪初重修后，将军衙署才作为文物开放参观。无论是对政治历史还是建筑文物感兴趣，都值得前往了解。

青城1号线、2号线，公交3路、4路、19路、89路、97路等都直达这里，站名就叫"将军衙署"。

## 清固伦恪靖公主府　　历史建筑

（见66页地图；新城区通道北路62号；免费；⏲夏季 9:00~17:00，冬季 9:30~17:00，关门前30分钟停止发票，周一闭馆）满蒙联姻曾是贯穿清王朝近250年统治的重要固边政策之一。在432名遣嫁蒙古的公主和格格中，康熙的六女儿恪靖公主是第一位与漠北（现蒙古国）联姻的公主。这座四进五重的清代建筑，就是康熙为恪靖公主赐建在远离战火且自然环境好的漠南府第。至今已三百余年的院落仍然精致清丽，屋内的展览细细看下来，会对恪靖公主的生平和清代蒙满联姻制度有更深的了解。

公主府向南不足一公里的街心绿地公主府公园（见66页地图；海拉尔大街54号）据说曾

## 呼和浩特城区

**景点**

1 宝尔汗佛塔……A4
2 慈灯寺（五塔寺）……B4
3 大召……A4
4 公主府公园……A2
5 观音寺……A4
6 呼和浩特市博物馆……B3
7 乃莫齐召……A4
8 内蒙古博物院……E1
9 内蒙古科技馆……E1
10 清固伦恪靖公主府……A2
11 绥远将军衙署……C2
12 席力图召……A4

**活动**

13 内蒙古赛马场……B1
14 素元皮艺……C3

**住宿**

15 H酒店……C2
16 八福书旅……E1
17 哈拿青年旅舍……D2
18 海亮广场大酒店……B3
19 尚俭太空舱公寓（万达店）……E2
20 唯特酒店……D2
21 亚朵酒店……C3

**就餐**

22 半亩地……B3
23 贝尔杂碎馆……C2
24 德顺源（大观园店）……B4
25 额尔敦传统涮……B3
26 丰镇海鹏……B4
27 格日勒阿妈奶茶馆（广场店）……B3
28 呼和浩特稍麦一条街……B4
29 马林焙子……A3
30 米粮川老味道回勺面……B3
31 闽想佛跳墙……E2
32 清真王维烤羊肉串……A3
33 谭记旺品餐厅……B3
34 西北狼大盆骨……C2

**饮品和娱乐**

35 胡桃里……C3
36 木鱼咖啡……B3
37 桐昕巷……C3
乌兰恰特……（见8）
38 芸湃精酿……D3

**购物**

39 阿拉坦汗羊绒城……A4
40 北京华联超市（锡林郭勒南路店）……B4
41 大牧场（呼市旗舰店）……A3
家乐福……（见20）
42 蒙亮内蒙特产……A3

**实用信息**

43 蒙古国驻呼和浩特总领事馆……D3
44 游客集散中心……A1

**交通**

45 呼和浩特站……B2
46 呼和浩特东站……F1
47 通达南站……B4
48 汽车西站……A2
49 长途汽车站……B2

是公主府的后花园，可以来看看。

乘坐2路、84路、K3路等在公主府公园下车后，沿通道北路北行几分钟就到。

### 万部华严经塔　　塔

[见76页地图；赛罕区太平庄乡白塔村（呼市东郊17公里）；门票20元；⌚9:00~17:30]因表面涂了一层白垩土，这里又称为白塔。附近的呼和浩特白塔机场也因此地得名。八角七层、斗拱飞檐的塔身上，雕刻精致繁复。塔内墙壁上保存着梵文、八思巴文等多种民族文字的墨书题记。随逼仄的旋转阶梯登至塔顶的佛堂，领略威严的同时亦可俯瞰周边的田园风光。宝塔建于辽代，后院中有一个**丰州故城**的小型展览馆，展出了辽代佛教的发展和白塔所在的古丰州城的考古成就。

可以从公交三公司乘12路到终点站滕家营，再打车（10元）3公里到白塔，可以记下司机电话要求返程来接。

### 内蒙古科技馆　　科技馆

[见66页地图；新城区北垣街与东二环路口（内蒙古博物院北）；免费；⌚9:30~16:00，周一、周二闭馆]这里如同一个大型实验室，把数理化等课本上的理论知识变成了趣味十足的娱乐设施，等待着你去验证。从海洋探索到地球生态，从古代生命到未来能源，展览内容包罗万象。三层的宇宙与航天馆里设有1:1的神舟飞船模型和虚拟的太空布景，能了解飞船发射、空间对接和返回的全过程。科技馆

的一层和夹层有面积很大的儿童乐园，是学龄前儿童认知启蒙和娱乐的好场所。

科技馆位于内蒙古博物院北边，到达方式同博物院。

### 盛乐博物馆　博物馆

(和林格尔县；免费；⌚9:00~12:00, 13:30~17:00；周一闭馆）1971年和林格尔县西北出土了大量文物，人们由此发掘出盛乐古城遗址。遗址旁建成的半地下覆土式博物馆以史料和文物展示了从大兴安岭迁徙而来的拓跋鲜卑民族走出嘎仙洞、在盛乐二度建国、三筑都城、历经十四代帝王的140年的历史和文化，也展现了鲜卑民族的生产生活及征战的场面。

从昭君博物院坐209路在园区路口下，或从蒙牛六期工厂（见70页方框）步行约2公里前往。

## 课程

### 素元皮艺　皮具制作

(见66页地图；☎134 8471 1143；赛罕区大学东街128号中山书店侧门上二楼）这里制作并售卖蒙古族风情的手工皮具，也开设皮艺制作课程。基础班（1680元；6天）包括制版、上色、打磨、组装、缝制等，学习制作钥匙扣、手环、腰带、短夹、长夹。中级班（2460元；7天）主要学习拓稿、刀线、雕花、染色等，作品有钥匙包和雕花长夹。学习期间制作的成品均可带走。若只想学习制作其中一两样，可提前咨询。

### 内蒙古赛马场　骑马

(见66页地图；☎158 0471 1838；新城区呼伦贝尔北路27号）马术俱乐部可请教练辅导骑马课程，一鞍时（45分钟）收费200元。

## 节日和活动

6~9月是内蒙旅游的旺季，多种多样的旅游节、美食节、文艺活动和民俗节会在呼和浩特举行。比较大型的**呼和浩特昭君文化节**在每年7月举办，同期举办的还有**呼和浩特少数民族文化旅游艺术活动**，内容涵盖摄影展览、大型歌舞演出、电影展映、展会论坛等，你可以在呼和浩特的民族艺术剧院音乐厅、乌兰恰特剧院、体育场、昭君博物院、美术馆和公



### 召城寻召

蒙语称寺庙为“召”。呼和浩特能成为内蒙古唯一的国家历史文化名城，召庙文化是其中重要因素，“召城”之称也并非浪得虚名。

自阿拉坦汗和三娘子筑城之后，佛教就与呼和浩特结下了不解之缘。七大召、八小召、七十二个免名召，指的就是当时以归化、绥远为首的土默特地区所建造的寺庙。一时间街街巷巷香烟缭绕，家家户户念六字真言。数百年的变迁，让召城的许多寺庙早已倾颓——有的正以废墟之姿努力渡劫，有的则是彻底消失——比如七大召之一的小召，原与大召齐名，如今只剩一座**小召牌楼**算是遗址；向南不远曾属八小召的巧尔齐召，只剩下巧尔齐召巷这条小巷了。鼓楼立交桥附近有马神庙街、关帝庙街，曾经的寺庙也和鼓楼一样只存于地名中。

现存的召庙以大召周边最为集中，可顺路拜访。其中与大召一路之隔的**席力图召**（见66页地图；玉泉区石头巷北端；门票25元；⌚夏季 8:00~18:30，冬季 9:00~16:30）也是七大召之一，因四世达赖云登嘉措的老师第一世席力图活佛而得名。大经堂金字门匾**延寿寺**是康熙赐予的寺名并亲笔手书。寺内一尊《平定噶尔丹纪功》碑亦为康熙御制，表彰席力图召对清廷的功绩。从大召广场旁的大召西夹道往南，路西的**弘庆召**虽年久失修，但气派的三进院落仍可证明其“七大召”之一的身份。向南望去，一排宏伟齐整的红墙黄瓦建筑是位于鄂尔多斯大街的**观音寺**（见66页地图；免费；⌚8:00~17:00），这座始建于清代的汉传佛教寺院在2006年大规模扩建，香火极旺。规模最大的大雄宝殿会因法课于15:30以后谢绝参观。观音庙对面，高81.6米的**宝尔汗佛塔**（见66页地图）也许是召城新的佛教文化象征。从早到晚都有人顶礼膜拜，还能碰到绕塔磕长头的虔诚信徒。晚上，塔下有夜市、广场舞和围塔健步走的市民，锻炼和祈福两不误。西距大召约500米还有**乃莫齐召**（见66页地图；玉泉区小西街），但看点不多。

值得一游

## 走进牛奶工厂

北纬40度至47度是国际公认的优质乳牛带，这片区域气候干爽，阳光充沛，适宜奶牛生长。有“中国乳都”之称的呼和浩特恰逢其间，也难怪两大乳业巨头——伊利和蒙牛都安家在此。如今，这两家企业的工厂向旅行者敞开大门，你可以在专业解说人员的陪同下，走进现代化的生产车间，亲眼见证牛奶从储奶罐进入灭菌、灌装、装箱、储运等自动化生产线环节，变成一箱箱奶制品，直至装车被运往全国各地。蒙牛和伊利的工厂都接受预约参观，二者生产车间的参观形式区别不大，但其他服务各具亮点。

步入**蒙牛六期工厂**（☎739 0199；呼和浩特市和林格尔县盛乐经济园区）厂区，仿佛来到了牛奶主题乐园。从黑白奶牛花纹的大楼和露天储奶罐，到主题小镇般的企业文化和商品展示长廊，让大小朋友都兴奋不已。在这里，你可以在模型上尝试当一回挤奶工，还有多种相关的互动游戏可玩。不管是科普性、娱乐性还是导览服务，这里的参观体验都比伊利工厂更胜一筹。你可以拨打电话或通过微信公众号“蒙牛乳业服务号”预约参观。未预约的也许可以参加当天16:00的最后一场，但最好提前联系确认。从公交三公司乘101路（5元）到蒙牛六期工厂站下车最为便捷，也可以从旧城北门坐209路（5元）在园区路口站下，再沿盛乐大街往东步行1.4公里到蒙牛六期工厂。

**伊利乳都科技示范园**（☎335 7288，335 7388；呼和浩特市金川开发区汇金道）的主要参观项目是液态奶工厂，无特别之处。但分散在金川开发区各处的其他参观点还是有些吸引力的，只是需要自驾车才便于前往。**草原乳文化博物馆**展示了北方游牧民族乳文化的发展历程，**奶粉全球样板工厂**是国际先进水平的奶粉生产线。在**敕勒川精品奶源基地**，你能跟小牛犊进行亲密接触，还能看到上百头奶牛排队进入转盘挤奶机的场面。电话预约时要明确想参观的内容和时间，并索取具体地址。由于各点的开放时间是9:00~11:00和13:00~16:00，我们建议你在9:00或13:00先参观奶源基地，再前往科技示范园。乘89路、K5路等公交车到金川文化广场站，下车后前行300米至环岛左转（往南），进入汇金道直行1公里过金四路路口，看到红、绿、蓝三色的拱形大门即是科技示范园。网络地图导航可查询“伊利实业股份有限公司”。

园、商业街和所辖各旗县看到相关活动。

内蒙古赛马场是**内蒙古（国际）马术节**的主赛场，每年6~9月，马术比赛在内蒙古的呼伦贝尔市、兴安盟、通辽市等分赛场举行，并于9月下旬来到主赛场举行年度总决赛。

在呼和浩特周边的希拉穆仁草原（见77页）、格根塔拉草原（见78页）等地，几乎每年都举办**那达慕大会**和**草原音乐节**，具体时间可提前上网查询（没有官网，可以参考相关新闻）。

## 住宿

呼和浩特的住宿数量多、特色少，最具性价比的还是汉庭、7天等连锁快捷酒店——它们占据了各个商圈的有利地形，而且基本都安装了空调。海亮广场位于城市的中心，住在这里吃喝玩乐和交通都方便。青年旅舍大多集中在万达广场周边，一些青旅提供库布齐沙漠或辉腾锡勒草原一日游，即便不入住也可以报名参加。但青旅通常没有空调，在旅行者密度较大的夏季难免有点闷热。

**八福书旅** 青年旅舍 ¥

（见66页地图；☎180 4717 0474；新城区新华东街亿峰岛；铺 40元；📶）之所以叫“书旅”，是因为你可以带一本书来（教科书除外），然后以10元的价格入住（仅限1天）。青旅位于亿峰岛小区的一套高层住宅中，男女分宿。由于客人总是很多，空间会显得略微拥挤，但也意味着你不必为搭伴或拼车发愁。青旅可提供前往呼市周边各旅游区的包车服务，还有私家线路带你深入辉腾锡勒草原（晚上在草原扎营，第2天返回，价格398元/人），即便不住在这里也可参加。老板旅行经验丰富又热心，这里的服务也很周到。乘公交到“公交三公司”站下车，到小区门口打电话，老板会下来接。

### 亚朵酒店 酒店 ¥¥¥

（见66页地图；☎684 8888；www.yaduo.com；新城区乌兰察布西街45号；标单/双 334/422元起；❄📶🅿）步入大堂，一股清新的气息扑面而来。酒店在2017年初开业，浅色系的装饰和素雅的布置让人内心平静。不同的房型有相应的设计，床品尤其舒适，窗边还设有长沙发可供休息和观景。酒店一层的书厅书目繁多，有免费茶饮；五层设有自助免费洗衣房和健身房。一街之隔的满都海公园是个散步的好地方。

### ★哈拿青年旅舍 青年旅舍 ¥

（见66页地图；☎156 6116 7037；赛罕区新华大街万达西巷东馨园别墅A座3号；铺 35元起；📶）这家2017年夏天刚开业的青旅设施又新又舒适，房间也比其他青旅宽敞，1.35米的超宽铺位和柔软的床垫更是让人难以抗拒。三层的小楼一层为公共区域，二、三层分别为男、女多人间，每层都设有两个卫生间（马桶）和一间淋浴室。出门就是万达商圈，吃喝玩乐一应俱全。青旅可帮忙联系包车一日游，你的其他需求也会得到热心帮助。

### 唯特酒店 酒店 ¥¥¥

（见66页地图；☎693 4888；新城区新城东街85号太伟方恒广场B座；标双 含早餐 358元起；❄📶🅿）性价比较高的一家酒店，位于摩尔城和万达广场两大商圈之间的主干道上，交通便利，吃喝玩乐也有丰富的选择。客房很宽敞，卫生间干湿分离，不仅有直饮自来水，还提供免费的矿泉水和酸奶。停车每晚收费15元。

### H酒店 酒店 ¥¥

（见66页地图；☎398 2200；新城区新城南街2号；标双 290元起；❄📶🅿）2016年开业，房间设施很新也很干净，房内布置素雅又清爽，还配有直饮水龙头。圆床房（368元）整个房间都是圆形，超大的洗手间配有浴缸。酒店位于鼓楼立交桥旁边，步行到将军衙署只需5分钟，要想躲开交通噪声就要靠东的房间。

### 尚俭太空舱公寓（万达店） 青年旅舍 ¥

（见66页地图；☎186 4711 0337；新华东街万达广场步行街1号楼一单元34层；普通舱/豪华舱 45/60元；📶）呼市市里没什么地方可以登高望远，这家位于34层的公寓能够弥补遗憾，豪华舱房间还能看到不远处的飞机起降。所谓普通舱（竖舱）和豪华舱（横舱）的区别就在于舱门的位置不同，豪华舱进出更方便，空间也更大。每个舱内均配有电源、电灯、风扇、镜子，舱口的小竹帘拉下后私密感十足，但夏季白天难免有些热。

### 海亮广场大酒店 酒店 ¥¥

（见66页地图；☎529 2222；回民区中山西路1号；房间 329元起；❄📶🅿）位置很好，楼下就是呼市最热闹的商圈和主干道，交通方便。房间位于22~26层，不会被楼下的喧闹打扰，而且采光好、视野绝佳。

## 就餐

如果你是牛羊肉、面食或重口味爱好者，这里就是天堂。软烂的手把肉、酥嫩的烤羊腿，各种蒙餐、涮锅、烧烤……呼和浩特的牛羊肉不敢称内蒙最好，但食材新鲜，味道自然出挑。莜面、稍麦、焖面、回勺面等与晋北相似的面食也是这里的主角。当然，你还能吃到内蒙各地的名小吃——赤峰对夹、巴盟酿皮，还有来自草原的五花八门的奶制品。点菜的时候难免纠结，不怪品种太多、分量太大，只能怪肚子太小。

呼市有许多美食聚集地，你大可走进一条街道慢慢挑选。**万达广场一街**、**东影南路**、**金宇文苑商业街**都是饭馆林立的美食街；海亮广场至民族商场一带，方圆50米范围内餐厅一家接一家，其中海亮广场负一层的**时尚摩尔地下街**以外来菜系为主，餐厅环境也比较好；清真大寺附近的**宽巷子**是清真小吃一条街，里面不乏烧烤摊和麻辣烫；19:00以后，**附中东巷**和**文化宫路东巷**的小吃摊主打烤鱿鱼、臭豆腐、大鸡排等治愈类食品，热闹直至凌晨。

### 格日勒阿妈奶茶馆（广场店） 蒙餐 ¥¥

（见66页地图；☎692 4755；新城区锡林郭勒北路93号新华广场2楼；人均80元；⏲6:50~21:40）如果让呼市人推荐吃蒙餐的地方，十有八九都要提到这个名气很大的蒙餐连锁店。数不清的牛、羊肉菜式、各色奶制品和丰富的主食让你点菜都要花好一阵工夫。招牌的奶茶（小壶6元）经过"泡、熬、扬、澄、炒、兑、烧"七道工序烹制而成，口感醇香浓厚。穿着传统服装的服务员多为蒙古族，服务方面可能不够上心，不过餐厅两处贴心的举措弥补了这个不足：一是餐厅从早餐至夜宵中间不闭餐；二是部分菜品可以点半份，解决了"想吃又怕吃不完"的难题。



### 半亩地

西北菜 ¥¥

（见66页地图；☎226 3389；新城区锡林南路3号加利大厦一楼；人均60元；⏲11:00~14:30，18:00~21:30）由莜麦面粉制成的莜面食品是内蒙古最具地方特色的菜式之一，窝窝、馀馀、饨饨、螺丝卷卷、插花片片等，不同的配料加上不同的加工手法，模样比名字还萌。人少来个莜面拼盘（24元）最合适，点一碗汤蘸着吃就对了。除了莜面，还有各种凉菜、炒菜及炖菜满足你。

### 德顺源（大观园店）

小吃 ¥

（见66页地图；☎252 7522；玉泉区五塔寺北门西100米路口西北角；人均40元；⏲6:00~10:00，11:30~14:00，18:00~21:30）德顺源是当地有名的百年老店，《呼和浩特史料》就记载着当时归化城流传的顺口溜：要买鞋帽德华兴，要买绸缎恒聚兴，要打首饰宝华楼，要吃稍麦德顺源。这里的稍麦荤（16元/两起）、素（15元/两起）加起来口味多达十种，炒菜品种也很丰富，价格实惠，晚上大厅还有曲艺表演。也可以在游览大召或席力图召之前来这儿吃个早餐。席力图召旁边也有一家德顺源，但位置常被旅行团占满，不如往西走500米到大观园店，吃得舒心些。

### 谭记旺品餐厅

私房菜 ¥¥

（见66页地图；☎653 3303；新城区中山路姑子板巷3号；人均80元；⏲11:30~13:50，

## 小吃大餐

这些流行在呼市和内蒙中部、以牛羊肉和面食为主要原料的食品虽然属于"小吃"，但依然很"硬"，还是用正餐的态度来对待比较好。

**稍麦** 外观有点像开着口的灌汤包，但皮更韧，馅料更足。内蒙的稍麦按"两"卖，一两指的是皮的重量，呼市的一两有8个稍麦，在包头通常是6个。稍麦有肉馅（16~18元/两起）和素馅（12~15元/两起）之分，做法有清蒸和生煎两种。当地人喜欢把稍麦当早餐。在呼市开了30多家分店的老绥元稍麦（⏲7:00~21:30）很受欢迎，麦香村、德顺源也是经营稍麦的老店。席力图召往东的小召头道巷和五塔寺后街更有呼和浩特稍麦一条街（见66页地图），十多家稍麦铺子任你选。

**杂碎** 也是当地人最喜爱的早餐之一。贝尔杂碎馆（见66页地图；光华街与外贸巷路口东；⏲6:00~13:00）从早上开门起就客流不断。杂碎（18元/碗）软烂没有膻味，也可要全肚（20元/碗）。奶白色的杂碎汤浇上一圈红油再撒上香菜，色香味俱全。可以再要一两个焙子（面点）就着吃。

**焙子** 是呼市特有的清真面点，由面粉发酵，兑碱烤制而成。焙子的口味有甜、咸、原味之分，口感外脆内软，刚出锅时最好吃。你常能看到当地人一买一大袋，放在家里当主食。最有名的马林焙子（见66页地图；清真大寺北，义乌商城一层）品种多、口感好，在不少大超市都设有档口出售。早餐店常有焙子夹鸡蛋、青菜或肉一起卖，烧烤店刷了酱的烤焙子也不错。

**月饼** 在内蒙中部，你总能看到"丰镇月饼"的牌子。它并非中秋节专属，而是一种家常点心，在面饼中揉入果仁、芝麻或葡萄干等烘焙而成。丰镇海鹏（见66页地图；锡林南路与富兴巷口东北角；⏲10:00~20:00）是比较著名的品牌，这里月饼种类繁多，造型也很精致，还有很多其他内蒙传统手工糕点售卖，可以买一个盒子各装一些当伴手礼。

**煎饼** 天津的"煎饼果子"来到内蒙也入乡随俗。当地人觉得中间的薄脆太过寡淡，一般都要夹上鸡排、香肠等硬货，甚至还有夹羊肉串。清真王维烤羊肉串（见66页地图；⏲19:00至次日2:00）位于回民区清真大寺以北的宽巷子牌坊内，是呼市宵夜最火爆的大排档之一，有各种肉串、馄饨、肉夹馍、煎饼等，这里的煎饼夹羊肉串最受欢迎。

17:30~20:50)跟其他当地餐厅相比，这家私房菜馆的环境、餐具和菜品命名显得花费了不少心思，口味也是南北结合，稍有些偏甜，但分量依旧很大。镇店菜胶原鸡(118元/只)汤汁浓稠，鸡肉脱骨入口即化，因为需要6小时的腌制和6小时的小火慢煲，必须提前一天电话预约才能尝到。最好避免在就餐高峰时段前来，否则等位加等菜至少要1.5小时。

**额尔敦传统涮** 火锅 ¥¥¥

(见66页地图; ☎590 5888; 回民区公园西路，青城公园西门北50米; 人均100元; ⏲10:30~14:30, 16:30~21:00)额尔敦在呼市有近十家分店，家家火爆。传统的铜锅和新鲜的菜肴征服了当地人挑剔的味蕾，也吸引了许多旅行者前来尝鲜。这里的招牌是手切鲜羊肉(68元)和羊肉香菜丸子(18元)，烤包子(5元/个)也几乎每桌必点。菜品盘大量足，点菜还是节制点儿好。楼上二层的额尔敦烧烤有烤羊腿等各种硬菜，营业至凌晨2:00。

**闽想佛跳墙** 福建菜 ¥

(见66页地图; ☎156 4716 7244; 新城区万达广场一期步行街中段，金谷银行东侧; 人均40元; ⏲11:00~21:30)对于口味清淡的人来说，这家餐馆可算福音，连就餐环境也很清雅。佛跳墙(78元)自然是招牌，不过捞饭性价比更高。海鲜什锦捞饭(22元)和鲍鱼花菇捞饭(36元)都很清淡，印尼咖喱海鲜捞饭(28元)则是偏辣的东南亚风味。胃口不大的话，两个人点一份捞饭加一个炒菜就足够了。

**西北狼大盆骨** 西北菜 ¥

(见66页地图; ☎639 1336; 新城区鼓楼南马神庙街中段菜根香往北50米路东; 人均40元; ⏲10:30~22:00)店里只经营4种主菜：大盆骨、焖骚鸡、九江毛肚鱼和霹雳虾，菜装在大铁盆里端上来，分量很粗犷。招牌的大盆骨原料是猪腔骨，有酱香和麻辣两种口味，也可双拼。小份(78元)够两三个人吃，还赠送4个凉菜和小米粥。这家店在呼市有多家分店，对牛羊肉不感冒的肉食爱好者可以来此一试。

**米粮川老味道回勺面** 西北菜 ¥

(见66页地图; ☎139 4831 6412; 回民区文化宫街南口北100米路东; 人均40元; ⏲11:30~14:30, 18:00~22:00)回勺面也是呼市的特色面食之一，就是把烫熟的刀削面加入洋葱、青椒和里脊肉大火爆炒，口感韧性十足。这家餐厅门面并不起眼，但内部环境宽敞舒适。主打的回勺面15元/份，足够两人吃了。五花肉焖面(48元/小锅)和排骨焖面(55元/小锅)也不错。很多人还喜欢来这里吃烤鱼，68元/条赠送4种配菜，好吃又实惠。

## 🍷 饮品和娱乐

呼和浩特的夜生活不算丰富，酒吧也比较分散，在几大商圈和内蒙古农业大学周边比较容易找到。

**胡桃里** 现场音乐 ¥¥

(见66页地图; ☎520 9333, 530 9666; 赛罕区乌兰察布东路丽景小区105号; 人均90元; ⏲10:00~14:00, 18:00至次日0:30)这是呼市最近流行起来的音乐酒馆，菜品以偏川菜口味的创意菜为主，价格也偏高。但大多数人都是为了体验20:00后的现场音乐和酒吧氛围而来。不远处还有一家性质相同的**桐昕巷**(见66页地图; ☎590 3666; 乌兰察布东路与兴安路南路路口南50米; ⏲9:00~23:00)。如果打算19:00以后过来，都需要提前预订。

**芸湃精酿** 酒吧 ¥¥¥

(见66页地图; ☎138 4860 5370; 赛罕区东影南路与学院街路口北50米路东; 人均120元; ⏲11:30至次日0:30)一整排的啤酒发酵罐和密集的管道是这里最生动直观的背景。店里主营七种精酿啤酒，小杯(225ml)15元起，包含六种风格精酿饮品的套装(68元)更实惠。酒吧还供应鸡尾酒、白兰地、威士忌、咖啡、甜点和西式简餐，每晚21:30至次日0:00，驻唱的歌声把酒吧气氛推向高潮。最好提前预订座位，一般19:00起就一座难求了。

**木鱼咖啡** 咖啡厅 ¥

(见66页地图; ☎186 4710 4597; 赛罕区健康街近人民路路口，青香餐厅东侧巷内; 人均30元; ⏲12:00~21:00)这家小巷中的咖啡厅距离海亮广场商圈不远，可谓闹中取静。店中的半壁书架、布艺沙发和绿植鲜花营造出一种邻家书房的居家感，是看书、聊天的好地方。饮品有各种咖啡(22元起)、花草茶(58元)和一些进口饮料，甜点只能碰运气。店内还提供华夫饼、比萨、意面等西式简餐。

**乌兰恰特** 剧院

（见66页地图；☎892 0111，894 6999；www.wlqtpolytheatre.com；新城区新华东街内蒙古博物院旁）蒙语"恰特"是剧院的意思，这个内蒙古最大的剧院平时可以看电影，也时常有音乐会、话剧、歌舞剧或民族歌舞表演。可关注微信公众号"呼和浩特保利剧院"（POLY1931152463）查询演出信息和购票。

## 购物

购买奶食品、牛肉干、马奶酒等食品特产，建议去大型超市或者特产专营店。**家乐福**（见66页地图；新城区新华东街太伟方恒C座底商；⏲8:00~20:00）和**北京华联超市（锡林郭勒南路店）**（见66页地图；赛罕区鄂尔多斯大街26号凯德mall二层；⏲8:30~20:30）都有特产专区。特产专营超市**大牧场（呼市旗舰店）**（见66页地图；☎492 3634；回民区中山西路与前新城道路口西北角；⏲10:00~21:00）或者**蒙亮内蒙特产**（见66页地图；回民区宽巷子13号；⏲9:00~22:00）商品品类都非常丰富，质量有保证，都有天猫旗舰店。

想购买地道的蒙古族生活用品，还得去**制片厂巷**（赛罕区内蒙古制片厂东侧）。这条长500米的街道布满了服装店、皮具店、礼品店和生活用品店，耳边的蒙语比汉语还多，不打算购物来感受一下也不错。大部分服装店都提供蒙古族服饰的定做和出租。**乌仁陶格斯民族服饰**（☎181 0471 9817；制片厂巷4号楼）价格还算实惠，一条长款蒙古裙约为700元，童装裙价格在300元左右，定做需要等2周的时间。皮具店、皮靴店和生活用品大多是蒙古国的商人在经营，他们会说汉语，看好了可以砍砍价。这里还有几家摄影工作室，可以拍摄蒙古风的写真、婚纱照和全家福。此外，距离万达商场不远的**维多利摩尔城**的三、四层也是蒙古国商品的聚集地，但人气不高。

大召附近的古玩市场**塞上老街**主要针对游客，但也能淘到一些有趣的小东西。街口的**阿拉坦汗羊绒城**（见66页地图）也许能让你不用远赴鄂尔多斯就能买到称心如意的羊毛衫。

## 实用信息

### 危险和麻烦

"外衣外包莫装钱，包要放在视线内。扒手有男又有女，上下车时莫拥挤"——这首别扭的打油诗在公交车上广播着。在火车站等人多的地方尤其要注意。

### 领事馆

若计划经蒙古国前往俄罗斯，可凭有效俄罗斯签证、照片、签证表和往返机票（火车票）等材料到**蒙古国驻呼和浩特总领事馆**（见66页地图；☎430 3266，492 3819；赛罕区东影南路10号乌兰小区五号楼一单元）办理过境签（具体细节请咨询领事馆）。申请旅行签证需自备邀请函，找旅行社代办更方便。

### 旅游信息

**旅游投诉电话**（☎460 8315）

**游客集散中心**（见66页地图；☎652 6660；呼市体育场南门）在火车东站出站口等处设有咨询点。这里能够提供一些旅游信息的咨询服务，不过更主要的业务是下属**内蒙古盛祥国际旅行社**的散客拼团。其中希拉穆仁草原一日游100元，响沙湾一日游200元，库布齐景区一日游150元。还有多种车型的租车服务。

## 到达和离开

### 飞机

**呼和浩特白塔国际机场**（☎96777；www.hhhtbtjc.com；赛罕区机场路）是内蒙古自治区的民航门户，目前通航的有国内各大城市，以及自治区内的满洲里、海拉尔、乌兰浩特、锡林浩特、赤峰等城市，还有飞往乌兰巴托的国际航班。

### 长途汽车

呼和浩特有3个汽车站，大部分往返其他城市和各旗旗府间的班车可以在**中国公路客票网**（www.bus365.com）查询购买，凭身份证在汽车站的自动售票机取票。

绝大部分的班车都从火车站广场西面的**长途汽车站**（见66页地图；☎696 5969；新城区车站西街1号）发车。去往集宁（40元；6:15~18:00；2小时）、东胜（65元；6:30~19:25；3小时）的班车均为流水发车。动车开通后，去往包头的班车有所减少。发往包头东河汽车站的班车（40元；8:00~17:00；2小时）每天只有7~8班，发往昆区汽车站的班车（45元；2.5小时）车次更少。

**汽车西站**（见66页地图；☎692 1478；新城区车站西街39号）位于长途汽车站向西1公里处，前往察

## 呼和浩特长途汽车站、汽车南站车次时刻表

| 站点 | 发车时间/班次 | 票价（元） | 行程（小时） | 备注 |
|---|---|---|---|---|
| 清水河 | 6:40，7:40，7:50，10:20，13:10 | 34 | 3 | 汽车南站流水发车，可转车前往老牛湾 |
| 树林召（达拉特旗） | 8:00~18:20，约50分钟1班 | 49 | 3 | 可转车前往响沙湾 |
| 百灵庙（达茂旗） | 7:30~18:20，约30分钟1班 | 45 | 3.5 | 途经召河（希拉穆仁草原） |
| 科布尔（察右中旗） | 7:30~16:20，约40分钟1班 | 42 | 2.5 | 途经辉腾锡勒草原 |
| 乌兰花（四子王旗） | 7:15~18:20，约20分钟1班 | 34 | 3 | 途经武川 |
| 赛汉（苏尼特右旗） | 7:45，11:00，14:30 | 75 | 4 | 途经格根塔拉草原 |
| 二连浩特 | 7:50，8:20，9:20，10:25，12:30，13:30 | 95 | 5 | 途经格根塔拉草原 |
| 锡林浩特 | 7:15~21:00，1~2小时1班 | 160/165 | 9 | |
| 北京 | 7:30~19:30，约1小时1班 | 150 | 7 | |

素齐（去哈素海）的班车（15元；6:20~20:30，10分钟1班；1.5小时）在这里发车。

**通达南站**（见66页地图；☎595 4997；玉泉区鄂尔多斯大街65号）又称汽车南站，离南茶坊、宝尔汗佛塔很近。前往南部地区如托县、清水河和山西方向的班车在此上车。

### 火车

集宁至鄂尔多斯动车开通后，从呼和浩特去往鄂尔多斯、包头和乌兰察布变得经济又便捷。呼和浩特站和呼和浩特东站均可乘坐。

**呼和浩特站**（见66页地图；新城区车站东街近锡林郭勒路）位于市中心，是内蒙古中部地区的铁路枢纽站。1路、29路、34路和K2路从站前广场始发，还有十余条过路线路，可在车站东街、西街上的站台乘坐。

**呼和浩特东站**（见66页地图；新城区东站南街）较新，设施好交通方便，还建有专门的公交车场和出租车场。公交车有K1路、K5路，站点为“火车东客站”。一般来说，只要穿行呼和浩特市的列车，在两个车站都会停车。

## 当地交通

早晚高峰时段，交通拥堵是常有的事。我们调研时，呼和浩特的两条主干道新华大街和锡林南路沿线正在修建地铁，预计2020年通车。

### 抵离机场

**机场大巴**（☎494 1151；15元；5:40~21:00，约30分钟1班；30分钟）从火车站发出，途经金太阳酒店、奥体酒店、火车东站到机场。机场回市区的大巴停车站点较多，有火车东站、市政府、万达广场、团结小区、长乐宫、鼓楼立交桥、昭君大酒店、火车站。

新华广场始发的97路公交车（1元）也可以到达机场，但途经站点较多，全程需要约1小时。

### 公交车

呼市市区的公交车票价均为1元，远郊线路（如前往蒙牛六期的101路和209路）为5元，上车投币。另有两条免费的路线——青城1号线和青城2号线，两者均经过内蒙古博物院和将军衙署，但车厢往往很拥挤，发车间隔也较长，不建议专程等候。除了少数线路，首、末班车时间都为6:10和21:00（冬季20:00）。

公交咨询电话（☎360 3522）。

### 出租车

起步价8元含2公里，超出后单价1.5元/公里，10公里以上2元/公里，起步价内的行程通常不打表。出租车拼车很常见，即司机在路上还会搭载其他客人，拒载的情况也时有发生。

### 租车

在内蒙古租车，选择大型连锁租车公司比较靠谱。神州租车已经在呼和浩特开设了22家门店，其中白塔机场航站楼店24小时营业。详情可致电（☎400 616 6666）或登录（huhehaote.zuche.com）查询。

# 呼和浩特周边

虽然内蒙古最好的草原在东方遥远的呼伦贝尔和锡林郭勒，不过在阴山以南，海拔1500米以上的高原仍然是优良的天然牧区，草原风光也可一观。几个草原在行政区划上都不属于呼和浩特，但是从呼市前往更为便利。

## 辉腾锡勒草原（黄花沟）

区号：0474

（见76页地图；乌兰察布市察右中旗科布尔镇南20公里）辉腾锡勒意为“寒冷的山梁”，地处气候多变的高海拔山区，即使周围地区缺雨时，这里的降水量仍然足以把草原滋养得茂盛肥美。

大部分旅行者到辉腾锡勒草原，都是冲着**黄花沟**（☎400 047 4400；www.huanghuagou.com；门票60元；⏲8:00~17:30；10月10日至次年4月14日 闭园）而来。黄花沟是第四纪冰川典型的地质遗存，是草原上一道怪石嶙峋的深沟。6~8月，沟内的草原上开满以明黄色为主色调的野花，赏心悦目。这里还有滑道漂流、射箭等项目，儿童乐园五花八门的游乐设施很适合带孩子前来。

黄花沟景区有南北两个入口。建议从被称为**窝阔台度假中心**的南口入，北口出，再坐摆渡车回到南口。这样走与常规游览方向相反，能大大减少排队等候的时间。整条环线全长约15公里，由两程索道和四程交通车相连（全价345元，也可分段买），若想省时省力游览，还是购买套票（含门票和所有景区内交通票，200元）最划算。当然，你也可以只购买门票，步行游览部分景点。靠近北入口的**黄花沟**、**敖包**、**黄花小镇**和**游乐园**一线适合玩

### 呼和浩特和乌兰察布

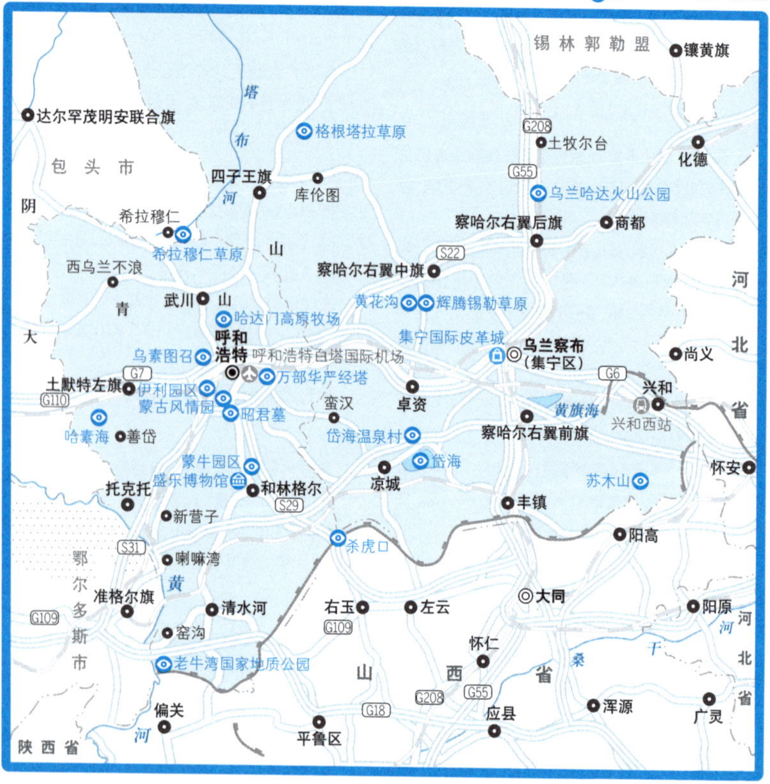

乐；靠近南入口的**鲜花草原**、**牛旦沟生态沟谷**和**七彩花田**更适合赏景，盛夏花开的时节尤其不可错过，这里还有**马场**可骑马，《相会敖包》演出（180元/人；14:00、21:00，每场50分钟）也可看。

如果你只想在草原上漫步、骑马、拍照，没必要进入景区。辉腾锡勒草原基本没有铁丝网分割，可以随意行走。从县道转入黄花沟景区的路两边有不少岔路能深入草原，但越接近景区的草场越好。尤其是景区北入口外，一条土路通向北边的山坡，这里的视野非常广阔，还能看到号称“亚洲最大风电场”的辉腾锡勒风电场密密麻麻的白色风车阵，许多当地人都选择在这里野餐和露营。

## 活动

辉腾锡勒草原上的马场比比皆是，越靠近景区价格越贵。在风电场附近骑马的价格是60元/圈、160元/小时。景区南入口内骑马场的最低价是380元/1.5公里。最好不要在规模较小的马场或度假村骑马，此类场所出尔反尔、坐地起价的情况时常发生。

## 食宿

草原上的蒙古包度假村多如牛毛，各家设施大同小异，但距离黄花沟景区越近的住宿点价格越高。夏季平日，使用公共卫生间、可容纳4~6人的“普包”为100~250元；带独卫的大床或双床的“豪包”要250~400元，周末房价上涨2~4成。详细信息可参考黄花沟景区官网“农家院”一栏。若乘班车前来，住在**萨日娜民俗村**最方便，可直接在民俗村口下车，搭车或让老板找车花10元去4公里外的黄花沟都行。

黄花沟景区的南、北入口内都有住宿，但南入口的酒店性价比更高。由集装箱改造而成的**集装箱酒店**（☎158 4805 1400；标双 380元，家庭房 420元）和木结构的**黄花沟木屋酒店**（☎187 4775 0606；标双 688元）都是2017年新落成的，设施和舒适度都不错。**窝阔台汗宫**（☎150 4779 9307；豪包 518~938元）则是较高端的蒙古包酒店。

景区两个入口和**黄花小镇**都有小吃街，面条、饺子、凉皮等小吃15~25元/份。北入口有**格日勒阿妈奶茶馆**可点菜（荤菜 80元左右，素菜40元左右）。尽量不要到景区周边的蒙古包餐厅就餐，一盘土豆丝往往就要50元，宰客现象也常有发生。

## 实用信息

### 危险和麻烦

辉腾锡勒海拔2000多米，天气有“一天四季”之说。夏季可能突然降温，雨和冰雹也会随时造访，建议带上雨具。另外，进入风电场时，须远离风车下的变压器，以免发生意外。

尽量不要到规模较小的私人马场骑马，不要去路边的蒙古包吃烤全羊，更不要理睬主动搭讪带你骑马吃饭住宿的人。如果发生价格纠纷，请第一时间报警。

## 到达和离开

察右中旗（科布尔镇）前往卓资县的X560县道纵穿辉腾锡勒草原。黄花沟景区距中旗约20公里，距卓资约30公里。可视情况先到中旗或卓资，再乘坐中旗往来卓资山的班车（中旗发车11:00、15:00；卓资发车8:00、13:00）在黄花沟景区路口下车（15元），从呼和浩特长途汽车站出发去往中旗的车（42元；7:30~16:20；约40分钟1班）也经过这里。由于景区大门距公路还有4公里，你只能步行或搭便车入内。从中旗包车到景区单程50元/车，返程可致电司机来接。

从景区出来同样要回到路口等过路车，中旗发往呼市的班车（42元；7:00~16:00；约40分钟1班）和发往集宁的班车（22元；7:00~17:40；30分钟1班）发出后约30分钟后路过这里。

# 希拉穆仁草原

区号:0472

（见76页地图；包头市达茂旗召河镇；免费）希拉穆仁意为“黄色的河”，它所在的达茂旗全境都位于阴山北麓的高原之上，是典型的牧区。草原中的召河镇得名于一座建于清代的召庙**普会寺**（门票20元），它是呼市席力图召的属庙。除非你是虔诚的佛教信徒，否则这座寺庙并不值得拜访。

若从呼市前来，草原的精华部分在过了召河镇之后（以西），千万不要在游客中心（或之前）下车，那边以骑马、骑摩托等游乐项目为主，草量非常稀疏。草原上的看点主要是敖包和湖泊，放眼四周的小山丘上就有好几处敖包，可步行前往。镇子向北9公里的**红格尔敖包山**（门票280元，含《漠南传奇》实景演出）是其中规模最大的敖包。沿着县道向百灵庙（达茂旗）方向12公里处的**大天鹅湖**（网络地图上名为巴汗淖）和周边的草原景色还比较天然，造访的旅行者也比较少。如果自驾过来，在大天鹅湖周边转转，找一处心仪的景色停下散散步，就是希拉穆仁最从容的打开方式了。而位于镇子东南方向5公里处的**小天鹅湖**只在雨水丰沛的年份才显现真容。

在希拉穆仁骑马收费相当昂贵：只去敖包山和沼泽地是最便宜的线路，标价380元；而880元"顶配路线"能把草原能看的景点都看完，全程需要约3小时（马走得比人慢）。如果骑马的游客不多，按平均一个点80元砍价就是底线了。不过在决定骑马前还是先了解一下几个"景点"的内容：**敖包山**是你眼前最近的那一座，**自然保护区**是一个长着水草的小水塘，**牧民家**是一间平房杂货店，**沼泽地**则是一片泥潭。

每年暑期，一般在7月底，希拉穆仁会举办**那达慕大会**。具体时间可以提前上网查询。

## 食宿

召河镇有各式各样的住宿，条件较好的有**希拉穆仁大酒店**（游客中心对面；标双 200元起；🛜🅿）。草原上的蒙古包度假村数不胜数，平时普包价格在120元左右，带卫生间的标包则要200~400元。自驾建议住到远离公路的草原深处。蒙古包不需要也不建议提前预订，看了环境再议价更为保险。有网友反馈订房网站上的蒙古包并非是某一家度假村，而是好几家度假村的代理，到了以后再由联系人带到具体的牧民家，图片与实际也常有不符。

召河镇街上的餐馆要比蒙古包里的饭菜便宜许多。蒙古包的素菜价格，能在镇子上吃到不错的荤菜了。

## 实用信息

### 危险和麻烦

呼市往来希拉穆仁草原的交通很方便，尽量不要参团前往。虽说是自由消费，但到了草原，骑马和吃饭总能让你再花上好几百块钱。你可以坚决不花，但不能脱团，只能干等着返回了。

## 到达和离开

呼市长途汽车站前往百灵庙（达茂旗）的班车（7:35~16:55；约30分钟1班）大多数都经过希拉穆仁草原，票买到召河镇即可（21元；2小时）。也可以先坐车到武川县，再包车（单程70元）前往。从呼市包车前往召河一日游约需500元。

从希拉穆仁草原返回呼市或去百灵庙，在公路等班车即可。从呼市经希拉穆仁草原前往达茂旗和包头也是条不错的旅游线路（见90页方框）。

自驾前往召河，可以走旧呼武公路（033县道），途经的**哈达门高原牧场**（武川县旧呼武公路27公里处；40元；6月15日至9月15日开放）有草甸、树林，风光同样不错。

# 格根塔拉草原

区号:0474

（见76页地图；乌兰察布市四子王旗乌兰花镇东北33公里；免费）格根塔拉意为"避暑胜地"。如果为看草原而来，完全不用进入景区。景区如同一个大型度假村，主要经营着这里的酒店——不同类型的上百个蒙古包分别列阵，场面壮观。但若对周边天然草原的景色并不满意，景区内一片人工打造的布景能弥补遗憾。你可以沿着木栈道漫步其间，好好享受这件作品——绿油油的"草原"，蜿蜒清澈的"河流"，淡黄色的木栈道，加上远处一排洁白蒙古包作背景，如此的格根塔拉草原定能在朋友圈获赞无数。

景区娱乐项目不多，骑马的场地位于景区大门南边的路口，这里也是去往敖包的公路入口。骑马往返1公里外的敖包需要100元，碰到人多会要价更高。景区之外的公路两边也能找到马队。四子王旗的那达慕大会通常每年7月底在格根塔拉草原举行。我们调研时，一座气派的体育场已基本竣工，自2018年起，这里将作为那达慕大会的主场地使用。

格根塔拉景区周边还有几处可以顺路游览。从乌兰花镇来时路西侧的**王爷府**始建于1905年，是四子王旗历代王爷理政和居住的地方，建筑和摆设保留了古朴本色。旁边一座粉刷一新的藏式建筑据说是王爷的家庙。常有村民在门前收费，每处10元。从景区继续往北约60公里，始建于1758年的**希拉木伦庙**历史上是内蒙古四大藏传佛教寺庙之一（另外三座是包头五当召、达茂旗百灵庙、锡林浩特贝子庙），其内部的壁画和木雕都值得一看。四子王旗还是多架神舟飞船的着陆点，从希拉木伦庙继续前行约30公里，到和营（新公社）西边红格尔苏木的草原上，随着路标就能找到**神舟五号着陆点**，但能看到的只是木篱笆围着的大坑。

## 食宿

景区内住宿条件豪华，如果不差钱，可以在此小住几天。每种蒙古包都装有180度的落地玻璃，拉开窗帘就能欣赏草原景色。其中独门独院的**战车包**580元/套，面积稍小的**现代包**480元/套，周末价格各上浮100元，直接去游客中心办理入住即可。景区附近也有许多蒙古包度假村，价格在100~300元。

乌兰花镇上的住宿选择更多。2017年夏天新开业的**万鑫快捷酒店**（☎520 8880；标双100元起；📶🅿）就在汽车站对面，周边就餐选择丰富，建议选择三层的房间，因没铺地毯房价较低，实际也更卫生。

## 到达和离开

在呼市长途汽车站（见74页）乘坐去往白乃庙、赛汉（苏尼特右旗旗府赛汉塔拉）或二连浩特的大巴，票买到格根塔拉（43元），2.5小时即到。也可先坐车到四子王旗的乌兰花（34元；7:15~18:20，约20分钟1班；2小时），再换乘乌兰花到白乃庙的班车（11元；9:55、13:30、14:30、16:30；30分钟）在景区门口下车，返程可回到路边等过路班车。从乌兰花包车前往景区单程60元，等待1小时内的往返车费为100元，时间长打电话让司机来接更划算，行程还包括敖包和王爷府。**乌兰花汽车站**（☎520 0995）返回呼市的末班车在17:35，前往集宁则有4班（55元；8:10、8:15、11:00、13:30；3小时），除8:15的班车外都会经停察右中旗。

# 哈素海（敕勒川文化旅游区）

（见76页地图；☎814 7966；土左旗哈素乡；免费）哈素海是河套平原众多牛轭湖中的一个。浩瀚湖光一望无际，24公里的环湖公路串起了湖岸十多个观景点，苇丛荡漾，荷叶田田，不少水禽和鸟类在此栖息。乘电瓶车（50元；90分钟）可环湖一周，但乘**游船**（100元/人起；50分钟；10月下旬至次年4月上旬关闭）深入其间更为惬意。环湖路起点的牌坊下，弯弯曲曲的木栈道带你穿过芦苇荡直至湖边，是不错的拍照布景。

对当地人来说，景区大门附近的休闲场所更具吸引力。**天鹅堡温泉**（☎815 6000；门票239元起；24小时）有室内外温泉池，门票含自助午餐和大厅躺椅夜间休息。与温泉相邻的**戏水乐园**（☎8312333；门票成人/儿童136元起/100元；⏲9:00~17:00，10月15日至次年4月20日关闭）室内恒温，设施丰富，是孩子们的最爱。在每年12月至次年2月的**冰雪节**，哈素海则变身为冰雪游乐中心。我们调研时，景区入口一座大型酒店正在兴建。只有温泉旁的**游客接待中心**（标间 298元）提供餐饮和住宿，性价比一般。

呼市汽车西站每天有3~4班直达哈素海的班车（21元；2小时），但发车时间不固定，购票前可以先问问时间。更建议先坐班车到察素齐（15元；6:20~20:30，10分钟1班；1.5小时），再从察素齐去哈素海（10元；7:20~18:00，约1小时1班；30分钟）。哈素海返回察素齐末班车为18:20，察素齐返回呼市的末班车在19:30，也有去往包头的班车（35元；8:00、10:00、14:30；3小时）。

# 老牛湾国家地质公园

（见76页地图；☎284 9308；清水河县单台子乡老牛湾村；门票40元）黄河拐过90度的大弯，从平缓的河套平原转入晋陕大峡谷。划分了内蒙和山西的杨家川河从这里注入黄河，两河之间伸长了脖子的"半岛"，就是千回百转的河湾中因形如老牛俯卧而得名的老牛湾。

老牛湾地处山西境内，"牛头"上的**老牛湾堡**是偏关十八堡寨的第一堡，东边"牛身"上延伸着**明长城**的墩墙。内蒙一侧则有欣赏老牛湾的最佳视野，从神牛广场上同名的**老牛湾堡**沿步道至两河交汇处，河对面"老牛"的全貌不同角度地呈现眼前。另一条步道从两河交汇处沿黄河向北延伸，直至10公里外的**太极湾**，可观峡谷景色。步道由当地发现的近20种矿石分段铺就并附有介绍，神牛广场上还有一座小型的地质博物馆，介绍老牛湾周边峡谷、水体、地质遗迹和地貌形成过程。

由于黄河下游的万家寨水库每年不定期放水冲沙，到访老牛湾的时机显得尤为重要——水库蓄水时，环绕着老牛湾的是青蓝、静缓的河水，可从位于杨家川河的码头乘游船往返黄河下游的万家寨水库（120元/人）或上游的太极湾（80元/人），近距离欣赏老牛湾和峡谷景色。也可渡河至对岸（20元/人），登上“牛头”游览一番。若是碰到水库放水，围绕老牛湾的杨家川河只有干涸龟裂的河床，黄河也仅存一道浑黄的细流，在巍峨的峡谷间备显苍凉。一般在“五一”或“十一”前后前往都不会失望，但7月、8月间会有10～30天的枯水期。建议出行前拨打景区或客栈电话咨询。另外，寒冬时节虽然条件艰苦，却有结冰的黄河配上荒芜高原的另类之美，也可以“咬牙”一游。

### 食宿

老牛湾的住宿大都为窑洞农家乐，普间20～30元/铺，标间100～120/间，小长假和国庆期间价格上涨2～3倍。从景区入口到神牛广场一路都是农家乐，条件大同小异。若乘班车前来，建议住在神牛广场附近，新装修的李家大院（☎139 4851 2368；标间 100元，普间 80元/4个铺）条件还行。几乎每个农家乐都经营餐饮，炒菜每盘30元左右。神牛广场有一排小吃摊，经营面皮、刀削面、凉拌莜面等小吃。

### 到达和离开

呼市的通达南站有频繁的班车（34元；7:00～17:50，20分钟1班；3小时）前往清水河，汽车南站发往清水河的班车为7:50、10:20和13:10（继续去往老牛湾的班车通常在10:20的班车抵达后发出）。**清水河汽车站**（☎793 1992）前往老牛湾的班车（20元；13:30；2.5小时）直接开到景区里的神牛广场，第二天6:30从神牛广场返回。但在每年“五一”至“十一”之外的淡季，班车通常不进入景区，可提前致电客运站询问。从清水河包车往返老牛湾为200元/车，县城出租车不多，可联系张司机（☎156 6111 1503）包车。清水河回呼市的末班车在17:30。

# 包头

## 包头市

清代历时300年的“走西口”，成就了亦居亦商的水旱码头老包头。新中国成立初期“第一个五年计划”的重点建设工程则让河套平原上崛起了一座崭新的工业城市，“草原钢城”由此得名。加上包头的蒙语名字“包克图”意为“有鹿的地方”，包头还有“鹿城”之称。

包头市区的亮点，就围绕这两个别称展开。铺展在新老城区之间，面积达万亩的赛汗塔拉城中草原是包头人的骄傲，芳草萋萋，鹿鸣呦呦，鲜活的景致四季变换。昆都仑区和青山区的“钢城”元素无处不在，走进包钢展览馆或北方兵器城，老工业城市的本色便直白展现。可别把工业城市的环境想象得太糟糕，包头可是“联合国人居环境奖”的得主，来到这里，便能明白它是实至名归。

### 方位

狭长的包头市区北依大青山，南临黄河。东边的东河区是包头的老城区，朴实的外表蕴含着浓郁的生活气息。晋商文化广场是东河最热闹的地方，工业路北口和乔家金街北端聚集着教堂、清真寺和寺庙。主干道巴彦塔拉大街贯穿东河区，西接建设路，通往西边的新城青山区和昆都仑区。这里大气时髦的面貌仿佛是另一个城市。宽达60米的钢铁大街如同城区的“脊梁”，它东起建设路环岛的地标“三鹿雕塑”，经万达广场、包百商场等商圈向西直通包钢厂区。新旧城区相隔十多公里，将其相连的是天然的赛汗塔拉草原和一系列广场和绿地。东河区和昆都仑区各有一个长途汽车站和火车站，包头二里半机场位于东河区内。

### 景点

**★赛汗塔拉城中草原** 公园

（见87页地图；青山区建设路近友谊大街；免费）草原有钢城，钢城有草原——这片全国最大的城中草原一直让包头人引以为傲。新中国成立初期，城中草原的空间预留就已规划在包头新城区的建设中。经过半个多世纪，

当地知识

## 移民建设的城市

如果你在包头常与当地人交流，也许就会发现，东河人大多操着山西口音，而在昆区和青山区，东北话和河北话却占了多数。这跟包头的移民历史有关。

在包头东河吕祖庙对面，有一条仿古商业街**乔家金街**（见82页地图）。乔家，即山西祁县乔家大院的主人，是“富可敌国”的晋商的代表。当年，千千万万的山西人走西口，走到了河套的包头、归绥，便在这片充满机遇的土地上积攒资本发家致富，并定居下来。同步兴起的商贸重镇老包头（即东河）正是这段历史的最好见证者。与晋商直接相关的还有西脑包、转龙藏等地，走西口的汉族移民当年就聚集这里，如今**北梁**有一片古民居被保护起来，闹市区更有所谓的**晋商文化广场**（见82页地图），不过修缮一新的乔家金街已成为东河区KTV和夜生活的聚集地。

昆都仑区和青山区是随着包钢建设而兴建的城区，跟东河区相比，它年轻而大气。20世纪50年代，新中国第一个五年计划中建设包钢和机械工业基地的宏伟规划落地包头，大批的专家、技术人员、企业和数以万计的工人从全国各地来到这里，其中绝大部分来自东北三省和京津冀地区。钢铁大街就是当年中苏专家联合规划的“新包头”的代表作。包钢宾馆周边仍能看到一些苏联式的红砖筒子楼。不过，要感受这座钢城的魅力，最直接的方式还是跟着**包钢工业旅游**（见84页地图；☎536 6625，189 4727 8877；昆区钢铁大街79号包钢宾馆西楼；参观费 50元，车费 15元；1.5小时）走进包钢的厂区和生产线——你可以在专人导览和讲解下了解包钢的发展历程和生产成就，在热轧车间观看从钢坯到钢板的生产过程，还能看到为包钢服务了数十载的第一代高炉和已经退役了的蒸汽机车。

置于新老城区之间的这片草原非但没有被蚕食，而是在精心照料下，由5000亩蓬勃发展到10000亩。候鸟水禽乘着二月春风亲临**四道沙河**；夏季的**敖包广场**前漾起紫色的花海；秋风把北面湿地密密的芦苇染成金黄；冬天的草原则是一面洁白之境。

位于西北角的大门被称作正门，门内的小广场是租用各类游园车辆的售票点（⏲8:30~21:00）。10.2公里环园路串起了大部分看点，乘电瓶车（20元）环园一周约半小时，租自行车（40~60元/小时）游园也不错。**蒙古大营**（☎517 4222；⏲9:30~14:00，16:30~21:00）和**蒙高列艳**（☎511 0616；⏲11:30~14:00，17:30~21:00）是两处以提供蒙餐为主的蒙古族风情园，兼有歌舞表演。后者旁边的**腾格尔马场**（☎15335511155；⏲9:30~19:00）有骑马、骑骆驼、打靶、射箭等项目可玩。千万别错过正门不远处的**圣鹿园**，每天9:30~12:00和16:00~18:00，20多头梅花鹿来到草坪上放风。它们性格温驯，你可以与之亲密合影，或购买饲料（5元）喂食。草原南面近10米高的**观景台**有欣赏城中草原的最佳视野，眺望草原尽头，高楼大厦林立天际。

可以乘坐5路、K10路、35路等在赛汗塔拉城中草原站下，直达正门。也可在奥体中心下，先逛逛气派的广场和现代化体育场馆，再从气势更像正门的东门进入园区。

### 南海湿地公园

湖泊

（见82页地图；www.btnanhai.com；东河区二里半路；门票20元；⏲8:00~19:00）这处宽阔的水洼草滩，是黄河改道后遗留在城区东南的牛轭湖。9公里的环湖路从伸向湖面的**水上舞台**开始，沿湖既有候鸟水禽栖息的**雁渡苇荡**，又有**唐宋遗风**和**西湖景石**这样的人造景点，看点大多集中在湖的西北侧。每年3~6月的黄河鲤鱼节、7~10月的黄河湿地风情节和11月至次年2月的冰雪节让公园一年四季人气不减。可乘观光车（25元/25分钟）、自驾代步车（60元/小时）或骑双人自行车（50元/小时）畅游环湖道，也可乘游船、快艇或脚踏船（40~80元/小时）登上**湖心岛**，看看那里的孔雀和鸵鸟。公园离机场不足1公里，常能看到飞机起降的场景。

乘公交35路到南海湿地景区站，或乘18路和30路到东河环保局站下皆可。

# 包头东河区

## 包头东河区

**景点**

1 晋商文化广场……C2
2 南海湿地公园……C4
3 乔家金街……C1

**住宿**

4 西湖酒店……C3

**就餐**

5 吉木屋……C2
6 乐厨家常菜(东河巴彦店)……C3
7 顺馨斋骨骨香……C2

**购物**

8 美特好南门外大街店……C2

**交通**

9 包头东站……C3
10 包头二里半机场……B4
11 长途客运总站……A2

## 包头博物馆

博物馆

(见84页地图; ☎531 7616; 昆区阿尔丁大街25号; 免费; ⏲夏季 9:00~17:00, 冬季 9:30~16:00, 周一闭馆)包头博物馆规模不大,仔细参观1.5小时就能看完。一层的两个常展内容为包头的历史文化,分别展示了包头在草原丝绸之路地位的演变和包头地区出土的历史文物。第二展厅里,元代的**青花缠枝牡丹纹瓷罐**是这里的镇馆之宝。二层4个展厅的内容比较轻松,**包头民俗文化展**生动形象地展现了老包头和包头少数民族的民间文化。**内蒙古古代岩画陈列**内容翔实且有趣,这里有内蒙古十多个地区的岩画标本和详细注释,你甚至会被古人的创作思维戳中笑点。每天10:00和15:00,讲解员从2号展厅开始义务讲解,内容涵盖所有展厅,值得一听。

乘1路、22路等公交车在包头市博物馆站下即到。

### 北方兵器城

展览馆

（见84页地图；☎330 3120；www.bfbqc.cn；青山区兵工路北重集团南侧；门票15元；⏲夏季 7:30~19:30，冬季 8:00~18:00）在分区列展的百余件火炮、坦克、装甲车和战斗机真身中，包括了中国的第一高炮、“红旗2号”导弹、歼-7战斗机等明星展品。你不仅可以通过文字说明了解各种武器的战功、受阅经历和“零突破”的里程碑，还能登上坦克、坐上炮位旋转升降，深入体验一番。**军事体验区**有狩猎、射击等虚拟场景的大型电子游戏供娱乐。

乘公交20路到北方兵器城站下，或25路在北重培训中心站下向北步行500米即到。

### 石门风景区

公园

（九原区昆都仑水库；门票10元；⏲8:00~17:00）被郦道元称为石门水的昆都仑河，在进入包头前的两山峪口被一条大坝拦出了两面风景。从风景区大门到大坝，长约2公里的大路两旁是茂密的树林，市民多半为了在林中烧烤而来，炊具和食物可在现场租购。树林尽头的**雁栖湖**是一湾柳影婆娑的清浅池塘。沿池畔百级石阶可登上大坝，青山围绕着**昆都仑水库**辽阔的水面，在这里垂钓、泛舟或沿水岸山径徒步皆可。每年12月至次年3月，这里的**昆都仑国际滑雪场**（☎156 0472 8880；滑雪90元/小时，150元/2小时，周末价格各上浮20元）是滑雪初学者练手的好地方。

乘公交29路至最近的前口子110国道口站下，此处距景区还有7公里，打车需15元。从昆区长途客运站乘出租车20元左右到。

## 住宿

想感受包头传统又接地气的一面，或是便捷地去往五当召和美岱召，又或仅为交通中转，可以住在东河区。东河城区不大，飞机场、包头东站和东河汽车站都相距不远。若追求大城市的时髦和便利，或打算去往库布齐沙漠，住在青山区或昆都仑区比较合适，这边路宽楼高，餐饮和住宿选择也更丰富。

### 西湖酒店

酒店 ¥¥

（见82页地图；☎414 4444；东河区南门外大街15号；标双 含早餐 208元起；❄📶P）这是东河条件最好的酒店之一，客房分为两个档次，商务间208元，设施有些陈旧但卫生有保证。预算足够建议选择538元的行政间，75平方米的超大房间有着休息、办公、会客三个小功能区，装修也很时尚。酒店距离包头东站约500米，去东河汽车站和机场都很方便。

### 金茂东方酒店公寓

酒店 ¥¥

（见84页地图；☎521 9999；昆都仑区钢铁大街96-3号；大床198元起，标双 248元起；❄📶P）酒店可谓占据了昆区的黄金位置——对面就是包头最热闹的包百商业区，楼下的公交可直达昆区汽车站和火车站。位于高层的客房拥有不错的视野，楼下有地下停车场，房间也很宽敞，就是设施略显老旧。

### 凯宾酒店

酒店 ¥¥¥

（见84页地图；☎333 4888；青山区文化

**当地知识**

### 联合国人居环境奖

与获“联合国人居环境奖”的常客江苏、浙江和山东的城市相比，包头这座地处塞外的工业城市能获此殊荣，多少有点让人摸不着头脑。其实包头的环境也算得上天生丽质，它所处的河套平原本来就是丰饶之地。城中的草原上鹿鸣呦呦，黄河改道后的牛轭湖如同繁星点缀。当然，20世纪50年代就制定下来的城市规划和市民的爱护也很重要。从昆区的阿尔丁植物园，到迎宾公园、劳动公园、儿童公园，再到赛汗塔拉城中草原、新世纪青年生态园，直至东河的人民公园，总长近20公里的公园带穿城而过。加上散落在轴带之外密集的花园、广场、市政绿化带和北郊防风林等，人均绿地面积可是不一般。黄河大桥北岸以东，全长约20公里的**沿黄景观路**两侧草原、湿地和湖泊接连不断。市民在这里放风筝、钓鱼，湿地里则栖息着水禽和水鸟，互不惊扰，相谐成趣。观鸟爱好者可以去景观路与大树湾渡口的交叉口，那儿四周的湿地水鸟最为密集。

# 包头昆都仑区和青山区

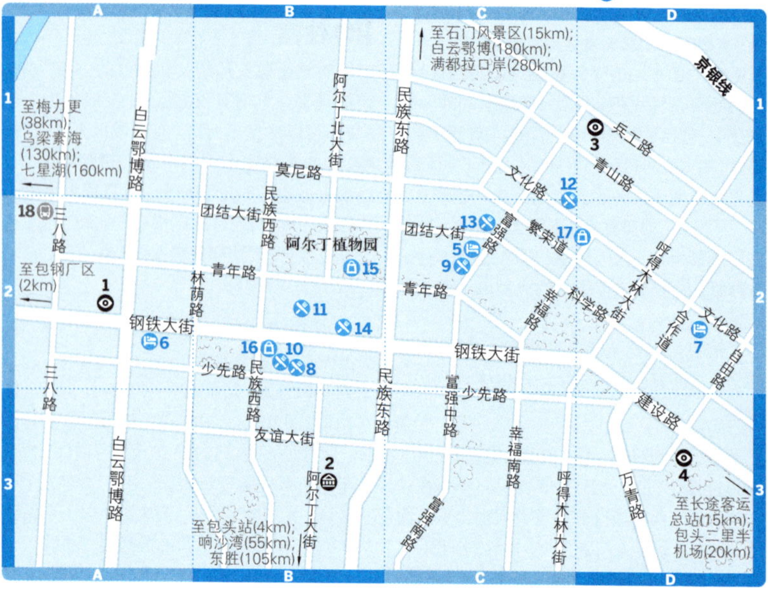




## 包头昆都仑区和青山区

**景点**

1 包钢工业旅游 ........ A2
2 包头博物馆 ........ B3
3 北方兵器城 ........ D1
4 赛汗塔拉城中草原 ........ D3

**住宿**

5 7天酒店（富强路九星国际广场店） .... C2
6 金茂东方酒店公寓 ........ A2
7 凯宾酒店 ........ D2

**就餐**

8 科尔沁炭火烤羊腿 ........ B2
9 牧人嘎查 ........ C2
10 芊仟咖啡 ........ B2
11 小肥羊总店 ........ B2
12 小尾羊（小尾羊大厦店） ........ C1
13 屹林九星店 ........ C2
14 越城记黑鱼煲 ........ B2

**购物**

15 花苑 ........ B2
16 铁木真民族用品超市 ........ B2
17 沃尔玛 ........ D2

**交通**

18 昆区长途客运站 ........ A2

路和自由路路口东200米；标双 含早餐 358元；❄📶Ⓟ）据说是按四星级标准建设，设施和服务都不错，卫生间干湿分离。酒店离G7京新高速的青山区出口不远，停车场在酒店院内，适合自驾游的旅行者。

**7天酒店（富强路九星国际广场店）** 快捷酒店 ¥

（见84页地图；☎332 2333；青山区富强路34号；标双 139元起；❄📶）酒店所在的位置堪称美食中心，离富强路美食街、进步道烧烤街都不足百米，下楼过马路就有小尾羊和西贝莜面村。房间比一般的快捷酒店房间面积大，出行也方便。

## 餐饮

东河区的**工业路**美食一条街多为清真餐厅，这里的烧烤店夏季营业至凌晨2:00～3:00。入夜后，晋商文化广场东边**一中西路**的夜市小吃也很热闹。青山区的餐饮聚集地在**富强路**，**进步道**的一排烧烤店是夜宵的好去处。昆区则有太阳城旁边的**后套美食街**和包头百货旁的**乌兰道美食街**，后者的夜市也很火爆。

包头还是风靡一时的小肥羊餐饮的家乡，**小肥羊总店**（见84页地图；☎518 8998；昆区乌兰道9号小肥羊大厦；人均80元；⊙11:00~23:30）是你选择困难症的解药。对环境要求高的可以去小尾羊的总部尝尝，坐落在高层的**小尾羊（小尾羊大厦店）**（见84页地图；☎697 1888；青山区文化路77号；人均100元；⊙11:30~13:30，17:30~21:30）视野好，装修也高大上，最好提前预订。

**顺馨斋骨骨香** 火锅 ¥¥

（见82页地图；☎415 4114，418 0628；东河区工业路近新中路；人均50元；⊙11:30~14:30，18:00~21:30）尽管不是传统的铜锅涮，老字号顺馨斋的火锅味道仍然顶呱呱。不过这里更出名的是羊脊骨火锅——香辣、红焖或爆炒，任选一种口味的羊脊骨，再自选几样配菜，便成就一锅鲜香佳肴。人气最高的是爆炒羊脊骨锅（小锅3人份，138元），香辣鸡翅虾、香辣鱿鱼虾等干锅菜品也很受欢迎。店里免费提供小米粥、饮品、零食和水果。

**吉木屋** 烧烤 ¥¥

（见82页地图；☎416 6766；东河区工业路与中市街路口；人均50元；⊙16:30至次日2:00）在工业路中段密集的烧烤档中，这家的环境算是最讲究的，每个卡座还配了自动电磁烧水壶和花茶。除了标配的牛羊肉串和烤翅，烤猪肉系列似乎味道更出众。还有干锅和爆炒海鲜。主食可来点砂锅和面食，精酿啤酒19元/升起。

**牧人嘎查** 蒙餐 ¥¥

（见84页地图；☎334 8588；青山区富强路88号；人均70元；⊙11:00~14:00，17:00~22:00）这里专营跟羊有关的各类硬菜，人多吃起来更带劲。除了传统的烤羊排（较肥，88元/小份）、烤羊腿（148元起）和手扒肉（58元/斤），这里的手撕羊肚（56元）和蒜捣羊头（68元）也很受欢迎。虽然门面并不起眼，但深受当地人喜爱，饭点等位不可避免。

**乐厨家常菜（东河巴彦店）** 西北菜 ¥

（见82页地图；☎412 5511；东河区巴彦塔拉大街27号；人均40元；⊙10:30~14:00，17:30~21:30）“乐选乡村原料下厨”，这家餐厅主打食材的绿色有机，端上来的菜肴的确味道鲜美。这里有牛羊肉之外的丰富食材和来自大江南北的烹制手法。点餐使用iPad，环境宽敞干净，服务也很热情。

**科尔沁炭火烤羊腿** 蒙餐 ¥¥¥

（见84页地图；☎512 0991；昆区学府道甲13-1号；人均100元；⊙11:00~14:00，17:00~22:00）这里的主角是烤羊腿（42元/斤）和烤羊排（45元/斤），在后厨烤制好的羊腿整条端上，在桌上的小架上继续小火慢烤，你可以拿着刀叉亲自“解羊”，也可以让老板帮你切好。刚上桌的肉嫩且多汁，得抓紧吃，再烤下去口感就没那么好了。除了多款凉菜，羊肉炒米粉（38元）也很出名，一大盘米粉里有半盘的羊肉——你很难找到更实在的了。

**越城记黑鱼煲** 火锅 ¥¥

（见84页地图；☎616 8068；青山区钢铁大街27号；人均65元；⊙10:00~21:30）这家位于苏宁广场6层的鱼火锅是你换换口味的好选择。新鲜的黑鱼切成薄片，佐以汤底一锅（88元起）端上来。10种汤底分别配有不同的配菜，你得先花点工夫选一选，也可以加些配菜自己涮。3元一份的小料包括了水果自助，但鱼汤鲜美，不蘸小料味道也很足了。若在饭点前来，等位是难免的。

**屹林九星店** 西北菜 ¥

（见84页地图；☎130 3046 2199；青山区富强路28号丽晶酒店楼下；人均30元；⊙11:30~14:00，17:30~21:00）包头焖面界的明星小馆，12个品种的铁锅焖面任君选择。胃口小的两个人点“小半锅”（22元起）就足够了。不过焖面里配菜较少，可以再加一两个炒菜。汽锅蒸菜（25元）是这里的特色，五六种时蔬在汽锅蒸熟后淋上调料，美味又健康。

**芊仟咖啡** 咖啡馆 ¥

（见84页地图；昆区市府西路太阳城祥和商城C-105；咖啡 30元起；⊙13:30~23:30）宽敞的厅堂、复古的摆设，还有落地窗透进的阳光，咖啡馆打造出的小资氛围在包头实属难得。店里还经营西式简餐，在落地窗前喝杯咖啡来顿下午茶再合适不过了。

## 购物

几乎每个大超市都有内蒙古特产专区，比如**美特好南门外大街店**（见82页地图；☎696 0218；东河区南门外大街7号）和**沃尔玛**（见84页地图；☎310 9866；青山区幸福路4号时代财富广场负一层）。特产超市也是随处可见，连锁的**铁木真民族用品超市**[见84页地图；☎518 1466；昆区钢铁大街78号（近科隆酒店）；⊙8:00~21:00]不仅有吃有喝，还有毛绒玩具。

另外，阿尔丁植物园南门外还有规模很大的花草市场——**花苑**（见84页地图；昆区青年路近市府东路），有兴趣的游客可以抽空寻香一游。

## 实用信息

### 旅游信息

**包头市旅游局**（☎514 8142）

**旅游投诉电话**（☎516 7123）

## 到达和离开

### 飞机

**包头二里半机场**（见82页地图；☎4616100；东河区飞机场路）如今的通航城市有近20个，大部分为直辖市和省会城市。中国联合航空北京往返包头的航线价格非常实惠，即便在暑期也常有300元左右的机票。

### 长途汽车

东河和昆区各有一个长途汽车站，旅行者常用的线路在两个站都能坐上，且班次频繁。由于两个汽车站间相隔25公里，不少班车一路停车拉客，选择离目的地较近的车站上车能节约近1小时。

**长途客运总站**（见82页地图；☎484 4127；东河区站北西路3号）又叫东河汽车站。这里发往呼市（34元）、东胜（33元）、固阳（16元）、达旗（15元）的班车都很多，去往美岱召和五当召等东边的目的地在这里乘车更便捷。乘13路、37路、50路等公交车可到达东河汽车站。

**昆区长途客运站**（见84页地图；☎210 8182；昆区团结大街近三八路）被当地人称为"二旅社"，同样有频繁的班车发往呼市（45元）、达旗（18元）、固阳（19元）、东胜（34元）等地，要去西边的乌前旗（转车去七星湖，34元）、巴彦淖尔等巴盟、乌海方向的目的地，在此站上车更合适。乘1路、10路等多路公交到达二旅社。

### 火车

包头是内蒙古铁路的重要枢纽，包兰铁路、包西铁路和京包铁路在此交会，客运列车可通达全国大部分省会城市。同样，东河区和昆区也各有一个火车站，过路或始发的普通列车和动车在这两个火车站都会停靠。去往鄂尔多斯、呼和浩特和乌兰察布乘动车性价比更高。

**包头火车站**（昆区站前路近阿尔丁大街）位于昆区南端，距市中心的包头百货约10公里。从昆区或青山区乘公交车前往约需45分钟。1路公交车连接二旅社、包百和包头站，50路则连通了包头东站和包头站。

**包头东站**（见82页地图；东河区站北路近南门外大街）也叫东河火车站，它是历史上京包铁路的终点。由于就在东河区中心，从东河各处来此都很便捷。站前广场上有多路公交车发出，包括开往昆区的5路、10路、50路。

## 当地交通

### 抵离机场

**机场巴士**（☎485 5899，686 2098；21元；7:00~24:00）为七座商务车，并无固定站点和发车时间，你需要在航班起飞至少4小时之前致电预约，点对点接送。机场巴士服务仅面向昆都仑区和青山区的旅客。乘出租车往来机场和东河区单程20~30元，往来昆区或青山区单程为50~70元。

### 公交车

包头公交车（☎590 7777；www.btgjjt.com）均为自动投币，普通车型1元，电动车型2元，大部分公交车末班车在19:00~20:00之间运营。其中5路（恰特—北梁新区公交站）和10路（东站—二旅社）是途经主干道连接东河区和昆区的两条主要的公交线，票价2元，发车频密，夏季末班车到22:30，冬季22:00。1路（二旅社—恰特—包百—包头火车站）和50路（东站—东河汽车站—包头火车站）连接了包头几个主要交通枢纽。7路（东站—五当召）和9路（恰特—梅力更）可直达景区。

### 出租车

包头出租车的管理一般，司机开车时抽烟、长时间接打电话、顺路拉客等行为很常见。出租车起步价6.5元含2公里，超出部分每公里单价1.5元。

### 租车

神州租车在包头有五家门市店，其中四家在昆区城区内，另外一家在二里半机场航站楼一层国内到达厅，详情可登录（baotou.zuche.com）查询，或电询（☎400 616 6666）。

## 包头周边

包头周边的景区类型丰富但较为分散，北有白云鄂博矿区和达茂旗的**希拉穆仁草原**（见77页），西有阴山上的梅力更，东有五当召和美岱召，南边**库布齐沙漠**（见97页）中的一系列景点虽地处鄂尔多斯境内，但从包头前往更便捷。

### 五当召

[见87页地图；☎871 5022；石拐区吉呼伦图苏木；www.zgwdz.com；门票60元；⊙旺季（4月15日~10月15日）8:30~17:45，淡季 8:30~17:00]五当召曾是政教合一的寺院，至今仍是研究蒙藏佛教理论的高等学府。300余年的历史和颇高的宗教地位，让它在群山环绕之间体现出一种不凡的气度。

九座大殿依山势而建，可按序号1~9殿顺时针游览。第一殿**苏古沁殿**是最大的佛殿，也是全召喇嘛上早课和举行重大法事的场所。后殿藏有珍贵的经文、唐卡和坛城。二楼回廊壁上的藏传佛教九大寺庙鸟瞰图尤可关注。唯一有着黄色外墙独显尊贵的是第三殿**洞阔尔殿**，它是五当召最早的殿堂，并于1756年得乾隆皇帝赐名“广觉寺”，满、汉、蒙、藏四种文字雕刻的牌匾悬挂殿门正中。这里也是佛学的时轮（天文、历法、数学、占卜）学部，学位升级考核时，殿前广场便是答辩（讲经辩经）的考场。第七殿**苏卜盖陵**原为五当召创建者一世活佛住所，圆寂后供奉他的舍利。如今这个狭小的居所摆放七个鎏金塔匣，供奉着五当召七位转世活佛的舍利，是信

包头周边

徒们最敬重的地方。金科殿2003年修复，二楼展出五当召建寺以来的部分法器和僧人用品，其中不乏金器、玉器，值得一看。景区内位于九大殿的东侧有一座修有步道且不高的东山，坡顶可拍到五当召全景。



### 节日和活动

五当召每年大大小小的经会不下百次，最隆重的是农历七月二十五至八月初一的嘛呢经会。此时，洞阔尔八世活佛（七世圆寂半个多世纪后，才寻到灵童坐床）回到五当召，主持声势浩大的转召、晒大佛等仪式，为信众摸顶赐福。寺内七天七夜诵经不断，四方僧侣和信众云集朝拜祈求福运。人们穿着鲜艳的民族服装，参加各种宗教仪式和民俗活动，浓郁风情扑面而来。经会期间或有门票优惠。

### 到达和离开

包头东站（即东河火车站）的公交总站有直达五当召的7路公交车（15元；6:35~17:20，约1小时1班；1.5小时）。下午从五当召返回的车班次为12:50、13:30、14:40、16:00和17:55。

## 美岱召

（见87页地图；☎885 0012；土右旗美岱召镇美岱召村；门票30元；⏲8:00~18:00）这里曾是蒙古土默特部首领阿拉坦汗的府邸。阿拉坦汗受封于明朝的“顺义王”后，明皇帝赐府名福化城，这里便成了明朝金国最早的都城。后因阿拉坦汗的重孙被认定为转世灵童成为四世达赖，西藏派遣活佛迈达里在此弘法，城内便始建蒙古地区第一座藏传佛教寺庙灵觉寺，继而拥有了宗教地位。这便是亦城亦寺的美岱召。

雄峻苍凉的阴山下，形如城池的美岱召却是草木葱茏、曲径通幽的庭院。前广场一朵石雕巨莲开在水面，美岱召博物馆方方正正坐落其上，从萨满信仰、藏蒙文化和壁画珍宝等几个方面展示了美岱召的历史文化。博物馆正后方，美岱召全景如宽幅画卷展现眼前。泰和门威武居中，城墙和角楼围护着古树与殿堂。明代建筑大雄宝殿是美岱召的核心景观，这里悬挂的寿灵寺牌匾，是原灵觉寺的皇帝赐名。殿中面积多达1650平方米的《蒙古贵族礼佛图》是明代壁画中杰出作品。太后庙供奉着阿拉坦汗的第三任妻子三娘子，她主持建设新都青城（呼和浩特），力推明蒙互市，维系土默特安定局面长达40年，受到人民拥戴和朝廷册封。整个城内生活设施、佛事法会和朝政理议都有相应场所，无一或缺。乌兰夫早期革命活动纪念址和萨县抗日游击队纪念址则记录了美岱召又一个新的时代意义。

### 节日和活动

美岱召庙会是纪念阿拉坦汗皈依佛教举行的灌顶法会，已有四百余年历史。庙会在每

**不要错过**

### 敕勒川博物馆

南北朝民歌中阴山下的敕勒川，就是现今的土默特平原。位于土默特右旗旗府萨拉齐的敕勒川博物馆[☎8807721；萨拉齐工业路；免费，大型节假日有中小学生义务提供讲解；⏲9:00~11:00，14:30~17:00，旺季（4月15日~10月15日）周三闭馆，淡季周一、三、五闭馆]近两万平方米的展厅宽广大气，内容涵盖了游牧、农耕，以及西口、黄河和土右旗的二人台戏曲等多民族的历史文化。七个展厅中，梳理从远古至民国时期历史演进脉络的敕勒川历史文化陈列和展现绚丽多姿民俗文化的魅力敕勒川都十分精彩，后者有大量实景实物还原，现场感极强。镇馆之宝《敕勒川图卷》宽1.2米，全长60米，展陈于二楼大厅。它由当代中国顶级国画大师刘大为等五位先生深入敕勒川、大青山体验写生，历时1年多创作完成，山水风光与人文情怀尽在画卷之中。

萨拉齐是包头前往美岱召的必经之路。游览美岱召后，乘6路到东方名城小区站下车，沿工业大道往西步行10分钟就到博物馆。在博物馆大门对面就能等回包头的班车。

年农历五月十三至十九举办，其中五月十五为正会。除诵长经、转召和活佛摸顶祈福等传统宗教仪式以外，自2009年起融入了三娘子旅游节，增加了旅游推广和文艺演出等项目。

## 到达和离开

**包头东河汽车站** 去三两的班车（20元；9:40~14:30，1小时1班；1.5小时）经过美岱召路口，下车后过马路，穿过美岱召牌坊直行约300米就是景区大门。也可以先从东河区二宫公交站对面的东恒大厦坐去萨拉齐的班车（15元；7:00~20:30，10分钟1班；1小时15分钟），再换乘6路公交车（8元，30分钟）直达景区。美岱召返回萨拉齐末班车为19:00，萨拉齐返回包头的末班车为20:30。包头昆区汽车站也有较频繁的班车往返萨拉齐（20元；7:30~16:00，20~30分钟1班），但耗时在2小时以上。

# 梅力更

（见87页地图；515 5595；www.cnmlg.com；九原区哈业胡同乡梅力更沟；门票35元；8:00~18:00）“像一座青铜的屏风安放在它们的北边”，历史学家翦伯赞曾这样形容阴山。如果想登上这道塞外名山，阴山山脉乌拉山东部南麓的梅力更是一个便捷的选择。梅力更在蒙古语中意为“智慧”，这里山势雄伟，由于降水量较少，树不成林，但身临其中，松柏、怪石、溪流、水潭组成的风景还算清幽。许多市民都在周末来此野餐休憩。

售票处离景区游客中心还有近5公里，可乘摆渡车（往返15元）或步行前往。路上经过的**梅力更召**暂未对外开放。游览路线沿着山沟向上，一个半小时的登顶之路相当陡峭。可以乘**缆车**（单程50元）到半山腰，继续向上是梅力更风景的精华——奇峰耸立，怪石嶙峋，绿树清潭相伴在旁。途经**天眼瀑布**、**骆驼峰**等景点，就能来到终点**仙女瀑布**。不过阴山上能有瀑布已经难得，就不要抱怨稀少的水量了。寒冬季节这里会冻成一条冰瀑，另有一番风味。

山下索道站旁一条岔路通往**森林体验中心**（40元），这里有时空隧道、倾斜屋、3D画廊等趣味布景，也能在森林体验馆了解一些阴山山脉中的动植物和地貌知识，适合带孩子前往。

游览梅力更最好自带些零食和水以补充体力。景区售票处旁和游客中心附近有摊档出售小吃。

## 到达和离开

在昆区的恰特公交站乘9路车（7:00~18:30，15分钟1班；50分钟）就能直达景区。公交票价理论上8元，但景区售票处离公交行驶的主路还有1公里，售票员会以送你进景区为由，收“往返20元”的票价并留下字条和电话。游览结束后，只要打电话就有最近的班车进景区来接，出示字条即可。但在主路上的车站上下车，步行往返景区也不麻烦。

# 白云鄂博

还记得高中地理课本上的白云鄂博吗？这里的稀土资源储量占全国的80%以上，约为世界总储量的20%，居世界第一，是名副其实的稀土之乡。在稀土矿矿体内蕴藏的170种矿物中，铁矿储量就有14亿吨，为包钢生产提供了丰富的原料。如今，白云鄂博已经从当初小小的矿区，发展成一个五脏俱全的小城。矿区内修建了称为“观礼台”的观景平台，在那儿你能亲眼看到，已经挖掘了50年的巨型矿坑里，矿石是如何开采并运送出来的。

外来车辆禁止进入矿区，最好在市区打个出租车（5元）到白云铁矿。从门岗到铁矿的**观礼台**还有大约4公里，步行要1小时，你可以试着在门岗拦一辆厂区的小车，请司机捎带你上去。观礼台上的视野非常震撼——深1.03千米、面积抵得上250个足球场的矿坑里，道路沿着矿坑的崖壁螺旋式下到坑底，挖掘机隆隆作响，那些载重达百吨，仅轮胎直径就有两三米的巨型矿车载满原矿，如同黄色的小蚂蚁贴着崖壁缓慢地爬行。由于车体太高，驾驶时会产生视线盲区，因此矿区内的小车都插着一根高高的小红旗作为警示。在矿区内步行一定要注意避让这些大家伙。从主矿坑继续往上约200米还有另外一个矿坑，但尚未修建供参观的设施，场景也大同小异，出于安全因素不建议前往。

白云鄂博还是“草原英雄小姐妹”龙梅和玉荣的家乡。20世纪60年代，还是小学生的姐妹俩放羊时遭遇暴风雪，她们在暴风雪中奔走70里，追赶羊群一天一夜，直至晕倒在雪地里，玉荣还因冻伤截肢。丁香胡杨林园中**草原英雄小姐妹纪念馆**展示了她们的英雄事迹和成长过程。在白云鄂博以西20公里明安镇的呼格吉勒图嘎查牧区，草原上几座低矮的土坯房就是**龙梅玉荣旧居**，房中的家具和物件还保留着50年前的老样子。对面的几座蒙古包可提供餐饮和住宿。包车到龙梅玉荣旧居往返需80元。

石头收藏爱好者还可到市中心的**奇石街**淘淘宝，白云鄂博矿区周边独特的地质条件孕育了奇异的戈壁石，比较出名的有白云鄂博玉、白云肉石、风砺石等。每年7、8月间，这里的国际奇石文化节非常热闹。

### 到达和离开

火车是从包头到白云鄂博最便捷的方式，包头东站（经包头站）每天有两组列车往返白云鄂博（硬座15.5元；2小时40分），来个一日游很从容。介意车厢内空气质量的话可以买软座（25.5元）。从达茂旗旗府百灵庙也有频繁的班车去往白云鄂博（12元；7:30~16:10，共7班；1小时），从这条路进城前，草原上密密麻麻的白色风车列阵相迎。黄昏时分，层层叠叠的风车烫上金边，成为草原日落最生动的前景。

# 鄂尔多斯

## 鄂尔多斯市

20世纪60年代，电影《鄂尔多斯风暴》让这个边疆小城为国人所知。30年后，以一句广告词“温暖全世界”打响的当地羊绒衫品牌，又一次让鄂尔多斯走进人们的脑海。21世纪初，这里因“羊、煤、土、气”而扬眉吐气，十年间人均GDP翻了18倍，却又在2012年遭

另辟蹊径

### 达茂旗的草原之旅

从呼和浩特到包头，坐动车只需要1小时。但如果有充裕的时间，又向往纯净的草原，不妨从呼和浩特往北，经过希拉穆仁草原、百灵庙、白云鄂博再南下包头，还可以顺便到边境小镇满都拉转一圈。这条路穿过达茂旗中部和北部草原的腹地，日出日落、云卷云舒、牛羊遍野的草原画卷逐渐铺展，经过的城镇也鲜有游客的身影。若在暑期前来，还有可能与那达慕大会不期而遇。在这条路上自驾，走走停停是最大的乐趣，坐班车也很便捷。

第一天前往达茂旗府百灵庙镇。路上经过希拉穆仁草原（见77页），自驾旅行者如果不执着于骑马玩摩托，可不必在此旅游点停留，随后一路的天然草原等着你。到百灵庙镇建议住在老城的中心广场附近，看看始建于清康熙四十二年（1703年）的**百灵庙**，再去步行街口的**边贸市场**逛逛。雄伟的**百灵庙抗日武装纪念碑**矗立在市区南部女儿山山顶，能看到小镇全貌。百灵庙的出租车不出城区均为5元。

如果对边境小镇的样子感兴趣，第二天可以到百灵庙以北140公里的满都拉转一圈，但别期望这里有二连浩特那样繁华的边贸和异域风情。镇上只有一条主街，街上的商铺以蒙、俄商店和餐厅为主，几辆蒙古皮卡停在路边，通常半小时就能逛完。若想采购商品，建议头一天先在百灵庙的边贸市场看好比比价。口岸位于满都拉镇以北20公里，与蒙古的东戈壁省相连，满载矿产的货车在这里等候通关。但旅行者只能在口岸大门外留影，需要工作人员陪同才能得见国门和757号界碑（可以碰碰运气）。百灵庙到满都拉的班车（31元；10:30、14:30；2.5小时）的返回时间分别是8:00和13:40。由于满都拉的旅馆卫生条件较差，不建议留宿。这也意味着坐10:30的班车过来，只有40分钟的停留时间，只能逛商店和去口岸二选一了。镇口的**俄蒙进口商品店**可提供小车，往返口岸需要100元。从百灵庙包车往返口岸300元。坐13:40的班车返回百灵庙后，能赶得上去呼和浩特、包头或白云鄂博的末班车。

第三天，游览白云鄂博后，去往包头。

遇经济崩盘，刮起了一场实实在在的风暴。直至今天，那些记录了城市跌宕起伏的烂尾楼和人气寂寥的街区依然可见。但对匆匆而过的旅行者来说，这座城市风平浪静，物价已然回归到正常水平。

曾经的财富暴涨给鄂尔多斯留下了霸气的楼宇、宽敞的道路、精心设计和维护的城中绿地，让这座城市在沙漠之中独秀一方。投资50多亿元建成的康巴什新区经历了房地产泡沫破裂的浩劫，却仍然是鄂尔多斯市区最大的亮点。这里还是“鄂尔多斯青铜器”出土最集中的地区，如果你对游牧民族文化或古文物感兴趣，市里的两个博物馆不容错过。

## 方位

东胜区是鄂尔多斯的主城区，尽管市政府自2006年迁出，但这里依然发挥着中心城区的功能。包神铁路穿城而过，把东胜一分为二。铁路以东是东胜的老城区，正对着旧火车站的伊金霍洛东街是老城区最热闹的街道，它连接了王府井百货、市购物中心几大商圈。铁路以西被人们称为铁西，这边路宽、楼高、人少，东胜最大的交通枢纽东胜长途汽车站坐落在此，附近的青铜文化广场上，“鹰顶金冠饰”造型的雕塑可谓鄂尔多斯的城市地标。东胜区以南25公里的康巴什新区是鄂尔多斯市政府机关所在地。铁路客运最为繁忙的东胜西站位于东胜区和康巴什新区之间，而鄂尔多斯高铁站和飞机场则位于康巴什再往南的伊金霍洛旗境内。

## 景点

### ★康巴什新区 街区

（见96页地图；☎旅游中心门市 839 4898；东胜南25公里）过去这里曾为一片荒芜的沙漠，如今却像海市蜃楼一般，忽然间神奇地崛起了一座城。宽阔的马路、巨型的雕塑、整齐的商品房、造型夸张的公共建筑，还有干旱的土地上绽放的片片花海，让康巴什有着跨越时空般的不真实感。夜幕降临，浩大的夜景工程光炫夜空，乌兰木伦湖的音乐喷泉和激光水幕如梦似幻。然而，康巴什是孤独的——除了上下班时段，公务员们带来的少许车流和人气，其余时间，尤其是晚上，这里几乎看不到人。

在康巴什的游览，沿着长2.5公里的**康巴什文化艺术长廊**展开。它北起党政大楼前的成吉思汗广场，南至乌兰木伦景观湖，由七个广场首尾相接而成。各广场的雕塑、花灯和精美的园艺造型分别构成不同的主题，散发着浓郁的民族风情。精华部分在**太阳广场**，广场由色彩绚烂、层次分明的花卉铺展而成，犹如太阳发射着七色光芒。外观像书籍罗列的**鄂尔多斯图书馆**、犹如磐石稳坐的**鄂尔多斯博物馆**、鄂尔多斯部蒙古族妇女头饰造型的**鄂尔多斯大剧院**和寓意天圆地方的**鄂尔多斯文化艺术中心**分别坐落在太阳广场的两侧，远远眺望或走进去参观皆可。鄂尔多斯大剧院平日是电影院，可关注同名微信号（ordosdjy）了解演出信息。文化艺术中心南侧有康巴什美食广场，可供你解馋歇脚。长廊南端，环绕康巴什城区的乌兰木伦河被大坝拦出了开阔的**乌兰木伦景观湖**，可以在码头乘游艇（60元；40分钟）或快艇（40元；10分钟）环湖游览。20:00~21:00，湖中喷泉和灯光秀轮番上演，场面壮观程度超乎想象。湖对面林立的高楼即属于伊金霍洛旗的旗府阿勒腾席热镇了。若时间有限，可在双驹广场乘观光小火车（20元）游览。主轴线以外，还有婚礼文化园、国际赛车场等大手笔的公众设施，有兴趣可以一探。

可在王府井百货、旧火车站、汽车南站等站乘K21路去往康巴什（5元；⌚6:30~19:00，5~8分钟1班；45分钟）。但由于满座后不再停站，早、晚高峰期间只有在邻近始发站的几个站才能坐上车。到康巴什后，可在党政大楼下车，从成吉思汗广场由北向南参观，游览完乌兰木伦湖后再坐康1路公交返回文化艺术中心。K21返回东胜的末班车为19:15。末班车后，可以在美食广场、文化艺术中心等站台找找回东胜的出租车拼车，一人20元送到要去的地点。打车往来东胜和康巴什单程约70元。

### 鄂尔多斯博物馆 博物馆

（☎839 0880；康巴什文化西路南5号；免费；⌚夏季 9:00~17:30，冬季 9:00~17:00，16:30停止入场，周一闭馆）鄂尔多斯博物馆辨识度很高，外观犹如天外来石，闪着金光，内部设计也颇具超前感。二层的**鄂尔多斯古生物展**、三层的**鄂尔多斯蒙古族历史文化展**和四

## 东胜区

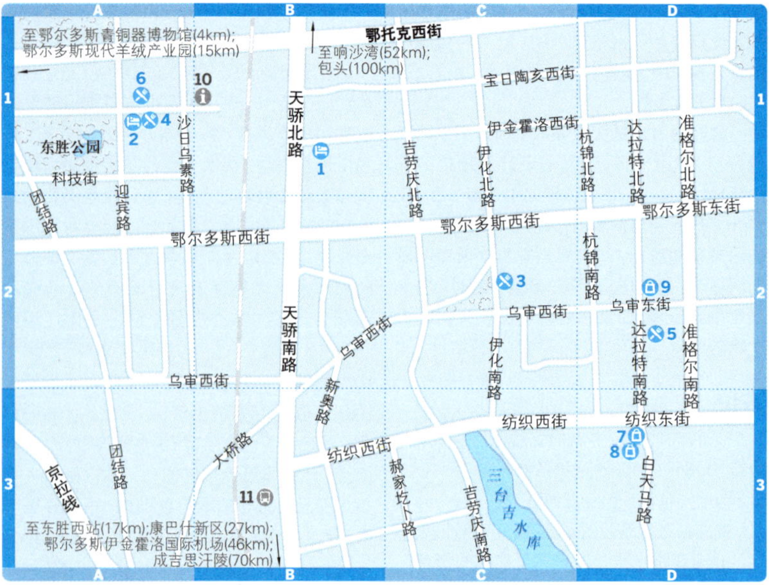


## 东胜区

**住宿**

1 7天酒店（东胜火车站店）........................B1
2 雍贵酒店........................A1

**就餐**

3 贺大妈福来顺一分店........................C2
明珠品湘阁........................（见1）
4 小肥羊火锅餐厅........................A1
5 新街屈老四烩菜........................D2
6 最爱妈妈菜........................A1

**购物**

7 鄂尔多斯工厂店........................D3
8 鄂尔多斯精品店........................D3
9 华容商厦........................D2

**实用信息**

10 东胜旅游集散中心........................B1

**交通**

东胜长途汽车站........................（见10）
机场大巴乘车点........................（见2）
11 东胜客运中心站........................B3

层的**鄂尔多斯通史展**为常设展。每天10:00和15:00，讲解员会随机对其中之一进行义务讲解。鄂尔多斯通史展梳理了蒙古族中大名鼎鼎的鄂尔多斯部的历史，展示了珍贵的鄂尔多斯出土文物，包括大量春秋战国时期的青铜器。其中，1972年出土于鄂尔多斯杭锦旗匈奴墓地的鹰顶金冠饰的复制品被奉为镇馆之宝，其真品也作为镇馆之宝陈列于呼和浩特的内蒙古博物院（见65页）。

乘坐东胜到康巴什新区的K21路，在美食广场站或者文化艺术中心站下车，向西望去，你一眼就能认出它来。

### 鄂尔多斯青铜器博物馆　　博物馆

（☎832 3026；东胜区兴胜路2号；免费；⏲8:30~17:00，周一闭馆）19世纪末开始，中国北方长城的沿线地带陆续出土了大量青铜及金、银、铁制品，它们以动物造型为主要装饰，富含浓郁的草原风格。由于在鄂尔多斯及其周边地区发现的数量最多最集中，因此也被称作“鄂尔多斯青铜器”。博物馆的三、四层展出了上千件鄂尔多斯青铜器，大多数是春秋、战国时期的文物，以兵器、生产生活用具、装饰品和车马器为主。你可以从展品上方图文并茂的注释，了解它们出土前的形态和使用方法。这里的镇馆之宝，仍旧是鹰顶金冠饰的复制品——博物馆标新立异的外形正是以它为灵感设计而成。

从长途汽车站乘K25路（3元）到万正集团下，或乘19路（1元）到社会福利院下均可。

## 住宿

东胜住宿选择很多，建议住在长途汽车站附近，方便出行。如果你乘火车或飞机前来，而且只计划停留一两天，住在康巴什区也不错。康巴什区距离飞机场、高铁站都比东胜区要近的多，去往成吉思汗陵更比从东胜出发近了50公里。加上它本身就是一个大景区，奇幻的建筑、稀少的人气、辉煌的夜景，是在此留宿的新鲜体验。不过康巴什的房价比东胜高，普通宾馆或连锁快捷酒店均价都在250元左右。

### 雍贵酒店 酒店 ¥¥¥

（见92页地图；☎388 9999；东胜区迎宾路17号；标双 含早餐 550元起；❄📶🅿）若预算充足，这里的服务和品质都物有所值。58平方米的房间装修得古色古香，细节到位，自助早餐更是丰富。机场大巴始发站就在酒店院内。

### 7天酒店（东胜火车站店） 快捷酒店 ¥¥

（见92页地图；☎832 6222；东胜区吉劳庆南路6号；标双 179元；❄📶🅿）位于热闹的伊金霍洛东街，离长途汽车站和王府井百货等商圈都很近。酒店在2017年重新装修开业，房间宽敞明亮。但这里没装空调，夏天会有些热。东胜西站和高铁站开往市区的K23、K27路在民生银行站下，走100米就到。

### 鄂尔多斯泰华锦江国际大酒店 酒店 ¥¥¥

（☎888 8888；康巴什区文化西路与普阳街交汇处；标双 含早餐 538元起；❄📶🅿🏊）酒店位于太阳广场的西南侧，位置极佳，设施、服务和早餐也与房价相称。副楼房间（标双238元）略旧但很实惠，可以先看房再选择。

### 汉庭酒店（康巴什市政府店） 快捷酒店 ¥¥

（☎858 6866；康巴什新区萨拉乌苏路与朝阳街交叉口西北角；标双 288元；❄📶🅿）酒店位于博物馆往西约500米，也是2017年新开业的，是经济型酒店的首选。

## 就餐

鄂尔多斯的餐饮风格以西北菜为主。在东胜区，王府井百货周边和长途汽车站以西的万正广场就餐选择都不少，其中**小肥羊火锅餐厅**（见92页地图；☎226 6066；迎宾路雍贵中心底商；⏲10:00~23:00）打烊时间很晚，是个不错的备选。

### 新街屈老四烩菜 中餐 ¥

（见92页地图；☎151 4776 5432；达拉特南路鑫通市场底商35号；人均35元；⏲10:30~22:00）这是在东胜受到广泛认可的一家老店，隐匿在羊绒一条街中，门面不太起眼，下午有时也不停业，逛街可以顺路来吃。烩菜26~40元/份，粉条、酸菜、猪肉的搭配十分下饭。在民生广场美食街也开有分店。

### 最爱妈妈菜 西北菜 ¥¥

（见92页地图；☎831 1199；迎宾路铁牛大酒店一层；人均60元；⏲11:30~14:20，17:30至次日02:00）菜式很全，炖肉、烩菜、香锅、小炒，鸡鸭鱼肉样样都有，菜量也很充足。性价比最高的是家炖鱼（18元），经过数个小时的煮制，味道浸入鱼骨中，但骨烂肉不烂。炒菜21:20停止供应，之后就只有烧烤了。

### 贺大妈福来顺一分店 西北菜 ¥

（见92页地图；☎833 4455；鄂尔多斯东街富丽宫小区3号底商；人均40元；⏲11:30~14:30，17:30~21:00）这家店主推炖菜和焖面，特点是锅大、盘大、菜量大，味道也是多年口碑相传。两个人吃饭点个小小锅的焖面（38元起）就够了。也可以单点一份炖菜，铁锅里除了干豆角和肉类，还配有土豆粉条和贴饼子等主食（68元起）。

### 明珠品湘阁 湘菜 ¥

[见92页地图；☎226 8899；吉劳庆南路6号（7天连锁酒店一层）；人均60元；⏲11:30~14:30，17:30~22:00]这是家在当地大受欢迎的"外来菜"餐厅，且不论湘菜口味是否真的够地道，至少利落的就餐环境和友善的服务态度就让你有个好胃口。招牌菜石锅牛蛙（88元）分量很大，臭豆腐、小炒肉也很受欢迎，就是菜品总体口味偏咸。想吃还是早点来，18:30就开始排队等位了。

## 购物

选购平价的羊绒衫，可从**华容商厦**（见92页地图；乌审东街与达拉特南路路口；⊙9:00~18:00）逛起。据说这里是全中国羊绒衫市场的中心，三层楼的商场里挤满了大大小小的摊位。华容商厦往南，达拉特南路这一段700多米的道路堪称羊绒一条街，这里聚集了数十个羊绒衫品牌店铺，常有低价促销，懂行的可以慢慢淘货。乘坐公交2路、7路等在中磊集团站下车就是华容商厦。

羊绒一条街的尽头（2路车终点）便是鄂尔多斯控股集团大楼和旗下的天骄大酒店。想购买货真价实的"鄂尔多斯牌"，可以直奔这里。天骄大酒店一层的**鄂尔多斯精品店**（见92页地图）据说是全国规模最大、款式最新最全的品牌旗舰店，价格不打折。正对面的**鄂尔多斯outlets**（⊙8:00~19:30）里，断码羊绒衫有低至3折的折扣，三标齐全，但款式不多。天骄大酒店门外西侧的**鄂尔多斯工厂店**（见92页地图；⊙7:30~19:30）出售1~2折的剪标商品，纯羊绒衫大约500元就能买到。如果你是鄂尔多斯牌的拥趸，建议去市郊的鄂尔多斯现代羊绒产业园（见94页方框），那里两个巨大的工厂店，商场面积、衣服款式和价格都更具吸引力。

## 实用信息

位于东胜长途汽车站售票厅的**东胜旅游集散中心**（见92页地图；☎839 6555，835 7666）旺季时不定期有直达景区的旅游车（人少不发车），目前通行路线有响沙湾（往返40元）、鄂尔多斯草原（往返70元）和成吉思汗陵（往返40元），可提前致电碰碰运气。

**旅游服务热线**（☎400 047 7065）

**旅游投诉电话**（☎858 8538）

## 到达和离开

### 飞机

**鄂尔多斯伊金霍洛国际机场**（☎890 1111；伊旗阿镇东南15公里处）距离东胜46公里，已和全国大部分省会城市之间有了直飞航班，还有飞往莫斯科、曼谷等地的国际航线。

### 长途汽车

**东胜长途汽车站**（见92页地图；☎838 0248；铁西广场街近沙日乌素路）是东胜最大的交通枢纽，除了频繁地发往呼市（65元）、包头昆区（33元）、包头东河（34元）、杭锦旗（34元）、达旗（20元）、陕西神木（45元）等省、市际班车，去往火车站、高铁站的班车也从这里开出。

**东胜客运中心站**（见92页地图；☎857 6000；天骄南路近水岸街）又被称作汽车南站，这里的班车大多发往周边乡镇。

### 火车

**东胜西站**是包西铁路重要的客运站之一。

### 走进羊绒产业园

提前1天预约（☎132 0477 6808，成部长），就有机会在讲解员的带领下走进**鄂尔多斯现代羊绒产业园**的生产车间，了解鄂尔多斯牌羊绒衫的生产流程。羊绒在纺纱厂制成毛线，再进入针织厂织成毛衣。通常可参观的是针织二厂——厂房里机器轰鸣，每个织机产出的是衣服的不同部件——前幅、后幅、袖子、口袋等，再由人工进行拼接缝合，成衣由工人逐件检测后叠放整齐运往仓库。仔细看还能发现，成捆的成衣上有不少都贴着不同出口国的标签。一件件羊绒衫就是从这里出发，"温暖全世界"的。

前往鄂尔多斯现代羊绒产业园，可从长途汽车站坐19路公交车（3元；15分钟1班；约45分钟），终点站"羊绒工业园"下车后继续直行，在第二个路口右转就是产业园的**游客中心**。这里有一个工厂店，1~2折的价格选择很丰富，不过是剪标商品。从游客中心步行到车间大概需要40分钟，最好是自驾前来。或者直接跟讲解员约在工厂门口见面，即在19路倒数第二站"鄂绒集团"下车，路口右转马路西侧就是工厂门口。参观结束后，可以到厂区对面鄂尔多斯现代羊绒产业园几座造型摩登的大楼里逛逛，这里有**世界羊绒博物馆**和一家规模很大的鄂尔多斯outlets商店，羊绒衫折扣在3折以上，三标齐全。19路返回市区的末班车是18:18分。

这里有发往北京、上海、成都、西安、福州等方向的普通列车和途经包头、呼和浩特到乌兰察布的动车。可在东胜长途汽车站乘K23路（3元；6:50~18:10，10分钟1班；约30分钟）或K25路（3元；6:50~18:00，15分钟1班；约40分钟）前往。西站返回市区的末班车为19:05。伊旗汽车站有K24路（3元；6:40~18:05；约40分钟）经康巴什的财政局、鄂尔多斯大学等站去往西站，返程末班车为19:10。

高铁车站**鄂尔多斯站**位于伊旗境内，距离东胜约40公里，距康巴什和伊旗均为10公里。从东胜长途汽车站可乘K27路（5元；8:40~19:00；约1小时）前往，不过该车按列车进出站时间运营，发车时间难以把握。打车到高铁站约需70元。高铁站返回东胜的末班车为17:00。从康巴什文化艺术中心等站可乘康6路（1元，20分钟）往来鄂尔多斯站。

## 当地交通

### 抵离机场

东胜区前往机场的**机场大巴**（☎887 8099，311 9966；4:35~19:50，45分钟1班；全程约1小时15分钟）从长途汽车站沿广场路往西约500米的雍贵酒店发车，经宏源一品酒店、汽车南站、康巴什（婚庆文化公司东门K21路站牌）、CBD和伊旗（乌兰国际酒店）到达机场。票价全程30元，康巴什上车15元，伊旗上车10元。从机场返回市区经停相同站点，8:00~20:45间每45分钟1班，20:45之后发车时间视进港航班到达情况而定，末班车为0:50。康巴什前往机场也可在文化艺术中心、成吉思汗广场等站乘坐机场3路公交（1元），但中途站点很多，相当耗时。

从东胜区打车到机场约需100元。康巴什打车约40元。

### 公交车

东胜的公交车有两种，普通线路投币1元。K字开头的K21至K27线路为远郊线路，上车投币3~5元。比较常用的是往返长途汽车站和康巴什区的K21、K22，和去东胜西站的K23、K25。由于K字线路均采用41座的旅游大巴运营，一旦满座就不再停车上客，所以热门线路（尤其是K21）在早晚高峰时段尽可能在靠近始发站的站点上车。

康巴什区的公交车投币1元，其中康1路可到乌兰木伦湖，康6路可到鄂尔多斯站。

**公交线路咨询电话**（☎837 3825）

### 出租车

东胜出租车起步价为7元（含2公里），超出部分的里程单价由车型排量的差异分为3种，分别为1.6元（1.6排量车）、1.7元（1.8排量车）和1.8元（2.0排量车）。若要打车去距离较远的火车西站或包车去景区，选单价低的车更划算。

### 租车

神州租车在东胜区有两家分店，分别位于天骄花园小区2号商业楼和汽车南站，在机场和高铁站设有送车点。详情可登录（eerduosi.zuche.com）查询，或电询（☎400 616 6666）。

**空港租车**（☎868 1999，155 4770 0421）位于雍贵酒店一层，就在鄂尔多斯机场城市候机楼旁边。这里提供包车服务（带司机），包括小车（680元/天）、越野车（760元/天）、商务车（760元/天）等车型。费用不含路桥费、燃油费和司机食宿费，每天限行300公里，超出部分每公里2~3元。还有中巴和大客车可包，详情可电询。

# 鄂尔多斯周边

成吉思汗陵是鄂尔多斯周边最有名气的景点。这里还有一些景色平平的草原和沙地景区，不值得专程前往。库布齐沙漠的景区虽地处鄂尔多斯，但从包头前往更便捷。

## 成吉思汗陵

[见96页地图；☎400 007 1162，896 1222；www.cjshl.gov.cn；伊金霍洛旗伊金霍洛镇；门票旺季（4月20日~10月10日）180元，淡季150元；⏲旺季 7:00~19:00，淡季 8:00~17:30]成吉思汗时期的蒙古先民信仰原始萨满教，相信逝者生前用物均有灵魂依附而永存不息。1227年成吉思汗逝世后，蒙古汗廷便由此建立了象征成吉思汗灵魂的"永世坚固的白色宫帐"，作为"全体蒙古人的总神祇"进行供奉。这就是日后形成的"八白宫"的原型。之后七百余年中，从民间祭奠到皇族奉祀，八白宫是唯一的神圣的成吉思汗陵宫。17世纪清顺治年间，八白宫迁至目前所在的巴音昌呼格草原，后来为避日本侵略战争，又曾移至青海塔尔寺。1954年，八白宫迁回鄂尔多斯故地，并在这里

## 鄂尔多斯

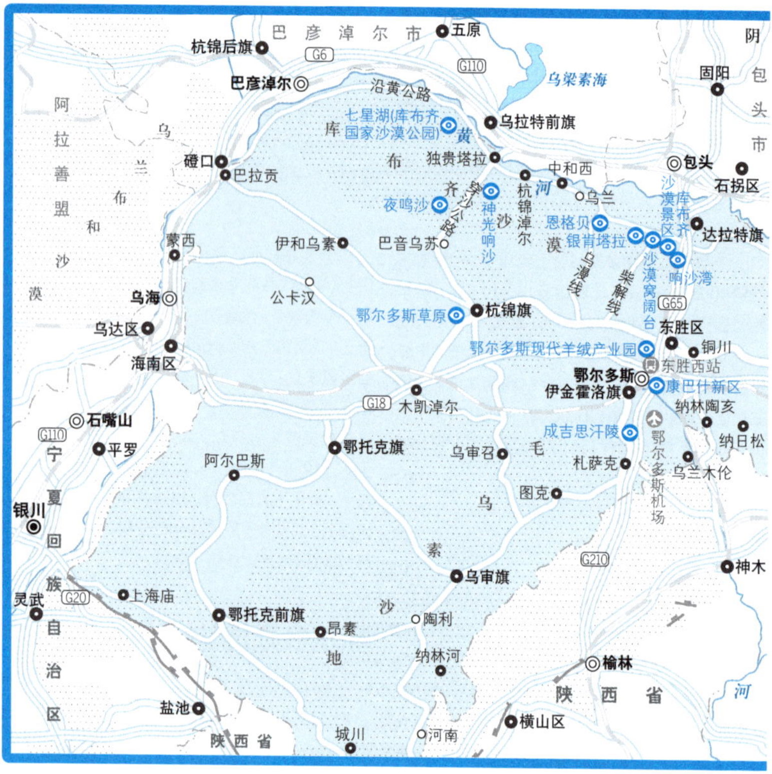


建起了陵园。如今这座规模浩大的新陵是21世纪初扩建重修而成的。由于蒙古皇族“不设标记，不起坟冢”的密葬传统，埋葬成吉思汗遗骨的陵墓所在地虽有多种争议，但结论仍然成谜。

成吉思汗陵分为两个不相连的园区，各景点由景区交通车相连（30元，不限次数），形成一条游览环线。**祭祀文化区**是以**陵宫**为核心的祭祀场所，大大小小的祭祀活动都在这里举行。三座蒙古包穹顶式的大殿组成的陵宫霸气地屹立在九十九级阶梯的顶端。殿内供奉称为**八白宫**的八座白色宫帐，分别安放着成吉思汗及几位夫人的灵包，以及弓箭、鞍辔和奶桶等圣物。周边的**苏勒德祭坛**和**阿拉腾甘德尔敖包**是祭祀场所。**祭祀文化展览馆**则从理论和史料上用文字、图片对祭祀场馆和程序作了总结和补充。

进入以成吉思汗跃马塑像为门景的**历史文化区**，365尊等身金属铸像的队伍**金帐铁马**映入眼帘，这是根据欧洲13世纪一幅成吉思汗大军出征的油画还原的场景，很是壮观。**蒙古历史文化博物馆**的建筑格局俯瞰呈蒙文“汗”字，馆内的一幅长206米的蒙古历史长卷油画阐释了自1162年成吉思汗出生至1368年蒙古统治者撤出元大都、建立北元政权的过程，此外还展出各种文物。草原娱乐区内，在**巴音昌呼格草原**可以骑马。5~10月，舞台剧《鄂尔多斯婚礼》（120元；11:30、17:30）和《一代天骄·永远的成吉思汗》（150元；13:00、17:00）分别在布拉克浩特和天骄浩特上演。4月15日至10月15日，那达慕广场则有马术表演（60元；10:30、16:30）。

### 节日和活动

成吉思汗逝世后，作为自古汗廷护卫军的鄂尔多斯部挑出了500户精英作为守灵人，

称作达尔扈特人。他们世代相传，近800年来一直坚守护卫和祭祀陵宫的职责。如今主持一年四季祭祀典礼的是八位地位崇高的雅木特德（专管祭祀的人员）。每天8:30，成陵陵宫都有**日祭**；农历的每月初一和初三都有**月祭**；每年农历三月十七到二十四的春季查干苏鲁克大典、五月十五的夏季淖尔大典、九月十二的秋季斯日格大典和十月初三的冬季达斯玛大典合称为**四时大典**，声势浩大，规模隆重，春季大典尤盛。暑假期间，成陵还会举办旅游文化周、那达慕大会、马文化节之类的活动。登录官网，可查当月祭祀安排和活动预告。

## 食宿

景区东侧的巴音昌呼格草原上，大片的蒙古包就是周边达尔扈特部落建造的**草原度假村**（普包100元起；5月1日至10月8日营业），这里有餐饮和住宿，但条件比较简陋。在西侧的**伊金霍洛民族风情小镇**，餐厅宾馆集中也较实惠，选择较多。**布拉克浩特**（☎896 1555；标准蒙古包288元起）位于景区南部，蒙古风情浓郁，设施高端。这里全年营业，还有两连包（388元）和三连包（888元）可选。以上住宿点景区交通车均可到达。

## 到达和离开

从东胜前往成吉思汗陵要在伊金霍洛旗（阿镇）转车。东胜公交K21路（5元；⏲6:30~19:00，5~8分钟1班；1小时）从欢乐谷商场始发开往伊旗汽车站（此车满座后不再停站，9:00前想坐上车的话最好到始发站上车）。伊旗汽车站下车后，可换乘开往新街的班车（12元；8:30~18:00，12:00之前1小时1班，之后30分钟1班），班车行驶30分钟后停靠在距景区3.5公里国道上的转盘处，然后再坐私车前往景区大门，10元/车，拼车5元/人。从伊旗汽车站打车去33公里外的成陵约70元。返程也需先坐车到转盘，返回伊旗的过路班车最迟约在17:20，需提前等待。如在转盘处恰有返回伊旗的小车，15元就走。伊旗返东胜的K21路末班车为19:00。

康巴什与伊旗隔河相望，也可把康巴什和成陵安排在同一行程，东胜公交K21路、K24路，康巴什公交2路、3路，都可从康巴什城区到伊旗汽车站。

# 库布齐沙漠

尽管只是中国沙漠面积排行榜上的"小七"，库布齐沙漠却成为如今"沙漠旅游圈"数一数二的明星。靠近大城市的地理位置、便捷的交通，加上沙漠中的绿洲、天然湖泊等多样的景观和成熟的游览设施，足以让库布齐沙漠成为初次体验沙漠风光的首选。

库布齐沙漠中的景区分别集中在东北和西北两侧。东北部的响沙湾、银肯塔拉等景区位于达拉特旗府树林召周边，这一区域离包头和鄂尔多斯都不远，公共交通也方便。西北部的七星湖、神光响沙和夜鸣沙离杭锦旗的独贵塔拉镇较近，但交通不便，更适合自驾游览。总的来说，西北部的景区费用实惠些，游人也比较少。但除了响沙湾，其他景区的游乐

## 沙漠景区怎么选？

库布齐沙漠里的景区套路大抵相同：用交通工具把你带进沙漠“深处”，然后玩玩骑骆驼、滑沙、滑索和沙漠车等项目。但不同的景区也各具特色，究竟哪个更吸引你，不妨参考我们总结出的几个主要景区的亮点。

**响沙湾** 能玩沙也能玩水，规模最大也最拥挤，适合带孩子又不差钱的旅行者。丰富的风情演出和不限次数游玩的套票能让你尽兴而归，但旺季排队耗时是个问题。（见98页）

**银肯塔拉** 号称有两项世界之最——最长的沙漠索道和最大的敖包。但景区内各项目收费之高也堪称库布齐沙漠之最。（见99页）

**七星湖** 沙漠中有草原、湿地、湖泊和水鸟，丰富的生态景观是库布齐沙漠治理成果的最佳展示。（见100页）

**神光响沙** 游乐项目少，游人少，价格最实惠，很可能一不小心就“承包”了一片沙漠。（见102页）

**夜鸣沙** 乘越野车飞速越过一座座落差十数米的沙丘，让你血脉偾张。（见102页）

**恩格贝** 农业观光园、果蔬大棚、树林、水库、养殖场……治沙志愿者们二十多年来开辟的沙漠绿洲名气比游乐场大多了。（见100页）

如果你不执着于玩游乐项目，大可省下一人几百块钱的门票。在沿黄一级公路S24省高速、穿沙公路215省道，以及乌漫线、柴解线等贯穿库布齐沙漠的县、乡道，都不难找到进沙漠的入口，可以进去踩踩沙丘，拍拍照。库布齐沙漠还有多条成熟的徒步穿沙线路，亦可一试。

项目大多仅在每年4月至11月间开放。

建议先确定具体的景区名称再前往。如果只说去库布齐沙漠，一些旅行团或包车司机就会把你带到一个同名同姓的“库布齐沙漠”小型景区，鱼目混珠。

### 响沙湾

（见96页地图；☎400 8785 550；www.xiangsw.com；达拉特旗树林召镇南；门票80元；⏲8:00~18:00）“这里的沙子会唱歌”，如果你被响沙的名头吸引，请挑选一个干燥炎热的中午到来，从高高的沙丘滑下，沙粒鸣响的神奇乐章最有可能在这样的情况下奏响。不过5A级的响沙湾景区远不止于此，这个沙漠中的大型游乐场娱乐项目花样百出，里面甚至还建起了游泳池——想象一下炎炎夏日，在漫漫黄沙中跃入水中的清爽畅快。不过在此之前，好好研究复杂的景区地形和门票套餐是必需的。

景区横跨罕台河谷。东岸有**游客中心**和**一粒沙度假村**。西岸的游乐区因功能和娱乐项目侧重点的不同，分为“四岛一港”。位于正中**响沙湾港**是去往各岛的交通枢纽。除了景区门票和上岛的交通票，你还需购买“岛票”，岛内的所有的项目（骑骆驼除外）便可无限次玩。

北边的**仙沙岛**和**悦沙岛**是休闲岛，适合只想“玩沙”、当日往返的旅行者。仙沙岛以玩乐为主，沙漠探险车、高空滑索、沙漠秋千、沙漠摩托等较刺激的游乐项目集中在此。带孩子或老人去侧重于文化体育活动的悦沙岛更合适，除了在沙漠泳池玩水，还可以欣赏和创作沙画、沙雕，参观沙漠艺术宫等。两个岛都有骑骆驼项目和一个小型儿童游乐场。由于这两个岛是大多数旅行者的目的地，景区为此设置了套票。套票（含门票、索道票、上岛车票和岛票）比分段购买便宜得多，还赠送骑骆驼。仙沙岛套票330元，悦沙岛套票320元，如果仙沙岛和悦沙岛都想玩，420元就全包了。

南边的**莲沙岛**（岛票 1780元起/位）和**福沙岛**（岛票 1380元起/位）是度假岛，区别是莲沙岛是中西合璧风，而福沙岛为蒙式风格——吃蒙餐自助，住蒙古包，看蒙古族表演。昂贵的岛票回馈的是贵宾级的服务和待遇——乘专线索道上岛；住超豪华的景观房；从入住之时至第二天19:00期间，可在岛内随意吃喝玩乐，去仙沙岛和悦沙岛也是走专用通道，免排队畅玩。还可参加观日出、看星星、篝火晚会和短途的沙漠徒步等专属活动。

如果你只想看看沙漠、听听响沙，购买门票，走过三四百级台阶越过河床，爬上响沙湾港玩玩滑沙就足够了。

## ☆ 娱乐

仙沙岛和悦沙岛的演出节目十分频繁，凭岛票即可观看。其中仙沙岛可看杂技表演（30分钟）和民族风情表演（30分钟）；悦沙岛则有《鄂尔多斯婚礼》舞台剧（45分钟）、原生态呼麦乐队表演（20分钟）以及武术和健身操表演（20分钟）。具体演出时间可参见游客中心旁的演出时间表。

## 食宿

除了奢华的福沙岛和莲沙岛，位于罕台河东岸的**一粒沙度假村**（标双 480元）也可住宿。这里有室内游泳池供住客使用，但缺少沙漠氛围。如果你预算有限，建议回到树林召住宿，100元就能找到不错的标间。

景区内物价不便宜，建议自带饮水和简易食品。悦沙岛和仙沙岛都有美食街，有烤串（10元）、酸辣粉（18元）、石锅拌饭（40元）等食物。一粒沙度假村餐厅可点菜，但性价比不高。

## ℹ 实用信息

### 危险和麻烦

不管是参团还是包车，务必确认你的目的地是"响沙湾景区"。"库布齐沙漠""库布齐响沙湾"或"小响沙湾"这些模棱两可的名字指的都不是这里。

暑期期间，响沙湾景区常常人满为患。大多数旅行团集中在9:00~15:00，其间索道和游玩项目的排队耗时远大于游玩时间。建议尽早前来，避开周末出行。

沙漠天气干燥且昼夜温差较大，除了日常防晒和补水用品，还需做好预防中暑和御寒的准备。不要穿有网格的运动鞋，布鞋或塑料鞋更透气。

保护好你的手表、手机、相机等贵重物品，沙粒进入机械内部可能导致无法修复。

### 紧急求助

**救援电话**（☎396 3421）

## ℹ 到达和离开

建议先乘车到达拉特旗的旗府树林召，再包车前往。呼市长途汽车站、东胜客运总站和包头的两个汽车站发往**达旗客运中心**（☎396 8500）的车都很频繁。从包头或东胜到响沙湾都不超过60公里，包车单程150元，但从东胜过来还需加收50元的高速过路费。树林召返回东胜的末班车18:40，返回包头昆区站18:00、东河站18:30，返回呼市末班车为16:30。需要注意的是，树林召车站外有许多前往响沙湾、恩格贝、银肯塔拉等景区的旅游车线路牌，不要费时等待，这些车早在2015年就取消了。

从树林召包车去往响沙湾单程40元/车，可记下司机电话，返程致电司机来接。也可以先试试在景区停车场出口靠度假接待中心一侧的树阴下找找等待返程的出租车，通常20元就走。

## 银肯塔拉

（见96页地图；☎157 1487 8800；达拉特旗展旦召苏木关展线12公里处；门票30元；⏲8:00~19:00）一条近2.5公里的索道把你径直带到沙漠深处的娱乐区（90元/单程，送返程保障车），这里的游玩项目有滑索（100元）、沙漠摩托车（100元）和骑骆驼（180元）等。景区深处还有三处看点，分别是一座直径43米、号称世界最大的敖包**银肯敖包**，以及绿树成荫的**沙漠绿洲**和据说能发出轰鸣声的**响沙带**。前往这三处需在娱乐区换乘绿洲专线（220元/人，4人起；1小时），但也只是下车看看而已，意义不大。每年农历七月二十三，银肯敖包有传统的祭祀活动。景区酒店条件尚可（标间 120元起），但演艺节目和餐厅都不对散客开放。

银肯塔拉所在的展旦召苏木地区还有两个景区，都在关展线上。分别是距银肯塔拉5公里的**沙漠窝阔台**和10公里的另一处**库布齐沙漠**。两个景区门票都为30元，游玩项目和收费也都大同小异。库布齐沙漠景区是大部分旅行团"一日游"的目的地，人气比沙漠窝阔台和银肯塔拉旺得多。

## 到达和离开

银肯塔拉距离达旗大约25公里。达旗去往高头窑的班车（8:00、10:00、12:30、15:00）分别路过这三处景区路口（10元；30分钟），下车后还需分别步行1公里左右。但返程只能回到公路拦过路车。从树林召包车到银肯塔拉单程50元，到沙漠窝阔台和库布齐沙漠单程均为40元。

## 恩格贝

（见96页地图；☎400 047 7836；www.egb.gov.cn；达拉特旗乌兰乡东南；联票35元；⏲8:00~17:00）蒙古语恩格贝意为"吉祥、幸福"，这里曾经由水草丰美之地变成荒无人烟的沙漠，如今则在日本志愿者等国际友人的协助下，经过20多年沙漠治理逐步转变为农田、树林、水库、养殖场，方格沙障里的新苗正在茁壮成长，黄沙正一点点被绿意覆盖。

可以自驾车或用支付宝解锁景区共享单车（半小时3元），按门票副券上景点顺序参观（每站打孔）。沙漠科学馆展示了沙漠生命科学知识和治沙进程，是了解沙漠生态的科普场所。带孩子可以去农业观光园的大棚采摘应季蔬果，或者到恩格贝驼园跟非洲鸵鸟、澳洲鸸鹋和羊驼打个招呼。如果遇上收割间隔期，驼园南边紫花苜蓿基地 免费 的花海是最佳拍照布景。景区最深处的沙漠大峡谷游乐园，有滑沙（20元）、卡丁车（50元）、骑骆驼（80元）等沙漠娱乐项目可玩。

## 食宿

恩格贝宾馆（☎575 1997；标双 360元）是这里最好的宾馆，旁边的绿洲餐厅可就餐。更实惠的有沙漠大峡谷旁边的蒙古包（☎139 4774 7184；200元/包，最多可容纳10人），吃饭性价比也不错，家常菜30元起。这里的老板韩平接待过许多库布齐东线穿沙徒步的驴友，对路线较为熟悉。他还有一支驼队，可以提供物资后援的服务。

## 到达和离开

东胜发往中和西的班车（32元；东胜发车13:20，返程车第二天上午8:20路过景区路口；3小时）可直达景区。由于抵达时间太晚，即便住一晚也几乎没有游玩时间。建议先到达旗的树林召，然后转乘去呼斯梁的班车（20元；9:50、13:35；2.5小时）到恩格贝景区，第二天一早返回。从树林召包车到恩格贝约需150元。

从包头出发当日往返是可行的，包头每天有两班发往杭锦旗的班车（上午昆区8:20发车，东河9:30上车，下午昆区14:00发车，东河15:10上车），约2小时后到恩格贝景区（32元）。这两趟班车返回时路过恩格贝景区路口的时间约为10:10和17:00，在公路边等车即可。

需要注意的是，恩格贝镇和恩格贝景区是两个地方，两地相距约20公里，购票时要说明去景区。

## 七星湖（库布齐国家沙漠公园）

（见96页地图；☎688 8888，689 0156；www.qxhly.cn；门票100元，官网预订70元；⏲8:00~18:00）沙漠、绿洲、湿地、湖泊，位于库布齐沙漠北缘的七星湖景区可谓是当地近30年来沙漠生态治理的成果展示。"七星"指的是沙漠中七个湖泊：四个较小的湖泊隐匿在沙漠中难以到达，另外三个面积较大，宝石蓝的湖面被丰茂的水草环绕，镶嵌在连绵起伏的金色沙海中。一系列科普场馆、动植物园、娱乐项目和观景点都围绕着它们展开。串起这些看点的是一条长60公里的环形公路——景区没有交通车，你必须自驾或包车前往。

建议从景区东门进入（网络取票必须走这里），从南线到北线顺时针游览。南线尽头是湿地景观最典型的大道图湖，在这里的沙漠自然博物馆和沙漠植物园可认识沙漠中的动植物，世界沙漠科技馆则展示了沙漠能源科技和治沙成果。转入北线后一路往东，经过一片骑马、骑骆驼的游乐区，便是水面开阔的天鹅湖，夏季有游船、沙滩浴场等"玩水"项目。每年11月，南下过冬的大天鹅会在此停留，与你一起享受美景。天鹅湖东边的沙丘一沙两湖是景区的制高点，可俯瞰西边的天鹅湖和东边的爱情湖。景区滑沙、卡丁车、沙漠冲浪等玩沙项目集中在此。

你也可以玩得更随性：在北线随意找一处停下，步入无人沙海成为镜头里的主角；到鹿苑与散养的小鹿、羊驼和鸵鸟一起奔跑；傍晚来到天鹅湖，与成群的水鸟一起等待落日；如果你开着越野车且技术娴熟，就从南北线交会处的沙漠公路长驱直入，到**英雄坡**来一回自己做主的沙漠冲浪吧（景区电话可救援）。

每年暑假，七星湖会举办沙漠徒步、越野车等穿越比赛或沙漠音乐节，届时可以留意官网或搜索新闻。

## 食宿

如果想在沙漠里小住几天，景观丰富的七星湖是一个不错的选择。**七星湖沙漠酒店**（标双 1888元起）号称按阿联酋阿布扎比皇宫风格建造，拥有超五星级的标准，房费包括了SPA温泉理疗、网球馆等一系列休闲项目的费用。对面的“别墅区”（标双 498元起）房间反而更小更便宜。相比之下，**沙漠草堂**（标双358元）的环境更亲近自然——窗外就是芦苇丛，晚上需要点蚊香才能入睡。这两家酒店都在大道图湖周边，均可拨打景区电话预订，但订房网站价格更优惠。

性价比更高的是天鹅湖北边的**亿利新村**，这里是当地蒙古族居民经营的牧家乐，标间100元左右。有的按人头算，50元/人。吃饭也实惠，素菜20元起，荤菜30元起，还有各类蒙餐。其中**牧人吉祥饭店**（☎138 4776 4327）环境整洁，老板娘也很热情。

## 到达和离开

建议先坐车到离景区最近的独贵塔拉镇，再包车前往。从包头去独贵塔拉较近，但直达的班车每天只有1班（45元；13:30；2小时）。可从昆区车站先乘车到乌拉特前旗（34元；6:40~17:30，约40分钟1班；1.5小时），在大转盘下车后到对面的旗舰宾馆门口等去独贵塔拉的车（14元）。如果从昆区汽车站坐6:40首班车到转盘下，正好能赶上8:50去独贵塔拉（终点站杭锦旗）的首班车。从东胜出发耗时较长，可乘东胜到前旗的班车（60元；7:30~15:30，约1小时1班；3.5小时）在独贵塔拉下，也可先去杭锦旗，再转到独贵塔拉的车。

独贵塔拉汽车站院外常有出租或面包车等客，或联系车站的张师傅（☎137 0477 1301）包车。张师傅常年接待库布齐沙漠西线徒步的驴友，对当地非常熟悉。包车到景区里兜一圈儿下来大概需要150元。如果要停下细细游览，要提前跟司机商议好价格。



**当地知识**

### 走向世界的“库布齐模式”

纵横交错的穿沙公路在沙漠中蜿蜒，广阔的沙漠腹地变成了有规模的太阳能农场，沙漠中的湖泊水草摇曳，引来候鸟，绿洲林木盎然，一片生机。鄂尔多斯全市森林覆盖率从20世纪70年代末不足3%，提升到2016年年底的26.7%，植被覆盖率超过80%。风沙源头得到控制，连700公里外的京津冀地区也从中受益——黄沙漫天的沙尘暴已鲜有发生。

位列中国第七，面积相当于1.5个香港的库布齐沙漠曾经与世隔绝，没有路，没有植被，高达六成的流动沙丘使这里被称为“死亡之海”。20世纪80年代，地处库布齐腹地的盐厂为求生存，开始植树固沙，贷款修路。他们在本地的沙生植物中找到了最适应库布齐环境的沙柳和甘草，并发明了“水气法种树技术”，沿公路两边建起了宽4公里的护路绿色走廊。近30年里，总长500公里的4条穿沙公路和240公里的生态屏障陆续建成，开发沙漠生物医药、沙漠新能源等产业的同时，也推动了沙漠旅游业的发展。库布齐沙漠生态的改造成就引来了世界的目光，它成为联合国环境署确认的“全球沙漠生态经济示范区”。永久会址设在七星湖景区内的库布齐国际沙漠论坛，也成为全球公认的交流防沙治沙技术和经验以及探索国际合作的重要平台。2017年9月，《联合国防治荒漠化公约》第十三次缔约方大会在鄂尔多斯举行。

你也可以走进沙漠腹地，看披上绿装的库布齐是否会颠覆你对沙漠的印象。除了代表性的恩格贝（见100页）和七星湖（见100页）景区，杭锦旗（锡尼镇）前往独贵塔拉的215省道、乌漫线、柴解线等几条穿沙公路景观也相当震撼。从包头出发游览七星湖，再走S215穿沙公路去杭锦旗或东胜就是一条不错的路线，即便坐班车也能轻易实现。

独贵塔拉返回前旗下午的班次有13:20、15:00两班，前旗返回包头末班车为17:40。独贵塔拉返回杭锦旗末班车为16:00，杭锦旗回东胜末班车在17:30。

### 神光响沙

（见96页地图；☎157 0477 9949；杭锦旗穿沙公路27公里处；门票30元；⏲9:00~18:30）大门就在穿沙公路路东。由于开发程度不高，这个景区显得朴素又实在——不必花费高昂的景区交通费用，也没捆绑购买的套票，买了门票走几步就能直达游乐区。不过游乐项目只有骑骆驼（50元）、沙地摩托车（50元）和沙地冲浪车（100元）。景区兼营沙漠探险，可提供向导和补给，具体路线和费用可提前咨询。

神光响沙因一种"神光"得名，这种莹白色的光芒据说会在夜间的沙海上不定期显现，但能否得见需看缘分。可以住在景区度假村（标双 180元起，热水定时供应）碰碰运气。

神光响沙位于穿沙公路上，走穿沙公路的班车都可以到达（见101页方框），从独贵塔拉包车前往单程30元。

### 夜鸣沙

（见96页地图；☎228 1888，188 0000 2679；杭锦旗穿沙公路33公里处西北5公里；门票30元；⏲24小时）乘坐沙漠冲浪车（80元往返）进入游乐区，有滑沙（30元）、骑骆驼（98元起）、高空滑索、沙漠摩托车、坦克、卡丁车（均为80元）等可玩。景区主推沙漠探险（180元/5公里）——特制越野车带你驰骋于沙漠腹地大起大落的峰谷间，刺激程度堪比过山车（晕车者慎选）。夜鸣沙也是库布齐沙漠西线穿越的起点，景区亦可提供穿沙向导和补给，路线和费用可提前咨询。

2017年新开业的夜鸣沙酒店（标双 含早餐 188元起）条件设施一流。建议选择沙景房，落地玻璃使连绵起伏的沙丘一览无遗。

到达方式同神光响沙，但在景区路口下车后还需步行约3公里。从独贵塔拉包车前往单程40元。

# 乌兰察布

## 乌兰察布市（集宁）

自战国起，这里就是北方游牧民族和中原统治者的必争之地。从中原经阴山、穿越蒙古高原直达地中海北岸的草原丝绸之路，与中原多条商道、驿道在此交会，使历史上的集宁成为东西方文化、草原文化和中原文化交汇碰撞的中心。对旅行者来说，如今的集宁依然是个大驿站，大部分从南方驶来的列车进入内蒙的第一站就是这里。你可以在这个小城稍作停留，再西去呼包鄂，东往呼伦贝尔，甚至北经二连浩特进入蒙古国、俄罗斯。集宁是内蒙古离北京最近的城市——呼张铁路客运专线通车后，集宁成功进入首都一小时经济圈。

### 徒步库布齐沙漠

有效的防风固沙措施使移动沙丘得到遏制，加上多条穿沙公路带来便利的交通，在这里进行沙漠徒步变得相对方便和安全。

库布齐沙漠有三条主流的穿沙长线，西线从夜鸣沙到七星湖（直线距离35公里），南线从桑乌苏到七星湖（直线距离38公里），东线从恩格贝到响沙湾（直线距离49公里）。距离最长的东线全程大约需要3天，但是手机信号覆盖较好，景观相对丰富，最重要的是路线离北边的沿黄公路不远，遇到不适随时可以撤退。一些景区和当地司机都可提供徒步的路线和补给服务。徒步的最佳季节为9~10月，5~6月次之（沙暴较多）。救援电话：蓝天救援，400 600 9958。

若只想体验在沙漠中跋涉的感觉，任何一个沙漠景区都能实现，还能省下景区内的交通费用。或者按当地人的说法，在沙漠公路上找个口进去，在沙漠边缘走个直线往返，或进入沙漠沿着公路的方向走上一两个小时，只要带足水，让公路保持在视线范围内就行。

## 乌兰察布城区

## 景点

除了位于新区的市博物馆稍远，老区的老虎山、集宁战役纪念馆和察哈尔民俗博物馆在一条线上且相距不远，步行游览半天就能看完。

### ★乌兰察布市博物馆　博物馆

（☎830 9511；格根西街10号；免费；⏲9:00~16:30，周一闭馆）这里展示了乌兰察布地区从远古到民国时期数千年的历史发展和文化变迁。比较出彩的是二层的两个展厅。自夏至唐，中原文化与草原文化在此交融荟萃，**民族熔炉**展厅展示了此期大量的陶器、青铜器和金饰品。镇馆之宝——战国末期的虎衔鹰金饰牌，就是北方游牧民族崇拜猛禽、猛兽的典型审美体现。进入辽、金、元时期，乌兰察布一跃成为重要的交通枢纽和商贸中心，**帝国腹里**展厅复原了集宁路古城的模型，

## 乌兰察布城区

**景点**

1 察哈尔民俗博物馆 ........ C4
2 集宁战役纪念馆 ........ C4
3 老虎山 ........ B2

**住宿**

4 7天酒店（集宁火车站店）........ B2

**就餐**

5 牧马人奶茶馆 ........ D3
6 西部大盆骨饺子自助 ........ B1

**购物**

7 蒙乐锡盟奶食风干肉 ........ D2
8 皮件一条街 ........ D2

**交通**

9 集宁南站 ........ A2
10 集宁长途汽车站 ........ A2

你可以根据风格各异的出土文物想象这里繁荣的商贸和富庶景象，这段时期出土的器皿、首饰也比早期要精致得多。

去往博物馆，乘26路到图书馆站下车。千万别坐到博物馆站，那是在乌兰察布新区建设中的一座更大的博物馆，预计2020年开放。

**老虎山** 山

（见103页地图；免费）这座不高不陡的小山包是集宁城区的红色主题生态公园。北门有一座较大的人工瀑布，山顶有集宁战役烈士纪念碑，南麓则有集宁战役纪念馆。登高远眺，可以将集宁市区尽收眼底。可以在集宁南站乘坐公交5路直达北门，走过去也就十来分钟。

**集宁战役纪念馆** 纪念馆

[见103页地图；虎山生态大道特1号；免费；⏲9:00~17:00，夏季（5月15日~10月15日）周一闭馆，冬季周一、周二闭馆]地处交通枢纽上的集宁，是解放战争时期国共两党争夺的重要城市，集宁战役就发生在1946~1948年。人民解放军晋绥、晋察冀军区的部队有效地拖住了傅作义的部队，推进了辽沈战役的胜利。这座战争纪念馆位于当年重要的战场——老虎山的南麓，以多种展览形式再现了集宁战役。还可以在这里乘电瓶车（往返30元），途经将军园、名人园、纪念碑广场，前往老虎山隧道参观（门票15元）。

乘坐公交7路、31路到察哈尔民俗博物馆下车即到。

**察哈尔民俗博物馆** 博物馆

（见103页地图；免费；⏲9:00~11:00，15:00~17:00，周一闭馆）曾经号称蒙古中央万户的察哈尔部，在北元时期是蒙古大汗的直属部落，被誉为"蒙古最后一位大汗"的林丹汗就是察哈尔部的首领。尽管集宁在民国时属于绥远省，但是它紧邻察哈尔省，如今亦辖有察哈尔右翼前、中、后三旗。这家博物馆全面地介绍了察哈尔部的历史、民俗、艺术等，集宁万里茶路、皮件贸易等的辉煌历史也有展示。到达方式同集宁战役纪念馆。

## 食宿

由于每年只有十来天的酷热天气，除了连锁快捷酒店，集宁多数中小型宾馆都没有空调。2017年重新装修的**7天酒店（集宁火车站店）**（见103页地图；☎488 8777；集宁区二马路9号；标双 160元；❄📶）房间宽敞，设施新，步行到火车站和汽车站都只需10分钟。若是自驾前来，可以考虑住在路宽人少的新城。与白泉山公园一墙之隔**白泉山庄酒店**（☎818 8888；泉山南街与泉山西路路口；标双 含早餐 320元；❄📶🅿）是集宁条件最好的酒店之一，客房和卫生间面积都特别大，早餐也很丰富。

集宁的餐厅以蒙餐和西北风味为主，分量依然粗犷。吃蒙餐可试试**牧马人奶茶馆**（见103页地图；☎830 1666；集宁区幸福广场东门；人均70元；⏲7:15~14:00，17:00~21:00），手把肉和烤羊排都是88元/斤起，肉嫩味鲜，当地人更喜欢早餐时段来这里吃羊杂汤配包子。**西部大盆骨饺子自助**（见103页地图；☎183 4740 4307；乌兰路与新体大街交会处东10米；33元/人；⏲11:30~14:00，18:00~20:40）有脊骨、棒骨、凉菜还有多种风味的饺子，想吃多少自己做主。在14:00~17:30的休息时段，只能去中心广场的肯德基或德克士果腹了。

## 购物

集宁是堪与浙江海宁媲美的北方皮革中心城市。位于新区的**集宁国际皮革城**（www.jnpgcy.com）是近些年新建的大型皮草市场，可在集宁南站乘3路、8路到达。**皮件一条街**（见103页地图）位于幸福路和民建大街路口北，是老一些的交易市场。可在中心广场乘坐12路到达，站名也叫"国际皮革城"。

解放大街与幸福路路口东边是内蒙特产一条街，这里有风干肉、奶食品和蒙古酒等出售，**蒙乐锡盟奶食风干肉**（见103页地图；☎151 0486 9146）品类就很全。这条街比火车站外的特产商店价格实惠得多，品质更有保障。

## 到达和离开

### 飞机

位于市中心以北15公里的**乌兰察布机场**（集宁区北部三成局乡）于2016年启用，目前有直达北京、天津、杭州、重庆等10多个城市的航班在此起降，夏季航班常有不错的折扣。8路公交车（1元；6:40~18:45；约50分钟）经国际皮革城、集宁南站前往集宁机场。市区打车到机场一口价35元。

### 长途汽车

**集宁长途汽车站**（见103页地图；☎821 5161）位于火车南站向北100米路东。这里发往呼市（41元；8:45~18:30；2小时）、兴和（16元；6:55~18:30；1小时）、凉城（30元；7:40~17:35；1.5小时）、中旗（22元；7:00~17:20；1.5小时）、白音察干（12元；8:00~19:00；1小时）、大同（41元；7:00~18:30；2小时）的班车都很频繁。去往包头（85元；4小时）和二连浩特（86元；4小时）班次不多，末班车都是14:30。

### 火车

位于市中心的**集宁南站**（见103页地图）是集宁主要的火车站，从包头、呼和浩特发往东北、华北、华东、华南各大城市的列车都停靠在这里，也有部分动车从这里发车。

位于市中心以南约12公里的**乌兰察布站**是集宁的高铁站。每天有数对动车往返于乌兰察布、呼和浩特、包头和鄂尔多斯之间。公交36路经中心广场、集宁南站、市委政府等站到达高铁站，票价1元。从市中心打车前往需25~30元。

## 当地交通

集宁公交车票价均为1元，末班车时间多在18:30前后。出租车起步价5元（含2公里），超出后每公里1.5元；夜间（21:00至次日6:00）起步价不变，超出后每公里2元。

# 乌兰察布周边

集宁周边的景区多是京津冀市民周末游的目的地，只有察右后旗草原上隆起的火山群值得专程前来。至于明星景点——四子王旗的格根塔拉草原（见78页）和察右中旗的辉腾锡勒草原（见76页）离集宁稍远，从呼市前往更方便。

## 岱海

（☎420 8111；凉城县东10公里；门票40元；⏲8:00~18:30，5月1日至10月15日开放）南北两面青山拱卫，一条条木质栈道穿过茂密的芦苇荡延伸至湖边，波光粼粼的湖面时有鸥鸟掠过——这个内蒙古第三大内陆湖，远山近湖的景色甚是养眼。但景区内，你只能在范围很小的湿地间散步拍照，或到岱海码头乘大船（55元/人；30分钟）或快艇（10人艇380元，6人艇240元；20分钟）深入湖心，到几处人工景点兜一圈儿。景区冬季时有冰雕展示、冰上娱乐等旅游项目，可提前打电话确认。

岱海温泉在当地比较出名，位于景区西北方向3公里的中水塘村又叫岱海温泉村，有多家温泉中心可供选择。爱琴海温泉假日酒店（☎443 7555；标双 含早餐 388元）条件较好、规模较大，温泉大池98元/人（9:00~23:00），住酒店可免费泡。冬季，岱海东岸的麦胡图镇（102县道旁）的岱海滑雪场（12月至次年3月营业）是初学者练手的好地方，还有滑雪圈、冰雪游乐园等娱乐项目。

### 食宿

景区入口处，形如其名的岱海城堡酒店（☎138 4843 3690；标双 含早餐 280元）直面岱海，条件舒适，凭房卡购门票有半价优惠。楼下的餐厅也实惠，炒菜20~40元/份。岱海还是著名的水产基地，省道边有许多主打吃鱼的农家乐，当地人很爱吃这里的银鱼和鲫鱼。但需要注意的是：近年来岱海污染严重，水质堪忧。

### 到达和离开

集宁汽车站前往凉城的班车路过岱海景区门口。也可以在凉城汽车站坐发往集宁或丰镇的班车，20分钟到达岱海，票价8元。返程回到公路等过路车即可。凉城汽车站返回呼和浩特的末班车为16:40，返回集宁的末班车为16:50。

## 苏木山

（☎822 9009；兴和县南40公里；门票50元；⏲7:30~18:30，5月中下旬至10月15日开放）在这个内蒙古最大的人工林场，你可以好好享受一场洗肺、避暑、登高之旅。据监测，苏木山中负氧离子含量是城市平均水平的30多倍。在最为"炎热"的7月和8月，这里的平均温度也不足20℃，9月、10月则有色彩纷呈的绚烂秋景。踏着木栈道在遮天蔽日的林间透迤而上，虫鸣鸟叫萦绕耳边，满满都是清新的自然气息。

登山的过程不算轻松，上山的栈道如同"8"字，上下两个环形在半山腰的观景平台

值得一游

## 草原上的"炼丹炉"

从察右后旗旗府白音查干一路往北进入草原，不久便有隆起的火山体渐入视野。乌兰哈达火山群是蒙古高原南缘所发现第四纪有过喷发的唯一火山群，虽然已经休眠了一万多年，却仍属火山界的"后辈"——遭受剥蚀、风化的时间不长，保存着较为原始的形态，只是入乡随俗地披上了绿色的外衣。由于火山矿石经济价值很高，这些火山曾在20世纪70~80年代被大肆开采，每座都遭到了不同程度的破坏。

火山群距白音查干约20公里，就位于208国道的两侧。可以先从最北端、道路东侧的**北炼丹炉（3号火山）**玩起，这是设施最全、看点最多的一座火山。沿着石阶上山，口内直径30米、碗状的火山口清晰可见。沿火山口绕行一圈，你会发现东南侧的火山体已被挖去，暴露出黑色的真身。沿公路穿过国道往南，依次经过**黑脑包（4号火山）**、外观最完整的**中炼丹炉（5号火山）**和破坏程度最大、几乎面目全非的**南炼丹炉（6号火山）**。这几座火山没有修建任何上山设施，天气不好时不建议攀爬。我们调研时，连接几座火山的公路正在铺装，4号火山上立起了"乌兰哈达火山地质公园"的招牌，对面的游客中心也已修好。可以预见的是，火山公园的游览设施将越来越完善，但也可能开始收费。

在集宁汽车站乘前往白音查干的班车（12元；8:00~19:00，30分钟1班；1小时），下车后打车去火山公园。只去3号火山往返50元，如果都参观走环线需80~100元。白音查干返回集宁的末班车是18:20。汽车站对面，新建的小区底商餐厅和小宾馆环境都不错，就餐选择丰富，标间价格在百元上下。可以在这里住一晚，第二天前往中旗（25元；8:20；1.5小时）的黄花沟游玩。如果白天乘坐从呼市、集宁去往二连浩特的火车，经停白音查干站不久，也能从左侧的车窗看到这些火山。

交汇。景区的交通车把你送到登山的起点**驿站**，建议先走右侧的**冰凌沟**一线至观景平台，再换左侧**云海亭**一线登顶。云海亭视野极佳，是苏木山的精华所在。这条路线虽比另一条长了1.5公里，但坡路与阶梯的组合比那看不到尽头的直梯要轻松不少。据说天气晴好时，从最高峰**黄石崖**向南望去，能看到群山中古长城的烽火台。返程时可选另一边的栈道下山，也可"速降"——从山顶坐**滑索**（60元）1分钟下到平台，再换**旱滑道**（40元）5分钟下到冰凌沟。步行登顶往返需要3~4小时。

驿站有几家卖凉粉、手抓饼和泡面的小店，半山的观景平台和滑索上站也有便利店售卖零食。景区大门外的**苏木山庄**（☎131 9065 4888；标双228元）房间宽敞干净，餐饮性价比还算可以，手把肉68元/斤，素菜30元左右。但兴和县城的选择更多。

## ℹ 到达和离开

景区有专线车往返集宁市区，每天6:30从集宁的**联营商场**（☎822 2879；恩和路8号）门口发车，16:30从景区返回，车程约1.5小时。票价180元/人，含往返路费、景区门票和旱滑道。建议提前致电商场或景区确认时间。

也可以先到兴和县再包车前往，往返价格（含等待时间）为200元/车。如果早点出发并在午间返回，车费能讲到150元。兴和长途汽车站有频繁的班车去往集宁（15元；6:20~18:00，约30分钟1班；1小时），去大同（45元）和呼和浩特（60元）的末班车都是13:30。

# 呼伦贝尔和兴安

包括 ➡


海拉尔……110
陈巴尔虎旗……118
满洲里……123
额尔古纳……136
根河……144
鄂伦春自治旗……147
扎兰屯……152
乌兰浩特……159
阿尔山国家森林公园……169


## 最佳餐饮

- 佳伦火锅城（见114页）
- 铭扬鑫利火锅（见122页）
- 卢布里西餐厅（见127页）
- 铁山冷饮店（见138页）
- 全盛楼（见150页）

## 最佳铁路旅行

- 海拉尔—满洲里
- 海拉尔—满归
- 莫尔道嘎—根河
- 扎兰屯—博克图
- 成吉思汗—宋

## 为何去

这里唯独没有海，但无论是巴尔虎的草原上还是大兴安岭的密林中，景观都如同海浪起伏。中东铁路穿过金代长城，串联起远古与现代的记忆，一侧是沉眠已久的新生代火山阿尔山，一侧则是高纬度低海拔的额尔古纳湿地。呼伦贝尔大草原早已被唱进歌里，云团与羊群于天地间呼应着各自游弋。这是许多民族的应许之地：水草丰美的呼伦湖畔成为蒙古族的摇篮，兴安岭的嘎仙洞中记录了鲜卑人最初的生活；俄罗斯族一次次淘金、逃难徙居于此，而同在额尔古纳河的右岸，鄂伦春人、鄂温克人故土难离。

任何时候，这里的色彩都趋于天然的饱和。春天万物复苏，最嫩不过白桦枝头的新绿；夏季草浪翻滚，牛羊在其中不知疲倦地啃食；秋日碧空如洗，兴安岭上起伏着金色的呼吸；冬雪万籁俱寂，雾凇剔透晶莹。不要让你的随身听闲置，耳机里的《牧歌》最适合在草原上响起，听过《敖包相会》后，你终会发觉这片似乎没有绝色美景的土地，竟然也变成心头难以割舍的挂牵。

## 何时去

**5月至6月** 阿尔山、柴河杜鹃盛放，昭示着森林深处孕育着的蓬勃生机。草原上汹涌的游客大军还未赶到。

**7月至8月** 一切色彩都甘为陪衬，绿色成为呼伦贝尔的主题。油菜花在草原上席卷起明黄色的风暴，北面的森林中，蓝莓、蘑菇渐次成熟。挤进拥挤的人潮，那达慕开始了。

**9月至10月初** 气候凉爽舒适，秋风秋雨美煞人。大兴安岭的白桦率先转为金黄，兴安落叶松紧随而至。草原的绿色不再鲜嫩，牧民们堆起连天的草垛子。

**10月中旬至次年4月** 大雪覆盖一切，天地间只剩洁白。乘坐温暖的火车翻越大兴安岭，在火锅前领略巴尔虎的味道。

## 景观大道

在呼伦贝尔和兴安，景区都离城镇不近，公共交通往往难以直达，自驾或包车是最理想的旅行方式。但无论是草原还是森林，最美的景色往往不在圈地收费的景区中，公路、铁路才是最值得穿越的景观大道。你大可把长途大巴或绿皮火车当作观光项目，远离人工景点和游客喧嚣，纯净的自然被车窗定格为一帧帧高清画面。

301国道、203省道和201省道组成巴尔虎草原的环线，河流、湖泊纵贯其间。从海拉尔一路向北，201省道两侧从草原向森林过渡，连缀起沿线的湿地和俄罗斯族村庄。中东铁路穿越草原和森林，本身就是历史的见证者。牙林铁路深入重重林海，使大兴安岭的秘境得以示人。



### 行前小贴士

- 学着在语言上像个当地人：住宿要说“住xǔ”，买票要说“起票”，旗、府、县、镇都叫作“街里”，割（羊肉）要说“gá”。
- 该地区温差较大，注意携带保暖衣物，哪怕夏天也需要在早晚备一件外套。
- 夏季旅行要准备防晒用品和防蚊虫的药物，游览草原时尽量穿长裤、不穿凉鞋。
- 每年夏天的旅游旺季，在主要旅游城市房价不断翻番时，可以寻找临近的替代方案：比如，海拉尔隔壁的陈旗、鄂旗，满洲里隔壁的扎赉诺尔。
- 打车不打表？海拉尔、满洲里、根河和扎兰屯都可以使用打车软件。

## 影像中的呼伦贝尔

众多影像资料可以帮助你更深入地了解这片内蒙古最东北的土地。作为“三少民族”的聚居区，不少充满人类学意味的纪录片记录了逐渐退出时代舞台的部族：《雨果的假期》和《犴达罕》的画面中反复出现酒精与诗歌，这种略带迷幻色彩的氛围正是鄂温克人面对现代社会时迷惘与阵痛的写照；《最后的山神》与《神翳》都把镜头对准了鄂伦春族最后的萨满；《神鹿啊，我们的神鹿》在荧幕之外以真实的悲剧收尾。曾经的森林之子站在传统与现代之间，却陷入进退两难的境地。

也有更轻松的电影：久远的《草原上的人们》贡献了经典的草原旋律；《寻龙诀》中的大草原、《夜宴》中的莫尔道嘎，这些大片的取景地已陆续成为明星旅游地。

## 快速参考

**呼伦贝尔市**
人口：270万
区号：0470

**兴安盟**
人口：165万
区号：0482

**加格达奇区**
人口：16万
区号：0457

## 如果你有

**5天** 第1天抵达**阿尔山**（见164页），站在火山地貌上欣赏原始森林。次日前往**满洲里**（见123页），步行游览这座俄罗斯风情的边城。第3天在**达赉湖小河口**（见129页）欣赏呼伦湖畔连绵的草原。第4天前往**海拉尔**，参观**呼伦贝尔民族博物院**（见111页）。第5天游览**额尔古纳湿地**（见136页）。

**10天** 前五天同上。第6天，途经**白桦林景区**（见138页）后前往**恩和**（见140页）或室韦（见141页）。第7天游览**莫尔道嘎国家森林公园**（见143页）。第8天前往**根河源国家湿地公园**（见144页）。第9天可在**加格达奇**（见150页）休整。第10天从铁路小城**扎兰屯**（见152页）离开。

## 阅读呼伦贝尔

**《额尔古纳河右岸》**迟子建著，作者深入部落两年，写就一曲使鹿鄂温克的挽歌。

**《大兴安岭森林小旅行》**小柚著，串联起10座森林小镇的铁路慢旅行。

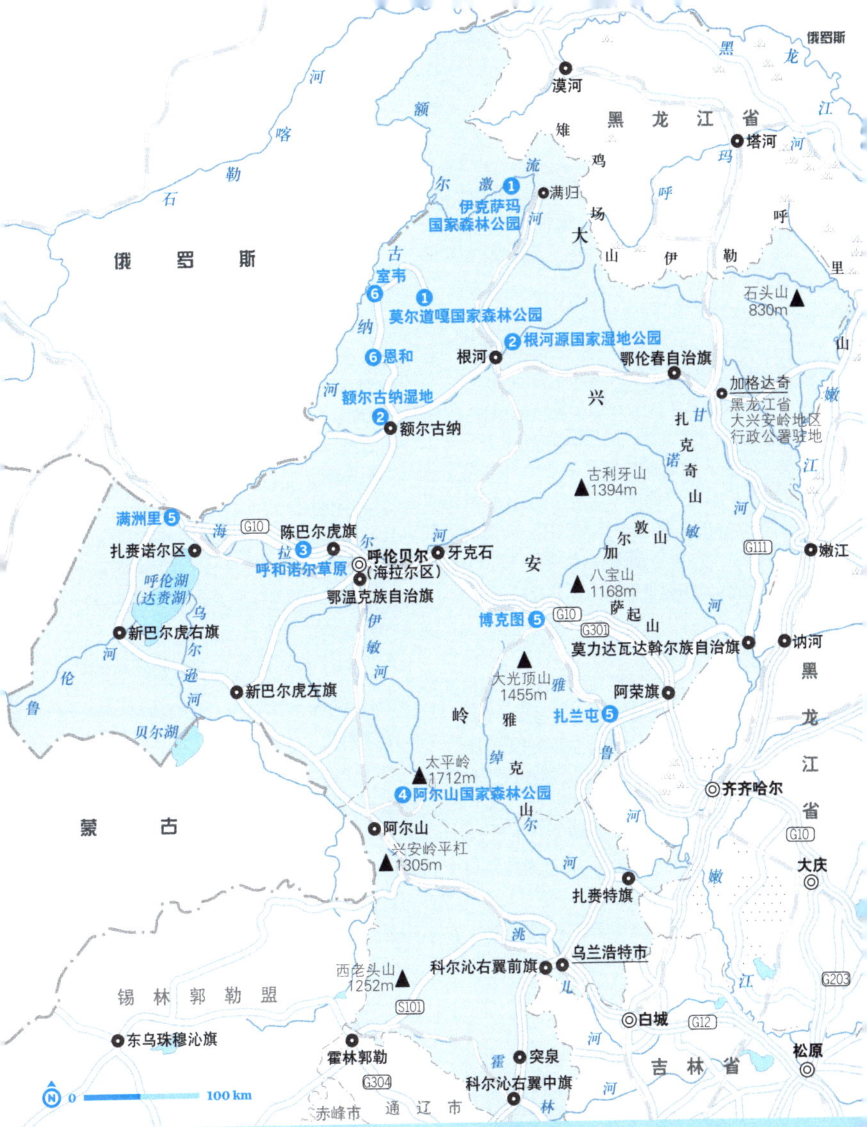


## 呼伦贝尔和兴安亮点

❶ 在**莫尔道嘎**（见143页）和**伊克萨玛**（见146页）国家森林公园聆听大兴安岭的秋声赋。

❷ 登高欣赏**额尔古纳湿地**（见136页）和**根河源国家湿地公园**（见144页）优雅的水湾。

❸ 在**呼和诺尔草原**（见119页）游览蓝宝石般的湖泊与蜿蜒无尽的河曲。

❹ 潜入**阿尔山国家森林公园**（见169页），徜徉在原始森林与火山熔岩之间。

❺ 沿着古老的中东铁路，重访昔日重镇**满洲里**（见123页）、**博克图**（见157页）和**扎兰屯**（见152页）。

❻ 在袅袅炊烟中，骑行穿过**恩和**（见140页）与**室韦**（见141页）的粉色黄昏。

# 呼伦贝尔

呼伦贝尔，一半是森林、一半是草原。丰富的自然景观中蕴藏着北方边疆的历史，这里是中国历史上几大重要游牧民族的故乡。鲜卑人、契丹人、女真人、蒙古人都从这片土地上走出，呼伦贝尔也因此成为北魏、辽金和蒙元的序章。

25万平方公里，呼伦贝尔是世界上最大的“城市”，面积超过了上海市、江苏省和安徽省的总和，人口却只及浦东新区的一半。苍莽、空阔、寂寥是形容这里常见的词眼，但对世代栖息于此的少数民族而言，没有一寸土地多余。萨满教的精髓是赋予森林和草原灵性，人们认为它们主宰着自然和人间。曾经以矿产立身的城市正在寻求改变，旅游业已经崛起，交通、服务还未完善，这段成长中的经历却恰好为旅行者保留了探索秘境的快乐。



## 历史

3万年前，达兰鄂罗木河岸边的台地已是猛犸象、披毛犀生存的乐土。此后，蘑菇山人和扎赉诺尔人接踵而至。7000年前，哈克人在海拉尔河畔用精致的玉石器凿开了文明的曙光。

战国时，茹毛饮血的东胡人在大兴安岭崛起。西汉初，被匈奴瓦解后的东胡退居大鲜卑山（大兴安岭北部），鲜卑族自此诞生。他们最终走出大兴安岭，南迁至呼伦湖畔，在草原生活了两百年后，拓跋鲜卑南下中原，唱响北魏的先声。

8世纪时，额尔古纳河畔的蒙兀室韦人追随鲜卑的南迁足迹来到呼伦湖畔。与此同时，同族异种的契丹人也登上历史舞台。

10世纪，中原又迎来合久必分的局面，室韦人和契丹人在北方“分道扬镳”。室韦人挺进漠北，契丹人意属中原。雄才伟略的耶律阿保机统一本部、建立辽朝，与北宋对峙。辽朝式微后，女真人又在此崛起，呼伦贝尔成为金国领地。漠北草原上诞生的一代天骄最终回到祖先的出发地，1206年，成吉思汗建立蒙古帝国，将呼伦贝尔草原分封给他的二弟哈撒尔。这片丰美草原成为欧亚帝国的后方大本营。

17世纪中叶，沙俄入侵。中俄《尼布楚条约》签订后，额尔古纳河成为两国界河。达斡尔人、索伦（今鄂温克）人、鄂伦春人和巴尔虎蒙古族迁入草原驻牧戍边，草原更名改姓，“巴尔虎”沿用至今。清朝末年，当中国成为列强眼中的“香饽饽”，沙俄的西伯利亚铁路穿越了呼伦贝尔，俄国人、日本人在这里纷纷登场，日本在东北建立伪满洲国，大兴安岭被划分为兴安东、西、南、北四个省。

20世纪50年代末，垦荒成为主题，草原开发成国营农牧场，大兴安岭上林场遍布。1984年，草场划分，承包到户，草原上建起了铁栅栏。达斡尔族、鄂伦春族、鄂温克族经由政府统一安置，放弃了原始的狩猎生活。游牧文化与狩猎文化都翻到了最后一页。

2015年，大兴安岭全面停伐，伐木工摇身一变成了护林员。巴尔虎草原上，已经有牧民开始自发拆除铁栅栏，支离破碎的草原有望慢慢恢复。在一次次的铁路大提速之后，齐海满高铁规划已经提上日程。这个时代正在加速，有小镇被落下，也有新城在崛起。

# 海拉尔

从1734年建城以来，海拉尔就始终是呼伦贝尔地区最重要的城市。一百多年前，初来乍到的俄国人曾错把这里称作“海浪”，错误的发音恰如其分，无论出发去往哪个方向都是绿色的“海浪”。草原在它的西面，南面是碧波万顷的呼伦湖，森林则由北面、东面绵延至大兴安岭的苍莽群山。20世纪初，中东铁路在这里设站，随后半个世纪的风云际会都围绕着火车站展开，俄国人通过铁路深入中国东北，日本人在这里修建庞大复杂的要塞，共产党则通过红色秘密交通线穿行于苏联与中国之间。

无论是作为忙碌旅途的休整，借机恢复体力、重新体验阔别的城市生活，还是以此作为度假目的地，在博物馆、公园和寺庙中消磨一段假期时光——在森林和草原的海洋中，海拉尔是你随时可以靠泊的港湾。

## 方位

穿城而过的伊敏河将海拉尔分为东西两个部分。西面是清代老城的旧址，尽管真正的古城已经不在，但仍然是热闹且富有生机的街区，三角地是河西的中心，你可以把这里当作大本营。整洁现代的河东是政治、文化的中心，博物馆、医院都集中在成吉思汗广场周边，纵贯东西的胜利大街直达机场。

## 景点

### 呼伦贝尔民族博物院　博物馆

（见112页地图；☎821 7952；胜利大街阿里河路口；免费；⏲9:00~16:30）如果你有计划要在呼伦贝尔安排一趟深度旅行，这座博物院能为你的行程提供最好的"预习"或"复习"。常设展览从二楼的"中国北方古代民族摇篮"开始，著名的扎赉诺尔人头骨化石见证了中石器革命，这是人类生产力的第一次飞跃，但这里展出的是复制品。从春秋战国时期开始，游牧民族的祖先在这里相继登场，匈奴、东胡竞逐草原。嘎仙洞成为北魏皇室认定的祖居地，"光宅中原"就出自嘎仙洞内的祝文。"蒙兀室韦"的先民从额尔古纳的森林走向呼伦贝尔的草原，西乌珠尔独木棺就展现了蒙古人早期的埋葬习俗，谢尔塔拉则是隋唐时期室韦墓葬的代表，已经炭化成黑色的桦木马鞍和仍保留着树皮纹路的桦树皮箭囊尤为珍贵。"蒙元国基"展厅内复原了成吉思汗豪华的行宫。

三楼的"北方狩猎游牧民族家园"展更为有趣，生活环境相似的鄂温克、鄂伦春、达斡尔这"三少民族"各自发展出独特的文化。鄂温克人制作的滑雪板、纹样精美的桦皮包都让人隔着展柜就有立刻下单的冲动。而同样的桦皮到了鄂伦春人手中，立刻变为简约抽象的后现代风格，孩子专享的狍头皮帽充满童趣。这些民族信仰萨满教，万物有灵的观念指导他们雕刻出拙朴的各路神灵，十分有趣。展厅结尾处的各式马鞍也很有视觉冲击力，游牧民族有意料不到的温情一面，儿童和女士都享有专用的马鞍样式。

乘坐1路、2路公交至市政府下，博物馆的大门开在阿里河路上。请注意，这里常因各种原因闭馆，参观前致电确认当天的开放时间非常必要。

### 世界反法西斯战争海拉尔纪念园　遗址

（☎823 4533；北山；门票 50元；⏲8:30~17:00）1934年，日本关东军在东北地区开始修建大型工事，海拉尔要塞地处直面苏联的前线，因而这里成为17处要塞中规模最大、设计最复杂的一处，纪念园就建立在这处要塞的废墟之上。

在购票进入景区前，你可以在大门外的平台上直观了解这处工事的重要意义：北山和敖包山夹着海拉尔河，301国道穿行而过，这里始终是进出海拉尔的咽喉之地。完整的海拉尔要塞还包括伊东台、松山等多处阵地，将海拉尔环绕在其中。山坡上的苏联士兵像和坦克群复原了1945年8月18日这里最终被攻破时的场景。

博物馆内展示了从"九·一八"事变到伪满洲国时期的重大历史事件。展览以图文资料为主，你可以通过遍布东北的关东军要塞分布图了解海拉尔的战略意义和日本的野心。在展厅的末尾处，一条幽深的地道通往80年前的军事重地，当年的河南台阵地地下工事遍布北山，如今开放的只是其中的260米。指挥部、仓库、餐厅、厨房、诊所、宿舍和厕所一应俱全，出口处的罪行展厅有些阴森，不要被展柜中的骸骨吓到。在17米深的地下，温度常年保持在0℃左右，夏天参观时有必要在入口处租借一件军大衣。

从海拉尔乘坐2路公交至北山口终点站后，还需向北步行约1.5公里，至岔路口处上山，还需步行20分钟。

### 海拉尔国家森林公园　森林公园

（见112页地图；西山；门票 30元；⏲6:00~19:00）当地人称之为西山公园，从地图上看，这处公园占据了整个海拉尔区的西面，但实际可供游览的区域并不大。笔直的步道贯穿始终，沿途有动物园、鸟语林，但规模很小，沿途还有一些木栈道可以带你深入园区。园内的主要树种是沙地樟子松，又称海拉尔松，根长可达到树干高度的两到三倍，能够牢牢锁住流沙，因而成为"三北"防护林中的重要树种。南园中生长着上千株百年古松，最古老的树龄已过500年，这处公园更适合闲暇时游览，不需要列为必游之地。

夏季游览最好的时间是清晨，可以避开白天的高温。在7:00前和17:30后，售票处形同虚设，你可以跟随前来锻炼的当地人进入园区。公园大门位于西交界街尽头处，距离三角

# 海拉尔区

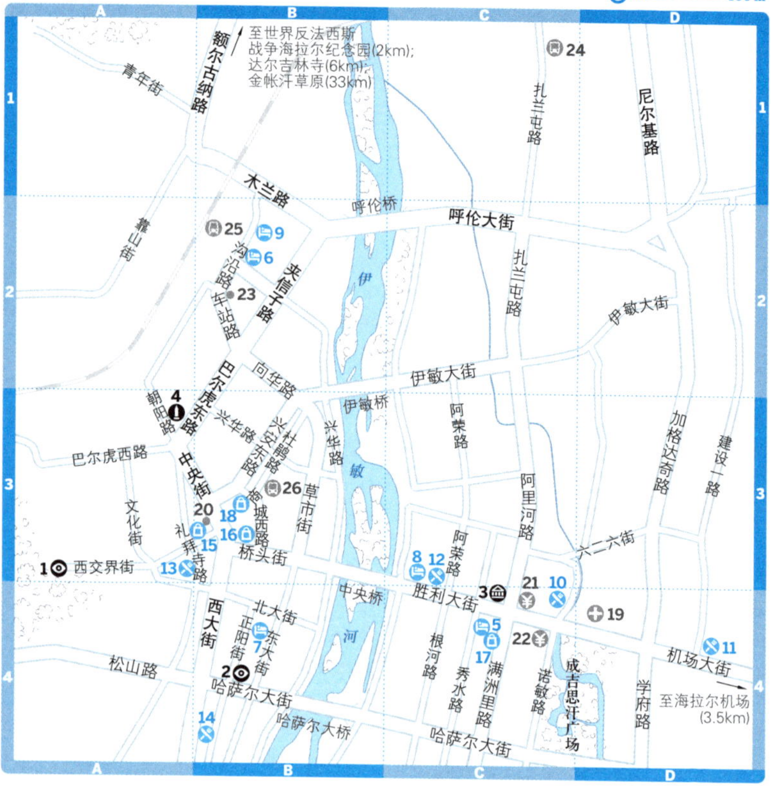


## 海拉尔区

**景点**

1 海拉尔国家森林公园 ........ A3
2 呼伦贝尔古城 ........ B4
3 呼伦贝尔民族博物院 ........ C4
4 苏联红军烈士纪念碑 ........ A3

**住宿**

5 安达国际青年旅舍 ........ C4
6 百合精品酒店 ........ B2
7 杭盖青年旅舍 ........ B4
8 呼伦贝尔宾馆 ........ C3
9 呼伦贝尔套房假日酒店 ........ B2

**就餐**

10 佳伦火锅城 ........ C4
11 利焱特色烧烤 ........ D4
12 卢布里西餐厅 ........ C3
13 牧羊人烤羊腿 ........ A3
14 诺敏塔拉奶茶 ........ B4

**购物**

15 俄罗斯商城 ........ B3
16 生活超市 ........ B3
17 胜利市场 ........ C4
18 友谊商城 ........ B3

**实用信息**

呼伦贝尔市旅游集散中心 ........ (见6)
19 呼伦贝尔市人民医院 ........ D4
20 新华书店 ........ B3
21 中国工商银行 ........ C4
22 中国银行 ........ C4
中国邮政 ........ (见21)

**交通**

23 公路客运售票处 ........ B2
24 海拉尔公路客运总站 ........ C1
25 海拉尔火车站 ........ B2
26 开发区客运站 ........ B3

地约有1公里，松山路上也有很多小路连通园区的步道，但在雨天时道路泥泞不堪，请穿着合适的鞋子。

### 呼伦贝尔古城

街区

(见112页地图；正阳街)这里只有仿古，并不适合访古。但这片街区是海拉尔最热闹的步行街，正阳街是“古城”的核心，南端是呼伦贝尔副都统衙门(门票 30元；⏲8:30~17:00)。清雍正年间，为了防御沙俄入侵，清朝在此设海拉尔副都统衙门，这里便成了海拉尔历史的时空原点。原衙门建筑三度被毁，现存建筑为2008年在原址上复建的。

### 苏联红军烈士纪念碑

纪念碑

(见112页地图；朝阳路陵园街口)1945年8月，苏联红军以战斗10天、牺牲1100余人的代价攻下日军在中国东北防卫最森严的海拉尔要塞。同年12月，苏联红军驻海拉尔部队修建了这座纪念碑，顶部为红军军徽，正面为苏联国徽，左右两侧的花岗岩上刻有21位苏联红军烈士的姓名。乘坐公交1路、2路、3路至陵园站即到。

### 达尔吉林寺

寺庙

(海拉尔河北岸敖包山；门票 20元；⏲8:00~17:30)“敖包山头少闲土”，海拉尔的勃勃野心就体现在北郊的敖包山上。这座并不高的山头上到处都是新建的酒店和寺庙，“一塔两寺”是蓝图里的城市新地标，但如今山上的不少工程已经烂尾。达尔吉林寺是一座钢筋混凝土的藏佛寺庙，除了汉地传统的例行庙会之外，每年藏历十月二十五会有纪念格鲁派创始人宗喀巴大师圆寂的法会在此举办。天气晴好时，从寺前的平台能眺望到不远处的海拉尔区。

寺庙背后的慈积金刚塔是山上最醒目的建筑，而“一塔两寺”中的万佛寺还在修建中。从海拉尔打车前往达尔吉林寺需20~30元，在跨过海拉尔河后，大桥北面有一大片新开发的薰衣草田，这也许是比寺庙更合格的留影地。

### 哈克遗址博物馆

博物馆

(团结一村；门票 20元；⏲8:00~17:30)村口的大门、博物馆的建筑都模仿了石镞这一哈克遗址中最典型的文化遗存。哈克文化存在于距今7000~5500年，是呼伦贝尔新石器文化的代表，出土文物中以各种石镞最为醒目，展厅内对这些石镞进行了细致专业的区分。精致的象牙人面像和骨刀梗堪称镇馆之宝。哈克人对玉器十分喜爱，晶莹剔透的玉镞多为陪葬品。展厅末尾处再现了遗址发掘现场。唐代的谢尔塔拉墓葬与此相距不远，馆内也辟有这一室韦人墓葬的展厅。

每年秋季，与博物馆隔河相望的湿地上呈现出斑斓的色彩，景色并不亚于你专程赶往的各个湿地公园。前往哈克镇的班车从开发区客运站北面的十字路口发车，每天4班(7:20、9:20、13:20、14:20；10元；40分钟)，在团结一村的路口下车后还需要步行近4公里，从鄂旗南屯前往大雁的班车也路过该路口。团结一村路口处返回海拉尔的末班车时间为15:50。

## 住宿

海拉尔的住宿价格是呼伦贝尔旅游热度的晴雨表，在7~8月旺季，几乎所有酒店的价格都会翻为平时的2~4倍，越是高星级的酒店反倒性价比越高。进入9月以后，房价随着气温一同跳水，国庆节时稍有回升。

### 成吉思汗与呼伦贝尔

成吉思汗的祖先在公元8世纪由额尔古纳河东岸的蒙兀室韦迁往呼伦湖畔的呼伦贝尔草原，此后再迁往今蒙古国境内的肯特山，成吉思汗就出生在那里。他与呼伦贝尔的渊源也从未割断，母亲诃额伦和妻子孛儿帖都是弘吉剌部人(今额尔古纳一带)，当年的迎亲之地就在新右旗的达来苏木，富饶的呼伦贝尔草原成为他坚实的后方。无论如何，成吉思汗一定是呼伦贝尔最著名的“荣誉市民”，以至于城市中心的广场也要以他的名字命名。成吉思汗广场(见112页地图；胜利大街)上有一座形制特殊的巴彦额尔敦敖包，其中的9块巨石都来自肯特山，是2007年由蒙古国肯特省赠予的。

### ★呼伦贝尔套房假日酒店
酒店 ¥¥

(见112页地图; ☎390 5055; 火车站对面; 标双 旺季/淡季 600元起/200元; ❄@📶P)客房仍维持着2014年开业时的崭新样貌，朝西的客房景观最好，隔着落地窗可看车站全景和落日，良好的隔音丝毫不用担心火车的轰鸣。酒店还提供亲子旅行的客房套餐，有着可爱的房间内饰，还包含三人早餐。和其他酒店相比，这里夏天时的涨价幅度也还算理性，性价比很高。

### 呼伦贝尔宾馆
酒店 ¥¥¥

(见112页地图; ☎821 1000; 胜利大街32号; 标双 旺季/淡季 990元/380元; ❄@📶P)有着近60年历史的老店，名字听起来一副国有派头，但地段、硬件和服务都很出众，朝南的房间视野更好。作为自治区旅游局评定的“最佳饭店”，宾馆号称要打造“草原文化主题”，院内有几个装饰用的蒙古包。

### 安达国际青年旅舍
青年旅舍 ¥

(见112页地图; ☎277 0470; 秀水路8号; 铺 旺季/淡季 50元/20元; @)地理位置不错，南面就是胜利市场。最吸引人的是这里热闹的公共空间，很容易就能找到人拼车、拼团去周边旅行。多人间整洁素雅，旺季需要提前预订。旅舍只在每年5~10月间营业。

### 杭盖青年旅舍
青年旅舍 ¥

(见112页地图; ☎821 5430; 古城街北6号; 铺 旺季/淡季 50元/30元; @)由来自巴尔虎的蒙古族青年开设，一楼是宽敞有趣的公共空间，提供不少和当地有关的图书和明信片。床位间的木地板很干净，配备带锁木柜，除多人间外都有空调。旺季时比较容易拼车，每人每天的费用约150元。

### 百合精品酒店
酒店 ¥¥

(见112页地图; ☎176 4700 0002; 火车站对面; 标双 旺季/淡季 380元/158元; 📶P)房费包含早餐，客房干净而宽敞，但隔音欠佳，朝向火车站的一侧会被广场舞的声音烦扰。圆床房往往比标间便宜20~30元，但房内没有空调。

## 餐饮

在海拉尔，你可以找到熟悉的连锁快餐店和当地特色的蒙餐、俄餐餐厅，如果你并非一个人用餐，那么菜价不算贵。对于独自旅行者来说，这里的菜量确实“过于友好”。不少有名的当地餐饮店都开了分店，口味都不差，不必执着于总店。

### 佳伦火锅城
火锅 ¥¥

(见112页地图; ☎826 0692; 六二六小桥河边; 人均 70元; ⏲9:00~22:00)备受本地人欢迎的火锅店，各类锅底28元起，鲜羊肉、牛胸口(48元/份)口感扎实鲜美，也提供手把肉和炒菜。店员态度有些冷淡，在用餐高峰期，哪怕有空位也不接待独自旅行者就餐。隔壁的**蒙古包饭店**(☎826 1518; 人均 70元; ⏲9:00~22:00)也是老字号。

### 牧羊人烤羊腿
烧烤 ¥¥

(见112页地图; ☎357 4666; 礼拜寺街; 人均 70元; ⏲10:00~23:00)服务态度极好，老板会帮你选好合适重量的烤羊腿(48元/斤，一般3斤起)，服务员会不断指导你如何才是最地道的食用方式。“gá”下羊腿肉后要在烤盘上再烤制一会，蘸料可自由搭配花生碎、孜然与辣椒面。新鲜出炉的烤面包(2元)堪称惊艳，奶茶(12元/小壶)有着浓郁的茶香，非常解腻。

### 诺敏塔拉奶茶
蒙餐 ¥¥

(见112页地图; ☎830 3678; 西大街光明街路口; 人均 70元; ⏲6:00~23:00)墙上装饰着蒙古刀、马头琴和弓箭。招牌当然是这里的奶茶，脸盆大的一锅38元，里面还加入了肉干、奶皮子和炒米，对大多数旅行者而言，半锅(30元)已经足够。颇受欢迎的布里亚特包子(42元/斤)最少半斤(10个)起卖，肉香浓郁，一定要蘸醋解腻。早餐时段就很热闹，在河东还有两家分店。

### 卢布里西餐厅
俄餐 ¥¥

(见112页地图; ☎828 6333; 胜利大街盟宾馆院内; 人均 70元; ⏲9:00~23:00)如果你的行程中不包含满洲里，可以在海拉尔体验这家网红餐厅。这里比满洲里的总店更大更奢华，环境更静谧，菜品也毫不逊色。不要错过格瓦斯(10元)和奶酪面包(24元)，人多时也可以点特色烤香肠(49元)。

### 利焱特色烧烤
烧烤 ¥

(见112页地图; ☎131 9098 5599; 建设一路

龙凤家园；人均 30元；⊙15:00至次日2:00）当地小有名气的烧烤店，烤猪蹄（25元）是这里的特色。多人就餐可点烤羊腿，一个人吃饭时牛肉串（2元）、羊肉串（2.5元）、菜卷（3元）就能填饱肚子。

## 购物

海拉尔的几个大型市场都集中在三角地附近。**生活超市**（见112页地图；桥头街友谊大厦内；⊙9:00~21:00）店如其名，是当地最受欢迎的超市卖场，一楼售卖各种肉干、奶干等"红白特产"，各类产品都提供免费真空包装；二楼主要是各类包装商品，也有蓝莓酱这样的时令特色。**俄罗斯商城**（见112页地图；陈巴尔虎路与西交界街路口；⊙7:30~18:00）主要出售各类古玩、饰件、套娃和少数民族服饰。**友谊商城**（见112页地图；向阳街；⊙5:00~19:00）和**胜利市场**（见112页地图；满洲里路园丁街路口）是整洁现代的菜市场，以奶酪、肉干和牛羊肉为主。

## 实用信息

### 旅游信息

**旅游投诉**（☎821 7011）

**呼伦贝尔市旅游集散中心**（见112页地图；⊙7:30~18:00）位于火车站对面，提供旅游咨询服务，旅行者也可在这里报名参团，额尔古纳湿地、反法西斯纪念园一日游 360元/人，呼伦湖、满洲里口岸二日游 580元/人，去往各大森林公园的多日游线路往往报价上千，且只在7~8月间提供。

### 地图

哈尔滨地图出版社发行的《呼伦贝尔市旅游交通图》非常实用，正面为呼伦贝尔市全境图，标记了几乎所有旅游景点；反面为海拉尔区地图。可在三角地附近的**新华书店**（见112页地图；三角地供销大楼北；⊙9:00~18:00）购买。

### 医疗服务

**呼伦贝尔市人民医院**（见112页地图；☎399 7000；胜利大街20号）在成吉思汗广场对面。

### 银行

**中国工商银行**（见112页地图；阿里河路2号；⊙9:00~17:00，10月至次年4月 至16:30）在民族博物院对面，东面约200米还有一家**中国银行**（见112页地图；成吉思汗广场西侧；⊙9:00~17:00，周六不营业），都有24小时ATM。

### 邮局

**中国邮政**（见112页地图；胜利大街阿里河路口；⊙8:30~17:30）在民族博物院对面。

## 到达和离开

### 飞机

**海拉尔机场**（☎96777）位于市区东面约5公里，目前有往返北京、呼和浩特、哈尔滨等地的航班。机场售票处（⊙8:00~18:00，10月至次年4月8:00~17:00）位于东大街桥头路口南侧。

### 长途汽车

**海拉尔公路客运总站**（见112页地图；☎833 3719）位于河东的扎兰屯路，是海拉尔的主要车站。

**开发区客运站**（见112页地图；☎835 1568）位于河西的杜鹃路，门脸很小，有发往陈旗的班车（7:30~17:00，约40分钟1班；10元；40分钟）。另外，在火车站广场南侧，设有一处公路客运售票处（见112页地图；沟沿路车站路口），这里的车次与海拉尔公路客运总站大致相同，都是同一班车、两处上客。

### 火车

**海拉尔火车站**（见112页地图；☎222 1322）离市中心很近，有开往北京、呼和浩特、哈尔滨等地的列车在这里停靠。对旅行者而言，乘坐从这里始发前往根河、莫尔道嘎、满归和加格达奇的列车非常适合欣赏沿途的大兴安岭。

## 当地交通

### 抵离机场

**机场大巴**（☎822 2222）由火车站途经区宾馆、国贸、博物院等公交站抵达机场。从机场发车时间为8:45~22:30，随航班时刻发车；从火车站发车的时间为10:30、12:30、15:30。从机场打车到市区需要约20~30元，记得要求打表。

### 公交车

海拉尔区内的公交车均无人售票，票价1元。首班车从6:30开始，18:20后各条线路开始停运。公交1路、2路连接火车站、三角地和民族博物院，104路连接火车站和公路客运总站。

### 出租车

出租车起步价6元，超过2公里后每公里2

## 海拉尔公路客运总站车次时刻表

| 站点 | 发车时间/班次 | 票价(元) | 行程(小时) | 备注 |
|---|---|---|---|---|
| 满洲里 | 8:30, 9:00, 9:30, 10:30, 11:30, 13:30, 14:00, 14:30, 15:00, 15:30, 16:30, 17:30 | 37 | 3 | 途经白音哈达草原、呼和诺尔草原(收取全程票价) |
| 乌兰浩特 | 7:40 | 162 | 8 | |
| 阿尔山 | 6:30 | 92 | 6 | |
| 陈巴尔虎旗 | 7:30~17:30(25分钟1班) | 10 | 0.7 | |
| 新巴尔虎左旗(东旗) | 7:00~17:00(50分钟1班) | 36 | 3 | |
| 新巴尔虎右旗(西旗) | 7:50, 9:00, 11:30, 13:30 | 63 | 4 | |
| 拉布大林(额尔古纳) | 夏季6:30~17:30(30分钟1班);冬季6:40~7:50、10:20~13:15、15:45~17:30(35分钟1班),7:50~10:20、13:15~15:45(30分钟1班) | 38 | 2 | |
| 莫尔道嘎 | 14:00 | 60 | 5 | |
| 根河 | 7:30, 8:30, 9:30, 12:50, 13:20, 14:00, 14:40, 15:30, 16:30 | 55 | 4.5 | |
| 阿里河 | 9:00 | 103 | 7 | |
| 扎兰屯 | 10:00, 12:00(隔日发) | 67 | 6.5 | 途经博克图 |

元,21:00至次日5:00间起步费6.8元,超过2公里后每公里2.4元;超过15公里加收回空费50%。前往市郊景点往往不打表,价格视淡旺季而浮动,你可以多试试打车软件。

## 鄂温克族自治旗

中国仅有的三个自治旗全都位于呼伦贝尔,对应"三少民族"鄂温克、鄂伦春、达斡尔,仰仗这里丰富的煤矿资源,鄂温克族自治旗是其中经济最发达的一个。旗府位于巴彦托海,当地人更习惯称之为"南屯"。如今,这里已经被规划为海拉尔的新区,高楼大厦正在草原的中央崛起。有公交线路连接两地,从海拉尔出发可以方便地进行鄂旗一日游。

### 景点

**鄂温克博物馆** 博物馆

(☎881 7866;伊敏路;免费;⏲9:00~12:00,14:00~17:00,周一闭馆)博物馆内设有历史、民俗、自然三大展厅,如果你已经参观过海拉尔的呼伦贝尔民族博物院(见111页),这里的陈列只是选取了前者有关鄂温克的章节。"鄂温克"是指"生活在大山中的人们",他们的传统是聚族而居,居住在以树干、桦树皮搭盖的"撮罗子"中,经济来源以狩猎为主,也以驯养驯鹿而闻名。

历史厅内介绍了中国境内鄂温克人的三大部落:通古斯、索伦和使鹿鄂温克。鄂旗的鄂温克人于20世纪20年代前后由额尔古纳河北岸迁徙而来,在巴尔虎草原上徙居数年后最终定居于此。展厅文物以辉河水坝遗址出土的石器和隋唐时期石人像最为重要,也展示了大量鄂温克人的生活用具。

博物馆闭馆前半小时停止入场,预留半小时参观已经足够。博物馆位于南屯的中心,海拉尔公交101路经过博物馆大门,你也可以把这里当作前往红花尔基或哈克遗址博物馆前的"热身运动"。

**广慧寺** 寺庙

(巴彦托海镇南约4公里;免费;⏲7:30~

18:00）广惠寺的前身是1784年所建的呼和庙，历史上，这里以保存着达赖喇嘛赠予海兰察的衣杖而闻名。寺庙在“文化大革命”前后被拆毁，曾经的珍贵历史文物被转移到新巴尔虎左旗甘珠尔庙和呼和浩特大召寺，但经过历次劫难后均已下落不明。现存的建筑多为近年重建，庙宇中的混搭风格透露出错综复杂的信仰：主殿内浓郁的灯油味也许让人一时难以适应，周围的墙壁上装饰着印度当代民间风格的佛教故事绘画，描绘了佛祖从腋下诞生到圆寂的故事；供奉的神祇五花八门，从乡间小庙风格的观音菩萨，到头戴宝冠、身披袈裟的释迦牟尼佛，再到金刚手、白度母、黄财神，两侧甚至还有十八罗汉。

从海拉尔前往红花尔基、伊敏矿的班车都会途经这里，从南屯打车过来花费不超过15元。

## 巴彦呼硕草原 草原

（见117页地图；门票 20元）这处开发成熟的草原景区位于海拉尔前往红花尔基的半路上。这里坐落着呼伦贝尔草原上最著名的敖包，1953年上映的电影《草原上的人们》在这里取景，你一定熟悉配乐《敖包相会》的旋律。这里的娱乐项目繁多而且规范，尽管价格不菲，但至少明码实价。骑马（100元/圈，10分钟）、蒙古包住宿（7~8月 680~780元，5月、6月、9月 200元）以及旺季时的篝火表演（散客免费）都不会让你在草原上感到无聊。每年6月18日还会以“情歌节”的形式来庆祝鄂温克人的瑟宾节。

海拉尔公路客运总站开往伊敏矿（7:00~16:20，约30分钟1班；20元；1.5小时）和红花尔基的班车经过巴彦呼硕路口，从路口到景区还有3公里，沿途有付费（约50元）参观的布里亚特牧民家。回程依然在此路口等车，从

## 巴尔虎草原

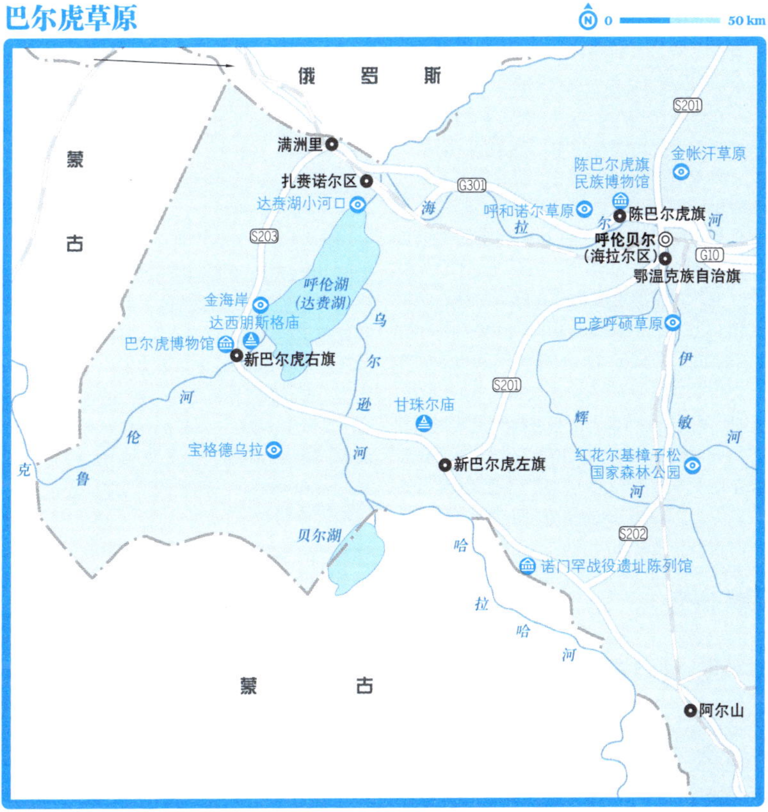

伊敏河长途汽车站(☎871 1646)回海拉尔的末班车为17:00。

**红花尔基樟子松国家森林公园** 森林公园

(见117页地图;☎894 2340;红花尔基镇;门票 60元;⏲8:00~18:00)位于大兴安岭西麓的红花尔基是亚洲最大的沙地樟子松林带,与你在海拉尔所见的森林公园相比,这里更具景区特质——木屋别墅、博物馆、高尔夫球场都分布在进园主路的两侧,从公园大门向南约1.5公里就是公园的景观核心翠月湖,环湖一周约有2公里。

每年9月起,红花尔基就进入秋季,但森林公园内四季常青的樟子松也许并不比沿途两侧的风景更美好。从海拉尔出发,在过了伊敏河镇后风景已经开始逐渐显现,原本平坦无垠的草原开始如同海浪般起伏,伊敏河在公路的东侧蜿蜒而过,零星出现的树木最终将连缀成林。每年3月中旬和9月中旬开始的防火期使景区无法提供食宿,电动车、博物馆也随着旺季的过去而停止服务。冬季这里游人罕至,滑雪项目还停留在规划图上。

在伊敏河西岸进入小镇的公路桥附近,有一处国家草原健身步道的栈道入口。当然没有必要走完35公里全程,只是登上小山头俯瞰伊敏河与小镇已经足够令人心旷神怡。记得携带一些防虫用品,扑面而来的飞虫真的让人"无语"。

海拉尔公路客运总站有班车前往红花尔基镇(7:00、7:30、8:30、9:10、10:10、13:45、15:15、16:05;34元;3.5小时),但从市区到鄂温克博物馆的这段路往往会折腾上1小时20分钟,因此你也可以先去参观鄂温克博物馆,再算好时间在博物馆门前的路边等车。在公园路口下车后,还需要向南步行约800米抵达公园大门,游览公园需预留两小时。返回海拉尔的末班车是14:30,因此早起很有必要。

### 食宿

一般而言,没有必要在鄂旗住宿,你仍可以海拉尔为据点安排往返。但每年夏天,当海拉尔区的房价让人无法呼吸时,可以试着来南屯碰碰运气。酒店集中在伊敏路南段,**鄂温克宾馆**(☎310 1688;伊敏路旗政府对面;标双 旺季/淡季 400元起/188元;❄📶🅿)是干净靠谱的星级酒店,配备有健身房和泳池。

### 到达和离开

公交101路(6:30~18:30)往返于海拉尔火车站和鄂旗海源汽配城之间,途经海拉尔三角地和鄂温克博物馆。**巴彦托海汽车站**(☎881 4116;伊敏路)就位于博物馆对面,前往大雁的班车(8:50、9:50、10:40、11:40、12:40、13:40、14:20、15:10、15:40、16:40;25元;2小时)途经海拉尔区的嘉世豪酒店(车程约20分钟)和哈克遗址博物馆路口。

## 陈巴尔虎旗

横穿陈巴尔虎旗的海满公路两旁遍布着各类已经开发的草原景区,这也是巴尔虎草原上最容易到达的部分。如果你只想完成点到为止的旅行,无论是海拉尔还是满洲里都有数不清的一日游团队带你快速打卡;但如果你对商业开发景区无感,不妨随时在路边停靠,真正的草原景色俯拾即是,根本无须执着于景区。

### 景点

**金帐汗草原** 草原

(见117页地图;☎133 2700 0919;门票 20元)被誉为"天下第一曲水"的莫日格勒河在草原中蜿蜒,赋予了金帐汗独特的先天优势。作为呼伦贝尔草原旅游的先行者,金帐汗是一处典型的"旅游团景点",拥有商业化带来的所有便利和烦恼:名目繁多的娱乐项目明码实价,如果你赶在7~8月前来,各种迎宾、搏克、祭敖包、赛马、篝火表演都有旅行社代你买单。骑马(100元/约3公里)、滑草(100元/次,约500米)……草原上一切你能想象到的活动这里都有。但就连献哈达(20元/条)、听马头琴曲(200元/首)和敬酒(100元/桌)也出现在价目表上的时候,还是让人唏嘘。真正的草原风情要穿过那些名目繁多的消费区后才能勉强寻得。牛羊骆驼在莫日格勒河畔自在地游荡,傍晚,夕阳的余晖让草原披上金色外衣。不要在这片草原上坐或躺,干燥的牛粪远比你想象得更为隐蔽。

景区内的住宿相当昂贵,最便宜的床位也要120元。消费区外围的**安达营地**(☎184

4702 7209；标双 780元）有独立的卫浴，外围一侧的客房推门即是草原。景区只在5月至国庆节期间开放，6月下旬至9月上旬提供食宿，其他时段景区只保留售票处和那些毫无生气的参观设施，所有的演艺活动也不进行，淡季时前来金帐汗只能寄望当天是个好天气。

从金帐汗草原往海拉尔区方向会路过一处**牧马人部落**，这里提供条件不错的蒙古包标间（旺季/淡季 500元/200元；❄ P），有独立的卫生间。在客房背后的草原上也可以欣赏到曲折的莫日格勒河，观景是免费的。

金帐汗位于陈旗境内，但从海拉尔往返最为便利。景区距离海拉尔区有36公里，没有公共交通直达，包车往返需要200元，7~8月间上涨至300元。可以试着在15:00后再找车，更容易讲价，也正适合欣赏日落。

### 浩特陶海城址　　古迹

（浩特陶海西面，陈旗以东约15公里处）大多数游客会忽略此地直奔草原，但在历史上，这里曾是辽代通化州的城址，也是契丹人掌控北方草原的重要支点。古城的面积不大，绕行一圈只有两公里，是呼伦贝尔现存约20座辽代古城中最具代表性的一座。古城仅有南北两座城门，外设瓮城，城墙四角曾有角楼，四面设有38个马面。在经历了数百年的风雨侵蚀后，夯土的城墙如同一圈长长的缓坡，外围是早已干涸的护城河，夏季来临时古城便隐没在绿色的草地之中。古城内可见古老的建筑基址，但直到数年前，这里还曾是当地小学校的所在地。古城南面是建设中的陶海国家湿地公园，从西城墙向西南方向约300米就是波光粼粼的海拉尔河。

海拉尔往返陈旗的班车均途经浩特陶海，从两地乘坐班车的票价都为6元，约20分钟即到。

### 陈巴尔虎旗民族博物馆　　博物馆

（见117页地图；巴尔虎大街；免费；⏲夏季8:30~11:30，14:30~17:00，冬季9:00~11:30，14:30~17:00）如果你从海拉尔出发，正好可以在进入草原前来这里恶补有关知识。一楼是自然展厅，有各种草原植物标本。二楼是民俗与历史展厅，介绍了该旗从新石器时代到清朝的历史，出土自东乌珠尔墓葬的是鲜卑南迁留下的文物，出土自西乌珠尔墓葬的物品则见证了室韦诸部的历史。较珍贵的文物在标签旁有详细描述，如保存完好、制作精美的元代铜鎏金马鞍饰件，这是同类文物在内蒙古地区的首次发现。

海拉尔的两个客运站都有发往陈旗的班车，班次很多。下车后坐公交至体育馆站下即是。

### 呼和诺尔草原　　草原

（见117页地图；海满公路沿线）这是海满公路上最值得停留的草原景区，因紧挨着呼和诺尔湖（蒙语意为“青色的湖”）而得名。这里曾是2016年春晚的内蒙分会场，庞大的演出场地就在公路北侧，非常醒目。如今，呼和诺尔以更大的野心打造5A景区，从2017年5月起停业整顿，但管理员默许旅行者穿过路障入内游览。跳过那些闲置的旅游设施，最美的景观位于湖畔，这是莫日格勒河汇入海拉尔河前的最后一站。登上草原的高处，会发现“天下第一曲水”名不虚传。

每天15:30有一班从陈旗客运站前往西乌珠尔的班车途经呼和诺尔，回程可以在海满公路上乘坐海拉尔和满洲里之间对开的班车离开。从陈旗街里包车往返游览呼和诺尔和白音哈达需要100元，两三个小时就能看完。

### 白音哈达草原　　草原

（海满公路沿线）草原位于呼和诺尔湖的东南面，在公路上可以见到一处巨大的牛角形大门。从大门处沿公路向南走约3公里，有一处蒙古记忆部落景区，其内的尖顶蒙古包都由蒙古国工匠建造，形制与内蒙古常见的圆顶蒙古包有着显著的差别。部落对面为实

#### ℹ 无论远近，一律全票

海拉尔至满洲里的海满公路（301国道）沿途有多个草原景点，如呼和诺尔、白音哈达。一年中任何时候，无论去哪个景点、无论远近，都必须买海拉尔至满洲里的班车全程票，而当你参观完景点再半路拦班车前往下一个目的地时，依然是全票。

景演出场地（目前承包给个人），沿这条公路可以到达海拉尔河畔的湿地，但设卡的保安会向自驾旅行者索取30元的过路费。

## 到达和离开

**陈巴尔虎旗客运站**（☎671 7798；巴尔虎大街）有前往海拉尔（7:30~17:30，约40分钟1班；10元；40分钟）的班车。去满洲里要在城北的海满公路上等海拉尔到满洲里的班车，但旺季班车从海拉尔出发时往往已经坐满。



# 新巴尔虎左旗

由于缺乏矿产资源，这里是牧业四旗（另三个是鄂温克族自治旗、陈巴尔虎旗和新巴尔虎右旗）中原生态保留得最好的一个。狭长的辖区北接俄罗斯，西南面与蒙古国相邻，在半个世纪前，这里曾是诺门罕战役的主战场。当地人习惯称之为东旗，旗府位于阿木古郎镇，你可以在海拉尔往返右旗的途中安排左旗一日游。

## 景点

### 甘珠尔庙 寺庙

（甘珠尔嘎查；门票 30元；⏲8:00~18:00）甘珠尔庙又称寿宁寺，是呼伦贝尔地区规模最大的寺庙，曾以收藏《甘珠尔经》而得名。寺庙始建于清乾隆三十八年（1773年），规模全盛时有伽蓝百间、喇嘛4500名，但如今清代建筑均已无存，寺庙建筑为2003年重建。

如果想要寻访古建，这处钢筋水泥的丛林会让人失望而归。但每天清晨的索克钦会、每年三月二十二的春会和八月初十的秋会仍给这里带来强烈且真实的宗教气息。甘珠尔庙甚至还是巴尔虎草原的“医学院”，这里因培养出133名喇嘛蒙医而备受牧民喜爱。

不要忽视了寺庙正门外那些隐藏在草丛中的钢筋混凝土，那是诺门罕战争前夕日本关东军在此修建的碉堡遗迹。在日军准备诺门罕战争期间，甘珠尔庙曾被用作日军的临时指挥部和机场，直到20世纪50年代这组碉堡群才被当地牧民重新发现。

每天14:30从阿木古郎汽车站有班车前往甘珠花，途经甘珠尔庙路口（5元），从路口到寺庙大门还有约2公里。从东旗街里包车往返需要70元。

### 诺门罕战役遗址陈列馆 博物馆

（见117页地图；罕达盖苏木；门票 30元；⏲8:00~18:00）1939年发生于哈拉哈河两岸、中蒙边境的诺门罕战役在世界战争史上具有重要意义。因调用了除海军以外的所有兵种和装备，被称为世界近代史上第一次大规模的立体化战争。这场战争在蒙古国被称为哈拉河战役，日本称为诺门罕战役。战争历时135天，由日本关东军发起，借入侵蒙古进而向苏联红军发起军事试探，但从一开始日本关东军便不占优，节节败退后日军第一次实施细菌战，最后以惨败结束。这场战役的价值在于它彻底改变了第二次世界大战中日本的战略方向——由北上陆军作战改为南下太平洋战场，使苏联在卫国战争中可与德国放手一搏。此役也成就了朱可夫将军，使其在之后的苏联卫国战争中大放异彩。

陈列馆就位于当年的战场实地，设计成了被洞开的碉堡形式。共有两层，详细介绍了诺门罕战役的全过程，陈列了当时战场上使用过的军用设备、武器、军装等。

阿木古郎汽车站有前往诺干诺尔的班车途经诺门罕（15:00；16元；1小时），但预留给博物馆的时间比较仓促。从东旗街里包车往返需要200元。

#### 内蒙古的前后左右

内蒙古有不少以“前”“后”“左”“右”命名的地名，对于初来此地的旅行者，这些相对方位形容词往往让人困惑。但命名的规则其实非常简单：蒙古包的门大多开在南面，因此习惯以面向南方时的相对方位来命名地点。“前南后北左东右西”是一句简单的口诀，以此为例，新巴尔虎左旗亦为东旗，新巴尔虎右旗即是西旗。但察哈尔右翼前旗、科尔沁左翼后旗这样的升级版困扰可能还是需要你亲自面向南方想一想。

## 食宿

东旗街里的食宿都集中在阿木古郎路

和南面的乌尔逊路上，从汽车站往西过一个路口就是甘珠尔宾馆（☎660 1199；阿木古郎路32号；标双 旺季/淡季 200~300元/98元；❄@令P），房间设施简单，好在干净卫生。

车站附近有韩餐、米线、麻辣烫等各种小吃，车站东面的加州牛肉面大王（人均15元；⏱7:00~21:30）方便在转车间隙就餐，味道也还不错。

## 到达和离开

位于城东呼格吉乐街北段的**阿木古郎汽车客运站**在2017年建成开放，有前往海拉尔（7:50~17:00，每50分钟1班；36元；3小时）、西旗（13:30；34元；2小时）和贝尔苏木（14:00；31元；1.5小时）的班车。如果错过前往海拉尔的末班车，也可在车站门口拼车（60元/人）。本书调研时，由于客源问题，前往阿尔山、满洲里的班次都已经取消。

# 新巴尔虎右旗

当地人习惯把这里称为西旗或右旗，街里规模不大，市容颇为整洁。出了镇子就是一望无垠的草原，蜿蜒的克鲁伦河从南面流过，弘吉剌部哺育了成吉思汗的母亲和妻子，见证了蒙古族茁壮成长的青葱岁月。呼伦湖和贝尔湖镶嵌在西旗的南北，蒙语为雌雄水獭之意，如今水獭们躲入了旅行者难以进入的保护区，但它们赋予了呼伦贝尔的乳名。

## 景点

### 巴尔虎博物馆 博物馆

（见117页地图；旗政府西侧；免费；⏱周二至周五 9:00~11:00，15:00~17:00，周末10:00~14:00）博物馆门口的醒目位置放着成吉思汗的骑马像，大厅里高悬着成吉思汗箴言——这是呼伦贝尔草原无法忽视的重要主题。1732~1734年，蒙古族中历史最为悠久的巴尔虎部落在两次大规模迁徙中进入了今天的巴尔虎草原，并从此在这片水草丰美的土地上由狩猎走向畜牧的生产方式。一楼和二楼的展厅围绕着巴尔虎人的祖先传说、经济生产、宗教信仰等方面介绍巴尔虎的历史，值得注意的展品包括复杂的蒙医手术工具和精美的马头琴。地下一层为通史展厅“克鲁伦河的诉说”，展现了从石器时代的扎赉诺尔人到抗日战争时期的历史全景，而成吉思汗的一生无疑仍是这部长剧的高潮所在。单独列出的“草原牧歌”展厅介绍了20世纪20年代的爱情故事如何从《乌胡尔图·辉腾》的民族旋律演变为响彻维也纳金色大厅的草原《牧歌》。

### 思歌腾博物馆 博物馆

（思歌腾广场南侧；免费；⏱周二至周五 8:30~12:00，14:30~17:30）规模不大的博物馆内按照地理范围分别介绍了东北、云南、新疆和内蒙古四个地区的知青历史。展品以图片和复原场景为主，也展示了一些知青的生产生活用品。在这里你可以了解到从“社会青年”到“知识青年”的十余种说法，在“老五届”“两挂两办”（厂校挂钩、队校挂钩、校办工厂、校办农场）这些早已远离我们生活的政治语汇中，还能重温那个时代热忱又写满悲辛的生活。

### 达西朋斯格庙 寺庙

（见117页地图；西旗东面10公里）当地人称西庙，清同治六年（1867年）始建，为一座藏传佛教格鲁派的庙宇。规模在西旗堪称翘楚，但建筑多在“文革”期间被毁，只剩一座主殿，如今的大部分建筑为2010年后围绕老殿重建的。每年农历三月二十二的“桑吉德莫洛姆”法会和农历六月初十的“六月份”法会都会延续5天。从街里包车往返西庙需40~50元，西庙往东约8公里即为呼伦湖畔。

### 宝格德乌拉 山

（见117页地图；西旗东南45公里）这是巴尔虎草原上的神山，平日里只有这片草原上最大的敖包在海拔922米的山顶静立。每年两次的盛大祭祀活动可以上溯至巴尔虎人“初来乍到”的1738年。男人们登山祭祀、女人们在山脚转山的传统延续至今，哪怕在平日，我们也不建议女性旅行者登山挑战这一风俗，但在主峰西侧有一个专门供女性祭祀的小敖包。山脚有木质栈道通向山顶，主峰的祭祀品仅限柳条、哈达和纸符，牛奶、酒和糖果被严禁携带登上主峰。从西旗街里包车往返需要150元，每年祭祀期间可以拼车往返（单程40元，往返80元）。

值得一游

## 呼伦贝尔，你的名字

呼伦贝尔的名字源于境内的两个湖泊，呼伦湖和贝尔湖如同草原的一双明眸，千百年来注视着北方草原上的少数民族茁壮成长，又一次次目送他们挥鞭南下，直指中原。这里是马背民族的母亲湖，也始终是旅行者们无法割舍的执念。

呼伦湖是中国北方最大的淡水湖，当地人仍更习惯使用延续了数百年的旧名"达赉湖"。在它的南面，克鲁伦河流经壮阔的蒙古高原后汇入，西面则通过乌尔逊河与贝尔湖相连，北面流出的达兰鄂罗木河哺育了距今11,000年的扎赉诺尔人，在接纳海拉尔河后汇入额尔古纳河，最终奔腾成为黑龙江。呼伦湖湖畔已经开发了**小河口**（见129页）、**金海岸**（见117页地图）等景区。近年来，西旗执行了严格的环保政策，金海岸景区摘牌，本书调研时，旅行者可以自由穿过曾经的景区大门直抵湖岸。从满洲里开往西旗的班车途经景区路口，从路口到湖岸还有6公里。从路口继续向南约6公里，203省道东侧的8个蒙古包就是**双骏牧户游**（☎136 9470 4664），主人乌斯日乐图的父母已经在蒙古包中生活了42年，这里是西旗仅有的三户还在用传统工艺制作酸马奶（30元/瓶）的人家之一。夏天时，这里的蒙古包可以提供住宿（200元），夜晚闪耀的银河会弥补不能洗澡的缺憾。从这里还能骑马前往呼伦湖畔（200元，约2小时）。从西旗街里包车游览双骏牧户游、金海岸、西庙的顺时针环线约需200元，半天即能游完；包车单独往返金海岸约需150元。

位于中蒙边境的贝尔湖更加难以到达，不过生态环境由此更少遭到破坏。从西旗和东旗都有班车前往贝尔苏木，但距离湖岸还有最后的17公里，想要在苏木打车全靠运气。东旗距离贝尔湖更近，包车价格视当天边防是否允许抄近路而有所不同（200~300元不等）。贝尔湖畔有一处颇有特色的**集装箱酒店**（☎150 0470 9595；标双 188元起），标准酒店配置，推窗即是湖景，每年只在7~8月间开放。

## 节日

宝德格乌拉每年有两次大型的祭祀神山活动：农历五月十三规模较小，专属于西旗的牧民；农历七月初三声势浩大，牧业四旗的人们都聚集于此，届时停车将十分困难。祭祀期间会有搏克比赛和文艺演出，神山下也提供餐饮和住宿。2017年起，山下有免费的摆渡车可以往返朝圣的出入口。

## 食宿

镇上的食宿地集中在乌兰诺尔步行街和白音乌拉路上。7~8月间普通旅馆的标间也在200元以上，街里靠谱的酒店不多，尽量提前预订。不要错过纯正的羊肉和奶制品，像一个当地人那样"冬天吃红食，夏天吃白食"，这是巴尔虎的骄傲。

### 万濠商务宾馆　酒店 ¥

（☎640 2898；布尔敦路中国移动对面；标间 旺季/淡季 300元起/148元；❄📶🅿）在酒店整体都偏老旧的西旗，这家2016年开业的酒店显得非常现代。客房设施很新，卫生状况也不错，但入住前一定要先看房，部分房间有卫生间反味的问题。房间数量不多，服务态度也相当冷淡。酒店提供免费的地下停车场。

### 先达快捷宾馆　酒店 ¥¥

（☎640 3999；乌兰诺尔步行街计经局北侧；标间 旺季/淡季 300元起/150元；❄📶🅿）地理位置很好，步行两分钟的范围内有餐馆、小超市、书店和银行。酒店的客房干净明亮，空间堪称巨大，以至于你很容易怀疑这里的空调是否给力。最便宜的普间（100元）只有公共卫生间，没有淋浴。大堂位于三楼，没有电梯可达，行李多的时候不太方便。

### ★ 铭扬鑫利火锅　火锅 ¥¥

（☎392 0444；白音乌拉路盛世家园4号楼；人均 70元；⏲10:00~22:00）当地人十分喜爱的火锅店，可以品尝到正宗的巴尔虎羊肉。每人一口小锅（锅底6~10元不等），本地牛胸口（38元）和装在小木桶里的羔羊大片肉（38元）都值得尝试，分量不小。牛肉的脂肪部分烫熟后呈现淡黄色，这是本地人判断肉质好坏的重要指标。一楼大厅模仿蒙古包划分就餐区，二楼的包间环境也很好。

**苏叶餐厅** 蒙餐 ¥

（☎188 4703 3373；白音乌拉路世纪家园3号楼；人均 35元；⏲6:00~21:00）早餐时段，当地人习惯按斤买这里的布里亚特包子（65元/斤）和蒙古馅饼（70元/斤）。如果你只有一个人，也可以按照自己的食量称重购买。这里的蒙餐、炒菜都分大小份，人少时也不必担心。餐厅装饰兼具蒙藏风格，很有当地特色。

**宫廷小厨** 东北菜 ¥

（☎150 4701 3731；乌兰诺尔路；人均 40元；⏲9:00~22:00）怀念米饭的你可以在这里找到熟悉的东北菜，就餐环境对不起“宫廷”的名字，但锅包肉（30元）的品相相当不错。

## 实用信息

**中国邮政**（周一至周五 8:30~16:40，周末 9:00~15:30）位于克尔伦大街和白音乌拉路路口，西面300米处即为中国农业银行，有24小时ATM。

## 到达和离开

**右旗客运站**（☎640 2762）位于城北的贝尔大街和布尔敦路路口东北，每天有前往满洲里（7:00~17:00，每小时1班；36元；2小时）、东旗（9:00；34元；2小时）、海拉尔（8:00、9:30、11:30、13:00；63元；4小时；北线途经满洲里，南线途经东旗）、乌兰浩特（8:30；160元；9小时；途经阿尔山）的班车。

## 当地交通

右旗街里没有公共交通，城内打车基本超不出6元起步价。前往各个乡镇苏木的班车停靠在城南的蒙医院（确巴拉森大街）附近，可前往贝尔苏木（☎151 4924 6577；14:00；35元；2.5小时），返回西旗的时间为次日8:00。

# 满洲里

20世纪初，俄国人修建的中东铁路途经后贝加尔斯克进入中国，他们将进入“满洲”的首站命名为“满洲里亚”，这座城市因此得名。在过去的一个世纪中，满洲里曾为中国革命源源不断地输送政治舞台上的重要人物，曾经的边陲小城如今已发展为中国最大的陆运口岸。“亚洲之窗”赋予它充满国际化的现代气息，俄罗斯人成群结队来此扫货，就连国门的气势也与一百年前截然不同。

对中国旅行者而言，这里仍然是体验异国情调的文化飞地。各种洋葱头尖顶的建筑直白地传递着欧亚大陆桥带来的俄罗斯风尚，而仅仅离开城市几分钟，你就会投入巴尔虎草原无边的盎然生机中。夜色降临之后，满洲里化身为一座金色的童话世界，如果赶上游人稀少的淡季，你可以在街头独自享用这场灯光盛宴。

## 方位

滨洲铁路线横贯市区，其南面是满洲里的老城，这里仍然集中着大量精美的俄式木刻楞和典雅的近代西洋建筑，尘土飞扬的街道却与其他北方小城并无二致。而一旦跨越了铁路桥，北面的新城区完全展现出一副“洋”派头，五道街是主干道，连通市区和国门景区，中苏街附近集中了最好的酒店和餐厅。

## 景点

**国门景区** □岸

（☎622 9068；门票 80元；⏲8:30~18:00）围绕着国门发展出的这处景区是大多数旅行者来到满洲里的必游之地，也是中俄边境线上最热闹的所在。进入景区大门后，左侧的火车头广场上展示有“满洲里号”火车头；一旁的安-26运输机曾参与了1988年的大兴安岭灭火和1998年的松花江抗洪，2011年由解放军总装备部赠送后陈列于此。大门右侧的飞机广场上陈列的是歼-6战斗机，纪念朝鲜战争期间满洲里人民向志愿军捐赠飞机的历史。

红色展览馆是在原中苏（中俄）会谈会晤室的旧址上改建而来的。1975~1998年间，满洲里与后贝加尔的军方在这处会晤室进行会谈工作。在会晤高峰的20世纪80年代初，提出会晤的一方升一面红旗、紧急会晤升两面红旗，这一传统直到1990年才被电话取代。

在途经和平广场后，可以先绕行至国门

## 满洲里城区

背后参观2014年重立的41号界碑，再登上国门远眺俄罗斯的国土。现在的国门是2008年所建的第五代国门，在横跨铁路的展厅内你可以直观感受到中俄国门的对比。前四代国门的模型在新国门的出口处，对面的白色建筑为中共六大纪念馆。1928年在莫斯科近郊召开中共六大，包括周恩来、李立三在内的大多数代表都由满洲里出境前往与会，纪念馆原样复制了会址所在的“银色别墅”，地下一层的展厅中还陈列了很多珍贵的中东铁路老照片。

景区出口处的中俄互市贸易区物价令人望而却步，没有必要在这里购买俄罗斯特产。

从市区乘坐6路、10路公交可到国门，返回市区的末班车为17:35。

### 套娃景区　游乐园

（门票 7月1日至8月25日 148元，其余时段98元；⏲9:00~18:00）从市区前往国门或机场的路上都会经过这处造型夸张的俄罗斯风格建筑群，彩色的洋葱尖顶和巨大的套娃是这里最醒目的标志。景区内部可以游览的内容不多，大多数建筑物内都是千篇一律的纪念品商店，如果你不愿意再额外花钱去体验俄罗斯马戏（148~498元）或俄蒙演艺西餐（138~298元），在景区门口停留拍照是最具性价比的参观方式。

从市区乘坐6路、10路公交可到套娃景区。

### 沙俄监狱旧址　历史建筑

（见124页地图；☎136 8470 0442；天桥路西侧；免费；⏲9:00~11:30，14:30~16:30）这栋全由石头建成的房子是沙俄在中东铁路建成后修建的附属建筑，成为沙俄在满洲里的利益代表。建筑有地上两层、地下一层，一楼为警

## 满洲里城区


◎ 景点

1 北湖公园 ...... C2
2 满洲里市博物馆 ...... B4
3 沙俄监狱旧址 ...... A4
4 苏联红军烈士陵园 ...... B3

住宿

5 安加尔青年旅舍 ...... A2
6 丰泽源旅店 ...... A3
7 豪格商务宾馆 ...... B3
8 满洲里饭店 ...... B2
9 维多利亚酒店 ...... B3

就餐

10 草原饭店 ...... C2
11 花坊烤肉 ...... B3
12 卢布里西餐厅 ...... A2
13 蒙祥原烤肉 ...... A2

实用信息

14 工商银行 ...... C3
15 华康第一大药房 ...... B2
16 农业银行 ...... B2
17 满洲里中国国际旅行社 ...... B2
18 中国邮政 ...... B2

交通

19 满洲里火车站 ...... B3


卫室和牢房；二楼为监狱长、警员的生活区，还设有一处庞大的审判厅；地下室有些阴森恐怖，是曾经的刑讯室和重犯牢房，角落里的忏悔室见证了当年沙俄监狱利用宗教来蒙蔽人心的惯用手段。院内还设有一处中东铁路展览馆，只在游人多时开放。

从市区乘坐3路、10路公交至白房商店下，向南约100米即是。

### 满洲里市博物馆 博物馆

（见124页地图；南三道街站前路口，中东铁路技工学校旧址）这栋黄墙绿顶的建筑无疑是满洲里现存最气派的老洋房，始建于1903年，起初作为中东铁路技工学校，在日本侵略时期变身为日本铁路警护团驻地，1949年后用途多有变迁，从铁路局、医院、市政府到博物馆，其“人生阅历”可谓丰富。博物馆内辟有历史、自然、民俗等多个展厅，2019年经过更新改造后，重新对外开放。

从市区乘坐3路、10路公交至火车站下，向南一个路口即是。

### 苏联红军烈士陵园 纪念碑

（见124页地图；北一道街）1945年8月8日，苏联对日本宣战。次日，苏联红军由满洲里进入中国，凌晨时分满洲里解放。为了纪念在解放满洲里的战役中牺牲的56名苏联红军，市政府在北区一道街的东首修建了这处烈士陵园。陵园南面有一排木刻楞，都已开发为各式餐厅。

公交1路、3路、7路、10路均停靠烈士公园站。

### 北湖公园 公园

（见124页地图；北六道街）白天时这里其貌不扬，但暮色降临之后，眼前的这泊湖水便成为满洲里的化妆镜。夜间所有的建筑都亮起金色的灯光，倒影中的夜景更多了一种迷幻之美。北湖沿湖铺有栈道，北面还有一座新建的满洲里亚公园，修建了一些俄式风格建筑，大片草地如同一处袖珍草原。从北方市场公交站步行到湖边只需要5分钟。

## 节日

每年12月，满洲里中俄蒙国际冰雪节在一片晶莹的童话世界里拉开帷幕，堪称一场赏心悦目的文化盛宴。冰雪节举办已有十多年的历史，除了传统的冰雕、雪雕、滑雪等活动，三国选美大赛是一大亮点。

## 住宿

哪怕是在以“房价海啸”闻名的呼伦贝尔，满洲里在旺季时的疯狂涨价仍让人咋舌，大多数商家指望着全年只做7月、8月的生意，但也因此成就了淡季时的极高性价比。中苏街上集中了各种类型的酒店，从上千元一晚的老字号到不过百元的木刻楞，房价随时依据客流的多少而波动。

### ★满洲里饭店 酒店 ¥¥¥

（见124页地图；☎621 7555；中苏街141号；标双 旺季/淡季 1280元/300元；❄📶🅿）酒店的前身是1904年俄国人建立的尼基金旅馆，但原来的建筑已经被新建的酒店大楼取代。客房内的设施非常现代，装饰细节中又保留

## 步行游览 百年满洲里

**起点:** 满洲里饭店
**终点:** 花坊烤肉
**距离:** 约3.3公里
**需时:** 2.5小时（含参观时间）

从有着百年历史的❶**满洲里饭店**开始，沿着曾经的博士大街（今中苏路）一路向南，途经开设在木刻楞内的❷**吉祥旅馆**和❸**丰泽源旅店**，就能见到一座❹**周恩来纪念铜像**。朝鲜战争期间，为了保障顺利转运苏联援助物资，周恩来亲自批准修建了铜像广场南面的❺**人行天桥**。穿越天桥后即进入风貌质朴的南区，沿天桥路向南约400米，是高墙铁丝网之内的❻**沙俄监狱旧址**，不要错过阴森的地牢和附设的中东铁路陈列馆。继续沿南三道街向东步行约300米是满洲里保存最好的近代建筑❼**中东铁路技工学校旧址**，现已被辟为满洲里市博物馆。博物馆的马路对面，在荒地树丛背后即是已经废弃的❽**谢拉菲姆教堂**，颇具苍凉之感。教堂的北侧即是❾**满洲里俱乐部**，沿着❿**南二道街**一路向东，马路北面保存有大量的俄式木刻楞建筑，但多数已经废弃，也有一些改建为棋牌室和茶舍。至立交桥南路后左转，一路向北上⓫**立交桥**，这里可以俯瞰繁忙的满洲里火车站，也是欣赏城市落日的绝佳地点。过立交桥后，从桥面西侧的人行道重新下穿到满洲里的北区，北一道街的北面即是⓬**苏联红军烈士陵园**，南面有一排装饰一新的木刻楞，可以在这里的⓭**花坊烤肉**饱餐一顿。

不少俄式的复古情怀。无论是在全城酒店漫天要价的旺季，还是经历了9月初的房价跳水之后，这家老字号都很有性价比。家庭套房附带一个典雅的起居室，窗外即是繁华的中苏街。

### 豪格商务宾馆

酒店 ¥¥

(见124页地图；☎628 8999；海关路8号；标双 旺季/淡季 500元起/128元；❄📶P)这家新装修的酒店内部设施比期待的更好，淋浴间的设计担得起“豪华间”的称号。有部分标间只有临近走廊的内窗，但价格会便宜100元(仅限旺季)。酒店对面是卢布里西餐厅的江南分店，酒店提供免费的地下停车位。

### 安加尔青年旅舍

青年旅舍 ¥

(见124页地图；☎622 2863；满购中心南门对面；铺 旺季/淡季 58元/35元；📶)紧邻满购中心的地理位置加上氛围舒适的公共空间，这里不愧是满洲里最受欢迎的青年旅舍，但多人间的设备已稍显老化。楼下的纪念品商店售卖制作精巧的套娃，价格很有诱惑力。

### 丰泽源旅店

旅馆 ¥

(见124页地图；☎225 4099；中苏路；标双 旺季/淡季 200元起/118元；📶P)在北面不远处的吉祥旅馆歇业之后，如果还想获得在木刻楞中的居住体验，这里便是满洲里为数不多的选择之一。客房面积不大，没有空调，好在卫生状况不错，走廊内还展示有不少满洲里老照片。旅店距离滨洲铁路不远，需要学会伴着火车鸣笛入眠。

### 维多利亚酒店

酒店 ¥¥

(见124页地图；☎391 9999；二道街116号；标双 旺季/淡季 688元起/168元；❄📶P)酒店位于中苏街上醒目的高楼内，标间分为普通标间和俄式标间，旺季时后者的价格高出200元，但其实只是占据更高的楼层、装修稍显异国风情而已，性价比并不高。

## 就餐

满洲里的“特产”自然以俄餐为首，如果人多，也可以尝试这里经典的烤肉与火锅。

### ★卢布里西餐厅

俄餐 ¥¥

(见124页地图；☎623 1378；三道街华都宾馆楼下；人均 80元；⏲8:00~23:00)市内“最受欢迎的餐厅”绝不是浪得虚名，雅致的餐厅内装饰着华丽的吊灯，气氛恰到好处，服务员亲切热情。菜品从前菜、沙拉、甜汤、主菜到点心、红酒一应俱全。招牌土豆片(35元)是一道慢菜，往往需要一些时间等待。乌兹别克抓饭(39元)里混合了蓝莓、胡萝卜、孜然和整瓣大蒜，羊排的味道相当纯正。奶酪包(24元)是芝士爱好者必点，切开后温热的芝士缓缓流出，长长的拉丝更为诱人。最受欢迎的饮品是格瓦斯(15元)，能将你从炎炎夏日中拯救出来。



**另辟蹊径**

### 带上护照，跨越边境

抵达满洲里，意味着你与俄罗斯已经咫尺之遥。满洲里的众多旅行社都能提供俄罗斯一日游，你可以花费最短的时间打卡这个世界上最辽阔的国度。一日游的行程通常从满洲里公路口岸出境，在国境线对岸的后贝加尔斯克换乘旅游车前往红石市(140公里，2.5小时)，沿途即是西伯利亚的自然风光。赤塔州境内的红石是一座因铀矿而兴起的资源城市，铀矿的特殊性使这里曾长期处于保密状态，近年才对外开放。在经历了漫长的通关和交通之后，市内旅行往往只包含东正教堂、巴克洛夫广场和阿富汗纪念碑等几个景点，但并不会缺少前往国有商场这种例行项目。

报名参团只需要提前一天提供护照即可，忘记携带护照则需要委托旅行社办理临时旅游护照(205元)。淡季时，一日游的报价约为450元，而且往往因为游客人数太少而无法每日成团。但在7~8月，你可以享用整段旅途中唯一的旺季价格优势——越多团客，越低价格，那时的报价可以低至350元。

### 花坊烤肉

烤肉 ¥¥

（见124页地图；☎621 7775；一道街木刻楞1号；人均 50元；⏰9:00~23:00）最大的亮点在于你有机会走进一座真正的俄式木刻楞内，店内仍然保留着原汁原味的木刻楞装饰。各式五花肉、牛肉28元起，可以请服务员帮忙烤制。独自就餐时不妨尝试这里的石锅拌饭（20元）和海鲜葱饼（26元）。

### 蒙祥原烤肉

烤肉 ¥¥

（见124页地图；☎622 0989；五道街文明路口；人均 50元；⏰10:00至次日2:00）一家经营了二十多年的老字号，已经把分店开向了扎区和海拉尔。哪怕是独自旅行者也可以在这里点上一份调味烤肉（48元），再要上几个羊肉串（3元/串）。单吃烤肉口味偏咸，可以要求少放调料。

### 草原饭店

火锅 ¥¥

（见124页地图；☎622 3666；五道街政北小区3号楼；人均 80元；⏰10:00~22:30）哪怕是在淡季，这里的门庭若市也让人仿佛回到满洲里的夏天。双层铜锅是这里的特色，鲜羊肉（40元）颇受欢迎，满满一架子的调料和水果按人数收费（5元/人）。强烈建议就餐前致电预约。

## 实用信息

位于三道街的**工商银行**（见124页地图；⏰8:30~12:00, 14:30~17:30，周末休息）和位于五道街的**农业银行**（见124页地图；⏰8:30~17:30）都有24小时ATM。**中国邮政**（见124页地图；海关路和四道街交叉路口；⏰8:30~17:30）可办理各种邮政业务。**华康第一大药房**（见124页地图；四道街；⏰7:30~23:30）是满洲里最大的药店；就医可前往**满洲里第一医院**（建设路）。

### 旅行社

**满洲里中国国际旅行社**（见124页地图；☎623 3060；二道街国际饭店）组织前往俄罗斯的跨境一日游（见127页方框），也有国门、扎赉诺尔博物馆、猛犸公园一日游（240元）和黑山头、根河湿地二日游（850元）。

## 到达和离开

### 飞机

**满洲里西郊国际机场**（☎624 6114）位于市区西南约10公里，有飞往北京、上海、呼和浩特、杭州等地的国内航班。每周四、周日还有飞往俄罗斯伊尔库茨克的直飞航班。

### 长途汽车

**满洲里口岸国际客运站**（☎621 0455）位于城西，有较频繁的车次发往海拉尔与西旗，如果已有俄罗斯签证，也可以在这里乘坐前往后贝加尔斯克的国际大巴。

### 火车

**满洲里火车站**（见124页地图）是滨洲铁路的尽头，位于南一道街，有始发前往北京、呼和浩特、海拉尔、哈尔滨、大连、绥芬河的列车。

## 当地交通

### 抵离机场

机场大巴途经万达广场、北方市场和市政广场，配合航班时刻表发车，票价15元。在机场拼车前往市区约需20元/人，打车30~50元。

### 满洲里口岸国际客运站车次时刻表

| 站点 | 发车时间/班次 | 票价（元） | 行程（小时） | 备注 |
| --- | --- | --- | --- | --- |
| 海拉尔 | 7:00~17:30，30分钟至1小时1班 | 37 | 3 | |
| 阿拉坦额莫勒镇（西旗） | 7:00~17:00，1小时1班 | 36 | 2 | |
| 拉布大林（额尔古纳） | 8:00, 13:30 | 73 | 4 | |
| 乌兰浩特 | 6:50 | 185 | 10 | 途经东旗、阿尔山 |
| 后贝加尔斯克（俄罗斯） | 1:30, 7:50, 8:20, 9:00, 10:00, 10:30, 11:00, 13:00, 13:30, 20:00 | 92 | 1 | |

### 公交车

公交车的运营时间一般为6:30~18:00，市内公交票价1元。大多数公交线路都经停北方市场，这里有公交6路前往套娃广场和国门景区（1.5元）、10路前往火车站、1路前往扎赉诺尔区（4元）。

### 出租车

满洲里出租车起步价7元，2公里后每公里1.8元，市内打车通常10元内就能搞定。

## 扎赉诺尔

“扎赉诺尔”是呼伦湖的蒙语乳名，这里自然有着与呼伦湖亲密接触的最佳机会。当地人自称为“扎区”，最美的风景都在城区周边不远的草原上。

### 景点

#### 扎赉诺尔博物馆　博物馆

（新政街；免费；⏲9:00~12:00，13:00~16:30，周一闭馆）这座颇有现代科技感的银色建筑在草原和湖水的中间，与天空互相辉映。最值得一看的是一层的扎赉诺尔历史展厅，介绍了从蘑菇山人到辽金元三朝霸业的历史，距今三万多年的“亚洲第一象”（猛犸象）就是在扎区的露天煤矿中发现的，展厅内陈列着它的复制品（原件位于内蒙古博物院）。扎区最重要的考古发现当推距今11,000年的“扎赉诺尔人”，从1933年起考古学家在达兰鄂罗木河畔的露天煤矿中不断发现古人类化石，迄今发现的头骨化石已有16颗，这被认为是中国北方草原文明的源头。在展厅内你可以看到扎赉诺尔人的复原像和他们使用的石器工具。

二层的呼伦湖展厅展出了这片区域珍贵的动植物标本。地下一层是一处生动的模拟矿井，你可以在黑暗的巷道内穿行，了解从原始的开采手段一路走向现代化的大型机械的过程。

在满洲里的北方市场乘坐1路公交至新区路口站，沿着新政街向东步行约600米即到。

#### 猛犸公园　公园

（海满公路东侧）这个新建的公园就在扎区博物馆的南面。从博物馆停车场南面的入口进入，沿着金龙湖岸边的小路一路往南，便可以看见高达十层的观景台，徒步登楼免费。顶层的风景确实不错，天气晴好时，四面景致让人心旷神怡，草原上的风力发电机是一道独特的风景。公园西面临近国道处有一组猛犸象群的雕塑，你可以在这里合影留念证明自己确实到过扎赉诺尔。公园内有卡丁车、摩天轮、过山车等收费游乐项目，也可以花15元乘坐观光车环游公园。但只要8月一过，这些设施便立刻进入冬眠状态。

#### 达赉湖小河口　湖泊

（见117页地图；呼伦湖北岸）达赉湖是当地人对呼伦湖的昵称，意为“像海一样的湖泊”。如果想要一睹湖泊风采，北岸是最容易实现的线路。沿着通湖路一路向南，两旁的村镇逐渐消失，草原夹道欢迎远道而来的你。小河口景区门票已经涨到了40元，这里迎接的多是团客，散客只有在额外支付100元游船费用之后才能感受到门票的价值。好在数百公里长的湖岸不可能全都设卡收费，熟门熟路的当地司机会把你直接带往景区西边的免费观景台。在穿越一段还算平整的土路后，这座中国北方最大的淡水湖在阳光下闪耀出迷人的宝石蓝色。冬季时湖面结冰，这里成为“中国北方最大的一块冰”，当地人会驾驶汽车到湖心，在快速行驶中体验冰面漂移，但出于安全考虑，我们不建议旅行者这么做。

从满洲里市区包车前往达赉湖要200元，旺季时上涨到300元。更便宜的方式是在北方市场乘坐1路公交（4元）至终点站扎区，换乘20路公交（1元）至终点站灵泉电厂，再从这里包车走完最后的8公里（单程30元，往返50元）。20路返回扎区的末班车是17:20。

#### 扎赉诺尔国家矿山公园　矿山公园

（扎区以东约5公里）从扎区出发，经过灵露煤矿长达300米不重样的安全标语墙之后，便是国家矿山公园的正门。扎区最重要的几大符号：猛犸象、扎赉诺尔人、煤矿全都与这里有关。公园大门处立有一块1902纪念碑，背后的观景台上能看到巨大的矿坑全景。1980年，在这处煤矿中先后发现了两具猛犸象化石，其中的2号化石完整度（下接内容136页）

1

3

视觉中国 提供

**1. 巴丹吉林沙漠**
在蓝色海子的倒影中寻找屹立的金色沙峰，这是沙漠版的喜马拉雅。

**2. 胡杨林**
以“三千年”作为计数单位的胡杨林在每年秋季金黄饱和度达到极致，年复一年上演着沙漠之中的生命奇迹。

**3. 察哈尔火山**
鸟瞰壮观的察哈尔火山群，这是晚更新世和全新世的地球日记。

2

视觉中国 提供

1

视觉中国 提供

2

4

视觉中国 提供

视觉中国 提供

视觉中国 提供

**1. 大兴安岭秋色**
行进在漫天飞舞的金色树叶中，落叶松、白桦和樟子松点缀出油画大师的色彩晕染与明暗对比，上帝在这里打翻了调色盘。

**2. 草原河曲**
平坦的地势造就了“天下第一曲水”，在落日时分登上高处，波光粼粼的莫日格勒河是献给草原的金色哈达。

**3. 老牛湾**
在明长城的守卫下，黄河扎进了黄土高原，却恢复了青藏高原上的清澈幽蓝。

**4. 草原牧歌**
牛羊成群的锡林郭勒草原，不只在火锅店的餐桌上，也在碧蓝的天空下。

1

2

苏德夫 摄

3

苏德夫 摄

**1. 草原的星空**

终于远离了城市的光污染，在银河的俯视下搓着双手哈着气，等候一张完美的星轨。

**2. 3. 4. 那达慕**

草原上每年的盛事，欣赏骑马、射箭、搏克（摔跤）这“男儿三艺”，与蒙古族同胞一起，为这鲜活而热烈的传统欢呼。

4

苏德夫 摄

(上接内容129页)高达70%，堪称亚洲之最。但距今三万年的猛犸象也只是小年轻，这里最古老的地层剖面可以上溯到侏罗纪。

公园仍在建设之中，工期还需要2~3年，目前能参观的部分只有大门处的观景平台。公交21路途经矿山公园大门，约30分钟1班。从扎区打车前往矿山公园需要10~20元。

## 食宿

一般而言无须在扎区住宿，从满洲里出发可以方便地一日往返。**扎赉诺尔商务宾馆**（☎652 8005；站前街；标双 旺季/淡季 200元起/120元；❄📶P）地段不错，正对着扎赉诺尔西站，楼下就是1路公交站，4楼的客房重新装修后还算不错，走廊尽头的1号房格外宽敞，房价却是一样的。同在人民路的**锦尚宾馆**（☎652 7711；恒泰商贸城A区；标双 旺季/淡季 300元起/120元；❄📶P）干净卫生，也是不错的选择。餐饮集中在人民路，矿区的公交终点站附近也有较多餐馆。

## 到达和离开

### 长途汽车

**扎赉诺尔长途汽车站**（☎655 3935；世纪大街）有前往海拉尔的班车（首班7:30，8:00~18:00每小时1班；37元；2.5小时）。

### 火车

**扎赉诺尔西站**位于城区中心，每天经停的班次不多，有火车前往满洲里与海拉尔。

## 当地交通

### 公交车

1路公交连接起满洲里市区和扎区阜城街停车场，返回满洲里的末班车为19:28（冬季19:18）。对旅行者而言最有用的20路公交串联起猛犸公园、扎赉诺尔博物馆和距离达赉湖只有8公里的灵泉电厂。公交票价为阶梯制，过了分段站点后售票员会统一补收阶梯票价。

### 出租车

出租车起步价7元，但去往景区往往需要议价。好在打车软件已经进驻，在城区周边使用非常便利且划算。

# 额尔古纳

在地图上，狭长的额尔古纳如同呼伦贝尔的智利，沿着迟子建笔下的额尔古纳河右岸一路向北，草原、湿地、森林次第呈现，在秋天穿越额尔古纳无疑是一场视觉盛宴。这里是蒙古族的起源之地，“蒙兀室韦”正是从这里出发，前往南面呼伦湖畔的草原，并最终驰骋于欧亚大陆。一百多年前，淘金热潮带来了俄罗斯的移民，他们世代生活于此，再也不曾离开。

## 拉布大林

年轻的拉布大林是前往额尔古纳各个特色小镇必经的十字路口，早市开启充满活力的一天，哈撒尔广场则不缺少热闹的夜生活。做好充足的准备，然后一路向北去探索壮阔的大兴安岭。

## 景点

### ★额尔古纳湿地　　湿地

（见137页地图；拉布大林西北郊；门票 5月16日至9月15日 65元，其他时段 20元；⏲7:00~18:30）“亚洲第一湿地”的称号显得有些太不谦虚，但这里确实拥有不容错过的湿地景观。根河从拉布大林的北面蜿蜒而过，这处与城市零距离的秀美湿地免除了游客的跋涉之苦，也是全国罕见的高纬度、多生态系统交错地带。

景区大门处的电瓶车（15元）可以把游客直接送到山顶的游客服务中心，如果选择步行，距离也并不远。从游客服务中心开始，你可以沿着小路登上观景平台，在这里一览景区内的几大标志景点：从西往东依次分布着曲线近乎完美的$湾，小巧精致、有如坠饰的马蹄岛和需要花费一些想象力才能辨识出的同心岛。从平台一侧的栈道向下步行，虽然不能真正地亲近湿地，但在穿越白桦林后，你将获得一个新的视野。沿着这条栈道可以回到游客中心，也可以直达半山处的**湿地博物馆**（⏲8:00~17:30），博物馆以图文资料为主。在游客服务中心和博物馆门口都可以搭乘观光车回到景区大门。

从拉布大林汽车站向西步行约20分钟就

# 额尔古纳与根河

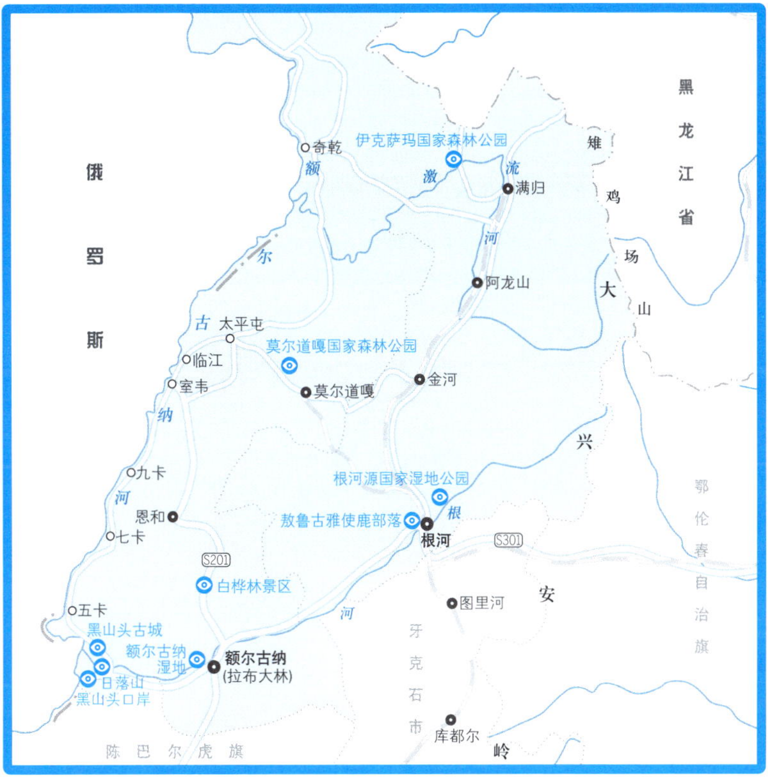


能到达湿地大门，正常打车需要6元，也有司机拒绝打表、要价10元。

## 住宿

无须担心在拉布大林的住宿，主街两旁密密麻麻开满了各色酒店，淡季时选择足够充裕，但旺季时疯涨的房价也令人咋舌。哈撒尔路南段的酒店多为新开，价格也比镇中心的便宜一截。

### 北纬五十度青年旅舍 青年旅舍 ¥

（☎181 4702 3222；天骄家园2号楼三层；铺旺季/淡季 70元/25元；Wi-Fi P）位于哈撒尔路北段的小区内，虽然离镇中心稍远，但周边的餐饮、银行配套都不缺。客房设施简单，卫生间和淋浴间都打扫得相当干净，公共空间提供了实用的餐饮和交通信息。旺季时可以试着来这里拼车。

### 额尔古纳商务宾馆 快捷酒店 ¥

（☎682 0666；哈撒尔路64号；标双 旺季/淡季 300元起/118元；❄ Wi-Fi P）酒店正对着汽车站，客房是一贯的快捷风格，只是卫生间设备稍显简陋。旺季过后每天都有5间118元的特价房，往往比网站的价格更低。

### 古纳国际酒店 酒店 ¥¥

（☎178 0470 5006；哈撒尔广场对面；标双 旺季/淡季 500元起/240元；❄ @ Wi-Fi P）拉布大林难得的一处接近星级标准的现代酒店，房价水平可以从其突出的地理位置窥见一二。酒店大楼借鉴了俄罗斯风格的洋葱顶，夜间时灯光闪烁，在小镇上显得颇为奇幻。客房宽敞，但东侧客房正对着热闹的哈撒尔广场，广场舞的热情会夺走你期待的宁静夜晚。

不要错过

## 等着我，在那片白桦林

白桦树是大兴安岭的主要树种，位于拉布大林北侧约40公里的**白桦林景区**（见137页地图；门票 55元，观光车 15元；⏲7~8月 8:00~20:00，5~6月、9月及国庆假期 8:00~18:00，其他月份不开放；提前1小时停止售票）是最好的白桦观景点之一，这片原始次生林被打造成了"中国北方爱之朝圣地"。

白桦本身有着强烈的文化意义。人类使用白桦来制作生产工具的历史已经超过三千年，桦皮以其质地柔软、容易加工、不易透水等特质而成为各民族钟爱的生活资源。蒙古人的祖先室韦人对桦树极为偏爱，在隋唐时期的谢尔塔拉墓地中就曾发现桦木马鞍和桦树皮箭囊。刚从森林中走出的室韦人将利用桦树的习俗带向谢尔塔拉草原，白桦成为这一历史节点的见证者。达斡尔、鄂温克、鄂伦春这"三少民族"也擅长将桦树皮制作成精美且时尚的生活用品，但显然还没有人意识到民族智慧的商业价值，景区商店里找不到一件像样的纪念品。在海拉尔的呼伦贝尔民族博物院（见111页）中，你可以看到不少与白桦有关的珍贵文物。

景区观光车会将旅行者送达景区最深处的玫瑰门，然后可以一路回行至"白桦王子与公主"（白桦林景区里步行路段的终点），其间可以观赏驯鹿，还有一段空中栈道可以体验。最好的观景点位于摄影小径背后，沿着林间木栈道登上山顶需要20~30分钟。每年9月中旬前后，白桦总是先于兴安落叶松变黄，最好的观景窗口期不超过一个星期，一定要挑选晴天前来参观，阳光下的白桦是一首动人的交响曲。

前往白桦林可以乘坐拉布大林往返恩和、室韦的班车，从拉布大林或恩和出发到达白桦林的时间均为45分钟左右，由于班车车次较少，游览景区时提前计算好路过班车的时刻非常重要。从拉布大林包车往返白桦林需150元。



## 餐饮

从拉布大林深入额尔古纳的腹地，越往北物价越高，好好珍惜这座小镇提供的平价美食。

### ★铁山冷饮店 甜品 ¥

（☎682 1129；云杉路中段；人均 15元；⏲6:00~22:00）这处简约时尚的冷饮店是前往额尔古纳湿地途中最好的休憩站。华夫饼（7元）是不错的早餐，蛋卷冰激凌（4元）和酸奶（5元/盒）细腻润滑，不要错过蓝莓冰激凌（8元），奶味新鲜浓郁，带着纯正清香的野生蓝莓酱（50元/斤）还可以单买。最本地的吃法是学着像当地年轻人一样，加一个蛋卷（0.5元）倒扣在冰激凌上再掰成两半，比"第二个半价"更便宜。

### 晓慧馅饼砂锅 小吃 ¥

（☎138 4705 2670；汽车站对面；人均 20元；⏲7:30~20:15）在转车的仓促间隙中，可以来这里点一份热腾腾的牛肉饼（5元）和砂锅羊杂（18元），分量十足，味道也很不错。

### 八音可汗食府 蒙餐 ¥¥

（☎699 5555；百合路；人均 90元；⏲10:00~21:00）没有传统烧烤店里的烤炉，肥瘦相间的烤羊排（58元/斤）一般3斤起卖，两个人才能勉强吃完。烤羊腿（58元/斤）的受欢迎程度略低，需要提前预订。这里的炒菜分量足够大，一个人点单要谨慎。

### 刘季面包房 面包房 ¥

（☎682 6614；金鹊街；人均 10元；⏲7:00~18:00）不难在这里找到远道而来、动辄几箱起买的阔绰游客，俄罗斯族老板因此并不重视只买一两个列巴尝鲜的散客生意。带糖的列巴6.5元，类似加大版菠萝包，不带糖列巴10元，个头更大。口味根据中国市场改良，不再是原版列巴又硬又柴还略带酸涩的口感。每天出炉数量有限，早起的鸟儿才有列巴吃。

## 到达和离开

**拉布大林汽车站**（☎682 6434；哈撒尔路）有发往额尔古纳市内各个小镇及周边各城市的班车。

## 当地交通

"理论上"，拉布大林的2路公交前往湿地景区，但大多数时候等车全凭运气。出租车起步价6元，几乎可以到达城内各个地方。一些司机不愿打表，换辆车问问即可。

### 黑山头

这里是通往边防公路（4卡至9卡）的入口，在穿越大片开阔的草原之后，终于与温柔的河水、湿地相逢。看似平凡的小镇因为绝佳的湿地落日而声名鹊起，暮色降临之后，在"最黑的山头"等候最亮的星空。

## 景点

### 日落山　　观景点

（见137页地图；黑山头镇西面3公里）在新镇的西面可以看见两座并立的信号塔，塔的东北方向（右手边）即是日落山（由两座相连的山组成）。沿着新镇的301省道一路向西，在三岔路口处会看到一块指向哈撒尔古城的石头，沿着箭头所指的水泥路向西约1公里，在天顺园的路口处右拐，通往日落山的土路就在天顺园的北面。往来游览的汽车已经为你轧出了平坦的车辙，这条土路直通山顶，全程约1.2公里，徒步大约20分钟就能登顶。

日落山的东南即是黑山头新镇，在半山腰时便能一览无余。登顶的最后几十米稍显陡峭，但登上山顶之后，豁然开朗的景色足以慰藉旅途的乏累：草原、森林、湿地在这里交汇，日落山的草地从你的脚下陡然降落到远处的根河河畔，而河水的对岸是大片树林，蜿蜒曲折的河流成为草原和森林天然的分界线。山顶的"黑风"有时令人胆寒，多带一些衣物注意保暖。如果骑车游览日落山，下山时要始终把住手刹，看似平坦的土路随时能把车辆颠翻。

### 黑山头古城　　古迹

（见137页地图；古城子村）1206年，铁木真被拥为大汗，他把富饶的额尔古纳分封给功勋卓著的胞弟哈撒尔，因此这里也被称为哈撒尔古城。方形的外城墙大致保存完好，但瓮城、马面已经漫漶不清，城外浅浅的沟壑是当年的护城壕。外城南门处立有文物保护碑，西墙内侧保留有一处明显的圜丘形建筑基址。内城中有一处高台可以登临，可以眺望到北面不远处的敖包。

从黑山头新镇前往古城有大约13公里，从日落山下的904县道一路向北就能到达。在穿越根河上的公路桥时你可以下到河畔湿地短暂休憩，新桥的东面有一座废弃的铁桥，也是不错的摄影素材。本书调研时，904县道正在改造中，前7公里需要在新路路基和老路的尘土中不停切换，最后的6公里一马平川，古城就在笔直道路的转角处。由于道路难行，从黑山头包车往返古城需要100元，骑车需要60~90分钟。

### 黑山头口岸　　口岸

（见137页地图；黑山头镇西14公里；门票40元，游船100元）位于额尔古纳河畔的黑山头口岸与俄罗斯赤塔州的旧楚鲁海图伊口岸遥遥相对，但旅行者并不能通过这里出入境。进了大门正前方就是边防，左侧是2018年建成的免税交易大厅，但只有办理了边民证的本地人可以购物。不要试图前往边防大门，游览方向

### 拉布大林汽车站车次时刻表

| 站点 | 发车时间/班次 | 票价（元） | 行程（小时） | 备注 |
|---|---|---|---|---|
| 海拉尔 | 6:00~17:25（约30分钟1班） | 38 | 2 | |
| 满洲里 | 8:15，13:45 | 73 | 4 | 途经黑山头 |
| 根河 | 9:00，14:30 | 36 | 2 | |
| 黑山头 | 10:00，12:00，14:30 | 17（新镇），18（老镇） | 1 | |
| 恩和 | 12:10，14:30 | 27 | 1.5 | 途经白桦林 |
| 室韦 | 9:30，15:30 | 44 | 3.5 | 途经白桦林、恩和路口 |
| 莫尔道嘎 | 16:00 | 51 | 4 | |

是左拐下一条小路。景区内的视野并不开阔，游船昂贵且景致一般，如果你不是口岸爱好者，这里并不值得专程前往。

从黑山头包车往返需要50元，从拉布大林前往满洲里的班车会途经口岸路口。

## 食宿

黑山头的旅游业正在蓬勃发展，新镇的住宿条件远比老镇更好，有蒙古包、青旅可供选择。在新镇加油站对面有一排餐厅，从炒菜到蒙餐一应俱全。

### 黑山头青年旅舍 青年旅舍 ¥

（☎156 4806 1429；301省道派出所路口南700米；铺 旺季/淡季 60元/50元；📶）门口的招牌是七月青年旅舍，规模不大，缺少足够有趣的公共空间。房间内饰以木头为主，床位宽敞舒适，床品非常干净，卫生间内一尘不染。旅舍还有两个旺季也不涨价的蒙古包（240元）可提供住宿，卫生间在蒙古包的外面。住客可以免费借用旅舍的自行车。与牧场合作的骑马活动（200元，约1小时）会带游客穿越一些并不大众的线路，最终抵达湿地深处。旅舍只在每年5月后至国庆节期间开放。

### 哈日乌拉大酒店 酒店 ¥¥

（☎699 1666；黑山头加油站东侧；标双 旺季/淡季 700~800元/220元；❄📶🅿）这家2017年新开业的酒店迅速成为镇上的"豪华地标"，从明亮的大堂到宽敞的客房无不彰显着这里的星级标准。旺季时奇高的房价让人望而却步，进入9月后才重新展现出不错的性价比，前台的报价往往比网站便宜。

## 到达和离开

镇上的301省道有从黑山头前往拉布大林的班车（7:00、8:00、10:00；17元；1小时），满洲里往拉布大林的班车也会途经黑山头，路过的末班车约在16:40~17:00间。很多旅馆也提供前往拉布大林的拼车服务（20元/人）。

## 恩和

恩和是额尔古纳开发最好的小镇，不仅在于那些俄罗斯风情的木刻楞民宿，也在于商业氛围、传统文化和自然山水三者恰到好处的平衡。这个CCTV评选的"中国十佳魅力名镇"值得你放慢脚步，这里没有任何需要赶路的景点，哈乌尔河在小镇西面静静流淌，牛羊在河边的草地上慵懒地觅食，悠闲的生活是真正田园牧歌般的风情。四周的小山都是天然的观景点，天气晴好时，你会收获蓝色的天空、粉色的黄昏和璀璨的银河。

## 景点

### 俄罗斯民俗馆 博物馆

（☎150 4701 7364；恩和乡中心；免费；⏲8:00~18:00）民俗馆位于乡政府的背后，两栋展厅都在老房子的基础上改建而来。临街的一栋原来是乡政府的食堂，如今被辟为生活用品的陈列厅。靠里面的二层小楼是标本展室和生活场景的复原展厅，大厅内有一具驼鹿（脸长的）和马鹿（脸短的）标本，周围是俄罗斯族的历史介绍；二层建筑是加盖的，仿东正教教堂的式样。民俗馆在淡季往往大门紧闭，参观前打电话告知即可，管理员非常热情。

### 木刻楞

木刻楞是俄罗斯族的传统民居建筑，冬暖夏凉，结实耐用。修建时往往以大块的石料作为基础，四角安装木柱，墙体以原木或板材叠成。传统的木刻楞不用铁钉、只用木楔，木头间隙要垫苔藓，冬季时才能做到密不透风，这是木头房子能抵御零下40℃严寒的秘诀。

最精华的看点是建筑顶部的房檐、窗檐和门檐，这"三檐"是装饰的重点所在，也是一座木刻楞工艺水平的直观展现。由于墙体多以暖色为主，三檐往往被装饰成亮丽的蓝、绿色，精致细腻的各式雕刻也为木刻楞赢得了"彩色雕塑"的美名。

木刻楞集中在俄罗斯族聚居的额尔古纳市和中东铁路沿线的满洲里、博克图。额尔古纳市现存的百年木刻楞只剩下13座，木刻楞建造技艺已被列入《自治区级非物质文化遗产名录》。

## 活动

恩和牧场国际青年旅舍提供几条特色的周边线路。中俄边境一日游(150元/人)经由七卡前往室韦,穿越景色秀丽的边防公路,费用包含了野餐和酒水。有趣的土拨鼠越野风光之旅(50元/人)每天8:00、17:00出发,行程2小时,但近年由于过度捕猎,土拨鼠族群数量已经锐减。淡季人少时难以成团,需提前确认。

## 食宿

乡里到处都是木刻楞民居,尽管真正的古董难觅,但热情的俄罗斯族易寻。7~8月旺季时的恩和一房难求,建议提前预订。这里的物价并不便宜,还缺少专门的饭店,但每家旅馆都能提供就餐服务。

### ★恩和牧场国际青年旅舍　青年旅舍 ¥

(☎694 2277;铺 旺季/淡季 60元/50元;📶Ⓟ)旅舍建在紧邻哈乌尔河的几栋木刻楞内,小小的牧场景色宜人,让人乐意在落地窗旁发呆整日。床位间干净清爽,淋浴间为公共使用,但可能遇到水压不足的情况。大厅可以点菜,素菜小炒16元起,俄罗斯红炒饭18元,味道都还不错。旅舍还提供自行车租借(15元/2小时)。每年只在5月末至国庆节期间营业。

### 伊丽娜乡村俱乐部　精品酒店 ¥¥

(☎694 2444;乡政府对面;标双 旺季/淡季 500元/160元;❄📶Ⓟ)装饰精致的小型精品酒店,各个细节中都有俄罗斯文化的踪影。二楼供暖较好。客房数量不多,旺季必须提前预订,但淡季时你可以晚点到店以拿到当天最好的折扣,但也需要承担早早客满的风险。

### 戈林尼亚家庭游　客栈 ¥

(☎139 4830 5468;标双 旺季/淡季 200元起/100元;❄📶Ⓟ)老板是俄罗斯族,房间宽敞干净,装修标准类似快捷连锁酒店。对面就有超市,大堂就是餐厅,可以点菜。

### 热尼亚列巴房　面包房 ¥

(乡政府对面;⏲7:00~18:00)恩和最有名的列巴房,他们的家庭故事就贴在乡政府门口的宣传栏上。主人是80多岁的俄罗斯老妈妈,招牌的各式列巴(10~20元)仍然坚持自然发酵,并用传统的土炉子和白桦木柈子烤制,但口感偏硬,并非每个人都乐于接受。店内还有米疙瘩(蓝莓馅饼)、饼干、酸奶等产品。

## 到达和离开

前往拉布大林的班车(8:00、9:00;27元;1.5小时)在乡政府路口停靠,9:00的班车在淡季时常会取消。前往室韦要在11:00和17:00前在镇外的加油站处等候拉布大林始发途经恩和的班车(25元;1.5小时)。

# 室韦

"室韦"与"鲜卑"是汉字译名的同音异写,都是森林之意。如今,你很难在这里找到鲜卑人、蒙古人的痕迹了,乡里随处可见的木刻楞内居住的是高鼻深目却说着东北话的俄罗斯族。曾经辉煌的名词,如今退居到历史舞台的背后,安心地成为一个村庄的名字,每天出现在柴米油盐的叫卖声中和长途班车的水牌上。蒙兀室韦,蒙古之源,草原已经在身后远去了,从这里奔向大兴安岭的怀抱。

## 景点

### 望江广场　广场

(主街北端尽头)沿着主街一路向北,尽头的广场上有一座跃马的铜像。在此可以望见对岸的俄罗斯小村奥洛契,与游人如织的室韦相比,对岸只有静谧的炊烟,安静得如同世外桃源。广场附近有不少马场招徕生意,可以沿着河床上的湿地来回游览,但边境线附近戒备森严,铁丝网、铁栏板实在有些破坏景观。

黄昏无疑是一天中的最佳时段,对岸的山丘和村落时刻变幻色彩,最终沉没在天鹅绒般的夜色里。当你回首,室韦的街旁已亮起温暖的万家灯火。

### 室韦口岸　口岸

(室韦以西;门票 20元;⏲8:00~11:30,14:00~17:30)与俄罗斯赤塔州奥洛契口岸相对,最主要的景观是一座2001年时修建的跨境大桥,这是中俄界河上的第一座永久性大桥。旅行者只能在桥头哨兵处止步，无法亲近额尔古纳河岸，桥下的111号界碑也是一个看点。室韦口岸是过货口岸，不能办理出入境。

## 节日和活动

巴斯克节是俄罗斯族一年中最重要的节日，东正教徒以此来纪念耶稣复活。往往在每年春分后第一个月圆后的第一个周日开始，一般在4月下旬至5月上旬间，为期一周。过节时，人们穿上艳丽的民族服饰，将煮熟的鸡蛋染成五颜六色，互赠或款待客人，伴着悠扬的扣子琴声和俄罗斯民歌纷纷起舞。恩和、室韦的节日氛围最浓烈。

## 食宿

越深入额尔古纳的北方，物价越昂贵。这里的物资（包括生活用水）大多依靠外来运输，因此性价比可能不尽如人意。大多数的旅馆只在5月至国庆节期间营业，7~8月是旺季，价格随着大量涌入的游客而水涨船高。

**中俄临彼国际青年旅舍** 青年旅舍 ¥

（☎136 2470 4988；铺 旺季/淡季 60元/50元；📶Ⓟ）旅舍在几栋木刻楞内，床位间面积不大，配有独立的卫生间。主人俄罗斯族阿姨热情真诚值得信赖，帮忙联系到的包车总是室韦最低价。夏天时店内也出售列巴。只在每年5月至国庆节期间营业。

**索菲亚酒店** 酒店 ¥¥

（☎699 0555；标双 旺季/淡季 600元起/180元；❄📶Ⓟ）乡里最醒目的现代建筑，晚上亮起的景观灯已成为中俄边境线上的视觉中心。房间设施都是星级酒店标准，床品质量不错。相对热度不那么高的国庆节期间会涨价至300元。

**刘淑芳旅游之家** 客栈 ¥

（☎695 2262；口岸以东200米；标双 旺季/淡季 240元/100元；📶Ⓟ）院内的二层木楼是



**另辟蹊径**

### 从室韦到莫尔道嘎

从室韦到莫尔道嘎的线路分为南北两条，经由201省道、901县道、拉莫线的南线路况良好，而经由临江屯、太平屯的北线更为原生态。北线从室韦向东出发，离开镇区后进入山路，可以远眺室韦全景和额尔古纳河，继续往北能看到还居住在蒙古包中的蒙古族和草原上的养蜂人。每年7月收蜂蜜、9月割蜂胶，他们的蜜蜂当然可以自由穿梭到俄罗斯的土地上采集花蜜，这也成了不用缴关税的"进口商品"。

室韦向北约12公里就是临江屯，这是距离额尔古纳河最近的村落，沿途的两段道路就修在河岸上，但铁丝网会阻止你与河面亲密接触。不要试图翻越，边防巡逻车随时都会出现。**蒙兀往事驿站**（☎187 4707 1111；蒙古包 100元起；📶Ⓟ）提供现代化的蒙古包住宿，配备干净的卫生间。

离开临江后，额尔古纳河将在身后远去。向北约10公里，在莫尔道嘎河的北岸沿着车辙去往老鹰嘴，这是一块位于悬崖半山腰处的岩石，无须太多想象力就能辨认。回到主路后，沿河向东约20公里，昔日远离喧嚣的太平屯随着旅游发展也开始经营各类乡间民宿。**喀秋莎乡村游**（☎134 8850 0728；标双 旺季/淡季 200元/100元；📶Ⓟ）和**达福缘农家院**（☎182 0470 3885；标双 旺季/淡季 200元起/160元；❄📶Ⓟ）提供炒菜和住宿。

从太平屯向南，溯莫尔道嘎河而上约38公里就是莫尔道嘎国家森林公园的大门。这段路途有着大兴安岭最精彩的森林与河流景观，秋季的兴安落叶松将整个世界染作金黄，漫天飞舞的金色松针让人如同置身仙境。在路过森林公园大门之后，你将收获睽违已久的手机信号，是时候去收获朋友圈的赞叹了。

北线路况不佳，过了老鹰嘴之后更是"弹坑路"。在森林防火期（见145页方框），穿越这条线路需要在室韦的**吉拉林林场**办理防火证，反向游览则需要在莫尔道嘎镇的**林业局防火办**（☎296 4452）办理。包车游览这一线路需要300元，预留大半天时间即可。

2010年新建的，客房面积普遍不大，二楼的客房可以眺望不远处的额尔古纳河和对岸的俄罗斯。值得一提的是主人居住的老式木刻楞是几十年前从别处迁建而来的，如今已是市级文物保护单位。

## 到达和离开

室韦汽车站位于镇子中心，每天只有两班班车前往拉布大林（7:30、8:40；44元；3.5小时）。当地人都称室韦为吉拉林，不要因班车水牌上的名字而犹豫错过。

## 莫尔道嘎

“南有西双版纳，北有莫尔道嘎”，小镇因为北面这座规模庞大的森林公园而成为旅行者的驻足地。每年的7~8月，牙林铁路将一批批游客送往这处接待能力还十分有限的北国小镇，而大兴安岭真正的黄金时段要到9月时才会来临。

### 莫尔道嘎国家森林公园　森林公园

（见137页地图；门票 160元）莫尔道嘎国家森林公园是目前国内已开放的参观面积最大的森林公园，这里保留了中国最后一片寒温带明亮针叶原始林。当地政府费尽心思将鄂温克族的传奇人物玛利亚·索请来这里定居。即使没有这块金字招牌，这片北国林海也有足够的能力打动你。

从大门入内1公里就是2014年建成的**观光小火车**（☎136 9470 2489；100分钟，100元），这条环形的游览线路全长约10公里，沿途可在樟子松林、花园林海、林溪水畔、森林牧场4个站点下车游览，每处站点都设有游览步道，旅行者可以一次性观赏木生、水生湿地以及落叶松林、樟子松林和白桦林。

**红豆坡**距离大门约10公里，它因数百公顷的山坡上长满了北国红豆（又名红豆越橘）而得名。沿栈道走一圈并不长，在满目苍翠中，寄语相思的红豆与高耸葱茏的落叶松、香气怡人的杜香为伴。

继续前行是**鹿道**，因曾有狍鹿下山喝水踩出这条小道而得名。主要看点是超过300岁的两株樟子松，一上一下遥相呼应。高处的树曾被雷击而死，百年后又因雷击而复活，被称作“大寿松”。低处的雷击木因长有状如钱币的圆形松包，而被当地人称为“摇钱树”。

位于公园大门内16公里的**一目九岭**可以让你充分领略大兴安岭的魅力。山脉浩瀚无垠，绵延不尽如同海浪。登上观景台，远处层层山峦渐次隐入云海。一目九岭对面有一条1公里长的猎人之路，几头被圈养的鹿点缀在旁。

公园深处的**玛利亚·索鄂温克使鹿部落**居住着这位90多岁的老人和她的驯鹿们。她是使鹿鄂温克最后的部落长，也是小说《额尔古纳河右岸》中的主人公原型。她一生与驯鹿为伴，在禁猎后依然坚持在山上住“撮罗子”。她对大兴安岭的“顽固”热爱和保护该族文化的行动，令她成为整个族群的精神领袖。2014年，在政府的“不懈努力”下，玛利亚·索和她的一百多头驯鹿终于从阿龙山猎民点迁居到莫尔道嘎森林公园。白天驯鹿都圈起来供游客参观拍照（10元）。如果要看鹿茸，5~6月最漂亮。驯鹿在每年开春和入秋都会掉毛，此时你若温柔地抚摸它，会抹下一手的毛，但手感极佳。

继续前行是一片典型的森林演替群落景观——**冰上森林**。受第四纪冰川运动和西伯利亚暖湿气流的影响，这里土壤贫瘠，永冻层表面融化水渗透能力差，物质代谢极为缓慢。在冰上森林的对面有一片漂亮的落叶松林。环栈道一圈，总能找到光线合适的拍摄角度。

离开上述观景点后你将离开林间土路，在柏油公路继续北行60多公里直奔**白鹿岛**。激流河呈S形环绕在两个岛之间。岛上植被茂盛，激流河碧蓝如洗。不恐高可以登上观景台旁的防火瞭望塔，高处有更好的摄影视野。这里还有一家欧式风格的**白鹿岛大酒店**（☎296 4168；标双 780元；❄📶🅿），这是内蒙的林区中唯一的四星级酒店，只在夏天营业。附近的激流河漂流（☎296 3188；150元）约漂1小时。

森林公园大门距离莫尔道嘎镇还有11公里。需注意的是，即使你不去最远的白鹿岛，也至少要深入景区38公里。景区内是一条单行土路，只能自驾或包车，从街里包车往返森林公园至少需要200元，包含白鹿岛、激流河大桥的行程则要300元起，游览时间需要至少半天。

从白鹿岛继续北上47公里，就是边陲小村**奇乾**，再往北便是还没开放的原始森林。奇乾很小，三面环山，一面环水。额尔古纳河在村子西侧缓缓流过，对岸便是俄罗斯，这里因鲜有游客打扰而更显原生态，安静祥和得有如童话世界。若从莫尔道嘎镇包车至奇乾至少350元，旺季时价格按天算，500元/天。

## 食宿

镇上的食宿没有太多选择，集中在汽车站北面约400米的镇中心十字路口。路口附近的**名都商务宾馆**（☎139 4709 0258；标双 旺季/淡季 300元/80元；📶🅿）卫生尚可，由于没有空调，秋季供暖前入住会有些冷，每年4月到国庆节期间营业。**白鹿酒店**（☎296 4709；标双 旺季/淡季 200~300元/100元；📶🅿）设施较新，玻璃隔断的卫生间比较宽敞。

路口南面约100米处的**姐妹酒家**（☎296 3986；人均 70元；⏲9:00~21:00）是镇上环境最好的餐馆之一，菜价并不便宜，锅包肉68元，但分量不小。早晨时也供应汤面（5元）。

## 到达和离开

### 长途汽车

**莫尔道嘎镇汽车站** 就在街里，每天有发往海拉尔（8:20；64元；5.5小时）、根河（7:30；32元；2小时）、拉布大林（8:00；51元；4小时）的班车。

### 火车

火车站距离街里4公里，每天只有1班列车发往海拉尔（15:41；26.5元；13.5小时）。街里到火车站打车需要10元，有的司机按人数计算，上车前要问清楚。火车站只在8:30~11:00和14:00~16:30间售票。

# 根河

“根河”意为“清澈透明的河流”，它首先是河流的名字，然后才成为这座小城的名字。冬季零下58℃的低温使这里成为当之无愧的中国冷极，在森林、河流与冰雪的覆盖下，这座小城“越冷越热情”。

根河也是中国最后的驯鹿部落——使鹿鄂温克人的家园。2003年，在政府的统一安排下，他们从满归的深山中迁往市区旁的敖鲁古雅新村，在传统文化和现代文明之间的切换成为这个时代留给他们的印记。

## 根河市区

根河从城市南面流淌而过，滋润了秀美的林间湿地。市区里没有什么可供参观的景点，但只要试着往城市的边缘前进，青山绿水就会立刻将你环绕。

## 景点

### ★根河源国家湿地公园 湿地

（见137页地图；乌力库玛；门票 80元；⏲7:00~18:30）这是中国少有的建立在冻土层上的湿地公园，也是典型的森林沼泽与河流湿地交错分布的区域，还是中国生态最好的温带湿地生态系统之一。公园以原始落叶松森林与河流湿地景观为主。尽管公园以“根河源”为名，但这里与河流地理意义上的源头还相距甚远。

对旅行者而言，最精华的部分沿着**冷极湾科普栈道**都能看到。每年5月之后，林下的兴安杜鹃、西伯利亚铁线莲、金莲花等各种山花渐次开放；夏季时这里满目葱翠，是天然的氧吧，河谷湿地中绽放着粉色的柳兰和紫色的溪荪；秋季漫山遍野的兴安落叶松转为金黄，林间的斑驳阳光并不能帮助抵御山顶的寒风，记得多带一些御寒衣物。栈道会路过落叶松和白桦混交林，白桦的独特气味能帮助防治落叶松的虫害，因此这两种树也被称为“情侣树”。在山顶的两处观景平台可以将这片壮阔的湿地风光尽收眼底，曲折蜿蜒的根河如同一个草书的“冷”字，恰到好处地成为这座小城的点睛之笔。平台附近的**雷击木**被视为好运的象征，枯倒木成为新生命诞生的温床，形态特殊的“老头林”长满“胡须”。栈道全长约2公里，你可以在山顶平台按原路折返，如果继续前行则会穿越游人罕至的松林抵达**冷极湾漂流**的起点。

进出公园时并不会走回头路，遇见喜欢的景色请随时停车，否则就是错过。公园内大多数地方没有手机信号，不要挑战未开发的林区。

在市区内有一处景区的**自驾游服务站**（☎529 2368；中央路林海街路口）提供咨询服务。尤其在防火期（见145页方框），建议提前

### 森林防火期

从每年的3月15日和9月15日开始，大兴安岭就进入一年两度的森林防火期，延续至第一场大雨或第一场大雪"下透了"以后才结束，往往各持续2~3个月。每年防火期都是林区神经高度紧张的时段，数以千计的林业人在林间巡逻。由于林区内严禁生火，不少景区会在此时停止提供食宿服务。在气候最干燥、防火形势最严峻的时段，有些景区会暂停开放。

对旅行者而言，进入林区旅行需要在当地的林业防火办提前办理防火证（1~2元），并在沿途各个检查站进行例检登记。前往莫尔道嘎（见143页）和伊克萨玛（见146页）这类已经开发、收取门票的森林公园可以直接在景区路口的检查站办理防火证，其他林区的防火办往往在林业局所在的镇上。入山时严禁携带烟、火种，吸烟更是被严格禁止的，否则可能面临罚款甚至牢狱之灾。

从条例上讲，合格的入山车辆需要在排气口安装防火帽并且全程关闭车窗，尽管在大多数时候并不会因此受到处罚，我们仍建议旅行者对此予以注意。

森林防火报警电话为12119。



致电询问开放情况。

湿地公园大门在根河市区东北约5公里处，大门距离冷极湾栈道还有13公里。夏天时根河客运站有班车前往乌力库玛（7:50、10:20、16:30；11元；40分钟）。从根河市区包车往返需要120~150元。

**敖鲁古雅使鹿部落** 村落

（见137页地图；新敖乡；门票30元，讲解50元；⏲8:00~17:30）2003年新建的敖鲁古雅新村是政府为使鹿鄂温克族人统一部署的定居点，如今已成为一处旅行团钟爱的半日游景点。大多数人奔着这里的驯鹿而来，它们温驯和顺，但将触摸鹿角的行为视为挑衅，手无寸铁的人类绝无能力抵抗鹿角的攻击。你可以花10元买一篮苔藓，以收买它们乖乖合影。每年的9月初至次年6月，园内大多数驯鹿将结束旅游旺季的圈养期，回到它们在野外的家园，只剩下少数几头驯鹿留守"岗位"。

和大多数民俗文化景区类似，"撮罗子"、萨满表演都是标配。景区不提供正规门票，旺季过后甚至连卫生间都不提供，游客只能使用一旁的旱厕。

附近的村庄内，现代民居被精心设计为鄂温克风格，每家每户都提供民宿。隔壁展品体量庞大的**驯鹿文化博物馆**（门票60元；⏲8:30~17:00，7~8月 7:30~18:00）介绍了关于鄂温克族的历史、信仰与传统，只在每年6月15日至9月15日期间开放。

在龙凤大厦门口有公交前往新敖乡，但车次很少，淡季干脆取消。从市区包车往返景区需要30元。

## 食宿

根河的食宿集中在中央路的龙凤大厦周边，市区西面的得耳布尔街上则集中了一些干净便宜的小旅店。7~8月是昂贵的旺季，进入9月后房价一路下调，到11月时已基本探底。

**根缘宾馆** 客栈 ¥

（☎522 9528；得耳布尔街安居商服6号；标双 旺季/淡季 200元/70元；@📶P）干净敞亮的小旅店，床品卫生整洁，房间内外一尘不染，老板夫妇甚至每天都用抹布擦拭地砖。部分房间内配备电脑。老板曾经是出租司机，帮忙联系的包车价格非常实在。

**万豪商务宾馆** 酒店 ¥¥

（☎523 9999；中央街世纪广场东；标双 旺季/淡季 300元起/150元；❄📶P）2016年新开业的酒店，各项设施都很新。房间宽敞明亮，木质地板一尘不染，装饰现代简约，性价比不错。酒店坐落在市中心，附近就有超市、药房。

**蓝莓小镇主题酒店** 精品酒店 ¥¥

（☎528 9999；林海路1号；标双 旺季/淡季 600元/168元；❄📶P）城里难得的主题精品酒店，客房温馨舒适，深色调的卫生间非常干净。离汽车站举步之遥，对于赶早班车的旅行者来说十分方便。

### 磊鼎铜锅

火锅 ¥¥

（☎152 0492 5118；兴安路世纪花园；人均50元；⏰9:00~21:00）当地人钟情的火锅店，每张桌子都有一个小包间，哪怕一个人就餐也非常实惠（但最好避开用餐高峰期）。单人锅底5~10元，招牌是小木篮里装得满满的西旗羊排卷（36元）、羊腿卷（36元），蔬菜可以和店家商量双拼。爱民路的中国邮政对面也有一家分店。

## 实用信息

龙凤大厦是小城中心，东面有**工商银行**（中央路；⏰周一至周五 8:30~16:30，周末9:00~15:00），有24小时ATM。南面有**中国邮政**（阿龙山街爱民路口；⏰8:30~16:30）和**宏运大药房**（阿龙山街；⏰8:00~21:00）。

## 到达和离开

### 长途汽车

**根河客运站**（☎522 2208）位于市区南面的迎宾路，有班车前往海拉尔、拉布大林与加格达奇。本书调研时，前往满归的班车已经停运。

### 火车

**根河火车站** 位于市区西面，是牙林铁路北端的枢纽车站。每天有三对往返于海拉尔（各有一对往返于满归、莫尔道嘎）的列车在此停靠。市区南面23公里处的伊图里河站是牙林铁路和伊加铁路的交会站，可以换乘每天两班前往加格达奇方向的列车。

## 当地交通

2路公交连接火车站和市区中心的龙凤商厦，但车辆不多且没有站牌。出租车起步价6元，市区内可以使用打车软件。

## 满归

在大兴安岭的腹地，镇上的一切都围绕着森林展开，每一个当地人都与林业系统有着千丝万缕的关联。附近的山林曾是使鹿鄂温克人的故乡，但如今只剩下关于这个狩猎民族的记忆。将满归打造成"中国的黄石公园"仍是当地决策者远大的愿景，旅行者还难以深入广阔的森林腹地，但哪怕只是山路上的惊鸿一瞥，也已足够让人"满载而归"。

## 景点

### 伊克萨玛国家森林公园

森林公园

（见137页地图；北岸林场内；门票 80元）在鄂温克语中，"伊克萨玛"意为"美丽宽阔的河流"。地如其名，激流河在路过满归之后拐了一个90度的大弯，一路西去流向下游的莫尔道嘎白鹿岛，并最终注入额尔古纳河。

从满归镇向西，过了一座颤颤巍巍的水泥桥后，可见一栋双层小楼的检查站，防火期可以在此办理防火证。从右侧道路进山，约25公里后才到达森林公园大门。大门外的**姊妹湖**是第一个景点，沿着栈道可下到湖边，清晨时分的水雾更增添水墨画的意境。

最大的看点**月牙湾**、**脚印湖**距离大门还有12公里。沿着盘旋的山路上到月牙湾石碑后，视野豁然开朗，脚下就是激流河环抱的森林和湿地，一直绵延至天际的群山。石碑对面的山崖上，刻有并不清晰的"仙人崖"三个字，寻找其中缺失的"人"字有如一个意味深长的暗喻。从石碑继续向前约百余米，穿过修路凿开的豁口，左侧的卫生间旁有一条小路能通向更高处的观景点。静卧在密林中的脚印湖生动形象。在苍莽群山的对照下，山路纤细有如丝带。

### 根河客运站车次时刻表

| 站点 | 发车时间/班次 | 票价（元） | 行程（小时） | 备注 |
|---|---|---|---|---|
| 海拉尔 | 7:30，8:00，8:30，9:30，10:30，11:20，13:00，14:00，14:50 | 55 | 4.5 | |
| 拉布大林 | 9:00，14:30 | 35 | 2 | |
| 加格达奇 | 10:15（单日发车，双日返回） | 70 | 5 | 途经阿里河镇 |
| 莫尔道嘎 | 15:40 | 32 | 2 | |
| 伊图里河 | 9:20，13:10 | 8 | 0.5 | |

当地知识

## 停伐的大兴安岭

从2015年4月1日起，整个大兴安岭林区实行全面的封山育林，一切采伐活动全部停止。原本围绕着林区生产生活的"林业人"面临着外人难以想象的社会转变——从20世纪50年代起，对森林的开采利用甚至要动用"会战"这样的词汇。而在过去的半个世纪中，环境的回应来得直白而迅猛。

伊克萨玛的护林员王永胜在17岁时从图里河来到满归，从此便扎根在这片森林里。过去的几十年里，大兴安岭的雨少了、风大了，树越来越细。2015年后，他从一名木材检查员变成了防火护林员。在他的心中，大多数游客与大兴安岭最美的瞬间无缘："每年开春第一场雨后，所有的枝丫一夜间全部变绿。"这也许是护林员和普通旅行者最根本的区别。

昔日的伐木工人转岗负责管护、防火、防病害，秋天时组成的"采秋队"以更容易被自然接纳的方式获取经济效益。生存的困境当然没有那么容易度过，但守着这片山林，"上天也绝不会让勤劳的人饿肚子"。

从"拓荒"到"停伐"的转变是时代进步的一个缩影。林区失去了曾经重要的经济支柱，旅游业成为上帝打开的另一扇窗。从莫尔道嘎到伊克萨玛的群山深处，希望的种子在经历零下50℃的寒冬之后，仍会因为一场春雨迸发新芽。

从月牙湾再往里约35公里处叫"1409"，景致更为开阔，但道路险峻难行，只有经验丰富的四驱车司机才愿意不畏艰险前来此地。

这片森林四季都有丰饶的物产，尤其在每年的秋季，不少当地人还会前来伊克萨玛"采秋"。7月开始，红豆、蓝莓逐渐上市；8月，干苞米、山茯苓成熟；立秋以后，蘑菇出现在家家户户的餐桌上。哪怕最缺乏生活经验的旅行者，也能在满归街头的摊贩那里看出季节的交替。

从满归包车往返月牙湾需要150元，更深处的景点往往无人愿去。安全起见，我们建议你静候"中国黄石"的成长。

## 食宿

满归是大兴安岭的旅游小镇中难得物价亲民的一处，食宿集中在镇中心的324县道两侧。

### 贝尔茨青年旅舍

青年旅舍 ¥

（☎2861314；主街北侧；铺 旺季/淡季 50元/35元；📶Ⓟ）旅舍就在镇上最繁华的主街上。多人间整洁宽敞，每个房间都有独立的卫生间可用。老板能提供很多实用的景点推荐，也可以帮忙联系前往伊克萨玛的包车。

### 满归绿星宾馆

酒店 ¥

（☎159 4710 7989；满归林业局对面；标双旺季/淡季 200元/120元；📶Ⓟ）位于满归林业局正对面，是当地职工的培训教育基地，客房干净素雅，环境也非常安静。

### 好时光餐饮店

果汁吧 ¥

（主街南侧；人均 30元；⏰8:00~24:00）年轻人会喜爱的小店，装修简单清新，可以来这里消磨时间。提供的菜式包括汉堡炸鸡、扬州炒饭（10元）等各种中西简餐，也有各种啤酒（5元起）和果汁（6元起）。

## 实用信息

位于火车站附近的**内蒙古农村信用社**（⏰8:30~17:30，周末9:00~17:00）有镇上唯一的24小时ATM。**中国邮政**（爱民街；⏰8:30~12:00，14:00~16:30）可以买到明信片。镇中心的324县道旁有几家药房。

## 到达和离开

### 长途汽车

**满归客运站** 有前往海拉尔（7:00；110元；7.5小时）的班车。前往漠河的班车（17:40；45元；3小时）在满归火车站前乘坐，发车时刻正好接驳海拉尔过来的火车。

# 鄂伦春自治旗

作为中国人数最少的少数民族之一，鄂

不要错过

## 北极vs.冷极

越北方就越冷？这是一个错误的"常识"。2009年12月31日，根河市静岭检查站检测到了零下58℃的低温，顺利加冕"中国冷极"。这座大兴安岭怀抱中的城市每年拥有长达210天的冻结期，就连8月底的大雪也并不罕见。在根河前往满归路过的金林站附近，冷极村正借由中国最低温的噱头发展旅游业。然而"越冷越热情"更多还仅限于一句宣传口号，没有站台的金林站和条件一般的民宿对旅行者而言还不够"友好"。

当然，早已发展成熟的漠河县更有看点。境内的北极村（门票 80元）早已写入地理课本，村里的一切设施都被自豪地冠以"最北"称号。但事实上，北极村下游的北红村更北、更原始，壮阔的龙江第一湾是这里的天然地标。满归每天都有班车前往漠河县，在漠河县城西林吉镇睡上一晚，第二天再坐班车前往北极村。漠河前往北红村的班车（14:30; 35元; 2.5小时）每逢双数日在县城七天连锁酒店西侧的路口发车，次日7:30返回。



伦春族已经不足9000人，哪怕在这个以他们民族命名的自治旗内，鄂伦春人也是少数中的少数。和近邻鄂温克相比，鄂伦春的文化面貌甚至更为模糊。

旗府所在的阿里河镇规模不大，你可以把加格达奇作为根据地来轻松地安排往返一日游。

## 景点

### 鄂伦春民族博物馆 博物馆

（中央路; 免费; ⏲周二至周日 9:00~11:00, 14:40~16:40）气派的馆舍内没有太多文物，主要以图文介绍鄂伦春族的历史与民俗。狩猎、兽皮、萨满、桦皮是关于鄂伦春的几大关键词，展陈也围绕这些词汇展开，你可以在这里欣赏到鄂伦春族用毛皮制作的各种布袋、帽子、烟袋，以及复原的打猎、撮罗子、制作桦皮船等生活场景。

### 嘎仙洞 古迹

（阿里河镇西北; 门票 5月16日至10月15日 65元，其他时段 30元; ⏲8:30~17:00）1980年，考古学家在这处天然的花岗岩山洞西侧石壁上发现了北魏第三代皇帝拓跋焘派遣中书侍郎李敞前来此地祭祀时的祝文。祝文内容与《魏书》中的记载基本相符，从而判定这处三角形的石洞就是拓跋鲜卑的祖居地，史书中的"大鲜卑山"就是嘎仙洞所在的这处山林。

嘎仙洞的历史价值远远超过了观赏意义，你如果奔着那段著名的碑文远道而来，密不透光的重重铁门会让你败兴而归。石洞本身其貌不扬，但从石器时代起，这里已经成为人类的栖息地，地层中曾经发现打制石器，洞壁上还有不易识别的彩绘岩画。

嘎仙洞也是一处不错的森林公园。新开发的乌力楞景区在嘎仙洞返回大门的半路上，这里设有民宿和非遗传承基地，规划建成一组以民俗、生态为主题的博物馆。

从阿里河镇包车往返嘎仙洞需要80元，三轮车往返需要50元。乘坐绿色公交至库图尔其广场，向西步行约1.5公里到达森林公园的大门。从大门到嘎仙洞还有6公里，旺季时有电瓶车往返（10元/人），淡季时不难搭车前往山洞，搭顺风车的价格也会便宜很多。

### 库图尔其广场 广场

（阿里河镇西北）在游览嘎仙洞的前后可以顺路来这里歇脚，广场的北口就开在通往嘎仙洞的马路上。每年6月18日的鄂伦春篝火节的主会场就设在这里，届时有丰富的民俗表演可以观赏。广场南面是嘎仙湖公园，夏季时可以参与水上自行车及皮划艇（30元/30分钟）等活动。环湖布置的雕塑展现了鄂伦春人生产生活中的几个经典瞬间。公园西侧立有团结抗战胜利纪念碑，以纪念"九·一八事变"后鄂伦春人与东北抗联共同抗日的英勇事迹。

从中央路乘坐绿色公交，告诉司机到库图尔其广场，在下车路口处有一处大门紧闭的鄂伦春地质公园博物馆，从这里继续向西约300米即到广场入口。

### 布苏里北疆军事游览区 要塞

（吉文镇301省道旁; 门票 80元，讲解 100

元；⏲8:00~17:30）建于1968年的布苏里要塞曾是东北最大的后勤军事基地，是"冷战"时期为了防御苏联而建的国防工程。直到1999年中俄达成友好协议，约定在两国边界500公里内双方都不得有军事基地，部队才从此撤军。

景区分陈列馆、元帅楼、北国第一哨、窑洞指挥部、地下油料库。陈列馆展示了基地建设时用过的工具和战争遗物。元帅楼因为叶剑英元帅曾两次下榻而得名。"北国第一哨"由林彪亲自题写，里面有东北野战军战史展和林彪的生平介绍。地下油料库是一个400米长的窑洞，基地使用时的输油管道和部分大油罐等还保留在原地。窑洞内部温度常年保持在4℃，窑洞口很潮湿，越往里就越干燥。里面冷得刺骨，窑洞口有军大衣提供。

景区内的**布苏里怀旧主题酒店**（☎392 6666；标双158元起，套房988元起；🅿）是在该基地原来的官兵营房基础上改建的，内部完全是酒店该有的样子。

景区距阿里河23公里，从阿里河或加格达奇往西开的客车都会经过这里。从阿里河包车往返需150元。

## 节日

每年6月18日的篝火节是鄂伦春旗最大的节日。在库图尔其广场上会有各种比赛、表演等。

## 食宿

阿里河镇的食宿条件欠佳。酒店集中在中央路上，文化街和青年路上有较多餐馆。

### 鑫磊商务宾馆 酒店 ¥

（☎569 5555；文化街；标双 旺季/淡季 200元起/148元；❄📶🅿）镇上较好的酒店之一，但客房已经显得有些老旧，面积简直"大而无当"，卫生间为玻璃隔断。地理位置绝佳，距离超市、银行、书店都不远，楼下就有公交车前往火车站和库图尔其广场。

### 粮贸宾馆 酒店 ¥

（☎562 6177；火车站对面；标双100元，普间20元/人；📶🅿）房间干净卫生，但标间的洗浴并不方便，卫生间有些局促，淋浴的喷头被设计在抽水马桶的侧后方。普间为4人间，使用公共卫生间，不能洗澡。

### 腾格里塔拉蒙餐 蒙餐 ¥¥

（文化街青年路口；人均 50元；⏲6:30~21:00）店面干净明亮，第一眼就让人放心。当地人常来这里买牛肉馅饼（5元），味道确实鲜美。除了原汤羊杂（38元）、手把肉（43元）和烤羊排（128元）外，也有汆白肉（26元）、锅包肉（46元）等东北菜，菜量不小。主食就是各式馅饼，不供应米饭。

## 实用信息

**中国工商银行**（⏲夏季 9:00~17:00，冬季 9:00~16:30）和**中国邮政**（⏲周一至周五 8:30~17:00）都在中央街上。

## 到达和离开

### 长途汽车

**阿里河客运站** 位于城区西南的301省道旁，与加格达奇间有频繁的班车对开，也有班车前往周边各主要城市。

### 火车

**阿里河火车站** 就在中央路的南端，只有几对往返海拉尔、伊图里河与哈尔滨之间的列车在此停靠。

## 当地交通

街里的绿色公交（7:00~17:00；1元）连接火

### 阿里河客运站车次时刻表

| 站点 | 发车时间/班次 | 票价（元） | 行程(小时) |
|---|---|---|---|
| 加格达奇 | 7:30~11:00和13:00~15:30每30分钟1班，11:50，16:30，17:00 | 10 | 1 |
| 海拉尔 | 7:30 | 102 | 6.5 |
| 根河 | 14:30 | 47 | 4 |
| 莫旗 | 9:05 | 75 | 6 |

车站、中央路和北面的库图尔其广场，但发车间隔不太稳定，中午车次较少。出租车起步价5元，从中央路打车到火车站5元、汽车站6元。也有电动三轮车，比出租车更慢也更便宜。

## 加格达奇

中国行政版图上最特殊的一块飞地。在任何地图上，这里确实是内蒙古的地界，但在行政区划上却又归属于黑龙江管辖。这个看似鄂伦春自治旗辖下的"小乡村"，有着大兴安岭最繁华的街道。城区的范围并不大，可玩的景点也不多，如果你对这里的期待只是一座中转站，加格达奇性价比不错的食宿不会让人失望。

铁路以北是富有生活气息的商业区，南面则是干净现代的新城。城区交通发达，火车站正对的兴安大街可以提供吃住行购一条龙服务。

### 北山森林公园　森林公园

（见151页地图；市区北面）在鄂伦春语中，"加格达奇"意为"有樟子松的地方"，北山是对这个朴素地名的最好诠释。你可以从东二道街的马路上山，在穿过一片新开发的广场游览区后便能进入这片以樟子松、落叶松、白桦为主的原生林带。值得一看的有山顶处的**铁道兵开发大兴安岭纪念碑**。1955年和1958年，新中国曾两次试图开发大兴安岭，但最终均因严寒而失败。1964年，8万铁道官兵进驻大兴安岭，终于得以将木材运出群山。纪念碑被设计成两根并立的铁轨，中间镶嵌的是铁道兵兵徽。纪念碑前的小路直达山下的北山宾馆。

### 大兴安岭资源馆　博物馆

（见151页地图；前进路；免费；⌚9:00~17:30，假期闭馆）这里集中展示了大兴安岭林区的各类资源标本。馆内辟有自然资源、生态景观、保护发展等展厅，在80平方米的实景沙盘上，旅行者可以真正用脚步来丈量大兴安岭，直观地了解这片土地的地理风貌。

乘坐1路公交至世纪广场站，资源馆位于广场南侧。

## 食宿

加格达奇有大兴安岭地区最具性价比的食宿，你可以找到熟悉的连锁酒店和快餐品牌，也能在街巷深处找到这里的舌尖记忆。

### 兴安饭店　酒店 ¥

（见151页地图；☎214 1000；火车站对面；标双100元；Ⓦ Ⓟ）就在火车站的正对面，房间干净卫生，卫生间内没有异味，但高楼层水压较小，洗澡不太方便。每年7~8月，全呼伦贝尔的酒店都在疯狂涨价时，这家酒店是不为所动的业界良心。

### 北山宾馆　酒店 ¥¥

（见151页地图；☎214 5003；朝阳路39号；标双280元；@ Ⓦ Ⓟ）宾馆紧挨着北山森林公园，白天也非常安静，内有小路直通北山上的铁道兵纪念碑。酒店挂牌四星，设备已显老化，服务也是国有作风，好在客房干净卫生，性价比还算不错。当地人最爱在这里举办婚礼，若无意体验喧嚣，注意避开"黄道吉日"。

### 全盛楼　快餐 ¥

（见151页地图；东五道街人民路口北；人均30元；⌚全天）最大的特色是24小时不变的冷淡服务，但各式面条、炒饭、盖饭的口味很好，价格8~24元，也有包括锅包肉（36元）在内的各式东北菜，菜量十足（哪怕以东北的标准来衡量）。慎点肥牛饭，肥牛比米饭还多，你可能从此失去忍受其他肥牛饭的能力。

### 卫东冷面馆　小吃 ¥

（见151页地图；东三道街胜利路口北；人均8元；⌚6:30~20:00）一家经营了四十多年的老店，其冷面的口味与你在别处吃到的都不一样，配菜除了榨菜一无所有，但这咸辣口却是当地人执着的老味道。小碗冷面6元，大碗8元，也可以点菜。

## 实用信息

### 银行

**中国工商银行**（见151页地图；胜利路8号；⌚夏季8:30~17:00，冬季8:30~16:30）和**中国银行**（见151页地图；兴安大街胜利路口；⌚周一至

## 加格达奇城区

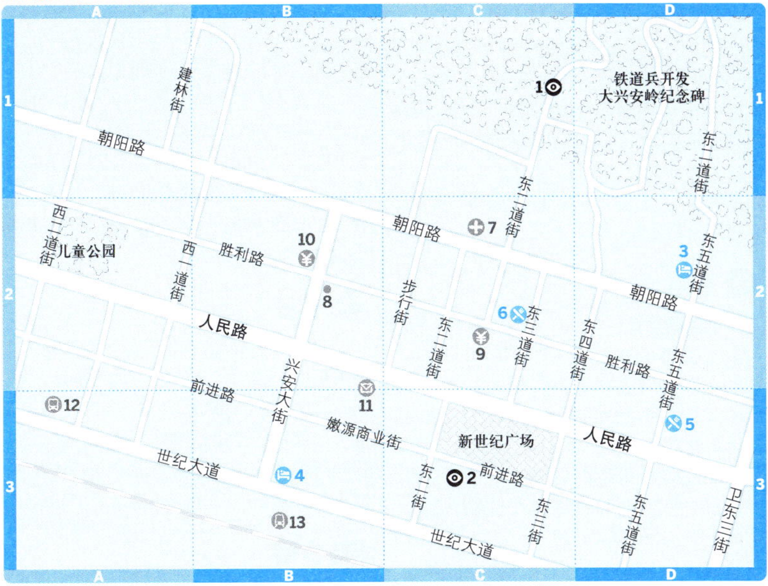


### 加格达奇城区

**景点**

1 北山森林公园 ...... C1
2 大兴安岭资源馆 ...... C3

**住宿**

3 北山宾馆 ...... D2
4 兴安饭店 ...... B3

**就餐**

5 全盛楼 ...... D3
6 卫东冷面馆 ...... C2

**实用信息**

7 加格达奇区人民医院 ...... C2
8 新华书店 ...... B2
9 中国工商银行 ...... C2
10 中国银行 ...... B2
11 中国邮政 ...... B2

**交通**

12 加格达奇公路客运站 ...... A3
13 加格达奇火车站 ...... B3

周五 8:30~16:30，周末 9:00~16:00）都有24小时ATM。**中国邮政**（见151页地图；人民路32号；⏲夏季 8:30~17:00，冬季 8:30~16:30）离步行街不远。就医可前往**加格达奇区人民医院**（见151页地图；☎273 1719；朝阳路11号）。

### 地图

哈尔滨地图出版社发行的《大兴安岭旅游交通图》（5元）详细实用，正面为大兴安岭地区地图，标记了各主要景点，反面为加格达奇市区地图，附公交站一览表。可在兴安大街胜利路口的**新华书店**（见151页地图；⏲8:30~17:00）购买。

## 到达和离开

### 长途汽车

**加格达奇公路客运站**（见151页地图；世纪大道）位于火车站以西约500米，有前往阿里河（7:30~9:00，10:30~12:00，13:00~16:30，每30分钟1班，9:50；10元；1小时）和根河（双数日8:05；70元；5小时）的班车。

## 当地交通

加格达奇市区有着完善的公交网络，火车站是重要的交通枢纽。公交车票价1元，在6:30~18:00运营，冬季末班车提前至17:30。公交1路连接公路客运站、火车站和世纪广场。出租车起步价6元。

# 莫力达瓦达斡尔族自治旗

这是中国县级行政区中地名最长的一处，日常生活中没有人会念完全名，“莫旗”简单而亲切。尽管名为达斡尔族自治旗，但在旗府尼尔基镇的街巷中已很难找寻到这个属于少数民族的文化气息。这里适合作为一个过路驿站，在游览完少数几个景点后，可以马不停蹄地赶往下一站。

## 景点

### 达斡尔族博物馆 博物馆

（纳文东大街91号；免费；8:30~11:30，14:30~17:00）外观看似气派，但其实只有一层展厅可供参观。达斡尔族如今只有13万人，被认为是契丹人的后裔。17世纪中叶后，为了反抗沙俄的入侵，达斡尔族曾做出巨大的牺牲，并在《尼布楚条约》签订后回迁至嫩江流域。乾隆年间，达斡尔人还曾和鄂温克人一起前往新疆伊犁屯垦戍边，使得“捍卫国家领土完整”也成为这一民族的悠久传统。

历史展厅介绍了民族的起源与发展，侧重于达斡尔族在政治上的重要性。民俗展厅内展示了大量达斡尔人的生活用品和生产工具，可以在这里重温极有创意的桦树皮制品。最后的曲棍球展厅展出了20世纪80年代中国生产的第一批曲棍球棍。

在新客运站乘坐1路公交可到博物馆。

### 中国达斡尔民族园 公园

（111国道尼尔基水库旁；门票 50元）这里是介绍达斡尔族历史、文化、民俗的景区，有萨满博物馆、金界壕遗址、布特哈八旗总管衙门等景点，但都是新建，几无历史价值。每年夏天，中国国家曲棍球队都会来此训练。

最醒目的萨满铜像下就是萨满博物馆，详细介绍了北方的萨满文化。各种面具、木偶都被赋予了神性，游牧、农耕、狩猎三大传统也对应着不同的萨满习俗。从博物馆往北是抗击沙俄历史纪念碑，南面则是比市区还新的雅克萨古城。景区内的锦湖商务酒店（155 6080 1888；标双 260~280元；）只在夏天营业。从酒店门前的台阶下到尼尔基湖边，偶尔有水上飞机（短途200元，长途280元）从头顶飞过。南面的湖岸边有一处金长城遗址，但如今只有一座复原的水泥门楼。

本书调研时，景区正在扩建，运送建材的重型卡车穿梭在景区之中。在支付了门票之后，最大的收获也许是满身尘土。

景区位于尼尔基镇北9公里，新客运站往北面去的班车都会路过景区路口，票价10元。你可以赶在15:00前乘坐大杨树返回莫旗的班车回城。景区售票处联系出租车回城需要30元。也可回到主路上，不难找到回莫旗的出租车，搭顺风车回城只要15元。

## 节日

每年6月28日的斡包节是达斡尔族最重要的祭祀活动，在达斡尔民族园内举行。祭司用达斡尔语祈求风调雨顺、平安吉祥。有10位老人围着斡包转3圈，向斡包洒酒致敬。祭祀仪式结束后，有歌舞表演和曲棍球、射箭、摔跤等竞技活动。

## 食宿

敖拉东街是热闹的本地市场，集中了各种餐厅。布特哈南路上分布有不少每天只要20~60元的小旅馆，但即便如此，性价比也并不高。想要找优质一点的住宿可以去巴特罕大街，南面的鑫泰宾馆（494 8999；建发嘉园2号楼；标单 100元；）客房数量不多，好在干净舒适，临近的诺敏南路上就有不少餐厅和超市。

## 到达和离开

新建成的**达斡尔旗客运站**位于城市西郊的111国道西侧，距离城区还有段距离，有班车前往海拉尔（7:05；110元；6小时）、扎兰屯（6:40；55元；3小时）和邻近的讷河（6:30、7:40、8:30、9:40、10:40、11:40、14:20、15:30；10元；50分钟）。

乘坐火车需要到**讷河火车站**，莫旗往讷河的班车会途经讷河火车站广场。

## 当地交通

公交1路、7路都可到新客运站，票价1元。

# 扎兰屯

来到扎兰屯，你便已经站在了蒙古高原

的东缘。兴安岭烘云托月，雅鲁河逶迤其间，人们曾以渔猎为生，“布特哈”便成为这里的蒙语姓名。在中东铁路于此设站之后，扎兰屯成为西线总工务段，更以宜人的气候而深受俄国权贵的喜爱，城内大量的俄式砖房是值得铁路迷探访的历史幽境。

老城围绕着火车站展开，商业中心和汽车站都位于南面的新城，更大的城市发展计划已经在河西新区走下蓝图。

## 景点

### 中东铁路博物馆　博物馆

（321 1780；继红路；免费；周二至周日9:00~11:00，14:00~16:30）扎兰屯最值得参观的博物馆，也是中东铁路沿线唯一可与哈尔滨铁路博物馆媲美的专题博物馆。19世纪末20世纪初的中东铁路是沙俄雄心勃勃的欧亚大陆桥计划之中的一部分，西伯利亚铁路经过赤塔后，可直接通过这段支线连向太平洋畔的海参崴。1903年全线通车，如今仍是东北铁路网的T形骨架。

博物馆所在的建筑富含历史信息。西面的一号馆曾是**沙俄森林警察大队旧址**，这栋建于1909年的石木结构建筑保持着鲜明的俄式风格。展厅内介绍了中东铁路不同线路的各个历史阶段，从东省铁路、南满铁路到伪满铁路，你可以清晰地了解到这段铁路的过往。当年的铁轨、信号灯、站台椅都被复原为铁路月台的样式，不同时期的铁轨陈列也展现出轨距的变迁。

二号馆位于一号馆东侧，是1903年建立的**铁道会议旧址**，兼具了俄式风情和古典主义风格。馆内展出中东铁路的站系、机车和建筑艺术。在开始扎兰屯之旅前，你可以在这里获得各处历史建筑的详细信息。

博物馆附设的中东铁路历史文化广场上还陈列了一列蒸汽机车，北面不起眼的假山下是**沙俄酒窖旧址**。

博物馆距离火车站只有300米，步行即可到达。

### 吊桥公园　公园

（吊桥路；免费；5:00~22:00）公园前身是沙俄时期的阳光浴场，公园内最重要的建筑遗存是1905年修建的吊桥，全长47.9米，由悬索桥、桁桥组成。桥东首处有一座苏联红军纪念碑，纪念1945年在扎兰屯的抗战中牺牲的五位苏联红军。桥西侧是景色平平的城市公园，在北部有一座小型动物园，远远就能听到熊的咆哮声。

吊桥公园大门南侧是扎兰屯市游客中心，淡季时不开放。公交1路、6路、9路至吊桥站。

### 扎兰屯市历史博物馆　博物馆

（吊桥路；免费；周二至周日 8:30~11:30，14:30~17:30）博物馆所在的建筑是1903年修建的中东铁路俱乐部旧址，伪满时期被改建为温泉宾馆。新中国成立后先后作为政府办公楼、招待所使用，刘少奇、叶圣陶、乌兰夫、老舍都曾下榻于此。馆内陈列以扎兰屯市的历史发展为主，也展示了鄂温克、达斡尔等本地少数民族的风俗与文物。

### 伪兴安东省历史陈列馆　博物馆

（布特哈北路；免费；周二至周日 8:30~11:30，14:30~17:30）这栋1903年所建的精美俄式建筑是当年闻名遐迩的国际避暑旅馆，其外观与中东铁路俱乐部旧址几乎一模一样，是中东铁路沿线罕见的同款公共建筑。1932年海满抗战期间，这里曾是抗日救国军的前方司令部。2011年改辟为伪兴安东省历史陈列馆。

1932年，为了加强对伪满洲国区域的统治，日本将大兴安岭地区分设为东、西、南、北四个省，扎兰屯为兴安东省的省会。馆内陈列介绍了自1932年至1945年期间伪满洲国的历史。本书调研时，陈列馆正在更新改造，暂未对游客开放。

## 食宿

扎兰屯不缺少连锁酒店和餐厅。发达广场是城市的商业和交通中心，周边聚集了不少颇有性价比的食宿。如果要赶早班火车去探访扎兰屯周边，火车站附近也有一些不贵的快捷酒店，沿铁路上还有开在俄式砖房中的小旅馆。更好的酒店位于吊桥公园南面，环境典雅，这片区域也是俄国人的最爱。

### 鸿福时尚宾馆　快捷宾馆 ¥

（379 9553；发达广场北侧；标间 旺季/淡

## 步行游览
## 中东铁路建筑

**起点：**水塔
**终点：**吊桥公园
**距离：**约4公里
**需时：**3.5小时（含参观时间）

从扎兰屯火车站南面黄色的❶**水塔**开始，沿铁轨向南至水塔街右转，在扎兰路的两旁分布着大量的❷**沙俄高级管理人员住宅旧址**，最醒目的一栋被辟为中东铁路历史研究学会，其他的多已湮没在杂乱的民居之中。向南约150米，在如今的铁路装卸招待所内有一座红色单层的❸**中东铁路员工食堂旧址**。回行至水塔街左转，市职业高中的校园内保存着建于1905年的❹**东正教堂及办公旧址**，西面的继红路上就是❺**中东铁路博物馆**，这里曾是沙俄森林警察大队和铁道会议旧址。

向东穿过车站广场回到沿铁路上，火车站北面的双层红色砖房是1901年修建的❻**中东铁路扎兰屯站旧址**，北面不远处为❼**铁路五号楼**，这里曾是高级技术人员的宿舍，解放战争期间成为布特哈旗地下党的活动基地。这条土路北端尽头的大院内，是历史悠久、墙面斑驳的❽**机车修理车间**，如今有恶犬看护。南面铁小街和扎兰路的路口是设计精美的❾**沙俄子弟小学**，下一个路口就是仍保留着原初功能的❿**六国饭店**。隔壁的国际避暑旅馆旧址已被辟为⓫**伪兴安东省历史陈列馆**，穿过地研街，吊桥路的西侧是⓬**扎兰屯市历史博物馆**。你可以在附近的⓭**扎兰屯市图书馆**中了解有关中东铁路的相关书籍，并赶在日落前游览热闹的⓮**吊桥公园**。

另辟蹊径

## 买一张超酷的火车票

扎兰屯以南30公里处有一座霸气小镇成吉思汗，相传因成吉思汗在此驻扎而得名。1901年，中东铁路在此设站，如今位于铁路线东面的居民区中仍保留了不少俄国时期的兵营。

买一张从成吉思汗出发的车票已经足够让你在朋友圈中收获惊叹，但更棒的是每天13:22发车的K7074次能把你直接送达三百多公里外的宋站。后者是黑龙江省肇东市境内的百年老站，以当年有一位宋姓的包工头而得名。从成吉思汗到宋，这张24.5元的车票简直是开启历史的钥匙，你能够乘着这趟列车穿越古今。

一大早从扎兰屯出发的成吉思汗半日游是紧张充实的：南面约6公里处是12世纪的金界壕遗址，这是女真人守卫北方的“万里长城”，如今已成为蒙、黑省界。从扎兰屯发往齐齐哈尔、碾子山的客运班车都会路过此地。

铁路提速和不断扩张的高铁版图正让越来越多的小站难逃被撤销的命运，这两个小型老站也许随时都会从客运时刻表上消失，留给你买票耍酷的时间恐怕不多了。

季200元起/80元；❄ 📶 P）房间干净宽敞，装修风格简单明快，豪华标间的卫浴使用玻璃隔断，最便宜的主楼外标准间也不会让人失望。距离发达广场只有两分钟步程，餐厅、超市、影院一应俱全。

### 路君缘快捷宾馆 快捷宾馆 ¥

（☎227 7763；站前北路1号；标双 旺季/淡季200元起/128元；❄ 📶 P）宾馆紧挨火车站，是在扎兰屯起早通勤去周边各个景点的最佳选择。房间面积不大，设施简单，卫生状况不错，标间卫浴使用玻璃隔断。特价房（88元）是位于一楼的无窗房间。

### 六国饭店 西餐 ¥¥

（☎371 5999；原铁路小学对面；人均60元；🕘11:00~13:30，17:00~20:30）1903年由俄国人创办的百年老店，是扎兰屯第一家俄餐厅，如今仍然在当年的饭店旧址营业。菜式以牛排、比萨、苏伯汤为主，两人套餐158元，家庭套餐258元起。餐厅走廊内装饰有不少的中东铁路老照片。非用餐时间也可入内参观，餐厅经理非常热情。

## 到达和离开

### 长途汽车

**扎兰屯客运站**（☎320 4146）位于市区南面的布特哈路，有班车前往周边各主要城镇。本书调研时，位于河西的新客运站已经建成，预计将来与老站共同运营。

### 火车

扎兰屯站是滨洲铁路的重要车站，往返于海拉尔、满洲里与齐齐哈尔之间的列车均在此停靠。

### 飞机

新落成的**扎兰屯成吉思汗机场**位于城南约18公里，有航班飞往呼和浩特；飞往海拉尔的航班常年低价，票价在100元左右。

## 当地交通

扎兰屯市内公交票价1元，主要线路在6:30~

## 扎兰屯客运站车次时刻表

| 站点 | 发车时间/班次 | 票价（元） | 行程（小时） |
|---|---|---|---|
| 海拉尔 | 10:00 | 66.5 | 5.5 |
| 齐齐哈尔 | 8:00，10:00，11:50，14:00，15:20 | 45.5 | 3 |
| 乌兰浩特 | 6:00，15:10 | 82.5 | 4.5 |
| 柴河 | 7:00，11:20，15:10 | 44.5 | 3.5 |
| 成吉思汗 | 7:10，7:40，9:00，10:30，11:10，12:30，13:30，13:50，14:00，14:50，15:20，16:20 | 10 | 1 |

17:30间运营。发达广场是商业中心，也是交通枢纽，大多数线路途经此站。公交1路连接发达广场、火车站和吊桥公园，4路连接发达广场与机场。

## 扎兰屯周边

东面是富饶的松嫩平原，西面则是深邃的大兴安岭。在一日之内穿越两个季节并不罕见，在博克图的山林大雪纷飞时，成吉思汗的原野上还是一派秋收景象。扎兰屯是呼伦贝尔东部的交通枢纽，无论去往哪里，都可以把这里当作大本营。

### 柴河

群山环抱中的柴河又名月亮小镇，在它的四周，火山犹如王冠，天池宛若珍珠，银色的绰尔河连缀其间。在地质年代上，柴河火山群是年轻的第四纪火山运动的结果，但距今仍以百万年记。这是内蒙古火口湖最密集的区域，曾经的火山熔岩孕育了原始森林，激烈的地质运动早已平静。除了游客喧嚣的夏季，这里大多数时候安逸舒适。

#### 景点

**月亮天池** 湖泊

（门票 100元，含20元观光车票）月亮天池是柴河火山群中最典型的火山口天池，拥有近乎完美的圆形水面。天池海拔1185米，水深7米，直径约200米，是距今160万至100万年前早更新世时期火山运动的成果。月亮天池没有水流出入，水位常年保持稳定，几乎不受季节影响。从天池脚下的广场处登上天池需要约半小时。

从天池到景区大门处会途经火山石海，这是晚更新世火山喷发的溢流物，满地蜂窝状的黑色玄武岩被附会为石兔嬉戏。夏季时请勿离开栈道，“小心有蛇”并非危言耸听。

每年5月，景区内的山坡上阳面开满杏花，阴面则盛放着杜鹃；6~7月，清晨时分从山上如瀑布般倾泻而下的云雾是快门和菲林的杀手。7~8月间，私家车禁止驶入景区，需换乘观光车。淡季也要购买观光车票（无论是否乘坐），但班次减少。

从柴河镇到景区大门约有35公里，前往景区的道路非常美，沿途基本以天然林为主。白桦、落叶松是这里的主人翁，远处的树木绿荫如盖，但路基两侧却生长着不足半人高的小松树。为了防范火灾及提升景观，近年清理了林下灌木，森林有如直接在草原上生长出来。但在大山深处未经清理的原始林中，普通旅行者仍然寸步难行，我们不建议在没有向导的情况下挑战原始林。半路上的火山熊岩也包含在月亮天池的门票之中，这处简单的登高观景点用不了半小时就能走完。

从柴河镇包车往返月亮天池需要200~300元。

**同心天池** 湖泊

（柴河镇西北2公里）这是距离柴河镇最近的景点，走路就可以到达。当地人习惯称之为“卧牛泡子”。东西长约700米、南北长约600米的广阔湖面，规模远较月亮天池更大。周边分布着秀美的湿地，牛羊游荡其中，自在如同桃源。同心天池以心形的火山口湖成为旅行者钟爱的名胜，但在地质学家的眼中，这里还是内蒙唯一保存完好的玛珥式火山，经由多次喷发和堆积而形成。登上周边的观景点，可以望见柴河镇方向有一处巨大的破火山口，这是晚侏罗世的强烈喷发导致火山口塌陷而形成的。

火山活动的范围相对广泛，地面的视角确实难以发现这一奇观的美感。本书调研时，距离天池路口约1.6公里的心月峰、2.6公里的望牛山上已经开始修建步行栈道。尽可能登高，以弥补不能飞翔的遗憾吧。

**山水岩壁画** 火山地貌

（柴河镇南5公里）名为壁画但却与人类活动毫无关联，这是火山爆发喷出的岩浆冷却凝结后形成的柱状节理。绰尔河的河水常年冲刷，使这里形成类似壁画的景观。当地人会告诉你各个图案的象形，但需要你拥有天马行空般的想象力。参观这处景点应当避开中午，强烈的逆光会让你一无所获，晨昏时分光线柔和时才能仔细欣赏。

#### 食宿

大多数旅店只在5月至国庆节营业，7~8月时，镇上最简陋的房间也敢要价一两百元，性价比不高。大多数民宿兼带提供餐饮和包车服务。

**小城驿站**（☎138 4707 9889；标双 旺季/淡季 160元/100元；📶🅿）住宿条件一般，但为房客提供柴河镇上最划算的包车，淡季时往返月亮天池、同心天池及山水岩壁画三处景点可谈至200元，每年只在6月至国庆节期间营业。对面的**聚林鲜美食城**有分量实在、味道不错的牛肉炒面（18元）。

## 到达和离开

**柴河客运站**（☎386 8737）位于小镇东面，有发往扎兰屯（7:00、9:00、14:00；44元；3.5小时）和齐齐哈尔的班车（隔日10:00；73元；5小时）。7~8月旺季时至少提前一天电话订票。

# 阿荣旗

"干净、清洁"是"阿荣旗"的满语含义，这座清爽的小城很适合作为扎兰屯往返莫旗或加格达奇的歇脚地。

## 景点

**抗联英雄园** 公园

（振兴路）抗战期间，阿荣旗是东北抗联在呼伦贝尔一带的主要根据地。1959年在东山上建立起了这座纪念园，是东北各少数民族团结抗日的重要见证。园区位于阿荣旗城区东北，在人工种植的混交林中，点缀着英雄纪念碑和十余座抗联雕塑。从振兴路的南大门开始，中轴线上分布着大型组雕，纪念馆常年不开放。中轴线西侧是景色优美的城市森林公园，白桦、云杉、落叶松点缀出斑斓的四季色彩。

### 前往阿尔山国家森林公园

阿尔山国家森林公园（见169页）横跨阿尔山市和柴河镇，景区东门距柴河镇仅45公里，从月亮天池继续西行十来公里便到。如果你已到了柴河镇，可以直接从这里进阿尔山国家森林公园，省时也省钱。从柴河镇包车往返森林公园需300元，可以连月亮天池一并游览，而从阿尔山市包车往返需400元。你也可以不走回头路，游完森林公园后直奔阿尔山市，费用为600~800元（小城驿站针对住客的价格是500~600元）。旺季时包车无法进入公园景区，必须换乘景区观光车。

## 到达和离开

**阿荣旗汽车站**（☎421 8136；阿伦大街）有频繁的班车发往扎兰屯（6:30~16:30，每30分钟至1小时1班；21元；1小时）。旗府位于那吉屯，很多班车水牌上标识的那吉屯就是阿荣旗。

# 博克图

在蒙语中，博克图与包头使用同一个名字，意为"有鹿的地方"。汉字的不同转写似乎暗喻着两个地方截然不同的命运，与黄河岸边的那座现代城市相比，博克图如今显得萧条落寞，一个正在过去的时代被定格在这里。

## 景点

**百年段长办公室** 历史建筑

（文化路水源街路口）这是博克图镇上最容易找到的中东铁路史迹，不要被门口的公司门牌吓退，主人老刘非常欢迎远道而来的旅行者入内参观。这栋单层小楼是当年显赫一时的段长办公室，管辖着从满洲里到安达间800余公里的路段，如今被老刘开辟为一处尚未成形但激动人心的铁路博物馆。每个房间里都堆满了过去十余年间从各处收集而来的铁路文物，曾经的房屋结构被完好地保留下来，就连不起眼的暖气片都是俄国时期的原物。附属的小院里也有让人惊叹的收藏，甚至还有沙俄时期生产的几段铁轨和机械设备。

博克图镇的大量铁路附属建筑分布在百年段长办公室的周围：南面的水源街是博克图保存俄式砖房和木刻楞最完好的街区之一，对面就是**铁路住宅旧址**；东面的永安路北端，中心卫生院内的二层砖楼是1903年建立的**博克图铁路医院旧址**；西面沿文化路向北到尽头左转，有装饰精美的**警察署旧址**（西二道街），正对的路口南面就是**沙俄护路军司令部旧址**。你可以在老刘收藏的博克图地图上找到这些不易寻找的历史建筑，再挨个按图索骥。

## 失落的铁路梦

博克图位于大兴安岭主脉东侧。20世纪初，中东铁路决定在博克图附近翻越大兴安岭，博克图车站成为全路的制高点，规模浩大的兴安岭隧道在小镇西面动工。由于兴安岭东侧山势陡峭，列车行进时须在博克图站加挂车头，才能获得足够的动力沿着螺旋展线攀上兴安岭隧道的东口。而对整个东北而言，兴安岭隧道也是最后一道防线——雅鲁河的两条支流在小镇东南交汇，中东铁路在翻越大兴安岭后，正是沿着雅鲁河谷穿越群山，直下松嫩平原。

因此，无论是沙俄护路军、日伪军还是解放军管理着这条铁路，重兵把守始终是博克图的常态，兴安岭隧道更一直蒙着军事禁区的神秘面纱。直到近年，更加完善的国防体系得以建立，更大动力的机车终于上路，博克图才终于失去了战略意义的支撑，兴安岭隧道解禁，而博克图也不再是机车加挂、休整的停留之地。

2005年开始的铁路局直管站段整合成为博克图的另一个重要的历史节点。大量的铁路工人随着博克图站段的撤销离开这处外人眼中的苦寒之地，但对土生土长的博克图人而言，故乡无法离弃。

作为小镇地标的老博克图车站在1993年被拆毁，取而代之的新车站为小镇带来难得的新时代气息，却也成为这座以铁路立命的小镇无法言说的遗憾。2016年，西大营、发电站、信号楼等重要的铁路附属建筑也被拆除。从齐齐哈尔通往满洲里的高铁线路正在规划中，中国铁路的新时代已经到来了，在波澜壮阔的城市化进程中，太多博克图这样的铁路小镇正面临着沉寂的未来。

### 机车库及蒸汽机车水塔 历史建筑

（大直街）建于1903年的博克图机车库是中东铁路沿线保存最好的同类建筑之一。这座俄罗斯风格的扇形建筑内设有20个机车库，其中14个至今仍用于机车的检修工作，建筑前方的铁轨转盘用来调整机车出入库时的车头方向。机车库的东侧是同年修建的水塔，塔身和水箱之间环绕着一圈射击孔，战争时期可随时转换为瞭望塔或炮楼。水塔北侧为铁路文化广场，立有张国政像，以纪念这位在1932年率领博克图军民抗击日军侵略时牺牲的东北军将领。机车库和水塔都位于火车站西侧的博克图运用车间内，参观时要获得门卫许可。

### 兴安岭隧道 要塞

（博克图镇以西约15公里）规整雄伟的兴安岭隧道穿越兴安岭主脉，全长达3078米，1904年建成之初是中国境内最长的隧道，就连石匠都是从意大利招募而来的。这里是真正的兵家必争之地，隧道两侧均设立碉堡，在1932年的海满抗战和1945年苏联出兵东北时，隧道两度险被炸毁。

隧道设计师是俄国女工程师沙力，她提出了从两端同时施工向中间打通的方案，但到了预定时间却迟迟未能凿通，沙力以为自己计算失误而含恨自杀。但在沙力死后仅数天，隧道贯通，为纪念这位以身殉职的工程师，人们在隧道附近为她竖立了**沙力碑**（今301国道旁）。

从牙克石往博克图方向的上行列车会经过老的兴安岭隧道。从镇上包车往返兴安岭隧道需要50~60元。

## 到达和离开

博克图镇在行政区划上归属牙克石市，但对旅行者而言从扎兰屯往返更为便捷。

### 长途汽车

博克图前往扎兰屯的班车在火车站前广场乘坐（7:00；32.5元；2.5小时）。

### 火车

博克图火车站位于镇中心，是滨洲铁路上的重要车站，从满洲里、海拉尔往返齐齐哈尔的大多数列车都经停此站。

# 兴安

尽管与呼伦贝尔同样位于内蒙的东北

角，但兴安盟很少与旅游挂上钩，反而常被列为典型的老少边穷地区：全盟革命老区、少数民族集中、位置偏僻还整体不富裕。人们很容易忘记，这片位于大兴安岭与松嫩平原之间过渡带上的土地，其实也拥有着森林、草原、湿地、河流、火山等丰富的自然景观；而被科尔沁、呼伦贝尔、锡林郭勒、辉腾锡勒蒙古四大草原环抱的大兴安岭的明珠——阿尔山，就在兴安盟的西北一角。

## 乌兰浩特

这里曾是清代札萨克图郡王的封地，因建有其家庙而一度被叫作“王爷庙”，直到1947年才被改成了这个意味深长的名字——乌兰浩特（译为汉语即是“红城”）：正是在那一年，中国共产党领导下的内蒙古自治区在乌兰浩特正式成立。

今天的乌兰浩特已经不再是内蒙古自治区的首府，但仍然是兴安盟的政治、经济和文化中心，现代化建设进行得热火朝天，2017年趁着自治区成立70周年献礼又做了一番不小的城市升级改造（你不妨去看看那座花了近8亿打造的乌兰牧骑宫），生活、出行自然都变得更加便利。而与东四盟大部分城市类似的，比起蒙古范儿，这里让人感受更为深刻的还是遍布大街小巷的东北味。

### 景点

**成吉思汗庙** 寺庙

（☎841 0294；兴安北路北段；门票 40元；⏲8:30~17:30，冬季至16:30）内蒙古有著名的“东庙西陵”，西陵是鄂尔多斯的成吉思汗陵（见95页），东庙便是这座成吉思汗庙。它位于城北罕山的最高处，始建于1940年，是世界上唯一一座纪念成吉思汗的庙宇。

如今的成吉思汗庙已是几经修复与兴建的结果。在正对着庙殿的九九八十一级台阶的两侧，有后期增加的一些人造景观，例如成吉思汗箴言碑廊、成吉思汗策马雕塑等。庙殿主体由正殿和东、西两个偏殿组成，绿色琉璃瓦的圆尖顶与底部方形白色墙体共同组成了蒙古包状。正殿中央安坐着近3米高的成吉思汗镀金铜像，两侧偏殿有一些出土文物和仿件，以及成吉思汗征战、领土分封的示意图等，可做简单了解。留意通往东殿的长廊里一幅有着牛拉帐幕车的壁画——这种车是成吉思汗为便于在行军作战途中及时召开军事会议而创造发明的，而下方的24头牛，无论从哪个角度看，牛头都朝向着你。

从庙殿所在平台可以远眺乌兰浩特市，这大概是花钱进入景区游览的最大价值了。



### 当代“蒙古王”乌兰夫

800多年前，成吉思汗率领将士征战四海，一统各自为营的游牧部落，在蒙古高原用铁蹄踏出了一个疆域空前的庞大帝国，是当之无愧的蒙古王。而在他逝世将近700年之后，又有一位传奇的政治人物，成了20世纪40~50年代名震草原内外的当代“蒙古王”——这就是乌兰夫。

乌兰夫的事迹中被流传最广的，当属对实现内蒙古各区域融合的贡献。在他的推动下，1947年4月23日，第一届内蒙古人民代表大会在成吉思汗庙山脚召开；几天后在内蒙古临时参议会的选举中，乌兰夫当选内蒙古自治政府主席。1947年5月1日（没错，比中华人民共和国的诞生还早两年），内蒙古自治区作为中国第一个省级民族自治政府正式成立。乌兰夫也由此成为内蒙古的最高领导人。而以他为首的乌兰夫家族，更成了半个世纪以来叱咤内蒙政坛的“黄金家族”——乌兰夫及其长子布赫、孙女布小林祖孙三代先后出任内蒙古自治区主席，家族成员中不少也都在内蒙古政府部门身居要职。

如今在乌兰浩特市区仍然保留着1947年开会的礼堂**五一会址**（五一北路北段；免费；⏲周二至周日 9:00~16:00），以及**乌兰夫办公旧址**（兴安北路37号；免费；⏲周二至周日 9:00~16:00）。感兴趣的旅行者可以在那里了解到更多乌兰夫的生平。

如果只是为了看一眼庙殿独特的外观，那么其实在山脚的成吉思汗公园也可以远远望见。

### 兴安博物馆　　博物馆

（☎151 4493 1370；育才南路南端；免费；⏰周二至周日 9:00~16:30）博物馆坐落在一栋相当气派的建筑里，主要展示了大兴安岭文化带上以东胡族、鲜卑族、契丹族、蒙古族等北方民族为主的历史，既有生动的场景塑像重现，也陈列了1200多件文物。由于展览的脉络清晰，参观者可以在这里比较容易地了解、区分几千年来大兴安岭地区各民族的发展轨迹。

值得一提的是馆内一楼进门处的标志物：一块巨大的元代圣旨金牌仿制品。虽是仿物，意义却十分重大。这是中国目前发现的唯一一块元代八思巴文圣旨金牌，1998年出土于乌兰浩特北部的索伦镇（见162页方框），不过原件仅约一张A4纸高，现在保存在呼和浩特的内蒙古大学民族博物馆。

内蒙古民族解放纪念馆也在同一栋建筑里，从兴安博物馆出门右转即到。这里以介绍内蒙古的民族解放和民族区域自治为主，有大量图文资料。

## 住宿

乌兰浩特不是旅游热门城市，住宿价格受季节影响不大，不过宾馆也没有门庭冷落的景象。火车站到五一广场一带集中了不少高档酒店，汽车站后巷和较偏的成吉思汗公园附近有更多便宜的旅店。

### 简居生活·旅舍　　酒店 ¥

（☎852 0111；火车站前王爷庙小吃街内；标双 118元；📶）距离火车站非常近，穿过汉庭酒店旁边的中式门楼走不远即到。大堂和餐厅都带着青年旅舍的小清新风，房间走廊也都装饰有20世纪60~70年代乌兰浩特的街景旧照。房间不大，胜在干净整洁，无线网络也不错。这里还有一个摆有茶几沙发的上下铺四人间，是好友出行或一家四口的上选。共三层，但没有电梯，稍有不便。

### 清雅商务宾馆　　酒店 ¥

（☎850 6000；原旗农业局院内；标双 138元起；📶🅿）虽然挨着热闹的五一广场，但一个可以停车的宽敞院子隔开了宾馆和街道，住起来并不会过于喧闹。位置非常方便，吃喝逛街都适宜。房间中规中矩，在同等地段和房型中，性价比较高。

### 金帝大酒店　　酒店 ¥¥

（☎888 9999；兴安一小对面；标双 含早餐 320元起；📶🅿）五一广场南侧，出行很方便，是当地颇有名气的高档酒店。房间整洁宽敞，还配备有自动控制的窗帘、灯等，与价位相称。早餐在二楼西餐厅，中西餐选择尤其丰富。

## 餐饮

乌兰浩特的餐饮依旧以东北菜、火锅和蒙餐为主。如果你是从阿尔山下来路过，不妨在这儿饱餐一顿地道又实惠的饭菜。

### 浩日沁奶茶馆　　蒙餐 ¥¥

（☎823 8808；www.haoriqin.com；汽车站西壹家家居北100米；人均早餐/晚餐 20元/70元；⏰春夏 6:00~22:00，秋冬6:30~22:00）本地有口皆碑的一家蒙餐馆，在经营了十多年之后，门面已然非常大气。正餐的蒙古特色菜品很丰富，羊排、奶豆腐等该有的都不少；更出名的是早餐，常常7:30就已经食客满堂。点一小壶地道的咸奶茶（5元/壶），配上果条或蒙古包子，再去五花八门的咸菜区和奶制品区里各尝上一点，绝对是一天最好的开始。

### 晓乐春饼　　东北菜 ¥

（☎828 6616；市消防队东侧；人均30元；⏰8:30~21:00）春饼就是一张薄薄的烙饼，通常卷着各种肉、菜一起吃，在北方很常见，北京烤鸭用的荷叶饼就是此类。东北的饼子往往做得薄而大，卷得严实还不油腻。乌兰浩特的春饼店也不少，这是其中一家老店，店铺不算大，却极受欢迎，价格还实惠。如果希望环境更加明亮舒适，另一家大庄春饼（☎288 1133；天信花园北门市）的口碑也不错。

### 山河屯铁锅炖　　东北菜 ¥¥

（☎283 5698；五一南路和复兴东街交叉路口东南角；铁锅炖 88元起；⏰10:00~21:30）主打东北特色的铁锅炖——餐台上支起大铁锅，桌肚里添起柴火，炖鸡炖鸭炖鱼炖肉随你喜好，再搁上土豆、粉条和蔬菜，满满一锅看着都能垂涎三尺。这家虽然门店不大，但常常不到饭点就有食客陆续而来，很有人气。店家很热情，结账还会主动抹零。如果已经饥肠辘辘，建议在到达前一小时电话预订，让店家帮忙煮起来，不然到了之后至少要等30分钟炖菜才能煮好。

### 联营冰糕 冷饮 ¥

（☎151 4896 0666；五一北路和乌兰东街交叉口以北50米路西；4元/250克；⏲8:00～22:30）冰糕，既不是冰激凌，也不是雪糕，更加接近冰沙的口感，冬夏皆宜。这是一家开了30年的冰糕专营店，乌兰浩特无人不知，年过七旬的婆婆至今仍亲自掌店。她家冰糕全是自己调配，不含任何添加剂。当然现在也与时俱进了，既有加鸡蛋的老式冰糕，也有加鲜奶的新式冰糕——至于哪种更好吃？由你的舌头来决定。

## 实用信息

**兴安盟人民医院**（☎841 3808；罕山西街66号）是兴安盟唯一一家综合性三级医院，2016年还从三丙升至为了三甲。但考虑到盟医院不在乌兰浩特老城区，旅行者还可以就近选择**乌兰浩特市人民医院**（☎823 9219；五一南路2号），作为二甲医院，医疗条件也不差。

四大银行、中国邮政储蓄银行和包商银行都能在兴安北路上找到，**中国工商银行**（⏲9:00～17:00）和**中国银行**（⏲8:30～17:00，节假日9:30～16:00）挨得很近，就在乌兰夫办公旧址对面。市内分布着相当多的ATM，取款很方便。

## 到达和离开

### 飞机

**乌兰浩特机场**（☎868 2000）位于市区西北17公里处的义勒力特镇。夏秋航季时，每天有2～3班飞往北京，4～5班飞往呼和浩特，飞往天津、通辽和阿尔山的每天各1班，另外隔天1班飞鄂尔多斯、海拉尔、包头、上海、沈阳、深圳、郑州、哈尔滨和西安。冬季航班与航线有调整，还请提前留意。

### 长途汽车

**乌兰浩特汽车站**（☎824 1343；巴乌线和白音南路交叉口以东100米）有频繁发往扎赉特旗、科尔沁右翼中旗和邻省白城的班车。发往伊尔施的班车都经过阿尔山。乌兰浩特前往阿尔山走的是老道，不经过乌兰毛都草原。可在**Bus365中国公路客票网**（www.bus365.com；微信公众号“Bus365汽车票”）购票。

### 火车

**乌兰浩特火车站**位于乌兰大街西端，紧邻闹市区，有乌兰浩特始发开往北京、天津、长春、呼和浩特、白城的列车，沈阳与阿尔山之间对开的列车也经过这里。

## 当地交通

**机场专线公交** 在每个航班起飞前2小时从**民航售票处**（☎821 2824；兴安南大路21号）出发，经停成吉思汗公园，票价15元，半小时可到机场。打车前往机场至少70元。

乌兰浩特市内公交票价1元。公交1路连接起汽车站、火车站和成吉思汗公园。

出租车起步价6元，在市内转悠一般不超过10元。

### 乌兰浩特汽车站车次时刻表

| 站点 | 发车时间/班次 | 票价（元） | 行程（小时） | 备注 |
|---|---|---|---|---|
| 伊尔施 | 7:20～17:00，一天7～8班 | 68 | 5 | 途经阿尔山（63元，4.5～5小时） |
| 巴彦呼舒（科尔沁右翼中旗） | 6:00～16:30，滚动发车 | 39 | 2.5 | 途经突泉县 |
| 音德尔(扎赉特旗) | 6:00～17:30，1小时1班 | 32 | 2 | |
| 扎兰屯 | 6:20，7:20，11:50，15:10，16:10 | 82 | 3.5 | |
| 海拉尔 | 6:30，7:40 | 163 | 9～10 | |
| 满洲里 | 5:50 | 185 | 11～12 | |
| 哈尔滨 | 17:00 | 195 | 7 | |

## 乌兰浩特周边

### 葛根庙

（葛根庙镇以西3公里；免费；⏲5:00~18:00）葛根庙修建于清嘉庆元年（1796年），由原哲里木盟十旗王公筹资建造，曾是内蒙东北部最大的藏传佛教圣地，在当地蒙古族中颇具威望。尽管中道衰落，但自1988年复建以来，基本恢复了规模浩大的寺庙群。每天早上9:30和下午14:00（时间可能略有变化，请尽早前往），许多信众都会来到葛根庙东侧的活佛宫，听活佛本尊的诵经祈祷（15分钟）。若逢重大法事活动（例如每年农历四月十五甘珠尔大法会），从四面八方赶来的信众成千上万。尤其为人称道的是，葛根庙始终坚持向普通人提供免费食宿，最多可以住上3晚。

葛根庙的建筑规制沿袭藏式，白壁红边，四方平顶。穿过山门，中轴线上的吉祥大乘寺、背靠后山的千手千眼观音殿都十分恢宏。后山腰原本远远能望见一尊镀金坐佛像，但在我们调研时，葛根庙已开始为佛建殿并修建石阶步道。在佛殿修好之前，你可以从土路爬至山顶，上面还有一座敖包。

乌兰浩特汽车站每天有3班发往葛根庙镇的班车（9:30、12:30、14:30；9元；45分钟）。你也可以乘坐舒适的城际列车（子弹头）往来于葛根庙和乌兰浩特之间（乌兰浩特出发 12:37，葛根庙返回 6:48、10:38、15:08；9元；15分钟），性价比更高。火车站距离寺庙2.5公里，通常站外有黑车，拼车5元/人。

### 乌兰毛都草原

乌兰毛都草原位于科尔沁右翼前旗的乌兰毛都苏木，是兴安盟面积最大、草质最好的一片草原。这里不像呼伦贝尔草原过于商业化，但也鲜有壮观的牛羊马群；好在草原风光依然绝美。

与平坦得一望无际的呼伦贝尔草原不同，由于正好处在大兴安岭向科尔沁草原和松嫩平原的过渡带上，乌兰毛都苏木四周都是典型的山地草原，既有草原，也有起伏的丘陵、潺潺的河流与成片的森林。

你可以从乌兰浩特坐班车到乌兰毛都（11:25、13:10；21元；1.5小时）。如果打算自驾去阿尔山，沿着新的203省道就能经过。

### 扎赉特旗

音德尔镇是扎赉特旗（简称“扎旗”）的政府所在地，本身并无亮点，通常只作为中

另辟蹊径

**索伦的沧桑岁月**

如果你对三少民族中的鄂温克族略有了解，或许听过“索伦”这个名字。较通行的一种说法认为，“索伦”正是满族人对鄂温克族人的称呼。事实上在乌兰浩特西北约110公里处，就有一个索伦镇。尽管今天索伦境内已无鄂温克族的后裔，但若说这片山清水秀的土地曾吸引索伦人前来狩猎、生活，也并非毫无可能。

不过镇区并不吸引人，白天甚至会觉得有些萧条。偶有为之停留的，多是因为一部拍摄于20世纪80年代名为《索伦河谷的枪声》的电影。影片围绕军营生活展开，现实中的索伦也确曾是一处军事重镇。东北沦陷时期，小镇被伪满日军占领，上千名士兵驻扎在此，镇北索伦大桥一侧的窄石桥正是日军之作。桥北以东大约1公里处还有一座苏联红军烈士墓，以纪念1945年与日军作战而牺牲的苏联红军。在烈士墓旁的丁字路口左转，朝着索伦牧场的方向一路向北，还有更纯粹的草场风光；沈阳军区81636炮兵部队旧址也原封不动地保存在沿途的索伦山脚，不妨顺路一看。

结束战事的索伦恢复了平静，近二十年来最出风头的一次，还是1998年一块元代八思巴文圣旨金牌的发现。从索伦镇区向西走上不远，就可以看到金牌出土地的标识。

乌兰浩特汽车站几乎每半个小时就有前往索伦的班车（5:50~17:00；25~30元；2.5小时），乌兰浩特到阿尔山的火车也会经停索伦站。如果从乌兰浩特市区自驾前往，可以走老203省道，途中经过的察尔森水库每年冬季都会举办大型冬捕活动。

转。神山西街和音德尔路的交叉口一带是闹市区，吃住都很方便。

## 景点

### 神山 山

免费 神山在音德尔镇西北60公里处，属于大兴安岭的余脉。整个神山的范围很广，山脉从西南向东北延伸，山体以花岗石为主，可以清晰地看出由下而上草原、灌木林到岩壁的变化。

神山的地质景观十分独特：奇峰怪石不少，大大小小的洞穴分布在山间，山顶还有罕见的锅穴。若是找对了角度，你还能轻易辨别出"神山石狮"等景观。当地人更爱组队挑战那些深不可测的洞穴，或是在树林和岩石间找出一条登顶的路。由于开发力度不大，除了山脚的停车场、山上为数不多的路标以及后建的敖包，所谓"景区"基本保持着原生态的自然风光，适合喜爱自由探索的旅行者。

8月中旬的扎赉特旗那达慕是神山每年的盛会，届时旗内的蒙古族都会聚集于此，欢庆上一整天。前往神山可以从音德尔汽车站坐开往哈拉改吐的班车（2小时），班车停靠景区外的路口，但要到神山脚下大概还需走上5公里。进山时会经过村庄，村里有条件简单的家庭客栈。

### 图牧吉国家级自然保护区 自然保护区

（图牧吉镇内）图牧吉自然保护区除了拥有草原和湿地景观，这里更是鸟类的天堂，尤以大鸨居多，因此也被称为中国大鸨之乡。最多时保护区内大鸨达300多只，占中国总量的一半。每年4~5月和9~10月是鸟类迁徙季，最适合观鸟。

保护区内有丰富的沼泽和湖泊，尤其以图牧吉镇西约7公里处的百灵湖水域最为宽广，即便在干旱的年头也依然碧波荡漾。不过也因为水深而少水草，往年并不能吸引候鸟逗留。如果要观鸟，建议以图牧吉镇东的图牧吉水库为主：从镇上向东走3公里，就有一个高处观鸟台，运气好的话可以看到野生鸟类大集群栖息在这里，包括大鸨、白天鹅、丹顶鹤、白鹳等。

百灵湖对面是保护区管理处，里面建有一个自然博物馆（门票40元；⏲8:30~17:00），展有鸟类活体标本等，不过略显鸡肋。

乌兰浩特和音德尔镇都有发往图牧吉镇的班车，乌兰浩特发车时间为9:20、11:40、13:50，车程2~2.5小时，29元。至我们调研时，音德尔到图牧吉的道路正在整体拓宽中，班车暂停。

## 到达和离开

**音德尔汽车站**（☎153 3482 3401）在音德尔镇的西郊2公里处，发往乌兰浩特的班车很频繁（6:00~17:00，30~50分钟1班；32元，2小时）。

## 科尔沁右翼中旗

科尔沁右翼中旗（简称"科右中旗"）是内蒙全区中蒙古族人口比例最高的少数民族聚居旗，这与中旗的辉煌历史不无关系。清朝实行盟旗制度后出现了"科尔沁十旗"，而科右中旗（旧名"图什业图旗"）正是十旗之首，也是三年一度的十旗会盟的中心地。即便到现在，对于非科尔沁地区的蒙古族人来说，"图什业图"也是一个比"科右中旗"更响亮的名字。

随着那段作为政治文化中心的历史逐渐远去，今天的旗府巴彦呼舒镇也变成了一个再普通不过的小镇，最大的特色可能就是街上随处都能听到的蒙语了。如果要在这里过夜，不妨选择夜市街和步行街附近，吃住更方便。

## 景点

### 科尔沁右翼中旗博物馆 博物馆

（坤都冷路与巴彦呼舒大街交叉口；免费；⏲8:30~11:30，14:30~17:00，周一闭馆）博物馆带有民族特色的建筑外观十分气派，共有四层展厅（包括地下一层），对科尔沁地区的历史、文化和自然环境都进行了尤为全面的介绍。

位于二楼古代史展厅中的一枚元代五体文夜巡牌（你在一楼大厅可以见到巨大的仿制版）尤其值得一看。牌符上刻有多达五种文字——八思巴文、回鹘蒙古文、波斯文、汉文、藏文，是目前为止国内外发现圆牌种类中使用文字最多的一枚，从侧面反映了元代疆域之辽阔，堪为镇馆之宝。

### 代钦塔拉五角枫生态景区 自然景观

免费 这片号称内蒙古最大的五角枫天

然林生长区大概是代钦塔拉草原上最神奇的存在：每年10月初秋霜过后，分布在缓坡上的枫树迎来了它们最绚烂的时节，开始用红、黄、绿三种颜色装点起草原。爬上高处俯瞰，一望无际、五彩斑斓的枫树林如同给大地上了一层油彩，十分壮美。摄影爱好者可以选择日出日落时分，此时常有牛羊或马群经过林间，让镜头中的画面更加生动。

景区南侧紧邻111国道还有一座彻底重建的**图什业图亲王府**（门票 旺季/淡季 50元/30元；⏲9:00~17:00，周一休息），布局仿照紫禁城，当年王府的宏大与辉煌由此显露无遗。建筑内被辟为陈列室，展出了科右中旗的历史、亲王府的沿革等。遗憾的是，新得发亮的红漆和一些奇特的古今混搭做法令建筑毫无历史感。我们调研时，复建工程仍未完全竣工，据说王府院落北侧还将复原曾经的王府花园。

往返于乌兰浩特和科尔沁右翼中旗的班车会途经五角枫景区，或者在巴彦舒呼镇老汽车站附近乘坐开往突泉县的公交，在代钦塔拉下车即可。如果从街里拼车，10元/人。

## 到达和离开

**科右中旗汽车站**（☎412 9070；吐列毛杜大街东段）也被称为新站，每天发往乌兰浩特的班车很多（6:30~15:00，滚动发车；39元；2.5小时）。由于新站距离街里太远，有些班车仍然会直接停靠在老站（巴扎拉嘎路北段）下客。

**白音胡硕站** 火车站距离街里大约6公里，有公交车直达。霍林郭勒与通辽、沈阳、大连之间对开的列车都会由此经过。

## 当地交通

中旗没有正规出租车，严格意义上载客的都算是黑车。但这一点众所周知，因此不必太担心，有些做生意的私家车还会主动在车顶安装“TAXI”灯牌便于扬招。

# 阿尔山

阿尔山不是山，它的全称“哈伦阿尔山”在蒙语中是指“热的圣水”，传说有医疗奇效的温泉群正是这座位于大兴安岭腹地的小城在20世纪使出的法宝——毕竟森林植被在这儿并不稀奇。1996年，阿尔山就获批升为县级市，自那之后，旅游业作为一股大势在阿尔山如火如荼地发展了起来。而阿尔山的旅游资源也确实出类拔萃。除了原始森林与矿泉，这里还密集分布着数量众多、类型丰富的火山遗迹，阿尔山也由此在2017年正式跻身世界地质公园之列。

阿尔山在城市形象上也试图打造出奇观：你在内蒙甚至中国恐怕都找不出在外观上比它更“欧化”的城市。且不说酒店之类的商业建筑，就连医院、桥梁、汽车站和市政府，也都是清一色的欧风。夜晚亮灯后或是冬季白雪皑皑时，它的确能够以假乱真。

距离阿尔山市区28公里的伊尔施镇曾经很适合预算吃紧的旅行者，但随着旅游业的连年升温，这个小镇的食宿也已经不那么便宜了。最好的方法仍是错峰出行。

## 景点

阿尔山市区除了欧式建筑并无太多看点。新的地质公园博物馆已经落成，但至我们调研时仍未对外开放。近年还新开发了一处以通古斯部落为卖点的奥伦布坎景区（入口靠近新203省道），因被综艺节目取景而火过一阵，山清水秀，只是算不上特色，而原始质朴的部落文化又绝非是商业景区能带给你的，建议在时间充裕的情况下再作考虑。

### 阿尔山火车站 历史建筑

无论你是否坐火车抵达阿尔山，都该上这儿看看。这座火车站是一栋二层小楼，虽没有大站的气派，但镶着绿框的暖黄色墙体在四周朴素建筑中显得格外别致。不过，作为日本关东军侵占阿尔山的遗物，从1937年保留至今的阿尔山火车站某种意义上更是战争的见证者，中央约4层楼高的炮楼便是明证；而在建筑一侧的半圆形尖顶碉堡墙体上，你还能看到被水泥堵上的枪眼痕迹。

在火车站以北约1公里处（沿着铁路东侧的小路走），还有一个保存得十分完好的火车机车转盘遗址。当年，火车头掉头全靠人工——你可以亲自试一试，两个人就能轻松地将转盘转动起来。

### 玫瑰峰石林 石林

（见165页地图；门票 20元，停车收费 5座以下5元；⏲7:30~18:00）玫瑰峰得名于红褐色的

## 阿尔山

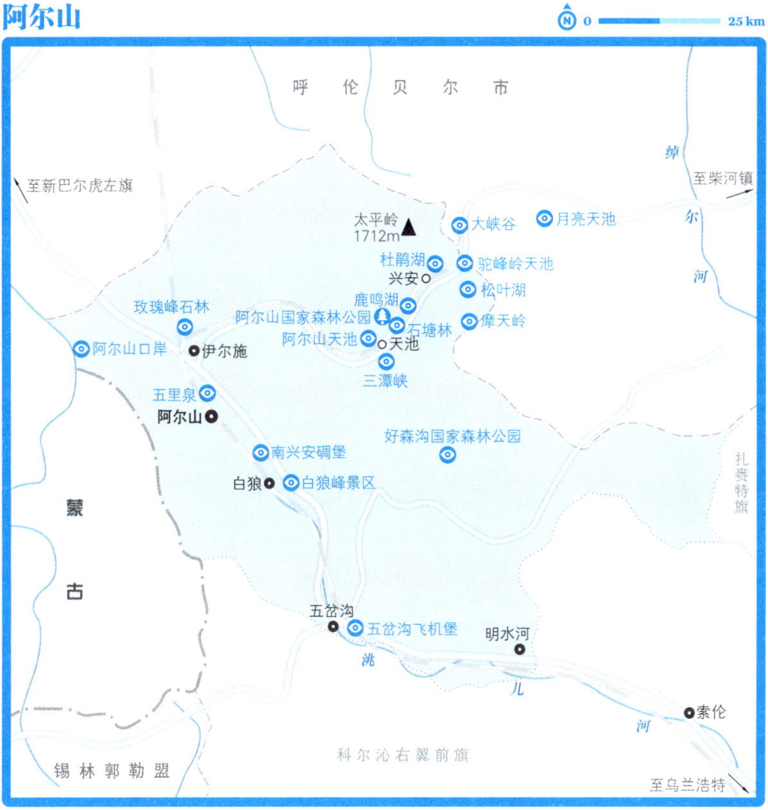


山体，十多座造型各异的石峰错落有致地立于公路一侧，在前往阿尔山口岸的路上远远便能望见。由于石林主体花岗岩含有红色钾长石矿物，在经历地壳抬升、水平和垂直节理发育等地质运动之后，便形成了今天这样的景观。

玫瑰峰不高，20分钟就能爬至山顶远眺四周风光。不过如果只是好奇石林，那么无须买票，在山脚你就已经看了个究竟。玫瑰峰东南侧50米还有一间**阿尔山自然博物馆**（门票10元；⏲9:00~16:00），馆内展有阿尔山境内的动物标本，包括雪兔、狍子等。

### 阿尔山口岸 口岸

（见165页地图；门票40元；⏲7:30~11:30，13:30~17:30）阿尔山口岸与蒙古国的松贝尔口岸隔着一条哈拉哈河两两相望。购买门票后，你需要换乘口岸的专用车，在边检官兵的陪同下依次参观高大的中华人民共和国国门和颇具象征意义的界碑，最后到达中蒙中间的跨境大桥——这座大桥在2017年刚刚修缮一新，桥栏杆上66座形态各异的铜马为整个耗时不长的口岸游稍稍增加了一丝看点。

除了与蒙古国近距离接触，前往口岸的公路两侧连绵起伏的山脉风光和大片的油菜花田也会是你此行的收获。国门与玫瑰峰在一条线上，可以包车先后游览，往返200元。

### 南兴安碉堡 遗址

（见165页地图；免费；⏲8:30~17:30）碉堡位于阿尔山市区以南约20公里处，由日本侵略时期的日本人所建，紧挨着白阿铁路的南兴安隧道口。1937年6月建成南兴安隧道后，日军便在此出口修建了用来监视隧道的五层堡垒，二楼以上皆能俯视到隧道口。碉堡内设施齐全，有盥洗室、发电室、执勤室、弹药库、宿舍、厕所等，碉堡四面有多个射击孔，墙上

另辟蹊径

## 去五里外饮矿泉

从阿尔山市区北上，经过丁字路口的加油站之后继续向北，沿着木栈道走上2.5公里（即5华里），便可以见到一座小亭子——被当地人称作“五里泉”的一口泉眼就在里面。据说这里的泉水在3000米的地下火山岩层中经过了50年以上的深循环，含有多种人体所需的微量元素，具有保健的功效。而且泉水全年涌泉，冬季也不会结冰。

由于许多本地人日常提着桶或壶到此接水，政府便索性在泉眼外修了个小水池，并设了几处接水管口。亭子一般则是封闭状态，以保证水质洁净。你不妨也带上空瓶亲自试试口感。

需要注意，五里泉紧邻的公路（连接阿尔山与伊尔施的近道）从2016年开始实行单向通行，因此如果想由五里泉继续北上前往国门、伊尔施或阿尔山国家森林公园，都必须回到丁字路口往西绕道。



弹孔清晰可见。碉堡内的楼上楼下还有几根管子，它是用于上下通话的传声筒。

碉堡大部分时间关闭，但可以请工作人员开门。这里靠近公路，从乌兰浩特到阿尔山的班车都会经过这里。

### 白狼峰景区 山

（见165页地图；门票 80元；⏲5:00~16:30）白狼峰海拔1511米，山高林密，半山腰以下皆是原始森林，有着落叶松林、白桦林以及大兴安岭地区少见的黑桦木林。夏季一片碧绿，入秋之后则是满目金黄，景象十分壮美。

自驾车可以直接开进景区（乘坐景区越野车每人30元），沿着盘山水泥道一路穿行在林间，抵达半山腰的观景平台，之后再爬1000级台阶便可登顶。在如同鸡冠的山顶部分，你会看见与前半程截然不同的景观：台阶下、步道旁全部都是裸露的碎石，据说可能与早期冰川运动有关。峰顶视野非常开阔，可以尽情欣赏大兴安岭浩瀚的林海。

如果计划看日出，不妨就近住在景区以北7公里的白狼镇，食宿选择不少，旺季时还能比阿尔山市便宜些。

乌兰浩特与阿尔山之间的班车会途经白狼峰。如果从阿尔山包车，往返需200元，可连同南兴安碉堡一并参观。

### 五岔沟飞机堡 遗址

（见165页地图；五岔沟镇东南2公里；免费）当你沿着老203省道途经五岔沟镇时，留意道路西侧，你会看见一个个既像堡垒又像山洞的半馒头状“不明物体”匍匐在地面上：这些就是日军曾经的战斗机停机库。采用钢筋混凝土浇灌，每个都可放一架战斗机，并设有弹药库。

这样的飞机堡在科尔沁右翼前旗其他地区也有分布（例如索伦镇以南20公里的德伯斯镇），但大多在抗日战争结束后被当地乡民破坏，唯独五岔沟的这几个保存尚算完整。

乌兰浩特与阿尔山之间的班车会经过这里，从阿尔山坐班车约需1.5小时。

### 好森沟国家森林公园 森林公园

（见165页地图；☎136 3479 8800；门票 60元；⏲天亮至天黑）好森沟景区位于明水河镇以北，是距阿尔山市最远的一个景点，拥有成片的白桦林、以石柱**麒麟峰**为代表的奇峰怪石，以及堆积着乱石枯树的原生态峡谷。由于位置比较偏远，人气远不及40公里外的阿尔山森林公园，在旺季反倒显得清幽许多。

森林公园的核心游览区内基本都铺有木栈道，但几乎不存在路标（即便有也可能是错误信息）。这或许能给你增加一些探索乐趣，但这里还是指明一条游览环线，以备不时之需。从道路西侧售票处旁的木栈道进入景区，之后一直沿着木栈道走（可以上到高处眺望山林风光），直到见到一座长吊桥。穿过吊桥，继续行到栈道尽头，在岔路口右转，进入砂石小道，接着直走便可到达**天河峡谷**入口。天河峡谷算是整个游览路线中最有意思的一段，谷深8~15米，宽3~7.5米，谷底砾石遍布，你必须时刻留意脚下松动的石块和横卧谷中的枯树，虽不好走但颇有探险的乐趣。在峡谷内无须走回头路，当你发现两边已无岩壁而正前方出现了一座小桥的时候，你就已经到了出口（当然还得沿着前人足迹从河道里跨上岸）。整个游览环线至此结束，旁边就是景区停车场。全程需要步行1.5~2小时。

你可能会问：如果下雨，谷底不就成了积水的河流？没错，但在以干旱出名的好森沟，这样的机会并不多。总体来说，尽管景区的路线设计有些“迷”，但论风景和游玩体验，好森沟仍然值得一去。

前往好森沟有两条路线：一是从阿尔山森林公园的地池出发，根据路标行驶40公里；二是从明水河镇北上70公里。前者意味着必须借道阿尔山森林公园，如果你只去好森沟，必须签署一张保证中途不下车游览的声明，才能免购票进入阿尔山森林公园。后者更适合从乌兰浩特自驾前往阿尔山的旅行者，可以先游览好森沟，再直接进入阿尔山森林公园。

## 节日和活动

### 中国温泉博物馆 温泉

[☎712 6779；海神圣泉旅游度假区内；参观/泡温泉 30元/298元，套票（含泳衣、无泳帽，可使用温泉水泳池）368元；⏲8:30~24:00]所谓博物馆就是被热带植物环绕的室内温泉区，不妨在参观之后再决定是否掏更多钱去泡温泉。讲解员会一路介绍每个温泉池，顺便让你体验其中的饮用泉和美容泉。馆内共37眼泉，其中30眼是可泡泉，7眼是饮用泉，不同温泉池对应不同疾病有疗效，包括牛皮癣、风湿、运动伤等。

值得一提的是，温泉区里有一块1984年就立在这里的石碑。这意味着，早在30多年前，阿尔山温泉就已开发建设，而且这一带的确是阿尔山温泉最密集的区域。当地人告诉我们，早在日本侵略时期，博物馆所在地还是日本高级军官泡温泉与嫖妓的场所。

### 阿尔山滑雪场 滑雪

阿尔山的西山和东山各有一处滑雪场。西山多用于比赛和专业训练，有跳台；大众游乐的选择还是在东山（门票 80元）。阿尔山全年的积雪期超过半年，10月末便可跃跃欲试。不过最好还是等到12月，那时雪已很厚，来滑雪的同时兴许还能赶上阿尔山市一年一度的**阿尔山国际冰雪节**。

### 哈拉哈河漂流 漂流

哈拉哈河发源于阿尔山森林公园境内，自东向西流入蒙古国，所以在从伊尔施前往森林公园的途中，你能看到多处哈拉哈河漂流点。各家的具体漂段不尽相同，不过大部分河段比较平缓，两岸有群山、森林和湿地景观，风景都很好。一般来说漂流都在1~1.5小时（120元），仅在6月中旬至10月中旬营业。

## 住宿

在以发展旅游业为第一要务的阿尔山市区，宾馆遍地都是。除了沿街的大酒店，别墅区里几乎每一栋都是一间家庭旅店。由于市区很小，住在哪儿都很便利，你唯一需要关心的只有季节。淡旺季差价非常大，在7~8月旺季，实际价格几乎每天都有变动（天价并不稀奇），这里只能给出参考。伊尔施镇的住宿情况与阿尔山市区相差无几，一部分设施简单的小旅馆相对便宜些。

### 阿尔山市区

### 天骄神骏 酒店 ¥¥

（☎182 4822 5661；温泉街北加油站东对面，联排别墅内；标双 旺季/淡季 350元/100元起；Ⓦ Ⓟ）别墅区的宾馆太常见，但门口就能见到山地车的恐怕不多。平日里一对老夫妇负责接待客人，喜爱户外的儿子有时也在，都很愿意解答你的各种疑问。小小的门厅里有一面小黑板，每天写有天气预报，令人倍感贴心。房间简洁也不失讲究，茶杯都是宜家的基本款。离中心城区稍有些远，但附近吃饭小馆也不少。如果第二天要上阿尔山森林公园，这儿还更近一些。

### 六和国际大酒店 酒店 ¥¥¥

（☎712 7777；利民街和温泉街交叉路口；标双 旺季/淡季 550元/240元；Ⓦ Ⓟ）紧挨着主干道温泉街，距离汽车站不过5分钟步程，周边餐饮很多。房间漂亮，淋浴间宽敞，还配有简单的办公桌椅和单人沙发，但没有电梯（最高三楼）。旺季通常房价含双早，淡季你可以问问看，不提供的话没准能有房价优惠。

### 星期八宾馆 酒店 ¥

（☎130 3044 7787；新天地商业街；标双 旺季/淡季 200元/50元；Ⓦ Ⓟ）老板的原则是不让房间空着，因此房价在阿尔山市算是十分低廉。不过在这个价位上，你自然不必指望有多么豪华的房间，干净卫生可以洗澡上网就是它能提供的全部。老板名下还有一间**水木年华（二部）**（温泉路农商银行对面），基本设施差不多，只是房间更新更大。你可以说是从星期八找过去的，价格会更优惠。老板很热心，平时也会四处自驾探路，乐意回答你的各种旅行问题。

**云来客栈** 酒店 ¥¥

（☎155 4888 7740；河西别墅区哈伦酒店西侧；标双 旺季/淡季 369元/139元；📶🅿）一家位于独栋别墅内的家庭宾馆，热情能干的老板娘把房间和客厅都收拾得很整洁。房间很宽敞，有地暖，后面就可以眺望西山滑雪场。旺季提供付费早餐（10元/位）。

### 伊尔施镇

**荣佳家庭宾馆** 酒店 ¥¥

（☎151 4903 7782；万达粥铺后面；标双 160元；📶🅿）2017年新开业的家庭宾馆，有地暖，房间床铺和卫生间都极其干净，设备也很好用。老板娘承诺淡旺季一个价，可谓业界良心。他家后门紧挨着铁轨，距离伊尔施老车站不过2分钟的步程。但你也不必担心吵闹，除了21:00多的一趟火车，整个夜晚都会很安静。

## 就餐

时令山野菜是阿尔山的特色，刚采摘的蘑菇怎么烹调都会很美味。阿尔山本地豆腐同样不容错过。不过相比山下，阿尔山就餐整体性价比偏低，不是价格较高就是分量较少（相对于东北菜常规的分量而言）。

### 阿尔山市区

**阿尔山风味楼** 中餐 ¥¥

（☎186 0482 7136；温泉街，中心广场南侧；人均 80元；⏲9:00~22:00）这家开了十年的老店经营有山野菜、东北菜等。因为餐馆的小楼属于自家而非租用，所以在价格上稍有优势，每天都有特价菜（包括野菜），分量也没有过分“克扣”。

**哈拉哈蒙餐** 蒙餐 ¥¥

（☎715 7788；温泉街农业银行对面；人均80元；⏲6:00~22:00）以经营蒙餐为主，有常见的烤羊腿（88元/斤）、油炸牛肉干（138元）等。2011年歌手腾格尔也曾来此用餐，你会在店内见到老板和腾格尔的合影。早上供应早餐，奶茶、果条、粥、包子和小菜都有，人均15~20元能吃得不错。

**旺得福山野菜粗粮馆** 中餐 ¥¥

（☎796 8555；利民街，中心广场北侧；人均70元；⏲10:00~22:00）即便是淡季，这家店也总能做到门庭若市，可见口碑不俗。店里有新鲜的山野菜、蘑菇类，也有东北特色的炖菜和蒙餐手把肉、羊排等。菜的分量很大，最好两人以上来吃。

### 伊尔施镇

**顿炖香石锅坊** 中餐 ¥¥

（☎150 0482 7937；中国农业银行对面二楼；人均50元；⏲9:30~22:00）二楼的店面非常不起眼，整体空间也没大到哪儿去，三个包厢和两张4人小桌基本就是全部了。然而偏偏人气又极旺，本地人都常去，饭点时去晚了可能还要等位。石锅牛腩的点击率比较高，其他的也不存在雷区；本地豆腐卖得很快，记得及早点上一份。

## 购物

最值得购买的就是蘑菇，虽贵但新鲜无公害。温泉街上有几家卖特产的店，可以买到晒干的蘑菇、木耳等，街上（尤其傍晚在火车站附近）有时也会有三轮车沿街叫卖，比较容易砍价。

## 实用信息

你可以在阿尔山市的温泉街上和伊尔施镇长途车停靠点旁找到**农业银行**（⏲周一至周五 8:30~17:30，周末 9:00~15:00）和**工商银行**（⏲周一至周五 8:30~17:00，周末 9:00~15:00），都有24小时ATM。我们调研时，阿尔山一带还没有建行、交行和中国银行。

## 到达和离开

### 飞机

**阿尔山机场**（☎718 6888）在伊尔施镇东4公里处，距离阿尔山市区30公里，前往阿尔山森林公园的途中可以经过。目前开通了北京、满洲里、呼和浩特、乌兰浩特、哈尔滨、西安的往返航线。旅游旺季时通常还会临时增开航线。

## 长途汽车

**阿尔山汽车站**（☎225 6104；永兴街西段）有发往乌兰浩特（6:30~18:00，约1小时1班；63元；4.5小时）、海拉尔（7:30；93元；5小时）、满洲里（10:00；120元；6小时）的班车。乌兰浩特方向的班车也可以在伊尔施镇乘坐。

## 火车

**阿尔山火车站** 是白阿铁路线的终点，有始发前往乌兰浩特、白城、沈阳的列车。

# 当地交通

由于航班很少，阿尔山没有机场大巴。比较经济的方式是从阿尔山市区坐公交到伊尔施，再花30元打车去机场。如从阿尔山市区直接打车去机场约60元，但旺季也可能涨至80元。

阿尔山市区和伊尔施镇之间有公交往返（绿色中型车），票价3元，行程约30分钟。至调研时已经有了一些固定公交站点，不过形同虚设，通常还是招手即停。

前往周边景区只能包车，你可以在汽车站附近找车，一般下榻旅馆也有合作的出租车司机。这里包车价格比较规范，基本都是400元/天（前提是常规的游玩时间与路程），很少漫天要价。有些司机还可以充当半个导游，甚至为你规划行程。

# 阿尔山国家森林公园

（见165页地图；门票6月1日至10月15日 180元，10月16日至次年5月31日 140元，观光车 105元，门票和车票两个自然日内有效；⌚观光车运行时间 7:00~17:00）森林公园属于大兴安岭山脉的西南麓，原始森林覆盖率高达80%，哈拉哈河、柴河、伊敏河三条河流在其中蜿蜒流淌，远古的火山活动还造就了堰塞湖、熔岩台地等多种地貌奇观。作为阿尔山最核心的景区，几乎没有人会错过这里。虽然全套票价高得有些吓人，但也算"景有所值"，尤其在层林尽染的秋季，摄影爱好者纷至沓来。

景区有东西两个大门，西侧的金江沟门区靠近阿尔山市，东侧柴河源门区靠近扎兰屯柴河。下面的景点排序参考金江沟门区入园后的游览顺序。如果只有一天时间，建议将驼峰岭天池、石塘林、三潭峡、大峡谷、杜鹃湖列为必选项。

# 景点

观光车路线基本覆盖了主要景点，只是有些仅途经（如不冻河、鹿鸣湖），并不停车，这就需要你就近下车并步行一段，较偏僻且不好走的摩天岭和松叶湖也不在行车路线中。如果有条件包车或自驾，在旺季时去那些观光车不停靠的景点会清静很多，但这并不意味着风景一定更好，有时只是多了几分原始的质朴。

## 不冻河 河流

金江沟至三潭峡之间约20公里长的哈拉哈河名曰不冻河，因地热的影响，即使在寒冬腊月，也能生机盎然地潺潺流淌，与岸边的雾凇、水中覆盖着积雪的岩石形成鲜明对比。不过这个景点在从金江沟大门到天池服务区的路上，观光车不在此设站，只有自驾旅行者才方便停车拍照。好在这里距离天池服务区仅3公里，步行过来也未尝不可。同时这儿也是欣赏落日的好地方。

## 阿尔山天池 湖泊

阿尔山天池就如镶嵌在万顷绿林中的一滴泪珠，你所看到的森林公园宣传照大多取景于此。不过先别兴奋，那是借助航拍才有的效果。由于观景步道与天池湖面没有形成较大的落差，感觉上就和在湖边看景差不多。

### 游玩阿尔山，如果你有……

**2天** 重头戏无疑是阿尔山森林公园，一整天可以把精华景点游览完毕。另一天可以在以下线路中任选：以南兴安碉堡和白狼峰景区为主的南线；以玫瑰峰和阿尔山口岸为主的北线（若无北上呼伦贝尔的计划，还可以去七仙湖草原看一下）。

**3天** 游阿尔山森林公园之外，南北线都可以走完。

**4天** 用两天时间慢慢游览阿尔山森林公园，住在公园内，便于次日前往好森沟森林公园。剩下两天走南北线。

## 看懂火山地貌

俗话说，阿尔山森林公园里，一半是森林，一半是火山。很多看似乱石堆的存在，实际都是远古火山活动的遗迹。

**翻花石** 又叫石海，由于熔岩流在向前流动的过程中受阻，先凝固的熔岩流表层发生破碎，岩石有如开水翻花，姿态万千。阿尔山森林公园内有多处翻花石。

**喷气碟** 是火山喷发时炽热的熔岩流汽化了地表水，经数次喷气，岩浆便随之外溢，在喷出口一次次堆叠成低矮的喇叭、碟子状的堆积体。杜鹃湖附近有这种地貌。

**熔岩丘** 是因熔岩流中气体凝聚，底部形成气囊导致熔岩流表面隆起，但又没力量完全喷出熔岩流表面，最后形成馒头状的熔岩构造。它中间有通气孔道，顶部和侧面常常裂开。熔岩丘在石塘林有很多。

**绳状熔岩** 是结壳熔岩流表层局部受到不同程度的推挤、扭动、卷曲而形成的。大多呈弧形弯曲或链形排列，表面粗糙并成束出现，看着很像麻绳、草绳、钢丝绳。

火山喷发形成的**堰塞湖**是因炙热的熔岩流沿河谷奔腾而下，堵塞了河道后积水而成的。湖边会有火山熔岩。松叶湖被称作阿尔山第一堰塞湖。



天池海拔1332.3米，仅次于长白山天池和新疆天山天池，你需要爬上1000级台阶才能看到火山口中的湖泊。虽说看不清轮廓，但湖水之清澈却是肉眼可见的，而且久旱不涸、久雨不溢。它的深度至今也仍是个谜，据说曾经测量至300米深还未触到湖底。更神奇的是这里有水鸟、水鸭栖息，却没有鱼类生长。

### 三潭峡

峡谷

三潭峡位于哈拉哈河上游，长3公里，左岸是陡峭的山峰，右岸为玄武岩熔岩台地。所谓三潭实际就是哈拉哈河在峡谷中流经的三个开阔地带，分别为悦心潭、虎石潭、卧牛潭。你可以沿着木栈道走上一圈（3.7公里），先欣赏三潭，随后进入一片长长的林子，去看看那棵400岁高龄的兴安第一松和两棵并肩而生的兄弟树，出口处是平静的哈拉哈河源头。

**地池**仅距此2.1公里，属于熔岩湖后期陷落的火山口积水而成，水位低于地平面，在天池成群的阿尔山独显特色。不过湖本身不大，就它及周边风景来说，并没有太多惊艳之处。

### 石塘林

火山地貌

这是阿尔山森林公园里最壮观的一片火山地貌，面积之大、保存之完整堪称亚洲之最。石塘林的成因要追溯到第四世纪火山爆发：滚烫的岩浆流到哈拉哈河，经过凝结、风化，最终形成了怪石嶙峋的熔岩台地。整个地质景观非常丰富，堪比天然的火山地质博物馆。地下还流淌着一段10公里长的哈拉哈河暗河，只闻水流声，不见水流何处。

不过即便土壤稀薄，这里也并非只有黑褐色的火山石。熔岩缝隙中还长满了偃松和苔藓、蕨类，就连高大的落叶松也在岩石间挺立着。因此也有人说秋季的石塘林最迷人，黑色的熔岩、金黄的树叶和晴朗的蓝天，彰显着层次分明的美。

### 龟背岩

火山地貌

龟背岩同样是火山喷发后熔岩在冷却收缩下形成的地貌，因为岩石地表有不同方向的裂隙，最后呈现出一个个不规则的多边形，整体看上去就好似一只只巨大的乌龟藏身于地下，仅将龟背露在表面，十分罕见。

这片龟背形态的火山地貌就在食宿集中的兴安服务区，不必特意安排也总有机会看上一眼。它旁边还有一列“阿尔山号”小火车，是当年运输木材的主要交通工具。如今森林公园里的铁轨都已拆除，仅剩这列重新油漆过的火车作为纪念。

### 杜鹃湖

湖泊

杜鹃湖属于火山堰塞湖，是火山喷发的熔岩流堵塞哈拉哈河形成的湖泊，因湖畔长满杜鹃花而得名。湖呈“L”形，为流动活水湖，东北为进水口，西北为出水口。湖边有落叶松、刺枚蔷薇、白桦、接骨木等，也保留着一些火山活动的遗迹。

它一年中最美的时节莫过于每年5月的杜鹃花季；但要是赶不上的话，不妨去看看它一天中最美的模样——日出时开阔的湖面上水汽蒸腾，岸边树影婆娑，远远望去恍若仙境。

杜鹃湖边还有一片纪念1998年5月13日阿尔山特大森林火灾的遗迹。

### 大峡谷 峡谷

别太激动，大峡谷不是你想象中悬崖峭壁间的峡谷，它更像是一条长长的深邃的沟壑，因水流侵蚀火山熔岩断裂带而形成。峡谷全长大约11公里，谷底的平均宽度为20米，落差有25米，峡谷中还流淌着一道清澈的小河，这便是阿尔山森林公园三大水系之一的柴河的源头。

大峡谷有两个出入口，分别靠近金江沟门区和柴河源门区。乘坐景区观光车的游客一般由前者进入，那里可以步行前往高处观景台，将峡谷全貌尽收眼底。观完全景后，还能顺着木栈道下到谷底戏水，或沿着河流徒步一段。时间充裕且有体力的话，可以在谷底徒步3公里左右，走到大峡谷另一个出入口；不然就需要原路返回。

### 驼峰岭天池 湖泊

如果你时间不够、体力吃紧，那么建议在阿尔山天池和驼峰岭天池两座同样需要爬山的景点中选择后者：只需爬过500多级台阶，你就能够抵达观景平台；并且由于平台与湖面的落差较大，你可以清楚地看到，天池如同一块碧玉镶嵌在了青山林海之中，景象尤为壮美。

湖面呈长条带状，东西宽约450米，南北长约800米，整个形状像极了人的左脚丫。沿景区栈道可以围着天池从脚跟一路走到脚尖。

## 食宿

景区内的食宿集中在天池服务区和兴安服务区。条件都差不多，普通标双在旺季500~600元一晚是常态，其余时间100元可以搞定。一般住宿地都自带餐厅，价格较阿尔山市内餐馆更高，做好心理准备。

天池服务区靠近景区金江沟大门（相距13.7公里），规模比较大；兴安服务区位于景区中段（距金江沟大门32公里），食宿选择相对少一些，但如果计划第二天早起去杜鹃湖（距离2.4公里）看日出，住这里更方便。

景区大门外也有一些家庭旅馆，房价比景区内便宜，条件也略显简陋。

## 到达和离开

阿尔山森林公园距阿尔山市区的车程约1小时，没有公共交通连接。只能包车或自驾。

## 景区交通

景区内有环保观光车，路线覆盖了阿尔山森林公园的主要景点。车票背后有明确的行车路线和换乘地点，每个站点也有工作人员负责引导。观光车发车频率为间隔15分钟左右，通常上午频繁，下午相对稀疏。

如果你包了本地出租车，那么游玩起来会方便得多：这些车能够在景区内畅通无阻。

但一条“霸王条款”是：无论你是否乘坐观光车，都必须购买一张观光车票。

### 自驾游览须知

尽管试图拉生意的包车司机都会告诉你，景区不允许自驾；但事实上，只要你购买了观光车票，就可以从景区大门另一侧（工作人员会告诉你怎么走）开车进入。这条路经由碧波荡漾的**乌苏浪子湖**到达天池服务区，顺路还能游览。

不过严格来说，那些包车司机也没有说错：因为大部分白天时间里，自驾车只能行驶在景区路面，但无法进入一个个小景点。只有每天7:00前和16:30之后，你才能任意驰骋。所幸各景点的开放时间都很长（通常5:00~19:00），你的车还能有用武之地。

另外，就如你在观光车票上看到的，像三潭峡、石塘林、驼峰岭天池、大峡谷等都设有两个站点，一出口一入口（事实上都可以出入），这意味着景点的游览路线被设计为了“不走回头路”，两个出入口之间有时相隔好几公里。为了避免游览完毕后走上很长一段路来取车，建议提前在入口向工作人员打听清楚，再决定是走全程还是看完精华部分原路返回。

# 锡林郭勒

**包括** ➡


锡林浩特市 ...................... 174
西乌珠穆沁旗 ................. 180
东乌珠穆沁旗 ................. 183
苏尼特左旗 ...................... 191
二连浩特 .......................... 193
多伦 ................................. 197
正蓝旗 .............................. 201


## 最佳住宿

- 红山宾馆（见176页）
- 恒硕酒店（见185页）
- 浩达假日酒店（见192页）
- 草原花海度假酒店（见199页）

## 最佳餐饮

- 木炭翁涮府（见176页）
- 天天红蒙餐（见193页）
- 锡林河饭店（见196页）
- 杭盖蒙餐烧烤城（见199页）

## 快速参考

- **人口：**104.7万
- **区号：**0479

## 为何去

如果你执意在内蒙古寻找最美的草原，那就来锡林郭勒吧。从东到西，森林草原、草甸草原、典型草原、荒漠草原依次铺陈，锡林郭勒将草原的各种形态都收入囊中。苍天寂寂，大地以绿色为肤，由山峦温柔勾勒线条，在光影与流云的共同作用下，草原展现出最上镜的状态。更为巧妙的是，每一条蜿蜒的“九曲”旁，总有一座缓坡与之匹配，供你登高纵览，不辜负美景。兼有草原、沙漠之姿又独树一帜的浑善达克沙地，以丰富的地貌和色彩揭开蒙古高原的另一面。

即便是最后的秘境，也无法挽回游牧文明走到尽头的命运，草原上已不见只身打马而过的牧人。也不用太过遗憾，形式会变，但刻在马背民族血液里的基因从未真正消失。年复一年敖包前的祭拜，与成吉思汗对长生天的敬畏殊途同归。那达慕上搏克手间的英雄惜英雄，正是曾经撼动世界的蒙古勇士精神的延续。北部长长的国境线上，内蒙古与蒙古国的草原无缝对接，国家有界，地理无界。岁月带走了一些东西，也留下被时光成就的美景，一座座孤傲的火山熔岩台地凸现在茫茫草海中，无声诉说着亿万年沧海桑田的故事。

## 何时去

**6月至8月** 一年中最美的季节。空气通透，天高云低。

**9月** 草原变成满目金黄，浑善达克沙地层林尽染，一个个水泡子迎来越冬的候鸟。

**11月至次年3月** 长达半年的霜期，气温最低达零下30℃，草原变雪原，提供了另类摄影题材。冬季那达慕也不可错过。

**4月至5月、10月** 春天雪刚化，沙尘暴便排山倒海而来，秋天同样是随风起沙的高发期。这两个“吃土”的季节最不适合看草原。

## 锡林郭勒亮点

1 日落前，爬上**游牧部落**（见182页）对面的敖包山，欣赏最美的河曲。

2 金莲花盛开的季节，在**元上都遗址**（见201页）追忆伟大的忽必烈王朝。

3 欣赏完怪石嶙峋的**乌里雅斯太山**（见184页）后，前往牧民的"私人领地"东音沟。

4 在美丽绝伦的**乃林郭勒**（见186页）追逐九曲湾的日出日落。

5 在苏尼特羊的家乡——**苏尼特左旗**吃手把肉、涮火锅（见191页）。

6 深入**浑善达克沙地**（见189页方框），看沙丘、草原、湖泊、森林的奇妙组合。

# 锡林浩特

如果你打算乘飞机进入锡林郭勒，锡林浩特是你的第一站；如果你从关内乘车而来，锡林浩特将在锡张高速的终点欢迎你。锡林浩特周边的草原称不上惊艳，但平如桌面的火山和数不清的大风车为它增色不少，它还是你认识草原植物的百科全书，由此开启草原之旅最合适不过。

身为盟府，锡林浩特将锡林郭勒盟的简称锡盟"霸为己有"，在长途车站购票时，锡盟就是你要去的目的地。



## 锡林浩特市

清朝时的阿巴哈纳尔部，1983年撤旗设市，遂有锡林浩特市。当下的锡林浩特正努力营造"马都"形象，赛马、马术、马主题的大型实景剧层出不穷，随着游牧文明的退场，套马的汉子也已难见，这里会是你了解草原"爱马士"的好地方。对于蒙古族文化的传承锡林浩特也不懈怠，每年两次开学季，此地的蒙古族学生会身穿传统的蒙古袍上学，甚至还有骑马上学的街头奇景。来内蒙古旅游你不该忽略这座城市，全盟旅游业不发达，它会是你索取旅游信息的绝佳地点，也是品尝羊肉和各色蒙餐的首选地。

### 方位

市区不大，以南北走向的锡林高勒河为界，河东是热闹便利的生活区，长途车站、住宿、餐饮都集中在此，相对空旷的河西是市政机关和博物馆所在地，继续往西是火车站、机场。全市最长的街——锡林大街贯穿河东、河西，自贝子庙向南延伸的额尔敦路最繁华。南郊是全新打造的"马都"，每年夏天有大型室内实景剧演出，并会举办多项赛事。

### 景点

**贝子庙** 寺庙

（见175页地图；☎810 3481；额尔敦路北端；门票20元，讲解100元；⏲8:00~18:00）贝子庙始建于清乾隆八年（1743年），得名于此庙的修建者——贝子（清朝高于公侯的官爵）巴拉吉尔道尔吉，并获乾隆帝御赐汉名"崇善寺"，历史上是内蒙古四大藏传佛教寺庙之一（另外三座是包头五当召、四子王旗希拉木伦庙、达茂旗百灵庙）。贝子庙建成后历经七代活佛、六次大规模扩建，形成了七大殿、五座活佛殿、30多个庙仓的大规模寺庙建筑群，鼎盛时期有1200多个喇嘛。遗憾的是，"文革"浩劫祸及贝子庙，如今看到的建筑多为现代复建。

本书调研期间，朝克沁殿、却日殿、明干殿三大殿仅开放朝克沁殿所在的院落。**朝克沁殿**是贝子庙的最高殿堂，即举行大型法事活动的地方。弥勒佛殿内供奉的两丈高的镀金弥勒佛像为全内蒙最高。每天早上9:00前喇嘛们在珠都巴殿做早课。上午的光线最适合拍摄贝子庙。你还可以登上钟楼敲钟祈福 免费 。你有可能看到一些信徒背着经书绕寺

### 锡林郭勒行前小贴士

- 羊惧人，不会走到你跟前来给你当模特，带上一支长焦，更容易捕捉它们动感的身影。最佳观景点所在的山头风很大，三脚架对于提高拍摄稳定性很有帮助。
- 牛羊遍地没错，牛奶却不如羊肉普遍，即使牧民每天早上挤的牛奶也来自奶水充足但不浓稠的花牛。你倒是可以试试酸马奶。
- 宾馆的矿泉水大多非免费供应。除了二连浩特需要空调度夏，其他地方晚上很凉爽，不必在意有没有空调，你需要它的可能性几乎为零。
- 马路的命名规律是东西为街，南北为路。除了锡林浩特、二连浩特之外，其他地方都没有门牌号，打车时，讲建筑名比路名更有用。各旗府没有公交车，街里打车起步价就够，长途汽车站无论远近都是10元。
- 小旗县商铺19:00~19:30就关门了，游客不多的季节，餐馆打烊也很早。

# 锡林浩特城区

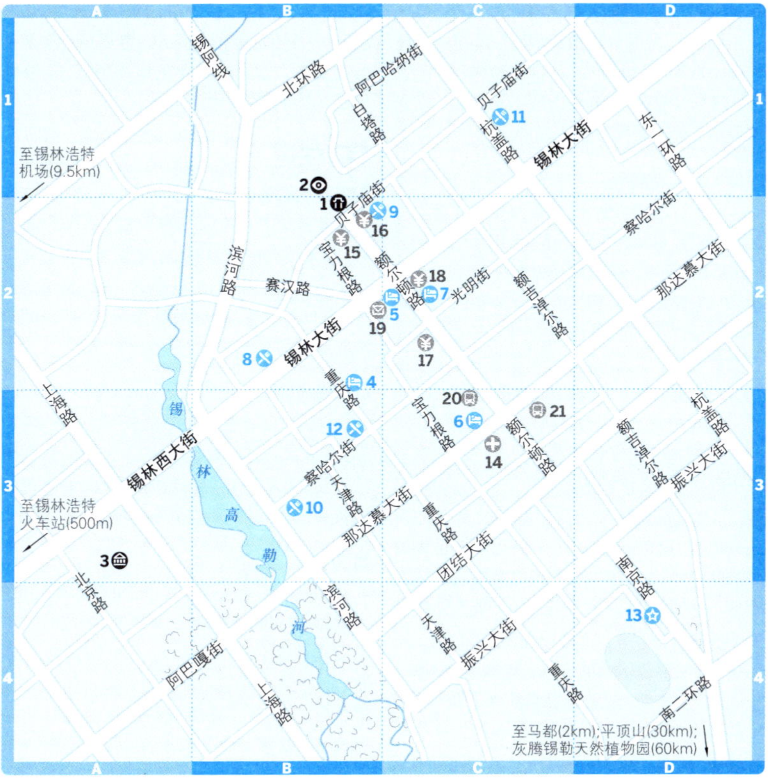




## 锡林浩特城区

### 景点

1 贝子庙 ............ B2
2 额尔敦敖包山 ............ B1
3 锡林郭勒盟博物馆 ............ A3

### 住宿

4 红日精品酒店 ............ B2
5 红山宾馆 ............ C2
6 舜天宾馆 ............ C3
7 怡和快捷宾馆 ............ C2

### 就餐

8 春卉火锅(总店) ............ B2
9 蒙古包子大王 ............ B2
10 蒙古汗美食 ............ B3
11 木炭翁涮府 ............ C1
12 森林木烤吧 ............ B3

### 娱乐

13 锡林郭勒赛马场 ............ D4

### 实用信息

14 锡林郭勒盟医院 ............ C3
15 中国工商银行 ............ B2
16 中国建设银行 ............ B2
17 中国农业银行 ............ C2
18 中国银行 ............ C2
19 中国邮政 ............ B2

### 交通

20 机场大巴乘车点 ............ C3
21 锡林浩特汽车站 ............ C3

庙转经，当地人相信这样做能增加功德、消除罪孽和减轻病痛。

沿寺庙后的台阶拾级而上，是建成于清乾隆十八年（1753年）的额尔敦敖包山（见175页地图），十三座敖包在山顶一字排开，额尔敦路从山脚向着繁华都市延伸。

### 锡林郭勒盟博物馆 博物馆

（见175页地图；锡林西大街锡林郭勒文化园；免费，讲解100元；⏲5月至10月7日8:30~11:30，14:30~17:30，10月8日至次年4月9:00~11:30，14:30~17:00，闭馆前30分钟停止入馆，周一闭馆）出发前你可能没有查到太多关于锡林郭勒的资料，那么，先来博物馆好好了解一下锡盟的历史背景和各旗的旅游资源吧。

博物馆共三层，参观顺序从上往下。三层的各个馆追溯了锡林郭勒自白垩纪时代以来的历史，馆藏文物包括东周的刀币、辽代鸡冠壶、元代金高足杯等。仔细找找吧，元代的熨斗或许会让你很意外。孩子们会喜欢仿真的“恐龙世界”。二层主要介绍草原游牧民族的生活、经济、艺术、宗教等，有大量关于牧民生活的图片展，展出了乌珠穆沁、喀尔喀、阿巴嘎、察哈尔等区域的不同服饰和头饰，除了马头琴，羊头琴、龙头琴也很让人开眼界。一层详细介绍了以成吉思汗和忽必烈为首的蒙元帝国，这里还有一个岩画馆，陈列的岩画皆采集自锡林郭勒盟。

博物馆坐落于占地面积广阔的锡林郭勒文化园，总体布局仿照成吉思汗时代古列延式的军阵，中心是一个宏大的下沉式圆形广场，成吉思汗青铜雕像高高耸立于花岗岩石柱上，其后的巨大“蒙古包”便是博物馆。

## 节日和活动

### 祭敖包 蒙古族节日

农历五月十三的祭敖包是蒙古族一年中最盛大的节日。身穿民族服饰的蒙古族人，带着哈达、奶食品和酒等来到贝子庙，待喇嘛们诵经、跳查玛舞后，一齐前往额尔敦敖包山敬拜神灵、祈求风调雨顺。不过锡林浩特的祭敖包活动已偏商业化，草原上各旗的祭敖包更淳朴。

### 那达慕 蒙古族节日

那达慕在7~8月举行，时间不固定，通常在立秋左右，为期2~3天。那达慕主要分赛马、摔跤、射箭三项赛事，即俗称的“男儿三艺”。一个有意思的现象是，赛马场上多是小娃娃骑手，威武雄壮者在摔跤场上，安静的射箭场属于心静的年长者。

## 住宿

### ★ 红山宾馆 酒店 ¥¥

（见175页地图；☎698 9988；锡林大街296号；标单/双 168元/188元；❄📶Ⓟ）这家酒店位于市区中心，离贝子庙很近，周边餐馆选择多。房间漂亮干净，床柔软舒适，大而花哨的洗脸池很另类。旺季时性价比非常高。

### 红日精品酒店 酒店 ¥¥

（见175页地图；☎823 5551；重庆路158号；标单/双 248元起；❄📶Ⓟ）令人满意的住宿体验。房间宽敞，有半身镜和吹风机。原木色的地板和家具，装饰简洁但不粗糙。

### 舜天宾馆 酒店 ¥

（见175页地图；☎811 0606；那达慕大街18号；标单/双 150元/168元；❄📶Ⓟ）旺季时汽车站附近性价比较高的住宿。房间干净，壁纸素雅，洗浴热水舒服。双人间比单人间宽敞得多。不过，毕竟不是正规酒店，入住前，有必要选一下房间，部分房间存在厕所异味、Wi-Fi信号不好等问题。

### 怡和快捷宾馆 旅馆 ¥

（见175页地图；☎698 7788；额尔敦路；标单/双 128元；❄📶Ⓟ）就在闹市区，位置很好。房间普通，类似招待所，不过洗手间大且干净。特价房（98元）没有空调，热水器为太阳能。

## 就餐

察哈尔大街南段（重庆路以南）是餐饮集中区。贝子庙广场两边有很多蒙古茶馆，是吃早餐的好地方。曾经很火爆的手把肉一条街如今已消沉，比手把肉更受本地人追捧的是烧烤，夏日几乎各条街上都飘出烧烤的香味。

### ★ 木炭翁涮府 火锅 ¥¥

（见175页地图；杭盖路362号；人均70元起；⏲11:00~22:00）在本地人中口碑很好的一家火锅店，价格实惠。手切肉很厚，手切鲜羊肉（50元）、羔羊（40元）等的肉类都是足斤，蔬菜10元起。清汤锅底更能体现草原羊肉的原汁原味，15种蘸料是重口味者的福音。

### 蒙古汗美食 蒙餐 ¥

（见175页地图；察哈尔街44号；人均40元起；◷6:30~21:30）蒙古族经营的蒙餐厅，上过内蒙古卫视。特色是比特蒸汤（蒸罐上覆一张饼皮），有风干牛肉爵克、鲜羊肉、沙葱风干牛肉爵克和野生蘑菇蒸汤等十来种口味，也供应手把肉（85元/斤）、血肠（40元/斤）等。早餐种类是所有蒙餐厅中最丰富的，可以尝尝爵克拌炒米（小/中/大18/22/28元）、奶皮子拌炒米（32元）、果仁米饭（20元）等。如果牧区酸奶的酸度是你不能承受的，可以试试相对温和的酸马奶。

### 春卉火锅（总店） 火锅 ¥¥

[见175页地图；☎827 3888；锡林大街西段（原一中对面）；人均90元；◷10:00~22:30]1986年开业的老字号，游客比本地人多，不过味道不差。手切羊肉是主打，每天早上新鲜宰杀的冷鲜肉（78元/半斤）最值得点。蔬菜可以按半份点。蘸料就有十来种，看上去排场就很大。

### 森林木烤吧 烧烤 ¥

（见175页地图；☎810 9779；察哈尔街南段；人均50元；◷16:00至次日3:00）夏天，锡盟的年轻人下班后都泡在烧烤店内。这家店人气很旺，装饰风格正如其名。近40种烤串（3元起）既有本地特色的羊肉，也有另类的烤大枣、蚕蛹、奶豆腐等，人多的话可以点烤羊排（128元）。

### 蒙古包子大王 蒙餐 ¥

（见175页地图；贝子庙街285号；人均20元起；◷6:00~21:30）全城很多分店，鲜美多汁的羊肉包子（80元/斤）是特色。炒菜有羊肉炒沙葱（38元）、米香羊排（68元）等，蒙古面、汤饺、肉饼等为主食。

## ☆ 娱乐

大型室内实景剧**《蒙古马》**（☎400 678 0479；www.mgmsjj.com；马都马文化演艺厅；票价200~668元；◷19:40~21:00）于2017年8月推出，场面宏大，舞台设计、演员造型都会带来唯美的视觉享受。据本书调研作者了解，每年夏天《蒙古马》都会开演（约7月初至9月中旬）。演出场地在南郊的马都，没有公共交通接驳，从市区打车过来15元。

夏天（2017年7月20日至9月1日），**锡林郭勒赛马场**（见175页地图）每天晚上有传统马术表演（☎829 9400；票价100元；◷19:00~20:00），包括套马、赛马、立马、驯马、马背拾哈达等。

## 购物

纪念品店集中在贝子庙广场东西两侧的街上，以蒙、俄、藏商品为主，也充斥着不少“义乌货”，一些店内会出售晒干的草原蘑菇，如果你接下来将前往东乌旗，那边更便宜。

## 实用信息

### 医疗服务

**锡林郭勒盟医院**（见175页地图；那达慕大街9号）距长途车站很近。

### 银行

银行或24小时ATM分布范围很广。中心路段能找到**中国银行**（见175页地图；额尔敦路与锡林大街交叉路口；◷9:00~17:00，周日休息）、**中国工商银行**（见175页地图；额尔敦路113号；◷9:00~17:00）、**中国建设银行**（见175页地图；额尔敦路150号；◷9:00~17:00，周六休息）和**中国农业银行**（见175页地图；额尔敦路；◷9:00~17:00，周六休息）。

### 邮局

**中国邮政**（见175页地图；锡林大街；◷8:00~17:30）

## 到达和离开

### 飞机

**锡林浩特机场**（☎821 3931；市郊西南9.5公里）目前只与北京、呼和浩特、大连、天津、哈尔滨通航，暑期也常能买到5折甚至折扣更高的机票。

### 长途汽车

**锡林浩特汽车站**（见175页地图；☎822 3592；那达慕大街21号）位于市中心，每天有发往盟内、省内和北京、河北多地的班车。车站可寄存行李（大包10元/天，小包8元/天）。

### 火车

**锡林浩特火车站**（☎822 5522；锡林西大街西端与

## 锡林浩特汽车站车次时刻表

| 站点 | 发车时间/班次 | 票价(元) | 行程(小时) | 备注 |
|---|---|---|---|---|
| 东乌旗 | 7:20, 9:00, 11:20, 12:50, 14:20, 16:00 | 60 | 3.5 | |
| 西乌旗 | 7:00, 9:00, 10:20, 12:00, 14:00, 16:00 | 45 | 2 | |
| 乌拉盖 | 8:00, 10:30 | 70 | 5 | |
| 阿巴嘎旗 | 9:30, 11:00, 13:30, 14:30, 16:00, 17:00 | 26 | 1.5 | |
| 二连浩特 | 7:40, 13:40 | 105 | 5 | 路过阿巴嘎旗 |
| 东苏旗(苏尼特左旗) | 12:00, 15:30 | 55 | 3 | 路过阿巴嘎旗 |
| 正蓝旗 | 10:20, 14:00, 15:00 | 70 | 3.5 | |
| 多伦 | 7:20, 9:00, 12:00 | 80 | 4 | |
| 北京 | 7:20, 10:00, 12:00, 18:30, 19:30, 19:40, 20:00 | 220/280(卧铺) | 9/12(夜班) | 19:30、19:40为卧铺 |
| 呼和浩特 | 7:00, 8:20, 9:40, 11:00, 11:30, 13:00, 14:30, 18:20, 19:40, 20:00 | 160/165(卧铺) | 9/12(夜班) | 20:00为卧铺 |
| 赤峰 | 6:20, 8:20, 10:00, 11:30, 14:00 | 123 | 6 | |
| 克什克腾旗 | 6:40, 14:30 | 50 | 3 | |

207国道交汇处)每天有车发往二连浩特、包头、呼和浩特、乌兰浩特。

## 当地交通

### 抵离机场

**机场大巴乘车点**(见175页地图;☎158 4790 5045)在草原公园门口,每天发4班车:8:40、12:10、14:50、17:30,票价10元,行程45分钟。打车去机场的话需50元。

### 公交车

锡林浩特市内公交系统很方便,最有用的是1路和2路公交,前者连接火车站、博物馆(行政中心站)、汽车站,后者连接汽车站、贝子庙(怡翔电器站)。1路公交票价2元,其余公交票价都是1元。

### 出租车

出租车起步价6元。如果你需要包车前往周边景点,出租车司机比客运站附近的私车报价合理。

租车店都在振兴大街西端,大多数店越野车、商务车价格一样,300~350元/天,需要支付2000~4000元的押金。

# 207国道沿线

出市区往南便是草原,一路向南60公里,沿途有3个景点,包车需200~220元。再往南约40公里就能到洪格尔高勒(见190页),预算增加200元能将后者的三个景点一并游览,比到了阿嘎巴旗再转车方便和省钱。沿线有不少牧民经营的游牧之家(简单的蒙古包,100~300元),自驾者若想把更多时间留在草原,追逐日出日落,可以投宿。

## 景点

### 锡林九曲 草原

(距锡林浩特市区15公里;免费)锡林九曲从达里诺尔蜿蜒而来,沿途本是河水奔腾、绿野茵茵,却因上游建水库截流,加上连年干旱,河水接近干涸,成了小水沟,附近的水库也不再丰盈,缩水近半。如果你不打算包车走207国道全程,就不要专程为九曲而来了。不过,九曲旁的锡林河旅游度假村(☎186 3204 4710)的现代版蒙古包是这条线上条件最好的住宿地，除了提供住宿（7月、8月480元，6月、9月380元）、餐饮，也有骑马（小圈/大圈60/100元）、射箭（3元/支）等娱乐项目。

### 平顶山

山

（距锡林浩特市区30公里；免费）如果你是坐着汽车从南向北进入锡林浩特，沿途你一定不会错过左侧窗外那一片平整、等高的山脉，它们仿佛被齐齐削去了山顶。两百万年前这里还是湖泊，第四纪火山喷发后，熔岩流向湖底，形成玄武岩层，再随后期地壳运动被整体抬升，加上风雨侵蚀、河水切割的外力，最终演变成“一刀切”的平缓山顶。

昔日平顶山上绿植丰富，但因环境保护意识欠缺，牧民常在此砍树，回家为牲畜搭圈，山便一天天地秃了。十几座山中有一座被开发为旅游景点，可沿修葺良好的台阶攀至山顶平台。

### 平山沙地双面人雕塑

观景点

（207国道38公里处；免费）一座屹立在207国道边的双面雕塑，一面为蒙古族女性头像，一面为男性头像。这里已是浑善达克沙地边缘，眼前的景象似林非林，沙地里黄绿相间，如果你不打算深入浑善达克沙地，不如来此浅尝。这里还是眺望平顶山日落的好位置。

### 灰腾锡勒天然植物园

草原

（207国道60公里处；门票 20元）越往南，你会发现草原越茂密，植物种类也丰富起来，绿基调中有了红黄蓝紫等百花点缀——这时你已进入草甸草原。占地面积广阔的灰腾锡勒草原便是其中的典型，这里生长着线叶菊、蓝刺头、羊草等植物。

灰腾锡勒还是全世界仅有的两处野生柳兰生长地之一（另一处在英国），每年8月初至中旬是柳兰开花季，园内的柳兰沟被紫色覆盖。园内指示牌所指向的柳兰沟，面积非常小，就像城市公园里某一处集中展示的花景，更多的人会爬上旁边的山头拍摄草原和风车。实际上，园内更深处还有一片更大的天然柳兰，那里更有看头，可以问问包车司机是否认识，或在购票时让售票员为你指路。园内的鸽子山是与平顶山几乎同时期火山喷发后形成的复合火山锥。

## 锡林郭勒东线

乌珠穆沁草原的游牧文化由来已久，匈奴、东胡、乌桓、鲜卑、突厥、契丹、蒙古族轮番打马而过。13世纪时，生活在阿尔泰山的乌珠穆沁部乘着勒勒车南迁至此，最终成为这片草原的主人。1969年，第一批插队内蒙



### 锡林郭勒草原自然保护区

1987年，**锡林郭勒草原自然保护区**（锡林浩特市区东南70公里；门票15元）被联合国教科文组织纳入“国际生物圈保护区”，也被国际植物界誉为欧亚大陆的样板草原。保护区内涵盖了草甸草原、典型草原、沙地疏林和河谷湿地等多种草原形态，生长着榆树、白桦、山杨、山杏、沙蒿等植物。

但别以为名头很大就必然风景独好，它大部分区域是“被保护”的，作为普通游客无缘亲近。理论上景区内共四个观景点：扎格斯台淖尔、芍药谷、白桦林和云杉林，不过后两者如今被列入核心保护区，旅行者禁止入内。芍药谷对外开放，花季在6月25日至7月10日，其余时间很平庸。“淖尔”在蒙语中是湖泊之意，从景观上来说它与草原上任何一个稍大一点水泡子并无两样，你可以在扎格斯台淖尔旁野餐或在指定区域露营。湖边有个博物馆，陈列了很多草原上的动植物、昆虫标本，算是保护区里最有看头的景点了。

从锡林浩特市区包车往返保护区需200元。建议与207国道连线包车（400~450元），结束灰腾锡勒草原游览后有一条草原间的柏油路可以横穿，然后在白音锡勒赛马场切入303国道，沿线已在保护区内，景色还比收费的保护区更美。到达卧龙泉（草原上的一个水泡子）前，可以让司机稍微绕路500米去漫水桥看看，那里是锡林九曲上游，所谓“漫水桥”是指九曲穿公路而过，并漫上了公路。

古的知青来到这里，包括著名作家张承志和《狼图腾》的作者姜戎，之后，乌珠穆沁草原成了文学作品中的常客。

乌珠穆沁草原的美一点不亚于名气更大的呼伦贝尔草原，又比后者低调质朴得多。作为落脚点的旗府所在地看点不大，草原美景都在四周。包车或自驾是最好的游览方式，有名字的景点大多有一座山头坐镇，可爬上去俯瞰广阔的大草原，当然沿途还有太多未冠名的美景等待你去发现。

草原未变，牧人的生活已变，穿蒙古袍的蒙古族越来越少，勒勒车成了草原景区的一道摆设，牧人骑着马手持套杆赶羊群牧归的景象不见了，也听不到悠扬的马头琴声，只有KTV里传出一首接一首的蒙古歌曲。

正常来说，夏天西乌旗、东乌旗、乌拉盖的住宿都会涨到300元以上，2017年因大旱没涨价。本书所写的住宿价格均为2017年夏天调研时的价格。



## 西乌珠穆沁旗

西乌珠穆沁旗简称西乌旗，是乌珠穆沁草原的门户。这里是搏克胜地，有着全内蒙古最好的摔跤手；它还是白骏马之乡，那达慕上百匹白马踏飞尘土奔腾而来的景象是其他旗没有的。如果你想看身骑白马的蒙古汉子，别错过那达慕。

相对于周边美景，旗府巴拉嘎尔高勒镇有点平庸，吃住选择不如东乌旗多。如果你坐长途汽车而来，不必坐到车站下，在文化广场附近下车更方便找住宿点。

### 景点

**栋阔尔庙** 寺庙

（文化广场旁；免费；⏲7:00~16:00）栋阔尔庙始建于1924年，原是西乌旗王爷府的家庙，1930年为迎接九世班禅的到来又增建行宫，所以此庙也叫九世班禅行宫。

车来车往的庙门前有两尊涂抹怪异的石狮和一面画有十相自在图的朱红照壁，以此震慑外界灵怪。进入大门后是一座白色覆钵式佛塔，四面供奉着四大天王。大殿外悬挂一块原西乌旗大庙的寺匾，刻汉、蒙、藏三种文字的“大乘法胤法轮寺”。寺院南墙边摆放着原大庙残存的几通花岗岩佛造像石刻。

每天都有信众来庙里磕头、供灯。和贝子庙一样，本地人也会背着经书跟随喇嘛绕寺庙转经，若打算依葫芦画瓢，记得按单数顺时针转圈。

### 节日和活动

夏天西乌旗的节庆活动总是异常丰富，从5月持续到8月底，包括祭敖包、那达慕、草原山地车挑战赛、汽车越野挑战赛、草原歌曲大赛等活动，每年举办时间不定。

### 住宿

正常来讲，那达慕期间所有酒店价格会上涨100元左右。如果夏季草原久旱无雨，旅游人气也不足，酒店涨幅不大，你甚至能找到50元的标间，条件也还过得去。

**哈达宾馆** 酒店 ¥¥

（☎352 9997；罕乌拉街中段帝客隆超市以东；标单/双 198元/228元；❄📶🅿）地理位置非常好，离文化广场很近，长途汽车进城必经路段。房间很漂亮，没有污渍，地毯、床上用品都很舒适，有半身镜。卫生间宽敞、干净。淡季房价100元出头。

**天皓商务宾馆** 酒店 ¥¥

（☎395 9777；乌珠穆沁街中段；标单/双 268元/288元；❄📶🅿）2016年新开的酒店，硬件设施很好。房间干净、漂亮，床舒适，地毯柔软，卫生间是素雅的灰色瓷砖。嵌壁式空调和电视让空间看起来很大。房间内有电脑。不过酒店提醒，热水器容量不够大，两人轮流洗澡间隔时间最好长一些。淡季房价约120元。

**沁旺宾馆** 旅馆 ¥

（☎151 4853 8030；罕乌拉街中段帝客隆超市对面；标双120元；❄📶🅿）地段好，价格好。如果你不介意房间是否漂亮，只求干净和便宜，这里合适，除了地毯看起来清洗不及时。入住率不高时，房价可以低20元左右。

**君悦商务酒店** 酒店 ¥¥

（☎352 9933；乌珠穆沁街和巴彦高勒路转角处；标单/双 220元/240元；❄📶🅿）房间超级大，简单、干净，有电脑和半身镜。淡季房价

100元左右。

## 就餐

巴拉嘎尔街南段是当地人口中的景观大道，想吃蒙餐就来这里，很多店都营业至21:00。柴达木路中段的饭馆以汉餐为主。

### 乌兰茶馆总店
蒙餐、早餐 ¥

（罕乌拉街中段；人均约15元；⏲6:00~21:00；📶）开了十多年的老店，本地人很认可。蒙式早餐有羊肉馅包子、肉饼、糖酥饼等，铜锅奶茶烧得很正宗，普通米茶10元/壶起。手把肉和血肠都是75元/斤。虽然营业到晚上，但晚餐依然以肉饼为主，没有炒菜，可以尝尝汆羊肉（20元）。

### 巴音艾里蒙餐
蒙餐 ¥¥

（☎352 3111；景观大道南端；点菜人均70元；⏲6:30~21:00）蒙餐餐馆中，很受本地人好评的一家店。除了常规的手把肉（70元/斤），烤羊排（168元）和烤羊腿（198元）适合多人点。羊肉类的炒菜味道也不赖。主食以面、包子、馅饼为主。

## 实用信息

罕乌拉街上有**中国工商银行**（⏲9:00~17:00）和**中国邮政**（⏲8:00~17:30），中国建设银行24小时ATM位于巴拉嘎尔街和巴彦高勒路交叉口。

## 到达和离开

### 长途汽车

**西乌汽车站**（☎352 2716；柴达木街西段）在巴拉嘎尔高勒镇西北角，有发往锡林浩特（7:10、8:30、9:30、10:30、10:45、11:20、12:00、13:30、14:45、16:00；45元；2小时）、东乌旗（8:30、10:00、12:30、13:00、14:30、15:00、15:40；35元；2小时）、乌拉盖（12:30；62元；3小时）等地的班车。

### 火车

西乌旗火车站距离巴拉嘎尔高勒镇约7公里，每天只有1对呼和浩特与乌兰浩特对发的列车途经此站，到锡林浩特车程2.5小时，且是夜班车（23:04），对旅行者而言并不实用。

## 当地交通

巴拉嘎尔高勒镇上步行即可。出租车起步价3元，县城内打车3~6元，去汽车站6元，去火车站20元。

文化广场对面有几家自行车租赁行（6:00~22:00），租车20元/天。出城三四公里就是草原，如果想去景点，骑17公里到蒙古汗城并无压力，其他景点一天时间够去不够回。

# 西乌珠穆沁旗周边

走出巴拉嘎尔高勒镇便是辽阔的草原，无论是在307省道以南，还是在更广阔的东南方，都有一幅幅天然画卷。东南线沿途有很



**当地知识**

### 不是所有的草场都叫草原

内蒙古有草原，新疆有草原，甘南也有草原，所有的草场都能放牧，但并非所有叫草原的都呈现同一种形态。大体而言，从呼伦贝尔到锡林郭勒，草原从东到西依次为森林草原、草甸草原、典型草原、荒漠草原，彼此又互有交叉。

森林草原也叫山地草原，降水丰沛，地势起伏大，通常为丘陵、高山台地相夹的一马平川的草场，新疆伊犁草原多属于这类型。草甸草原处于森林向草原的过渡地带，气候湿润，水草丰美，就如“风吹草低见牛羊”所形容的，呼伦贝尔草原有部分属于这类。典型草原的草场湿润，草相对要低一些，锡林浩特周边的草原是此类代表。荒漠草原气候干旱，降水稀少，植物低矮稀疏，以旱生小型丛生禾草为主，典型的有苏尼特草原。

更严谨的区分标准是以针茅植物为样本，例如大针茅、克氏针茅居多的是典型草原；贝加尔针茅占优的是草甸草原；戈壁针茅通常出现在荒漠草原上。不过，除非植物学家，普通人很难从外貌上辨别它们的不同，不如不求甚解，让眼睛看爽了就好。夏日时，针茅形如芦苇，大面积地“铺”在草原表面，随风柔软起伏着，形成不可错过的美景。

多私人开发的度假村，现代化蒙古包住宿、餐饮、娱乐一体化，自驾的话不必日落后赶一个多小时路程回县城，可以就近住在草原，也方便第二天一早赏日出。

以下景点中，蒙古汗城、游牧部落、遥鲁海日罕山在一条线上，连线包车游览约250元。乌兰五台和成吉思汗瞭望山在307省道以南，一起包车150~200元。理想的包车游览顺序是上午走307省道一线，下午往遥鲁海日罕山方向，游牧部落的日落是全程最大亮点，一定要在18:30（夏季）前赶到这里。包车司机聚集在西乌旗中国工商银行（见181页）门口，报价混乱，蒙古族司机图力古尔（☎157 0479 5511）很实在，包车一天走完以上所有地方360元。

## 蒙古汗城

这是离巴拉嘎尔高勒镇最近（15公里）的景点，也是西乌旗名气最大的景点，旅游旺季时人气极高。不过，这片草原更适合玩乐而非赏景，草原所处的位置缺乏居高临下的山头，草原本身的地形走向也不够上镜，若以拍摄大片为目的，这里并不理想。

称它为度假村更贴切，入口的木质城墙让人误以为走进了一座影视基地。以金顶大帐为中心，周围有100多顶大大小小、豪华或普通的蒙古包可供住宿（通铺 240元，标间320元起），就餐时段餐厅里有蒙古族歌手伴唱，每天晚上有篝火晚会。可以玩的项目很多，除了骑马（80元/4华里/15分钟）、骑骆驼（50元）、射箭（30元/10支）等，你还可以通过访问牧民（80元），观看挤牛奶、捡牛粪、煮奶茶等。如果没有机会参与真正的那达慕，看这里表演性质的小型那达慕（50元/人）也可以过过眼瘾。

从巴拉嘎尔高勒镇打车前往单程35元，回程让司机过来接也是35元。

## 成吉思汗瞭望山

**成吉思汗瞭望山**（距巴拉嘎尔高勒镇35公里；门票20元）位于307省道南边，距蒙古汗城很近，但路不好走，从蒙古汗城开车过去也要40分钟。

传说成吉思汗南下征金时，曾登上此山头寻找心爱的两匹骏马。山脚的草原禁牧，牛羊不可涉足，要留到8月中旬打草用，所以你在这之前到来的话，不但能看到花海如织，草也比别处高很多。一座敖包高踞山顶，站在最高处俯瞰四周，远近高低隆起的山丘与大地浑然一色，光影与流云营造出深深浅浅的绿，草原公路如满目绿色中的一根丝带。

从山脚爬上山需要约40分钟，车可以开到接近山顶处，但车辆需付过路费（10元），不想自己爬上山的话，提前与司机确定谁为此埋单。

## 乌兰五台

草原上的**乌兰五台**（距巴拉嘎尔高勒镇65公里；门票50元，观光车10元）是锡林郭勒草原的佛教圣地，庙前整齐的六座白塔与山上两座白塔组成了八宝如来塔。20世纪60年代乌兰五台遭受严重损毁，2006年修缮并增建"天下第一大敖包"，从此成为西乌旗重要的祭祀场所，每年农历五月十三会举办盛大的祭敖包活动。

五台山脚下，清康熙三十九年（1700年）建成的浩其德王庙，由七座大小不等的小庙组成，可一并游览。

从巴拉嘎尔高勒镇包车往返需150元。

## 游牧部落

草原虽美，但表现方式相对单一，都是绿色地毯从眼前铺至天际，但有了水就很不一样了，不但润泽草原，还能提升美感。**游牧部落**（距巴拉嘎尔高勒镇50公里；门票20元）所在的位置无可挑剔，巴拉噶尔河在草原上尽情展现曲线的魅力，其对面有一座高高的敖包山，站上去可将大自然的神来之笔全部收入眼中。颜值能打多少分由时间决定，日落前半小时登上敖包山，看光线为草原色彩逐渐增加饱和度，弯弯绕绕的河曲上，正上演着"黄昏饮马傍交河"的戏码，牧归的牛羊也组成方阵聚拢而来，而身后如波涛起伏的山峦因柔和的光影而兼具雄浑与温柔。

如果你是自驾，又计划住在草原上，吃住玩一体化的游牧部落是不二之选，这里提供蒙古包住宿（6~8月，200元起）、餐饮、骑马、射箭等。

游牧部落位于西乌旗至巴林右旗沿途，开车单程需1小时。

### 遥鲁海日罕山

从游牧部落往前20多公里，公路两边白桦林开道，你已进入古若斯台生态保护区，草甸草原逐步变化为森林草原。**遥鲁海日罕山**又名半拉山，因其形状一半缓坡、一半峭壁、远观如高高掀起的巨浪而得名。山脚下的金莲滩在6月底至7月初开满了金色的花朵。继续往前5公里将进入核心保护区，已属小兴安岭余脉，林场全面替代草原，风景很美。

## 东乌珠穆沁旗

跟西乌旗相比，和蒙古国共享500多公里边境线的东乌珠穆沁旗更显辽远、古老和神秘。半个世纪前，知青们走入了牧民的生活，也把草原的故事带出了内蒙古。

东乌旗周围水资源贫乏，夏天草原绿不绿老天（下雨）说了算。旗府乌里雅斯太镇吃住都很便利，乌珠穆沁羊是奔波一天后的最佳抚慰。这里还可以买到地道的蒙古国商品，性价比高于盟府锡林浩特。

### 景点

镇西南55公里处的额吉淖尔盐湖以盛产大青盐闻名，是内蒙古的三大盐场之一，盐池呈橙红色。不过本书调研期间，处于封闭式开采中，游人无法进到湖前。

**乌珠穆沁博物馆** 博物馆

（见184页地图；☎322 1875；乌里雅斯太广场西侧；免费；⏲8:50~11:10，14:50~17:10，周一闭馆）博物馆由两个民俗展厅和一个文物展厅组成，以图片加实物的方式介绍了乌珠穆沁的草原文化。民俗展中，大量老照片和陈列品能让你了解真正的草原牧民生活、民间艺术、宗教信仰等。文物厅内所展出的藏品皆出土于本地，包括草原旧石器文明的重要遗址——金斯太洞穴遗址，厅内还有蒙古族圣典《蒙古秘史》的相关资料。

**喇嘛库伦庙** 寺庙

（镇北喇嘛库伦山脚；免费；⏲8:00~11:30，14:30~16:00）位于镇北的喇嘛库伦庙，历史上是内蒙古地区藏传佛教三大库伦之一。它1781年刚建成时的样子，只是在几顶蒙古包四周垒筑库伦（蒙古语意为寺庙院墙），僧侣在蒙古包内诵经，属于蒙古草原上特有的“帐篷寺庙”。寺庙最鼎盛时有近1600名喇嘛，1956年后乌珠穆沁旗政府也一度设在此庙中。



### “九曲”摄影指南

草原上的河曲从来不爱走直线，它就如一个华尔兹舞者，不断回头转身，将S形“凹”到极致。所谓九曲当然不止9个转弯，草原未到尽头，它便百转不停歇。乃林郭勒、乌拉盖、游牧部落都是乌珠穆沁草原上的九曲，清晨与日落是拍摄的最佳时机，如果你没有时间一一游览，我们为你提炼出它们各自的特点，供你做决定。

**乃林郭勒**（见186页）为南北走向，最佳观景点白石头山位于河曲西面，拍日落光线最好，而清晨迎着朝阳，逆光下的九曲如一条银链也是极为独特的画面。白石头山与河曲相距咫尺，山头不太高，即使你没有长焦镜头，也能拍出满意的画面。但遇旱季时这里旱情最严重，草地像患了斑秃，河床见底，景观大打折扣。且九曲畔无住宿，你得前往30公里外的满都住宿，或在九曲旁露营。

**乌拉盖九曲湾景区**（见188页）气势最磅礴，曲线极为出众。观景台所在的山头不算低，九曲一览无余，但距离九曲较远，河曲被茂盛的树木掩盖着，只见九曲之形难见九曲之河，从拍摄需求来说，山头又不算高，你还需要一支广角镜头。撇开拍摄不说，乌拉盖草原保护得非常好，几乎不受旱情困扰，但商业化严重，且是收费景区。

**游牧部落**（见182页）九曲的形状与乃林郭勒类似，最佳拍摄点所在的山坡高度、距离都适中，草原上散落的蒙古包正是最佳点缀。除了从正面拍九曲，其背后的山脊线条也极为优美。你需要一支长焦镜头。九曲畔有度假村可供住宿。

## 东乌珠穆沁旗城区

修缮一新后的寺庙气势磅礴，长长的红围墙内是古朴与华丽兼备的建筑，大殿为重檐歇山顶，外悬匾额以汉、藏、蒙三种文字刻“集惠寺”，庙里仅十来个喇嘛，大多数时候这里很安静。

寺庙背后的敖包山上，排列着13座敖包，站在这里可一览草原包围城镇的景象。农历五月十三有祭敖包活动。

### 乌里雅斯太山 山

（乌里雅斯太镇北27公里）茫茫大草原上，屹立着一座怪石堆砌成的山，一路往上攀爬，连山路小径也越发嶙峋。站在山顶环顾，四周皆草原，东、南平缓，天地茫茫在远处对接，西面是一个个隆起的山丘，来时的行车道已变成满目绿色中细细的一条曲线。

不要止步于此，你还应该继续驱车深入，附近的**东音沟**是一片更原生态的草原，你不会看到汽车、电线杆等碍眼的事物，你也可能是唯一的闯入者。这里的石头有着和乌里雅斯太山一脉相承的怪异风格。沟是凹陷于草原的一条山沟，牛羊牧归时会在此饮水。据本地人说，沟底有暗河与额吉淖尔盐湖相通。往山坡高处走一走，寻找一下放牧的牛羊，欣赏一下黑骏马奔驰时的优美身姿。东音沟属于私人牧场，会有牧民向外来车辆收取20~30元的过路费，包车时要和司机说好这笔钱由谁支付。

包车前往乌里雅斯太山需120元，加上东音沟180元。

### 珠恩嘎达布其口岸 口岸

（镇北约68公里）相对于其他口岸，中蒙交界的珠恩嘎达布其口岸清冷而落魄。小镇本身没看头，除了穿梭的蒙古国牌照汽车，并无异域风貌可言，国门与界碑也常有管制

## 东乌珠穆沁旗城区

景点
1 乌珠穆沁博物馆 A2

住宿
2 8090主题宾馆 C3
3 高勒宾馆 B2
4 恒硕酒店 B1
5 乌里雅斯太宾馆 B1

就餐
6 草原肉饼家常菜 B1
7 赛义德蒙餐 B2
8 图拉嘎焖汤 B2

购物
9 道特皮毛 C1
10 金伦蒙商 C1
11 锡穆泰牧业直营店 B2

实用信息
12 中国农业银行 C1
13 中国邮政 C3

交通
14 东乌旗汽车站 D4
15 小客运站 B1

关闭不向旅行者开放。如果打算前往，建议先向常跑口岸的包车司机问清楚国门与界碑是否开放，如果不开放前往的意义不大。当然，沿途的草原风光并不差。包车往返约150元。

## 节日和活动

距东乌旗45公里的白音敖包是全旗最大的敖包，距今已有300多年的祭祀历史，每年农历六月初三在这里举办敖包节。节日前两天，牧民们就会从四面八方赶来，驻扎在这里热热闹闹地过节。

东乌旗每年春天还会举办马文化节，可以看到套马、打马印、赛马等传统表演；秋季有乌珠穆沁羊节；冬季那达慕的欢庆活动有祭火、搏克、赛马、赛骆驼、雪雕等。

## 住宿

### 高勒宾馆 旅馆 ¥

（见184页地图；322 6363；罕乌拉路靠近乌拉盖街；标双 150元；）2017年开业的宾馆，装修简单，也很温馨。普标100元，房间稍小，没有窗，有风扇，因是新开的，调研期间尚未发现因不透气而产生的异味问题。

### ★ 恒硕酒店 酒店 ¥¥¥

（见184页地图；322 7999；乌拉盖街靠近罕乌拉路；标单/双 368元；）全旗最高档的酒店，设施标准介于商务酒店和四星级酒店之间，有中央空调。房间和洗手间非常大，一尘不染，床柔软，有半身镜。酒店地段也非常好，离中心区和博物馆都很近。

### 乌里雅斯太宾馆 酒店 ¥¥

（见184页地图；322 1704；乌拉盖街靠近乌珠穆沁北路；标单/双 168元；）虽然常被旅行社“包场”，入住体验依然不错。房间中规中矩，铺实木地板，不过房间内只有一个不太实用的小茶几，没有桌子。

### 8090主题宾馆 旅馆 ¥

（见184页地图；322 1525；罕乌拉路南端；标双 100元起；）房间设计很花哨：天蓝色印花地毯，天花板和整面墙的草原风光照，还有类似KTV的灯光。房间很干净，床品也舒适，带电脑。有窗的房间（120元）不多。普标（55元）不含卫生间，也干净。隔壁的KTV可能会影响睡眠。

## 就餐

### 赛义德蒙餐 蒙餐 ¥¥

（见184页地图；322 8811；乌拉盖街靠近罕乌拉路；点菜人均60元起；6:30~22:00）乌珠穆沁羊很有名，所以不要错过手扒肉（68元/斤），最小的约7~8两，适合一个人就餐，可以让店家帮你把肉剔下来。蒸羊肉（58元）、羊头捣蒜（58元）也都原汁原味。红火红火（24元）是浸在冰块里的一道本地果子，味道甜中带酸，夏天吃很爽口。

### 图拉嘎焖汤 蒙餐、汉餐 ¥¥

（见184页地图；139 4799 4333；罕乌拉路；点菜人均50元起；11:00~21:00）本地人很认可的一家饭馆，蒙餐、汉餐都有水准。这里还有东北菜小鸡炖蘑菇（46元），你不妨问问蘑菇是不是采自草原，如果是就一定要尝尝。一个人就餐可以点份焖汤（20元）配黄油卷（10元），焖汤是碎羊肉炖成，将黄油卷泡在汤里吃的感觉有点类似西北的羊肉泡馍。

### 草原肉饼家常菜

蒙餐 ¥¥

（见184页地图；☎150 4792 4452；道劳德街老民族幼儿园斜对面；点菜人均50元起；⏲6:00~23:00）如果手把肉吃腻了，可以试试羊骨头（70元）。一个人就餐也有水饺、肉饼和各类面食可点。

## 购物

因靠近边境口岸，东乌旗可以买到很好的俄蒙进口商品。乌珠穆沁路靠近乌拉盖街口有很多奶食商店，可以买到奶酥、奶茶、牛肉干，夏天时这些商店外很多都铺晒着采自草原上的蘑菇，晒干的白蘑菇100元/斤、黑蘑菇70元/斤。

### 金伦蒙商

鞋

（见184页地图；☎136 6475 2836；乌拉盖街农业银行对面；⏲8:00~19:00）门面很小的一家店，专营蒙古手工靴，款式、颜色非常多。

### 锡穆泰牧业直营店

纪念品

（见184页地图；☎136 7489 2221；罕乌拉路与乌拉盖街路口；⏲6:30~22:30）俄罗斯和蒙古进口食品店，出售糖果、巧克力、罐头食品、酒、刀具、纪念品等。包装精美的奶食品、牛肉干、马奶酒适合送礼。这里也常有新鲜的马奶出售。

### 道特皮毛

特产

（见184页地图；乌珠穆沁路中段；⏲7:30~18:00）这是一家销售羊皮的店，羊皮很柔软，尺寸不大，通常是由碎羊皮拼接成的，价格在70~150元，羊毛卷度越小（说明是羊羔的毛）价格越贵。本地人购买羊皮用来做衣服，或作为汽车坐垫。

## 实用信息

乌拉盖街上有多个银行网点，**中国农业银行**（见184页地图；乌拉盖街靠近乌珠穆沁路；⏲9:00~17:00）有24小时ATM。**中国邮政**（见184页地图；罕乌拉路靠近宝格达乌拉街；⏲8:00~17:30）位于罕乌拉路南端。

## 到达和离开

**东乌旗汽车站**（见184页地图；☎322 1524；101省道）位于县城南端，有班车发往锡林浩特（6:20、7:40、9:00、10:00、11:50、13:30、14:10、15:30；60元；3.5小时）、乌拉盖（12:00；46元；2.5小时）、西乌旗（12:30；30元；2小时）、赤峰（6:30、9:00；140元；7小时）等地。

从汽车站打车到街里起步价（5元）就够了。

# 满都宝力格

满都宝力格像是一个遥远的传说，它距离旗府乌里雅斯太镇210公里、乌拉盖83公里、阿尔山240公里，小镇可以用偏远、破败来形容。它是《狼图腾》小说的故事发生地，但电影却选在了乌拉盖拍摄，后者被彻底炒火了，这里至今灰头土脸，无人问津。

满都真正的魅力是距小镇31公里的乃林郭勒，它是整个乌珠穆沁最原生态的一片草原，当游牧文明不可阻挡地翻到了最后一页，这里是牧民们最后的迁徙地。雨水充足的夏天，会有很多旅行者慕乃林郭勒之名而来，其余时候来这里的旅行者只有一个目的：去阿尔山。

## 景点

### 乃林郭勒

草原

（满都宝力格镇东北31公里；免费）乃林郭勒所处的额仑草原是整个乌珠穆沁草原的精华所在，美丽的乃林河如一条洁白的哈达。每年5月底开始，几十户牧民带着牛羊和马群一起搬进这个夏牧场，扎起漂亮的蒙古包，直到入秋后的8月底才搬离。

广阔无垠的牧场上有一座堆满白石头的山坡，站在其上可俯瞰乃林河，河曲向北忽左忽右地迂回，向南又如艺术体操运动员手中甩出的彩带，柔美飘逸。清晨与日暮时分，成群牛羊和骏马会越过乃林河，是摄影创作的最佳时机。我们建议你多给自己点时间，在草原上四处漫步，寻访原生态的牧民（小心牧民家的狗），感受真实的游牧生活。

也许是山高路远，即使在旅游旺季，乃林郭勒也不会挤满游客。离白石头山不远处的乃林郭勒旅游度假村已经关闭两年，这意味着若想在此过夜，只能扎营。还有一个不稳定因素——乃林郭勒受天气影响显著，2017年这里是旱情最严重的草原，草原像是被剃了头，黄沙裸露，河床见底；但在雨水丰沛的夏季，它绝对是草原上当之无愧的秘境。

包车从满都宝力格往返乃林郭勒的价格在200元以上，并没有满大街的私车等着为你服务，你最好找当地旅馆帮你联系车。还有一种办法是从东乌旗包车，连包两天，把乃林郭勒、乌拉盖连线玩，本书调研期间了解到的价格是1000元。

## 食宿

303省道贯穿全镇，食宿都在公路两边。住宿多为不含卫生间的招待所，价格40～60元。位于镇口的**鑫元商务酒店**（☎336 1888；标双160元；📶🅿）是全镇最高级的酒店，房间简洁、干净。位于镇中心的**佳乐驿站**（☎131 9057 4898；普标/标双100元/130元；📶🅿）也是干净之选，不带卫生间的普标比带卫生间的房间更入眼。街上超市很多，如果你计划在乃林郭勒露营，可以在此购物，有烧烤装备的话，可以买点羊肉串等自己上山烧烤。

## 到达和离开

**东乌旗汽车站**（见186页）发往铁矿的班车会路过满都宝力格（13:20；50元；3小时），回程班车5:00从铁矿发出，约5:30路过满都宝力格，满都宝力格没有车站，在街上拦车就可以。另外，东乌旗道劳德街上的**小客运站**（见184页地图）每天8:00有1班车直接发往满都宝力格，13:00返回。

# 乌拉盖

乌拉盖的历史不长，半个世纪前为兵团建制，21世纪升格为绿色产业开发区。因为电影《狼图腾》的拍摄，它成了乌珠穆沁草原最炙手可热的旅游点。旺季时，政府所在地巴音胡硕镇甚至比东乌旗旗府都热闹。虽然这里有被乌拉盖河和湿地滋润的乌拉盖草原，但遗憾的是，这里也是整个锡林郭勒最商业化的地方。

## 景点

**布林泉景区** 泉水

（巴音胡硕镇北11公里；门票30元，观光车30元；⏲6:00~19:00）景区内有以“布林”命名的一泉一庙，还有为拍摄电影《狼图腾》打造的一个“兵团小镇”。观光车可将你送往三个游览点，景区声称车程10公里，实际路程约一半，时间充裕、脚力好的人也可以步行，但要注意防晒。

进入景区后，右侧有一条深入草原的木栈道，终点就是布林泉，即使购买了观光车票，也建议你走一走这条栈道，体验下被齐腰高的草原花海环绕的感觉。布林泉为天然泉水，清澈甘甜，常年温度保持在5℃。布林庙又名“拜佛寺”，始建于清康熙十一年（1672年），雍正年间扩建，乾隆帝御赐“拜佛寺”金匾，最鼎盛时僧众多达170人。1945年寺庙被



**另辟蹊径**

### 前往宝格达山林场和阿尔山

东乌旗东北部和兴安盟科尔沁右翼前旗西北交界处的宝格达山，也叫宝东山，是当地人心中的圣山，每年农历五月十三和七月初三会举行盛大的祈福仪式。宝格达山处于大兴安岭西南麓，是由白桦林、落叶松和十多条河流组成的林区。前往**宝格达山林场**可从满都宝力格出发，沿303省道往东北方向开约150公里就到，路很难走，驾驶越野车为佳。

你也可以从乌拉盖水库出发，沿乌拉盖河向上游，顺着草原小路行驶，然后转入303省道，这样走路况相对好一些，一路还可以顺道游览贺斯格乌拉牧场、金界壕，沿途都是绝美的草原风光。需要留意的是，本书调研期间，传闻当地牧民意欲在这条通道上拉网围栏，如果是这样的话，就无法通行，打算走的话一定要提前向当地司机打听清楚。

也有很多人从东乌旗前往阿尔山，切入下一段旅程。从宝格达山林场转入203省道，行驶约110公里后即可抵达阿尔山。无论你是从乌拉盖出发，还是从满都宝力格出发，大半天时间都可以开到。

毁，2010年老庙新修后香火一直很旺。

《狼图腾》拍摄基地距景区大门最远，电影里的兽医站、牧场医院、知青宿舍等都原封不动保留了下来，很多游客会租套知青服在此留念。

狼图腾拍摄地、布林庙附近的游牧文化体验区都有骑马（50~100元）、射箭（10元/10支）等活动，还可以去蒙古包内购买牧民自制的马奶、牛奶、黄油、奶豆腐等奶食品。

从乌拉盖包车前往布林泉景区单程需35~40元。

### 乌拉盖九曲湾景区 草原

（☎335 9558；巴音胡硕镇东北65公里哈拉盖图农牧场；门票30元；⏲6:00~20:00）乌拉盖河是内蒙古境内的第一大内陆河，20世纪70年代为建水库（乌拉盖水库也叫“51水库”）而被截流，景区所在地正是乌拉盖河的截断流域。河流蜿蜒曲折，但因地处大兴安岭与草原衔接处，此九曲不同于大多数草原的九曲，河床深“嵌”在红柳湿地中，高大浓密的植被塑造出九曲之形，粼粼波光在植被掩映中若隐若现。

乌拉盖九曲的美不负盛名，商业开发也是物尽其用。如果打算坐观光车（单程15元），进景区大门后得先步行800米才到观光车乘车点，然后坐车2.2公里，再走至少500米到山脚，接下来是近1公里的上山路，到达山顶观景台，步行路程与观光车车程几乎相当。如此设计当然不是故意要锻炼你的脚力，沿途有漂流（100元）、骑马（100元）、滑草（60元）、欣赏男儿三艺（300元）等各种娱乐项目等你体验。不坐观光车改坐勒勒车（单程50元）的话，可以省下1公里上山路。一步都不想走的话有草原越野车（单程/往返130/200元）从大门口直接送到山顶。

不要被这些收费项目影响了心情，这一带的草原因禁牧，加上有乌拉盖河滋润，即使在2017年旱情严重时，依然草长莺飞、绿得浓艳。山顶有上下两处观景台，可清晰看到长长的九曲汇入远处的乌拉盖水库。想拍好照片就一定要避开正午，日落前的光线最好，16:00左右从乌拉盖出发最合适。

从乌拉盖包车往返乌拉盖九曲需250元，理论上可以从乌拉盖汽车站先坐车到51团（6:30、8:30、10:30；18元；1小时），剩下来的二十来公里再包车，但51团的出租车很少。

从九曲湾再往前7公里有片金莲滩，6月底到7月中是花开的季节。继续向前7公里的**知青小镇**，昔日是军垦战士和知青的营房，如今被打造成知青下乡场景的主题度假村，这里的集装箱酒店颇有特色。

### 贺斯格乌拉牧场 草原

（巴音胡硕镇东北45公里；免费）位于53团的贺斯格乌拉牧场有两处季节性极强的旅行地。距牧场东南3公里处的天鹅湖又名布日度淖尔，每年5月，数以千计的天鹅、大雁等候鸟飞来这里栖息。牧场东北12公里有片芍药沟，1平方公里的山沟里生长着大片野生芍药花，花期在6月中下旬到7月上旬，满山遍野成了粉色和白色的世界，非常壮观。沿着草原土路继续往北，你能找到草原上的金界壕遗址。

## 食宿

吃住都集中在主路巴音胡硕大街上，各种档次的住宿都有。不含卫生间的招待所价格在50元左右，家庭式旅馆约100元，酒店在200元以上。**金泽大酒店**（☎675 2111；巴音胡硕大街；标双 238元；❄📶🅿）距汽车站最近，房间非常大，设施较新。

## 到达和离开

**乌拉盖汽车站**（☎335 2076；巴音胡硕大街最东端）有发往东乌旗（7:20、13:30、16:00；45元；2.5小时）、西乌旗（8:00、9:00、11:00；62元；2.5小时）、锡林浩特（7:20、9:00、10:30；70元；5小时）等地的班车。

# 锡林郭勒西线

从锡林浩特一路往西便逐渐告别了丘陵起伏、水草肥美的草甸草原和典型草原，前方迎接你的是荒漠草原。以309省道为界——往北，草原延伸向天际，直到在国境线与蒙古国草原对接；往南，是浑善达克沙地的领地，沙丘、灌丛、疏林、草原混合一处。你还可以在西线与白垩纪时代的恐龙隔空对话，别忘了品尝全内蒙最好吃的苏尼特羊肉。

## 阿巴嘎旗

阿巴嘎在蒙古语中意为“叔叔”，因别力古台（成吉思汗同父异母的弟弟）的后裔南迁到这片土地生活，此旗便沿用了其部落名——阿巴嘎，旗府所在镇又以别力古台为名。如今这里以养黑马出名，连小镇上的路灯都是马鬃形。别里古台镇小而整洁，街头很多建筑嫁接上了蒙古包式的屋顶。南北走向的别力古台路和东西走向的阿巴嘎街交会处为全镇中心，初来乍到的游客直奔这里找宾馆即可。

### 景点

**阿巴嘎博物馆** 博物馆

（哈日阿都西街西端；免费；⏲夏季8:00~17:30，冬季8:30~17:00，周一闭馆）形如金色火炬的博物馆是按照传统的蒙古族图拉嘎（意为火撑）设计的。博物馆分两层，四个展厅介绍了阿巴嘎旗的历史、文化、风俗等。部落史展厅追溯了别力古台这一世系的起源、发展。在民俗展厅可了解阿巴嘎部落的服饰、搏克、宗教信仰和马文化等。石器展厅以文物陈列和岩画介绍为主。另外，你可以在知青展厅中读读“老三届”在阿巴嘎旗插队的故事。

**成吉思宝格都山** 山

（别里古台镇西北40公里；免费）阿巴嘎火山群是内蒙古高原火山家族的重要成员，这里有超过200座玄武岩火山，椎体都不高大，更像草原上隆起的一个个小山包。这些火山锥中，有一座因山的北坡酷似成吉思汗

#### 中国最美沙地——浑善达克

虽然本地人习惯称之为浑善达克沙漠，但它与真正的沙漠截然不同。沙漠由高大的流动性沙丘组成，连绵成沙山，沙地多为半固定或固定沙垄，高度仅10~20米；沙漠几乎无植被，而浑善达克沙地有着榆树、杨树、沙柳和各种沙生植物，但树不成林。沙地里也有一片片可供放牧的草场，只是规模远比不上草原。浑善达克还是中国著名的水沙地，分布着众多湖泊、河流、沙泉等。沙丘、草甸、疏林、灌丛、湖泊这样的组合甚至有点像非洲大陆，不同的是，这里没有凶猛的野生动物，它是狍子、猞猁、狐狸、野鸡、鹿、松鼠、兔子等动物的家园。浑善达克沙地也面临着与草原退化一样的境遇，它至少形成于晚第三纪，但气候干旱加上人为开垦，浑善达克沙地的情况进一步恶化，近年来成为困扰北京和华北地区沙尘的源头之一。

生活在浑善达克沙地里的牧民与在草原上一样，也有冬营盘和夏营盘。在冬天，沙地是比草原更理想的冬营盘，榆树和沙窝子可供挡风、御寒。榆树如一把保护伞令沙地不会被风雪吹得寸草不生，牛羊不至于断粮。当发生黑灾（冬天少雪或无雪）时，沙丘阴面的雪化不掉，牛羊也不至于断水。如果你遗憾如今草原上已不见套马的汉子，那么来浑善达克沙地看看吧，这里能让你得尝所愿。

除了洪格尔高勒的乌里雅斯台（见190页），正蓝旗和苏尼特左旗也都位于浑善达克沙地外缘，你可以玩骑马、滑沙等娱乐项目。但外围不足以体现浑善达克沙地的地貌、植被，最理想的方式是穿越浑善达克沙地。自驾需越野车，最好结成车队，相互照应，需要注意的是，沙地里同样有网围栏，尽量沿草原土路走，如果要借路进网围栏，一定要和牧民礼貌打招呼，通过后关好围栏门。包车价格不菲，据本书调研期间的了解，进入沙地10公里就要800元。

对于有一定户外经营的旅行者，可以徒步穿越浑善达克沙地。6月中至8月底最合适，气候凉爽，草木繁盛。沙漠极为干燥，一定要带足水，注意防晒和防沙。沙地内遇见野生动物的频率不低，但这里的野生动物对人没有攻击性，倒是要小心牧民家的家畜和狗欺生。沙地深处无网络，万一迷路不要太慌张，继续走几里路就会碰到一户牧民家，爬到高一点的沙包上往往也能打通电话。总的来说，徒步穿越浑善达克沙地不会有生命危险，不过由于里面没有清晰的徒步路线，一定要找当地向导带队。如果你执意做孤胆英雄，有一条一天就能完成的徒步路线，难度不算大，全程约35公里，从阿巴嘎旗的乌里雅斯台进、正蓝旗的高格斯台出，全程沿着高格斯太河谷走。

仰面像而得名的成吉思宝格都山。最佳观赏角度是站在山体东北侧，额、眉、眼、鼻、嘴的轮廓非常清晰，山顶为宽阔的额头，东西坡度正构成头盔和胡须，简直活灵活现。西侧山崖上有数十幅岩画，可以找找。山上有两处敖包，过去是王爷祭敖包的地方，如今，每年农历五月将举行方圆几百里最大的祭祀活动。

从别里古台镇包车往返需100元。

## 食宿

别力古台路上有很多小型的旅馆，旺季也不过60元/天，但卫生状况都不太理想。丽影宾馆（☎673 5555；别力古台北路与阿巴嘎街交会处；标单/双 70元/128元；❄📶🅿）是镇上最好的住宿场所，双人间条件堪比酒店，单人间很小，有些还没窗。万家福宾馆（☎230 8999；别力古台北路；标单/双 100元；❄📶🅿）虽然房间看起来不漂亮，倒也设施齐全，旺季时还能适当砍砍价。

别力古台北路有很多蒙古茶馆适合吃早餐。哈日阿都西街上的马头琴蒙餐（哈日阿都西街靠近别力古台北路；⏲6:30~21:00）生意非常好，蒙餐、炒菜都做得不错。阿巴嘎西街上有一些汉餐馆和快餐店。

## 购物

如果想买奶食品，别力古台北路和阿巴嘎东街有一些商铺。同样在这两条街上，有一些销售俄蒙进口商品的店铺，服饰、蒙古靴、俄罗斯食品、手工皮制品的质量都不赖。

## 到达和离开

**阿旗汽车站**（☎202 2781；别力古台南路南端）有发往锡林浩特（7:30~17:20，共15班车；26元；1.5小时）、苏尼特左旗（13:40、17:00；30元；1.5小时）、二连浩特（9:20、15:20、15:30、14:50；79元；4小时）的班车。

阿旗打车起步价5元，从车站打车到街里起步价就够了。

# 洪格尔高勒

洪格尔高勒也叫白音高勒，是阿巴嘎旗南边150公里的一个小镇，位于浑善达克沙地边缘。从阿巴嘎旗前往洪格尔高勒，会经过内蒙古四大淡水湖之一——查干淖尔湖，没什么特别之处，坐在车上看看即可。镇上住宿条件一般，价格30~80元。

## 景点

### 杨都庙

寺庙

坐落在洪格尔高勒镇西北的杨都庙始建于清同治三年（1864年），清廷赐名“施善寺”，曾是清朝锡林郭勒五部十旗的佛教圣地之一，鼎盛时期喇嘛多达800名，常驻喇嘛就超过500名，如今虽盛况大不如前，仍是阿巴嘎旗唯一还在进行宗教活动的寺庙。杨都庙在“文革”期间遭到损毁，但三大殿保留了下来，据说当时准备毁庙时，突然领头人从台阶上摔下来摔断了腿，从此再没人敢下手，杨都庙因此得以幸存。

可以参观的是修复过的新庙，它呈正方形，上下两层，灰色砖瓦结构。庙内保存着各种铜、银质佛像和祭品、乐器，还有珍品藏经。旧庙在新庙正南方，顺着红砖砌成的围墙，可以看到杂草丛生的庙顶和支离破碎的庙檐，夕阳下尤显荒芜。

### 响泉

泉水

在洪格尔高勒镇东1公里处有一处神奇的泉水，当你对着它大喊或拍手，声波频率干扰产生共振时，泉眼中就会有一股股水柱涌出。响泉富含矿物质，本地人常来此饮用。

### 乌里雅斯台

河谷

当地人也称它小乌里雅斯台，它距洪格尔高勒15公里，是浑善达克沙地里的一片绿洲，有典型草原、草甸草原、沙地草原三种地貌。发源于正蓝旗、汇入查干淖尔的高格斯太河从南向北穿过浑善达克沙地，河谷内生长着茂密的红柳林、榆树林和大量沙生植物。普通车辆不能深入沙漠腹地，有时间的话可以沿着河谷小走一段，稍稍体验一下，或者徒步穿越沙地（见189页方框）。

## 到达和离开

别里古台镇发往洪格尔高勒的车在阿巴嘎东街粮食局对面乘坐，15:00发车，车程2小时，车费50元，一天只有1班，你最好12:30就去占座。该趟车次日8:30从洪格尔高勒返回。在洪格尔高勒找私车不易，不妨和班车司机商量，多加80~100元包他的车，抓紧时间的话可以在太阳落山前游览完三处景点。

## 苏尼特左旗

苏尼特部落来源于古老的蒙古乞颜部落，是《蒙古秘史》中成吉思汗六世祖海都汗的后裔。苏尼特草原不如乌珠穆沁草原好看，草地稀疏，难掩退化的趋势，但这片长满沙葱的草原孕育出了全内蒙古肉质最鲜美的苏尼特羊。所以，就算只是为了品尝一顿羊肉，你也不该错过这里。

本地人习惯称其为东苏旗，新建的满都拉图镇为旗府所在地（旧旗府在新镇东面的贝勒镇），小镇规模不小，街面整洁，主街达日罕街宽敞气派，在主街和南边的小巷里都能找到蒙餐馆一饱口福。

### 景点

**苏尼特博物馆** 博物馆

（满达拉街客运站以东；免费；⏲8:30~11:30，14:30~17:30，周一闭馆）位于镇东口的博物馆很值得一看，在这里除了能了解苏尼特部落的历史沿革，欣赏该地区自原始文明以来的诸多出土文物，你还会在这里看到大量的马印图案，这在内蒙古其他博物馆不多见。有一个展馆详细罗列了草原上的几十种植物标本，同样不容错过，不妨细细了解后去草原上对号入座。

**玄石坡和立马峰** 石头

（昌图锡力苏木；免费）在满都拉图镇以东15公里的309省道北边，有两块卧牛形花岗石，一块刻有“玄石坡”三个字，一块刻有“立马峰”三个字。玄石坡以东10米处的一块岩石上刻有“用了八年大明皇帝六千兵马由此路过”，为明成祖朱棣率军北征留下的佐证。立马峰背后的石崖上有四个马蹄印，民间猜测是明成祖的战马所留。

你可以在东苏旗客运站搭乘任意一趟往东线开的班车，买到昌图锡力苏木（车票6元），然后步行前往。

**宝德尔楚鲁草原石林** 石林

（满都拉图镇北靠近边境；免费）别将它想象成赫赫有名的云南石林，所谓石林，既不高耸，密度也低，它其实是散落在草原上的大面积花岗岩经一万年风化侵蚀后形成的蚀余地貌，有些石头的形状倒是更接近草原上的养料——牛粪。

宝德尔楚鲁在蒙古语里意为“散落的石头”，这里已靠近蒙古国（2公里），是本地人口中的达来石林。石林占地非常广阔，加上位于蒙古国境内的部分总面积达100平方公里。从东苏旗一路往北，草原越发浓绿，接近蒙古边界时，公路两边的唐松草花开后形成浮于绿草上的一层粉白。沿着车辙印一路驶入，两边都是形状各异、矮矮的怪石头，有几座较高大的石堆可以爬上去眺望远方。有些石壁上还有古老的岩画，有兴趣的话可以找找看。

石林所在的草原有几户放牧的蒙古包，你有机会看到身着传统蒙古袍的妇女，甚至还可能看到已退出游牧生活的勒勒车。前往拜访时小心牧民家的看门狗。



### 岩画：游牧民族的绘本

锡林郭勒盟北部草原上分布着不少商周至战国初期的岩画群，目前已发现26个岩画区、1500余岩画组、近5000幅岩画。岩画主要集中在苏尼特右旗、左旗、阿巴嘎旗和锡林浩特市，尤以位于苏尼特左旗北部洪格尔苏木的岩画群最具代表性。洪格尔岩画群保存完好的就有600余幅，岩画线条简洁，内容丰富，包括人物、动物、符号、文字和放牧、迁徙、围猎、祭祀、舞蹈、摔跤等场景，生动地反映了古代北方游牧民族的生产、生活，堪称草原民族的史前绘本。

所有岩画群的位置很偏远，包车司机大多也不清楚岩画的确切位置。锡林郭勒盟博物馆（见176页）内有一个专门的岩画展厅，展出了大量采集自本地区的岩画，题材丰富，且有几十幅岩画真迹，不失为了解锡林郭勒草原岩画的捷径。

从东苏旗包车往返石林需450元，单程2小时。

### 阿日山宝力格巨石阵 石林

（满都拉图镇北90公里；免费）与石林类似，又更另类，因少有人前来也令其更富神秘感。与石林在同一条北去的路线上，留意公路边的里程碑，56公里处有指示牌指向阿日山宝力格，向东沿小道开上约33公里，看到一个水泡子，就到了。爬上山坡，眼前的景象让人惊喜又震撼，一颗颗仿如史前巨蛋组成巨大的圆石阵。尽情发挥想象力的话，石头的形状还能看出不少名堂。

景区开发在即，本书调研期间，距景区8公里处正在建度假村，附近还有一处圣泉，本地人会来此打水喝。可以与宝德尔楚鲁草原石林一起包车游，费用再加70~100元。



## 住宿

东苏旗的水含氟太高，如果需要在宾馆烧水喝，不要用自来水。便宜的住所在汽车站对面，普间50元，卫浴公用。

### 北方商务宾馆 酒店 ¥

（674 0000；达来路靠近达日罕街；标单/双 100元；）这家酒店位置很好，周边美食很多。房间周正，整洁舒适，卫生间也很干净。有半身镜，电源插口多，网速也快。并且有锡林郭勒盟小宾馆中不多见的中央空调。

### ★浩达假日酒店 酒店 ¥¥

（252 1666；达日罕街国税局东侧；标单/双 238元；）东苏旗住宿条件最好的酒店。房间设计风格很混搭，有复古吊灯，宜家风格的床头柜、衣柜，淡雅的壁纸。洗手间的地砖很漂亮，提供吹风机。旺季时这里常常客满，最好提前电话预订。

### 探赤马商务酒店 酒店 ¥

（277 1301；巴彦塔拉街靠近宝拉格路；标单/双 120元；）房间超级大，虽美感不足，但能满足干净的要求。

### 鑫宇商务宾馆 酒店 ¥

（252 0888；达日罕街靠近达来路；标单/双 120元；）开业了好些年头，设施并未显陈旧。房间还不赖，只是洗手间有点小。

## 就餐

苏尼特羊肉肉质鲜美，是你在锡林郭勒最值得一尝的美食。手把肉价格堪称全盟最贵（75~90元/斤），火锅倒是很实惠，且涮火锅才是享用苏尼特羊肉的最佳方式。白吉拉路上有好几家蒙餐店，不必纠结吃哪家，口味上并没有鹤立鸡群的。

### 你吃的羊肉是哪里的？

苏尼特草原盛产口感最好的苏尼特羊。苏尼特羊也被称作戈壁羊，因苏尼特草原已偏向荒漠草原，沙葱生长茂盛。沙葱虽是草原沙化的标志之一，但吃沙葱长大的羊，肉质格外紧致，特别适合涮锅。同样受欢迎的是乌珠穆沁羊，肉质肥而松软，这种羊体形长，大部分羊要比其他地区的羊多一对肋骨。当你前往这两处草原，别错过一尝美味。

并非越深入草原，吃羊肉的成本越低，也别以为你在内蒙古吃到的羊肉就一定是内蒙古草原上的。以手把肉为例，本书调研期间，半农半牧区的察哈尔各旗要比羊群遍地的锡林浩特、苏尼特左旗价格低。太仆寺旗的手把肉最便宜，但多半是来自河北的羊。

牧民与汉族宰羊的方式大不同，汉族宰羊简单粗暴地直接抹脖子，牧民则是切腹断脉（在羊胸口开一个小口子，用手插入羊体内，快速掐断其动脉），这样的宰羊方式不浪费一滴血，有效保持了肉质原本的鲜味，如果有幸在草原目睹一次宰羊过程，一定终身难忘，也更能理解牧民对羊的感情。作为食客，手把肉的吃法也大有讲究，持刀应将刀刃朝向自己，由外向内一点一点剔肉，蒙古族认为刀刃朝外是不礼貌的行为。尽管大多数餐馆可以替你将手把肉一块一块剔下来，不过何不入乡随俗自己动手，看看你的刀工能否将骨头剔到不残留一点肉丝。

### ★天天红蒙餐

蒙餐 ¥¥

（达日罕街靠近达来路；人均 50元起；⏲6:00~23:00；📶）生意非常火爆的一家店，味道也没得说。手把肉（80元/斤）有时会推出特价（70元/斤），最小的一块手把肉约半斤，适合一人食用。你如果不擅长使刀，可以让厨房帮你切好再端上来，调料免费有两种：蒜泥酱和韭菜花酱，后者更具草原特色，建议都尝一尝。羊蹄（5元/个）和羊杂（15元）也令人惊喜。与锡林郭勒大多数蒙餐店奶茶一壶起售不一样，这里早餐时段可以按碗卖（3元），还供应牛奶。

### 火红饭店

火锅 ¥

（☎252 0678；巴彦塔拉街靠近达来路；人均 50元；⏲11:00~23:00）生意很好、价格实惠的一家火锅店。火锅是一人份的小锅，肉和菜都可以点半份，羊肉40元/斤，素菜6元起。如果一个人就餐的话，建议都按半份的量点，一份羊肉加两个菜就够了。点菜的话，蒙餐味道不错，但羊肉类如苏尼特炖羊肉（90元）、羊头捣蒜（78元）、手扒肉（95元）比较贵，主食可以试试蒙古肉饼（50元）。

### 蒙盛莜面大全

面食 ¥

（达日罕街；人均 20元起；⏲11:00~21:30）虽然炒菜很丰富，不过我们更建议你来尝尝面食。莜面都是按笼卖，量很大，品种丰富，有莜面饺子（30元）、莜面窝窝（12元）、莜面块垒（10元）、莜面饨饨（16元）、莜面鱼鱼（12元）等，配着羊肉汤（10元起）一起吃才地道。

### 聚鑫楼经典涮

火锅 ¥

（☎252 6677；达日罕街靠近白吉拉路；人均 50元；⏲11:00~21:30；📶）门面不起眼，走进去火锅味扑鼻，通过开放式厨房可以看到厨师切羊肉。新鲜羊肉（46元）非速冻，肉质厚实香嫩，羔羊肉（36元）下单率也很高。蔬菜可以点半份，肉类不能点半份，不太适合一个人就餐。人多的话，可以尝尝新鲜的马奶（45元/壶）。

## ℹ 实用信息

整个旗只有一家**中国农业银行**（满达拉街靠近达来路；⏲9:00~17:00），不过在达日罕街、白吉拉路和巴彦塔拉街上都能找到农村信用合作社的24小时ATM机。

> **当地知识**
>
> **羊拐**
>
> 羊拐也叫沙嘎，或嘎拉哈，指羊后腿关节处的一块骨头。蒙古族视羊拐为珍物，并用牲畜来命名羊拐的各个面，例如右旋头叫"骟马"、左旋头叫"骒马"、凹进去的面叫"骆驼"、鼓起的面叫"羊"，不同地区也有不同命名。羊拐在古代曾用作货币、卜具和信物等，牧民还以其为道具发明了很多游戏，包括对弈、抛掷游戏，放牧时常拿出来自娱。

## ℹ 到达和离开

### 长途汽车

**苏尼特左旗汽车站**（☎252 1473；满达拉街）位于县城东边，有发往锡林浩特（7:00、8:00、9:40、11:30、12:30、14:30、15:00、15:30；55元；3小时）、二连浩特（10:40、11:00、16:45；49元；2小时）、苏尼特右旗（6:40、10:00、11:30、12:30；41元；2小时）的班车。

### 火车

苏尼特左旗火车站距街里十来公里，打车需20元。每天只有两趟过路车（往返于二连浩特和锡林浩特）途经这里。

## ℹ 当地交通

打车起步价5元，旗内打车起步价就够了。

# 二连浩特

二连浩特简称二连，它是中国的北大门。百年前，二连是张（张家口）库（库伦，今蒙古乌兰巴托）大道上的重要驿站。1956年，北京—乌兰巴托—莫斯科国际铁路开通，二连浩特正式诞生城市。它也是中国与蒙古接壤的九个边境口岸中最大的一个，商贸往来是这座城市的第一功能。苏联产的嘎斯69吉普车载着蒙古商人在街头飞驰而过，义乌商贸城、温州国际商贸城前川流不息的是蒙古姑娘、小伙，写着中、蒙、俄三种语言的商铺招牌彰显着其欧亚大陆桥头堡的身份。

这里还是蒙古高原最早发现恐龙化石和恐龙蛋化石的地方，已发现有白垩纪末期恐

## 二连浩特城区

## 二连浩特城区

**景点**

1 二连浩特博物馆 ........ A4
2 二连浩特国门景区 ........ A1

**住宿**

3 海丰大酒店 ........ C3
4 锦辉商务宾馆 ........ C3
5 欧华大酒店 ........ C4

**就餐**

6 东乌牛肉面 ........ C4
7 锡林河饭店 ........ C3
8 元苍狼 ........ C3

**购物**

9 巴音奶食店 ........ C4

**实用信息**

10 蒙古国驻二连浩特领事馆 ........ C2
11 中国工商银行 ........ C3
12 中国国际旅行社CITS ........ C3
13 中国建设银行 ........ C3
14 中国农业银行 ........ C3
15 中国银行 ........ C3
16 中国邮政 ........ C3

**交通**

17 二连国际汽车站 ........ C2
18 二连浩特机场城市候机楼 ........ C3
19 二连站 ........ C3

龙六大类。恐龙自然成了这个城市的另一张推广名片，不但有恐龙地质公园，城市公园也以恐龙命名——恐龙广场，还有一条以恐龙为主题的魔幻公路。

城市外围是茫茫戈壁，此地气候却迥异于全盟其他各地。夏天，它是锡林郭勒最热的地方，最好避开正午前往景点，炙烤的太阳与发烫的大地让人很不好受，而冬天虽冷却难见雪。

## 景点

### 二连白垩纪恐龙地质公园 博物馆

（市区东北9公里；门票 50元，观光车 10元，讲解80元；⏲夏季 8:45~18:00，冬季 9:00~16:00，提前半小时停止售票）地质公园由四座博物馆组成，最远的一个馆距大门约1.5公里，不怕晒的话可以步行，顺便游览沿途散落的恐龙模型、怪树林等。

如果坐观光车游览，第一站送达最远的**伊林驿站遗址博物馆**。这是国内少有的驿站主题博物馆，馆内以“路（元朝北方茶丝之路）—道（张库大道）—桥（欧亚大陆桥）”为线索，通过大量图文资料、实物、蜡像等，详细介绍了中国的驿站发展和制度完善的过程。

**恐龙化石原地埋藏馆**的所在地正是当年的考古现场，有环形栈道绕遗址一圈，遗址坑内散落着恐龙遗骨，还有科考挖掘的模拟场景。

**恐龙地质科普馆**与**矿物晶体馆**为合体馆，前者介绍了恐龙的发现、挖掘、复原过程，通过多媒体展示恐龙蛋化石，后者展出了近300种矿物和晶体标本。馆外有一根比恐龙年岁还要久远的16米长的硅化木。博物馆一侧的墙上，多个恐龙脑袋正破墙而出，画风很奇特。

从市区坐出租车单程前往地质公园30元，往返80元。沿途会看到白茫茫的二连盐池，就是在这里发现了世界上最大（长8米，高5米）的窃蛋龙类化石——二连巨盗龙。

### 二连浩特国门景区 口岸

（见194页地图；友谊路北端；门票 50元，观光车 10元，讲解50元；⏲8:00~17:30）如果既不打算去蒙古一游，又对国境线外的异国充满好奇，那就来国门打望一下吧。你可以上到楼顶通过望远镜遥望蒙古边城扎门乌德市，国门内的展厅详细介绍了二连浩特的城市发展过程。国门下，连接乌兰巴托、莫斯科的国际铁路“穿门而过”，界碑矗立在距国门100米处的铁轨旁，815、816为中国唯一的双号双立界碑。火车纪念广场仿真了北京至莫斯科国际列车的停靠站。

景区门口距国门超过1公里，除了乘坐观光车，景区内还出租双人自行车（40元，不限时）。从市区打车前往景区单程10元。

### 二连浩特博物馆 博物馆

（见194页地图；新华大街西端市政府对面；免费；⏲周一至周五 9:00~11:00，15:00~17:00）这座位于市区西面的当代艺术建筑，是二连新建的博物馆，主题依然是恐龙。博物馆布展很漂亮，采用先进的声光电设备，打造了恐龙生活的仿真场景，并有古生物化石展。本书调研期间，尚在建设中的二期工程加入了更多适合亲子互动的设计。从市区打车过来起步价就够了。

### 恐龙景观大道/市门 公路

（市区东南6公里）208国道上，一对“舌吻”中的钢制恐龙构成了二连的市门。这是依目前世界上发现的第二大恐龙“万龙”的原型而造，是迄今为止世界上最大的钢结构恐龙，高19米，跨度34米，两条恐龙总长80米。国道两旁还有48只大大小小、姿态各异的恐龙，和巨大的风车一起，使这条公路体现出超现实主义风格。

从市区打车前往单程20元。从二连向南发的班车都会路过市门，你可以在离开二连时坐班车在此下，然后等待下一趟班车离开。

## 住宿

二连酒店虽多，硬件条件却不太令人满意。汽车站附近有很多100~120元的宾馆，设施陈旧，都没有电梯。

### 海丰大酒店 酒店 ¥¥

（见194页地图；☎751 5555；新华街2号；标单/双 268元；❄📶🅿）火车站对面的三星级酒店。房间很好，地毯和地板都干净，有小冰箱、半身镜，卫生间提供大瓶装的洗浴用品。

房价含早餐。不需要早餐的话，网上预订更便宜。

### 欧华大酒店

酒店 ¥¥

（见194页地图；☎697 5777；前进路与肯特街交汇处；标单/双 218元/188元；❄📶🅿）位于二连最热闹的地段，旁边是义乌商贸城，对面是恐龙广场，住店客人以生意人居多。房间宽敞明净，卫生间干湿分离。双人间非但比单人间便宜，房间还大很多。房价含早餐。

紧挨着的**巴里岛国际酒店**（☎752 0999；标单/双 179元/189元；❄📶🅿）与欧华大酒店房间格局一模一样，可作为备选。

### 锦辉商务宾馆

酒店 ¥

（见194页地图；☎752 3790；锡林街东0062号；标单/双 108元；❄📶🅿）位置很好，靠着市中心百货大楼附近。房间普通，但尚算干净。

## 就餐

团结路上饭店很多，苏尼特西街、肯特街也有很多餐馆，以汉式快餐为主。本地饭馆口味略重，最好提前告知老板少放盐。

### ★锡林河饭店

蒙餐 ¥¥

（见194页地图；☎155 4796 7003；团结路7号；人均 50元起；⏲6:30~21:30）从早餐开始，这里就座无虚席。手把肉、红焖羊肉、石头烤肉都是这里的特色。早餐选择颇丰，如果没有空位，不如打包几个蒙古包子或羊肉馅饼。

### 元苍狼

蒙餐 ¥¥

（见194页地图；☎752 3388；团结路西林街交汇处北路东；人均 50元起；⏲6:30~21:30）有蒙餐、中餐、烧烤，手扒肉、带皮烤肉驼蹄、风干肉都是这里的特色。蒙式早餐非常丰盛，如果锡林河饭店没位了，可以换这家。

### 东乌牛肉面

面 ¥

（见194页地图；肯特街靠近诚信路；牛肉面16元起；⏲8:30~21:00）牛肉很多块很大，面汤偏咸。

## 娱乐

由中蒙两国艺术家合作推出的大型历史实景剧**《天骄传奇》**（☎753 3222；中蒙国际马术演艺基地，奇石城南200米；票价 60元；⏲20:00）自2017年夏天（7月15日至10月8日）开始上演。演出分9幕，讲述成吉思汗的一生，融入了现代声光电科技，精湛的马术表演是整个演出的亮点。可在前进路8号的丝绸之路旅行社购票。演出场地距市区较远，打车前往10元。

## 购物

前进路上的义乌商贸城是蒙古人前来批发回国销售的商品的地方，**洋货街**是俄蒙进口商品市场，所以你该逛的是后者，这里有俄罗斯巧克力、酒、望远镜和蒙古奶制品等。不过商品质量性价比不高，甚至还有越南咖啡充斥其中，没有特别值得入手的，如果购买记得大力砍价。

### 巴音奶食店

特产

（见194页地图；☎753 2352；苏尼特街北蒙校宿舍楼；⏲3:00~23:00）开了20多年的老店，特色是手工自制的奶制品（78元/斤起）和风干牛肉（150元/斤起），都是无添加的纯天然食品，奶食品的口味比工业线制造的那些酸，却是原汁原味的草原味道。这里提供真空包装，也可以电话订购后快递。

## 实用信息

### 银行

银行随处可见，主街前进路周围有**中国农业银行**（见194页地图；前进路靠近苏尼特街；⏲9:00~17:00）、**中国建设银行**（见194页地图；前进路靠近锡林街；⏲9:00~17:00）、**中国工商银行**（见194页地图；恐龙大街靠近前进路；⏲9:00~17:00）。如需前往蒙古国，**中国银行**（见194页地图；新华大街靠近前进路；☎752 1537；⏲9:00~17:00，周六不办理）可方便兑换蒙古货币蒙图（蒙古图格里克）。

### 邮局

**中国邮政**（见194页地图；前进路和新华大街交会处；⏲8:00~17:30）

## 到达和离开

### 飞机

**二连浩特赛乌苏国际机场**（市区东南27公里），每天各有一班航班飞往呼和浩特和北京，另有两班

## 从内蒙古到蒙古国

带上护照，一脚跨出国门去蒙古国，看看昔日同一片草原上同是成吉思汗后人的民族如今的生活。**中国国际旅行社CITS**（☎222 8444；新华大街东0481号；⏲8:30~18:00）每天都有发往8公里外的蒙古边境城市扎门乌德一日游的团（450元/人，含签证费、往返交通费、午餐），提前一天预订和交护照就行。这里还组织二连浩特—乌兰巴托—特日勒基五日游（2980元/人，含签证费、交通食宿、景点门票），需要提前10个工作日递交护照。

中国国旅也能为自由行者代办签证，加急（即商务签证）750元，1个工作日出签；慢签（即旅游签证）550元，7个工作日出签；都可在蒙古境内停留30天。既不想多花钱加急，也不想耗在二连浩特干等7天，就在到达前先将护照寄到旅行社。如果你已有邀请函，可以自行前往**蒙古国驻二连浩特领事馆**（见194页地图；☎752 4240；友谊北路1206号；⏲周一至周五 9:00~12:00），但效率不会比交由旅行社代办更高。

飞往乌兰巴托的国际航班。

### 长途汽车

**二连国际汽车站**（见194页地图；☎753 8038；察哈尔街）有发往呼和浩特（8:00、9:00、10:00、11:00、12:30、13:30；95元；6小时）、多伦（8:00；134元；8小时）、锡林浩特（7:40、13:00；105元；5小时）、北京（14:30、15:00、16:00、16:30；220元；11~12小时）的班车。

开往赛汗塔拉（苏尼特右旗）的班车较频繁（6:30~17:00，约30~60分钟1班；25元；1小时）。

发往蒙古乌兰巴托的国际大巴每天2班（10:00、13:00；180元；10小时）。

### 火车

二连浩特的火车站名为**二连站**（见194页地图；新华大街东端），如果通过12306网站订票，应搜索二连。每天有两班始发列车发往呼和浩特（其中一班终点包头）、一班发往锡林浩特。

二连站也是北京发往乌兰巴托和莫斯科的国际列车的停靠站，如果打算在二连上车，不能网上订票，只能在发车当日凭护照和签证到二连站购买，且不得退票。前往乌兰巴托的列车周三、周四0:59发车，周二、周六17:10发车，其中周四0:59的列车终点为莫斯科（需要有蒙古国过境签）。注意，国际列车开车前40分钟就停止安检。

## 当地交通

### 抵离机场

**二连浩特机场城市候机楼**（见194页地图；前进路）有免费的机场大巴。大巴发车时间搭配航班时间，每天的固定发车时间是8:15、14:15、20:20、21:15，到机场30分钟车程。打车去机场需50元，也有司机要价80元。

### 公交车

1路公交连接长途汽车站和恐龙广场，2路公交连接火车站和恐龙广场。公交票价1元，夏季首末班车时间为6:30、19:30，冬季为6:30、18:30。

### 出租车

市内出租车起步价6元，一般在市内打车不会超过起步价，去郊区10元。三轮摩的在市内起步价4元。

# 锡林郭勒南线

锡林郭勒南线属于清朝察哈尔八旗，这里更靠近河北，各旗县相距很近。蓝、白、黄三旗都是牧区，草原环绕城镇，多伦和太仆寺旗则是农耕文明唱主旋律。元上都的废墟纪念着忽必烈的丰功伟绩，多伦的古建筑留存了清朝的历史。南线各旗都是进入浑善达克沙地的入口。

## 多伦

多伦是南线最大的一个县，40多条大大小小的河流汇入此地，令其因水而秀。清朝的多伦拥有最好的时光，清王朝在内蒙古敕建的第一座喇嘛庙选址于此，内蒙古唯一的外省会馆建于此，宗教与商业共同推动了多伦的繁荣。它还对抗日战争产生过影响，1933年的

另辟蹊径

## 苏尼特右旗王府

苏尼特右旗王府也叫德王府，是清同治年间建造的锡林郭勒盟第一座王府。至1946年7月苏尼特右旗民主政府成立前，有三代札萨克王居住于此。王府规模宏大，装饰华丽，由中院和两侧对称的偏院组成，共83间房。王府平时不开放参观，只有祭敖包或那达慕时才会敞开大门。敖包山和那达慕会场都在附近。本书调研期间，王府门口挂上了苏尼特王府博物馆的牌子，也许不久便会开放。

德王府就位于208省道旁边，从二连浩特或苏尼特右旗（赛汗塔拉）发往黄旗、白旗、蓝旗、多伦方向的班车都途经这里，可顺道一游。离德王府最近的镇是朱日和镇（镇东5公里），2017年建军90周年大阅兵便是在朱日和镇的训练基地进行的。从镇上包车往返德王府需30元。



多伦收复之战是“九·一八”后中国军队依靠自己的力量收复的第一座重镇。

多伦县城以湿地为界，北为新城区，南为老城区，步行的话两者之间有木桥相连。

新城区干净有序，食宿购物选择颇丰，客运站、汇宗寺均位于此。被湿地包围的老城区灰头土脸，街窄房低，以山西会馆为代表的古建筑藏于其中，很多回族居民散居在这里。

## 景点

除了以下景点，老城区保留了不少古建，不过除了南北两座清真寺可进入，其他如碧霞宫、兴隆寺等都不对外开放。

### 汇宗寺 寺庙

（见200页地图；会盟大街中段；免费；⏲7:00~19:00）1690年，康熙御驾亲征，在乌兰布统平定噶尔丹叛乱；次年5月康熙在多伦诺尔草原组织外藩蒙古三部、内属蒙古四十八旗王公的大会盟，史称多伦会盟；同年，康熙应蒙古各部王公请求亲敕建喇嘛庙以纪念会盟，即汇宗寺，也叫“东大仓”。寺庙建成后，五世达赖喇嘛的大弟子章嘉活佛被请来主持该寺宗教事务，从此藏传佛教格鲁派形成了达赖主持前藏、班禅主持后藏、哲布尊丹巴呼图克图主持漠北草原、章嘉呼图克图主持漠南的局面。

清朝时的汇宗寺占地276亩，除了大雄宝殿、活佛仓等宗教建筑，还有蒙古120余旗当子房，是整个蒙古地区的宗教精神中心。第二次世界大战末期（1945年），汇宗寺被苏蒙联军烧毁，仅残留小部分建筑。2003年汇宗寺经修缮后重新开放，并从其他寺庙请来喇嘛。如今的规模仅为繁盛时期的二十分之一，分东西两部分建筑群。东侧院落里古朴的天王殿是保存下来的旧建筑，新建的诵经大殿气势恢宏，内供奉文殊菩萨，每天8:30、14:30是喇嘛诵经时间。章嘉仓在西侧院落，也是旧建筑，内供奉着释迦牟尼、迦叶、药师佛等，端坐在释迦牟尼前的一尊较小的佛像是宗喀巴。

虽汇宗寺规模已大大缩水，但它仍值得拜访，试着与寺内喇嘛聊聊，他会告诉你寺庙的历史以及哪些建筑构建曾幸免于战火。院落里长长的红墙也很上镜。农历六月初一至十五，寺庙有宏大的祈愿大法会。

### 山西会馆 历史建筑

（见200页地图；会馆街1号；门票20元；⏲8:30~18:00）多伦会盟带动了多伦的商业发展，京城八大商号纷纷来此开办分号，清乾隆年间多伦已经是拥有4000多家商号、十几万商业人口的塞外商埠。清乾隆十年（1745年），山西籍旅蒙商人集资兴建山西会馆，作为同乡结社、集会、议事、商贸交流和落脚之地，这也是当时内蒙古地区唯一的外省会馆。

会馆为四进院落，主建筑沿中轴线左右对称分布，最有特色的是**大戏台**。戏台全部由方形条石砌成，戏台下埋16口大缸作为扩音设备。戏台上方悬挂长方形匾额，所刻的“水镜台”三个字出自明末清初山西大书法家傅山之手。这里每天有两场晋剧演出。

整个会馆最后一进院落的**关公殿**为正大殿，与国内所有山西会馆一样，关公是此殿供奉的主神，门匾上写着“亘古第一人”。东西配殿有精美的三国人物故事壁画。关公殿不常开放，但在正月十五花灯节、农历六月十五庙会、农历六月二十四关帝诞辰日会举办祭祀活动。

大戏台西侧有多伦晋商博物馆，展示了多伦商会发行的纸币等，你也可以在此了解各地的山西会馆。

山西会馆前是一片风格与之统一的山西建筑群，内为玛瑙店和古玩店。

本书调研期间，山西会馆关闭维修中。

### 敕建善因寺 寺庙

（见200页地图；善因寺南街）1727年，雍正帝为庆贺内、外蒙古及西北地区全部归附清朝，在汇宗寺以西又建一座华丽的寺院，同样交给章嘉活佛管理，赐名善因寺，俗称“西大仓”。与汇宗寺一样，善因寺也没逃过战争的浩劫。它已荒废了半个多世纪，不开放参观，站在围墙外可看到古朴的钟鼓楼。

### 滦河源国家森林公园 自然保护区

（距多伦县东南约45公里；门票40元；⏲7:00~19:00）滦河源国家森林公园拥有总面积19万亩的天然榆木林，也叫榆木川。森林公园非常大，植被丰富，有森林、草原、湿地、沙地等多重自然风貌。一路沿着滦河开车进去，最先到达的**滦河第一桥**是一座横跨在滦河上的榆木吊桥，地处漂亮的滦河湿地，你可以赤脚上河滩上走走，也可以骑马遛遛（20~30元）。再往里行驶，可登上1400米高的**八朗阁山**，纵览绿色林海。其他还有“文革”窑洞、梨树沟、哈钦王子坟等看点。景区内非常大，必须自驾或包车游览。

离开滦河源国家森林公园，顺着滦河逆流而上（往多伦县方向），便是著名的**多伦湖**，也叫西山湾水库。湖边有骑马、漂流、摩托艇、沙地摩托等各种活动。爬上水库两边的山头俯瞰，才能领略广阔的湖面和优美的线条。每年7月份有环多伦湖自行车赛，自驾环湖公路的体验也非常棒。

从多伦县城包车往返上述两处200元起。

## 住宿

在锡林郭勒南线五县中，多伦的住宿选择最多，这也意味着即便旺季你仍有机会找到性价比不错的住宿。以下所列均为7~8月非周末的价格，周末会有至少50元以上的涨幅。

### ★草原花海度假酒店 酒店 ¥¥¥

（见200页地图；☎452 0999；会盟大街多伦汽车站东侧；标单/双 199元/458元；Ⓦ Ⓟ）2017年新开的酒店，服务很好。标间很棒，漂亮又干净，地毯舒服，软硬件目前在多伦县皆属上乘。所有单间都没有窗户，风扇的通风效果不明显，房间非常小，不建议入住。

### 多伦丽都大酒店 酒店 ¥¥¥

（见200页地图；☎452 6255；政府西路与龙泽南路交叉口；标单/双 420元/380元；Ⓦ Ⓟ）酒店所处的位置距离美食、汇宗寺都近，步行5分钟就到湿地。房间大小适中，漂亮整洁，虽开了些年头，地毯上看不到污渍。周末房价会上涨100元，淡季时房价低于150元。注意：酒店门头上的“丽都”二字很不起眼，很容易看成“多伦大酒店”。真正的多伦大酒店在湿地对面，同属一个集团，价格更贵，但条件不如这里。

### 珈琪宾馆 旅馆 ¥

（见200页地图；☎224 7474；会盟大街，汽车站以东500米；标单/双 150元；Ⓦ Ⓟ）旺季时想找便宜住宿，车站附近有很多小宾馆，这家最干净、温馨。价格还有商量的余地。

## 就餐

东仓路北段沿街两边都是小吃店，蒙餐、汉餐、清真食品皆有。老城区的馆子大多如街区一样破败，不过你可以来这里尝尝当地特色的骆驼肉饼和全鱼宴。夏天晚上在多伦文化公园东段有**夜市**（见200页地图），以非本地特色的关东煮和烧烤为主。

### ★杭盖蒙餐烧烤城 蒙餐 ¥

（见200页地图；☎452 8877；会盟大街；人均50元；⏲6:00至次日2:00）当地很有名的一家蒙餐馆。菜的分量很大，最好组队来吃，否则你可能连一道菜都消灭不了。以羊为名的菜味道都不赖。用水煮鱼盆装盘的草原鲜奶羹（22元）至少够5个人吃，味道甜甜的，鲜奶中泡着奶豆腐和果条等。早餐选择多达40多种，有奶茶、奶豆腐、奶皮子、羊肉沙葱包子和羊肉、羊杂类以及各种饼子。

## 多伦城区

### 华山莜面村
面食 ¥

（见200页地图；☎150 4893 9788；富丽宾馆对面的小巷里；人均16元；⏲9:00~21:00）这家的莜面很有名，一份莜面窝子或芋子配一碗羊肉汤，味道最美不过。莜麦是粗粮，每种莜面的分量都很大，尽量不要晚上吃，不易消化。饥肠辘辘时别来这里，上菜速度太慢。

### 古城骆驼肉饼店
特色菜 ¥

（见200页地图；老城区东盛街中段；骆驼肉饼 5元/张；⏲7:00~20:00）老城区很有名的一家馆子，主打骆驼肉。驼峰、驼肚、驼掌等不同部位的肉做法都不一样，也有驼肉火锅（小/大100元/120元），主食是骆驼肉饼。

### 醒狮沙龙
特色菜 ¥

（见200页地图；☎452 2751；彩虹桥南100米；人均 60元；⏲11:00~21:00）老城区装修最华丽的一家饭店，特色菜是各种鱼，包括鲤鱼、鲇鱼、鲢鱼、鲫鱼，有红烧、剁椒、清蒸等多种做法。生意很好，要么提前定位，要么19:00后去等翻台。

## ☆ 娱乐

2017年夏天，由臧天朔担任导演的第一届草原音乐季每天晚上在郊外的多伦诺尔音乐广场上演，持续举办了40多天，演出阵容包括斯琴格日乐、德德玛等蒙古族歌手。尚不知音乐节是否会持续举办下去。音乐节举办期间，县城里有免费的大巴接送前往音乐节会场。

## 购物

满大街的玛瑙店和扑鼻的牛肉香代表了

## 多伦城区

**景点**

1 敕建善因寺 B1
2 汇宗寺 C1
3 山西会馆 B4

**住宿**

4 草原花海度假酒店 A1
5 多伦丽都大酒店 C1
6 珈琪宾馆 A1

**就餐**

7 古城骆驼肉饼店 C4
8 杭盖蒙餐烧烤城 B1
9 华山莜面村 C1
10 醒狮沙龙 C3
11 夜市 C1

**购物**

12 多伦玛瑙城 D2

**实用信息**

13 工商银行24小时ATM机 A1
14 中国银行 C2

**交通**

15 多伦车站 A1

多伦县的两大购物主题。

多伦确实产玛瑙，但制作玛瑙并不在行，市场上出售的很多成品并非产自本地，不过玛瑙售价不算高，淘个喜欢也无妨。多伦玛瑙城（见200页地图；678 8666；龙泽湖路南端；8:00~21:00）和会盟大街、龙泽南街、多伦三中对面都是玛瑙商铺的集中区，玛瑙镯子从几十块到一两千不等，据本地人的经验，越好看的玛瑙人工合成的越多。

牛肉干特产店集中在龙泽南街西端。几乎所有卖牛肉干的店家都是自制的，每家都差不多，都可以先尝再买。牛肉干的干湿程度决定价格的高低（70~150元/斤），越干的越贵，本地人认为干的口感更佳。买之前，记得说一句"要纯牛肉的"，会显得你很懂行。

### 实用信息

银行网点不多，四大商业银行倒也都有。位于多伦大街上的**中国银行**（见200页地图；9:00~17:00）有24小时ATM。客运站附近有**工商银行24小时ATM机**（见200页地图）。

### 到达和离开

**多伦车站**（见200页地图；188 4794 6606；会盟大街西端）有发往锡林浩特（7:40、10:00、12:40；80元；4小时）、正蓝旗（6:30~12:40，约每小时1班；17元；40分钟）、赤峰（6:30、8:00、10:00、11:00；85元；4.5小时）和北京（7:00、10:30、11:30、16:00、18:00；110元；7小时）的班车。

### 当地交通

多伦县有两趟公交路线，1路途经客运站、湿地公园、彩虹桥，2路连接文化广场、汇宗寺、老城区。公交班次极少，很难等。

出租车起步价6元，县城里起步价就够了。

## 正蓝旗

正蓝旗有足够的资本骄傲，它是忽必烈带领蒙古族入主中原前的战略基地，元朝不但在此建立了中国历史上最大的草原城市，还将其发展成世界级的大都会。历史早已怆然落幕，唯金莲川草原美好如初，出草原往北不远又接上了浑善达克沙地。城镇周边风光无限，旗府所在地上都镇相对平淡，如果傍晚时分在镇上无处转悠，可以沿侍郎城路往北去水上公园看晚霞，本地人热衷于在此垂钓。

### 景点

**★元上都遗址** 考古遗址

（镇东北25公里；门票40元，讲解100元；7:00~19:00，18:00停止售票）1256年，忽必烈在金莲川草原始建开平府，1259年竣工，次年忽必烈在此登基继承蒙古汗位。之后，元上都成为元朝两都制中的陪都。自1256年兴建至1358年被毁，共有六位元朝皇帝在元上都登基。

总体建筑从内到外分宫城、皇城、外城三部分，三重城墙外均有护城河，以解决上都因地处湿地有可能引起的内涝问题。进入元上都遗址，一路沿中轴线从南往北参观。穿过皇城的明德门，走上1公里，从御天门进入宫城，可看到大安阁和穆清阁两座建筑基址，前者是皇帝登基、接见外国使者的重要宫殿，忽必烈便是在这里接见马可·波罗的，后者是宫城内体量最大的建筑。爬上宫城北墙眺望

## 金莲川幕府和元朝两都制

1251年，成吉思汗之孙蒙哥继任蒙古汗位，派其弟忽必烈治理中原。忽必烈由漠北南下，驻帐于金莲川草原，并以广纳百川之胸怀广征人才。聚集而来的名士中有满腹经纶的学者、精通治理国家的谋士、独具一技之长的能工巧匠、战功卓著的勇将等，在忽必烈的身边形成一个不分民族、文武兼备的政治集团，史称金莲川幕府。

1256年，忽必烈着手在草原上建城，3年后开平府屹立于金莲川草原，并成为忽必烈次年登基称汗后的临时首都。1264年，开平府改称上都。元上都城内，既有效仿中原都城的布局和宫殿、庙宇建筑群，也保留了草原民族的牧场、蒙古包等，兼顾农耕文明与游牧文明。鼎盛时期的元上都，手工作坊、市肆贸易、牧场、农田齐备，中外经济文化交流频繁，马可·波罗曾在其游记中对元上都有详细描述。

1271年，忽必烈改国号为大元，开启元朝历史，元上都成为北方草原乃至全国的政治、经济、文化中心。第二年，元朝改中都（北京）为大都，作为正都，把上都作为陪都和夏都。每年4月，元朝皇帝率臣僚赴上都避暑、狩猎、处理朝政要事，八九月再返回大都，开启两都巡幸制。元上都不仅仅是正都的陪衬，它的存在对于游牧民族管理大国有重要意义。夏天，游牧民族难耐中原大地的酷暑，草原的气候更令他们感觉舒适。从政治角度看，元朝皇帝可以通过上都联络蒙古宗亲势力，加强大后方的向心力。两都制也明确表明了元朝皇帝的双重身份：既是中原的天子，也是草原上的可汗。



断断续续的城墙遗址，不难想象当年这座草原都城的华美。

元上都所在的金莲川草原非常漂亮，因遗址内禁牧，草高及人，6月中至7月中，草原上盛开金黄色的金莲花，主路径两边有一些木栈道可以让你深入草原花海。每年7月初，景区内会举办为期两天的旅游节，有民族歌舞表演。

遗址范围很大，乘坐景区电瓶车（20元）可直达明德门，不过主遗址区内1公里多的路程得步行。更好的方式是租辆自行车（10元），这样你可以在沿途的金莲川草原随停随拍，而且自行车在主遗址区内畅行。

从上都镇包车前往元上都遗址（含元上都遗址博物馆），单程70元，往返120元起。注意，正蓝旗的包车市场比较混乱，本书调研期间往返价格从70~180元皆有，有些司机最后还会以等待时间太长为由坐地起价，所以一开始一定要敲定路线、时间，可供参考的是，遗址内1小时连走马观花都够呛。

从遗址再往北35公里，有一座为拍摄电视剧《忽必烈》而建的忽必烈影视城，目前尚不收门票，可与元上都遗址一起包车游览。

**元上都遗址博物馆** 博物馆

（☎225 8614；元上都遗址附近；门票免费，观光车5元，讲解100元；⏲5月至10月7日8:30~18:00，其余9:00~17:00，提前半小时停止入馆，周一闭馆）不要错过元上都遗址附近的这个博物馆，它是了解元上都遗址的重要窗口。博物馆分两部分介绍：元朝的经济文化和元上都的建筑结构。馆内陈列的文物大多出土自元上都遗址，包括三座无首的汉白玉石雕人像；巨大的汉白玉雕龙角柱是大安阁的基础支柱，它曾出现在《马可·波罗游记》中；另外还陈列有大量大安阁、穆清阁等原建筑的构件。馆内还有复原的大安阁模型。

博物馆就在游客接待中心背后，观光车绕敖包山一圈，路线很长，不坐观光车的话，就与观光车行车的反方向走，很快就能走到。

## 住宿

上都大街、侍郎城路南段、汽车站附近都有很多宾馆，上都大街上的住宿最贵，且设施陈旧，旺季时侍郎城路南段可以找到一些价格合理的宾馆，汽车站附近的宾馆条件也尚可，旺季时价格合理，如果赶路可以选择以此为落脚点。以下列出的都是7~8月时的价格，其余季节不超百元就能拿下。

### 汇力商务宾馆
酒店 ¥¥

（☎422 1888；上都大街电信西侧；标单/双318元/298元；📶🅿）简约版的商务宾馆，房间干净，配电脑，洗手间宽敞。

### 新雅快捷宾馆
酒店 ¥¥

（☎423 1685；上都大街电信西侧；标单/双180元/160元；📶🅿）位于闹市区的这家酒店即使旺季时也不会涨价到很离谱。房间就是普通快捷酒店的样子，打理得很干净。

### 嘉华酒店
酒店 ¥¥

（☎423 3222；侍郎城路南端；标单/双 200元；📶🅿）房间周正、干净，洗手间大，虽然开了已有些年头，但墙壁无污渍，家具还不显陈旧，除了床品不够柔软，其他都令人满意。隔壁的四季假日酒店房型、装修、价格几乎一模一样，可作备选。

## 就餐

正蓝旗的蒙餐在锡林郭勒南线各旗首屈一指，值得一尝。蒙餐集中在镇西的乃日音希热街西端，宝恩巴胡同里的餐饮人气也很旺，汉餐、蒙餐都有。

### ★格日勒茶楼
蒙餐 ¥¥

（乃日音希热街；人均 50元起；⏲6:30~14:00, 16:00~21:00）口碑极佳的一家蒙餐馆。手把肉、羊头、羊肚、血肠味很正，还有烤羊排、风干肉等，蒙餐价格不低，适合多人食用。如果一个人就餐，可以试试葱爆羊肉（38元）、孜然羊肉（48元）等炒菜。奶茶半壶（12元）起售。

### 草原香蒙餐
蒙餐 ¥¥

（乃日音希热街蓝都花园门口；面条 18元起；⏲6:00~22:00）除了传统蒙餐，这里有烤肉串、烤羊排等，奶食品也是一大特色，奶豆腐、奶油、黄油都可以按小碟卖。牛肉面、羊肉面这样的简餐也过得去。蒙式早餐很丰盛，还有不同价位的组合套餐。

## 实用信息

上都大街中段有工商银行及24小时ATM机。

## 到达和离开

**正蓝旗汽车客运站**（☎423 1049；金莲川大街东）有发往锡林浩特（7:20、9:00、14:30；70元；3.5小时）、多伦（6:30、7:00、9:00、10:00、11:00、16:00、16:30；17元；40分钟）、白旗（6:30、7:30、13:30；31元；2小时）、北京（10:20、16:00；90（座）/100（卧）；6.5小时）的班车。

客运站距街里较远，打车需10元，仅在街里打车起步价（5元）就够了。

# 小扎格斯台淖尔

若不打算穿越浑善达克沙地，只选一处观赏点前往的话，可以来小扎格斯台淖尔（距上都镇东北55公里；免费）。这里是由几十个小湖组成的淡水湖群，湖底为沙地，湖与湖之间是稀疏的草地和千姿百态的榆树，还有零星蒙古包点缀着，每年5月成群候鸟盘旋于此。沙地夏夜的星空非常美，不妨带上帐篷来露营，最好还有一支三脚架，以便拍下华美的银河。

最大的一片湖泊旁有一座度假型酒店——上都湖原生态旅游牧场（☎158 4798 0709；标间800~1000元，套房2380元），房间并不如其价格那么高档，你可以在这里租辆自行车（100元/小时）环湖。

小扎格斯台淖尔属于正蓝旗，从桑根达来镇过来更方便，正蓝旗和多伦发往锡林浩特的班车都经过桑根达来。从桑根达来包车往返小扎格斯台淖尔至少150元，需要注意的是，不特别说明的话司机只将你送到度假村，而这一带除了一片已被污染的大湖，并没有太多看点。如果你自己有越野车，可以继续深入沙漠腹地，那里有更多美丽的湖泊和沙地植被等待你。

# 正镶白旗

位于浑善达克沙地南缘的正镶白旗，由清朝的正白、镶白两旗合并而成。这里是清朝蒙古族数学家、天文学家和地理测绘学家明安图的家乡，旗府所在地也被命名为明安图镇。旗县分旧镇和新区两部分，吃住多在旧镇，新区是政府行政办公区。除了以下景点，镇西南5公里的山丘上有十三座花岗岩砌筑的敖包，为全旗最大；镇西北30公里的布日都庙距今有260多年历史，辉煌过后仅存一座孤庙。

## 景点

### 明安图文化科学中心 博物馆

（朝格温都开发区；免费；⏲8:30~11:30，14:30~17:00，周一闭馆）位于新区的明安图文化科学中心包含明安图博物馆和明安图天文馆两部分。博物馆内详细介绍了明安图生平及成就，展出了本旗出土的一些文物，包括突厥卧式石人一枚。

### 天鹅湖 湖泊

（明安图镇北51公里；免费）浑善达克沙地诸多小型湖泊中的一个，也是较容易到达的一处景点。一面是起伏的沙丘，一面是碧绿广袤的草原，每年5月和9月的候鸟迁徙季，会有很多天鹅飞抵。从明安图镇包车往返至少需要200元。

## 食宿

无论是旧镇、新区，住宿条件都差强人意。外表十分气派的**白旗酒店**（☎652 9999；朝格温都开发区；标单/双 298元/268元；📶🅿）是此地唯一一家三星级酒店，除了地毯有点脏，其他看起来都还好。**世嘉快捷宾馆**（☎651 2868；查干淖尔北街与乌宁巴图东街交会处；标单/双 120元；📶🅿）是旧镇最好的住宿，不过墙壁的污渍很碍眼。

车站附近、查干淖尔街上有很多餐馆，蒙餐、炒菜、快餐都有，总的来说，并没有哪家特别突出。

## 购物

### 乳香飘奶制品厂经销部 特产

（☎158 4792 3194；查干淖尔南街；⏲6:00~22:00）除了流水线生产、包装漂亮的特产，也销售有散装、自制的奶制品和风干牛肉，味道更纯，适合自己食用。

### 蓝星音像 音乐

（☎156 9479 1399；查干淖尔北街；⏲8:00~19:00）这家音像店以蒙古音乐为主，你会找到呼斯楞、乌达木、乌兰托娅等熟悉的蒙古族歌手的唱片，还有很多蒙古国歌手的CD。

### 乌云娜民族服饰工艺品 服饰

（☎156 4795 5880；查干淖尔南街；⏲8:00~18:00）这里的民族服饰面料、做工都很精良，款式也多，价格不贵，服饰和靴子都是280元起，还有蒙古族各旗不同的女性头饰，非常精美，买回去做纪念也不错。

## 到达和离开

### 长途汽车

**明安图客运站**（☎652 1808；陶林北路）运营的班车车次不多，每天各只有1班过路车发往相邻的太仆寺旗（11:20；10元；1小时）、镶黄旗（11:20；31

**不要错过**

### 哈音海尔瓦庙

哈音海尔瓦庙位于镶黄旗旗府新宝拉格镇以东约10公里处，本地人称之为大庙。寺庙始建于清康熙五年（1666年），后经乾隆、光绪年间五次扩建，有殿堂18座、庙仓5座、僧舍500余间，最鼎盛时有2000名喇嘛。它的最高历史身份是中国收藏蒙文版大藏经《丹珠尔经》的第一庙。大庙没有逃过“文革”浩劫，规模宏大的寺庙几乎荡然无存，如今所见是21世纪初修缮而成，现有15个喇嘛。《丹珠尔经》如今保存在呼和浩特博物馆。

驱车前往大庙的途中，远远就能望到其金灿灿的屋顶。主殿除了木门是以前保留下来的，其他都是新的，殿外悬康熙亲赐的匾额，上以汉、蒙、藏三种语言书“广益寺”，殿内供奉着释迦牟尼、宗喀巴大师、马头明王、弥勒佛、药师佛等。每天7:00~9:00是喇嘛诵经时间。除了喇嘛、信众、参观者，也常有鸟儿在殿内盘旋。寺庙宗教活动很多，除了农历四月和九月的千灯法会，几乎每月都有大大小小的法会。

大庙旁边是该旗那达慕和祭敖包的举办场地。大庙所在的镶黄旗在清朝是专为皇室提供兵马的地方，如今并无太多亮点可寻，不必多作逗留，游览完大庙即可前往下一站。

二连浩特/苏尼特右旗往来于正镶白旗/正蓝旗/多伦之间的班车都会经停镶黄旗旗府，从旗府包车往返哈音海尔瓦庙约80元。

元；2小时）、正蓝旗（12:40；31元；2小时）。

### 火车

正镶白旗站位于新区南边，是过路车站，每天有35趟列车途经此站，包括往返于呼和浩特—乌兰浩特、锡林浩特—包头、呼和浩特—锡林浩特、包头—哈尔滨的列车。

## 当地交通

出租车5元起步，仅在旧镇或新区打车都只需要5元，跨区需要10元。

# 太仆寺旗

太仆寺旗简称太旗，古代这个名字代表掌管皇室御马的官职，如今这里依然延续养马传统。加上是锡张高速进内蒙古的门户、距河北张家口仅149公里，夏季周末小镇挤满了自驾前来的京津冀游客。

旗府所在地宝昌镇属农区，汉人为多，镇很小，以主街解放大街和建设路的交叉口为中心，酒店、餐馆、特产商店都在此方圆百米内。周边草原广袤，但别对农牧过渡地带的草原抱太高期望，如果你对骑马、欣赏良马都没兴趣，可以直接跳过这里前往下一站。

## 景点

### 石条山　火山

从解放大街往西约5公里的山坡上，有一座独特的柱状节理火山岩，走近看仿佛由无数根柱子竖着捆绑而成。这是两亿三千万年前火山喷发出的岩浆凝结而成的结果，是散落在锡林郭勒盟的诸多火山遗迹之一。从镇上打车往返40元，车子可以开到山坡下，爬一小段就能触摸到岩体。

### 御马苑　马场

御马苑坐落在贡宝拉格草原上，占地辽阔，来自各个国家的宝马是这里的主人。大多数人是为目睹汗血宝马的真容而来的，这些来自中亚、有血统认证的汗血宝马，身材高大、毛色油亮、体态健美，有的一匹甚至接近20万元的不菲身价。近距离观察你会发现汗血宝马的皮肤非常薄，血管都根根可见。本书调研期间，御马苑正在扩建，不对外开放，建成后是集赛马场、马术表演、博物馆、酒店、游泳池、滑雪场（冬季开放）于一体的综合性景区。相关信息可电询（☎132 4170 7088）。

每年7月，太仆寺旗的马奶节也在御马苑举行，活动很丰富，有赛马、摔跤、马术表演等。

御马苑位于宝昌镇南25公里处，可在宝昌汽车站坐前往张家口的班车，车票买到五星站（7:00、7:30、8:00、8:30、9:00、10:00、11:00、12:00、13:30、14:00、15:10、17:00；8元；30分钟）即可。坐出租车前往单程50元。

## 住宿

全镇只有两家设施过硬的酒店，即便如此，7~8月你依然很难找到250元以下的宾馆，周末还要上涨50~100元。其他季节大多数宾馆100~120元就可以拿下。旺季想找便宜住宿的话，建设路上的原汽车站附近有一些小宾馆。以下所列均为7~8月非周末的价格。

### 北斗鑫皇朝假日酒店　酒店 ¥¥¥

（☎523 9999；解放大街与建设北路交叉路口；标单/双 360元起；📶Ⓟ）位于镇中心的这家酒店为全镇档次最高，装修不错，房间和洗手间都很宽敞，地毯和地砖的配色均为舒服的暖色调，唯一不足的是大床房的床不够大。周末房价上涨200元，非旺季房价低于200元。

### 众欣宾馆　旅馆 ¥¥

（☎522 5333；建设南街中段；标单/双 260元起；❄📶Ⓟ）房间宽敞洁净，漂亮舒适，是旺季时镇上同价位酒店中的最佳选择。不过有些房间没有窗，通风是个问题，如果介意就多花20元住有窗的房间。

### 太仆寺旗政府宾馆　酒店 ¥

（☎522 2016；解放大街与建设北路十字路口以西；标单/双 120元；📶Ⓟ）房间不漂亮，设施陈旧，灯光暗淡，Wi-Fi信号不稳定。好处是，地理位置好，旺季时找不到比这里更便宜的酒店了，何况热水淋浴也算舒服。

## 就餐

### 年师傅手扒肉　蒙餐 ¥¥

（☎139 4739 1217；建设南街旧汽车站对面；手把肉55元/斤，血肠35元/斤；⏲9:30~22:00）当地最有名的一家手把肉店，供应的都是新鲜羊肉，最少的1斤左右。你需要自己拿刀剔肉吃，手把肉得趁热吃，凉了口感差好多。旧汽车站以南的**嘎师傅手把肉城**也很受欢迎，如果这两家都客满了，解放大街西端还有三家手把肉店，全城价格一样。

### 袁门酒家

火锅 ¥

（☎522 9056；解放大街天马商场往北50米路西；人均 50元；⏲11:00~20:00）“天下羊肉第一涮”是它的招牌，本地人也很认可。锅底有大锅（20~25元）和适合一个人吃的小锅（5元），肉类16~22元，蔬菜6~8元。虽然价格便宜又美味，不过由于生意非常好，想吃不容易，还常有包场，最好提前打电话预订。问路的话问袁门涮肉更方便。

## 到达和离开

**宝昌汽车站**（☎523 3134；东环南路）有发往锡林郭勒盟、内蒙古主要城市和相邻省份的班车，可方便前往多伦（7:30、9:40、10:30；42元；2.5小时）、正蓝旗（7:30、9:40、11:50、15:00；27元；1.5小时）、正镶白旗（7:30、9:00、10:00、13:30、15:00、17:00；10元；1小时）、锡林浩特（7:50、8:50、9:50、11:00、14:30；80元；3.5小时）和北京（7:55、8:55、11:30、15:30；111元；5小时）。

汽车站距街里约2.5公里，打车需10元，街里打车起步价（6元）就够了。

# 赤峰和通辽

**包括** ➡


赤峰市……209
克什克腾旗……214
乌兰布统……218
巴林右旗……223
巴林左旗……226
通辽市……229
霍林郭勒……235
库伦旗……236


## 最佳博物馆

- 巴林右旗博物馆（见223页）
- 敖汉旗史前文化博物馆（见213页）
- 辽上京博物馆（见226页）

## 最佳风景路段

- 热阿线
- 达达线
- 赤峰—灯笼河—乌兰布统
- 鲁北—霍林郭勒

## 为何去

或许是彻底汉化的地名丝毫不显蒙古特质，远道而来体验内蒙古风情的旅行者很少将赤峰和通辽列入首选目的地，至多在前往锡林郭勒和呼伦贝尔两大草原的途中稍作停留。乌兰布统的坝上草原算是特例，它凭借地理优势成功吸引众多京津冀都市人"到此一游"洗肺洗眼；许多人也是由此才知道，原来在靠着河北、辽宁的内蒙东南一隅，也有壮美开阔的草原风光。

但赤峰和通辽何止有草原，第四纪的冰川活动带来了多处地质奇观，黑里河自然保护区山坡上浩瀚的冰石河、克什克腾千姿百态的花岗岩峰林与"九缸十八锅"的冰臼群，无一不令人感叹。这里也有传统的印记：冬季达里诺尔湖厚厚的冰面上，准备冬捕的渔民们延续了辽金以来举办隆重的祭湖醒网仪式的传统；阿鲁科尔沁北部的天然牧场里，坚持季节性转场的游牧家庭依旧在"逐水草而居"。要是你对北方草原的历史还有些兴趣就更好了——赤峰拥有兴隆洼文化、红山文化等多个史前文明类型的首次发现地，第一次统一中国北方民族的契丹王朝就发祥于巴林左旗辽上京，而大清国母孝庄文皇后的传奇一生，至今也在科尔沁草原上被广为传颂。

## 何时去

**5月至6月** 草原在5月初安静地复苏，到了6月中旬之后颜值就高起来了。6月底更好，人潮还未涌入，而风景已经就绪。

**7月至8月** 水草丰美，牛羊肥壮，各个草原的那达慕、祭敖包"你方唱罢我登场"。但此时物价也最贵，要有心理准备。

**9月至10月** 草原和林场已展现出迷人的秋色，9月中旬到"十一黄金周"之间，你还有机会用最低廉的价格享受最绚烂的风光。

**11月至次年4月** 候鸟在湿地聚集，滑雪场也纷纷开门迎客，12月底的克什克腾还有精彩纷呈的冬季旅游节。

## 赤峰和通辽亮点

❶ 驰骋在山林、草原和峡谷之间，看大地的脉动如何造就**克什克腾**（见214页）的神奇。

❷ 在**召庙**（见226页）近距离欣赏辽代的精美石刻，感受沉淀已久的灵气。

❸ 深入**阿鲁科尔沁**（见227页方框）的草原腹地，寻找传统游牧者的身影。

❹ 走进壮观的**库伦三大寺**（见237页），回溯整个内蒙古唯一一段政教合一的历史。

❺ 面对独自伫立在茫茫天地间的**辽庆州白塔**（见225页），想象城墙内昔日的繁华。

# 赤峰

人口：464万/区号：0476

赤峰即"红色的山"，中国北方新石器时代的红山文化正是在赤峰地区被首次发现且被命名的。而赤峰的历史还不止于此，除了悠久的史前文明，赤峰还是辽文化的发祥地，蒙古北元时期最后的都城应昌路（鲁王城）也在赤峰境内。

不过更多人还是为了风景而来。由于地处内蒙古高原、冀北丘陵和辽宁平原的交界处，赤峰地区呈现出独特而多样的地形地貌，丘陵起伏，沟壑纵横，远古冰川和火山的活动也在这里留下了痕迹。对于京津冀的旅行者来说，赤峰还能为他们提供一片最容易到达又不失风情的草原。

## 赤峰市

在1983年撤盟建市之前，赤峰叫作"昭乌达盟"——一个从清朝流传下来的地区名。最初的盟首府并不在赤峰市（当时是赤峰县），所以严格来说，今天的赤峰市只是一座发展了30多年的年轻小城。

原赤峰县的位置已经改制为现在的红山区，也就是老城区，那片出土了红山文化的赭红色山峰就在老城区的东北角。相比起老城的朴实与安逸，位于松山区的新城则显得气派得多，楼更高、路更宽，万达广场建筑群更是成了城市的新地标。

### 景点

**赤峰博物馆** 博物馆

（见210页地图；锦山路与富河街交会点西侧；免费；⏲9:00~11:30，14:30~17:00，周一闭馆）博物馆在新城区，相比它庄严的外在，馆内的展品不免显得有些单薄。虽然赤峰得天独厚的历史人文资源为博物馆提供了不少珍贵藏品，但有一部分并不对外展出，著名的C形碧玉雕龙也已移至北京的中国国家博物馆，这里展出的只是复制品。

不过它还是值得一去的。在一楼展厅你能详细了解红山文化的来龙去脉，以及以夏家店上、下层文化为代表的北方草原青铜文化。二楼的"黄金长河"和"契丹王朝"展厅则有以蒙古族、契丹族为主的北方民族的文化遗迹，其中一件用近十万颗海珠串织的团龙袍是镇馆之宝——它华丽富贵，是当年下嫁给巴林郡王乌尔衮的康熙皇帝三女儿荣宪公主的朝服。

公交37路从火车站直达博物馆。

**红山国家森林公园** 公园

（见210页地图；免费；⏲全天开放）位于老城区东北角的红山可谓是赤峰的象征。这座山上出土了许多震惊世界的文物，"红山文化"由此在史学界立足；山中红色岩石上有许多椭圆形的石洞，那是冰川时代留下的遗迹，也曾是先民们的居所。一条水泥盘山路贯穿整个公园，赤峰市民闲暇时也常来此爬山健身。

公园距离市区约9公里，公交1路、101路在植物园下车。不过在这里下车是从南门进入公园，地图或路标都很少，建议先向门口工作人员了解游览方向。离正门最近（但也有约1公里）的公交站是"二二〇医院"，从长途汽车站坐公交6路可达。

### 住宿

如果仅在赤峰中转，那么火车站和长途汽车站一带的住宿选择就足够丰富，包括舒适又价廉的小旅馆。老城区更加热闹，不过自驾旅行者需注意，长青街（哈达街）和昭乌达路早晚高峰会非常拥堵。

**辽河大酒店** 酒店 ¥

（见210页地图；☎836 9111；长青街中段；标双含早餐118元起；📶🅿）距离老城区的步行街不到500米，出行吃喝都很方便。房间虽不大却很干净，设备也很齐全。作为比较老牌的婚宴酒店，早餐水准也颇有保障。总体而言性价比高。注意新城区也有一间"辽河大酒店"，别走错了。

**九天国际快捷酒店** 酒店 ¥

（见210页地图；☎847 7777；新天地商务广场21~26楼；标双120元起；📶🅿）位于长途汽车站斜对面，虽然陈设简单，但居住在20层以上的房间里，视野得天独厚，能让你在格外宽敞的房间里饱览赤峰新城区的夜景，开窗就能享受凉风。

## 赤峰城区

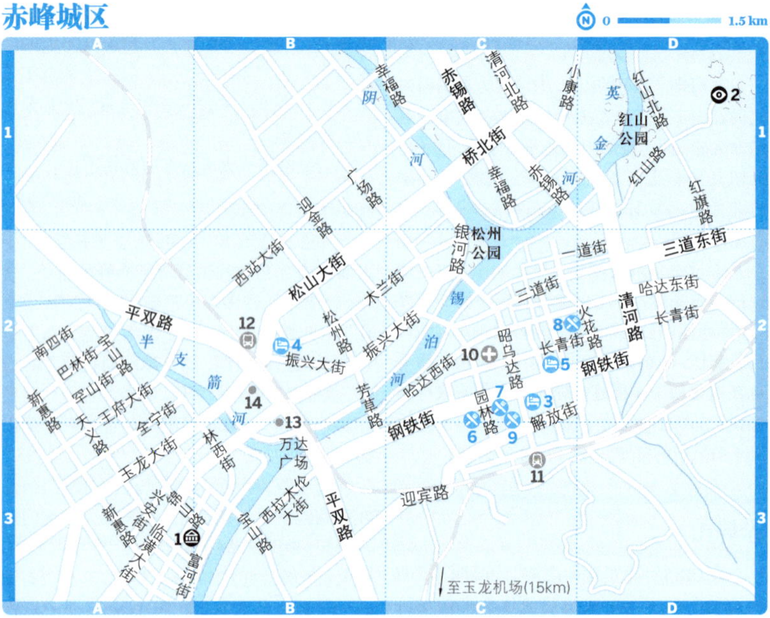


## 赤峰城区


**景点**

1 赤峰博物馆 ........ A3
2 红山国家森林公园 ........ D1

**住宿**

3 赤峰宾馆 ........ C2
4 九天国际快捷酒店 ........ B2
5 辽河大酒店 ........ C2

**就餐**

6 呼兰蒙餐 ........ C2
7 蒙都N43° 9有机羊火锅餐厅 ........ C2
8 鑫香家常菜 ........ C2
9 宴宾楼 ........ C2

**实用信息**

10 赤峰市医院 ........ C2

**交通**

11 赤峰火车站 ........ C3
12 赤峰长途汽车站 ........ B2
13 凯富达租车 ........ B3
14 神州租车 ........ B2


**赤峰宾馆** 酒店 ¥¥¥

（见210页地图；☎886 0999；昭乌达路32号；标双 含早餐 418元起；📶P）赤峰最早的高档宾馆，诞生于1958年，翻新之后倒也十分亮堂。后方有一座几年前新建的贵宾楼，空间更加宽敞，设备也更新，价格稍高。早餐十分丰富，有经典小吃对夹。网上预订能优惠不少。机场大巴在此停靠。

## 就餐

作为曾经的东北省份——热河省的三大市之一，赤峰的东北味可以说是相当浓郁，全城主打东北菜，大多遵循“量多、料足、实惠”的原则。对吃惯了清淡口味的旅行者来说，可能还需要在就餐时常备一瓶水淡口。如果想吃蒙餐，昭乌达小区一带的餐馆公认最地道。别忘了试试赤峰名小吃对夹，感受下它与肉夹馍的区别。

**鑫香家常菜** 东北菜 ¥¥

（见210页地图；☎156 0476 9839；哈达西街中段，近火花路；人均60元起；⏲9:00~22:00）门脸非常小，但几乎每一个出租车师傅都能把你准确地带到那儿。还未上到二层，在楼梯间就可以闻到他家招牌锅包肉的香气。不同于东三省的做法，这里的咸口锅包肉（38元/

份）是一大特色，几乎每桌必点，分量很大。人多时甚至要等位。

**宴宾楼** 东北菜 ¥¥

（见210页地图；☎828 1117；昭乌达路19号；人均60元起；⏲9:30~21:30）1952年创店的老字号，距离火车站不远。精品对夹（6元/个）十分酥脆，内里夹着热乎的熏猪肉，据说李克强总理在赤峰品尝的对夹就是这一款。他家的焖烧驴肉也很出名（79元/份）。

**呼兰蒙餐** 蒙餐 ¥¥

（见210页地图；☎277 6655；昭乌达小区西口对面；人均70元起；⏲6:30~21:30）开了十多年的老店，门面不大，可在当地蒙古族人中颇有口碑。他家的山野菜价格较高，但据说用的是新鲜原料，成本高了，却能保证更佳的口感。

**蒙都N43° 9有机羊火锅餐厅** 火锅 ¥¥

（见210页地图；☎828 0077；双子座三楼；人均60元起；⏲9:30~21:30）据说用的都是草原上随处撒欢吃草的“有机羊”，所以肉质紧致香嫩。尤其是手切羊腿肉，口味之美，让人爱不释口。火锅是一人一小锅，蘸料自助，小菜很丰富，环境也不错。

## 实用信息

**赤峰市医院**（见210页地图；☎833 1476；昭乌达路中段1号）赤峰地区设施最完善、医疗条件最好的三甲医院。

四大银行在市内均设有许多分点，另外还有交通银行、包商银行等。

## 到达和离开

### 飞机

**玉龙机场**（☎833 3956）位于喀喇沁旗，距赤峰市区15公里。赤峰与哈尔滨、沈阳、天津等地之间有直飞航班。每天还有多班航班直达北京。此外，华夏航空的航班已将赤峰与广州、深圳、上海、成都、西安、昆明、长沙等15座城市连接起来，通常只需在呼和浩特或大连经停。

每年夏季旅游旺季期间会调整航班和航线，例如2017年临时增开了“海拉尔—赤峰—郑州”“赤峰—济南”两条旅游往返航线，建议及时查询动态。

### 长途汽车

**赤峰长途汽车站**（见210页地图；☎842 7555；松山大街80号；⏲5:30~18:30）主发市内各旗县，以及去往北京（包括直达首都机场）、河北、辽宁等方向的长途客车。部分班次支持**携程网**（www.ctrip.com；携程旅行App）在线购票。

### 火车

**赤峰火车站**（见210页地图）是老城区的一大地标，有始发前往北京、承德、大连、呼和浩特、丹东等地的列车，还有前往满洲里、齐齐哈尔、哈尔滨等地的列车途经。赤峰与通辽之间每天有多班列车往来（约4小时），北京到赤峰需时9.5~11小时。



**不要错过**

### 赤峰对夹

蒙餐和牛羊肉作为内蒙古特色，赤峰有，其他地方也不少。但赤峰有一样东西，绝对是独一无二的，这就是号称“赤峰第一名吃”的对夹——十个赤峰人有九个会向你推荐它。

只不过这个小吃实在其貌不扬，“两饼夹一肉”的形式似乎也没有超越肉夹馍和驴肉火烧，乍看之下并不是很诱人。可一旦你咬下去，就会立刻发现它的独到之处：不仅夹着的是熏肉，“两饼”还是被炸得爽脆的酥油烧饼。你可以配上一碗清汤，口感更佳。

据说民国时期发明对夹的是一对河北的苏氏父子，他们在整合了赤峰哈达火烧、河北驴肉火烧和清朝宫廷熏肉三种食物工艺的基础上，创造了这款美食。苏家在赤峰开出的第一家店字号“复生隆”，今天你在翁牛特旗旗府乌丹镇还能找到一间仍在使用这个字号的对夹铺。

就赤峰市区的对夹铺来说，“城南对夹”算是后起之秀，已开了多家连锁店；除此之外还有“广利对夹”“裴记对夹”“庆裕对夹”等多家开了十年以上的老铺，各有拥趸。但如果不是执着于老店，随意问个本地人，总能就近找到好吃地道的对夹。

## 当地交通

### 抵离机场

机场大巴停靠在火车站东侧的公交调度站，日发车8班（6:10、7:30、11:00、13:00、14:30、16:20、17:00、19:00；50分钟；10元），途经赤峰宾馆、天王酒店等地。由机场发往市区的时间不定，以对应航班落地时间为准。

### 公交车

大部分市内公交自动投币1元。

### 出租车

出租车起步价6元/3公里，超出则为每公里1.5元。比较规范，一般都打表计费。

### 租车

六西街是赤峰有名的租车一条街，在这里甚至能够以日均100元租到一辆经济型轿车，但常有隐藏条件（例如公里限制），还有可能为并非自己造成的剐蹭赔款。没有十足的把握不建议选择，以免因小失大。

**神州租车**（见210页地图；☎830 1656；水榭花都B区东门附近）赤峰唯一较知名的租车品牌连锁店，但由于是加盟店而非直营店，不支持异地还车。

**凯富达租车**（见210页地图；☎828 8361；水榭花都C区北门附近）赤峰地区小有名气的正规租车店，由于有一汽大众4s店的优势，全赤峰境内的应急救援等都比较到位。注意有公里限制（平均每天限行300公里，超出部分收取超里程费用），手续上也相对繁琐（需要出示抵达赤峰的车票/机票）。



# 赤峰周边

## 喀喇沁旗

喀喇沁旗是距离赤峰市区最近的一个旗县，过去叫作"喀喇沁右翼旗"，在清代与宁城县（喀喇沁中旗）、辽宁喀左县（喀喇沁左翼旗）合称"喀喇沁三旗"，曾是成吉思汗麾下重臣兀良哈氏（或称乌梁海氏）一族的封地。三省山水在这里交织：七老图山脉的蜿蜒身姿画出了蒙、冀之间的天然分界线，辽河上游的老哈河隔开了内蒙古与辽宁，而它的支流锡伯河便是喀喇沁旗的母亲河——你在旗府锦山镇就能见到这条开阔的河流。

### 景点

**喀喇沁亲王府** 古建筑

（☎392 9506；王爷府镇；门票 50元；⌚8:30~17:00）始建于清康熙十八年（1679年），是内蒙古现存建府时间最早、封爵等级最高、建筑面积最大、保存最为完好的一处清代蒙古王府古建筑群。先后有十二代王爷在此执政并居住，最后一代便是以开明达观著称的"改革派

### 赤峰长途汽车站车次时刻表

| 站点 | 发车时间/班次 | 票价（元） | 行程(小时) | 备注 |
| --- | --- | --- | --- | --- |
| 经棚（克什克腾旗） | 5:40~9:00（每小时1班），14:00 | 70 | 3.5~4 | |
| 乌兰布统 | 9:00 | 66 | 4.5~5 | |
| 天义（宁城县） | 6:10，7:10，10:50，12:50，15:40，16:50 | 32 | 1.5~2 | |
| 天山(阿鲁科尔沁旗) | 6:40~17:10（滚动发车） | 87 | 4~4.5 | 每天7~8班 |
| 新惠（敖汉旗） | 6:00~17:40（滚动发车） | 35 | 2 | |
| 乌丹（翁牛特旗） | 6:20~17:30（滚动发车） | 27、30（高客） | 1.5 | |
| 林东（巴林左旗） | 6:40~18:00（40分钟1班） | 72、82（高客） | 3.5~4 | 途经大板 |
| 大板（巴林右旗） | 6:00~18:00（30分钟1班） | 57、67（高客） | 2 | |
| 通辽 | 9:00，12:00，15:00 | 80 | 4 | |
| 北京 | 8:00，10:30，12:20 | 150 | 6 | 8:30有一趟直发首都机场 |
| 承德 | 8:00，10:00，13:00，14:40，16:40 | 63、73(高客) | 3.5 | |

另辟蹊径

## 人文敖汉

论自然风景，敖汉旗在赤峰境内算不上佼佼者，但若比起历史——尤其是数千年前的史前文明，可就无出其右了。兴隆洼、赵宝沟、小河西和小河沿四种史前文化均是在敖汉首次被发现，还有城子山、大甸子、赵宝沟和战国燕长城遗址等九处国家重点文物保护单位。其中距今有八千年历史的兴隆洼原始聚落遗址被考古界誉为“华夏第一村”，是中国目前唯一一处经过全面考古挖掘、保存最完整、年代最早的原始村落。而在另一处名字有些相近的兴隆沟遗址，不仅曾出土一件被尊为“中华祖神”的高55厘米的红山文化整身陶塑人像，轰动考古界，而且还发现了比欧亚大陆其他地区早两千七百年的人工培育的旱作农业作物遗存，敖汉旗也因此被联合国粮农组织命名为“全球重要农业文化遗产地”。

你当然可以去遗址现场近距离感受敖汉悠久的文化，但更多精品都被收藏在旗府新惠镇上的**敖汉旗史前文化博物馆**（新惠镇惠文广场北侧；免费；⏲8:00~11:30，14:30~17:30，周一闭馆），包括前面提到的“中华祖神”。馆中还有从辽墓中揭取而来的壁画真品78幅，中国最早的“西瓜图”“马球图”也在其中。不过需要注意，博物馆参观指南中有两条成文规定：提前3天预约以及5人以上同时参观，不然恐怕什么都看不到了。

赤峰汽车站有很多发往敖汉的班车。用荞面制作的敖汉拨面也很有名，筋道爽口，镇上面馆都有做，不妨一试。

亲王”贡桑诺尔布王爷。他创办新式学堂，鼓励女子上学，选送蒙古族学子赴内地和日本深造。除此之外，他还主张出版报纸、减轻赋税、建立图书馆等，无一不走在时代前列。你可以在王府院落正中央见到他的铜像。

王府建筑群是典型的中、东、西三路对称式布局，北面还有一座面积不小的后花园。主体建筑结合了满、蒙、藏、汉四地特色，以砖木结构房屋为主，青砖灰瓦，朱梁彩窗，颇为庄严。议事厅东侧的建筑比较特殊，它最初是贡桑诺尔布王爷留学日本的大儿子的书房，因此外观带有明显的日式风格。

目前，亲王府作为博物馆对外开放，辟有“蒙满联姻”“盟旗制度”“贡王办学”“尹湛纳希文学馆”等多个展室。参观结束后，出了王府继续向西走上1公里，还有一座亲王的家庙**福会寺**（免费；⏲8:00~17:00），比王府更加古朴，十字歇山顶的钟鼓楼尤其值得一看。

锦山汽车站每天有多趟途经王爷府的班车（5:40~17:00，滚动发车；25分钟；5元）。从锦山打车至王爷府往返约60元。

### 龙泉寺 寺庙

（锦山镇西北3公里山腰；免费；⏲6:00~19:00）龙泉古寺始建年代不详，相传康熙将和硕端静公主嫁到喀喇沁之后，也曾来此游览。寺庙依山势而建，沿途山林清幽，登至山顶，甚至能看清山脚城郊的轮廓，风光着实怡人。虽然规模不大，但寺里的宝贝却不少，最出名的就是一眼泉井（寺也由此得名），泉水至今仍可饮用。另有一尊由裸露地表的岩石雕刻而成的卧狮，巧夺天工。从寺院建筑继续向上100米，还可见一小间石窟，内有达摩祖师像一尊。

上山的水泥道狭窄但平坦，普通轿车可以开到山腰，随后沿石阶步行上山入寺（10分钟即到）。每年农历七月十五，远近乡邻都会来此祭拜，届时会人山人海。但由于道路不便会车，上、下山车辆需要等候交叉放行。从锦山街里打车前往龙泉寺约15元。

锦山街上还有一座清代的**灵悦寺**（锦山大街西段），在经过翻修后已于2018年10月重新对外开放。

### 美林谷 山

（☎396 2888；www.mylinvalley.com；滑雪场门票 30元）曾经的美林谷以滑雪场著称，如今夏季来这里避暑的人数却超过了冬季的滑雪者。这里海拔较高且有原始森林覆盖，夏季绿树成荫，秋季五彩斑斓，引得不少自驾旅行者前来度假。从美林谷体育馆一侧的道路进去，有修得很好的林间车道，绕一圈可以沿路参观游览康宁寺、向日葵花海、采摘园等地，全程35公里。

美林谷内有一家达到旅游局四星标准的度假酒店**美林谷凯莱度假酒店**（☎396 2669；标双 含早餐 458元起；🛜Ⓟ），酒店内提供露营、烧烤等场地，你还可以在这里租到变速山地自行车（30元/小时）。

当然，冬季（10月底至次年3月）的美林谷仍然非常适合滑雪发烧友。除了普通的初、中、高级雪道外，还有各种变化丰富的野雪道；雪地摩托、观光缆车、雪橇等娱乐项目自然也少不了。尽管美林谷的规模和专业性与亚布力等著名雪场还有一定差距，但正因名气还不大，来的人相对较少，雪道畅滑指数几近五颗星。滑雪（含租用鞋、雪板、雪杖等雪具及缆车、魔毯的费用）平时每人180元/4小时，270元/天；周末和节假日涨幅较大。价格仅为参考，具体请关注官网，网上订套票会更优惠。

锦山旗医院门口有直抵美林谷的私营车，拼车大约40元/人，1.5小时行程，但平日很少有拼车前往景区的人，多数仍是包车或自驾。

## 住宿

锦山与赤峰之间交通便利，通常当天返回赤峰住宿即可。如要留宿，**锦山宾馆**（☎375 2546；锦山镇广电局西侧；标双 含早餐 260元起；🛜Ⓟ）是城区条件最好的宾馆，房间干净清爽，设施比较新，还有个很大的停车场。

## 到达和离开

赤峰汽车站对面有公交33路直达锦山镇（6元；1.5小时）。拼车20元/人。

# 克什克腾旗

如果真有造物主的存在，那他在创造



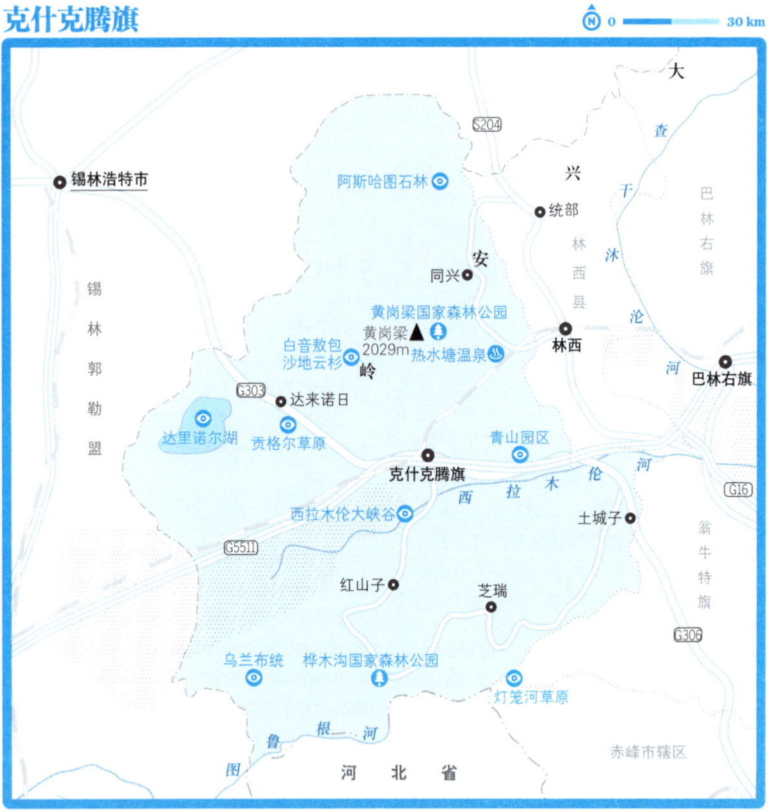

## 玩转克什克腾世界地质公园

所谓的克什克腾世界地质公园（www.hexigtenglobalgeopark.com）实际上是一个组合，包括克旗境内的九大园区——阿斯哈图石林、达里诺尔湖、乌兰布统、黄岗梁、浑善达克、大青山、平顶山、热水塘温泉和西拉木伦大峡谷。其中浑善达克沙地在克旗的看点主要就是白音敖包的沙地云杉林，而以第四纪冰斗群闻名的平顶山目前尚未开发，风景壮美，更适合户外爱好者。

就整体风光而言，夏秋之际来此旅行最为理想，可以从翠绿的草原看到逐渐染上红、黄二色的山林。但此时日照强烈，需要准备防晒用品。

由于这些园区非常分散，如果仅依靠班车，恐怕费时费力。最好的方式是自驾，能力有限的话也可以利用拼车、包车等方式。合理且紧凑的两日游路线是：由经棚镇出发，沿热阿线经过黄岗梁国家森林公园，到达阿斯哈图石林，然后往回走达达线，经白音敖包沙地云杉林，简单休息午餐后继续前往达里诺尔湖，在湖边村庄或中途在贡格尔草原住下。第二天起早游览达里诺尔湖，下午去大青山，晚上下榻热水塘舒舒服服泡个温泉。假如还要继续前往乌兰布统，可以考虑从西拉木伦大峡谷绕行。

赤峰时一定是对克什克腾旗偏爱有加，才会毫不吝啬地为它打造出各种奇美的自然景观——从高山森林到草原湖泊，从河流峡谷到峰林冰臼，就连火山活动的遗迹也能在这里找到。有了类型丰富的地貌，再加上天然的地热温泉，克什克腾世界地质公园的头衔可谓实至名归。

依靠得天独厚的资源，又占据着内蒙古东部、河北交界的地理优势，今天的克旗已然成为京津冀的后花园。而旗内以热阿线、达达线为代表的众多风光好、路况佳的旅游公路，更让自驾旅行者把这里当成了天堂。不过随着人气连年攀升，克旗也患上了内蒙古旅游城市的通病：6~8月食宿价格几乎与一线城市无异，热水塘和乌兰布统尤为惊人。

## 景点

### 克什克腾世界地质公园博物馆 博物馆

（经棚镇应昌路和碧柳街交会处西北角；门票 30元；⏲8:30~17:30）克什克腾旗的几大景点基本都属于地质景观，如果希望对石林地貌、火山地质、冰川遗迹等有更多更全面的了解，可以先花点钱来这儿看上一圈。

在这座建筑的三楼，还有一间偏重本旗历史的克什克腾博物馆（免费；开馆时间同地质公园博物馆），因为实在太隐蔽，这间博物馆几乎永远关着门，但你随时都可以请工作人员帮忙开门。馆藏不多，以辽、金、元文物为主，也有一些简单的史学资料。

假如只想参观历史博物馆，告诉保安你的目的便可直上三楼，无须为地质公园博物馆付费。从经棚汽车站步行前往，10分钟即到。

### 达里诺尔湖 湖泊

（见214页地图；南岸景区联票 120元，北岸景区联票 90元；⏲7:30~17:30）能在茫茫沙漠边缘、草原的中心见到一片天然的、无际的蓝色大湖，而非人造水库，的确是不容易。作为内蒙古四大湖之一，达里诺尔（也称“达里湖”）成为许多人来克什克腾旗必游的景点。湖里独有的美味——在碱含量达到5‰以上的水中才能成活的华子鱼，曾因纪录片《舌尖上的中国2》一度引来市场的热捧，价格较贵，但鲜美程度确实能惊艳你的味蕾。受鱼类资源吸引的还有候鸟们，每年10月中旬至11月，天鹅、白鹳和丹顶鹤等多种珍稀鸟类都会来此暂居，捕食鱼类补给体力。

游览达里诺尔湖有两个据点：南岸和北岸。北岸靠近达里湖渔场，南岸属于达日罕乌拉苏木，两地之间有一条新修的公路“渔罕线”相连，路况极佳。虽然两个景区都能够观赏达里诺尔湖，但相比之下，南岸的观景设施更完善。

南岸景区包括曼陀山和碧海银滩两处景点：前者又叫“馒头山”，即由许多长得像馒头一样的山体组成，有景区环保车带你直达山巅——坐一回像过山车一样刺激的游览车恐怕是除了登高远眺湖景之外最令人难忘的体验；后者则是一片亲水区，你可以沿着木栈道或乘坐快艇（50元/人）与湖面来一番近距离接触。

如果对观鸟感兴趣，那么**北岸景区**会更适合你：湖畔的观鸟长廊里甚至提供有高倍望远镜。北岸草原上还有一座火山喷发形成的小山包，名为砧子山，山上还有远古的岩画。你也可以在由中国和加拿大共同建设的达里诺尔自然博物馆里了解到更多关于达里诺尔湖及其周边的地理历史文化。

如在达里诺尔湖附近过夜，南岸的食宿选择比北岸丰富得多（南岸村子里还有一个加油站）。**曼陀山大酒店**（☎182 0486 1918；标双 淡季/旺季 120元/200~300元不定；🛜🅿）房间很整洁，配有热水器，是村子里难得兼有电视和无线网络的住所。

## 白音敖包沙地云杉

自然保护区

（见214页地图；门票 50元；⏲7:00~17:30）景区位于阿斯哈图石林与达里诺尔湖之间的"达达线"上，自驾一般都会经过这里。山顶的大敖包是贡格尔草原上蒙古族祭祀的圣地，每年农历五月十三都会在此举行极富民族特色的祭祀活动，周围的林场也因此得名；不过如果只是平日，相比敖包，山下被誉为"生物活化石"、全球罕见的一片原始沙地云杉林倒更值得一游。

游览景区需要乘坐环保车（费用含在门票内），建议先参观博物馆对沙地云杉有所了解，不然可能看不出什么名堂。

## 阿斯哈图石林

石林

（见214页地图；☎507 0998；门票 120元，景区游览车 20元；⏲7:00~18:00）大概是为了区别于更出名的云南石林、四川兴文石海等，2017年这个景点正式更名为"克什克腾石阵"。不过就规模和密度而言，这片因冰期岩浆活动和冰川融水冲蚀等因素而形成的"冰石林"的确也称不上"林"：不高的花岗岩石柱稀疏分布在山脊之上，或独自伫立，或三五成群；远远望去，在连绵的草原和群山的映衬之下，倒更像是凛然于天地间的将士。值得一提的是，这里的花岗岩不同于南方石林，有着独特的水平节理，乍看仿佛堆叠起来的天书，也酷似加厚的千层饼。

这些石阵通过想象被赋予了各种名称，如七仙女、草原鲲鹏等，三大观赏区（有游览车穿梭其中）主要也是这些组合形态上的差异。除了看石头，在山顶饱览开阔的山岭风光同样激动人心。

经棚到石林最好包车或自驾，热阿线（热水塘—阿斯哈图石林）路况佳、风景好。经棚镇包车往返大约400元/天。

## 黄岗梁国家森林公园

森林公园

（见214页地图；免费）这大概是克什克腾地质公园几大园区中"最有良心"的景点：你可以免费欣赏壮观的林场风光，并且完全无须绕路——从热水塘前往阿斯哈图石林（热阿线）即可经过这里。

所谓的森林公园实际上就是黄岗梁林场。针、阔叶混交疏林和草地是黄岗梁的特有景观，每到秋季，道路两侧的白桦林便会连成一条天然的金黄色通道。行至最高处的观景台，还能将成片的山景收入眼中。远远望去，连绵的山脉俨然是一幅层次分明的油画。

顺便一提，从热水塘开出不到5公里，就能看到一个小村庄，以它"霸气侧漏"的名字——宇宙地镇很黑村——引来不少旅行者逗留拍照。

## 青山园区

山

（见214页地图；经棚镇东南30公里处；门票80元，观光车30元，索道往返80元，联票170元；⏲8:30~18:00）被称为"世界奇观"的第四纪冰川遗迹——冰臼群，让大青山名声大震，它位于约2平方公里的平坦山顶上。当地人将它们生动地形容为"九缸十八锅"，其规模之大、数量之多均为世界罕见。这的确非常奇特，但对于看热闹的外行来说，可能会有些失望：风化后的冰臼实际看起来与岩石坑并无差异。

不过别急着跳过这个景区，青山可不是只有冰臼群。虽然山脚的入口不甚起眼，山体也似乎普普通通，但当你坐着敞开式缆车晃晃悠悠到达海拔更高的半山区，再走上一段山路，你会发现一片开阔平坦的高山草甸。沿着观光车车道前行，两侧还有形态各异的花岗岩峰林；行至青山北侧，只见脚下群峰错落有致，绵延不绝，仿佛大地涌动着波涛，无比壮美。

另辟蹊径

## 自驾西拉木伦大峡谷

西拉木伦河又名潢水，发源于浑善达克沙地边缘的浩来呼热乡境内，全长1250公里，在克什克腾旗境内151公里。它是北方民族的摇篮和发祥地，闻名遐迩的红山文化、草原青铜文化、辽契丹文化、蒙元文化都诞生于潢水之滨。流淌的大河滋润的不仅是两岸的水土草木，更带动着整个人类文明的推进和传承。

西拉木伦大峡谷（见214页地图；免费）沿着西拉木伦河东西延伸，长约340米，宽50米，是大兴安岭山脉南缘最重要的深断裂之一。北岸为浑善达克沙地，南岸杨树、桦树、枫树、松树郁郁参天。峡谷中四季分明，秋季最美。

虽然这在官方定义上是个景区，但事实上，你能做的就是在峡谷附近沿路观景，而设在这段路程东西两端的园区入口（两个出入口相距约60公里）就是全部配套设施。与其专程前往，不如把这段峡谷行程加到你的自驾路线中。假设你从经棚出发，可以首先找到经乌线上的西拉木伦园区入口，之后导航定位“布敦山村”或“福盛号”。走“布敦山村”方向可以全程穿越大峡谷，然后回到105省道，之后前往锡林郭勒盟；走“福盛号”方向则等于穿越一半的峡谷，随后可以进入经山线，再一路穿过红山子乡、蛤蟆坝（见219页，这样走能顺便省下蛤蟆坝门票，但有十多公里的非铺装路面，不建议小型轿车尝试），到达乌兰布统。

注意，即便乘坐索道和观光车，要看到冰臼群仍需再花半个多小时爬上最高处，建议留出3~4小时游览。也可以从步行道登山，往返约需7~8小时。

没有直达班车，从经棚镇包车往返200~300元。

## 节日和活动

### 热水塘温泉 温泉

（见214页地图）“玩在克腾，住在热水”说的就是热水塘温泉疗养度假区。准确来说就是住在经棚镇以北30公里的热水塘镇，那里因拥有品质极好的地热温泉而驰名。

热水塘温泉的历史可以追溯到400多年前，清康熙帝、班禅九世都曾来这里沐浴过。直到现在，每年来泡温泉的人仍络绎不绝。由于温泉可以通过自来水管传输，只要打开水龙头，就能在房间享受到热气腾腾的温泉水，小镇的温泉宾馆和度假村也因此极其繁荣。不过尽管已有大量住宿地，旺季时（6~8月）仍供不应求，价格几乎是淡季的两到三倍。梦想家星空主题公寓（☎510 1969；康馨小区2号楼；旺季 太空舱式铺位 120元，标双 500元起；⏲4~10月初；📶🅿）算是镇上的温泉“青旅”，可惜床位间的客人只能在公共浴室淋浴而不能泡温泉。注意，每年秋冬的小半年里整个小镇冷冷清清，唯独几间大酒店才会在此时营业。

在经棚汽车站乘坐前往林西的车均可途经热水，详见经棚汽车站车次时刻表（见218页）。

### 克什克腾冬季旅游节 旅游节

冬季的克什克腾虽然色彩不够丰富，但热闹的活动却是一波接着一波。重头戏是达里诺尔冬捕节，“冬捕”这一蒙古族传统捕鱼方式在辽金时期就已有之，如今已延续了千年。整个过程在厚达50厘米的湖面冰层上进行，捕鱼之前还有祭湖、醒网等仪式。收网一般在午后进行，上万斤湖鱼被拖拽出来的场面是不容错过的高潮。值得关注的还有国际蒸汽机车摄影节，届时蒸汽机车会在集通铁路经棚—大板区间跑上几天，作为“退休”后的“返聘”表演。要把喷薄的蒸汽拍出最美的线条，一定要提前打听好行驶时间，选好摄影点守候。另外，还有以赛骆驼、骆驼选美等活动为主的银冬驼文化节，近千名牧民会身着节日盛装、牵着自家的骆驼前来赴会。2017年1月，乌兰布统的白家窝铺还举办了首届全国雪地摩托大赛。

冬季旅游节通常在12月底开幕，为期一个月，各个活动持续时间有所差异，请提前关注。

## 食宿

如在旅游季来到克什克腾旗，高涨的房

价定能让你瞠目结舌。在这个“只为旅游狂”的草原小镇上，宾馆的设施和价格都相差不大，所谓的商务酒店，平常200~280元的标双，周末全部上涨为380~480元，且无讲价余地。**玉宝宾馆**(☎523 5998；新汽车站西侧；淡季标双100元起；📶🅿)就在经棚汽车站西侧，房间陈设简单，不过热水和无线网络都很稳定，卫生也令人满意，服务还很热情，可以说性价比非常高。但注意楼高四层，没有电梯。

克旗经营有不少蒙餐馆，**呼和图力嘎蒙餐**(☎189 4706 8716；解放路世纪嘉园41号大厅新农电办公楼对面；人均60元起；⏰6:30~21:30)是旗内一家小有名气的蒙餐连锁品牌，蒙古族老板掌店，锅茶、手把肉等都比较地道，在镇中心也有一家。

## 实用信息

**克什克腾相聚草原旅行社**(☎523 4523；长途汽车站西侧3号厅)承接包车、拼车和拼小团等散客业务，还能按你的需求拼接路线，价格十分合理，没有带客购物等附加项目。一日游路线(经棚出发一日往返阿斯哈图石林、乌兰布统或达里诺尔湖等)280元/人，含门票，不含餐。这里也提供租车服务，经济型200元/天，但押金较高(5000元)。

## 到达和离开

**经棚汽车站**(☎523 5732)在镇北端。

**经棚火车站**位于经棚镇西北郊的一个小山头上，有列车前往锡林浩特、通辽、包头、哈尔滨、沈阳、大连、西宁等地。镇上没有公交，打车去街里一口价10元。

# 乌兰布统

(见214页地图；门票 120元，原则上3日内有效，但通常多逗留一两日也无妨)乌兰布统是距离北京最近的内蒙古草原(相距432公里)。清朝时，这里还是木兰围场的一部分，康熙曾在此大战漠西蒙古准噶尔部落首领噶尔丹，如今仍留有乌兰布统古战场、将军墓和十二座连营等历史遗迹。新中国成立后，这里被设为“北京军区红山军马场”，现在也有军马在这儿被驯养，只是不再用于军事用途。

门票属于联票，包含将军泡子、公主湖、五彩山、影视外景地、象群山、佟国纲墓、十二座联营等多个景点，不过大多只是为了让这张联票看起来更有价值。由于更多令人难忘的景色还需要你深入沟谷或草原腹地，一辆性能较好的越野车必不可少。

## 景点

### 将军泡子

湖泊

算是乌兰布统比较有名但实际观赏价值略低的一个景点。传说昔年佟国纲奉康熙之命与噶尔丹大战，放火炮轰散了噶尔丹的骆驼阵，强烈的震动改变了此地的地理结构，致使地下水涌出形成了水泡子。后来佟国纲战死在此，人们为纪念他，就把这个位于草甸中央的水泡子命名为“将军泡子”，远远地在公路上就能看见。

从停车场到湖边还有2公里土路，可以往返乘坐带帐篷的仿古勒勒车(160元/车)，也可以骑马或骆驼(100元)。停车场附近集中了一些餐馆、小超市和纪念品店，可以在这里用餐。

### 公主湖

湖泊

绿草萋萋、湖水碧绿的公主湖，相传是康熙的三公主被迫嫁给噶尔丹途经此地时，悲极而泣，泪流而成。湖的东侧有木栈道可以亲水拍照，对面有沙地和白桦林，秋季景色

**经棚汽车站车次时刻表**

| 站点 | 发车时间/班次 | 票价(元) | 行程(小时) | 备注 |
| --- | --- | --- | --- | --- |
| 赤峰 | 6:20~16:50(约1小时1班) | 70 | 4 | |
| 红山军马场 | 9:20, 13:30 | 25 | 2.5~3 | |
| 林西镇 | 7:50~17:00(40分钟1班) | 18 | 1.5 | 途经热水塘 |
| 巴林左旗(林东镇) | 9:50 | 57 | 3 | |
| 锡林浩特 | 8:30(隔天有), 9:20, 14:00 | 50 | 2.5~3 | 从林东、大板、天山等地前往的过路车非常多 |

## 坝上草原

比起“乌兰布统”，“坝上草原”的名头可能要响亮得多。但事实上，“坝上草原”就是一种草原类型，即坝上——冀北山地与内蒙古高原之间过渡带的较高一侧——的草原，并非特指乌兰布统，河北承德、张家口北部也都有坝上草原。

具体来说，乌兰布统及其南侧河北境内的塞罕坝都属于围场坝上，也就是清代皇家的猎苑。只不过现在因分属蒙、冀，而被人为划成两个景区，并且各自收取门票（塞罕坝国家森林公园150元）。精打细算的旅行者要注意了，这意味着：如果你从北京或河北出发，想由两省交界处直接进入乌兰布统，就必须穿过塞罕坝，此时门票便成了“买路钱”。

塞罕坝的景观固然与乌兰布统有所差异（前者更多森林湖泊而后者多草原），但对于目的地是乌兰布统的旅行者来说，这笔钱未免花得有些不情不愿。好在这不是无解之题：当你接近御道口时，记得不要转向塞罕坝，而是朝着多伦方向行驶，中途在大河口乡的岔道口选择克什克腾或乌兰布统方向，便可成功绕过塞罕坝，由乌兰布统西大门进入景区。

尤其迷人。

公主湖在乌兰布统景区西大门外，但需持票进入游览。返回乌兰布统景区时也要查票根。

### 盘龙峡谷 峡谷

作为森林和草原的有机结合，盘龙溪谷与其说是峡谷（这难免让人联想到险峻陡峭之势），不如说是开阔的谷地。绵延十多公里的峡谷中流水潺潺，山坡上长满白桦树，既有南方的秀美之感，又可见北方的壮丽。这里秋景极佳，也是拍摄日落景象的好地方。

盘龙峡谷与公主湖一个方向，至最后的岔口才“分道扬镳”。不过要注意，进入峡谷的最后4公里只能依靠越野车或步行进入。通常路口有做生意的越野车，可以商量个合适的价格临时包车游览（通常往返100元/车）。

### 五彩山 山

顾名思义，五彩山自然是五颜六色的——但事实上这只是秋天才能见到的景象，别的时候它也就是一座普通的青山。最好是在每年9月下旬至10月上旬前往，届时绿松、红枫和黄白相间的白桦树等各种树木会将整座山头层层染透，尤为梦幻。

不过沿着景区道路到达的五彩山观景台还不是最佳取景点，你可以从一旁被游人自行开辟出来的小道下去，绕到后山。只是这样的走法需要性能较好的越野车。

### 桦木沟国家森林公园 森林

（见214页地图）地属七老图山脉的桦木沟不在乌兰布统景区内，却是从经棚镇到乌兰布统的必经之地。桦木沟的主要景观是林场，白桦树是这里当仁不让的主角，秋季时仅仅是道路两侧密不透风的金色树林就已经美得令人心醉。备受摄影爱好者推崇的**蛤蟆坝**（门票30元）则是林场内一处收费景点，穿过景区大门沿着柏油路走上5公里，下道便可到达蛤蟆坝水库——但水库不是重点，风景照例还是在路上。穿过林场场部继续深入，再缓缓爬过5~6公里的非铺装路面，便可以来到风光更加纯粹的坝上草原，两山之间夹着一道静谧的河谷，随手一拍都是大片。

蛤蟆坝里的林场场部分布着众多农家院，如果你提前预订了这里的食宿，打个电话便能省下门票。从经棚走**经山线**（见217页方框）过来的话，相当于从后门进了景区，也就没有门票一说了。

往来于经棚和乌兰布统之间的班车都会经过桦木沟景区门口。

## 活动

在乌兰布统，几乎每个可以逗留的景点附近都有骑马/骑骆驼的项目。军马场内通常为100元/次，约半小时，不还价，直属景区管理，可以更好地避免坐地起价，也有安全保障。不过一般来说私人牵领的“野马”问题也不大，价格能便宜一半。

## 食宿

乌兰布统乡内的各个村庄几乎都已变身

## 行摄乌兰布统

乌兰布统不仅是知名的影视取景地，也是近几年颇受摄影爱好者青睐的一块创作沃土。就风光而言，这里可谓四时皆宜，处处是景；但如果要拍出摄影佳作，还得靠天时地利人和。一般来说，比较优质的取景地——譬如透风沟、东沟、北沟、花轱辘台等——都在草原深处或山谷之中，因此一辆动力足、底盘高的越野车必不可少。不过相比自驾，我们更推荐在当地找一位有经验的包车师傅。一些师傅由于常为摄影团队服务，在对地形、光线和时间的把握上甚至不输专业人士。通常纯摄影的包车费用比游玩包车便宜（毕竟一天挪不了几个地方），大约500元/天。

为旅游度假村，红山军马场场部（即乡中心）的住宿格外密集，从高端酒店到蒙古包，只怕你会挑花眼。不过旺季时（尤其是暑期和法定长假）恐怕也轮不上你挑：即便贵得离谱（淡季百元出头的房间此时价格甚至能翻两番），依旧一房难求，要及早预订。场部的**刘家小院**（☎151 3381 7508；游侠客坝上牧歌酒店斜对面；标双 淡季/旺季100元起/200~300元不定；📶Ⓟ）距离主街很近，是间典型的农家院，设施简单但胜在整洁安静，年轻的店主待客热情又实在，能给你很好的旅行建议。

通常农家院都附带餐饮服务，直接点菜即可；场部也有很多餐馆——旺季时菜价与房价齐飞。草原肉饼可能算是这里最能兼顾特色与性价比的食物，牛肉、骆驼肉都有，不油不腻，再配一碗羊杂汤就能吃得很满足。

## 到达和离开

经棚镇每天有2班（9:20、13:20；2.5~3小时）开往乌兰布统的班车，赤峰每天也有1班（9:00；4.5小时）。坐班车进来不用买门票。返回经棚和赤峰，可以在场部的三岔路口等过路班车，一般清晨有车，但时间不固定，建议到达后向当地人了解最新时刻。

## 当地交通

乌兰布统没有公共交通，自驾或包车是你仅有的选择。包车通常600元/天。

乌兰布统景区内已铺设非常平整的环线道路，驾驶轿车沿着铺装路面前行可以进行基本观光。但若想看看更加惊艳的景色，越野车才是你的最佳拍档。

# 宁城县

比起那些拗口却神秘的由蒙古语音译而来的地名，“宁城”实在过于普通。但其实它的取字颇有讲究：辽代皇室在此建陪都，元代开始便改称为“大宁路”；自古商贸繁荣的小城子镇则是前县政府所在地，康熙年间一位皇室公主嫁来喀喇沁（宁城大部分曾属于喀喇沁中旗）时，镇上还建了一座驸马府（今已不存）。不过，抛开历史，现在让“宁城”扬名的，可能就是随处可见的“宁城老窖”了。

如今的县城已经移到了天义镇，全镇以铁路为界分成东、西两片。西边是像模像样的现代化新城，新兴的住宅小区和政府大楼都在这里；不过很多本地人仍然爱去东边老城逛街吃喝。

## 景点和活动

**大明塔（辽中京大塔）** 塔

（天义镇铁匠营子境内；免费；⏲周二至周六 8:30~11:30，14:00~16:30）大明塔可不是明代的塔，这么叫只是因为塔原本位于大明镇辖区内（2006年被划入天义镇）。事实上这座高达80多米、气势雄伟的古塔是辽鼎盛时期的遗迹，全名“辽代感圣寺舍利塔”，它脚下这片土地，就是辽代规模最大的陪都——辽中京。

辽中京是著名的“辽五京”之一，也是当时的政治、经济和文化中心。整个都城的规划都模仿了北宋的都城汴京，也分外城、内城和皇城三重城。然而，在历史变迁中不断被更名的辽中京城只延续到了明代，此后就被彻底废弃。到了今天，城池荡然无存，唯独留下三座古塔供人凭吊。大明塔是其中最为高大的一座，始建时就矗立于内城的正南门外。塔身八面均有刻工精细的佛像砖雕，虽年代久远，却仍然能够从流畅的线条与合理的比例中看出古代匠人的高超技法。如果有时间，你还可以由此向西1公里寻找辽中京小塔（同样是八角密檐式的十三级实心砖塔），另一座半截塔则在大明塔西南4公里处。

塔院内还有一间**辽中京博物馆**（免费；开放时间同塔），除了用来表现契丹文化的青铜兵、礼器和生活用具等展品之外，你还能在辽中京展厅（有时需要让工作人员开门）见到辽中京城池的模拟沙盘，以及清代的塔刹原件。

从天义火车站或汽车站都可以乘坐公交3路到铁匠营子（4元；30分钟），告诉司机在大明塔路口下车即可。打车单程30元。

**热水温泉** 温泉

宁城的热水镇与克什克腾的热水塘镇名字相近，功能也类似——皆有天然的地热温泉。热水镇距离天义镇大约1小时车程，非常适合在游玩之余放松休憩。同样地，热水镇的宾馆也都直接供应温泉水，在房间浴缸里便能舒舒服服地“泡汤”。

如果不想住宿，你也可以在类似小型水上乐园（甚至有个游泳池）的**天沐温泉城**（⏲8:00~18:00；门票79元，不限时）玩上小半天，虽然设施没什么新意，但温泉水的确吸引人。

宁城汽车站每天有许多班车发往热水（5:00~17:00，20分钟一趟；12元；1.5小时）。

## 食宿

契丹街一带非常热闹，吃喝选择也很多。如果需要住宿，可选择常被用作政府接待的**宁城宾馆**（☎423 7777；天义镇大宁路；标双138元起；Wi-Fi P），房间优雅爽洁，内设达到准三星级水准，院子里停车也很方便。汽车站附近的**元鑫宾馆**（☎137 8979 2828；新汽车站东元亨商称门口西侧；标双88元起；Wi-Fi P）干净整洁，热水与网络都很稳定，除了隔音不太好之外，总体性价比很高。

## 到达和离开

**宁城汽车站**（☎566 1661）位于天义镇西边的新城，发往赤峰的班车很频繁（5:45~16:45，每小时1



### 契丹传奇

提到契丹与辽国，你会想到什么？是《天龙八部》中那位本色英雄、绝世高手乔峰，还是民间故事中英勇抗辽的穆桂英和宋江？对很多长期浸泡在中原文化里的人来说，北方草原上的游牧民族显得遥远又神秘，最多只是偶尔客串下反派角色，出现在以“秦汉唐宋元明清”为主线的剧情之中。然而，当你细细研究这些民族的兴衰变迁，就会发现，原来他们书写的历史同样熠熠生辉。

作为一个雄踞中国北方两百多年、与大宋和西夏鼎足而立的少数民族王朝，契丹人建立的辽国在政治、经济和文化上都展现出了诸多可圈可点之处。草原丝绸之路在马蹄下得到了延展，沿线贸易极大繁荣，于是西域的物产传到了中原，“契丹”开始声名远扬。直到今天，在中、西亚和俄罗斯等十几个国家的语言中，仍保留了“契丹”即中国的叫法。而在内部管理上，契丹人还颇有创见地发明了“以国制治契丹，以汉制待汉人”的政策，以缓解游牧文明与农耕文明之间的冲突，堪称一千年前的“一国两制”。

与此同时，契丹也积极吸收融合其他地区的文化。耶律阿保机建立辽国后，便创制了本土的契丹大字和契丹小字（你可以在辽墓的墓志碑文上看到那些不知所云的方块字）。辽代还学习“唐三彩”烧制出了以白、黄、绿为主色的“辽三彩”，并且以游牧人家盛水的皮囊为原型，独创了辽瓷中极具民族特色的鸡冠壶造型。汉地对契丹的影响还体现在宗教上：尽管契丹有巫术等原始信仰，但佛教依然以一发不可收的势头席卷了整个契丹王朝。寺院的数量和规模都相当惊人，如今遗留的大量佛塔便是明证。

如果对这样的传奇契丹感兴趣，不妨将赤峰作为重点目的地。毕竟“辽五京”中难得地有二京位于赤峰境内：耶律阿保机开国之地、属辽五京之首的辽上京（见226页），以及在辽宋“澶渊之盟”背景下建立起来的辽中京。此外，这里还留有以辽祖州祖陵为代表的帝陵、以召庙（见226页）为代表的辽代皇家寺庙等。

班；28元；1.5小时），去锦山一天4班（5:25和11:45的班车走南线，经过黑里河，35元，4小时；6:30和12:50的班车走北线，经过小城子，26元，3小时）。另外还有班车发往承德（6:40、7:30；58元；4小时）。可在**Bus365中国公路客票网**[www.bus365.com；微信公众号“Bus365汽车票”（Bus365-ASST）]购票。

**天义火车站**就在老城中心，往来于赤峰和沈阳、大连、叶柏寿的火车都会经过。天义到赤峰1.5~2.5小时，票价7.5~16.5元。

## 黑里河国家自然保护区

保护区位于宁城县西部，属于燕山山脉中的七老图山，既有原始森林，又有高山草甸，处处透着一股原生态的气息。值得一提的是这里还有第四纪冰期遗留下来的冰石河，巨大的石块在山顶铺成浩瀚石海，蔚为壮观。道须沟和大坝沟内都有，前者规模更大。

几处已开发的景点都在道路旁，并不难找。如果自驾从宁城去锦山（喀喇沁旗），就可以沿着铁旺线（铁匠营子—旺业甸）一路游览过去。

### 景点和活动

**道须沟** 山

（见222页地图；黑里河镇阳坡；门票80元，园内游览车10元）作为黑里河最出名的景区，昂贵的门票和实际的景色实在很难对等。或许选择秋天时前来，在满山色彩纷繁的秋叶暖阳中迷醉一番，才会让人有心生慰藉的可能。

景区分山路线和水路线两条，后者比较平淡，多是水车之类的人造景观，40分钟即可走完。体力好的话更建议登山，即乘坐观光车至乐山广场，然后向上攀爬。大约2小时

## 黑里河国家自然保护区

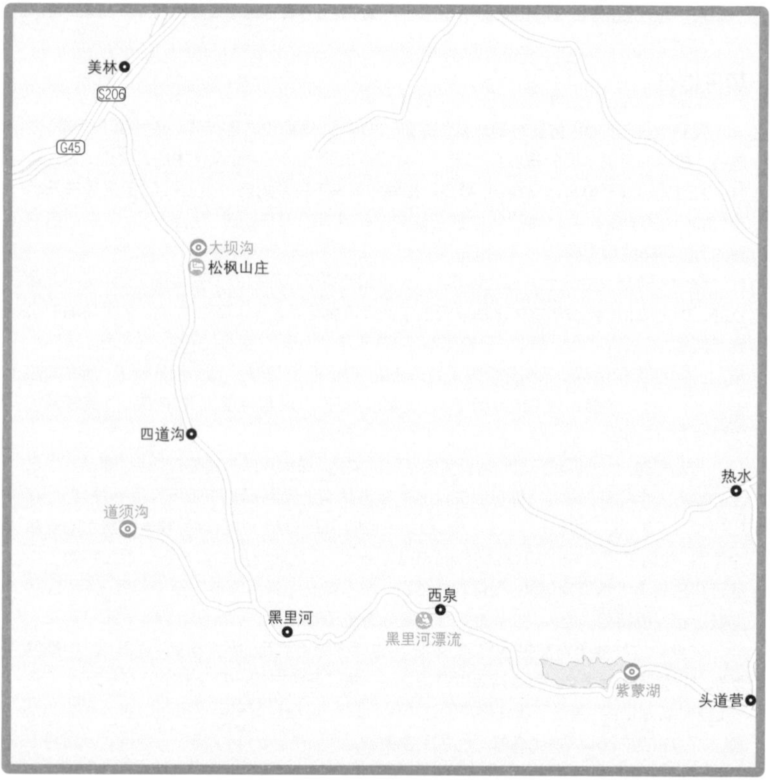

后，你便可以到达山顶的云中草原，饱览原生态的高山草甸。如果继续穿过草原走到省界碑，还可以看到河北承德一侧的山景，风光更好。这里还有号称中国规模最大的冰石河，别错过。

### 大坝沟 山

（见222页地图；☎151 4815 4288；门票 40元）大坝沟位于道路一侧，虽有个停车场，但大概是标志不明显，许多车辆都会直接开过，并不停留。正因为如此，它保留了更多的野趣，显得更原生态。进入景区后就需要不断爬山，一路植被丰富，有花有鸟，时不时还有小松鼠跑过，倒也不乏味。最大看点是临近顶峰不远处的冰石河，虽规模不及道须沟，但第一次见的话也足够震撼。

距此3公里左右的松枫山庄（☎158 4969 4188；双人间炕房 280元，最多可住10人套间680元）是宁城县小有名气的度假农庄，每到周末就有不少人驱车前来，看山景之余在山庄打牌、唱歌。山庄兼做餐饮。

### 紫蒙湖 山

（见222页地图；免费）虽然究其本质，这不过是个人造水库（又名“打虎石水库”），但当你驶过重重叠叠的山林后，眼前突然出现这样一片开阔的湖水，仍然会不禁大呼过瘾。

你可以乘船前往湖中央的太阳岛（往返船票 6~8月 70元，其他时间 50元；最少3人出航），在岛上不限时游玩。湖畔有一间紫蒙湖酒店（☎139 4866 7004；淡季 湖景标双 含早餐 180元起），房间宽敞整洁，湖景更为之加分不少。

### 黑里河漂流 漂流

（见222页地图；下半程5.3公里/上半程7.7公里/全程13公里 100元/120元/160元；⏲农历五月初四至九月初 9:30~17:30）全程13公里，但前半程激流较多，如果希望更惬意地在水面赏景，可以漂流后半程的5.3公里。在公路旁可以看到明显的漂流售票处，前往漂流起点和从终点返回都有大巴接送。建议带一套换洗衣物。

## 到达和离开

从宁城到锦山的班车（5:25、11:45）都会经过紫蒙湖、黑里河、大坝沟，宁城到道须沟也有班车直达（8:35、12:55；18元；2.5小时）。锦山汽车站也有班车前往黑里河（5:40、13:10；16元）。

但最推荐的方式仍然是自驾，虽有一部分盘山路，但总体路况不错。

# 巴林右旗

“巴林”在明代时是蒙古部落名，意为“要塞”“军寨”。清顺治五年（1648年），随着旗制的建立，巴林牧场被分为“右翼旗”和“左翼旗”两个军事单位。由于蒙古人坐北朝南辨左右，自然左旗在东，右旗在西。

旗府大板镇给人的第一印象很好：道路宽阔整洁，街里几乎每个路口都安上了红绿灯，显得有条不紊。小贩们在街边摆摊闲聊，老建筑虽陈旧但不破败，新楼也无做作浮夸之气。巴林鸡血石的走红给这座小城带来了不少人气，经济也有上扬的趋势。

## 景点

### 巴林右旗博物馆 博物馆

（☎623 6668；索博日嘎街西段北侧，同巴林石展览馆；免费，需用身份证换票；⏲8:40~11:20，14:40~17:20，周一闭馆）就旗县级博物馆而言，巴林右旗博物馆的参观价值绝对在平均水准之上。巴林右旗境内拥有史前红山文化遗址、辽代皇陵及奉陵邑、金界壕、释迦佛舍利塔、巴林王府等众多遗迹，为博物馆提供了种类丰富的精品文物，数量之多也超出想象，这里不愧为全内蒙古第一间旗县博物馆。

馆内有三个常设展。你可以通过史前遗址出土的精美玉器、石器、陶器见识西拉木伦河流域远古先民们精湛的工艺，也可以借助大量蒙元精品文物和清代巴林王府的遗珍了解巴林蒙古部落在历史上的重要地位；但最不容错过的还属“辽代文物精品展”。辽庆州白塔（见225页）中发现的凤衔珠银鎏金法舍利塔、彩绘汉白玉释迦牟尼佛涅槃石雕等都被收藏在这里，另外还有辽代皇陵与契丹贵族墓葬中出土的珍贵文物，都非常值得一看。

这间历史博物馆与巴林石博物馆（门票30元，有免费讲解）共用一座气派的新建筑，只

### 五花八门的博物馆

巴林右旗大大小小公立私营的博物馆多到令人费解。除了巴林右旗博物馆和巴林石博物馆，还有设在康熙行宫古建群里的**巴林右旗民俗博物馆**（☎622 6078；大板镇大板街东段；免费；⏲8:30~11:00，14:00~17:00，但不定期闭馆）、文化广场南侧门面不大的**赛罕乌拉自然博物馆**（☎629 0928；巴林路中段；免费，但需要提前1天预约，参观人数多于5人；⏲9:00~11:00，15:00~17:00，周一闭馆），以及一些私人藏品博物馆。真正值得看的只是少数。为避免失望，博物馆迷们不妨按兴趣直奔主题。

顺便一提，民俗博物馆西侧是新近修复开放的巴林亲王府，规模很小且展品寥寥，没必要专门前往，顺路看看即可。

是后者更像是一间巴林石商店。你能在这里了解到巴林石的各种类型（鸡血石、冻石、彩石等），欣赏到由高档石料精雕细琢而来的精致工艺品。展厅内有一块重达50公斤的“鸡血石王”，估值已是数亿元的天价。

**荟福寺** 寺庙

（荟福路南段；免费）俗称东大庙，1706年由巴林右旗第四代札萨克多罗郡王乌尔衮和福晋清朝康熙皇帝三女儿固伦荣宪公主主持兴建。虽然在“文革”中遭到破坏，山门被拆除，各种法器也不复存在，但至少建筑保存了下来，成为如今右旗仅存的一座清代早期古建筑。一些偏殿平时关着门，你只有扒着门缝才能略窥一二。院内平和清静，古树幽幽，偶尔也有本地人来上香闲逛。从汽车站打车过来8元。



## 食宿

汽车站附近可以选择相距不过20米的**友谊商务宾馆**（☎618 7777；标双 含早餐 130元；📶Ⓟ），但如果要游览城区，更建议住在巴林路和大板街一带。热闹的文化广场对面有一家经营了多年的**白天鹅宾馆**（☎610 1666；巴林路中段；标双 含早餐 168元起；📶Ⓟ），房间极其整洁，很舒适，唯一的遗憾是没有电梯（三层）。想要闹中取静的话，大板街中段的**玛拉沁宾馆**（☎623 6888；标双110元起，不带独立卫生间的普间 60元；📶Ⓟ）很合适，还有个很大的院子方便停车。

大板总体经济水平不错，就餐选择很丰富，当地蒙古族人尤其爱去一家开了30多年的老店**牧民饭店**（☎611 8888；牧民火锅 85元；⏲6:00~20:30），价格实惠，味道也不错，只是店内设施比较简单，类似大众食堂。就在玛拉沁宾馆院外西侧。

## 到达和离开

**大板汽车站**（☎622 2739；大板镇西郊）发往赤峰的班车最多（6:00~16:10，半小时1班；57元；2.5~3小时）；到阿鲁科尔沁旗（天山）3~4班（8:20和9:10固定始发，其他时刻或有过路车；28元；1.5小时），其中8:20的车经停巴林左旗（林东）。每天还有1班车直达克什克腾（经棚，8:50，40元；2小时）。另外，也有发往通辽、霍林河、沈阳、北京等地的班车。部分班次可以通过官方微信公众号[搜索“大板汽车站”（ATDBQCZ）]或**Bus365中国公路客票网**（www.bus365.com；微信公众号“Bus365汽车票”）购票。

**大板火车站**距离汽车站10分钟步程，来往于通辽与锡林浩特、呼和浩特的列车，以及包头到哈尔滨、沈阳到西宁的列车都在此停靠。大板至经棚约2.5小时，硬座12.5~21.5元；到通辽5~6小时，硬座29.5~51.5元。

## 当地交通

公交1元，从火车站到城区可以乘坐1路。

大板的出租车很规矩，都会打表计费，起步价5元/2公里，在大板城区里转悠一般不超过6元；从城区去西郊的汽车站和火车站不出10元。

# 白塔子及周边

白塔子（索博日嘎苏木）是巴林右旗最大的“苏木”（乡），因一座白塔而得名。以白塔子为中心，周围还分布有辽代皇陵、自然保护区等。自驾旅行者可借由白塔子便利的地理位置在此调整行程：往东20多公里，即属巴林左旗地界；往西25公里就算林西县；往北直去20公里，则到了锡林郭勒盟的西乌旗。

## 景点

### 辽庆州白塔

塔

（白塔子主干道以东500米；门票 10元；⊙8:30~17:30）这座塔原名"释迦佛舍利塔"，只因位于辽代鼎盛时期重要州城——庆州城的西北部，而被俗称为辽庆州白塔。然而如今城内的其他建筑都已荡然无存，除了白塔，依稀可辨的唯有四周矮矮的土城墙遗迹。因此，当你颠簸了两个小时从大板来到这个小镇的外缘，只见玲珑的八角七级白塔略带孤傲地立在茫茫草原上，你很难不会为此感到震撼。

辽庆州白塔始建于1047年，塔身造型采用了辽塔中罕见的楼阁式（但塔内仍沿用密檐式，无法登塔），显得格外秀美。事实上，这样与众不同的外观正对应着塔的不凡身世：这是专为辽兴宗耶律宗真的生母章圣皇太后建造的，即一座皇室等级的佛塔。1989年维修塔时，人们还从塔刹相轮樘等处发现了按辽代佛教仪轨秘藏的一批辽代圣经、雕版印刷佛经和108座形制多样且造型华丽的木质法舍利塔等大量佛教珍贵文物，有几件在辽代文物中堪称顶级，令人叹为观止。

你可以在塔院外的小型陈列馆中了解到白塔的历史与文物发现的过程，但塔内的珍贵文物已全部移至巴林右旗博物馆（见223页）。在现场值得花时间看的还是白塔本身：虽历经沧桑，那些工艺精湛的佛像浮雕却仍然清晰完整。

### 赛罕乌拉自然保护区

自然保护区

（shwlnr.forestry.gov.cn）"赛罕乌拉"是蒙古语，意为美丽而神圣的山。赛罕乌拉自然保护区就属于大兴安岭山脉的阿尔山支脉，全境大约10万公顷，拥有大片的森林和草原。

保护区内设了三个生态旅游区：正沟的圣山景区、王坟沟的庆云山景区以及海日其格沟的荣升十八景。圣山景区（免费；⊙6月至8月，其他时间为森林防火期）在白塔子东北15公里处，自然保护区的管理局也在这里。所谓景区，实际上只是在路口设了道关卡，进去之后沿着砂石路一路游览，并无标识或其余设施，可以说非常原生态。这里最热闹的时候当属每年的农历五月十三的祭敖包，周边的牧民通常在前一天晚上就开始爬山，以争取在凌晨时到达山顶；同时山脚还有摔跤、射箭等赛事活动。

庆云山景区 免费 的原生态程度比起前者有过之无不及，前往王坟沟的路都要难走得多。你或许还可以从"王坟沟"这个地名中猜出些什么：没错，辽代三位皇帝的陵墓就在这里。按照位置，人们将辽圣宗永庆陵、辽兴宗永兴陵、辽道宗永福陵分别称为东陵、中陵、西陵。景区内有简单而不明确的路标指向这些陵墓。陵墓只在多年前短暂开放过，如今又恢复了封闭式状态。所幸沿途的自然风景还不错。从白塔子去王坟沟的途中会经过一个叫作"必图"的地方，这里的一口"神泉"会颠覆你对泉水味道的认知。

至于白塔子镇西南40公里的荣升十八景（门票 30元；⊙8:00~18:00），实际上是白塔子到西乌旗的一段柏油公路，奇石怪山分布在路旁。由于往来过路车很多，所以基本上只要你表示过路并且中途不停车游览，就不需要为此掏钱。不建议专门前往，但自驾旅行者可以考虑由此进入锡盟。

## 食宿

白塔子镇上的鑫馨招待所（☎187 4805 2018；标双 80元起；P）条件还可以，房间干净，屋内可以洗热水澡，还有个很大的院子方便停车。2017年镇子北端还新开了一间罕乌拉大酒店（☎150 0489 6519；镇政府东走50米；标双 128元，无独立卫生间的普标 80元；WiFi P），兼提供餐饮服务。

## 到达和离开

大板汽车站有到白塔子的班车，每天4班（8:30、11:30、13:10、14:40；2小时；23元）。返回大板的车就在村中心道上搭乘，6:00~11:30滚动发车。如果拼车回大板，30元/人。但下午的拼车机会很少，注意安排时间。

每天早上6:30还有1班过路车去巴林左旗（林东），30元，2.5小时。

## 当地交通

除了镇郊的辽庆州白塔，其他景区皆需自驾

或包车。在白塔子镇包车，游玩赛罕乌拉自然保护区的多个景点约需300元。

## 巴林左旗

一句顺口溜“大葱大蒜毛驴车，文物古迹满山坡”算是对巴林左旗极其贴切的形容了。以农业为主的巴林左旗盛产葱蒜，驴车曾是当地主要交通工具；同时这里还孕育出了新石器时代的富河文化，也是契丹民族首次正式定都（辽上京）的地方，光是辽代遗存就遍布全旗。

旗府林东镇不大，城区东西方向铺开，以汽车站为界可以简单区分东侧老城和西侧新城。老城里的生活气息更浓郁，整改后的步行街一带人气很旺。辽上京遗址就在城南，一南一北两座佛塔也被较好地保存了下来。



### 景点

#### 召庙（真寂之寺） 寺庙、石窟

（☎788 8699；门票 旺季/淡季 50元/30元，游览车 5元；⊙景区 8:30~20:00，寺庙石窟至17:30）无论是否信佛，召庙都是你在巴林左旗最不应错过的地方。景区位于林东镇以南20公里的山谷中，四周环山，山顶有巨石林立，可游览面积非常大。作为契丹建立辽上京时的皇家寺庙，这里的香火自古以来都非常旺，如今每到农历四月十五前后三天的庙会，整个景区都会热闹非凡，香客数量最多时一天能有两万。

但这还不是你游览的重点。召庙景区实际上有两座寺，一座清代修建的善福寺，以及另一座在善福寺里的“寺中寺”——真寂之寺，后者才是正宗的辽代遗迹。真寂之寺属于石窟寺，召庙景区中最值得一看的，正是这些从辽代保留至今、较为完整的石窟。由于辽代石窟原本不多，得到妥善保存的更少，真寂之寺的存在才越发显得珍贵。其中2号石窟是主殿，规模最大，里面所有佛像都在清代被加上了泥塑彩绘的装饰。这里展现的是释迦牟尼涅槃的场景，不同于其他直接在岩石中雕刻而成的“接天连地”的人物造像，中央的卧佛是完全悬空（你可以看到垫在下方的石块）的，可见其讲究。原本在2号石窟中央门楣上，还刻有“真寂之寺”四个字，但现在已被收藏起来，石窟旁的石板只是复制品（留意特殊的“真”“寂”二字）。

走出善福寺回头看，在庙宇宝顶的正上方，有一处天然山体如金翅鸟般威风凛凛，仿佛在守护着这一圣地。参观完寺庙部分，别急着离开，召庙还有一座不高的桃石山（山顶有一块神似巨桃的石头）可供游玩。攀登的过程非常有趣——你必须拉着绳索在两块光滑的岩壁之间登山，山道极其狭窄仅容一人通过，攀爬时甚至要手脚并用，相当有挑战性。在山顶欣赏完四野风光后，你可以顺时针绕“桃石”一周，顺便看看石头下面的冰臼，然后从另一侧略微倾斜的岩壁下山。

景区无班车直达，只能打车，单程40元。

#### 辽上京博物馆 博物馆

（契丹大街契丹广场南侧；免费；⊙9:00~11:00，14:30~16:30，周一闭馆）参观博物馆之前，先在广场上观察下它如同巨大石块堆立而成的外观，这样的设计其实是参考了林东镇西南26公里处的辽祖州城的“石房子”。在正立面西侧顶部，还嵌着一枚巨大的契丹银币，上面用契丹大字刻着“天朝万岁”。这也是辽上京博物馆的镇馆之宝，你可以在三楼展厅找到原物。

博物馆共有四层，主要展品均陈列在第二、三层，除了前面提到的镇馆之宝，还有辽代马具、铁犁、独具特色的辽瓷等。第四层展示着从辽墓中抢救恢复或临摹而来的大批珍贵壁画，以及契丹大小字碑刻、火葬器物等。虽然没有太多精品，但可以从这些实物中了解到契丹的历史全貌。

博物馆南侧空旷的土地就是曾经的辽上京城址，四周残留的城墙仍然清晰可辨。由于西面靠着一座小山丘，城郭便形成了西高东低的地势，你可以爬上西墙中段的建筑基址，俯瞰全城。

从林东汽车站往西直行200米就可以到达辽上京博物馆。

#### 洞山风景区 山

（☎771 6165；十三敖包镇洞山村；门票 15元；⊙6:00至天黑）洞山，就是一座遍布了洞穴的大山。这里的大小山洞，或天然，或人工，共有108个之多，其中略做开发以供人游览的山洞约有10个。但这所谓的开发，也只是在悬崖峭壁间搭了一些扶手栏杆而已，甚至很多地方连石阶都没有，需要游客发挥高超的攀爬技术才可上下。山洞的观赏价值很一般，不过倒适合喜欢在户外野爬找乐趣的人。

辽代著名寺庙平顶山云门寺的遗址也在这里，如今政府在寺基上重建了寺庙，可顺作一游。

可以从林东汽车站乘坐城乡公交前往洞山，每天4班（⏲6:10、9:20、12:20、15:00；40~50分钟；随车司机☎139 4866 0353）。但只能到达路口，至景区门口还有三四公里水泥路。包车单程大约70元。

## 食宿

汽车站东100米的桥头一带有很多小宾馆和餐馆，喜欢热闹一些的话可以继续向东1公里，住在步行街附近。

## 到达和离开

**林东汽车站**紧挨着契丹大街。去赤峰的班车很多（6:00~16:00，滚动发车；4小时；71元），13:40之前的班次都经停巴林右旗（大板，28元；1.5小时）。到阿鲁科尔沁（天山）每天5班（8:40~15:50，2小时1班；20元；1小时）。另也有到锡林郭勒盟东、西乌旗和通辽的班车。部分班次可以利用**Bus365中国公路客票网**（www.bus365.com；微信公众号“Bus365汽车票”）购票。

**林东火车站**位于距林东镇7公里远的城南郊外，往来于通辽与锡林浩特、包头、集宁南之间的列车以及西宁与沈阳对开的列车都经过这里。去街里可以坐公交（火车站发车 4:00~22:40，3元），拼车的话10元/人。

# 翁牛特旗

“翁牛特”在蒙古语中含有神圣之意，这的确也有一些渊源：被史学界誉为“中华第一龙”的C形碧玉龙正是发现于此。

旗政府位于乌丹镇，虽然镇子乏善可陈，却是往来赤峰与北部几个旗县的必经之地。



值得一游

### 纯净的阿鲁科尔沁

阿鲁科尔沁是赤峰境内距离赤峰市区最远的旗（简称“阿旗”），从赤峰到阿旗旗府天山镇都有250公里，而天山到阿旗的最北端还有直线距离180公里。不过遥远的距离也意味着，你很可能在这里找到更纯粹原始的自然风光与生活方式。

事实也是如此：全旗以牧业为主，北部位于科尔沁草原与锡林郭勒草原交界带的**巴彦温都尔苏木**更是保留了内蒙古罕见的传统游牧方式。这里的牧民区分冬春、夏秋营地，一年四季都在“逐水草而居”。迁徙时，有极少数牧民甚至仍在使用草原上古老的勒勒车作为运输工具。而以这一地区为核心的阿鲁科尔沁草原游牧系统，还于2014年被列为中国重要农业文化遗产之一。

与传统游牧方式并存的，则是沃野千里的天然牧场、蜿蜒清澈的道道河流以及植被茂盛的高山。**高格斯台罕乌拉国家级自然保护区**（当地人称之为“罕山林场”）也在这一带，林场内山势起伏，有珍贵的野生动物出没，每年6月中旬祭敖包时尤其热闹。

这里几乎没有开发旅游业，不过近年也有少数自驾旅行者和摄影师开始探索这片纯净的土地。最好的交通方式仍是自驾；如果坐班车，可从**天山客运站**（☎723 6111）前往罕山林场（12:35；34元；4.5小时），中途在几个苏木停歇，不用下车，坐到底就是。林场门口有且只有一家政府接待型的**高格斯台罕乌拉宾馆**（☎155 4897 3219；标单 含早餐 328元起；⏲6~9月营业；📶🅿），是四周唯一有手机信号的地方，有8人间（640元/间），但不按铺卖。不讲究的话，道路旁也有可供住宿的蒙古包（350元/包，可住10人）。

可以徒步上山（到山顶大敖包约6小时），但因为林场大且路不好走，加上没有信号，有一定风险。周末上午时常有私家车上山，不妨尝试搭车。自驾的话，确保你的车是四驱。在罕山林场西北方向约1小时车程的**塔林花游牧区**是近些年在摄影圈中小有名气的原生态采风地，从林场过去没有公路，要越过几条浅浅的溪流，最好多问问路或请个向导。

从这里向西沿着304省道（乌灯线）可以直达乌兰布统。

## 景点

### 玉龙沙湖

沙漠、湖泊

（☎635 0666；www.yulongshahu.com；门票80元；⏰8:00~18:00）从韩寒的处女作《后会无期》到范冰冰主演的《万物生长》，玉龙沙湖都没有缺席。它的名字也透露出了有幸被选为取景地的关键：既有茫茫无边的沙漠，又有一面多达1.4万亩的湖泊。

景区所在的沙漠被称为勃隆克沙漠，属于科尔沁沙地的一部分，集合了沙漠、湿地、草原、湖泊、怪石等多种自然景观，在蒙东地区的沙漠类景点中的确不可多得。站在沙地中的巨石上远眺，横亘数公里的道道沙梁俨然一幅大漠风光图，而积水成湖的布日敦诺尔湖与稀疏的沙地绿植又为这股野性与苍凉带来几分秀美。

根据地形特点，景区分成了境漠、境水、境山三类观光区，并在不同区域设置了游船、滑沙、沙地摩托、越野冲沙等相当丰富的游玩体验项目。只不过所有项目都需额外付费，性价比就见仁见智了——当地人的策略是，不进入付费景区，经过景区大门后沿着公路往深处再走上两三公里，那里的沙漠并无不同，私营的娱乐项目一样不少，单是骑骆驼都能比景区内便宜一半。唯一的遗憾是看不到水，十多年前还存在的水泡子如今几乎都已干涸。因此，如果你对那片湖泊仍有执念，那么还是乖乖掏门票钱吧。

景区不远有一间**龙谷沙漠温泉假日酒店**（☎635 0666；标双 含早餐 618元起；📶🅿），200间定制的集装箱房间沿湖排列，颇有特色。房间设施与宾馆无异，空调、电视、热水器等一应俱全（无线网的信号较弱）。入住酒店没有景区优惠，不过住宿区域有观景台可以望见湖面。前往景区的沿路都有蒙古包和农家乐，相对实惠一些。

从乌丹镇到景区约35公里，无班车，包车往返150元。

### 灯笼河草原

草原

（见214页地图；门票 30元，观光车 10元）一片位于乌兰布统与赤峰中间的草原，最大的可取之处在于还没有被过度商业开发。而由于海拔较高，目前已经有近300座风力发电机被安装于此，连成排的“大风车”矗立在蓝天白云与高山草甸之间，形成了不同于其他草原的半自然景观。景区内有修得很平整的柏油路，可以乘坐观光车沿途游览，也可以步行走进草原腹地。只是因为景区内禁止放牧，所以虽然草很高，也是“风吹草低”不见牛羊，不免有些遗憾。

夏季是景区最具人气的时节，不过大部分都是前往乌兰布统的旅游团在此经停游玩。此时景区内也会有骑马之类的项目（50~100元不等，可以讲价），但到了9月之后基本就都人马走空了。一般来说，赤峰到灯笼河草原一日就可以往返；如果想留下来拍摄草原的日出日落，景区4公里外的灯笼河小镇上有条件较好的宾馆饭店。

乌丹镇有班车直达灯笼河镇，但不从汽车站发车，需要在乌丹镇体育馆附近的转盘边上搭乘。班次很少（6:10、9:00、11:40；2.5小时；20元），车型也不大，可能会比较拥挤。

## 食宿

乌丹镇小而简单，汽车站附近就能住得很舒适，**钰昊商务宾馆**（☎632 3111；乌丹新汽车站东侧50米；标双 含早餐 120元；📶🅿）房间尤其宽敞（网上预订需要搜索“昊阳宾馆”）。就餐的话，红山路美食一条街选择比较多。

## 到达和离开

**乌丹汽车站**（☎632 3768）每天有多趟班车发往赤峰（6:00~16:30，滚动发车；2小时；27元、30元），到巴林右旗有3趟（大板，9:25、11:30、14:20；30元；1.5小时），到克什克腾有2趟（经棚，8:00、11:15；45元；3小时）。

赤大白铁路（赤峰—大板—白音华）经过乌丹，但目前只有货运。好消息是2017年3月决定扩建以开行客运列车，有望在3年内完工。

# 通辽

人口：318万/区号：0475

地如其名，通辽的确是“通畅辽阔”。早在中国大部分地区不知铁路为何物的1921

年，通辽就迎来了自己的火车站，紧接着1927年又通了第二条铁路，直到今天，有7条铁路线贯穿全境的通辽，四通八达。便捷的交通也在很大程度上促进了经济的腾飞，2016年中国城市GDP百强中，通辽成为继鄂尔多斯、包头、呼和浩特之后第四个上榜的内蒙古地级市。

不过对于旅行者而言，“通辽”可能更多意味着通向辽宁（及其泛指的东北）：发往沈阳的班车比去呼和浩特的多得多，东北菜与蒙餐在这里“二分天下”甚至更为常见；要多待上几日，连口音都会跟着带上东北味儿。

## 通辽市

广义上的通辽市区被称为科尔沁区，班车上的目的地字牌有时也会直接写作“科尔沁”。但若抛开悠远厚重的科尔沁历史文化，今天的通辽在外观上与一座新兴都市无异：一条开阔的辽河从新、老城区之间穿过，两岸高楼林立，街道也十分宽敞。尽管这几年新城区建设在不断加速，但最具人气的地段仍在老城——无论游玩还是中转，老城区都是旅行者的首选。

## 景点

### 西拉木伦公园 公园

（见230页地图；西拉木伦大街中段；免费；⏲全天）看似寻常的开放式城市公园，但若放在20世纪80～90年代，却称得上是通辽的地标，几乎每个外地人都会来这儿合影留念。不过西拉木伦公园也确实又大又好逛：除了常规的绿植和湖景，园内还有小游乐场和动物园（动物不多，但免费看看也无妨）；北侧还有一座建于1993年的藏传佛教寺庙**大乐林寺**，年头不长，香火倒也兴旺。

公园在白天通常很清幽，过了傍晚才逐渐热闹起来。去南门的广场上见识下本地市民的舞姿吧，那可比商业演出精彩多了。

### 科尔沁博物馆 博物馆

（见230页地图；建国路文化体育广场北侧；免费，凭身份证入馆；⏲9:00～16:00，周一闭馆，春节闭馆7天）如果想对北方民族，尤其是科尔沁蒙古部落的文化和生活习俗有更多了解，那么来博物馆总不会错。二层的“科尔沁历史珍宝”、三层的“蒙古族文物精品”等展厅展示了不少游牧文化遗存，但是真正能让人为之惊叹的展品并不多。仍值得一提的是馆内



### 科尔沁在哪儿？

如果说呼伦贝尔草原、锡林郭勒草原等地名都仍然能够从今天的行政区划中找到大概的位置，那么盛产清朝妃子的科尔沁草原，它所属的科尔沁又在哪里呢？

这还得从源头上找起。

“科尔沁”的原意是指带弓箭的侍卫，也是成吉思汗的护卫军，由成吉思汗的胞弟哈萨尔亲自指挥。而由于哈萨尔本身善于射箭，又统领这支军队，后来在哈萨尔封地上逐渐发展壮大的哈萨尔后裔部落也就被称为了“科尔沁部”。

不过确切来说，活跃在满蒙联姻历史中的科尔沁，是后来一支东迁至嫩江流域的“嫩科尔沁”（留在原地的则是今天归属赤峰的阿鲁科尔沁）。嫩科尔沁在内蒙古东部形成强大的部落群，逐渐将牧场从嫩江流域一直延伸到了西拉木伦河流域。

在清朝实行盟旗制度后，嫩科尔沁的四部（科尔沁、扎赉特、杜尔伯特、郭尔罗斯）被编为十个旗，并以此组成“哲里木盟”。最初的哲里木盟面积相当辽阔：北起齐齐哈尔，南至沈阳，西起奈曼、开鲁一带，东可以到长春。在广义上来说，也就是所谓的科尔沁地区了。

作为撤盟设市之后“哲里木盟”的继承者，如今辖区明显“缩水”的通辽在很大程度上承载着旅行者对科尔沁的向往。然而，结果可能有些令人遗憾。尽管通辽是内蒙古全区蒙古族人口最多的地区，但在长期蒙汉杂居和农业生活方式的影响下，蒙古特色已难再寻觅。而更严酷的事实是，如今“科尔沁”甚至已经变成了中国最大的一片沙地的名字（见238页方框）。

## 通辽城区

一间关于辽陈国公主与驸马合葬墓的展厅：这座出土于奈曼旗的契丹皇室合葬墓幸免于盗扰，出土了3000多件珍贵文物，曾被评为当年中国十大考古发现之一。可惜目前精品原件大多已被移去内蒙古博物院（见65页）。

### 辽河公园 公园

（见230页地图；西至彩虹桥，东至哲里木大桥；免费；⏲全天）今天的辽河公园不仅拥有怡人的沿河绿地，塑胶跑道、篮球场等多个运动场地更让它成了本地市民健身的首选，俨然是继西拉木伦公园之后的新晋“人气王”。如果适逢夏季，你还能在哲里木大桥桥北和胜利路大桥（俗称“彩虹桥”）桥南见到两片迷人的紫色薰衣草花海。但你恐怕想不到，这块沿河地带曾经植被稀疏、风起沙扬，根本无人问津。生态治理获得如此奇效，无怪乎辽河公园能作为内蒙古的唯一入选2016年度中国人居环境奖的案例。

### 莫力庙 寺庙

（科尔沁区莫力庙苏木境内，紧邻303国道；免费；⏲8:00~18:00）仅仅看如今复建的莫力庙建筑外观，你可能想象不出它曾经的辉煌。从清顺治年间开始修建，历经康熙、雍正、乾隆逐代扩建，最鼎盛时期据说庙中常驻2000多名喇嘛，光是僧房都有500多间，绝对是东蒙古地区的一座大庙。只不过在无数次的浩劫动荡之后，现在已几乎无古迹可循。如果对马头琴还有些了解，或许你会更熟悉从这座寺庙中走出的活佛——世界马头琴大师齐·宝力高。

政府推广的“莫力庙水库沙湖旅游区”的莫力庙水库就在附近，但连年的旱情早已让水库见底，不必费力找寻。从通辽到开鲁的班车都会经过莫力庙，专程前往有些不值，

## 通辽城区

**景点**


1 科尔沁博物馆……C2
2 辽河公园……B1
3 西拉木伦公园……B2


**住宿**


4 草原大厦……C3
5 好客宾馆……C3
6 军供招待所……C3
7 通辽市宾馆……B2


**就餐**


8 北大抻面大骨头……B2
9 罕山奶茶馆……B2
10 科尔沁肥牛火锅……B1


**交通**


11 批发城汽车站……B3
12 神州租车……C3
13 通辽火车站……C3
14 通辽汽车站……C3


更适合自驾途经时逗留片刻。

## 节日和活动

全通辽最盛大的活动当属科尔沁草原上的传统节日**哲里木赛马节**，8月18日前后举办。1995年，以珠日河赛马会为基础在珠日河草原（见234页）举办了第一届，自此之后每年各旗县马队都会汇集珠日河一较高下。有时赶来草原观赛的自驾车数量过多，连通辽到珠日河之间的公路都会临时改为单行。不过近两年，为了缓解珠日河草原的人流量，也方便各地民众的观赛，赛马节逐渐改为各旗县分头举办。虽然这样一来活动规模显得大幅缩水，但对于初次感受那达慕的旅行者而言，也已足够。

微信公众号"通辽旅游"（tongliaolvyouju）会提前公布各地赛马节场地和日程安排。比赛项目大同小异，没有特殊需求的话，仍然建议去最有气氛的珠日河草原观看。

## 住宿

### 通辽市宾馆　　酒店 ¥¥

（见230页地图；☎828 0003；西拉木伦大街西30号；标双 210元，含20元早餐代金券；📶🅿）紧挨西拉木伦公园，地段相当中心，就餐娱乐都很便利。房间宽敞，床铺舒适整洁，只是设备稍显陈旧。这里的早餐是点餐式（因此只提供代金券），但其丰盛程度在通辽出了名，菜品也很有蒙古特色。本身是个大院，停车很方便。

### 草原大厦　　酒店 ¥¥

（见230页地图；☎222 0666；通辽火车站东侧；标双 含早餐 200元；📶🅿）距离火车站最近的大酒店，房间宽敞整洁，厕所大、热水足，无线网络都已配备。酒店有电梯，方便行李比较多的旅行者。

### 好客宾馆　　酒店 ¥

（见230页地图；☎278 6789；建国路南段路东第一家；标双 含早餐 79~138元；📶🅿）草原大厦的侧前方。房间中规中矩，与价格相称，加上热情的服务，算是这一带高性价比的住宿选择了。走上半层即有电梯。

### 军供招待所　　招待所 ¥

（见230页地图；☎828 7800；新建大街汽车站北门西侧；标双 88元；📶🅿）门面小得有些简陋，但毕竟是部队的下榻地，实际住宿环境还凑合，老板也相当热情。不过优先"军供"，房间紧张时甚至可能完全接不了散客。距离汽车站和火车站都很近。

## 就餐

### 罕山奶茶馆　　蒙餐 ¥¥

（见230页地图；☎831 9915；和平路北段花园西区；人均60元起；⏰7:00~22:00）虽然不是临街店铺，规模也不算大，但不用担心，大部分通辽人都能帮你指路。这家开了20多年的蒙餐馆兼食品商店的口碑很不错，不少本地人即便不进来用餐，也会购买牛肉干（95元/斤）带走。在奶茶中加了乌日莫（奶皮子）、炒米、奶豆腐、牛肉干的锅茶（38元）几乎每桌一份；烤羊棒（28元/根）也属必点菜行列。桌位和包厢数量都不多，最好早点来。

### 科尔沁肥牛火锅　　火锅 ¥¥

（见230页地图；☎865 8999；滨河大街水岸春城南门；人均80元起；⏰9:30~21:30）在当地颇受欢迎的一家肥牛火锅店，一人一小砂锅。可以试试特色汤底钙加骨髓汤（12元），不过因为牛羊肉的肉质足够出色，清汤底（5元）反而更加原汁原味。科尔沁肥牛(34元/份)自然是招牌,但羊肉也不赖。人气极高,去晚了可能要等位。桥北的新城区还有一家分店。

### 北大抻面大骨头

面食 ¥

(见230页地图;☎825 8141;新兴大街西867号;抻面小份/大份 7元/8元;⏲5:00~20:00)不少通辽人的一天是从一碗热腾腾的抻面开始的。抻,即是拉,做法和你熟悉的兰州拉面差不多。在满大街的抻面中,能够数得上名的,"北大"算一家。如果既想吃比较地道的抻面,又想点菜的话,来这儿没错。提醒胃口小的旅行者,小份面足够当一顿正餐了。

## 到达和离开

### 飞机

**通辽机场**(☎96777, 823 3236)由通辽始发前往呼和浩特的航班最多,每天有7~8班;去北京每天3班,去哈尔滨和霍林郭勒每天1班。另外,每周还有飞往海拉尔、乌兰浩特、满洲里、长春、上海、西安等地的航班。每年的航班时间都会根据淡旺季做出相应调整,订票需提前查询。

其中,飞霍林郭勒和满洲里的航线是2017年新开通的,比起略显鸡肋的前者(通辽和霍林郭勒之间的铁路已经提速至4小时可达),"通辽—满洲里"对旅行者更有用,机票有时只需300多元。

### 长途汽车

**通辽汽车站**(见230页地图)是旅行者最常用的汽车站,主发通辽市下辖的各旗县及赤峰、呼伦贝尔、锡盟、辽宁等方向的长途客车。可在**携程网**(www.ctrip.com;携程旅行App)或**Bus365中国公路客票网**(www.bus365.com;微信公众号"Bus365汽车票")购票。

**批发城汽车站**(见230页地图;☎825 3030)和**科尔沁西客站**(☎824 2260;胜利路中心大街交会向西100米)的车基本是发往通辽郊区的乡村客运,对旅行者有用的线路不多。前者可以找到去大青沟和阿古拉的班车;后者有班车频繁发往莫力庙(8元;45分钟)。

### 火车

**通辽火车站**(见230页地图)通辽市一大地标,有始发前往赤峰、呼和浩特、霍林郭勒、大连等地的快速列车。通辽到赤峰需时约4小时,到北京约13小时。

为了迎接高铁时代,通辽火车站也进行了升级,新候车室已于2018年年初投入使用。未来通辽至沈阳最短仅需1.5小时,至北京仅3.5小时。

## 当地交通

### 抵离机场

通辽机场距离市区非常近,仅10公里左右,打车一口价30元,20~30分钟即到。前往机场如果选择公交,建议乘坐3路(约40分钟),所谓的机场专线50路发车时间不固定。

### 出租车

通辽市区出租车起步价6元/2.5公里,之后每公里1.5元计费,超过6公里按每公里2元计费。

### 租车

**神州租车**(见230页地图;☎831 5666;⏲24小时)经济型轿车约200元/天,需持身份证、驾驶证和

### 通辽汽车站车次时刻表

| 站点 | 发车时间/班次 | 票价(元) | 行程(小时) | 备注 |
|---|---|---|---|---|
| 霍林郭勒 | 7:00~18:00(1.5小时1班) | 89 | 5 | 途经军马场 |
| 奈曼 | 6:50~18:30(30分钟至1小时1班) | 43 | 2~2.5 | |
| 库伦 | 6:30~18:00(30分钟至1小时1班) | 36 | 2.5 | |
| 鲁北(扎鲁特旗) | 5:30~19:30(30分钟1班) | 40 | 3.5 | 途经珠日河 |
| 甘旗卡 | 6:00~18:30(30分钟1班) | 20 | 1.5 | |
| 开鲁 | 5:30~18:50(30分钟1班) | 24 | 1.5 | |
| 赤峰 | 9:00, 12:00, 15:00 | 80 | 4 | |
| 沈阳 | 7:30~17:30(1小时1班) | 79 | 4~4.5 | |

### 景区直通车

2017年7月，通辽市区至周边几大景点之间的直通车开通。这对依赖公共交通的旅行者而言似乎是个好消息，不过真想省时省力省钱，还得早做打算。

直通车从通辽汽车站始发，目的地包括孝庄园（50元）、库伦三大寺（50元）、大青沟（100元）、库伦银沙湾（100元）和较远的扎鲁特旗山地草原（130元）等，价格包括门票和车费。事实上，所谓的景区直通车就是与康辉国际旅行社合作推出的一日游线路，因此并不存在“一天有几班往返”的概念，通常早上去下午回，淡旺季每周的发车班次也有差异（周六、周日基本都有）。如果你不介意跟团，那么直通车的确便捷得多，何况全程还有导游讲解。

想要搭乘这样的景区直通车，需要提前在汽车站购票，旺季时一些热门线路还有可能一座难求。旅行者可以电话咨询汽车站（☎823 4065）或康辉国际旅行社（☎831 7373）。

信用卡（普通银联也可以）办理租借手续。一般归还车辆后还会刷一笔预授权，一个月后确认车辆无违章记录即可取消。由于是加盟店而非直营店，不支持异地还车。

## 通辽周边

### 孝庄园

（☎285 9817；科尔沁左翼中旗花吐古拉镇境内；门票50元；⊙旺季 8:00~17:30，淡季8:00~17:00）据考证，这一带曾是达尔罕亲王府所在地，而达尔罕王爷的亲妹妹——传奇的清代国母孝庄皇后就出生在这里。但假如还想找些古迹，恐怕有点困难。

如今的孝庄园是一片完全重建的大型仿古建筑群，分中、东、西三路，七进院落，整个布局十分完整，包括府殿、花园、马厩、演武场等。王府中央的大殿银安殿内，24根立柱和上方巨大的横梁气势非凡，据说还采用了传统的“一麻五灰”工艺来进行彩绘。王府大院里最受欢迎的合影点莫过于后院一尊孝庄文皇后青铜雕像，这是按照故宫博物院珍藏的画像铸造的。除了复原的场景，王府内还设有达尔罕亲王府历史展馆、孝庄博物馆、科尔沁马文化博物馆、科尔沁民俗博物馆等，可以顺便做些了解。

目前没有班车直达或路过孝庄园，只能自驾或包车。距离孝庄园最近的乡镇是舍伯（念作“百”）吐，你可以从通辽汽车站坐车前往舍伯吐镇（5:30~19:30，滚动发车；17元；1.5小时），再在镇上包车往返（50元）。

舍伯吐镇以东30公里处还有一座史前聚落遗址公园哈民遗址（☎237 7668；博物馆免费，遗址保护区 30元；⊙8:00~17:30），因出土了近百具非正常死亡的人骨遗骸而轰动一时，保存较好的房屋木质结构痕迹也属于史前考古的一大发现。可以进入遗址保护区近距离观看挖掘现场。若从舍伯吐镇出发，连同孝庄园一起包车游览大约150元。

### 大青沟国家级自然保护区

（☎558 2213；科尔沁左翼后旗境内；门票50元；⊙4月底至10月中，冬季封山）大青沟是内蒙古著名的珍贵阔叶林自然保护区，南北走向，长达24公里，沟谷之内草木繁茂，溪流淙淙。虽然景观上无法与中国西南的沟谷雨林相提并论（“小九寨沟”未免有些过誉），但在辽阔的科尔沁草原西部沙海里，能有这样一条深长秀美的绿色深谷存在，实属难得，夏天避暑游玩再好不过。

大青沟主要的游览部分是原始森林景区，谷底在入口下方1公里处，你可以顺着木栈道走上一圈，感受“林涛万顷接天碧，幽谷百丈入地青”的奇趣自然。不过如果想直观地欣赏这条“沟”，最好的方式还是登上瞭望塔（40元/人），在一望无际的森林中可以明显看到一条凹陷带，另一侧能望见远处的一大片沙地。

已开发的景区还包括三岔口和小青湖，前者可以玩漂流（50元/人），后者有坐船、速滑草等游玩项目。前往这两个地方需要乘坐

### 最后的骑兵——僧格林沁

如果你看过20世纪80年代轰动一时的电影《火烧圆明园》，可能会对其中那位一言不合便将英国使臣扔进水里的蒙古王爷印象深刻，这就是在清末临危受命带着蒙古骑兵四处征战的博多勒嘎台亲王——僧格林沁。当时清政府内忧外患，八旗军队并无实力，全靠僧格林沁麾下的蒙古大军打了太平军又打英法联军。而在僧格林沁阵亡后，清王朝也逐渐走向覆灭。

僧格林沁的故乡便在科尔沁左翼后旗，也被称作“博王旗”。旗府尚未迁入甘旗卡镇之前，就在甘旗卡东北50多公里的吉尔嘎朗。今天的吉尔嘎朗中学，就是曾经**博王府**的所在地；但现在你只能通过两栋略显破败的清代建筑想象昔日的辉煌了。我们调研时，政府正在周边拆迁复建博王府，从规划来看很可能是下一个“孝庄园”。

相比之下更便于参观纪念的地方，是距离甘旗卡镇仅10公里的**僧格林沁博物馆**（免费；⏲8:30~17:30），它介绍了僧格林沁的生平事迹。从甘旗卡街里打车往返约30元。



观光车（30元/人），观赏性一般，更像是游乐场所。

通常一天就可以从通辽市区往返大青沟，非要逗留的话，景区外一整条街都能解决你的食宿购物需求。街上还有一间**青沟卫生所**（☎558 2360，138 4894 1755），提供药品和简单的治疗。

通辽到大青沟景区最便捷的交通工具是景区直通车（见233页方框）；通辽批发城汽车站有少量班车（9:40、13:00；28元；2小时）直达。大青沟火车站也有前往景区的中巴公交（接驳到站火车；10元；20分钟；冬季停开）。注意，有很多大客车会经过景区靠近307省道的大门，但那里距离真正的景区还有5公里路程。

## 珠日河草原

（☎237 6111；科尔沁左翼中旗境内，近304国道；门票40元；⏲8:30~17:30）珠日河草原早在1994年就发展起旅游业，如今虽然名声在外，风光却一般，但凡游览过一些壮阔草原的游客，都很难被它点燃热情。刚进入大门，就可以将整个景区收入眼中：草、野花、羊和等待被人骑的马，以及供游客住宿的蒙古包。人为痕迹重，草场也一般。基本上以接待团队为主，但近年来有些旅行社也已不光顾这里，开始把团队带往相对更远的扎鲁特旗山地草原。

唯一值得一提的是每年8月18日的哲里木赛马节（见231页）。届时不仅景区免费开放，还有各种盛大的赛事活动和草原上的市集等待着你去一探究竟，男女老少纷至沓来的场面尤为壮观。往年赛马节会连着举办三天，但近年分赛区之后日程也相应缩短到了两天，夜晚也十分热闹。景区内不允许私自扎营，因此即便景区内的蒙古包并不便宜（可住2人、带独立卫浴的水泥蒙古包458元/包，可住6人的传统蒙古毡房398元/包），也会被抢订一空。

通辽市区到珠日河草原没有直达班车（汽车站买到去珠日河的票都是珠日河牧场而非旅游区，二者相距十多公里），但有很多班过路车可以停靠在道口，向内还有7公里路程，可步行或搭顺风车。

## 阿古拉草原旅游区

（科尔沁左翼后旗阿古拉镇；免费）相比起平坦的草原，像阿古拉这样虽然不大却正儿八经“有山有水”的地方反而显得别有趣味。

“山”是指双合尔山，确切地说，它只是一座百米高的小山包，从山脚到山顶用不了15分钟。即便如此，它在平坦的草原上也能显出“危峰兀立”的效果，难怪当地蒙古族对它颇为尊敬，甚至称之为“天下第一敖包”（远看形似敖包）。发展到现在，每年端午，人们都会从四面八方赶来登高祈福，并在山下举办阿古拉特有的盛会“双合尔·楚古兰”（楚古兰是蒙语集会的意思），十分热闹。

站在双合尔山山顶，你可以大致看清阿

古拉草原的"水"的轮廓：一个拥有4000多亩水面的大湖静静躺在草原之中，天然、开阔的湿地风光令人心旷神怡。本地人叫它"查干淖尔"，意为"吉祥之湖"。每年10月中旬至11月底，还会有成群结队的天鹅、大雁等水鸟来到阿古拉的这片湿地，觅食栖息，场面之壮观令人惊叹。

而让这片草原更具人气的，则是一座依山傍水的古寺双福寺（免费；⏲7:30~17:30），也叫双合尔庙，始建于清康熙年间，经扩建后，鼎盛时僧众达千余人。但经历过"文革"时期的"破四旧"，过去的恢宏气势几乎荡然无存，只有双合尔山上的白塔历经200多年留存至今。如今山脚的寺院建筑是后来重建的，不过香火还是很旺，每到法会都会有无数信众赶来。

阿古拉湿地和双合尔山都围绕在阿古拉镇周围，在镇上吃住即可。镇子很小，只有一条东西向的大街，最西边的兴旺招待所（☎136 6400 4422；普标 50元）条件算是最好的，房间干净，只是要用公共卫生间，遇上节庆或寺庙法会，这里往往很早就客满。吃饭比较好解决，有多家餐馆提供炒菜。

通辽批发城汽车站到阿古拉的班车每天1班（14:00；24元；3小时），次日6:30返回通辽。甘旗卡到阿古拉的班车是12:20和15:40（16元；1.5小时），返程则是6:00和14:00。

## 霍林郭勒

相比起蒙语"霍林郭勒"，人们更多直接用汉译"霍林河"来称呼这座新兴的以汉族为主的移民城市。相应地，煤矿和工厂也早已取代草原，成为它最为人熟知的元素。自从20世纪60~70年代霍林河煤田被发现并获得国家的开采批示之后，外地人开始源源不断涌进霍林郭勒，如今它终于从一片草甸子发展为了一座人口刚刚超过10万的"小城"。不过，拜煤矿及相关产业所赐，小城仍展现出了惊人的力量：2016年地区GDP逼近300亿元，人均远超北上广。你很快会发现，在这里吃住行的花费甚至比通辽市区还高。

但这并不意味着霍林郭勒毫无看点：沿途你就能见到巨大的半球状储煤仓，以及号称亚洲最长的传送带，城外也仍有大片大片的草原在等待你探索。

### 景点

**可汗山草原旅游区** 草原

**免费** 位于霍林郭勒市郊以北约15公里，最出名的景观莫过于雄踞在山顶的两尊巨大半身像：成吉思汗和他的孙子忽必烈。稍低于他们的则是元朝历代皇帝，陪着祖先一同遥望眼前辽阔的科尔沁草原。虽说雕塑纯属人造，倒没有显得过于格格不入，反而还生出了一丝庄严肃穆的氛围，令人不禁感慨一代王朝的兴衰。

山脚下是一条名为"苍狼之路"的石板道，成吉思汗"黄金家族"重要成员的石人柱排列在一侧，十分醒目。顺着这条石板道来到半山坡，八百蒙元壮士组成兵阵，真人大小的雕像如同"草原兵马俑"一般，颇有几分气势。

游览完雕塑景观回到公路，向着群山深处继续走上约3公里，还可以见到一面清澈的湖，与连绵的山地草原互为映衬，相当迷人。山脚有蒙古包可住，条件不错，还能洗澡，当然也不便宜（旺季/淡季 458元/300元），另有滑草（20元）、骑马（50元）等娱乐项目。

没有班车直达，从霍林郭勒市区打车单程50元。

**辉特淖尔草原** 草原

**免费** 由于霍林郭勒紧挨着锡林郭勒，大部分旅行者都会继续前往乌拉盖（见187页）看草原；但如果想在旅游旺季寻个相对清静、草原风光较为纯粹的地方，位于市区西南40多公里处的辉特淖尔草原是个不错的选择。

7~8月是这片草原最美的季节，大片大片的野花盛开着，一直蔓延到天边，随风摇曳，色彩缤纷，好不热闹，非常适合在此拍照。沿着停车场旁的小路往草原深处走上十多公里，你还会见到当地人口中的"神树"——外观并无多么高大神奇，但视野之内独一无二，充满着孤傲的气质。

从市区前往辉特淖尔草原景区的路上还会经过一处鸿雁湖旅游区（免费），"鸿雁湖"是辉特淖尔草原上三个湖泊的统称，因每年春季都有大量大雁、天鹅等水鸟来此栖息而得名，可以顺路一看。

没有班车直达，从霍林郭勒市区包车往返150元。

## 食宿

霍林河火车站附近聚集了大量旅店，从星级酒店到百元小旅馆，任君挑选。全市最高档的四家酒店——翔云大酒店、金亚辰大酒店、鑫磊大酒店、滨河大酒店各自承包一栋大楼，在火车站外"排排站"，标双都在300元上下（含早餐），条件设施大同小异。就餐方面，火锅和烧烤的选择很多，每天傍晚友谊路上的夜市也可以逛逛。

### 钱龙宾馆

酒店 ¥

（796 1888；友谊路与锡林大街交会处，二中对面；标双 含早餐 136元；）与火车站隔了一条街，不算远，也没那么嘈杂。装修颇有"乾隆"风格的皇家特色，房间干净整洁，设备都很好用（难得地配有吹风机）。总体来说服务热情，性价比高，门口有个大停车场。

### 阿拉腾高哈蒙餐

蒙餐 ¥¥

（792 8990；友谊金街南街中段13号楼；人均80元；8:00~22:00）"阿拉腾高哈"是霍林郭勒本土的牛肉干品牌，旗下的这家蒙餐馆也是人气极高，基本上蒙古族特色食品都可以尝到，碳烤风味的牛肉干（88元/斤）当然不能错过。二楼餐厅，一楼直销。顺便一提，"西山香"牛肉干在霍林郭勒也很出名，二者在制作口味上有所差异，感兴趣的也可以买来尝尝。

## 到达和离开

### 飞机

2017年**霍林河机场**（796 9515；霍林郭勒市以西南30多公里处）正式通航，目前已开通与通辽、呼和浩特、沈阳之间的航线。每天有1班直飞呼和浩特（1.5小时），1班经停通辽（45分钟）再飞呼和浩特，1班直飞沈阳（1.5小时）。

### 长途汽车

**霍林郭勒汽车站**（792 1580；哲里木大街与滨河路丁字口路南）前往通辽、鲁北的班车车次最多，另有前往呼和浩特、沈阳、北京、乌兰浩特、赤峰等地的班车。

### 火车

**霍林郭勒站**（滨河路与锡林大街交会处东侧）位于市中心，2017年9月刚完成扩建改造。始发前往通辽的火车每天有3班，最快4小时可达；每天还有1班发往大连的列车；呼和浩特与乌兰浩特之间的1班列车也经停霍林郭勒。此外，每到暑期还会增开一对"霍林郭勒—沈阳"的旅游专列，都是夕发朝至，很适合旅行者利用。5公里外，市郊北部的**珠斯花站**较少有客运列车停靠，一般在霍林郭勒站暂停使用时开放。

## 当地交通

市区到霍林河机场可以在起飞时间前2个小时到**霍林河城市候机楼**（782 2888；珠斯花大街移动大厅东侧）凭机票乘坐免费大巴。

霍林郭勒市区打车6元起步，不常打表，偶尔有随意加价情况，基本市内不出10元，到珠斯花火车站15元。

# 库伦旗

库伦的确没什么拿得出手的城区风貌，但它的历史文化却可圈可点：这里是清朝漠南蒙古地区唯一实行政教合一的喇嘛旗，拥



### 霍林郭勒汽车站车次时刻表

| 站点 | 发车时间/班次 | 票价（元） | 行程（小时） | 备注 |
|---|---|---|---|---|
| 通辽 | 5:10~17:30（1.5~2小时左右1班） | 89 | 5 | 途经军马场 |
| 鲁北 | 6:10~17:00（40分钟至1小时1班） | 40 | 2.5 | 途经军马场 |
| 林西 | 7:10 | 130 | 7~8 | 途经天山、林东、大板 |
| 赤峰 | 9:00 | 155 | 8 | |
| 西乌旗 | 10:30 | 90 | 4.5~5 | |
| 呼和浩特 | 14:00 | 350 | 18 | |

有中国第一家蒙药厂，蒙古族民间舞蹈安代舞发源于此，20世纪70~80年代发现的大量辽墓壁画还令它一度名声大噪。

## 景点

### 库伦三大寺 寺庙

[中心街与幸福路交叉点；旺季（4~11月）50元，淡季免费；⏲8:30~17:30]清朝在蒙古地区实行盟旗制度时，除了普通的札萨克旗和类似直辖市的总管旗，还在喇嘛信众比较集中的地区或重要宗教领袖所在地特别建制喇嘛旗，由寺庙大喇嘛全权管理，政教合一。库伦就是为数不多的喇嘛旗之一，先后曾建有大小30多座寺庙，而如今被合称为"三大寺"的三座寺庙，则是当时库伦旗的政治中心。

三大寺中的主寺，即宗教活动中心，便是现在景区大门台阶正对着的兴源寺，它也是三大寺中最早落成的寺庙（始建于清顺治六年，1649年）。兴源寺正殿地面中央有一幅"四龙戏火炉"的石刻，据考证是元代遗物。正殿后方还有一座嘛呢殿，也称额克苏莫庙，虽小但地位不低，有说法"先有额克苏莫庙，后有兴源寺"。殿内墙上绘有清代早期壁画，东西两侧分别是汉传佛教和藏传佛教的十八罗汉图，堪称一绝。

兴源寺东侧一墙之隔的是三大寺的政治中心象教寺，既是寺庙，也是衙门，印务处就相当于办公处。最晚建成的福缘寺是库伦旗财务机构所在地，只是复建之后几乎不见古貌，唯独佛殿后院两棵在建庙时栽种的古树（左松右柏）枝繁叶茂。

每个月农历初一、十五都有庙会，很热闹，但要注意财物安全。在库伦汽车站坐电动小三轮前往约需5元。

### 库伦旗安代博物馆 博物馆

（免费；⏲9:30~17:30，周二、周六、周日闭馆）安代是一种流传于科尔沁地区的原生态舞蹈形式。据记载，这种舞蹈与萨满教有关。明代中叶，萨满教巫师通过这种舞蹈来"治疗"因爱情、家庭不幸而郁郁寡欢的女子，无数人通过这种特殊的"舞"来跳脱苦闷并得以重归生活——这就是安代舞的前身。

三百多年来，萨满教在其他地区日渐式微，却在库伦这个喇嘛旗完好地留存了下来，因此安代舞也继续发展并进一步完善。在博物馆的安代历史展中，你可以了解到这种独特舞蹈艺术的起源和流变。不过如果想看"活的"安代舞，博物馆可帮不了你——最好还是参加节庆活动（例如8月18日赛马节开幕式）现场观摩；不介意看新式安代的话，傍晚镇中心的安代广场上总有舞姿翩翩者。

同时在这座博物馆中展示的，还有库伦地区的藏传佛教历史、蒙医药文化等相关内容。其中有一整面墙，将库伦旗出土的辽代贵族墓中的壁画拓印了下来，值得一看。

博物馆在镇郊，从汽车站可以坐电动小三轮过去（10元）。

## 食宿

在库伦镇上寻找住处并不困难，2017年新开业的荞乡青年旅舍（☎481 8000；哈达图街与兴源路交会处南行50米；床位 38元起，标双138元；📶🅿）虽然不是常规意义上的青年旅舍，但是床铺宽敞整洁，有干净的公共卫浴，再加上热情健谈的老板，已属不可多得。

至于吃，既然到了"荞麦之乡"，必然不能错过这里的荞面了。随便找家写有"荞面"或"饸饹"的小店就行，感受一下粗粮带来的舌尖享受，只是口味偏咸。

## 到达和离开

**库伦汽车站**（☎491 2532；哈达图街西段）到通辽的班车每天6:00~17:00滚动发车，行程2.5小时，36元。去通辽的车都会经停甘旗卡。

**库伦火车站**（305省道附近）在镇子东郊5公里处，公交4路连接火车站与镇中心，但发车不频繁，基本对应火车班次。可坐电动小三轮，10元。

## 当地交通

库伦镇上出租车不太常见，到处都是电动小三轮，要价较出租车稍便宜（起步5元），一般不乱开价。

# 奈曼旗

从对奈曼"南山中沙北河川，两山六沙二平原"的地理描述中，你大概可以猜到，这片被沙地占据了六成面积的土地并没有多少天然的农牧业优势，20世纪的奈曼也的确给人留下了“沙患不止，沙区不富”的印象。然而在今天的旗府大沁他拉镇，你却可以见到宽敞的街道和高楼，以及嵌在城中的绿地和广场——在推沙造地中，奈曼正在快速转变为一座名副其实的“金”沙之城。

**奈曼王府**（☎421 0097；免费；⏲8:30~11:00，14:30~16:30）是这个小城里为数不多的古迹之一，作为一旗政治中心曾历经四迁五建。眼前这一座始建于清同治二年（1863年）——但你可能看不出这一点，因为一度略显破败的古宅已经被完全翻新，并恢复到了鼎盛时期的原貌。同时这里也作为奈曼旗仅有的博物馆，展出本旗的变迁史和部分收集来的文物，本地出土的辽代陈国公主与驸马合葬墓在馆中也留有浓墨重彩的一笔。

吃住在大沁他拉镇都不成问题，但也没有很大的必要在这里留宿，从**奈曼客运站**（☎226 6333；富康大街东段）前往通辽（6:25~17:00，间隔40分钟至1小时；43元；2.5小时）和赤峰（8:00、10:00、15:30；50元；3小时）都很方便。**奈曼火车站**距离客运站不过500米，每天有十多趟列车经过奈曼前往通辽或赤峰。

顺便一提，如果自驾往来于奈曼和通辽，不妨绕经“固日班花苏木—八仙筒”一段，可以看到一大片与内蒙古西部胡杨齐名的**奈曼怪柳**。这种被当地人评价为“没有比它更砢碜”的柳树形态奇特，带着一种畸形的美，近年来颇受摄影爱好者的追捧。



## 扎鲁特旗

扎鲁特旗（简称“扎旗”）位于通辽的西北部，304国道和306省际大通道纵横穿过旗政府所在地鲁北镇，西接赤峰的阿鲁科尔沁旗，东至兴安盟的科右中旗，无论是否计划前往，你都很有可能由此经过。而这一交通枢纽的优势也令鲁北成了农副产品和商贸流通的集散地，经济和人居环境都发展得相对不错。登上镇西的炮台山公园，你能望见笔直宽阔的道路和高楼，它们正在成为小城新景观。

### 景点

**扎鲁特旗博物馆** 博物馆

（鲁北镇泰山大街扎鲁特旗政府旁；免费，需持身份证；⏲8:30~11:00，14:30~17:00，周一闭馆）入口和规模都不算大，由原本的**乌力格尔博物馆**扩充而来。如今两层的展厅包括扎鲁特历史文物展、蒙古族刺绣展和乌力格尔文物展，但更值得一看的仍是扎鲁特旗一直以来传承发展的乌力格尔相关展览。

乌力格尔，汉语可以解释为“故事”或“说书”，是集蒙古族说唱艺术之大成的一种民间曲艺形式。被称为“胡尔齐”的说唱艺人常常一个人一把四胡（用于伴奏）就能撑起个场子，走乡串户地讲故事，王公贵族有时也会邀请胡尔齐入府说唱。故事题材很广泛，既有源于《嘎达梅林》之类的蒙古民间叙事诗，也会改编汉族的《三国演义》等。乌力格尔在

### 去科尔沁看沙漠

对传奇的孝庄皇后秘史津津乐道的人们，大多听闻过那片让远嫁他乡的大玉儿魂牵梦萦的草原科尔沁。历史上的科尔沁草原，的确是一处河川众多、水草丰茂之地；但到了19世纪后期，由于受到放荒开垦、气候干旱等一系列或自然或人为的因素影响，草原的沙漠化越来越严重。著名的科尔沁长篇叙事民歌《嘎达梅林》，讲述的就是嘎达梅林不畏强权，率领当地蒙古族牧民起义、抗垦还牧的故事。但嘎达梅林的力量是薄弱的，如今的科尔沁草原，客观来说更像是“科尔沁沙地”，沙地面积之大在中国四大沙地中居首。

值得庆幸的是，近几十年来的生态防治已经取得一些成效。与此同时，以通辽为主的科尔沁地区也开始“靠沙吃沙”，打造沙漠特色旅游。库伦在素有“八百里瀚海”之称的塔敏查干沙漠中开发出了**银沙湾景区**（www.zgklysw.com；库伦镇西北28公里；门票 30元；⏲6:30~20:30），爬上沙丘高处可以见到苍茫无边的沙漠景观；奈曼的**宝古图沙漠旅游区**（大沁他拉镇东北45公里；免费）则以沙漠越野为重点，甚至有高难度的专业越野赛道。

### 鲁北客运站车次时刻表

| 站点 | 发车时间/班次 | 票价(元) | 行程(小时) | 备注 |
|---|---|---|---|---|
| 通辽 | 5:30~17:30，30分钟1班 | 40 | 3.5 | 途经珠日河 |
| 霍林郭勒 | 7:30~17:00，约1小时1班 | 40 | 2.5 | 途经军马场 |
| 天山(阿鲁科尔沁旗) | 8:10，9:20，12:30，14:10，16:40 | 25 | 1.5 | |
| 林东(巴林左旗) | 9:20，14:10 | 48 | 2.5 | 途经天山 |
| 巴彦呼舒(科尔沁右翼中旗) | 12:10 | 25 | 1 | |

科尔沁草原流传得颇广，扎鲁特旗又被誉为胡尔齐的摇篮，走出了琶杰、毛依罕等世界级大师。你可以在展厅中看到大师们生前用过的乐器、手抄本等。

**山地草原旅游区** 草原

(门票 20元；⏲7:00开门)也叫军马场山地草原，因为这里曾经是辽代誉州城将士保国戍边驯养战马的地方，属于皇家御用草场。由于距离通辽较远、草场质量远胜过珠日河草原，加上紧邻304国道，近年来已经成为旅游团的新宠。骑马项目按时间和路线长短分50元/1公里和100元/2公里，7~8月旺季时景区内还提供蒙古包住宿，按铺位收费100元/人，包内无厕所和洗漱。

旅游区在鲁北镇以北80公里，前往霍林郭勒的班车都会经过。

**罕山神泉** 草原

免费 虽然地属扎鲁特旗，但这个地方显然与霍林郭勒的关系更紧密——不仅距离霍林郭勒市区较鲁北镇更近，而且相传霍林河的源头也在这里。不过相比起神奇的泉眼(可以直饮)，对于旅行者来说，可能沿途纯粹的山地草原风光才是更大的吸引力。

前往罕山神泉可以先沿着304国道找到阿日昆都楞镇，附近就有一个岔路口(有指示牌)，下道后再走约15公里的土路即可到达(普通轿车可以走)。草原仍然比较原生态，但我们调研时，与土路平行的一侧已经在修水泥路，很难说交通便利之后是否能维持现状。

没有公共交通，需要包车或自驾。如果是包车，在霍林郭勒找车更省钱，往返约180元。

## 食宿

泰山大街和长江路的交叉口一带最为热闹，可以就近下榻，食宿选择都很多，丰俭由人。如果你想住得舒服一些，**人禾国际酒店**(长江路与泰山大街交会处西行50米；☎616 1111；标双 含早餐 268元；📶🅿)绝对算是上佳之选，这里的豪华标双只比普通的多了30元，房间却几乎大了三分之一，还配有自动式马桶。

## 到达和离开

**鲁北客运站**(☎722 7000)位于镇区的北郊(桥北)，从镇中心打车过去10元，不打表。

**扎鲁特火车站**(黄花山镇)并不在鲁北镇，两地之间约30公里，交通略有不便。火车站外通常有出租车或黑车接站，拼车去街里15元/人。

## 当地交通

鲁北镇出租车起步价6元，正常打表，但目的地在大桥以北(如去汽车站)则一口要价。

# 阿拉善及周边

包括 ➡


额济纳旗......243
阿拉善左旗......250
贺兰山......256
腾格里沙漠......257
阿拉善右旗......259
巴丹吉林沙漠......263
巴彦淖尔......265
乌海......274


## 最佳餐饮

- 吉如和文化主题蒙餐（见254页）
- 从头到蹄羊肉馆（见249页）
- 新友农家菜（见268页）
- 阅遇书吧（见276页）

## 最佳博物馆

- 阿拉善博物馆（见251页）
- 中国河套文化博物院（见266页）
- 额济纳博物馆（见243页）

## 为何去

也许没有哪个地方，能像阿拉善这样，满足你对“诗和远方，还有天堂”的向往。黑河蜿蜒流经茫茫戈壁，一度枯竭的居延海又回到了水草丰美的年代，我们得以重温“大漠孤烟直，长河落日圆”的边塞诗情。驼铃声声，古代的商队穿过阿拉善沙漠，把茶叶和丝绸送往西方；马达轰鸣，今天的人们赶赴巴丹吉林和腾格里，来一场“路越远，心越近”的英雄聚会。当胡杨林进入秋季，天地都为之变色，虽然“天堂”的比喻已经被用滥，但似乎也没有更好的词来形容这一刻的额济纳。

在大漠与草原之间，贺兰山与阴山一纵一横。贺兰山西麓的寺院收藏了仓央嘉措最后的时光，阴山沟谷中则有游牧先民留下的原始崇拜。黄河沿着沙漠边缘“套”出了一方沃土，如今广阔富饶的河套平原曾是恐龙主宰的国度，从巴彦淖尔到乌海，一路上都有黄河风光和上万亩向日葵陪着你。

## 何时去

**6月至8月** 阿拉善地区白天气温只有25℃左右，沙漠“游乐场”和丰富的人文遗址都适合带孩子暑期旅行。不过雨水期也在这段时间，自驾旅行者尤其要注意路况的变化。

**9月至10月** 河套平原上，向日葵花田迎来了最后的灿烂。旺季和胡杨林的最美季节一起来临，额济纳的房价一路攀升。巴丹吉林沙漠的温度可以上升到30℃以上，但早晚温差仍然较大。胡杨生态旅游节和阿拉善英雄会吸引各路玩家前往。

**11月至次年2月** 阿拉善的冬天最低温度在-30℃左右，几乎不适合旅行。不少景区也将关闭维护。

**3月至5月** 春季回暖，但沙尘暴频发，仍然不适合前往额济纳和沙漠，贺兰山脉的森林风光变得迷人起来，南寺的丁香花节是少有的亮点。乌拉特草原上，乌梁素海的观鸟季拉开了序幕。

## 看懂酒店房价K线图

阿拉善三旗之中，额济纳的酒店房价K线图最为陡峭。每年9月中旬至10月，房价随着胡杨林的颜色一日一变，十一期间房价峰值能达到淡季的5~6倍。即便如此，房间也会在9月初就被预订一空，且所有房间都需要数额不等的定金。当地政府解决住宿供不应求的办法之一就是推广家庭旅馆，当地人把自己的住房挂到网上，800~1200元左右的一套两室一厅住房至少可以住4~6人，相比动辄千元以上的标准间，这个价格已算“温柔”。

巴丹吉林的旺季来得比额济纳迅速，8月底至9月的第一轮涨价就直接翻倍，不过国庆黄金周期间的最高价格也不会超过淡季的3倍。阿拉善英雄会期间全国的户外越野爱好者都涌向这里，房价翻倍和房源紧张也属正常。如果你不是非要赶上英雄会或者胡杨生态旅游节这个时段的话，不妨在国庆节后前往，各地房价都会迅速降温。

### 沙漠旅行注意事项

- 防晒霜、头巾、遮阳帽、太阳眼镜，一样都不能少。
- 为你的相机准备好塑料袋或保鲜膜等防沙工具。
- 务必带足衣物。白天重点防晒，到了晚上就要忙着保暖。
- 穿对鞋子，避免双脚被“热情”的沙漠伤害。
- 提前吃点晕车药！你坐的可是长达数小时的过山车。
- 准备足够的水，特别是你打算在盐湖里游泳。

## 条条大路通向阿拉善

内蒙古实在太大，传统意义上的先到省会城市再往周边走的旅行线路，对于远居西北一隅的阿拉善来说不切实际。西南地区的旅行者可以从甘肃张掖进入阿拉善右旗，这里距巴丹吉林沙漠不过200多公里路程；看过嘉峪关城楼的雄姿，乘坐长途班车约6小时就可以切换至额济纳黑城遗址的苍凉落日。从宁夏银川到阿拉善左旗巴彦浩特镇则只有100公里左右，走高速公路只需1.5小时。东北华北地区的自驾旅行者可以体验2017年7月通车的G7京新高速，横跨内蒙古大部地区，一路穿越河套平原的向日葵花田，以及阿拉善地区的戈壁沙漠，开足马力到达最西端的额济纳胡杨林。

## 快速参考

**阿拉善盟**

人口：24.57万

区号：0483

**巴彦淖尔市**

人口：168.3万

区号：0478

**乌海市**

人口：55.83万

区号：0473

## 如果你有

**3天** 留一整天给额济纳的**胡杨林沙漠地质公园**（见244页），次日一早去看**居延海**日出（见247页），然后在苍凉的**黑城**和**怪树林**等待日落（见246页）。

**7天** 再花两天时间深入**巴丹吉林沙漠**（见263页），享受沙漠冲浪的刺激，在湖边住一晚，看星星。从右旗到巴彦浩特的途中，去**曼德拉山岩画**（见260页）寻觅“远古日记”，再去看看**贺兰山**麓（见256页）的南寺与北寺。

**10天以上** 从巴彦浩特去往**乌海**（见274页）或**巴彦淖尔**（见265页），一路欣赏黄河风光和河套平原上的向日葵花田。

## 阅读阿拉善

**《大漠藏珍：探索消失的古文明——居延文化》**，阿拉善遗址和居延文化的专集。

**《生态保育的民主试验：阿拉善行记》**，萧今著，记述了阿拉善SEE生态公益行动推进的过程。

# 阿拉善

在狭长的内蒙古地图上，由东至西的色彩就仿佛从春季步入秋日，最西边的阿拉善高原是一片沙黄。阿拉善占据内蒙古近1/4的面积，只有区区25万人。但每当秋季来临，额济纳的人口密度令人叹为观止。其实，整个阿拉善地区就是一座世界沙漠地质公园，阿拉善左旗、阿拉善右旗和额济纳旗分别为腾格里园区、巴丹吉林园区和居延海园区。不过，别以为阿拉善奉献给世人的只有沙漠、海子和奇异的风蚀地貌，这片土地也是北方游牧民族和中原地区彼此融合的重要见证者，古代岩画、居延汉简和黑城遗珍都值得你亲临探寻。

阿拉善三旗之间相距较远，但公路、铁路和空中航线组成的立体交通使得旅行者的旅程不算辛苦。2017年7月京新高速的开通，首次将阿拉善纳入国家高速公路网，进入阿拉善的旅程也变得更加便捷。

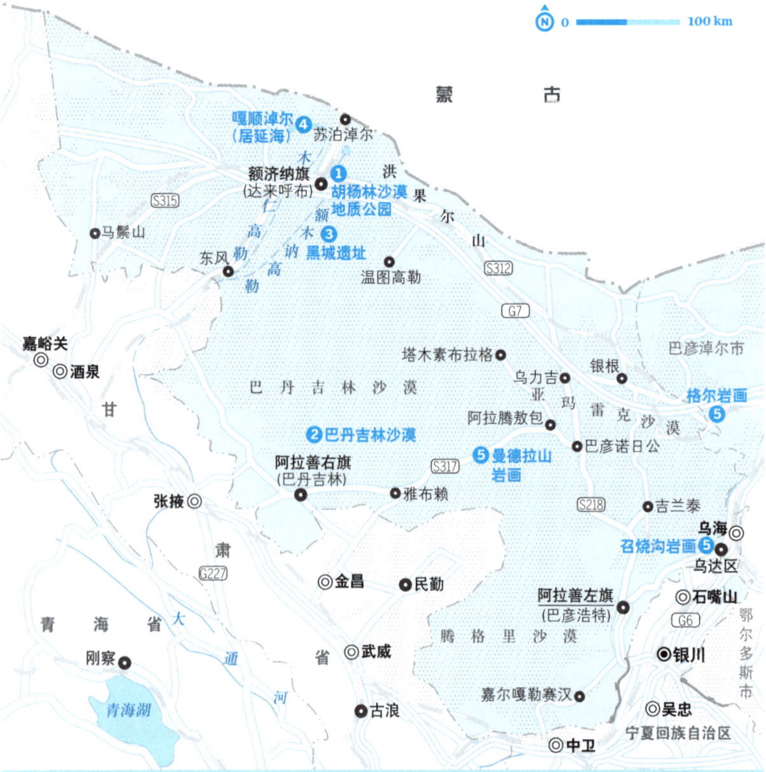


## 阿拉善及周边亮点

① 在额济纳**胡杨林沙漠地质公园**（见244页）沉醉天地间的巅峰秋色。

② 穿越**巴丹吉林沙漠**（见263页）的连绵沙山，登上沙漠珠峰一览众湖小。

③ 深入沙海之中的**黑城遗址**（见246页），等候夕阳一点点勾勒出佛塔的剪影。

④ 拜访再次浩瀚起来的**居延海**（见247页），看一场万籁俱寂的“海上”日出。

⑤ 探索深藏于阴山山脉和曼德拉山中的神秘**岩画**（见260页），阅读古人留下的“日记”。

## 历史

虽然阿拉善地区被沙漠和戈壁包围着，但并不是荒无人烟之地，早在旧石器时代，这里就有人类生存。在贺兰山和曼德拉山的岩石上，北方游牧民族刻下山羊、骆驼和狩猎、祭祀等图案，也为后人留存了研究原始社会早期宗教信仰、生活习俗和经济生活的重要遗产。

秦始皇统一六国后，在今阿拉善地区东北部始设北地郡。而西北地区则为大月氏的领地，时称“弱水流沙”。东汉时期，汉王朝收复河西，并设西海郡统辖居延，屯田驻兵，修筑长城，成就了如今戈壁上仍然残留的300多处烽燧。隋唐以降，这里始终是华夏与北方少数民族争夺的战场，唐代诗人陈子昂、王维等均到达居延从军，留下了“居延城外猎天骄，白草连山野火烧”的词句。自13世纪起，党项人在西北地区的势力得到发展。公元1038年，党项人建立西夏政权，在居延黑水城设“黑山威福军司”，黑水城也逐渐成为草原丝绸之路上一座繁华的城池。此后，蒙古铁骑踏破西夏国境，“亦集乃路总管府”取代了“黑山威福军司”，蒙古族政权控制的疆域得到空前的扩张。明太祖洪武五年（公元1372年），明军攻陷黑城，这座城池在废弃之后逐渐被黄沙掩埋。

清中期以后，居延故地开始因“亦集乃”（蒙古语）而被转音为“额济纳”，乾隆十八年（1753年）始设额济纳旧土尔扈特旗，简称额济纳旗。此时，阿拉善东部的定远营已经成为和硕特旗王府驻地，清皇室与和硕特旗保持着长期的联姻关系，王爷府的规模也越来越大，以至被称为“塞外小北京”。乾隆三十六年（1771年），游牧于伏尔加河流域的土尔扈特人掀起了抵抗沙俄的武装起义，在首领渥巴锡的带领下东归。影视作品《东归英雄传》，再现了这一悲壮的民族大迁徙。

近代史上，革命党人为阿拉善这片英雄辈出的土地带来了共产主义思想的火种。抗日战争期间，中国共产党人多次来到阿拉善地区，团结王公上层，引导抗日救亡运动。1949年9月23日和1949年9月27日，阿拉善旗和额济纳旗和平解放，建立人民政府。在所属地区几经变更后，1979年7月，阿左旗、阿右旗、额济纳旗重归内蒙古自治区。1980年4月，阿拉善盟成立。

今天的阿拉善，已经成为旅行者最为向往的目的地之一；另外，它脆弱的生态现状和重要的生态地位也吸引着更多人来到这里，并努力改善着阿拉善的未来。

## 额济纳旗

额济纳的胡杨林天生有一种魔力，在短短十数天里，就能吸引全国各地的旅行者不惜血本涌向这座戈壁小镇。常住2万人的地盘，一夜之间却需要接待翻了十倍的人流量。但额济纳显然久经考验，除了迅猛发展的城镇设施，几条成熟的旅行线路也将旅行者成功分流。胡杨林沙漠地质公园镇守达来呼布镇东，北线的居延海和策克口岸适合早早出发追赶日出的光线，南线的黑城遗址则值得在傍晚蹲点等待夕阳西下，西线的航天城远在戈壁滩上，不妨在路经时遥望一眼。

### 景点

#### 达来呼布镇

**额济纳博物馆** 博物馆

（见244页地图；居延南路，近吉日乃路；免

## 达来呼布镇

### 达来呼布镇

**景点**

1 额济纳博物馆 ........ B3

**住宿**

2 金袋酒店 ........ C2
3 金点胡杨假日酒店 ........ D2
4 金胡杨青年旅舍 ........ A3
5 金洋酒店 ........ C2
6 旅行者之家酒店 ........ A3
7 陶来假日酒店 ........ D3
8 万豪商务酒店 ........ C1

**就餐**

9 成都小老板排骨店 ........ C2
10 从头到蹄羊肉馆 ........ C2
11 额济纳味道 ........ C1
12 鑫鑫烧烤 ........ C2
13 玉白酿皮 ........ C3

**实用信息**

14 额济纳旗人民医院 ........ A3
15 额济纳旗邮政局 ........ C2
16 中国工商银行 ........ C2
17 中国银行 ........ B3

**交通**

18 额济纳客运站 ........ C1

费；⏲8:30~12:00，15:00~18:00，周一闭馆）这里陈列的文物数量与悠久的历史相比，有点不匹配，但相对于同级别的博物馆，6个展厅的内容已算走心。**居延春秋**展厅中的重量级文物就是居延汉简，至今已出土3万余支，时间跨度达270多年，你看到的珍贵原件上所记载的内容还原了汉代边塞生活的片断。**黑水流澜**展厅则以西夏黑城为“主角”，讲述了黑水城在北方草原丝绸之路上的重要地位以及由盛及衰的历史，其他如甲渠侯官、绿城、红城等遗址都能在这里看到详细的介绍。遗憾的是，从黑城出土的多数精美文物，都只能以图片的形式展出，原件另存他处。

**民族风情**展厅的主线是1771年额济纳蒙古族土尔扈特人回归祖国的历史以及他们世代传承的民风民俗。**双拥共建**展厅的名字不够吸引人，其实很值得一看，去不了东风航天城（其实去了也看不到什么）的旅行者，不妨在这里了解一下这座航天基地的发展史，额济纳旗各族人民舍家为国的奉献故事也令人动容，你还可以亲密接触“神舟五号”的整流罩残骸。

**胡杨林沙漠地质公园** 地质公园

［见243页地图；☎652 9998；门票230元（含

区间车）；⏲5:00~18:00]每年9月底至10月中旬，44万亩原始胡杨林将额济纳变幻为金色世界，一条312省道串起最美的景色，从一道桥到八道桥约30公里的道路两旁，都是连绵的胡杨林，黑河蜿蜒流过，水面倒映着绚丽色彩，到了八道桥，眼前风景已经成为沙漠一片。

游览胡杨林沙漠地质公园，通常从**一道桥**进入，沿步道可以欣赏恋影林、祈福树、迎客胡杨等景点。记得去探访隐匿在胡杨林中的**塔王府**（☎139 4801 5647；免费；⏲8:00~12:00，15:00~18:00，周一闭馆），这座小四合院曾经是额济纳旗的政治中心。1949年9月27日，旧土尔扈特部第十二代王爷塔旺嘉布就是在这里致电毛泽东和朱德，宣布和平起义的。府中展出的图文讲述了土尔扈特蒙古族部落200多年的兴衰史。

从**二道桥**开始，胡杨林茂盛起来，胡杨生态旅游节期间，黑河注入上游放下来的清水，在此汇成一汪明晃晃的湖，水面倒映蓝天白云与金色胡杨的画面最受欢迎，沿着木栈道就能找到已经为你规划好的最佳摄影点。**三道桥**周边红柳丛生，因此也被叫作红柳海。红柳花季是在8~9月，在胡杨林变黄之前它们紫红色的小花也能吸引部分目光。

拜张艺谋的电影《英雄》所赐，**四道桥**边通常都是人潮汹涌，这里的胡杨林体态更为原始粗壮，大家都想在这片“英雄林”里拍出像张曼玉和章子怡决战一刻一样的炫目场景。**七道桥**也是公认的胡杨林中最具野趣的地方，大片的胡杨次生林任你自由穿行，造型怪异的飞天树前挤满了摄影者。

**八道桥**是黑河上最后的一道桥，至此公路两边已经荒芜一片。据说这里就是巴丹吉林沙漠边缘——是否属实就不要较真了，如果巴丹吉林已在你的行程之中，那何必再看边缘。这里又被称为沙海王国，有驾驶全地形沙漠越野车、滑沙、骑马等游乐项目。不少人选择在这里露营或是入住火车主题小镇，夜晚拍繁星满天，早起拍沙海日出。

胡杨林沙漠地质公园内食宿服务较好，一道桥服务中心、二道桥牧人居、五道桥民俗风情园等地都提供餐饮，各景点也都设有服务区。景区内有三大主题住宿区，一道桥南边的**独栋小寨**（标双 850元起）类似别墅，每栋有5~6个标间，可以单独预订。另一处为**集装箱主题小镇**（标双 1580元起），条件更好一些。八道桥边有**火车主题旅馆**（铺位150~220元），由一节节火车车厢改装而成，上、中、下卧铺的感觉与乘坐火车时完全一样，简单的洗漱间和厕所都在车厢外。注意，景区内的住宿会比镇上更抢手，请提前致电景区



## 居延汉简

关于古居延，你可能还记得，“单车欲问边，属国过居延。征蓬出汉塞，归雁入胡天。大漠孤烟直，长河落日圆。萧关逢候骑，都护在燕然”。唐朝诗人王维所写的这首《使至塞上》描述了古居延的塞上风光。而像“诣居延为田，谨诣故吏，孝里大夫”这样的句子，则是写在细长的木简上，在2000多年之后才重见天日，得以向世人还原汉代居延的军事地位和边塞将士的日常生活。

古居延为匈奴南下河西走廊必经之地，早在汉武帝时期就在这里筑长城，设都尉，移民屯田，备战戍边。1930年，由中国和瑞典等国科学家组成的西北科学考察团在内蒙古居延地区一次性发掘出土汉简一万余枚，目前存于台北市“国立中央研究院”。1972~1976年，中国考古队又在居延地区发掘出土19,637枚汉简。两批居延汉简上起西汉武帝元朔元年（前128年），下达东汉光武帝建武八年（32年），分为木牍和竹简两大类，时间跨度近200年，内容更是丰富多彩，有的记载政策汉令（如兵制和屯田制度）和重要事件，有的是官吏任命书及追捕逃亡者的通缉令，还有记录烽燧制度以及边塞防御系统的简册《塞上烽火品约》等，为后世保存了西汉中期到东汉初年的重要文献资料。因此，居延汉简与北京故宫内阁大库档案、殷墟甲骨、敦煌遗书并称为20世纪中国档案文化史上的四大发现。

(☎652 9229)咨询。

胡杨林景区就在镇东，沿着赛汗陶来路一直向东，过了一道桥就是游客服务中心和景区大门。从阿拉善左旗自驾前往的旅行者可从八道桥西门进入，看到公路边那座巨大的东归英雄沙雕就到八道桥了。胡杨林生态旅游节期间，景区内禁止一切外来车辆驶入，甚至连自行车都会被拒之门外。区间车来往于一道桥至八道桥之间。

## 额济纳南线

黑城遗址、大同城、红城、怪树林皆位于达来呼布镇东南28公里处，组成了**黑城·怪树林遗址景区**(见243页地图；门票140元，观光车30元；⏲8:00~20:00)。这条线包车往返一般200元，淡季时出租车可以进入景区，6~10月旺季时必须换乘景区内的观光车，出租车不得入内。游览景区内四个景点基本只需半天时间，摄影爱好者通常会在16:00以后才进景区，落日余晖中的黑城和怪树林都是出片的好地方。只是黑城遗址和怪树林相距约10公里，如何平衡两地的时间安排，就看你的取舍了。

### 黑城遗址

古迹

黑城的“黑”不是指颜色，它更确切的名字叫作“黑水城”。党项人建立西夏政权之时，就将“黑山威福军司”设立在此。《马可·波罗游记》中曾记录了这座城池当年的繁华。明洪武五年(1372年)被明军攻陷之后，黑城在沙漠之中沉睡了近700年，也幸运地保存了西夏王朝的一段历史。从19世纪起，世界各地的“探险者”相继来到黑城，他们掠夺走的众多文物向世界揭开了西夏国的神秘面纱。

现在我们看到的黑城，依然呈现出经历浩劫之后的苍凉，部分城墙已经被黄沙掩埋，城中央残存的佛寺、房屋只能看到大致的轮廓，沙地上散落着无数陶片和碎骨。西北角的四座白塔是它的标志，几乎所有黑城宣传片中都是它扮演“主角”。无数旅行者在此守候数小时只为拍到金色夕阳下的佛塔剪影。

黑城内铺设有木栈道，请沿步道游览，不要随意踩踏地面，不要捡拾城内任何物品。

### 怪树林

自然景观

传说怪树林由黑水城战死的将士幻化而



### 黑水城，西夏历史的标本

在额济纳博物馆的黑水流澜展厅中，有不少黑水城出土文物都只能以图片的形式展出，例如金代《四美图》，被称为中国最早的年画；元代戴冠佛像手中有一枚“天元通宝”钱币，是北元军队到过黑水城的实证。这些珍贵文物目前都收藏于俄罗斯的冬宫之中，而它们只是黑水城被掠走的文物中的极少部分。

黑水城位于额济纳河下游北岸的荒漠上，东西方最早的丝绸之路居延路就从这里经过。在西夏建国以前，已有大量党项人在这里牧猎，后来的西夏王朝派重军驻守黑水城，这里也逐渐变成一座繁荣城市，城内布满了官署、民居、店铺、驿站、作坊以及佛教寺院。此后，元灭西夏，黑水城继续作为军事重镇而存在，但在明朝大军屠城之后，黑水城就被湮没于黄沙之中。

1908年，俄国人科兹洛夫进入黑水城，发现了不计其数的西夏至元代文书、佛经和佛像；随后，斯坦因、华尔纳、贝格曼等“探险家”闻风而来，又洗劫走大量汉文古籍、西夏文书和经卷，以及一批堪与敦煌同期壁画相媲美的绢本麻布佛画。

在科兹洛夫从黑水城洗劫的西夏文献中，有一本夏汉合璧字典《番汉合时掌中珠》，这是西夏人骨勒茂才编写的一部西夏文、汉文词语对照集，是研究西夏语言、文字和认识西夏社会的重要文献，更是一把打开西夏文献宝库的“钥匙”。这本珍贵字典一直藏于列宁格勒苏联科学院东方学研究所，直到20世纪80年代才经由美国整理出版。在此基础上，已经在历史长河中消失的西夏文字才得以被完整解密。随后，更多西夏文献被各国西夏文史研究学者解读出来，并由此揭开了尘封已久的西夏历史。

成，穿行于这片胡杨林中，的确有尸横遍野的苍凉感觉。其实，怪树林“死于”生态的恶化，据说这里百年前是一片面积超过2000亩的胡杨林，但黑河上游用水无度，导致下游断水，致使整片原始森林枯死。阳光照射下的枯树惨白一片，但在落日金晖之中，它们仿佛重生为威武勇士，在镜头里呈现出无穷的生命张力。尽量把游玩时间安排在夕阳西下时，光影构成的奇景会让你停不了快门。

### 大同城

古迹

和黑城相比，大同城遗址损毁程度非常严重，目前只剩下几段奇形怪状的残垣。此城建于唐朝中期，其前身是北周宇文邕时期的大同城旧址，隋唐时期是安北都护尉的驻军所在地。从规模和形制上说，在当时，大同城几乎和玉门关齐名，但却是一座“豆腐渣”工程。大同城建立时正值内忧外患的唐朝中期，国力削弱，所以只用一些砂石和杂草匆匆堆积而成。如今你还能在残垣上看到松动的砂石和不适合做建筑用料的柳木先行腐坏之后留下的孔洞。

### 红城

古迹

红城的红当然也不是指颜色，而且它完全称不上一座城，其实只是汉代张掖郡居延都尉下辖的一座小城障，和西南边的烽燧、甲渠塞连成一条防线。红城初建于西汉武帝太初三年（公元前102年），后于东汉末年被废弃。相比大同城，红城的建筑保存得相当完好，也是居延地区汉代障塞遗址保存得最完好的一处。整个建筑呈正方形，在里面可以清楚地看出它是由夯土夹杂芦苇或芨芨草堆砌而成的。

红城就在怪树林对面，看完怪树林后可步行到达。

## 额济纳北线

孕育了古居延文明的居延海，位于达来呼布镇北约50公里处，清晨赶赴一场“海”上日出，再继续向北，去572号界碑所在地策克口岸看一看，回程可以拐到神树园去仰望那棵880多年高龄的胡杨树。北线全程约85公里，315省道路况良好，包车往返约需300元。居延海每天的日出时间可在网上搜索，然后与包车司机约好出发时间，通常预留一个半小时车程即可。但胡杨节期间自驾车太多，容易堵车，请提早一点出发。

### 居延海

湖泊

（见243页地图；门票70元；⏲6:00~18:00）居延海曾经是西北地区最大的湖泊，水量充沛，水草丰美。因此，土尔扈特蒙古族从俄罗斯伏尔加河东迁之后，才选择此地作为他们的第一个定居地。但自20世纪开始，居延海逐渐干涸，成为沙尘暴的源头之一。政府发起的拯救行动持续十年之后，今天的旅行者终于能够一睹“居延浩瀚”的风貌。

现在的居延海碧波荡漾，岸边水草摇曳，远处的山头上，挺立着巨大的敖包和白塔。木栈道绕湖而建，连接起四座深入湖面的观鸟平台。其中2号观鸟平台是拍摄海上日出的最佳地点。在拍过日出之后，可以沿栈道好好欣赏湖景和芦苇荡中的水鸟。

### 策克口岸

口岸

（见243页地图；门票30元；⏲8:00~18:00）策克口岸自古以来就是中蒙两国互通有无的交通要道，当年邓小平就是从这里借道蒙古前往苏联留学的。现在策克口岸已经成为中蒙常年通商口岸。虽然对外开放，但旅行者也不得擅入，整个参观行程都要在工作人员带领下进行，可以看看572号界碑和漂亮的口岸纪念碑，其他地区就不能越雷池半步了。

每个季度口岸会举行一次中蒙边民互市贸易会，具体时间不定（可以询问客运站工作人员），一般持续一周，这时候来就能看到热闹的交易场景，而平时只有沿街一些小店售卖蒙古国和俄罗斯的商品，比较好卖的是皮制用品和化妆品、食品等。达来呼布镇上有直接来往口岸的班车（7:30、11:00、15:00、17:50；18元；1小时），返回达来呼布镇的班车最晚17:50发车。商贸会期间班车会异常拥挤。

### 神树

树

（见243页地图；门票10元）传说200多年前东归的土尔扈特人初到额济纳绿洲，为了蓄养牲畜开路而焚烧了胡杨林，唯独一棵高大的胡杨却毫发无伤。因此人们深信这是因为神灵庇佑，将其奉为“神树”。有趣的是，这棵880多岁高龄的神树每年叶黄的时间最迟，

值得一游

## 酒泉卫星发射中心，还是额济纳东风航天城？

中国的神舟飞船是在哪里发射的？是在酒泉卫星发射中心，还是在额济纳东风航天城？多数人会选择酒泉。其实两个答案都正确，因为它们说的是同一个地方。酒泉卫星发射中心是它的正式名字，但真正做出了牺牲的其实是额济纳。在20世纪50年代末，为支持卫星发射场的建设，额济纳旗府三次搬迁，500多户牧民离开故土，整个迁徙过程漫长而艰辛（在额济纳博物馆你可以看到关于这段往事的介绍）。20世纪80年代对外开放后，因额济纳距甘肃酒泉最近——各国导弹卫星发射场命名时，均避开真实、精确的地址，发射中心被正式命名为“酒泉卫星发射中心”，后来江泽民视察基地时留下了“东风航天城”的题字，这成为它另外一个名字。随着神舟系列飞船的升空，航天旅游大热，人们来到酒泉卫星发射基地时，才发现它其实就是额济纳境内的东风航天城。

**东风航天城**（见243页地图；☎133 5483 0397；门票150元）距达来呼布镇约150公里，从额济纳和酒泉都有班车前往，但抵达后你会发现所谓“航天城”与一般的小城镇没有多大差异，花上150元并不能让你看到你想看的基地内部。我们认为性价比最高的办法就是只看发射塔——从达来呼布镇到酒泉或右旗的途中，车行约一个半小时之后，就能远远地看见孤独矗立在戈壁之上的火箭发射塔。

要到胡杨节的喧嚣过后它才一身金黄。当地人每年都来神树前祈祷，根系丛生的沧桑树干上挂满了层层经幡和蓝色哈达。2017年神树园经过扩建，旅行者可以沿着新建的木栈道绕行一圈，从不同角度欣赏它伟岸的身姿。



## 节日和活动

### 国际金秋胡杨生态旅游节 节会

首届生态旅游节于2000年举行，至2017年已举办了十八届，每年10月1日至15日期间，除了畅游金色胡杨林，还能观看或参加“环胡杨林”国际自行车邀请赛、穿越胡杨林国际马拉松赛、汽车拉力赛等精彩体育赛事，体验丰富多彩的文体娱乐活动。

### 那达慕 蒙古族节日

额济纳蒙古族那达慕盛会于每年9月27日举行，有赛马、赛骆驼、摔跤等传统比赛。主会场在离达来呼布镇10公里的赛马场，镇上会有班车接送，具体向当地人打听即可。不过还是建议你自行打车去，班车会“热闹”得和那达慕会场一样。

## 住宿

想在胡杨节期间来额济纳，就必须勇敢面对高昂的住宿费用。商务酒店的房价哪怕上涨了10倍也会被订光，条件非常一般的酒店也是一房难求。当地政府号召额济纳人将自家住房改成临时家庭旅馆，来安置汹涌而至的旅行者。你可以通过“智游额济纳”（微信号：ZYTXEJN）查看家庭旅馆房型并预订。此外，汽车站西侧的胡杨人家创业街上全是家庭旅馆，统一编号，统一门面，一个院子内有数间客房，虽然条件普通，但至少可以解决部分床位和停车位，价格也低于商务酒店。

### 金洋酒店 酒店 ¥¥

（见244页地图；☎652 8888，652 8999；赛汗陶来路苏泊淖尔路口；标双 旺季/淡季 1380/168元；@ 📶 P）位于城区两条主道的交会处，出行及就餐都极为方便，出门直行约5分钟即到胡杨林公园，在门口即可乘坐发往火车站的公交车。内部装修基本符合三星水平，卫浴及床品配备齐全。大堂有旅行社咨询处。

### 万豪商务酒店 酒店 ¥

（见244页地图；☎652 9222；赛汗东街客运站旁边；标双旺季/淡季 1200起/120元；@ 📶 P）房间大得有些浪费，配备有电脑、沙发躺椅、直饮水等，24小时热水充足。位于汽车站旁边，有宽大的停车场；楼下有川菜馆和自助海鲜餐厅，就餐还算方便。就是距热闹的城中心略远，需步行约15分钟，去胡杨林公园需打车前往。

### 陶来假日酒店 酒店 ¥¥¥

（见244页地图；☎224 6888；滨河路，胡杨林公园景观桥对面；标双旺季/淡季 2588起/368元起；❄📶P）2016年建成的五星级酒店，正对胡杨林公园景观桥入口，还自带一座微型生态公园，环境美得无可挑剔；建筑与室内装饰都是优雅的江南风格，当然价格也是当地最高，但在胡杨林生态旅游节期间普通酒店房间都要“豪掷千金”的情况下，倒不如咬牙来这里享受一晚。

### 旅行者之家酒店

酒店 ¥¥

（见244页地图；☎652 9619；居延西街与环城路交叉口；标双旺季/淡季 880起/280元；❄📶P）2017年新开的一家酒店，房间设施齐备，卫生间有宽大的窗子，称得上阳光房。距京新高速额济纳出口很近，有宽敞的停车场，从这里去黑城遗址、火车站也非常方便，尤其适合自驾旅行者。

### 金胡杨青年旅舍

青年旅舍 ¥

（见244页地图；☎158 2613 7720；马鬃山路额济纳旗人民医院北200米；铺 旺季/淡季 148~198/50~90元，标双 旺季/淡季 800/158元；❄📶P）150元左右的铺位在胡杨生态旅游节期间非常实惠，多人间有公共浴室和卫生间，24小时都有热水。老板还提供旅游线路咨询和拼车服务。缺点就是距主城区较远，周边没有什么餐馆，需打车出去吃饭。

### 金点胡杨假日酒店

酒店 ¥

（见244页地图；☎652 1588；一道桥金胡杨风情商业街；标双 旺季/淡季 1180/140元；❄📶P）正对着胡杨林公园，部分房间有阳台，坐在阳台上就能看到胡杨林。房间床品整洁，卫浴设施齐全。对面是金胡杨夜市烧烤城，饭后可以沿滨河公园散散步。

### 金袋酒店

酒店 ¥

（见244页地图；☎652 2282；公园路团结路口，生态广场南；标双 旺季/淡季1180起/148元；@📶P）房间干净整洁，有自己的院子，停车方便。提供棋牌室等娱乐设施，房费还包含一份中式早餐。老板可以提供额济纳摄影资讯。

## 就餐

在额济纳就餐以蒙餐和川菜为主，餐馆主要集中在赛汗陶来路和苏泊淖尔路上，黄焖羊羔肉是当地的传统名菜，也可以品尝一下驼肉。蜀都商贸城烧烤一条街晚上最热闹，金胡杨风情商贸街靠近胡杨林公园，针对旅行者的餐馆也较多。当地最出名的水果是居延蜜瓜，一到8~9月，街上就多了不少蜜瓜经销点，一定得尝尝。

### 从头到蹄羊肉馆

蒙餐 ¥¥

（见244页地图；☎151 0483 0098；苏泊淖尔路与315省道交叉路口；人均 70元；⏲9:00~23:00）当地人爱去的一家口味地道的蒙餐店，店面干净整洁，菜品品种很多，的确像店名一样，从爆炒羊头肉（60元）到胡辣羊蹄（8元）都很受欢迎。葱爆羊肉、酸辣羊肚等下饭又下酒。血肠、肉肠和风干羊肉等也是这里的拿手菜。

### 成都小老板排骨店

中餐 ¥¥

（见244页地图；☎131 9061 5817；赛汗陶来路西侧；人均 70元；⏲9:00~23:00）川菜算是当地比较正宗的，不想吃羊肉的旅行者可以来这里换个口味。成都排骨、干煸四季豆、手撕白菜、苦瓜炒蛋等川菜很受欢迎，菜的分量也足。

### 玉白酿皮

小吃 ¥

（见244页地图；苏泊淖尔路，中国农业银行旁边；人均 8元；⏲9:00~21:00）吃腻了羊肉，正好用酿皮化解一下油腻的胃。这家的味道最受好评，酿皮的质地和调料都搭配得正好。店内还有麻辣烫，可以多要点蔬菜补充维生素。

### 鑫鑫烧烤

烧烤 ¥

（见244页地图；☎157 1483 1583；军民东街蜀都商贸城；人均 50元；⏲17:00~23:00）蜀都商贸城楼下七八家全是烧烤店，当地人都喜欢来这里吃夜宵。这家店的烤驼肉和红柳羊肉大串味道不错，干烤蘑菇脆脆的很入味。

### 额济纳味道

中餐 ¥¥

（见244页地图；☎150 4831 3359；苏泊淖尔北路，客运站对面；人均 68元；⏲10:00~21:00）在小镇上，68元一位的自助餐能吃到海鲜、新鲜羊肉和现烤的羊腿，可以满足了，何况店里还有当地水果和老板家自制的酸奶。

## 娱乐

### 《阿拉腾陶来》

实景演出

（头道桥胡杨剧场；门票 280元；⏲9月25日

至10月12日20:00~21:30)"阿拉腾陶来"是蒙古语"金色胡杨"的音译。从2010年开始,这场实景音乐剧在每年胡杨生态旅游节期间上演,以千年胡杨林为背景,融合了蒙古民族传统音乐和百老汇音乐剧元素,马头琴、呼麦、长调等蒙古族非物质文化遗产的展示富有吸引力。

## 实用信息

### 网络资源

**智游额济纳**(微信号:ZYTXEJN)提供额济纳旅游实时资讯,可以在线购买景区门票、旅游纪念品、客运站车票,以及预订酒店、家庭旅馆、旅行线路等。

### 医疗服务

**额济纳旗人民医院**(见244页地图;☎652 1049;居延西街与马鬃山路口)

### 银行

**中国银行**(见244页地图;达来呼布路与居延街交叉口东100米路北)

**中国工商银行**(见244页地图;苏泊淖尔路与军民东路路口)有24小时ATM机。

### 邮局

**额济纳旗邮政局**(见244页地图;苏泊淖尔路天龙宾馆对面;⏲8:30~12:00, 15:00~17:30)

## 到达和离开

### 飞机

**额济纳桃来机场**(☎652 0026)有往返阿拉善左旗、右旗和西安的航班。提前预购机票的折扣力度很大。

### 长途汽车

**额济纳客运站**(见244页地图;☎652 5211;赛汗东街与苏泊淖尔路口西50米)每天有去往策克口岸、阿拉善左旗、右旗、临河以及酒泉的班车。大多数班车都是早上发车,下午客运站就休息了。去往策克口岸的班车下午在站外发车。

### 火车

**额济纳火车站**,每天有一趟列车往返于额济纳与呼和浩特。K7912次列车19:00从额济纳发车,时间非常适合旅行者,在车上睡一觉,次日11点就到呼和浩特了。火车站距呼布达来镇约10公里,每天17:30有公交车去火车站,在金洋酒店门前乘坐(5元;约20分钟)。火车站没有自助售(取)票机,需在售票窗口取票。每年胡杨林生态旅游节期间,呼和浩特与额济纳之间会增开旅游列车。

## 当地交通

### 抵离机场

桃来机场距达来呼布镇约12公里,没有机场大巴,打车前往一般30元。

### 出租车

在镇上可以看到公交站台,但形同虚设,并没有公交车运行。出租车不打表,镇内一般5元/人。周边路线可以直接和出租车司机商量包车价,淡季往返南线报价在200元左右,北线300元左右,旺季价格则会翻倍。

# 阿拉善左旗

因为有了贺兰山,被腾格里沙漠和乌兰布和沙漠包围的阿拉善左旗才有了难得的原始森林风光。站在南寺后面的山坡上,身后是葱郁森林,远方是漫漫黄沙,月亮湖和天鹅湖像沙漠中的两颗宝石,吸引着候鸟在此栖息,也吸引着越野者来赴一场英雄的盛会。旗府巴彦浩特镇此前的名字叫作定远营,曾是清朝赐给和硕特部落的驻地,也因此有了"塞外小

**额济纳客运站车次时刻表**

| 站点 | 发车时间/班次 | 票价(元) | 行程(小时) | 备注 |
|---|---|---|---|---|
| 策克口岸 | 7:30, 11:00, 15:00, 17:50 | 18 | 1 | |
| 巴彦浩特 | 7:00 | 140 | 8 | |
| 巴丹吉林 | 7:40 | 123 | 8 | 途经张掖 |
| 临河 | 7:00 | 150 | 10 | |
| 酒泉 | 7:30, 11:30 | 92 | 6 | |

# 阿拉善左旗

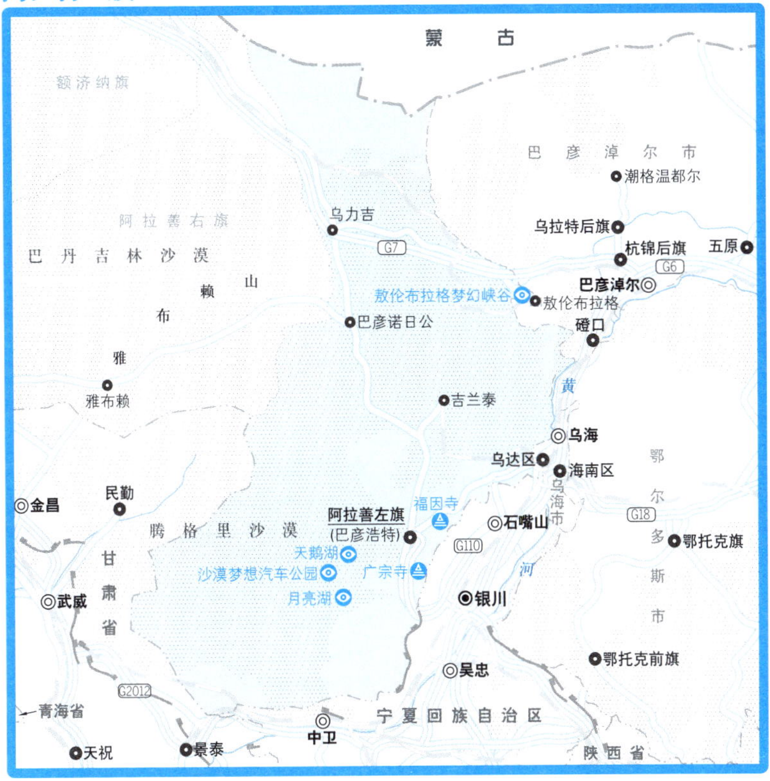


北京”的盛名。今天，旅行者来到这里，还能在定远营古城中看到旧时的建筑，也可以顺道鉴赏一下著名的阿拉善奇石。

## 景点

### ★阿拉善博物馆　博物馆

(见253页地图；☎833 1184；额鲁特东路军分区东路，党政大楼斜对面；免费；⏲9:00~17:00，周一闭馆)无论你把巴彦浩特放在阿盟之行的哪一站，阿拉善博物馆都是预习或总结这片土地不容错过的地方。四个展厅梳理了从原巴克龙活跃的白垩纪到阿拉善盟成立的历史沿革。在瀚海流觞展厅你可以看到在居延遗址中出土的2000年前的西汉木简，了解西夏人在额济纳河下游建立黑城的辉煌往事，以及卫拉特蒙古逐梦阿拉善的历史故事。第二展厅是阿拉善民族民俗展，从衣食住行和民俗风情等方面展示了和硕特蒙古族、土尔扈特蒙古族等少数民族的民俗和宗教文化，多彩的民族服饰和乐器实物值得细看。第三展厅是阿拉善石刻艺术展，如果你因时间关系去不了曼德拉岩画，这里展出的超过100幅来自曼德拉山区和雅布赖山区的岩画、手印岩画的实物和图片，可以略作补偿。阿拉善自然生态展厅则通过各种逼真的场景，让你欣赏到这片土地的自然之美。

博物馆位于东城区文化圈，方正而气派的建筑令人瞩目，周边还有金色胡杨音乐厅和图书馆。步行或打车可至。

### 定远营古城　历史建筑

(见253页地图；王府街；免费)相传班超出使西域时曾在贺兰山西麓驻扎，因畅通丝路有功被封为“定远侯”之后，他所驻扎的营地便称为“定远营”。1000多年后清政府在这里建城镇守，清雍正九年(1731年)，政府将此

值得一游

## 骑行金色胡杨林

胡杨林公园人山人海，不如去**大漠胡杨景区**（达来呼布镇酒航路南；门票80元；⏲6:00~18:00）看看，还可以体验一回骑车慢游胡杨林。2017年国庆，50辆“智享单车”出现在额济纳旗大漠胡杨景区。用手机可以打开单车（押金20元，6元/小时，后座还可载人），景区通过卫星导航技术设置了电子“围栏”，如果骑行超出范围，单车会主动语音提示，超出20米后，单车会自动上锁，直到骑行者返回景区范围，才可解锁继续骑行。

地赐给西迁的和硕特部落，经过历代亲王的大规模扩建，这座古城才有了后来的规模。现在的定远营古城是在阿拉善王府和延福寺原址上重建的，城墙内是全新打造的仿古街区，只有**王府**还保留着部分清代建筑。小巧的四合院建筑群据说严格按照清代郡王府规制修建，房屋多为硬山式，拥有卷棚式屋顶，柔美而不失庄重，这也是定远营被称为“塞外小北京”的原因。紧邻王府的家庙**延福寺**则兼具汉藏寺院建筑风格，它是阿拉善地区最早建成的寺庙，由大经堂、钟楼、鼓楼和大经塔等建筑组成，钟楼内的大钟不要错过，看看“大清乾隆伍十年伍月初拾吉日造”的字样你能不能找到。

王府南侧有奇石城和非物质文化展示体验区，可以看到和硕特蒙古族服饰、骨雕、沙画、皮具、乐器等手工艺的现场制作展示。

市内乘坐1路公交车即可到达古城。参观之后可沿王府后花园登上观景台，整座王府尽收眼底，继续向南还能找到一段遗留的古城墙。**贺兰门**旁边有条小径，沿此登顶就是**营盘山景观公园**（见253页地图），可以俯瞰整个巴彦浩特镇。山顶广场有露天烧烤，夏天在这里吃烧烤赏夜景感觉很棒。

## 住宿

巴彦浩特镇东边因地势较高，被当地人称作“上面”，而旗政府和体育馆所在的西边则是相对的“下面”。城区住宿以商务酒店为主，几家大型酒店集中在“下面”的体育馆周边，“上面”的酒店价格相对亲民，而且离美食街更近一些。从9月下旬阿拉善英雄会开始到国庆黄金周期间，全城房间紧俏，价格一般翻倍上涨。

### ★天泰旅游商务酒店 酒店 ¥¥

（见253页地图；☎610 1888；额鲁特西路28号；标双 旺季/淡季 445起/218元；❄@📶P）房间出人意料地宽敞，装潢简约时尚，休闲沙发、工夫茶具、电脑等一应俱全，书桌上摆放着不少阿拉善旅游书籍，连厕所卫浴设施都超过了人们对商务酒店的期望。自助早餐中西兼顾，品种较多。酒店门口有天韵车友汇，自驾旅行者可以顺便保养一下汽车。

### 阳光生态园酒店 酒店 ¥¥

（见253页地图；☎835 9999；雅布赖路17号；标双 旺季/淡季 220起/168元起；@📶）房间不大，但设备齐全，还提供了阿拉善旅行杂志。一楼的房间价格稍低，二楼的大房间会舒服一些，还有少见的冲浪浴缸。酒店餐厅在仿生森林里，环境幽雅。邻近开元购物广场和美食街，就餐购物方便。

## 阿拉善奇石

和当地出租车司机聊到阿拉善奇石，他们都会讲述那个一块石头落在地上、破口处竟然露出一只惟妙惟肖的小鸡的“鸡雏出壳”奇石的传奇。时至今日，奇石热仍然未消，但据说阿拉善街头售卖的奇石多数来自蒙古国，本地奇石早就被消费殆尽。如果只是好奇逛一逛，可以去定远营古城内的王府奇石城，里面有不少店铺都在出售奇石，外面街道上也有许多小摊，不过都是针对游客摆卖一些廉价的石头和手串。体育场南边的石博园（见253页地图）内则集中了一些比较高档的奇石店，有机会欣赏到一些体量巨大（当然价格也非常昂贵）的奇石。

## 巴彦浩特镇

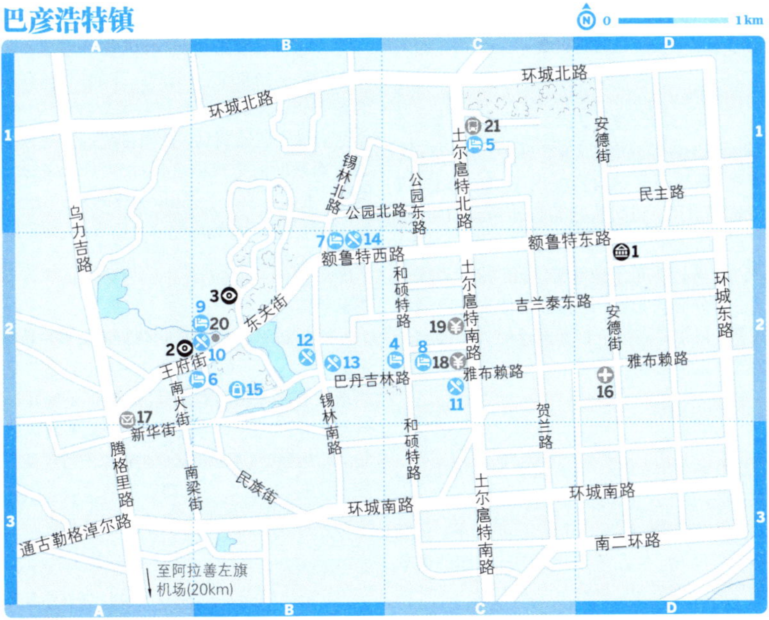


### 巴彦浩特镇

**景点**

1 阿拉善博物馆……D2
2 定远营古城……A2
3 营盘山景观公园……B2

**住宿**

4 阿拉善盟宾馆……C2
5 安达假日酒店……C1
6 太西国际饭店……B2
7 天泰旅游商务酒店……B2
8 阳光生态园酒店……C2
9 幽兰客栈……B2

**就餐**

10 吉如和文化主题蒙餐……B2
11 鸿源手抓干羊肉……C2
12 卫拉特杭盖……B2
13 小玉米烧烤……B2
14 月亮花蒙古奶茶馆……B2

**购物**

14 石博园……B2

实用信息

16 阿拉善盟中心医院……D2
17 新华街邮政支局……A3
18 中国农业发展银行……C2
19 中国银行……C2

交通

20 阿拉善汽车租赁公司……B2
21 巴彦浩特客运站……C1

### 阿拉善盟宾馆

酒店 ¥¥

（见253页地图；☎221 1666；和硕特路42号；标双 旺季/淡季 554起/280元；@📶）政府接待宾馆，贵宾楼装修中规中矩，迎宾楼部分房间却是欧式田园风格，价格也相对便宜。房间设施齐全，配备电脑和加湿器。大堂提供火车票机票预订服务。

### 太西国际饭店

酒店 ¥¥

（见253页地图；☎396 6666；南大街东侧，体育场北侧；标双 旺季/淡季 758起/349元起；@📶P）房间宽敞，按五星级酒店标准装修和配置，自助早餐丰富；旗下还有太西百货和国际影城（位于同一座建筑），就餐、娱乐都很便捷；从酒店步行至定远营古城和营盘山景观公园只需几分钟。酒店提供免费接机服务，是旺季最早被订完的酒店之一。

### 幽兰客栈

客栈 ¥

（见253页地图；☎822 8780；定远营古城3号楼133号；标双 旺季/淡季 560/118~138元；❄📶）客栈在定远营古城内，从贺兰门一进去就能看到，房间装修比较朴素，可在对面早点店免费吃早餐。晚间非常安静，可以从贺兰门旁边步道上山欣赏定远营和巴音湖全景。部分房间无窗，介意者最好提前跟老板说明。自驾者需到约百米开外的公共停车场停车。

### 安达假日酒店

酒店 ¥¥

（见253页地图；☎877 0999；土尔扈特北路巴彦浩特客运站南侧；标双 旺季/淡季 588/188元；@📶P）就在客运站旁边，房间是常见的商务酒店风格，设施齐全实用，含早餐。有宽敞的停车场。从左旗至额济纳和右旗的班车出发时间都较早，有乘车计划的旅行者可以入住这里。

## 就餐

本地公认的美食街是雅布赖路，以蒙餐和当地菜为主的饭店基本都集中在这里。美食街中段被当地人叫作“科技市场”的一条小巷子里，一到晚上则是烧烤大排档的天下。锡林南街上的餐馆则口味众多，牛肉面、米线、东北菜和川菜火锅都有。巴丹吉林路往西的绿色之光步行街两旁都是火锅和烧烤吧，装潢普遍较好，也有几家兼营简餐和烧烤的酒吧。

### 吉如和文化主题蒙餐

蒙餐 ¥¥

（见253页地图；☎187 4833 1100；定远营古城王府街；人均 80元；⏲11:00~21:00）当地有名的蒙餐馆，这家新馆开在定远营古城内，从贺兰门进去就能找到。提供传统的蒙古餐，蒙古奶茶酥油味较重，可以配夹着羊肉的太阳饼。主菜一般是手把肉，肉质酥嫩、不腻不膻，其他还有用羊肠灌制的血肠等，人多可以点一份铜锅涮肉。

### 鸿源手抓干羊肉

蒙餐 ¥¥

（见253页地图；☎135 1483 8745；雅布赖路美食广场内；人均 60元；⏲9:30~22:00）也算是当地人经常光顾的老字号，一般都是叫几斤风干羊肉（75元/斤）和手抓羊肉，也有特色骆驼肉。沙葱和贺兰山蘑菇也是这家的特色菜，沙葱炒蛋（24元）、炒干肉都不错，7~8月则有炒贺蘑（98元），值得一试。

### 小玉米烧烤

烧烤 ¥¥

（见253页地图；☎822 9444；锡林路警苑小区门口；人均50元；⏲11:00~23:00）当地人比较认可的一家烧烤店，除了传统的红柳大串、羊肉串、烤羊腿等，也有干锅、海鲜爆炒等菜品。两层楼的餐位在饭点时候总是爆满，建议早去或者错过饭点再去。

### 月亮花蒙古奶茶馆

小吃 ¥

（见253页地图；额鲁特西路23号；人均15元；⏲7:00~12:00）体验当地人生活，最方便就是早起去当地人的早点铺。这家店干净整洁，有地道蒙古早餐，一般要个小壶奶茶配奶皮子和蒙古蒸饺，有免费自助小菜。



**值得一游**

### 梦幻大峡谷

**敖伦布拉格大峡谷**（☎159 0483 6075；敖伦布拉格镇；门票60元）的看点在于风蚀地貌形成的风蚀穴和风蚀柱，被当地人称为“母门洞”和“人根峰”，又被附会为阴阳相生的生殖崇拜。这条长约5公里的峡谷，由深红色的沙石构成，历经万年的风雨侵蚀后形成了现在看到的沧桑景象。更神奇的还有峡谷中的一块红色巨石，据说从表面的白色沙纹中竟然能看出蒙古文“阿拉善”的字样。峡谷深处的人根峰高近30米，直指蓝天，如果你从巴彦淖尔过来，在当地的旅行宣传册上也能看到这座红色石柱的照片，只不过景区名字换成了**西部梦幻峡谷**。毕竟从磴口到峡谷东入口只有60多公里路程，而从巴彦浩特过去则有300公里，自驾旅行者途经时可以去看看。

## 巴彦浩特客运站车次时刻表

| 站点 | 发车时间/班次 | 票价（元） | 时间（小时） |
|---|---|---|---|
| 巴丹吉林 | 7:10 | 121 | 7 |
| 达来呼布 | 8:10 | 140 | 8 |
| 临河 | 8:30, 11:30, 13:10, 13:50 | 85 | 5 |
| 银川 | 6:45~18:40, 约30分钟1班 | 30 | 2 |
| 乌海 | 7:10起约30分钟1班, 14:30, 16:00, 17:20 | 46 | 3 |
| 东胜 | 9:30 | 103 | 6 |

### 卫拉特杭盖

蒙餐 ¥¥

（见253页地图；☎139 4806 6892；锡林南路警苑小区南50米处；人均80元；⏲11:00~22:00）装修是典型的蒙古风，大堂里开放式的蒙古包陈设总是成为拍照的对象。招牌菜有干驼肉炒韭菜、驼排、沙葱炒肉、拔丝奶皮等。提醒一下，服务员的普通话沟通能力较弱，点菜时一定要说清楚一点。

## 购物

阿拉善奇石闻名于世，除非有一定的鉴赏能力，否则不要轻易购买。此外，锁阳、肉苁蓉都是当地的特产，风干的贺兰山蘑菇一般300元/斤，在吉兰泰路、新华街等地都有各种特产店。

## 实用信息

### 医疗服务

**阿拉善盟中心医院**（见353页地图；☎833 5054；雅布赖路与安德街路口）

### 银行

**中国银行**（见353页地图；巴彦浩特分行；土尔扈特南路28号）

**中国农业发展银行**（见353页地图；阿拉善盟分行；巴彦浩特雅布赖路1号）

### 邮局

**新华街邮政支局**（见353页地图；新华街15号；⏲8:30~17:30）

## 到达和离开

### 飞机

**阿拉善左旗机场**（☎3960199）位于巴彦浩特镇西南约20公里处，服务于往返右旗、额旗及呼和浩特、兰州、西安等地的航班。

### 长途汽车

**巴彦浩特客运站**（见253页地图；☎822 2074；土尔扈特北路北环路1号）有发往盟内额旗、右旗，以及巴彦淖尔（临河）、乌海和银川等地的班车。站内有携程旅游体验实体店，可咨询阿盟旅行相关信息。2017年才上线的"阿拉善出行"（微信号：alschuxing）提供在线预购汽车票服务。

## 当地交通

### 抵离机场

阿拉善左旗没有固定的机场大巴，**机场快客**（☎182 4837 1188；10元；约20分钟）在航班起飞前两小时从阿拉善盟宾馆出发，最好提前预约。打车前往一般50元。

### 公交车

1路公交车（⏲6:30~19:30；免费）对于旅行者非常实用，会经过雅布赖美食街口、科技市场、阿拉善盟宾馆、体育馆、定远营和博物馆等地。

### 出租车

出租车在城区不打表，视距离2~5元/人。几乎所有司机都会提供包车服务，平时价格一般为300元/天，到了英雄会和国庆长假期间，会涨至500元左右。游览南寺、月亮湖、天鹅湖通常需要一天时间，北寺往返约120元。

### 租车

**阿拉善汽车租赁公司**（见253页地图；☎610 2999；定远营古城4号楼三楼）可租赁各种车型，家用轿车300元/天，SUV400元/天，四驱越野车600元/天。但旺季车辆紧张，最好提前预订。

# 贺兰山

巍巍贺兰山依南北延伸，成为分隔东西的一座屏障，西坡是内蒙古高原的黄沙漫漫，东边则落至物产丰饶的宁夏平原，有多条山口提供了往来的通道。贺兰山东侧的国家森林公园已经成为银川旅游的头牌，而在贺兰山西侧，最著名的则是分别位于巴彦浩特镇南边和北边的两座寺庙，壮观的藏传佛教寺院在贺兰山森林风光的映衬下更添一分迷人气质。

## 景点

### 广宗寺（南寺） 寺庙

（见251页地图；巴彦浩特镇东南约30公里，巴润别立镇东，贺兰山西麓；门票 80元；⏲8:00~17:00）这座藏身于贺兰山麓的寺庙可是大有来头。它始建于清乾隆二十二年（1757年），于乾隆二十五年（1760年）由清廷赐“广宗寺”金匾。传说六世达赖仓央嘉措曾发愿在此建寺未果，后来其弟子阿旺多吉遵照师父遗愿建寺于此，并从超格图呼热庙（昭化寺）请来师父遗体供奉在庙中。20世纪70年代，包括仓央嘉措肉身灵塔在内的寺院建筑被毁殆尽。1981年起，在原址上重建了红庙、黄庙和藏经塔、大经堂楼等，才有了现在的这般规模。

进入景区之后，是一条长约2公里的峡谷，两侧石壁上分布着大大小小的石刻佛像和五彩经文。经过一片蒙古包之后，就到了寺院区。主建筑是重修的**黄庙**，大殿融合了藏传佛教和汉传佛教风格，五彩经幡和唐卡垂挂其中，正面墙上供奉的一尊鎏金灵塔中，藏着六世达赖喇嘛仓央嘉措的真身舍利（只能远观，不能拍照）。黄庙右后方则是新建的佛海坛城塔和**仓央嘉措舍利塔**，塔前有通石碑，刻有《仓央嘉措礼赞》一文，记述了仓央嘉措与阿拉善和广宗寺的渊源（见257页方框）。其他建筑还有红庙、大经堂、药王殿、千佛殿等，都是装饰得富丽堂皇的新建筑。欣赏南寺最好是爬上寺后的山坡，以五彩经幡为前景，可以拍到南寺建筑全景，而远处就是腾格里沙漠的连绵黄沙。

别忘了南寺景区的另一个身份是贺兰山国家森林公园。徒步爱好者可以安排大半天时间，完成登顶贺兰山第三峰**巴音笋布尔峰**的徒步线路，全长约8公里，沿途经过冰沟、丁香花谷、牦牛塘、贺兰山云天等景点，一路都有森林风光相伴。5月，山谷中丁香花盛开，5月18日会有“丁香文化旅游节”在此举行，除了赏花之外还可以欣赏到民族歌舞表演。

景区内卫拉特营地（蒙古包区）提供简单食宿，5人间350元，不过条件一般；几家小餐馆提供面食和炒菜，人均30元可以解决一餐。

> **贺兰山的另一面**
>
> 巴彦浩特距银川约100公里行程，高速公路开通之后只需2小时就能到达。自驾旅行者可以由此进入银川，欣赏贺兰山脉另一面的风光，滚钟口、苏峪口森林公园和贺兰山岩画分布于贺兰山东麓，自然风光与人文遗迹都值得一看（更多资讯见Lonely Planet的《甘肃和宁夏》旅行指南）。

### 福因寺（北寺） 寺庙

（见251页地图；巴彦浩特镇东北约25公里处，贺兰山西麓；门票 70元，观光车30元；⏲8:00~17:00）北寺是阿拉善地区另一座重量级的名寺。它原名“准黑德”，据说是阿拉善王之子奉六世班禅为上师后，于清嘉庆九年（1804年）创建的。清嘉庆十一年（1806年），得嘉庆皇帝赐名“福因寺”。同样，北寺在历史上也遭受过多次劫难，现在能看到的建筑都于近年重建，扩建工作到今天仍在持续之中。

从山门到寺庙约有4公里的路程，淡季自驾车可以进入，旺季可以乘坐观光车到达寺院区。和南寺相比，北寺修建得更加金碧辉煌。广场中央有一座巨大的四面文殊菩萨像，从这里拾阶而上，走过八白塔，就是壮观的**大雄宝殿**，旁边的**转经阁**比较独特，藏族风格的方正大殿内是汉族的八角重檐亭，顶部又是蒙古包式的穹顶。沿殿后石阶继续向上，最高处是**财神庙**，站在庙前，可以俯瞰北寺错落有致的建筑群。再往上就是茂盛的贺兰山原始森林。

仿佛要对得起这昂贵的门票，近年在寺院右侧又顺着山路修了**八瑞水景园**，园内点缀着各种奇石花草，一路走下来流水潺潺，也

### 仓央嘉措的去向

仓央嘉措留给后人的，除了情真意切的诗歌，就是他最后的去向之谜。据《清实录》记载，六世达赖于清康熙四十五年（1706年）十月被清朝官兵押送北京的途中，“行至西宁口外病故”，年仅24岁。正史就记载到这里，但民间却有着各种各样的版本。其中，阿拉善广宗寺的创建者阿旺多吉所著的《仓央嘉措秘史》就认为，押解仓央嘉措赴京的官差到达青海湖畔，放任仓央嘉措自遁而去；仓央嘉措辗转印度、尼泊尔、中国康藏等地，后来带着12位门徒来到阿拉善，讲经说法，获得了阿拉善王族和百姓的崇信，并收阿旺多吉为弟子。仓央嘉措圆寂11年之后，阿旺多吉在贺兰山修建广宗寺，并将仓央嘉措的肉身“舍利”供养在庙里，誉为“德格都因格根”（上尊活佛）。这个版本在阿拉善地区广泛流传，广宗寺也成为仓央嘉措“粉丝”的朝圣地。

算“步步为景”。寺院区左侧有座**状元峰**，沿着五彩经幡指引的山路登顶，可以从另一个角度欣赏贺兰山风光。当地人则相信登顶可以沾上阿旺丹德尔的才气（见257页方框）。

景区内有**福因梵境酒店**（☎224 6666；标双398元起），食宿都没有问题。

### 到达和离开

千万注意，虽然同在贺兰山麓，去往南寺和北寺却是要走不同方向的两条路。南寺位于城区东南方向约30公里处，北寺位于城区东北方向约25公里处，两地都没有公共交通可达。自驾车当天可以往返，路况很好，有明晰指示路牌。包车前往的话，一般将南寺与月亮湖安排在一天游玩，城区出租车都提供包车服务，一天300元即可。北寺往返只需半天时间，包车约150元。两处景区内都提供食宿，但旅行者通常都会当天返回巴彦浩特镇。

## 腾格里沙漠

气势磅礴的腾格里沙漠，却有一颗“水汪汪的心”。作为中国湖泊最多的沙漠，这里分散着400多个小海子（湖泊），其实它们都是古代湖泊干涸后的残余部分，其中最著名的就是天鹅湖和月亮湖。2012年起，腾格里沙漠正式成为阿拉善英雄会永久活动会址，每年9～10月，这里就变身为户外越野爱好者的“梦想之城”。

### 景点

**天鹅湖** 湖泊

（见251页地图；巴彦浩特镇西南约35公里；门票 40元）每年3月后，从西伯利亚长途迁徙而来的天鹅，就会出现在沙漠之中的小湖边，这也是此湖得名“天鹅湖”的原因。与月亮湖相比，这里相对冷清，湖边有滑沙、骑骆驼等娱乐休闲活动。每年3～4月和9～10月，百余种



### 阿拉善骄子——阿旺丹德尔

在广场西侧小山坡上，有一座雕像，他就是北寺历史上最著名的文化名人阿旺丹德尔。他1759年出生于阿拉善和硕特旗一户牧民家中，7岁时在延福寺（你在延福寺中也能看到一座阿旺丹德尔雕像）出家为僧，18岁时赴藏修习深造，在西藏哲蚌寺攻读佛经、研习“五明学”，以优异的成绩被授予拉萨经学院制中的最高学衔——拉隆巴学位（相当于博士）。24年之后，42岁的阿旺丹德尔返回故乡。1803年，旗王爷旺沁班巴尔封其为卓尔济（法主），同年被派任为福因寺的第一个拉隆巴，也是阿拉善历史上的第一个拉隆巴。阿旺丹德尔不仅是一名精通佛学理论和宗教哲学的高僧，在国际学术界也是蒙藏语法大师、辞学家和翻译家。他被称为阿拉善骄子，当地每年都举办阿旺丹德尔文化节。在前往北寺的314省道路边，有新建的阿旺丹德尔纪念馆，可以稍作停留。

## 英雄云集阿拉善

每年10月，腾格里沙漠中就会出现一座“汽车之城”，马达轰鸣，人声鼎沸，几天的喧嚣之后，这座城市又会突然消失，沙漠则重新恢复冷清。这就是中国越野人向往的阿拉善英雄会，到2017年已经举行了12届。除了传统的T3汽车挑战赛、拉力赛和岩石挑战赛，腾格里国际音乐节以及2017年加入的达喀尔中国拉力赛都为英雄会注入了更多活力。

阿拉善英雄会原来是“越野e族”在阿拉善沙漠中举行的民间活动，是越野人自发的节日。从2012年起，一年一度的英雄会固定在阿拉善左旗腾格里沙漠举行，主会场“沙漠梦想汽车公园”设在距巴彦浩特镇约50公里处的沙漠中，为此当地政府还修建了一条专用穿沙公路。正是由于政府的介入，阿拉善英雄会的规模越来越大，但过于商业化的模式和不够完善的活动细节也引发了不少越野人的吐槽。如果你想去沙漠中体验英雄云集的感觉，还是要先掂量一下。

候鸟在湖边嬉戏的场景吸引着人们前往。

### 月亮湖 湖泊

[见251页地图；巴彦浩特镇西南约65公里；门票100元（含往返船票），越野车 920元/车/4人]令月亮湖名声大噪的原因据说是从某个角度看，湖面酷似中国版图，连一片片芦苇荡都神奇地长成了各省地图的模样。说法是夸张了点儿，但月亮湖的颜值的确是腾格里沙漠中最高的。从景区门口到月亮湖还有约15公里，需要乘坐沙漠越野车穿越重重沙丘。这其实是一段富有刺激性的旅程，你会发现它比其他沙漠景区的冲浪车好玩数倍（当然230元/人的费用也高于冲浪车的价格）。到达湖边，可以先参观**阿拉善SEE自然历史博物馆**，了解阿拉善地区的生态现状和SEE公益项目在此地做出的努力。沿着木头栈道走到码头，乘船至湖对岸，这里有骑骆驼（60元）、越野车环湖自驾（300元）、沙漠摩托车（120元）等游乐项目，也可以在安全绳围起来的湖面区域内游个泳，毕竟，景区号称湖水含天然药浴配方。花点时间徒步登上湖面西边的沙丘，可以勉强看出整个湖面还是有那么一点点中国版图的形状。

月亮湖距城区约65公里，只能自驾车或包车前往。出租车包车价格在300元左右。景区有**月亮湖宾馆**（标双 1200元起；❄@），用餐也可在宾馆餐厅，但价格较贵。游玩整个景区约需4小时，不如当天返回巴彦浩特镇解决食宿。

### ℹ 到达和离开

月亮湖距城区约65公里，天鹅湖略近一点，距城区约35公里，但两地并不在同一条路线上，皆需自驾或包车抵达。当地包车价格一般是300~400元/天，可以将同一方向的月亮湖和南寺



## 去阿拉善看你的梭梭树

在手机支付宝里，有一项有趣的“蚂蚁森林”公益行动，你每天所走的步数、绿色钉钉办公、线下支付、网购火车票等都会产生一定的“能量”，这些能量收集起来可以养大一棵“树”。别以为这只是一个虚拟游戏，当手机中的“树”长大之后，支付宝和阿拉善SEE基金会就替你在沙漠里种下一棵真正的树。在阿拉善左旗东北部的沙漠里，就真的有一片由SEE基金会负责栽种的5号梭梭树林。

作为中国西北最重要的一道生态防线，阿拉善已经成为中国环境生态的“重灾区”，影响中国的沙尘暴源头就在阿拉善。从2004年起，阿拉善SEE基金会就致力于改变阿拉善地区的生态环境，“蚂蚁森林”公益行动只是其中之一。5号梭梭森林距巴彦浩特约300公里，如果去不了那里，也可以在月亮湖景区内看到SEE基金会栽种的梭梭树林。它们和你种下的梭梭树一样，正在为改善阿拉善的生态做着贡献。

放在一天游玩。单独包车去天鹅湖约需200元。

## 阿拉善右旗

位于阿拉善腹地的右旗，境内横亘着有"中国最美沙漠"之称的巴丹吉林沙漠。每年夏天，都有无数旅行者不远千里赶赴荒滩戈壁中的巴丹吉林小镇，只为投身这座巨大的沙漠乐园。多数人满足于在越野车里惊呼着翻越高大的沙山，而探险者可以向西北一直走到沙漠的尽头，那里就是额济纳的胡杨林。其实，可以留点时间给沙漠之外的风景，额日布盖大峡谷和海森楚鲁怪石城的奇特地貌令人仿佛置身异星荒漠，而站在曼德拉山岩画前，你又会在瞬间穿越回几千年前的神秘年代。

### 景点

#### 额日布盖大峡谷 峡谷

（见259页地图；额日布盖苏木东南约10公里处；门票40元；⏲8:00~18:00）额日布盖峡谷称得上是水和风的杰作，那些红褐色的岩石形成于恐龙称霸的年代，据说岩层里还埋藏着恐龙化石，但现在，沿木头栈道进入峡谷，只能看到山羊盘踞在岩壁之上。初看峡谷岩石层层叠叠，如同厚重的岩浆凝结，走近才发现亿万年来的风蚀水侵已在岩壁上形成了密密麻麻的涡穴和洞孔。景区自然在峡谷中标出了"一线天""象形蛙""骆驼王"等景点，更多的绝妙之处还得靠你大开脑洞。峡谷全长有10公里，由北至南呈Y字形，沿着长约3公里的木栈道步行，可以看到峡谷中的精华段。天气晴好时拍出来的照片色彩非常漂亮。

额日布盖峡谷距巴丹吉林镇约50公里，出租车包车往返150元左右。沿途风景不错，一条公路笔直穿过草原伸向远方，骆驼群悠闲地游荡在草原上，不妨停下来拍个公路大片。

#### 海森楚鲁怪石城 石林

（见259页地图；努日盖苏木境内；门票 80元）这片石林太适合拍科幻片了，像极了神秘的外太空基地。在科学家眼里，它其实是"风力地质地貌"的典型，形成于1.5亿年前，海底岩石在地质结构的变迁中上升为陆地，又被戈壁滩上的飓风长年雕琢，就变成了现在的嶙峋怪石。景区的形象代言是一朵由细细石柱顶起的"蘑菇云"，看上去让人提心吊胆，总担心一阵风就能将它吹倒，其实它已经屹

## 阿拉善右旗

N 0 80 km

# 巴丹吉林镇

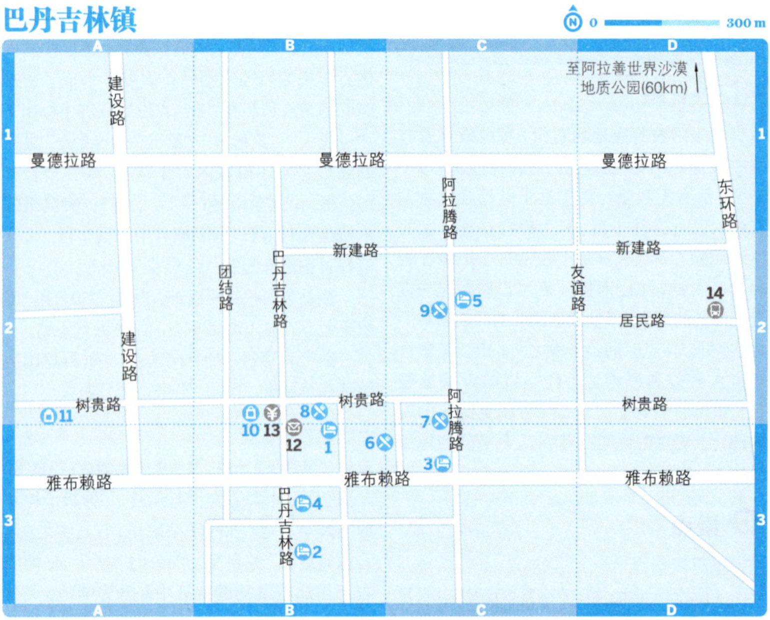




## 巴丹吉林镇

**住宿**

1 大漠明珠酒店 ........ B3
2 恩和客栈 ........ B3
3 今晨假日酒店 ........ C3
4 金沙假日酒店 ........ B3
5 水利酒店 ........ C2

**就餐**

6 巴音蒙格乐餐厅 ........ C3
7 胡大绝味烧烤城 ........ C2
8 人和居饭庄 ........ B2
9 小食光餐厅 ........ C2

**购物**

10 布拉嘎民族商行 ........ B2
11 玉荣民族服饰制作中心 ........ A2

**实用信息**

12 阿拉善右旗邮政局 ........ B3
13 中国工商银行 ........ B2

**交通**

14 阿拉善右旗客运站 ........ D2

立了千万年。它的名字“海森楚鲁”在蒙古语中指“像锅一样的石头”，大概就是这个来历吧。在方圆几十里的石林里，你还能看到“卧驼”“神猪”“远古猿人”等象形石。

海森楚鲁怪石城距巴丹吉林镇约180公里，没有公共交通抵达，只能自驾车或包车前往。出租车包车往返一般500元，单边车程约需3小时。

### 曼德拉山岩画 岩画

（见259页地图；☎602 6555；孟根布拉格苏木境内；门票 40元）远看曼德拉山，亿万年形成的风蚀地貌怪石嶙峋，更像是一处奇石林组成的自然景观。等到走近才发现，巨大的山脊上有一列列黑色玄武岩石，6000多年前的古人就以这些光滑的黑色岩石为“画板”，记录下了他们眼中的世界和生活。

在山脚的岩画文物管理所购买门票之后，沿着管理员指引的道路进山，你会看到小山丘上散落的黑色岩石上已经出现了零星岩画，铁栅栏围着的石头上，岩画内容相对丰富，可以看到山羊、双峰骆驼、蒙古包和狩猎的场景。接下来的山路更加陡峭，还好步道已经整修过，中途还有休息的凉亭。翻过山头之后的缓坡上，山路两旁岩画密集，能和古人如此接近，你会很惊喜：从简单的图形到几笔而成的动物，再到舞蹈、狩猎、放牧、交战等场景，古人生活的点点滴滴，如此直观地呈现在眼前。你可以像考古学家一样，仔细考察这些"美术世界的活化石"透露出什么样的远古信息。

据官方统计，这些岩画的总数多达4234幅，年代可追溯至原始社会晚期。它们是西北地区游牧民族——甚至是人类儿童时期的"绘本日记"，曼德拉山岩画也被称为"完全开放的博物馆"。而在我们调研期间，曼德拉山脚下正在修建一座世界岩画博物馆。

曼德拉山位于孟根布拉格苏木西南14公里处，距巴丹吉林镇约200公里，需自驾车或包车前往。出租车包车往返约500元。车程加步行游览时间至少需要8小时。

## 住宿

巴丹吉林镇很小，纵横相交的两条主街巴丹吉林路和树贵路上各种宾馆和招待所随处可见，几家较为大型的酒店能让你获得接近四星级的舒适体验。旅行者一般在7~10月集中到来，8~9月是旺季，房价上涨至淡季的2倍，到10月黄金周价格更高，而且房源紧张，建议提前预订。一旦过了假期，价格又很快回落下来。

### 金沙假日酒店

酒店 ¥¥

（见260页地图；☎602 6666；巴丹吉林南路，近雅布赖路；标双 旺季/淡季 580元/220元；❄📶🅿）全镇规模较大的酒店之一，房间非常宽敞，洗手台、沐浴间和厕所都是分开的，两人同时洗漱也互不影响。房间内提供多种旅游资料，房费含自助早餐。出门就是镇上最热闹的巴丹吉林路，就餐也非常方便。

### 水利酒店

酒店 ¥¥

（见260页地图；☎224 3999，224 3666；阿拉腾路与新建路交会口东南侧；标双 旺季/淡季 600元/168元；❄📶🅿）房间整洁，配饰清新素雅，还配有丝绒沙发。卫浴设备比较好，配有直饮水龙头。自助早餐算比较丰富的。离汽车站约500米，如需一早乘车出行，可以入住这里。

### 大漠明珠酒店

酒店 ¥¥

（见260页地图；☎224 7777；树贵路；标双 旺季/淡季 550元/180元；❄📶🅿）2016年开业，是当地主要的旅游接待酒店，旁边就是巴丹吉林旅游集散中心和汽车租赁中心。房间是中式风格，卫生间非常宽敞，自助早餐品种也较多。入住者可享受机场免费接送服务。

### 今晨假日酒店

旅馆 ¥¥

（见260页地图；☎602 6888；雅布赖路东与阿拉腾路交会处；标双 旺季/淡季 580元/160元；❄📶🅿）内部装修稍显陈旧，好在服务人员态度挺好。大堂有沙漠旅游俱乐部服务台，提供旅游、租车咨询。旁边有几家小餐馆，早起可以像当地人一样去蒙古奶茶店吃早餐。

### 恩和客栈

青年旅舍 ¥

（见260页地图；☎186 4831 6366；巴丹吉林路南端；铺 旺季/淡季 100元/40元；@📶）青旅风格的客栈，6人间、8人间和10人间铺位价格统一，旺季100元的铺位对背包客来说可是福利了。房间整理得非常干净，有公共卫生间和公共客厅。老板很有耐心，找不到可以直接打电话沟通。

## 就餐

镇上的餐馆主要集中在巴丹吉林路和树贵路上，除了当地蒙餐，还有一些"小火锅"店和羊肉馆。阿拉腾路步行街上有几家蒙餐馆和烧烤店、音乐酒吧，晚上来这里比较热闹。

### 巴音蒙格乐餐厅

蒙餐 ¥¥

（见260页地图；☎152 4830 9111；阿拉腾路步行街中段；人均 60元；🕗8:00~22:00）蒙古包装饰的店门和清一色的蒙古族店员都显示着这是一家地道的蒙古餐厅，菜品也是传统的蒙餐，人多可以尝尝手抓或黄焖羊肉（60元起），也可以选择沙漠特色的爆炒驼肉（48元）。风干羊肉（100元）也是招牌菜，不少旅行者在进入沙漠时会在这里买上一斤作为储备。他家的羊肉饺子也是真材实料，可以品尝一下。

### 小食光餐厅

中餐 ¥

（见260页地图；☎139 4801 7401；阿拉腾路，水利酒店对面；人均 40元；🕗11:00~23:00）干净整洁的一家小店，家常菜口味，有小全羊、胡辣羊蹄等当地特色菜，也有红烧肉、烤鱼等，旺季通常营业到很晚，比较适合外地旅行者。

**胡大绝味烧烤城** 烧烤 ¥

（见260页地图；☎186 4831 5141；阿拉腾路步行街北口；人均50元；⏲19:00~23:00）当地人爱去的一家烧烤店，店内装修像一家汽车主题的酒吧，在包间里可以一边吃烧烤一边K歌，烤羊排、羊肉串和海鲜干锅味道不错。

**人和居饭庄** 中餐 ¥

（见260页地图；☎138 0473 6180；树贵路昭君宾馆旁；人均 40元；⏲9:00~22:00）招牌菜是山丹草原传过来的羊肉垫卷（60元/斤）：爆炒过的羊肉加水，铺上面卷子，焖到面熟肉烂，面卷渗透了羊肉的香气，口味浓郁又管饱。两斤起卖，吃一份不用点其他菜。另外，还有清炖、手抓和黄焖羊肉可以选择，也可以尝试凉拌沙葱之类的当地菜。

## 购物

巴丹吉林街和树贵路上有不少特产店，售卖真空包装的骆驼肉、驼绒衣裤，以及肉苁蓉、锁阳、风干肉、奶制品等。在**布拉嘎民族商行**（见260页地图；☎136 6483 6793；树贵路中段）能找到这些特产。此外，**玉荣民族服饰制作中心**（见260页地图；☎131 9061 2151；树贵路，工商银行北侧）主要经营蒙古族特色工艺品，店内陈列有款式独特的皮靴、衣帽、银饰，以及羊绒挂毯等。

## 实用信息

### 银行

**中国工商银行**（见260页地图；巴丹吉林路0077号，近树贵路；⏲8:30~12:00，15:00~18:00）有24小时ATM。巴丹吉林沙漠景区内车费及食宿只收现金，记得提前准备足够现金。

### 邮局

**阿拉善右旗邮政局**（见260页地图；☎602 3541；巴丹吉林路，近树贵路；⏲8:00~12:00，15:00~17:30）

### 旅行社

旺季时镇内有些承接散客团的旅行社，线路涉及巴丹吉林沙漠及周边的各大景点（曼德拉山岩画、海森楚鲁等），可电话咨询。自驾的旅行者也能获得不少线路信息。

**巴丹吉林沙漠探险旅行社**（☎602 1618，139 4805 8082）

**巴丹吉林沙漠珠峰旅行社**（☎602 4888，138 0473 6888）

## 到达和离开

### 飞机

**巴丹吉林机场**（☎6026724；距巴丹吉林镇区约12.5公里）已经开通与额旗、左旗的来往航班。

### 长途汽车

**阿拉善右旗客运站**（见260页地图；东环路近居民



### 巴丹吉林沙漠游览路线

巴丹吉林景区游览路线分为：

➡ **巴丹湖一日游** 地质公园—巴丹湖—地质公园，850元/辆。

➡ **宝日陶勒盖一日游** 地质公园—巴丹湖—宝日陶勒盖—地质公园，1100元/辆。

➡ **诺尔图一日游** 地质公园—巴丹湖—诺尔图—地质公园，2400元/辆。

➡ **全景二日游** 地质公园—巴丹湖—巴润伊克力（也有人称“巴润伊克日”）—铊玛营—扎拉特—巴嘎吉林—音德日图—必鲁图峰—苏敏吉林—诺尔图—宝日陶勒盖—地质公园，3000元/辆。如果想更舒服一点，这条线也可以三日走完，费用是4000元/辆。

➡ **穿越四日游** 地质公园—巴丹湖—宝日陶勒盖—诺尔图—音德日图—必鲁图峰—苏敏吉林—木呼仁呼都格—树贵—额济纳，8000元/辆，看遍景点之后能直接到达额济纳。

一车限坐4人，在旺季必须致电景区提前预约。在景区内过夜食宿费另计，请带足现金，并提前采购充足的食物和补给水。如果有高血压、心脏病等病史请与司机提前沟通。

## 阿拉善右旗客运站车次时刻表

| 站点 | 发车时间/班次 | 票价(元) | 行程(小时) |
|---|---|---|---|
| 额济纳 | 12:00 | 106 | 7 |
| 左旗(巴彦浩特) | 7:30 | 121 | 8 |
| 乌海 | 8:00 | 146 | 10 |
| 张掖 | 8:30, 15:00 | 39 | 3 |
| 金昌 | 8:00, 15:30 | 29 | 2 |

路; ☎602 2953; ⏲7:00~12:00, 14:30~16:00)每天有发往额济纳、左旗和金昌、张掖的班车，多在早上发车，中午时分车站空无一人。

## 当地交通

### 抵离机场

巴丹吉林机场大巴(☎6026852)提供免费接送，航班起飞前2小时在右旗政府门前乘坐，从机场出发的大巴会将你送到入住酒店。打车前往机场35~40元，需时约15分钟。

### 出租车

出租车不打表，城区一般3~5元/人。包车可以直接在镇上找出租车司机商量价格，一般折合每公里1元左右，旺季略涨。

## 巴丹吉林沙漠

[见259页地图; ☎602 6555, 138 4877 4588; 门票80元(巴丹湖、鸣沙山)/220元(所有景点); ⏲4~11月]系好安全带，我们即将进入一片浩瀚无垠的广袤沙海，迎面而来的就是连绵沙山，上一秒刚刚冲上沙丘，下一秒就迅速落至谷底；越野车就像一叶小舟在波浪中飘摇，当你在如同乘过山车般的眩晕中放声尖叫时，眼前却又突然出现一片蓝宝石般晶莹的海子，刹那间让你安静下来。但如果你晕车的话，这也将是一段极度"荡气回肠"的旅程，天堂与地狱只有一线之隔，你只有恳请司机"温柔以待"。

巴丹吉林是中国面积第三大的沙漠，是阿拉善世界沙漠地质公园的主要园区，高大的沙峰和星罗棋布的海子吸引无数人前来探险。目前园区推出数条1~4日沙漠越野线路(见262页方框)，涵盖园区内所有景点。多数旅行者选择二日游线路，除了尽情享受在沙山间冲浪的刺激之外，还可以在湖边住上一晚，璀璨星河与清晨的日出是这片沙漠赠送的美妙礼物。

巴丹吉林沙漠海拔在1200~1500米，早晚温差较大，防晒、防风沙和保暖工作一样都不能马虎。



### 沙漠中的山与海

在巴丹吉林沙漠之中，既有高度世界第一的沙峰，也有多达140多个湖泊，这基本颠覆了人们对沙漠的认知。这一切其实都与巴丹吉林沙漠丰富的地下水有关。关于必鲁图的成因有多种猜测，有人说是沙丘覆盖在古老钙质胶结的老沙丘上，也有人认为，沙丘移动过程中受下伏隆起地形阻碍而形成高大的沙山。还有人说，巴丹吉林一带原本就是丘陵地貌，沙化后沙粒直接覆盖在丘陵上而形成高大沙山。而最新的说法是——地下水维持了沙山。巴丹吉林沙漠地下的黏土结构更容易存储地下水。蒸发作用使得沙丘上形成水汽，起到了黏合剂的作用，帮助它们扛住了强大西北风的吹袭。沙子含有大量水分，凝聚力比较强，就形成了高大的沙山。

巴丹吉林丰富的地下水，来自500公里外的祁连山脉。每年，融化的雪水通过地层深处的地下河流向沙漠，为巴丹吉林增加了5亿立方米的地下水。所以，哪怕年蒸发量3000多毫米、年降水量仅80毫米，沙漠中的那些海子还是安然无恙。

## 鸿嘎鲁，草原上的思乡短调

关于内蒙古草原的歌太多，以前有《草原之夜》《敖包相会》，现在流行的是《鸿雁》。其实，《鸿雁》这首歌改编自一首蒙古短调《鸿嘎鲁》，在乌拉特草原上已经传唱了两百多年，最初的词曲作者是巴彦淖尔乌拉特前旗莫日更庙的罗布生丹毕佳拉森活佛（1717~1766年）。蒙语“鸿嘎鲁”是“白天鹅”的意思，这首歌是一首敬酒歌，一般在酒宴间演唱。后来在改编时把“白天鹅”译成了“鸿雁”，歌词大意也有所变化，由敬酒歌变成了一曲表达思乡之情的草原歌曲。电视剧《东归英雄传》曾将其作为片尾曲，蒙古族歌手呼斯楞演唱的《鸿雁》更是传遍大江南北：鸿雁天空上，队队排成行。江水凉，秋草黄，草原上琴声忧伤……

## 景点

### 阿拉善世界沙漠公园地质博物馆 湖泊

这座沙丘状的博物馆与背后的巴丹吉林沙漠非常相衬，馆内的八个展厅以丰富的展品讲述了沙漠的形成、种类，以及阿拉善沙漠的自然景观和人文历史。带孩子的旅行者，不妨先花点时间与孩子一起参观博物馆，再深入沙漠去印证了解到的各种知识。

### 巴丹湖 湖泊

巴丹湖距景区大门仅16公里，是巴丹吉林沙漠中珍贵的淡水海子之一，高大的沙山倒映在清澈的水面，瞬间带给刚刚进入沙漠的旅行者以震撼（二日游、四日游的旅行者此后也会遇到很多相同景致）。湖边水草摇曳，偶尔还有水鸟掠过水面。这里是园区中游乐设施最为齐全的景点，你可以在此尝试攀爬一下沙山，或者体验沙地摩托、骑骆驼等，甚至还有遮阳伞和沙滩躺椅供你在湖边休息。

### 音德日图（神泉） 湖泊

音德日图是巴丹吉林沙漠里最神秘有趣的海子，咸水湖中一座不到3平方米的小岛上，竟然有108个泉眼，而且一年四季喷涌出淡水，“神泉”之名由此而来。当地人会游至湖中央盛取甘醇清凉的神泉饮用。不过你想游过去还需考虑一下自己的体力，因为泉眼周边水质盐分下降，会导致水的浮力改变，还须谨慎前往。注意，根据当地风俗，女性是不得接近“神泉”的。

### 必鲁图沙峰 沙山

轻飘飘的沙，风一吹就跑，怎么会形成沙山？当你看到必鲁图沙峰，你就知道了。这是世界上最高的沙山，海拔1617米，相对高度500多米，比撒哈拉沙漠的高峰还高出70多米，所以也被称作“沙漠珠峰”。水平高超的司机能将越野车开上必鲁图，但我们更建议你亲自体验一下这座“免费”攀登的“珠峰”。虽然只有500多米的高度，但在沙子中“不进则退”的挣扎，会让你花上1小时甚至更多时间。爬上峰顶，先找到标志必鲁图的峰钉，再好好欣赏七个海子围绕沙峰的美景，“众星拱月”般的感觉才是无可比拟的顶级体验。下山的乐趣可以弥补攀登的辛苦，你可以选择任一方式下山，“不怕死”地为所欲为一番。

### 苏敏吉林 寺庙

你应该已经在很多宣传照片上看过它了，一座幽静雅致的藏传佛教小庙镶嵌在高大的沙山和海子之间，湖水中有它清晰无比的倒影。因此，苏敏吉林也被称为庙海子（更夸张的名字还有“大漠故宫”）。谁会在沙漠深处建这么座小庙？据史载寺庙建于清乾隆二十年（1755年），所用建筑材料都是从各地一石一木搬运进来，才得以将寺庙建成。传说庙前的海子听到僧人念经就会有泉水涌动。

### 诺尔图 湖泊

诺尔图是巴丹吉林沙漠中面积最大的湖泊，一般沙漠中的海子普遍较浅，而据德国科学家探测，诺尔图湖的水深达到26.8米。宽阔的湖面就位于巨大的沙峰之下，沙峰、湖水、蓝天交融的情景最为壮观，也是摄影爱好者通常出大片的拍摄点。诺尔图湖是盐分很高的咸水湖，在确保安全的情况下，你还可以尝试着体验一下“死海”漂浮。

宝日陶勒盖 沙山

鸣沙山是巴丹吉林沙漠的又一“绝”。宝日陶勒盖据称是世界上最高最大的鸣沙区，从高处用双手拨动沙子向下滑，就能听到沙子发出低沉的轰鸣声。虽然有科学的解释，但人们还是相信这是沙漠在唱歌，并且乐此不疲地尝试用各种方法让沙漠发声。

## 食宿

巴丹湖边有**巴丹湖度假酒店**（标双298元起，11月至次年4月不营业；❄），内部按照三星级标准打造，在沙漠中堪称豪华，旺季记得提早预订；湖畔另有蒙古包也可住宿，一般是80~100元/人。在苏敏吉林、诺尔图等地有条件简陋的民居客栈，以四人间和蒙古包为主，通常100元/晚/人，提供简单炒菜和米饭，人均50元。午饭一般是路餐，建议提前采购充足的干粮和饮用水。

## 到达和离开

巴丹吉林沙漠距城区约70公里，没有专线公交车到达。可在客运站乘坐前往巴彦浩特的班车，在公园标志碑路口下车。为安全起见，沙漠内不允许自驾车进入，自驾旅行者可将车停放在服务中心指定停车场内，换乘园区越野车进入沙漠。通过旅行社预订了越野车的旅行者一般由越野车负责从城区接送至园区。

# 巴彦淖尔

黄河任性的一个大拐弯，在这里“套”出一片丰饶的平原，留下无数星罗棋布的湖泊，其中最美的就是乌梁素海。阴山山脉横亘境内，亿万年风雨雕琢出的风蚀地貌虽然没有南方石林的壮观，但有草原与蓝天做背景，也值得徜徉其间；沟壑深处岩石上古人刻画的骆驼、山羊与太阳神，体现了最原始的宗教崇拜。阴山以北，草原辽阔，乌拉特蒙古族在这里过着游牧生活，每年的祭敖包活动是他们对祖先的缅怀。

但是，游走巴盟还是需要些耐心，这里“景点”大多不算成熟，市内各旗景点分散。当迈入广阔的河套平原，几十公里实在算不上什么，好在沿途的风景能带给你不少享受。旅行者通常以临河为中心，辐射周边，212省道纵贯南北，连接五原和乌拉特中旗，沿途景点众多，乘坐火车则可以便捷地到达乌拉特前旗和磴口。

巴彦淖尔

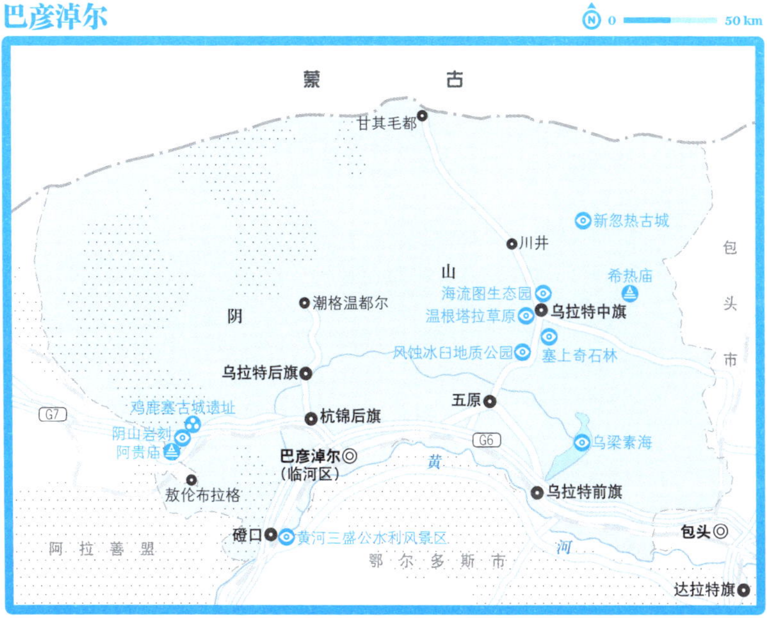

## 临河

作为巴彦淖尔的政府驻地，临河同时也是全市交通中心，东有天吉泰机场，城南火车站有包兰铁路和临策铁路途经。虽然本身景点不多，但中国河套文化博物院和相邻的地质博物馆对你的旅行会有所帮助。对旅行者来说，这里更适合作为旅行中转站，贯穿城区的胜利路上，食宿选择众多；从这里去乌拉特中旗看草原风光或者南下去磴口看黄河风情都非常方便。

### 景点

**★ 中国河套文化博物院** 博物馆

（见266页地图；☎852 5900；五一街中段；免费；⏲9:00~16:30，周一闭馆）中国河套文化博物院位于临河新城区，整个展馆共有七个展厅，从沙漠深处的古生物化石到阴山山脉的古人岩画，从连绵长城的防御功能到河套平原水利工程的开发——旅行者可以在这里对河套文化进行初步了解，并预习散落四处的遗址古迹。对岩画感兴趣的话，这里的“春秋岩刻篇”不但陈列了数量可观的阴山岩画，还重现、对比了世界各地的岩画风格，不少岩画深藏山中，不易到达，在这里看看翔实的图片也是一种安慰。细心的人可以发现，博物院的LOGO就来自格尔敖包沟的双神图，洗手间的男女标志也由岩画图案演化而来。

市区乘坐2路公交车在“青少年科技馆站”下，就能看到博物院气派的大楼。博物院位于整幢建筑的A区，B区还有美术馆，有时间可以去看看。穿过后面的河套文化主题公园，即可到达巴彦淖尔地质博物馆。

## 临河区

## 巴彦淖尔地质博物馆

博物馆

（见266页地图；市国土资源局东侧；免费；⏲周六、周日及节假日 9:00~11:30，15:00~17:30）巴彦淖尔巴音满都呼地区出土了大量恐龙化石，其中的原角龙仅在此地和蒙古国境内有发现。看过河套文化博物院的恐龙展厅还意犹未尽的话，在地质博物馆一楼恐龙王国展厅可以看到更多恐龙化石和足迹。二楼的地质公园展厅则介绍了巴彦淖尔地质公园内丰富的地质构造和奇特地貌。三楼为矿产资源展厅，主要介绍巴彦淖尔的矿产资源。整个展览通俗易懂，也带有趣味性，大厅还有一些互动的恐龙主题游乐设施，尤其适合带孩子的旅行者。

# 住宿

胜利路上，走几步就能见到一家宾馆，选择哪家都不用担心出行问题。与其他满是旅行者的宾馆相比，这里的宾馆更多是服务于出差的商务人士，通常环境和服务都令人满意。

**临河区**

◎景点

1 巴彦淖尔地质博物馆 A4
2 中国河套文化博物院 B4

住宿

3 巴运连锁宾馆 C3
4 巴运商务宾馆 D1
5 海力斯商务宾馆 C2
6 华澳大酒店 C2
7 锦颐酒店 C3

就餐

8 河港面精 C3
9 刘府私房烧烤 C3
10 新友农家菜 C2
11 丫丫烩菜大王 C3
12 中国菜馆 C3

实用信息

13 临河区人民医院 C2
14 旅游集散中心 C3

交通

15 临河火车站 C4
16 临河客运站 D1
17 天吉泰机场城市候机厅 C2

## 巴运连锁宾馆

快捷酒店 ¥

（见266页地图；☎222 8188；胜利南路33号；标双 99元起；@WiFi P）巴盟客运旗下酒店，步行可至火车站。装修普通，但房间整齐干净，还配有直饮水龙头。服务员乐意提供不少当地的信息，免费中式早餐和免费洗衣服务加分不少。

## 锦颐酒店

酒店 ¥¥

（见266页地图；☎875 2666；胜利路新华东街1号百货大楼西门；标双 含早餐 228元起；❄WiFi）2016年开业，脱离了商务宾馆格局，大堂与房间都蛮有设计感，自助早餐评价较高，还赠送水果等下午茶点；距火车站与人民广场都很近；不足之处是没有专属停车场，汽车只能停在门口公共停车位。

## 华澳大酒店

酒店 ¥¥

（见266页地图；☎852 2911；胜利北路1号；标双 含早餐 258元起；@WiFi P）临河城区最时尚的酒店之一，房间宽敞，设施齐备，提供免费咖啡和矿泉水；还可以免费使用酒店内的泳池（21:00关闭）。出门便是星月广场，就餐购物方便。

## 海力斯商务宾馆

酒店 ¥

（见266页地图；☎824 1111；胜利北路长春东街路口；标双 100元起；❄WiFi P）与巴运国际旅行社为邻，从后院出去就是机场大巴乘坐点，计划早起去机场的可以住这里。内部是天井式的上下楼梯，颇有点怀旧意味，部分房间以电影为主题。

## 巴运商务宾馆

酒店 ¥

（见266页地图；☎861 5656；临河区新汽车站西侧巴运商业广场6号楼；标双 98元起；❄WiFi P）巴运连锁酒店旗下新开酒店，也有三人间、四人间。但部分房间没有窗户没有空调，预订时要问清楚。临河汽车站距城区较远，如果有早起乘车安排的可住这里。商业广场内有几家快餐面馆，就餐也算方便。

# 就餐

焖面和烩菜是巴盟名声在外的美食，来到此地千万不要错过。切记还有一种叫作“面精”（酿皮）的小吃，也是当地人的骄傲。胜利路基本已经可以满足每顿餐食，不过饭点还可以去逛逛最热闹的利民西街，这里小吃店林立，拥挤而精彩，吃逛功能俱全，是当地年轻人的最爱。

### 新友农家菜

中餐 ¥

（见266页地图；☎826 6178；影剧院广场侧；排骨焖面15元；⏲8:30~21:30）焖面是河套地区的独特面食，这家的焖面是地道的巴盟味，一进门就能看到每张桌子上都摆着大铁锅、人人下筷捞面的热闹景象。不妨在半开放厨房外看看焖面的制作过程：大铁锅里先炒菜再铺面，盖上焖熟，等菜的汤汁烧干，面条也熟了，再翻炒出锅。焖面有纯素、猪肉、牛肉、鸡肉、肥肠等选择，一个人当然不能来一锅，推荐要份传统的排骨焖面，店家会配上一碗小米粥。人多可以再点些凉菜，各种农家菜选择也很多。

### 丫丫烩菜大王

中餐 ¥

（见266页地图；☎821 2503；胜利路百货大楼斜对面；人均30元；⏲11:30~21:30）内蒙古各地都能看到的巴盟烩酸菜就出自巴彦淖尔，这家烩菜已在临河开了30多年，深受当地人喜爱。烩菜就是把腌制好的酸菜、土豆、粉条和猪肉，放进一个大锅炖至汤汁收干，口味丰富，特别下饭，一个小份烩菜就足够两个人食用。

### 刘府私房烧烤

烧烤 ¥¥

（见266页地图；☎151 4781 5589；永安街4号；人均60元；⏲17:00~23:00）这家烧烤店位于一座红砖小院内，院内有棵枝叶繁茂的苹果树。烧烤都用炭火，除了传统的羊肉串、羊肉筋、板筋等，还有海鲜爆炒等，味道不错，店家服务态度也好。

### 中国菜馆

中餐 ¥

（见266页地图；☎189 0478 5501；光明街国泰大厦向东50米路南；人均30元；⏲11:00~21:30）名字挺大气，厚实的原木桌椅和墙上贴的20世纪70年代的宣传画却表明了农家菜馆的气质。主打河套地区农家菜，手把羊肉和卤羊蹄最受欢迎，也有炒菜和各种面食。

### 河港面精

小吃 ¥

（见266页地图；河港青年商业城底层；人均8元；⏲8:00~20:00）巴盟面精类似于陕西的凉皮，厚实又筋道，配上泡菜、葱油、芹菜，淋上蒜泥、醋、辣油等佐料，口感柔韧细腻，回味悠长。河港面精位于影剧院广场对面，是当地人最爱去的小店。

## 实用信息

### 医疗服务

**临河区人民医院**（见266页地图；☎821 4150；胜利北路5号，影剧院北侧）位于市中心，医疗设施良好。

### 银行

城区遍布各大银行网点及24小时ATM机，非常方便。

### 旅游信息

**旅游集散中心**（见266页地图；☎868 6868；胜利南路57号）大厅提供周边“一日游”线路咨询参团服务，服务人员态度很好。旁边是旅游商品展销厅，可顺道看看河套平原特产。

## 到达和离开

### 飞机

**天吉泰机场**[☎820 6888，96777（订票）；五原县天吉泰镇]与北京、呼和浩特、阿拉善盟、西安、重庆等地有航班往来。

### 长途汽车

**临河客运站**（见266页地图；☎821 2202；临河区临五路）有发往呼和浩特、包头、鄂尔多斯、阿拉善盟及市内各县区的班车。距市中心较远，市区4路、9路公交车可至。站内有自助售（取）票机。通过Bus365中国公路客票网（www.bus365.com；微信公众号“Bus365汽车票”）可以提前购买汽车票。

### 火车

**临河火车站**（见266页地图；☎222 2332；胜利南路最南端）距市中心只有3公里，包兰铁路和临策铁路经过，每天有去往呼和浩特、额济纳和乌海、银川的多趟列车经停。站前有1路、2路、4路公交车站，也有发往杭锦后旗（陕坝）等地的班车。

## 当地交通

### 抵离机场

临河机场位于五原县天吉泰镇，距城区约40公里。机场大巴（☎158 4785 1972；7:00和16:30各有1班；15元；约40分钟）在巴运国际旅行社大院

## 临河客运站车次时刻表

| 站点 | 发车时间/班次 | 票价(元) | 行程(小时) | 备注 |
| --- | --- | --- | --- | --- |
| 呼和浩特 | 8:00~16:35，共7班 | 67 | 5 | |
| 包头 | 8:35，12:00，13:00，15:10 | 53，70 | 3.5 | |
| 东胜 | 6:40~16:40，共10班 | 90，95 | 5.5 | |
| 巴彦浩特 | 9:20，10:50，12:30，14:00 | 85 | 5 | |
| 五原 | 6:30~19:30，流水发车 | 20 | 1.5 | |
| 乌拉特中旗 | 7:30~17:30，共7班 | 39 | 2.5 | |
| 乌拉特前旗 | 6:40~17:50，共14班 | 28 | 2 | |
| 磴口 | 7:00~17:30，流水发车 | 14 | 1 | |
| 乌海 | 8:20~15:00，共9班 | 42，49 | 3 | |
| 银川 | 8:00~15:10，共7班 | 76，90 | 4.5 | 前者为普通班车，后者为直达班车 |

（胜利北路60号，乘1路、4路公交车在海萨大酒店站下即到）乘坐，可在天吉泰机场城市候机厅（见266页地图；☎828 3333）提前办理相关手续。从城区打车去机场约100元，可以拼车。

### 公交车

城区公交车线路不多，上车投币1元（夏季7:00~19:00，冬季7:30~18:30）。1路、4路公交车从火车站出发途经市中心多数地点；4路、9路公交车可到临河汽车站。

### 出租车

出租车起步价6元，2公里后1.5元/公里；夜间(23:00至次日7:00)起步价7元，2公里后2元/公里。

## 乌拉特中旗

乌拉特的名字源自一支有着赫赫战功的蒙古族部落，由成吉思汗的二弟哈布图哈萨尔后裔十五世孙布尔海建立，曾经游牧于呼伦贝尔一带，在清顺治五年（1648年）被分编为乌拉特前、中、后三旗，赐地于河套北部的草原驻牧，从此这片土地有了新的名字——乌拉特草原。每年8月18日，分散各地的乌拉特蒙古族都会来到海流图生态园中号称世界最大的敖包前，举行盛大的祭敖包仪式。阴山山脉挡住了北方的风沙，在乌拉特中旗形成了明显的地域差异和过渡，也成为巴盟中地形最丰富的地域。在这里能寻到秦赵时期的长城残壁，也能发现恐龙留下的遗迹。

## 景点

### 温根塔拉草原

草原

（☎5916205；海流图镇南12公里；温根峡谷门票30元）这片草原其实是阴山下乌拉特草原延伸的一部分，因为距旗府海流图镇最近，已经被打造成草原度假村。周边的人喜欢在周末到这里住住蒙古包，吃吃烤全羊。对旅行者来说，则可以顺道看看草原风光。近年又开发出温根峡谷新景，可在草原接待中心乘坐观光车（往返50元/人）前往，欣赏溪流潺潺、瀑布飞溅、怪石突兀的峡谷风光。

草原上按照800年前钦察汗国国都的“宝”字头结构搭建了近百座蒙古包，分为豪华包（标间150元）和多人包（6~8人，床位40元），就餐有1088元起/桌的蒙古餐，也有几十元的炒菜。此外，草原上还有骑马（50元）、射箭（50元）等游乐项目。

### 塞上奇石林

石林

（海流图镇南15公里；门票10元）一望无边的草原上突然就出现了这么一大片形态各异的黑色石头，当地人拉起一道铁丝网将其围住，取了个名字叫“塞上奇石林”。如果你去过南方喀斯特石林，面对此景一定会非常失望。不过，在蓝天白云与青青草原的映衬下，一条土路曲折伸向草原深处，驱车疾行于奇石之间的极速快感似乎没有尽头，倒也不失为一种别样的体验。

奇石林并没有正规的景区入口，离开省道沿土路前行，看到有人在铁丝网前收费就

值得一游

## 212省道上的景观串烧

如果你是自驾旅行，一天时间，一条212省道，就可以轻松看完中旗几乎所有的景点。建议先沿212省道一路向北去相对偏远的**甘其毛都口岸**，单边距离约130公里，2小时可以到达，窗外的风景从草原慢慢变成荒凉戈壁，中途还会经过壮观的风力发电厂。乌拉特中旗与蒙古国接壤，早在清朝顺治年间，这里就已经是重要的贸易通道，从2009年起甘其毛都就成为中蒙边境常年开放的口岸。边检大楼在最北边，在士兵指引下可以参观703号界碑；小镇上则有几家“进口商店”和“俄蒙商店”售卖蒙古皮制品、工艺品以及俄罗斯的食品和烟酒。

沿212省道返回海流图镇，向南行驶约12公里，看到路边指示牌后右拐进去，就是温根塔拉草原（见269页）。继续向南约5公里，公路东侧是塞上奇石林（见269页）。再往前，公路西侧是风蚀冰臼地质公园（见270页）。值得注意的是，在两地之间的公路东侧，有一条坍塌的石垣，它其实是横亘乌拉特中旗境内长约190多公里的秦长城的一部分，但由于年久失修，已经残破不堪。逛罢这几处景点，可以沿212省道一路南行到达临河。如果是在8~9月，公路旁连绵不断的向日葵花田犹如铺开的金色花毯，分外耀眼。

到了。这片区域很大，必须开车进入，出租车司机会将你拉进去，尽量要求他往深处多开一段路吧。

### 风蚀冰臼地质公园　　地质公园

（海流图镇南30公里，乌不浪口；门票 20元）冰臼是二三百万年前古冰川运动遗留下来的痕迹，冰川融水在岩石上磨蚀出一个个孔穴，千万年来的狂风又将巨石侵蚀为千奇百怪的形状，在今天看来已然是一种地质奇观。沿步道穿行于奇石林间，还能看到大大小小的圆孔，石头上附着的地衣在阳光下呈现出红黄相间的色彩。登上石林高处的观景亭，脚下的红石林与远处的草原相映，色彩格外漂亮。

公园面积不大，逛完约需1小时。注意不要离开步道，不要随意踩踏石头。夏季高温注意防晒。

### 希热庙　　寺庙

（海流图镇东12公里希热山；免费）希热庙建于清康熙十九年（1680年），是巴彦淖尔地区第一座喇嘛庙，至今仍是这里的宗教活动中心，庙前三眼长流不息的神泉在当地人心中十分重要。进入景区大门之后，入乡随俗先喝一口神泉水，然后沿着小径往山坡上走，首先看到的是古朴小巧的康渣寺，旁边的大雄宝殿修整一新，但平时并不开放。小山顶上有一座小凉亭，向上的铁梯已经坏掉，无法登顶。站在这里，可以看到对面小山上的白塔与经幡，远处的废墟还能看出一点往日的规模。

希热庙平时非常冷清，只有每年祭敖包（8月18日）时，才会有大量牧民和香客聚集于此，祭祀诵经。从城区过去只能包车，往返约80元。

### 新忽热古城　　古迹

（新忽热苏木镇镇政府北侧）文史爱好者不能错过这座建于公元前105年的古代汉城，它是自西汉以来文献所载的唯一一座真正为接受匈奴投降而建的受降城。遗留至今，虽然已是残垣，但当你来到它面前，面对千疮百孔的夯土城墙，仍然会有所感慨。爬上风化严重的城墙，城内已是荒草萋萋，从残存的几处土堆可以依稀辨出当年的规模。

古城位于新忽热苏木镇，中旗客运站每日有班车可到（见271页），下车后步行至镇政府，穿过王爷府后门，往山坡上走一点就能见到。

## 食宿

海流图镇不大，南北向的海流图大街是城区中心街道，客运站位于海流图南路乌兰大街路口，周边有许多商务宾馆，条件和价格基本相同。**汇丰宾馆**（☎591 4888；海流图大街移动公司对面；标双 80元起；@ 📶 P）是镇上少有的涉外宾馆，房间整洁，配有电脑，步行至客运站只需3分钟。**国赫饭店**（☎591 4000；海

### 中旗客运站车次时刻表

| 站点 | 发车时间/班次 | 票价（元） | 行程（小时） | 备注 |
|---|---|---|---|---|
| 临河 | 6:20~18:00，滚动发车 | 39 | 2.5 | |
| 五原 | 6:20~18:30，滚动发车 | 17 | 1.5 | |
| 前旗 | 7:10，7:50，8:15，12:00，13:30，15:30 | 31 | 3 | |
| 口岸 | 8:30，10:20，12:00，14:00，15:30，16:50 | 28 | 2 | |
| 新忽热 | 8:30，13:30 | 18 | 1.5 | 回程12:40 |

流图南路巴音街街口；标双108元起；❄️📶🅿）属于当地较大的酒店，房间设施更好，楼下有户外用品商店，对面就是休闲广场，就餐和购买特产都非常方便。

客运站周围有不少快餐小餐馆，与海流图大街平行的迎宾路上则多是当地人爱去的饭店，靠近巴音街那头的**春霞面馆**主打手工拉面和焖面。休闲广场晚上则是烧烤摊和1元小火锅的天下，想吃夜宵可以到这里来。**乌兰茶楼**（☎784 1808；人均40元）距城区较远，靠近敖包生态园，经营地道的蒙餐，手把羊肉配奶茶和面饼，颇受当地人欢迎。

## 购物

海流图大街和巴音街交会处的休闲广场集中了各种特产和进口商品小店，主要售卖蒙古族服饰、风干肉、奶食和号称俄罗斯进口的化妆品、食品等。老板会热情地介绍各种产品，可以品尝之后选购，店家还提供快递服务。

## 到达和离开

**中旗客运站**（☎228 7369；乌兰大街，近海流图路）每天有发往临河、前旗、后旗、五原等地的班车。

## 当地交通

镇上没有便利的公交车，出租车不打表，镇内一般5元起。在客运站门口找出租车比较方便，300元/天的价格可以把212省道边的草原和奇石林、地质公园等景点看完，司机也乐意再带你去看镇子东边的希热庙。

# 磴口

黄河一路北上，进入巴彦淖尔的第一站就是磴口。"万里黄河第一闸"拦出了平静祥和的黄河风光，河滩上的向日葵花田则为河道镶上了金色的花边。2017年7月开通的京新高速穿过磴口，就在公路以北的山沟中，藏着内蒙古境内唯一一座宁玛派阿贵庙，以及历史更为久远的阴山岩画，不过要去一探究竟必须借助性能良好的四驱越野车。

## 景点

**阴山岩画** 岩画

（沙金套海苏木格尔敖包沟内；免费）在百度地图上输入阴山岩画和格尔敖包沟，你会

### 阴山岩画

数千年前，居住在阴山山麓的先民随手在岩石上刻画下了他们眼中的世界。今天，阴山岩画中的磴口县格尔敖包沟岩刻区、默勒赫图沟岩刻区和乌海市桌子山召烧沟凿磨岩画区已被列入《中国岩画遗存地首批认证单位》名单。

阴山岩画主要分布于巴彦淖尔市境内的阴山山脉，在磴口、乌拉特后旗、乌拉特中旗、乌拉特前旗境内都能找到数量众多的岩画，其中乌拉特中旗南部地里哈日山的黑山上分布最多，东西延伸有5公里多。相对而言，磴口县格尔敖包沟中的岩画保护最好，旅行者也比较容易到达。

阴山岩画时代跨度大，从旧石器时代到明清时期都有岩画被发现。岩画的取材也极为广泛，北方游牧民族的狩猎、放牧、战争、舞蹈、交媾的场景都出现在岩画中。阴山岩画完全称得上是一部刻在石头上的北方游牧民族史。

不要错过

### 葵花盛开的沿黄公路

河套平原最迷人的时间，可能就是向日葵盛开的夏天。巴彦淖尔是目前中国最大的向日葵种植基地，从乌拉特前旗到五原、临河再到磴口，不论你是自驾旅行还是乘坐火车，沿途都能看到金灿灿的向日葵。尤其是从磴口到乌海的沿黄公路，一直在黄河西岸延伸，路边河滩都是葵花田，每逢夏秋时节，葵花盛开，公路变身景观大道，自驾旅行者不能错过。你也可以在傍晚时分包辆出租车（往返约80元），从城区出发一路南下，行驶约20公里即到万亩黄河滩葵花田观赏区，登上观景台，欣赏夕阳下的花田美景。

发现查找不到确切地点。事实上，要去格尔敖包沟看岩画，也并非易事。沟中是由洪水冲刷而成的石头烂路，只有四驱越野车才能进入。阴山岩画包括格尔敖包沟、默勒赫图沟和托林沟中共计约600幅岩画，目前比较容易看到的只有路边的二处，已经被绿色铁丝网保护起来。隔着铁网，你要仔细寻找，才能发现那些浅浅刻画在岩石上的线条，仔细辨认能看出简单的抽象图案、动物、人面和舞蹈、狩猎等各种生活场景，其中就有中国河套文化博物院的双神LOGO。如果有时间和体力，可以再往山沟深处走，看到有小型风力发电机和探头的地方，山坡上多半就有岩画，但需要你花点时间爬上去才能看到。

格尔敖包沟距离磴口城区约100公里，进沟后的烂路只有越野车能通过，在旅行社包越野车往返约750元。自驾可走710省道转312省道，导航到阿贵庙，快到时就能在路边看到格尔敖包沟岩画区的石碑。这里就是沟口，一进沟有处神泉，所以当地人也管这条沟叫神泉沟。在沟内的烂石路上颠簸约7公里后就能看到河滩两边山间的岩画了。

回到312省道继续往北约20公里，路边就是国家级重点文物保护单位**鸡鹿塞古城遗址**免费，这曾是汉代在阴山以南的重要军事要塞，当地政府已经在修复古城，新建的城墙衬着背后荒凉的狼山，还是可以怀想一下当年的。

#### 阿贵庙　寺庙

（沙金套海苏木阿贵沟内；免费）这是内蒙古境内唯一一座宁玛派寺庙，始建于清嘉庆三年（1798年）。新修的山门就在312省道边，沿公路往里走，路边石壁上新刻了密密麻麻的六字真言和唐卡，色彩绚丽，这是当地政府为吸引游客而大兴土木的部分成果。阿贵庙所有建筑都挤在一条小山沟内，调研期间大雄宝殿正在扩建，只有两座小巧的配殿和一座覆钵式白塔还能看出旧时的藏传佛教寺院格局。殿后有小路上山，爬上去可以俯瞰寺院全景。周边山崖上有天然形成的五个岩洞，传说莲花生大士曾在洞中修行。

阿贵庙距城区约90公里，与格尔敖包沟相距约4公里，可与阴山岩画一起包车游玩（见271页）。自驾前往可走710省道转312省道，路况良好，路边有清晰的指示牌。

#### 黄河三盛公水利风景区　公园

（三盛公拦河闸上游黄河右岸；门票70元）黄河从磴口北上进入河套平原，位于磴口巴彦高勒镇的三盛公拦河闸因此被称为"万里黄河第一闸"。拦河闸西侧有一座高达27米的**同心锁**（登顶10元），由六扇巨大的报废闸门搭建而成，走进去内有乾坤，沿铁栏杆曲折向上，可以看到闸门内部冰冷的构造。登顶可以远望拦河闸与黄河两岸风光。走过拦河闸，东侧是**水利公园**，全长8公里的游览线路串起了天下第一等、欢乐岛、黄河风情园、黄河水坛等众多景点。建议乘坐观光车或租辆自行车一路骑行，也可以乘坐游船来一次短暂的黄河水上游。

三盛公水利风景区距城区约3公里，没有公交车到达，打车过去一般10元。

### 食宿

城区住宿地以商务酒店为主，**信息商务宾馆**（☎421 5899；东风街路口；标双 118~138元；❄📶P）距火车站只有5分钟步行距离，房间较大，卫浴设施较新，提供免费矿泉水。**三盛公假日酒店**（☎445 6588；彦高勒镇拦河闸旁边；标双168元；❄📶🅿）位于黄河边上，环境清幽，房间性价比较高。步行可至三盛公水利公园，但距城区较远，更适合自驾旅行者。

当地最有名的特色菜要属河套硬四盘，它还入了县级非物质文化遗产名单，由红烧扒条肉、黄焖鸡块（酥鸡）、清蒸羊肉、牛肉丸子四道菜组成，各有各味，每道菜的分量挺足，人少就只能选其中一两样尝尝。**河套硬四盘**（☎137 8958 3058；美丽园小区门口；人均45元；⏲11:00~21:30）是当地较出名的一家专做硬四盘的饭店，服务挺好，也有其他炒菜。三盛公水利风景区外黄河边有大排档，主打黄河烤鱼和烧烤，夏天的晚上，适合在这里吃吃烧烤看看风景。

## 实用信息

### 旅行社

**农垦情旅行社**（☎426 8588；县政府西侧中国人寿保险楼下）也是磴口县旅游集散中心，提供旅行线路咨询和包车服务，轿车一般350元/天；如果要去阴山岩画，必须包越野车前往，往返一般750元。

## 到达和离开

### 火车

**巴彦高勒站**（☎222 4804；巴彦高勒镇）位于包兰铁路线上，每天有五趟列车经停，去往临河与乌海、银川非常方便。

### 长途汽车

**磴口客运站**（☎421 5424；巴彦高勒镇贺兰路河套大市场南）有发往临河（7:00~17:30，流水发车；14元；约1小时）、乌海（7:30~15:20，约45分钟1班；30元；约2小时）、银川（9:50，10:45，12:00；60元；约3小时）等地的班车。

## 当地交通

磴口城区不大，出租车不打表，一般5元/人。去5公里外的黄河三盛公水利公园10元/人。

# 乌梁素海

（乌拉特前旗；门票30元）黄河在200多年前的一次改道，为乌拉特草原留下了一片长约2公里的河道，形成了现在的乌梁素海。每年有数百万只候鸟来此栖息和繁衍，乌梁素海也因此成为亚洲最大的鸟类中心之一，不少人专程来到这里，只为追寻迷人而优雅的疣鼻天鹅。

景区所包含的只是乌梁素海东南边的一部分，波光粼粼的湖面上生长着茂盛的芦苇和蒲草，一条木头栈道绕过一片片芦苇荡延伸至湖中，漫步其上，可以看到水鸟出没于芦苇之中。栈道尽头就是码头，可以乘坐快艇和水上摩托艇深入芦苇荡中，或者体验在湖面上疾速飞驰的快感。

景区内有水上餐厅，提供388元一桌的“全鱼宴”，适合4~6人；如果人少也可以选择炒菜。除非你是喜欢“打鸟”的摄影爱好者，否则没有在景区逗留一晚的必要，游玩之后可当天返回临河或者前往包头等地。

从2017年起，乌梁素海在1~3月会举行国际冰雪旅游节。除了冰雕展览、民族服饰展演、冰雪游乐活动外，还会在湖面上开辟专门的冬



## “打鸟”小贴士

- 每年4月至10月初是乌梁素海观鸟的最佳时间，稍加注意就能发现大天鹅、疣鼻天鹅、白琵鹭、斑嘴鹈鹕等珍稀鸟类。拍鸟的最佳时间段是4月、5月和10月初。
- 想拍到更多鸟类，最好自驾前往，沿着湖区周边多跑几个地方，寻找更多观鸟拍摄地点。光在景区内晃悠收获不会太大，必要时还需在湖边扎好帐篷，耐心守候。
- 接近鸟类时不要穿颜色鲜艳（如红、黄、白色）的衣服，尽量不干扰鸟的生活，不要破坏鸟的生存环境，更不能进入鸟类繁殖地。
- 相机脚架一定要带，镜头最好带600mm或800mm超长焦定焦头，此外70—200mm变焦头也是很好的选择，能使拍摄到的画面更紧凑。在拍摄鸟类飞翔、戏水等动态场景时，最好采用追随拍摄法，快门速度至少在1/1000秒以上。拍摄时要注意避免阳光过强，否则形成的反差太大，不容易体现出鸟羽的质感。

捕区域，让旅行者体验传统的冬捕奇观。

乌梁素海位于乌拉特前旗北边20公里处，可在临河汽车站乘坐班车（6:40~17:50，共14班；28元；约2小时）到达，前旗汽车站返回临河的最后1班车是18:30。下车后在前旗客运站包出租车（往返约80元）去景区约30分钟即到。乌兰铁路、临策铁路列车经停乌拉特前旗火车站，从临河或包头乘坐火车到达更为便捷省时。前旗火车站前有6路公交车（7:00~18:30，30分钟1班；5元；约40分钟）可以直接到达景区。

# 乌海

## 乌海市

“乌海，乌海，乌金之海”，1976年周恩来为这个在煤炭产业上建立起来的小城题下了这个名字。黄河拐出的“几”字形经过乌海，黄河水从城区穿行而过，黄河西岸以外就是阿拉善盟乌兰布和沙漠。在城市转型的过程中，乌海自然做起了黄河与沙漠的文章，走在滨河大道上，湖光山色与现代建筑相交，你很难相信这是一座西北小城；青山翰墨园、中国当代书法艺术馆、书法广场的建成更使这座工业城市摇身一变成了中国书法城。便利的交通和城市文化氛围，湖沙相连的乌海湖和神秘的桌子山岩画正吸引着更多旅行者的到来。

### 景点

**乌海湖** 湖泊

（☎261 8509；海勃湾区西边，滨河大道14号；环湖观光游船票80元，儿童60元，芦苇荡观光沙漠体验游船票160元，儿童120元；⏲5月1日至10月31日）壮观的黄河海勃湾水利枢纽将流经市区的黄河拦腰截断，“拦”出了水面辽阔的乌海湖，湖的对面就是与阿拉善沙漠相连的沙丘，形成了城市边缘湖沙相连的独特景色。漫步滨河大道，能看到一半湖水一半黄沙的美景。滨河大道上的一号码头相当气派，从这里乘坐游船穿过芦苇荡，登上湖对岸的沙丘，可以体验在沙漠中看海的感觉。沙漠游览区则有沙漠越野（150元/人）、全地形车自驾（300元/人）等游乐项目，如果你还没有去过沙漠，不妨尝试在沙丘上撒一回野。

乌海湖一号码头位于滨河大道中段，市区乘坐25路公交车可到。

**蒙古族家居博物馆** 博物馆

（见275页地图；海勃湾区滨河大道西侧；免费；⏲9:00~11:30，15:00~17:30，周一闭馆）从建筑外形上看，你很难发现这几个巨大的“箱子”与蒙古族有什么关系，但门前草地上摆放的木头勒勒车，又向人们显示了其蒙古族家居博物馆的身份。这座博物馆藏身于滨河绿化公园中，



**不要错过**

**滨河大道骑行**

黄河由南向北穿过乌海城区，西岸的滨河大道上集中了这座城市大部分文化场所，设计新颖的建筑物和河滨风光相辅相成，形成一道亮丽的风景线。建议花一个下午加傍晚的时间，骑一辆共享单车，来一次愉快的滨河大道骑行。起点可以是滨河大道北端的**蒙古族家居博物馆**（见274页），沿滨河大道一路往南，乌海湖宽阔的水面就在你身侧。**乌海湖一号码头**（见275页地图）有休息区和观景点，可以在这里凭栏眺望对面的葫芦岛和远处的沙丘。再往南骑行约5分钟，有座圆形的建筑物是乌海市旅游服务中心，**阅遇书吧**（见276页）奢侈地占据了二层空间，在三楼环形平台上可以看到远处的甘德尔山和乌海湖全景。中心东边就是书法广场和气派的**当代中国书法艺术馆**（见275页地图），不妨进去了解一点中国书法的历史。

滨河大道南端是乌海华丽建筑的中心，宏伟的**乌海市文化中心**（见275页地图）是“天圆地方”的造型。继续向前，如花瓣般绽放的是**乌海科技馆**（见275页地图；滨河大道3号；⏲9:00~11:30，15:00~17:30，周一、周二闭馆），它的形状是模仿乌海地区特有的国家珍稀植物四合木设计而成的。从这里绕过乌海学院，南边是狭长的甘德尔河，河上有华丽的音乐喷泉。如果是傍晚，音乐喷泉的灯光映衬着远处甘德尔山上巨大的成吉思汗像，令人难忘。

## 乌海城区

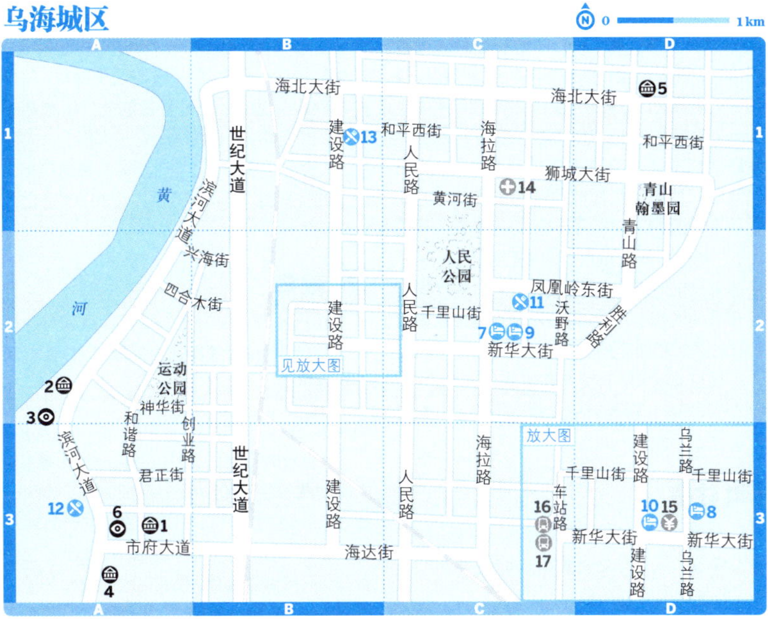


四个展厅展出了蒙古族传统的家具、生活器皿和服饰等展品。不要错过的是第三展厅里那幅"大世界吉尼斯之最"巨型成吉思汗像，近看才恍然大悟是一幅羊毛手工栽绒的挂毯。

博物馆位于滨河大道北，市区乘坐15路公交车在蒙古博物馆站下车即到。也可将其纳入你的滨河大道骑行计划中。

### 召烧沟岩画博物馆　岩画

（市区东南15公里处，召烧沟西口；免费）说是岩画博物馆，其实就是半山坡上的一个简易大棚，棚内摆放着近年来从周边几条沟中收集而来的岩画石头。桌子山属于贺兰山北部余脉，在分布其间的六条山沟中都发现了新石器时代北方游牧民族的岩画遗迹。其中一幅放出射线状光芒的人面像被称为太阳神，已被乌海政府当作城市图腾，你在煤炭博物馆和乌海市博物馆里都能看到它的复制品。

召烧沟岩画博物馆位于城北15公里处的山中，只能包车前往（80元左右）。我们调研时博物馆没有对外开放，管理员会向你要介绍信，多说几句好话，可以进去看看。

### 乌海市煤炭博物馆　博物馆

（见275页地图；海勃湾区双拥街南面，神华

### 乌海城区

**景点**

1 当代中国书法艺术馆……A3
2 蒙古族家居博物馆……A2
3 乌海湖一号码头……A2
4 乌海科技馆……A3
5 乌海市煤炭博物馆……D1
6 乌海市文化中心……A3

**住宿**

7 乌海途家斯维登度假公寓……C2
8 新新国际青年旅舍……D3
9 星程酒店……C2
10 亿信国际酒店……D3

**就餐**

11 托娅奶茶馆……C2
12 阅遇书吧……A3
13 正宗黄渠桥马武羊羔肉……B1

**实用信息**

14 乌海市人民医院……C1
15 中国建设银行……D3

**交通**

16 乌海火车站……C3
17 乌海客运站……C3

墨玉广场内；免费；⏲9:00~11:30，15:00~17:30，周一闭馆）如果“煤”只能让你联想到煤老板的话，不妨来这里普及一下煤矿产业知识，以及“因煤而生”的乌海城市史。博物馆不大，却有个奇特的外形，像一粒巨大的矿物晶体。两层展厅中一楼是有关煤的科普知识，可见识到不同地质年代形成的煤炭实体——这些看似全是黑色的“金子”原来还有十几种分类。二楼以乌海城市发展为主题，馆中陈列了从清末民国时期小煤窑挖掘到今天现代煤矿业开采的实物与图片，可以对比这座工业城市昔日的辛酸和如今的繁华。

城区乘坐6路公交车在平安家园站下，首先看到的是一辆老旧的运煤火车车头，博物馆就在它后面。

## 住宿

乌海的城市建设不输内地，住宿条件也令人满意。从火车站延伸出来的新华街上集中了各种档次的住宿地。

### 乌海途家斯维登度假公寓 酒店式公寓 ¥¥

（见275页地图；☎312 3222；新华东街16号通用时代广场A座；复式套间 298元起；❄📶🅿）保持着途家酒店的优质品质，房间皆为复式，下层为客厅，上面是卧室，还有厨房，房间设施齐全，巨大的沙发和厚实的大床保证能让你睡上一个好觉，尤其适合一家人入住。地处繁华商圈，距火车站较近，出租车起步价可至。在官网上预订可能会有折扣较大的特价房。

### 星程酒店 快捷酒店 ¥¥

（见275页地图；☎316 6668；新华东街16号通用时代广场C座；标双 160元起；❄📶🅿）同样的价格在大城市只能住汉庭，在这里却能享受到更好的房间和设施。酒店服务周到，早餐品种较为丰富，大堂商务区还提供免费茶水、阅读、打印等服务。

### 亿信国际酒店 酒店 ¥¥

（见275页地图；☎204 8888；建设路1号；标双298元起，家庭房 338元；❄📶🅿）紧挨火车站，出站步行可达。房间面积很大，内部装修精致，各项设施配备齐全，包括直饮水龙头、冰箱、加湿器，以及品种齐全的免费茶包、饮品，是性价比较高的入住选择。

### 新新国际青年旅舍 青年旅舍 ¥

（见275页地图；☎697 4888；乌兰北路2号；铺 30~40元；❄📶）在一幢四层小楼里，门口挂有YHA标志，一楼是舒适的公共区域和小酒吧，提供简餐、咖啡等。有三人间、六人间等。从火车站步行可至。乌兰街上餐馆挺多，晚上的烧烤排挡生意特别好，住在这里，出行就餐很方便。

## 就餐

在这座新兴移民城市，美食也来自四面八方，河套菜和蒙餐在这里都能找到，西餐和自助餐也颇受当地人追捧。

### 阅遇书吧 中餐 ¥

（见275页地图；☎2791888；滨河大道书法广场，乌海市旅游服务中心；人均30元；⏲10:00~22:30）一楼大厅是乌海市旅游文创产品展示区，二楼环形书架上有上万册书籍取阅，三楼露台有乌海湖景相伴，这家书吧的就餐环境一流，适合舒适地消磨时光。提供西式简餐和各种饮品，有可爱的手绘菜谱。傍晚时分在三楼吃饭，可以欣赏到湖面落日和甘德尔山夜景。

### 托娅奶茶馆 蒙餐 ¥¥

（见275页地图；☎138 4733 2889；大庆北路近凤凰岭东街，陶然尚品东门北20米；人均 60元；⏲7:00~14:00，17:00~20:30）装修带有浓郁的草原风，供应蒙古早茶和手把肉、水煮羊肉等地道蒙餐。早餐可以要碗奶茶，再配上其旦子（面粉加鸡蛋炸制）或者来份酸奶拌炒米（18元）。

### 正宗黄渠桥马武羊羔肉 蒙餐 ¥¥

（见275页地图；☎205 6899；建设北路三金B区东门向北100米；人均 70元；⏲10:30~22:00）要品尝地道的乌海特色菜，黄渠桥羊肉不能错过。这条路上有三家同名的“黄渠桥”清真店，这家人气最高，注意地址，不要走错了门。当地人最爱的吃法是爆炒羊羔肉、生炒羊肉片等，一斤足够两个人吃了。

## 实用信息

### 医疗服务

**乌海市人民医院**（见275页地图；☎203 4725；海勃湾区黄河东街29号）

## 乌海客运站车次时刻表

| 站点 | 发车时间/班次 | 票价（元） | 行程（小时） |
|---|---|---|---|
| 临河 | 7:40~18:00滚动发车 | 49 | 2.5 |
| 巴彦浩特 | 7:50，8:30，9:20，10:30，13:00，15:30，16:50 | 46 | 2.5 |
| 呼和浩特 | 9:20，11:00，14:00，15:30 | 139 | 10 |
| 东胜 | 7:30~13:40每小时1班，15:30，17:20 | 92 | 7 |
| 银川 | 7:40~10:1050分钟1班，16:00，17:10，18:30 | 49 | 2.5 |

### 银行

五大国有银行和24小时ATM机在乌海城区随处可见。

**中国建设银行**（见275页地图；新华西街支行；新华西街29号；⏲9:00~17:00）

## 到达和离开

### 飞机

**乌海机场**（☎299 6823；海勃湾区机场路，乌海市以北15公里）有飞往北京、广州、呼和浩特、上海、西安等地的航班。

### 长途汽车

**乌海客运站**（见275页地图；☎车站南路16-5号，火车站南侧）每天有发往临河、东胜、呼和浩特以及银川等地的班车。车站旁边有乌海市旅游集散咨询中心，有周边一日游线路，但主要是去银川沙坡头等地。

### 火车

**乌海火车站**（见275页地图；☎222 9411；车站路与新华大街交会处）位于乌兰铁路线上，每天有多趟列车经停，到临河、包头和银川等地更为便捷。

## 当地交通

### 抵离机场

机场离市区15公里，市区打车过去一般50元，20分钟可达。火车站门前有机场大巴（☎133 9473 0200；10元），随航班发车，可致电司机确认具体时间。

### 公交车

公交车路线基本覆盖城区（1元；6:50~18:40），乌海湖、书法广场、煤炭博物馆、蒙古族家居博物馆等地都有公交车可到。

### 出租车

出租车起步价5元，2公里后1.5元/公里。夜间（22:00至次日6:00）加收25%车费。

记事本

# 了解内蒙古

**今日内蒙古**......280

如今的内蒙古正在经济转型中寻求发展。旅游业备受期待，越发密集的高速交通网也正在改善旅行者的体验，但工业仍是主动力，游牧文化与生态环境的保护都任重而道远。

**历史**......282

在这片广袤的土地上，从古至今曾活跃过数十个马背上的民族，他们与中原王朝恩怨不断，在持久的边疆拉锯战中，草原文化与中原文化也彼此浸染。伟大的草原领袖成吉思汗和他的后代子孙由此出发，开创了横跨亚欧大陆的超级帝国。

**内蒙古人**......291

无数支游牧部族都曾在此繁衍生息，在争斗与交流之中，不同民族互相学习吸收、兼容并蓄。有些民族最终融入了中原汉族，有些民族如蒙古族，则继续在草原上书写属于本民族的游牧文明史。

**建筑和艺术**......296

蒙古包、木刻楞和撮罗子这些典型的少数民族民居充满了生活智慧。蒙古族题材的文学和影视作品都离不开草原。在辽阔无边的草原上，歌舞消除了许多孤寂，也是草原民族的天赋之一。

**饮食**......300

内蒙古饮食保留了较多的草原游牧时代的特征，看似简单粗放的饮食习惯，其实包含着一套完整和考究的方法。除了传统蒙餐，各地区也都融合了不少汉族的饮食特点。

**环境**......304

绿色的草原和森林，蓝色的河流和湖泊，黄色的沙漠和戈壁，黑色的山脉与矿产，这些元素共同构成了内蒙古大地上丰富多彩的景观。然而美好的背后也有不能回避的环境危机。

# 今日内蒙古

**面对长期的资源消耗与加速的生态破坏，如今的内蒙古开始在转型中寻求发展。作为新兴产业之一的旅游业备受期待，越来越密集、高速的交通网也大大降低了旅行者的探索成本。然而，在工业仍是主动力、旅游建设未成熟、环保意识有待提高的当下，原本脆弱的自然生态要得到根本性改善，还有很长的路要走。**

### 阅读内蒙古

**《蒙古秘史》**（成书于13世纪）蒙古族的"史书"，记录了成吉思汗的祖先、成吉思汗的一生及窝阔台继位后的历史。

**《黑骏马》**（张承志著）乌珠穆沁草原上的故事，当两小无猜遭遇新文化，时代新人和传统女性有了不同的命运走向。

**《原野上的原野》**（鲍尔吉·原野著）与歌手腾格尔、画家朝戈并称为文艺界"草原三剑客"的蒙古族散文家，文字中饱含着对草原的深情。

**《额尔古纳河右岸》**（迟子建著）通过使鹿鄂温克族最后一位酋长的自述，道出了该民族的生存现状。

### 内蒙古影像

**《狼图腾》**（2015年）改编自同名小说，法国导演让·雅克·阿诺执导，反映了20世纪60~70年代内地知青在草原与牧民、狼的故事。可结合记录幕后的《狼踪》一同观看。

**《成吉思汗》**（2000年）中国历史剧精品，比较完整、真实地展现了铁木真传奇的一生。

**《季风中的马》**（2005年）加速城市化的大背景下，在日渐沙化的草原上，一个普通游牧家庭的选择。

## 经济转型新尝试

"天赋异禀"的内蒙古曾经依靠丰富的地矿资源迅速崛起，但过于依赖资源、"挖煤卖煤挖土卖土"的传统发展模式很难再创经济神话，严重依靠矿物和畜牧业的经济结构也对生态造成了一定破坏。近年来，内蒙古开始尝试走一条转型之路：坐拥稀土矿的包头着手研发、生产应用更广泛的稀土新材料，"草原煤城"郭勒利用煤电铝一体化等推动老工业基地向清洁能源基地转型，一度大起大落的鄂尔多斯除了同样对能源进行深加工，还试图在休闲产业上做文章，顺便将加速"去库存"的大业寄托在养老地产、休闲地产上。

鄂尔多斯不是孤例，事实上整个内蒙古也都在朝着"全域旅游、四季旅游"转型。除了草原观光，像克什克腾地质公园、呼伦贝尔冰雪那达慕、中蒙俄边境风情等都得到了更多推广，以期实现更持续的经济增长。

然而经济转型不可能一蹴而就。内蒙古东西部发展不均的状况仍在继续，拥有先发优势的呼包鄂地区依旧是全区纳税大户聚集地；伴随着"退牧还草"政策发展起来的草原旅游日趋同质化，区域内竞争越发激烈，真正获益者只是少数，而没有得到足够重视与开发的游牧文化却在禁牧令中渐行渐远。如何走得好又远，仍是这个资源大区需要权衡的问题。

## 交通助力旅游

催熟旅游业自然需要交通作为保障，这一点在横跨东北、华北、西北三大区的内蒙古显得尤为重要。至2016年乌兰察布集宁机场建成为止，内蒙古12个盟市均已设有民航机场，在拉近区内东西部距离的同时，也与国内外上百座城市实现了通航。

铁路方面除了规划新线，还有一系列前往草原、边境或沙漠胡杨林的旅游专列应季运营。整体也在提速升级：2017年8月呼张高铁乌兰察布至呼和浩特东段的正式开通，意味着内蒙古已迈入“高铁时代”。

此外，公路网也在日益完善。2017年G7京新高速的全线通车，令进入阿拉善地区的交通变得更为便捷。为了提高景区的可达性，内蒙古还加快了旅游公路的建设，通辽就在2015年启动了500公里景观大道建设项目，沿途还特别设置了多处自驾车露营地。2014年启动的“十个全覆盖”工程大体实现了“村村通水泥路”，无论在巴丹吉林沙漠腹地还是乌拉盖草原周边，探索那些相对偏远质朴的小村庄都变得不再那么困难了。

不过以上种种交通方面的改善，仍然难以满足单枪匹马的背包客。多数时候由于“风景在路上”，乘坐班车的旅行者很难获得最佳的观景体验；除了城市景点和较知名的郊区景观，前往景区的“最后N公里”也常常缺乏便捷的公共交通（尤其是在淡季），如果不想步行，包车或搭车几乎就是仅剩的选择。

## 尴尬的生态保护

超速上升的经济热潮退去后，可持续发展成为新的关键词，内蒙古近五年来在生态保护上的努力也已初见成效。科尔沁沙地在全国四大沙地中率先实现了治理速度大于沙化速度的良性逆转；2017年在鄂尔多斯召开的《联合国防治荒漠化公约》第十三次缔约方大会上，库布齐沙漠的治理方案也首次得到了国际社会的认可；一度干涸的额济纳居延海在人工补水下重获新生，2017年东居延海的面积升至66.3平方公里，达到了一百年来的最大值。

然而利益与保护的矛盾依旧存在。2016年中央环保督查组在对内蒙古全区调研后发现，89个国家级和自治区级自然保护区中近半数都有违法违规情况，矿山环境的治理也普遍没有进展。煤化工、电解铝之类企业偷排污水、污染大气等问题仍难以遏制，偷猎野生动物事件也屡禁不止。2016年，200多只小天鹅在正蓝旗的洪图淖尔湖被人为毒杀，原因只是黑市上能卖出好价钱。

此外，不仅连年频发的大旱大涝令原本脆弱的环境饱受摧残，大力推进的旅游业也给自然生态带来了新的压力，这在草原上体现得尤为明显。由于景区建设赶不上外地游客的涌入速度，频繁的草原游乐活动、车辆的随意行驶都威胁到草原植被和野生动物的生存。利益当前，生态保护任重而道远。

## 快速参考

人口：2511万

面积：118.3万平方公里

国内生产总值GDP（2016年）：18,632.6亿元

GDP年增长率：7.2%

国内入境游客数（2016年）：9628万人次

海外入境游客数（2016年）：178万人次

## 要和不要

- 要在旅途中节约用水
- 要在拍摄他人前征得其同意
- 要保管好自己的随身物品
- 不要在草原、沙漠、森林中留下垃圾
- 不要扒桦树皮
- 不要和陌生人喝酒

## 网络资源

- 内蒙古草原文化保护发展基金会（www.gccd.org.cn）有大量与内蒙古景点、非物质文化遗产、草原习俗等相关的图文资料。
- 正北方网（www.northnews.cn）内蒙古人的新闻主页，号称内蒙古点击量最高、影响力最大的综合门户网站。
- 蒙古音乐网（www.mglmusic.cn）“让世界聆听草原”，可以对蒙古族音乐有比较全面的了解，有同名微信公众号可查阅。

# 历 史

从古至今，内蒙古都与民族、边疆和争战密不可分。这里先后活跃着数十个马背民族，在漫长的岁月里与中原王朝恩怨不断：和平时期可以贸易往来，甚至结为亲家；一旦冲突发生，小则战争，大则亡国。在这场旷日持久的边疆拉锯战中，草原文化与中原文化彼此浸染，守边防御的长城逐渐延伸成了今天的东方奇迹，而在这里诞生的伟大领袖成吉思汗，更是与后代子孙共同开创了一座横跨亚欧大陆的超级帝国。

几千年来，这里孕育了游牧民族对水草丰美的眷恋、对稳定富饶的向往。随着与中央政府的关系日趋稳定，内蒙古最终成为中国第一个少数民族自治区。

## 远古的生命

兴隆洼文化、赵宝沟文化、小河西文化、小河沿文化四种史前考古学文化均首次发现于赤峰敖汉旗，并因地得名，如此密集十分罕见。

根据北魏地理学家郦道元的著作《水经注》中的记录，内蒙古考古工作者在西起阿拉善、东至乌拉特的范围内，发现了长达300公里的阴山岩画。这些岩画中有些甚至可以追溯到漫长的史前时期，简单的几笔勾勒呈现出了原始居民狩猎、祭祀、舞蹈等丰富的生活内容。事实上岩画出现在阴山并非偶然：这条横亘在内蒙中部、东西绵延上千公里的山脉，如屏障一般阻挡了南下的寒流与北上的湿气，为阴山南部提供了关键的生存条件。据考证，内蒙古境内最早的人类活动就在阴山山脉中段大青山的南麓：呼和浩特市北郊大窑村的一处大规模石器制造场足以说明，早在数十万年前，北方草原上就已有了原始人类的身影。

而在进入新石器时代之后，内蒙古地区的远古先民变得越发活跃，200多处遗址主要分布在东南部的西辽河流域以及中南部的沿黄流域、环岱海地区，一系列考古学文化在这里“百花齐放”——其中就包括在赤峰红山发现的、象征着步入初级文明社会的红山文化，被誉为“中华第一玉龙”的猪首龙形的玉制“C”型龙也在这一带出土。

## 大事年表

| 约公元前4000年 | 约公元前2000年 | 约公元前1000年 |
|---|---|---|
| 以西辽河流域为中心的红山文化诞生，以农业为主，牧、渔、猎并存，属于新石器时代文化。 | 位于今赤峰地区的夏家店下层文化诞生，那里出土的青铜器有些纹样与商代青铜器相似。 | 周代统治时，相传北方有东胡、山戎等民族活动。 |

## 春秋战国的交锋

“胡”在汉语中有外来之意，中原也会将外族称为“胡人”，尽管这个字的来源仍然存疑，但可以确定的是，活动在滦河中上游及其东北部的古老游牧民族“东胡”正是春秋战国时期中原政权防范的主要外敌之一。在很长的一段时间里，东胡都拥有较强的实力，当这个民族试图南下扩张之时，紧邻着的燕、赵二国自然首当其冲。

因此，在某种意义上，战国时代赵武灵王“胡服骑射”的故事，多少也出于迫不得已：面对强大的草原劲敌，中原将士不得不学习对方短窄合身便于征战的服饰，以及骑马、射箭等能够平等对抗的武艺。开创性地编入骑兵阵营的赵国军队不仅有效抵挡了东胡的侵扰，还打败了活动在今天鄂尔多斯高原东部的林胡、楼烦两个游牧部落，在今呼和浩特托克托县建立起了云中城，成为有记载以来蒙古高原上的第一座封建城市。

而饱受东胡打击的燕国，在以人质身份久居东胡的大将秦开的率领下，于公元前300年一举击败了东胡，迫使对方向北撤回千余里。到了战国晚期，东胡逐渐衰弱；与此同时，草原上另一个游牧民族——匈奴正快速成长起来，并在不久之后第一次实现了草原上的“大一统”。

### 内蒙古的长城

提到万里长城的时候，很多人会联想到民间故事里让孟姜女的丈夫送了命的秦长城，不过事实上在那之前的周朝，就已有了用长城抵挡外族入侵的先例。战国七雄中腹背受敌的赵国在修筑了防御魏国和齐国攻击的“赵南长城”之后不久，便为应对北面的胡人又建起一座“赵北长城”——自兴和西行，经察右前旗至呼和浩特，沿着大青山到达包头，再越昆都仑河绕乌拉山而进入后套平原，然后隐于狼山之中。如今，这段古长城遗迹时断时续，逶迤曲折，全长200余公里，甚为壮观。

同样，位于中原北部的燕国也在打败东胡后辟地一千多里建起了长城，以防东胡的再度南下。这段“燕长城”横跨内蒙古东北地区，西起河北省张家口市，沿燕山北麓，东经内蒙古正蓝旗和多伦县南部，再由河北省围场县进入内蒙古赤峰市、敖汉旗，最后直抵辽东。

此后，历代君王几乎都会对长城进行加固或增建：在今天的内蒙古，除了燕赵长城，还留下了秦、北魏、金等多个时期修筑的长城遗址。据内蒙古自治区文物局2016年的统计发布，内蒙古拥有中国最多、最集中、种类最全、内容最丰富的长城古迹，总计7570公里，超过总长度的三分之一。

| 公元前221年 | 公元前209年 | 公元前119年 | 386年 |
|---|---|---|---|
| 秦始皇统一天下，大将蒙恬击退匈奴，夺取河套地区，置九原郡，并修筑秦长城。 | 匈奴建立了北方民族第一个国家政权。 | 卫青、霍去病大破匈奴，迫使其统治中心退至漠北，此后渐渐式微。 | 拓跋鲜卑建立北魏，是南北朝时期北方最重要的力量，定都盛乐（今和林格尔县北）。 |

## 北方草原第一个国家政权

匈奴与韩、赵、魏、燕、齐五国军队共同攻秦的公元前318年，是“匈奴”这个名字最早出现在古代文献中的年份。到了战国末年，匈奴逐渐壮大，秦国一度深受其扰。不过这样的情况很快就在匈奴的“死对头”秦国将军蒙恬的麾下宣告终结：公元前215年，匈奴大败，此后5年不敢再犯中原。

然而，随着蒙恬去世，冒顿单于即位，匈奴成为草原上不可忽视的一支力量，公元前209年更建立起了北方草原上的第一个国家政权。汉初时期的匈奴不仅南下击败了汉高祖，并且在东西拓疆上颇有成就——东进彻底击溃东胡使其退回大兴安岭一带，西边则打败了河西走廊的月氏，占得今天阿拉善盟的大片地区。为了加强统治，匈奴还把全部领土分为左、中、右三部。今天呼和浩特平原和乌兰察布市中部，就是匈奴最高首领单于的游牧地。

近年在阿拉善地区多处发现与匈奴相关的岩画、汉简、石刻、古城等历史遗存，还有说法认为，匈奴南下河西走廊经过的“居延”，其地名正是匈奴语的音变。

有畏于此的汉王朝只能采用和亲的政策，并且每年向匈奴输送大批财物。但这毕竟不是长久之计。终于在公元前121~119年，以一句“匈奴未灭何以为家”闻名于世的霍去病用实际行动做出了表率：三次征战匈奴，最后一次乘胜追击至今蒙古国境内，获得了对匈奴作战以来最大的一场胜利。

前后长达130多年的汉匈战争让匈奴备受打击，除了归降的一部分，剩下的基本都迁往漠北，即今蒙古国中部。到了公元46年前后，匈奴国内发生严重的自然灾害，人畜饥疫，死亡大半，匈奴内部政权也变得动荡不安。公元48年，匈奴内部分裂为南北二阵，南匈奴南下归附东汉，并帮助东汉

### 单于和亲，昭君出塞

1954年，包头市郊出土了一块汉瓦当，上有“单于和亲”四个篆字。“单于”是匈奴首领的称呼，顾名思义，和亲即汉朝将宗室女子嫁与少数民族首领为妻，以换取两族友好、边疆和睦。如果说西汉初年的和亲是汉王朝的委曲求全，那么到了汉武帝大破匈奴之后，和亲则更多意味着匈奴向汉王朝的臣服。

这一时期最著名的和亲远嫁者当属王昭君，诗人还为她留下了“千载琵琶作胡语，分明怨恨曲中论”的悲怆诗句。不过昭君在塞外并非郁郁寡欢，她参与政事，调和汉匈矛盾，与丈夫相处和睦，深受当地人民的爱戴。她一生再未回归故乡，死后也葬于匈奴故地，你可以在今呼和浩特市郊找到她的青冢。

**630 年**

唐灭突厥，内蒙古境内各族归附唐朝。后来，唐设燕然都护府，后更名为瀚海都护府，管理蒙古高原地区。

**916 年**

契丹首领耶律阿保机称帝，定都临潢府（今巴林左旗）。公元947年改国号为大辽。

**1038 年**

党项族李元昊建西夏。

**1115 年**

女真族完颜阿骨打建立金国。金于1125年灭辽，1127年灭北宋。

攻伐北匈奴。所谓屋漏偏逢连夜雨，就在这个时候，倒霉的北匈奴还遭遇了草原上的另一支强敌：鲜卑。

## 入主中原，移风易俗

还记得溃败后逃入大兴安岭的东胡吗？它并没有消失：余部分为两支，一支退到乌桓山，被称为“乌桓”，而另一支退到鲜卑山的就成了“鲜卑”。乌桓在东汉的优抚下，大部分都南迁归附了汉。鲜卑在追击北匈奴迫使其西迁之后，便占据了内蒙古的广大地区，实力大增，在公元147~167年逐渐统一了大漠南北。

西晋末年“八王之乱”发生后，晋室遗族迁往南方建立了东晋，鲜卑与匈奴、羯、氐、羌等北方游牧民族趁机进入中原。而这一时期，鲜卑内部也分裂为东鲜卑、北鲜卑和西鲜卑三大支部：西鲜卑进入今天的青海发展出了后来的吐谷浑，与东鲜卑在很大程度上参与制造了混乱的“五胡十六国”；而北鲜卑就是在历史舞台上一度大放异彩的拓跋鲜卑，公元386年还建立起了中国历史上首个统一中原的少数民族政权——北魏。

在锡林郭勒等地的草原上，常见有竖立的石刻人像。它们一般由天然大石块雕成，这些是突厥人的遗物。突厥人崇尚战功，有战功的人死后要祭祀，于墓前树立石像供人纪念。

然而，拓跋鲜卑也是将游牧民族特性放弃得最为彻底的民族。尤其在北魏孝文帝时期，为了维稳强制汉化，鲜卑族禁胡服、断北语、崇佛教，逐渐融入汉族。孝文帝还下令将国姓拓跋改为元姓，后世写下“曾经沧海难为水”与“问世间情为何物”的两位文学家元稹和元好问，正是鲜卑拓跋氏的后人。尽管“孝文汉化”对于推动民族融合有着莫大的意义，但在当时而言，这样大刀阔斧的改革反而引来了保守派的不满，从而导致北魏的内部分裂以致于灭亡。不过北魏并非只有内忧，它在很长一段时间里同样面临着外患，而其中最难对付的一支，便是柔然。

## 柔然与突厥的反抗

若是追根溯源起来，你会发现柔然与北魏之间几乎就是天生的敌人——柔然的始祖最初是拓跋鲜卑的奴隶，这层阶级关系注定了抗争的爆发。

在拓跋鲜卑入主中原之后，柔然打了个翻身仗，实力最强盛时活动范围之大，北至贝加尔湖，南接西拉木伦河，东到大兴安岭，西及伊犁河流域，几乎横扫中国大漠南北和西北广大地区。在相当长的一段时间里，柔然都是北方唯一能与中原王朝抗衡的游牧民族政权。中国古代民间传说中代父从军的花木兰，所应对的敌人正是柔然。

| 1206 年 | 1219 ~ 1227 年 | 1227 年 | 1260 年 |
| --- | --- | --- | --- |
| 铁木真建蒙古国，称“成吉思汗”。 | 成吉思汗西征，西越里海、黑海，深入俄罗斯，并向欧洲腹地挺进。 | 成吉思汗西征西夏，是年卒，其子窝阔台继任汗位。 | 忽必烈于上都登基成为大汗，陆续灭金、大理、南宋。 |

不过正如花木兰的凯旋结局所昭示的，柔然并未敌过北魏大规模的进攻，不得不息事宁人。而历史总是惊人地相似，不久之后，曾为柔然锻铁的“锻奴”——突厥——联合其他被奴役的部落发起了反抗斗争，并且在这一次成功实现了反扑，柔然汗国终于消解在了历史的尘埃中。6世纪中叶时，突厥就成了蒙古高原新的主宰者。

然而，好景不长，在隋朝的离间之下，突厥很快分裂为东、西两部。东突厥选择归附隋朝并助其攻打西突厥，获得一时的赢利，但在对抗盛唐军队时终究不是对手，不得不对唐朝俯首称臣，即便后有复兴，仍只是昙花一现。唐太宗时，可谓突厥故土尽为唐有。



## 铁与金的较量

《天龙八部》中，男主角乔峰即是宋辽争斗的牺牲者，书中也提到了宋、辽、女真、西夏的关系。

公元907~979年五代十国的混乱与分裂，在本质上仍是唐末藩镇割据和唐朝后期政治的延续，但也多亏了这样的动荡，北方草原的游牧民族才能有机会在南侵中发展壮大，取意如“镔铁”般坚固的契丹便是其中尤为传奇的一支。

耶律阿保机在统一了契丹各部族之后，于916年正式创立“契丹国”（后改国名为“辽”），并在918年定都临潢府（也称辽上京，位于今赤峰巴林左旗），使得蒙古草原上第一次有了游牧民族的都城。不同于此前北魏的全盘汉化，契丹民族在与中原文化的碰撞中，十分刻意地保留了自己的民族特性，帝王不常在都城、随季节四处渔猎的“四时捺钵”就是其最典型

### 历史气候与北方游牧民族南侵的关系

据南宋史籍记载，公元12世纪后半叶，都城临安（今杭州）在冬季降雪频繁，北方气候苦寒恶劣可想而知。而这一时期，正是北方游牧民族相继挥戈南下，深入中原最远的时期。契丹、女真先后建立辽、金政权与两宋长期对峙，直到蒙元完全统一中国。

根据竺可桢先生对近5000年来气候变迁的研究发现，中国历史上的几个气候寒冷期，正好对应华夏文明史上几次大规模的北方少数民族南侵时期——秦汉之际（匈奴）、南北朝时期（鲜卑为主）、两宋时期（契丹、女真、蒙古）和明末（满族）。

由于游牧民族逐水草而居、靠天吃饭，气温冷暖、降水多少都直接影响着他们的生存。一旦气候有变，他们便会失去生存的基础，势必南下越过农牧过渡带，寻找更适合的居住区域。因此，位于农牧过渡带的内蒙古地区，历史上孕育了一个又一个强悍的草原民族。他们驰骋马背，与代表极度发达的农耕文明的中原王朝对峙抗衡。

| 1271 年 | 1369 年 | 1575 年 | 1690 年 |
| --- | --- | --- | --- |
| 忽必烈改国号为大元，1272年迁都燕（今北京），称大都，政治重心始移向中原，由此北京才逐渐成为中国近800年的政治、经济、文化中心。 | 明军北伐，元顺帝逃至和林，“北元”开始。 | 阿拉坦汗定居呼和浩特，万历皇帝赐归化城名。 | 康熙帝先后三次亲征蒙古噶尔丹部，最后噶尔丹死，其部降清。 |

的体现。辽国还遵循“以本族之制治契丹，以汉制待汉人”的原则，保护契丹的固有文化与政治体制。而通过与宋朝结下“澶渊之盟”，辽宋之间还维持了一百多年的疆域和平，并与西夏形成三足鼎立之势。

1114年，原本依附于契丹的女真族决定发起反击，抵抗契丹的压迫。完颜阿骨打在统一女真各部并成功击败辽军后，于次年建立起了金朝，并携手宋国共同抗辽，不久辽亡金兴。辽上京都城仍被金继续使用，直至元末，才在战争中废弃，今天的辽上京遗址（见226页）仍是辽、金遗址中保存最完好的一处。金的统治者注重农业、手工业的发展，开始走上强盛的道路，并南迁金中都（即今北京城西南）。金在中都兴建了极为豪华的宫殿苑囿，渐渐远离了草原，然而强盛一时之后，仍未能避免遭遇更加强劲的蒙古铁蹄的蹂躏。



## 从无到有的“蒙古族”

在今天呼伦贝尔额尔古纳市境内，有个名叫“室韦”的地方，被普遍视为蒙古族的发源地，这不无道理。室韦原本是对古代一群分布于今大、小兴安岭之间的部落泛称，后来又分出了南室韦、北室韦、大室韦等多个分支，虽未在历史舞台上闪耀过，却也不曾完全灭亡。然而到了12世纪中叶，其中一支蒙兀室韦发展成了一个“蒙兀国”——尽管实质上只是诸多部落的联盟，但你大概可以从相似的读音中猜到，这正是蒙古帝国的雏形，而蒙兀国的首领，也就是成吉思汗铁木真的曾祖父合不勒汗。

这样看来，似乎应该将其称为“室韦人”，但随着越来越多语言、人种、历史渊源各不相同的草原部落的汇入，这一称呼显然不够恰当。事实上直到1206年，铁木真一统北方草原各部，在斡难河畔举行大聚会，建立大蒙古国，才有了所谓的“蒙古人”。然而，就是这样一支由四方血脉汇集而成的混血民族，却取得了草原游牧民族从未有过的巨大成就——征服了当时已知世界的五分之四。

## 空前绝后的大帝国

蒙古建国后的20年里，成吉思汗这位历史上最伟大的草原领袖，似乎从未离开过马背。他不断对金、西夏、南宋进行打击，同时一路所向披靡，西进攻占今中亚地区、西亚北部地区，直至欧洲大陆，所到之处无不臣服。即便在他1227年逝世之后，蒙古铁骑依旧横扫万里，在一次次西征南进中，创造出了一个空前绝后的大帝国，不仅开拓了发达的陆路交通，各地的经

| 1735 年 | 1776 年 | 1840 年 | 1902 年 |
| --- | --- | --- | --- |
| 雍正下令建绥远城，原驻归化城的右卫将军改驻绥远城，称绥远将军。 | 清朝平定沙俄策动的准噶尔少数贵族的叛乱，重新统一了蒙古地区。 | 鸦片战争后，沙俄通过一系列不平等条约侵占了中国大片领土，控制了蒙古地区的经济命脉，掠夺了大量的财富。 | 清政府正式推行“移民实边”政策。撤销垦禁、商禁、矿禁，允许蒙汉之间交易、通婚等。 |

### 成吉思汗法典

就在1206年大蒙古国建国后，成吉思汗颁布实施了《成吉思汗法典》（又名《大扎撒》）。法典将行政权与司法权分开，建立了一套有部落民主色彩的君主政体制度，其中反映出的两权制约的理念可以说是史无前例。

法典在元末明初的战乱中已经散失，今人根据蒙古史料中的片段将其集结成册，其中关于宗教自由、保护草原等自然资源、保护野生动物、规范信托投资等内容仍可圈可点。法国著名东方史学家鲁保罗就认为这部法典"影响了多部欧亚大陆的法典"，并称"在近一个世纪之后，曾不停地发动战争的蒙古人，却成了世界和平的推动者"。

济文化交流也得到了前所未有的繁荣发展。

对于这样一个超级大国，没有理由怀疑它的扩张能力——然而夺位之战再次上演，第四任蒙古大汗蒙哥去世之后，他的两位亲弟弟忽必烈与阿里不哥开始了较量。最终1264年忽必烈获胜，而大蒙古国也宣告分裂。1271年，继承汗位的忽必烈取《周易》"大哉乾元"之语，将汉语国号定为"大元"，并在此后不久彻底攻灭南宋，全面占领汉族地区，实现了中国的大一统。

值得一提的是，从元世祖忽必烈开始，每年冬半年（从秋分到春分）在今北京市中心位置的"元大都"理政，夏半年（从春分至秋分）则巡游到今锡林郭勒盟正蓝旗境内金莲川草原上的"元上都"（见201页）。这套"两都制"可谓南控中原、北连朔漠，为多民族的蒙元帝国的稳定打下了基础。而且对于蒙古人统治的元朝来说，上都的战略地位更胜于大都，忽必烈登基、南宋君主朝降、接见马可·波罗等重大事件均发生于此。如今元上都的遗址仍然保留在草原上，成为目前内蒙古自治区唯一的世界文化遗产。

元上都的西北面有一条铁幡竿渠，它始建于1298年，渠道宽约50米，存高2~5米，全长近6公里。这是由元代著名科学家郭守敬设计的，也是内蒙古草原唯一完整保留下来的水利工程。

## 北元与漠南蒙古

尽管后来大明王朝取代了蒙元帝国，但元代并没有就此消亡：在1368年元大都被攻占、蒙古军队不得已撤回北方之后，一个被称为"北元"的朝代仍然在草原上苟延残喘。直到北元覆亡后，蒙古各部落分裂，整个北方才被分割为漠南蒙古、漠西蒙古和漠北蒙古三大部分。这些地域和部族概念，也一直沿用到了清朝末年。

漠西蒙古在历史上也被称为"瓦剌"，在好战的首领也先的统领时期，一度达到鼎盛，不仅控制了东部蒙古各部，甚至在1449年与明朝的土

**1913年**

国民政府改今呼和浩特为归绥县。1928年，建绥远省，以归绥县城区设立归绥市，作为省会。

**1931年**

"九·一八"事变后，内蒙古大部分地区沦为日本帝国主义的殖民地。

**1935年**

红山文化遗址在赤峰进行发掘。

**1947年**

内蒙古自治区人民政府成立，乌兰夫当选第一任主席。

木堡之战中俘虏明英宗，一举打到北京城下。不过这样的势头并未能维持下去，在也先去世之后，成吉思汗的第十五世孙达延汗统一了包括漠北蒙古与漠南蒙古的东部蒙古，沿用了早期一个蒙古语部落的名字“鞑靼”，实力迫使瓦剌向西迁徙。最终瓦剌定居在今阿尔泰山与伊犁河流域，形成漠西蒙古。现在在新疆，依然有巴音郭楞和博尔塔拉两个蒙古族自治州。

漠南蒙古中则有一支显赫的察哈尔部，末代蒙古大汗林丹汗便是该部的首领。1636年在与后金皇太极的军队交战中，林丹汗兵败而逃，促使漠南蒙古早早地归附了后金——也就是后来的大清。由于清代在蒙古地区实行盟旗制度，将漠南蒙古称为“内札萨克蒙古”，所以到了清代后期，内蒙古就成为内札萨克的正式称呼，逐渐发展为今天的内蒙古自治区；而漠北蒙古则是外札萨克蒙古的主体，成为今蒙古国。



## 从“归顺划一”到“安定远方”

明清时期，呼和浩特有过两个含义深远的称呼，并被沿用至今，一曰“归化”，一曰“绥远”。不难理解，这两个名字，都寄托了当权者对北地边疆的期望。

明朝嘉靖年间，成吉思汗的十七世孙阿拉坦汗，率部落驻牧今呼和浩特地区。蒙汉杂居，发展生产，广修宫殿寺庙，从草原游牧过渡到定居生活，呼和浩特也由此建城。呼和浩特市内的大召（见65页）即为阿拉坦汗所

### 盟旗制度

说起今日的内蒙古，颇让外地人头疼的是它的地名。内蒙古的地名多以蒙古语译得，长且拗口不说，在市、区、县以外，还有不少“盟”和“旗”。其实它们的形成与清朝的统治有直接的渊源。

为加强对蒙古族的统治，清廷仿照满洲八旗制将蒙古各部分编为旗，即地方行政、军事单位，封蒙古王公与满洲宗室类似的爵位，旗长称“札萨克”。盟为旗的会盟组织，它作为清廷与蒙古诸旗之间的一级行政管理单位，盟长由中央理藩院任命。

清中叶以后，内地大量移民进入内蒙古。农垦的发展也带动了满汉各族商民的移入，从而改变了札萨克诸旗单一的经济和社会结构。为了便于管理内蒙古境内从事农业、商业的汉民、满民，清政府陆续增设了如同内地的府、厅、州、县等建制。

1949年后，盟旗制度已被彻底废除，仅保留盟旗称谓。近年来，不少地区撤盟改市，现仅存三个称谓仍为盟的地级市。

**1955年**

热河省撤销，赤峰等六县划入昭乌达盟，乌丹县并入翁牛特旗。原甘肃省的巴彦浩特和额济纳旗划入内蒙古，设巴彦淖尔盟。至此，内蒙古今行政区域形成。

**1958年**

呼和浩特白塔机场建成通航，同年开辟呼和浩特往返北京、锡林浩特的航线，结束了内蒙古无定期航线的历史。

**1988年**

内蒙古大窑文化遗址、金刚座舍利宝塔、元上都遗址、嘎仙洞遗址、居延遗址及辽祖州、祖陵、庆州、庆陵被列为第三批全国重点文物保护单位。

**1991年**

内蒙古首届那达慕大会和内蒙古自治区第一届草原旅游节在呼和浩特隆重开幕。

“大盛魁”曾是中国近代商业史上最大的旅蒙商号，开业于清朝康熙雍正年间，歇业于1929年，历时200多年。持有盖着清朝皇帝印玺的营业执照“龙票”，它活动于今内蒙古西部、蒙古国直至俄罗斯。

建，是呼和浩特最早且最大的寺院，明代大殿及佛像均保存完好。阿拉坦汗尊重明廷，订立藩属关系，万历皇帝为呼和浩特赐汉名“归化”，取“归顺化一”之意。

满族兴起后，归化城除召庙外均遭破坏。清朝康熙年间，为八旗驻军需要，重建此城。雍正为了西征，又在归化城东北修建了规模更大的军事驻防城——绥远城，取“安定远方”之意。呼和浩特城虽然是蒙古人最早建成的，但历史上真正的主人却主要是汉人和满人。当中央王朝需要对北方或西北边陲实施军事行动时，它可以作为前方军事基地；在和平时期，它又是中央王朝在河套地区实施管理的政治中心。满、蒙、回、汉等各民族在这里形成了大杂居、小聚居的生活方式。

## 自治区的成立与发展

内蒙古地区东西跨度长，位于自然区划的结合部。历史上各个民族的兴衰、与中原王朝关系的松紧，造成了农业、牧业生产方式的反复变动。从政治角度看，中央政府对内蒙古地区的统辖管理也采用了不同的行政机构。民国时期，内蒙古仍然没有统一的行政区划，自西向东，分属宁夏省、绥远省、察哈尔省、热河省、兴安省等管辖。

1947年，内蒙古人民代表会议在今乌兰浩特市举行，来自内蒙古大部分盟旗的蒙古、达斡尔、鄂温克、汉、满、回、朝鲜等各民族代表出席会议。会议通过决议，成立内蒙古自治区人民政府，选举乌兰夫为主席，在全国第一个实现了民族区域自治。

“文革”期间，内蒙古是知青下乡安家落户的地区之一。1969年5月7日，内蒙古生产建设兵团成立，先后接收北京、天津、上海、呼和浩特、包头等城市的知识青年10余万人。

进入21世纪，中共中央制定了振兴东北老工业基地的政策，内蒙古东部的呼伦贝尔、兴安、通辽、赤峰和锡林郭勒五盟市被正式纳入振兴东北老工业基地的总体规划中。丰富的地矿与能源也极大地推动了内蒙古经济的腾飞，以“呼包鄂”为代表的资源富集区开始迅速发展为全区的领头羊。在农村和牧区，内蒙古则启动了自治区成立以来规模最大的民生工程“十个全覆盖”。2017年，工程在进行3年后宣告竣工，如今村村都有便民超市、硬化路面通至各家各户门前的景象着实令人惊叹。

**2000年**

内蒙古被国家纳入西部大开发序列。同年，呼和浩特—包头高速公路通车试运行，内蒙古实现高速公路“零的突破”。

**2003年**

确定满洲里市作为中国内陆沿边开放城市实施“大通关”综合配套改革的试点，与深圳南北呼应。至2007年，满洲里已成为全国最大的陆路边境口岸。

**2012年**

锡林郭勒盟正蓝旗的元上都遗址被列入联合国教科文组织《世界遗产名录》，是内蒙古第一个世界文化遗产。

**2017年**

呼张高铁乌兰察布至呼和浩特东段的正式开通，结束了内蒙古境内没有高铁的历史。

# 内蒙古人

**民族融合自古以来就是内蒙古的主题。在这片辽阔的土地上，无数支游牧部族都曾在此繁衍生息。纵观中国历史，从魏晋南北朝到辽宋金元，所发生的两次民族大融合都与蒙古高原有关。发源于大兴安岭的鲜卑族，游走于北方草原的柔然、突厥、蒙古等民族，崛起于西北地区的党项族，在争斗与交流之中，不同民族互相学习吸收、兼容并蓄而渐渐趋同。有些民族最终融入了中原汉族，有些民族如蒙古族，则因为包容和开放的性格，继续书写属于本民族的游牧文明史。今天的内蒙古依然民族众多，但并没有完全对立的风俗，和谐包容才是它的特色。**

## 坚韧和包容的性格

内蒙古地域辽阔，东北部林区与西北部沙漠相隔数千公里，两地生活习惯完全不同，要总结内蒙古人的性格特征并不容易，但至少有一点，在与森林、草原和沙漠相处的漫长过程中，大自然赋予了内蒙古人豪放爽直、开放包容和慷慨大方的性格，也培养了他们宽容、隐忍的特质。20世纪60年代的“三年自然灾害”时期，是内蒙古草原敞开胸怀收养了南方的几千名孤儿；“上山下乡”运动时期，大批知青来到内蒙古草原和林区，至今他们仍把这里视作第二故乡。这其中就包括写了《黑骏马》的著名作家张承志和《狼图腾》的作者姜戎，他们笔下的内蒙古人都具有豪放、宽容和隐忍的性格。流传在草原上的蒙古长调，悠长舒缓的旋律中同样吟唱出内蒙古人的坚韧和包容。

## 人口和民族

有着118.3万平方公里面积的内蒙古，目前常住人口仅有2511万。而隔壁东北三省相加不足80万平方公里的土地上，人口都超过了1亿。内蒙古人口分布也极不平衡，物产丰富的河套平原上人口密度最大，光呼和浩特和包头便承担了本区近四分之一的人口，而一东一西的草原和沙漠可谓真正的地广人稀，面积达27万平方公里的阿拉善盟，常住人口只有24.57万人，平均1平方公里不到1人。

你一定以为内蒙古以蒙古族为主，实际上，内蒙古民族众多，目前生活着55个民族，2511万总人口中共有少数民族人口551万人，其中蒙古族人口约为462万，只占总人口的18%，汉族占了78%，剩余的4%被回族、满族、朝鲜族、达斡尔族、鄂温克族、鄂伦春族等瓜分。从清末到新中国成立期间，战争不断，百姓只能各处逃荒，于是“走西口”的来了，“闯关东”的也来了。内忧外患都结束后，地大物博的内蒙古体现了巨大的经济潜力。在大开荒的感召下，内地人口大量涌入内蒙古建林场、国营农牧场、开发煤矿等，掀起了又一波移民潮。

## 蒙古族

在草原上旅行，一定要尊重蒙古族人的习俗。驾车接近蒙古包时不要加速，以免惊动畜群；进入蒙古包之后不能坐西炕，因为蒙古族以西方为贵，西方是供佛的方位；蒙古族崇拜火、火神和灶神，禁忌在主人的火炉上烤脚，更不能在火炉旁烤湿靴子和鞋子。

最早的蒙古族，传说是在两千多年前从额尔古纳河畔的山林间走出来的。几百年里他们在草原上繁衍，发展成为有七十个分支的蒙古部族。直到13世纪铁木真的出现，蒙古部落才得以统一为“蒙古汗国”，并且四处征战，将疆域扩大至中亚和欧洲。忽必烈建立的元朝统治不过百余年便遭到灭亡，蒙古各部落又陷入同室操戈的局面。之后形成了察哈尔、喀尔喀、鄂尔多斯、土默特等部落，以及不断迁徙中的卫拉特部、在清朝政治舞台有举足轻重作用的科尔沁部等。到今天，锡林郭勒盟科尔沁右翼中旗（简称“科右中旗”）还是内蒙古全区蒙古族人口比例最高的少数民族聚居旗。

游牧是蒙古族千百年来的生活、生产方式，但随着20世纪80年代开始的草场划分、牧民定居，现在你已很难在内蒙古看到“逐水草而居”的牧人了，但祭敖包和那达慕到现在仍是草原上最有魅力的民族风俗，吸引着旅行者准时前往。

敖包是用石头堆成的圆锥形石堆，代表着牧民对大自然所有神灵的崇拜，包括成吉思汗时的祭奠长生天、萨满教崇尚的万物有灵。祭敖包是一种祭祖仪式，通常以家族为单位，草原上几乎每个家族都有自己的敖包，每个家族的祭祖时间也不一样，有的是三年一祭。祭祀时会有祭司带领诵经，牧民会在敖包顶端插上柳条，并挂上彩色经文布条，围着敖包转圈祈求风调雨顺。祭祀前还会宰一头公羊，肉吃完后骨头留着，祭祀时放在一个盘子里，由祭司端着绕敖包蹦跳，然后将骨头扔向敖包，“厉害”的祭司还能扔出一个全羊的形状。

那达慕是庆祝丰收的节日，是夏季草原上最欢乐的盛会。那达慕通常在7~8月举行，各旗、苏木、嘎查，甚至有钱的家族都会举办那达慕，“男儿三艺”是必备的竞技活动。以旗为单位的那达慕最隆重，当地人都会盛装出席。比较庆幸的是，尽管内蒙古草原商业已无孔不入，却像存心似的放过了那达慕，不会掺杂莫名其妙的商业活动。如果你正好在这个时节来到草原，除了传统的赛马、摔跤等比赛，你还有机会看到平时少见的民族服

### 男儿三艺

一个蒙古男人获得荣誉最直接的方式，就是在那达慕上赢得“男儿三艺”的胜利，这也是他们展示智慧和强壮身体的最好机会。“男儿三艺”指摔跤、赛马、射箭，这是从成吉思汗时代起便用来训练和考验蒙古勇士的三项技能。

**摔跤** 在蒙古族又叫搏克，以各种脚绊来借助对方的力量取胜，膝盖以上任何部位先着地者为失败。摔跤手身穿“昭德格”（镶有铜钉的皮坎肩），跳着雄健的鹰步舞进场。比赛实行单淘汰制，两两对决，一跤定胜负，通过一轮轮的厮杀决出冠军。有些摔跤手脖子上挂着一种五彩绸缎编制成的“景嘎”，这是荣誉的象征，景噶上的绸缎越多说明其获得冠军的次数越多。

**赛马** 分跑圈的短途赛和长途耐力赛，耐力赛最长距离达30公里，通常在那达慕举行的第二天5:00便开赛，最好的观看方式是自驾跟随，否则你只能欣赏到他们出发的那一幕。所有比赛都不按年龄、体重分组，不要惊讶一些小骑手敢与大人比试，原理很简单，马负重少了自然跑起来就轻松。

**射箭** 比赛则相对安静，参赛者使用传统的牛角弓、皮筋弦、木制箭，进行三轮九箭的比赛，以中靶多少来定胜负。

### 内蒙古的俄罗斯人

内蒙古的俄罗斯人是何时来到这片高原的？其实在1689年《尼布楚条约》签订前，就有俄罗斯人在额尔古纳河沿岸放牧、淘金。他们大规模进入中国境内是在20世纪初十月革命爆发之后。此后，蓝眼睛的俄罗斯人就一直生活在这里。他们一年一度最重要的节日是为纪念耶稣复活而设的巴斯克节，届时人们会穿上艳丽的民族服饰，将煮熟的鸡蛋染成五颜六色，互赠或款待客人，伴着悠扬的扣子琴声和俄罗斯民歌纷纷起舞。俄罗斯民族乡恩和（见140页）曾被CCTV评选为“中国十佳魅力名镇”，在这里可以看到传统的木刻楞民居，房檐、窗檐和门檐装饰着精致的雕刻和亮丽的蓝、绿色，当地人庆祝巴斯克节的活动也最富有传统味道。

饰和歌舞演出，品尝地道的草原小吃。

牛羊是蒙古族的主要食物，肉可烤可烹，也可晒成干肉条以备不时之需。牛奶可以煮奶茶、做成各种奶制品。蒙古族宰羊用掏心的方式，在心脏附近割开一个口子，手伸进去快速掐断动脉，给羊一个快速了结，技艺高的人可以“杀羊不见血”。吃羊肉时，肩胛肉得大伙分着吃，不能独享。蒙古族很少吃鱼，这与他们信奉的喇嘛教（源于藏传佛教水葬的习俗）有关。

蒙古族服饰最大的看点是妇女的头饰，例如科尔沁部头饰为簪钗组合式，和硕特部为双珠发套式，鄂尔多斯部的头饰两侧有大发棒并穿有玛瑙、翡翠等链坠，而盘羊角式的巴尔虎部（也是喀尔喀部）妇女头饰重达20公斤，堪称“隆重”，它是用人的头发、银、金、珊瑚和绿松石制成的。不过，如今蒙古族的年轻人也都与汉族穿着无异，除非参加一场当地婚礼，否则只能在博物馆中欣赏这些漂亮服饰了。

长篇小说《额尔古纳河右岸》（迟子建著，曾获茅盾文学奖）的原型，就是使鹿鄂温克部落最后一任女酋长玛利亚·索，年过九旬的她现在定居在莫尔道嘎森林公园中，成为当地旅游的一块金字招牌。

## “三少民族”

“三少民族”是指生活在大兴安岭一带的鄂温克族、鄂伦春族和达斡尔族，因人口少而被称为“三少民族”，是少数民族中的少数民族。他们的发展轨迹非常相似，都曾生活在森林里，都擅长使枪，清朝时被收编为索伦部，在呼伦贝尔戍边，曾反抗沙俄入侵。新中国成立后，随着大兴安岭建林场、造铁路、修公路，这些以狩猎为生的民族的生活空间被严重挤压，他们上交了猎枪，离开了森林，开始定居的生活。

鄂温克族从俄罗斯跨界而来，有通古斯、索伦、使鹿三部分，分别从事畜牧业、半农半牧和狩猎业。在生活习性上，使鹿鄂温克族和鄂伦春族非常相像，语言基本一致，他们住撮罗子（或叫斜仁柱），饲养驯鹿，以捕猎为生，吃兽肉，穿狍皮做的服饰、靴子，桦皮船、雪橇和驯鹿是他们的交通工具。但这些都只是曾经，驯鹿与森林早已成了鄂伦春族的如烟往事，他们与达斡尔族一样已转为农耕，与汉族无异。而最晚交出猎枪的使鹿鄂温克族即使最“幸运”，尚能与驯鹿相伴，也只能在森林边缘有限的猎民点回味往昔的岁月。

曲棍球是达斡尔族人民的传统竞技活动，呼伦贝尔的莫力达瓦达斡尔族自治旗也被称为曲棍球之乡，在重大节日包括春节在内，当地人都喜欢用一场曲棍球比赛来庆祝。

## 汉族

虽然少数民族众多，但在内蒙古东北和中部地区，你接触最多的还是汉族。研究一下内蒙古行政区划的变化，你会发现一个有趣的现象，东北部的呼伦贝尔、通辽、赤峰曾经划归东北三省，事实上，这片地域的确属于东北文化圈，这里的语言、人的性格都与东北三省无异。这里的人几乎都内蒙古境内的朝鲜族主要分布在呼伦贝尔与东北三省的交界处，有聚居的村和乡。他们擅长制作泡菜、爱吃狗肉、能歌善舞，较有特色的民俗是为老人60岁生日而举办“花甲宴”。



有“二人转”的天分，包车会是件挺“划算”的事，看了风景不说，还附赠你一路绝不冷场的唠嗑。女性旅行者可别介意被称“老妹儿”，东北人就爱“套近乎”。除了无处不在的喜感，你也能体会到“东北人都是活雷锋”的热情，尤其是独自旅行者，在内蒙古东北部往往会受到更多照顾。

位于中部的呼和浩特、包头、乌兰察布和鄂尔多斯，与晋北和陕北其实只隔着一条黄河，无论是饮食还是语言，与黄河南岸地区一样都透着浓浓的黄土高原味。这里的人性格豪爽、爱面子，也不失淳朴，与内地无异的生活方式及饮食习惯对旅行者来说也非常适应。

## 语言和文字

蒙古族有自己的语言和文字，属阿尔泰语系蒙古语。早期蒙古语吸收了大量突厥语的成分，10~13世纪又吸收了汉语中的许多借词。但因为受使用环境影响和蒙古语对语言结构要求严谨，现在大部分年轻蒙古族在生活中都不再讲蒙古话，在很多城市的街头，几乎听不到当地人讲蒙古话。也许你只有到科尔沁右翼中旗的乡镇，或者在古老的蒙古长调中，才能听到优美的蒙古语。

蒙古文字的产生是在13世纪成吉思汗建立蒙古汗国后，仿照古回鹘文创制了畏兀体蒙古文。元朝建立后，忽必烈命国师八思巴创造出新的蒙古字，名为“八思巴文”。这是一种类似藏文的竖排文体例，57个字母分辅音和元音两类。虽然元朝采取各种措施推行八思巴文字，并将其作为官方文字，无奈元朝历史短暂，八思巴文也仅存世了110多年，如今只能在当时的文献和文物上看到这种文字。

随后，畏兀体蒙文再度复兴。到了林丹汗时期，它发展成音节完备、字形规范，具有完整的正字、正音法则的文字体系。18世纪，在清政府的推动下，涌现出了一批蒙古语言文字的编纂学者。到20世纪，已形成完善的现代蒙古文，并出现了巴尔虎、布里亚特、察哈尔等方言。

## 宗教信仰

古代蒙古族信奉原始的图腾崇拜，狼、鹿、熊、天鹅等都是他们的图腾，传说中成吉思汗的祖先就是苍狼和白鹿，呼伦贝尔甚至还有以苍狼、白鹿命名的旅游景点。熊图腾属于布里亚特人，该部族视熊为祖先，而巴尔虎蒙古部落则将天鹅视为始祖母。

“长生天”是蒙古民族的最高天神，蒙古语中称为“腾格里”，是他将至高无上的权力授予了部落首领。当年的铁木真或许就是借用了这一信仰传说，成为蒙古部落的成吉思汗（意为“赖长生天之力而为汗者”）。对于蒙古族来说，成吉思汗就是能与各种神灵平起平坐的偶像。如果你有幸去草原牧民家中做客，会发现蒙古包里通常挂着成吉思汗像。随着蒙古帝国疆域的扩充，佛教、道教、伊斯兰教、基督教等相继传入草原。藏传佛教的传入是在忽必烈时期，萨迦派大师八思巴是元朝国师。到了元朝末年，噶举派又成为主流。元朝灭亡后，土默特部的阿拉坦汗征战青海时皈依了藏传佛教格鲁派（喇嘛教），并在今呼和浩特、包头等地修建了美岱召、大召等寺庙，而格鲁派第一大活佛达赖喇嘛的称号也是阿拉坦汗所赠。清朝，格鲁派的转世活佛章嘉活佛是内蒙古地区的宗教领袖。如今，生活在这里的蒙古族依然信仰藏传佛教，五当召、广宗寺、甘珠尔庙、葛根庙等都是该

### 成吉思汗守陵人

蒙古族各部落中有一个特殊的群体——达尔扈特人，他们是成吉思汗身边最忠诚、勇敢的部将。在成吉思汗归天后，忽必烈从鄂尔多斯部中精选500精兵，称作达尔扈特人，他们担负起守护成陵的使命，并世代相传，职责就是守陵和祭祀。守陵人如今已传到第40代。但现在并非所有达尔扈特人都是守陵人了，整个家族出一个守陵人，保证火种延续即可，所以大部分达尔扈特人与你我一样从事各种工作。

古代守陵人享有“不服兵役、不纳赋税”的特权，他们也没有收入，吃穿全靠供奉。1986年，成陵改为事业单位，守陵人便有了正式的编制和收入。每年4次的成吉思汗陵大祭和12年一次的苏勒德大祭是守陵人最重要的工作。其余时间他们只是每天诵经，做简单的日祭，打扫大殿，禁止游客拍照、靠近祭台。你是不是觉得太清闲了？也许对于达尔扈特人来说，维持家族的荣誉当然得耐得住寂寞。



地区极具影响力的喇嘛庙，五当召嘛呢经会期间也有与西藏寺庙一样的晒大佛活动，贺兰山麓的南寺和北寺至今仍会在每年正月举行盛大的法会。

在元朝之前，萨满教在蒙古族具有绝对的统治地位，直到今天，仍有为百姓诵经治病的萨满。萨满教也是“三少民族”的共同信仰。萨满教以万物有灵为基础，萨满巫师是神灵的化身，能往来于人神之间，萨满跳神就是通过舞蹈、击鼓、歌唱等方式与神灵进行沟通。以前，萨满负责主持祭祀，若民间有人生病、不孕等也会请萨满跳神驱魔。“三少民族”还崇拜白那查（山神），他们认为白那查主宰着森林里的飞禽走兽。他们会在森林里很粗的树上绘一老人，但凡路过便会叩头献祭。不过如今，因为猎枪上交，他们也离开了森林，这些寄托着猎民精神信仰的神灵大约也已经远去了。

# 建筑和艺术

**内蒙古引人向往的除了碧天草原、骏马羊群，更重要的是那片土地和人民所创造出的少数民族风情。无论是腹地汉民，还是远山夷族，人们渴望借由文字、影像、音乐、舞蹈和曲艺去体会那无垠的辽阔。而建筑也是载体，为游牧之人提供居所、饭食和家，并最终演化为远方风光里最有况味之处。因而建筑与艺术在内蒙古，不仅是诗情画意的篇章，更是整个蒙古草原历史的缩影。它们像窗、像隧道，跨越时空，连通古今，恢宏与细腻并存，生生不息，撼动心灵。**

## 建筑

### 蒙古包

蒙古包这一闻名于世的建筑形式，是亚洲游牧民族的一大创举。早在2000多年前，匈奴人就把自己的房屋叫作穹庐或毡帐。经过几千年的传承、改造，蒙古族将蒙古包逐步完善，使其更趋实用、舒适和美观。普通的蒙古包，高约10~15尺。包里用柳条交叉编成5尺高、7尺长的菱形网眼的内壁，蒙古语叫作"哈那"。蒙古包的大小主要根据主人的社会地位和经济基础而定。蒙古包的大门总开向东南，既是为了避开来自西伯利亚的强冷空气，同时也承习了以日出方向为吉祥之位的古老传统。一顶蒙古包一般只供一夫一妻及其子女居住。和汉族结婚要有婚房一样，蒙古族新婚夫妇也要建新包，有的也由新娘父母陪送。

进入蒙古包做客要注意一定的礼仪。首先靠近蒙古包时，要等主人出门相迎，切勿硬闯；其次出入蒙古包时，切勿踩踏门槛；进包后一般选择从火炉左侧走，坐在蒙古包北侧，因东侧是主人起居处，尽量避免落座。入座时要不挡住北面挂着的佛像或成吉思汗像。

近年来，由于草原生态的改变，加之政府为了改善牧民的生活质量，多数蒙古族已经选择放弃逐草而居的游牧生活方式，开始修建房屋定居下来。因此，昔日最重要的生活依靠——"蒙古包"，逐渐蜕变为招揽游人的工具，也成为游客体验和感受草原生活的主要活动项目。远处看去，虽然外表仍然是顶顶白帐，但内里已经进化成带有"独卫"的标间。这种建筑功能上的改变，虽是时代进步所带来的结果，但依然令人唏嘘。

### 木刻楞与斜仁柱

木刻楞是俄罗斯族典型的民居，具有冬暖夏凉、结实耐用等特性。外观采用木头和手斧雕刻而成，成屋有棱有角，规整有序，因而人们便称其为木刻楞房。地基多用石头，为求坚固，再灌浇水泥。之后便按照顺序把较粗的木头放在最底层，依次层层叠垒。作为结构连接，施工时一般不用铁钉，通常选用木楔相连。房屋底部要垫苔藓当隔层，这样严冬防风保暖，夏季又能隔热，两季皆宜。木刻楞房盖好以后，根据房主的喜好，既可在外墙刷清漆，保持原木质地，也可刷上彩漆彰显特色。一排排整齐的木刻楞房，是俄罗斯族集居地的风景线，生动而有趣。

斜仁柱也称撮罗子，是鄂伦春、鄂温克等东北狩猎民族的住所。它们一般建在背风、朝阳、有水、干柴多和打猎方便的地方，用木杆搭制而成，呈圆锥形。覆盖物因季节而变，冬季用狍皮，春、夏、秋季则用桦树皮。



# 文学

蒙古族古典文学历史悠久，其内容主要以神话传说、英雄史诗和歌谣赞辞为主。早期主要是口口相传，后期才以文字的形式记录下来，它生动描绘了漠北草原民族在历史长河中繁衍生息的日常图景。自成吉思汗统一诸部落到元朝建立，蒙古族的文化艺术得到了长足的发展。《蒙古秘史》《格斯尔汗传》《江格尔》，被誉为蒙古族古典文学的三大高峰。最早均由畏兀体蒙古文写成，是了解蒙古族起源历史和神话传奇的重要文本。

蒙古族文学从古典过渡到现、当代最鲜明的一个标志是作品由民族文学向作家文学转换。尹湛纳希亮相文坛是一个标志，其作品的丰富多样、体裁的新颖独创揭开了蒙古族近代文学的序幕。他同时融合了汉族章回体小说和诗歌特点，为蒙古族题材作品的创作开辟了新的途径。新中国成立后，生活的安定为民族新文学的繁荣提供了土壤。一支运用蒙汉文创作的作家队伍逐渐形成并日益壮大，诗人纳·赛音朝克图，小说家玛拉沁夫，剧作家超克图纳仁、云照光等都写出了如《狂欢之歌》《天骄轶事》《茫茫的草原》等深具影响的作品。继他们之后涌现出来的一批文学新人亦在题材、风格和文学观念上开拓创新，在文学的各领域所展现出的才华令人瞩目。其中随父母移居台湾的穆伦·席连勃在用笔名“席慕蓉”发表作品后，一跃成为驰名两岸文坛、深具女性个人写作特色的著名诗人。

《蒙古往事》是作家冉平的长篇小说，讲述了草原上最著名的王者成吉思汗的故事。小说侧重描写了铁木真在称霸草原之前，与安达札木合、义父脱斡邻勒汗三人竞争草原王者之冠的过程，展现了草原男儿心中滚烫而无法言说的复杂深情。

绵延千里的草原不仅喂养出蒙古族壮丽的想象力与情思，同样慷慨地给予生活在草原上的其他民族儿女以养分。众多作品所共同呈现出的草原蓝图，成为中国少数民族文学中不可或缺的瑰宝。贾漫的诗集《塞上的春天》、里快的小说《美丽的红格尔塔拉河》、冉平的小说《蒙古往事》都可视为当代文学中的上乘之作；迟子建以鄂温克人为对象创作的长篇小说《额尔古纳河右岸》则以独特的女性视角斩获了茅盾文学奖的殊荣。

# 电影

从山川河海到风土民俗，内蒙古题材的电影将草原风光生动地展现于观众眼前。很多蒙古族导演将视线聚焦在脚下的土地，这种发自民族血液的创作灵感也避免了汉族思维的误读，更具思想性和艺术性。其中《悲情布鲁克》《长调》《斯琴杭茹》都是杰出之作。与此同时，很多汉族导演也没有停止对草原之美的探寻，一大批知名导演都执导过蒙古族题材影片，尤以《猎场札撒》《黑骏马》《图雅的婚事》最为著名。此外，导演宁浩的早期作品《绿草地》也取材于蒙古草原。

对于曾以铁骑征服西方的成吉思汗和他的蒙古族后代，其他国家的导演也充满了好奇与想象。《哭泣的骆驼》（德国）、《蒙古草原，天气晴》（日本）、《苍狼：直至天涯海角》（日本）都是外国创作者以蒙古族或者蒙古文化为题材拍摄的影片。

2004年出版的长篇小说《狼图腾》以作者姜戎1967年在额仑草原牧区插队的经历为原型，以“狼”为叙述主体，讲述了20世纪一位知青在内蒙古草原插队时与草原狼、游牧民族相依相存的故事。2015年，根据《狼图腾》改编的同名电影上映。

生活在内蒙古东北部的鄂温克族在时代变迁中所面临的机遇与挑战也被影像记录了下来，孙曾田导演的《神鹿啊，我们的神鹿》和顾桃导演的《敖鲁古雅养鹿人》《犴达罕》《雨果的假期》讲述的正是古老民族在新时代社会生活转型中所经历的阵痛。



# 音乐

在旷阔无边的草原上，歌舞消除了许多孤寂，也成为草原民族的天赋。蒙古族将音乐视为表达自己的方式，就像连接自己与世界的通道，传递着对天地、神明、家人及爱情最深厚的情谊。无论是歌曲还是乐曲，其题材无非三种：歌颂故乡、怀念母亲及憧憬爱情。

## 声乐

蒙古族民歌主要分为两大类：礼仪歌和牧歌。礼仪歌用于婚宴等喜庆场合，以歌唱纯真的爱情、英雄、夺标的赛马骑手为主要内容。牧歌则多在放牧和搬迁时唱，内容多为赞美家乡、状物抒情。

若从音乐特点来讲，大致则可将蒙古族民歌分为“长调”和“短调”两大类。长调民歌是反映蒙古族游牧生活的牧歌式体裁，篇幅较长，节奏自由，气息宽广，情感深沉，并有独特而细腻的颤音装饰。20世纪60年代风靡一时的《东方红》中的《赞歌》，以及《走上这高高的兴安岭》等歌曲，即是以长调民歌为基础创作的。短调民歌篇幅较短小，曲调紧凑，节奏整齐、鲜明，音域相对窄一些。短调一般是两行，有韵的两句式或四句式，节拍比较固定。短调歌词简单，曲调活泼生动，在音韵上广泛运用叠字。

近年来，蒙古族音乐在流行音乐领域也颇受瞩目。腾格尔与凤凰传奇唱遍城市巷尾；乌达木与韩磊在选秀节目上大放异彩；杭盖乐队、额尔古纳乐队、代青塔娜（HAYA乐团）则将民族音乐的精髓与现代编曲的诸多元素相融合，不仅被年轻人推崇，更将民族音乐以更通俗的方式传播给大众。布仁巴雅尔、乌仁娜等因独特的音乐理念而将蒙古族音乐带向世界。

以汉语填词，使草原歌曲拥有了更广泛的受众。从传唱了半个多世纪的经典情歌《敖包相会》，到席慕蓉作词、德德玛原唱的《父亲的草原母亲的河》，再到倾诉乡愁的乌拉特民歌《鸿雁》，都深受大众喜爱。一问一答的清新风格和小女孩清亮纯净的嗓音，让布仁巴雅尔与妻子、侄女共同用双语演唱的《吉祥三宝》在2006年春节联欢晚会上大放异彩，风靡一时。

呼麦的蒙古语是Hoomii，是一种通过喉咙紧缩技法而唱出“双声”的泛音咏唱技法。“双声”简单解释，就是一个人在演唱时却能同时发出两个高低不同的声音，并产生一种奇异的金属质感的声音，也被称为“蒙古喉音”。这种古老的喉音艺术已有千余年历史，它与长调、马头琴并称为“草原文化三宝”。

## 器乐

蒙古族传统器乐众多，其中以马头琴最为著名，也最具特色。马头琴又名胡兀儿、胡琴等，为擦弦类弦鸣乐器，因琴杆上端雕有马头为饰而得名，发音柔和、浑厚而低沉，音色悠扬、醇美。雅托克，即蒙古筝，与汉族的古筝在构造和技法上基本相同。火不思（弹拨乐器）在元、明时代，蒙古人上至可汗大臣，下至普通武士，均能自弹自唱。口琴亦称口弦、口簧，铁制拨奏体鸣乐器。蒙古人素有演奏口弦的习俗，尤以妇女为甚。明代以来，口弦在蒙古音乐中的作用更加突出，被纳入了宫廷乐队。四胡，又名四股子、四弦，蒙古族称之为呼日，是北方民族共同使用的一种古老的弓弦乐器。

## 曲艺

乌力格尔，蒙古语意为“说书”，是集蒙古族说唱艺术发展之大成的一种曲艺形式。最初，与西方中世纪的吟游诗人相似，说书艺人们身背四弦琴或者马头琴在大草原上四处流浪。他们追逐着豪华的蒙古包和贵族们的府邸，一人一琴，自拉自唱，将各式长篇传奇传遍四方，成为草原上最受人们欢迎的艺术形式之一。乌力格尔讲述的内容多为传说故事和史书演义，反映蒙古族历史的书目有《江格尔》等。

好来宝是一种由一人或多人以四胡等乐器自行伴奏、坐着用蒙古语进行“说唱”表演的曲艺形式，约形成于公元12世纪前后，有固定的曲调和音律，代表性传统曲目有《燕丹公主》《僧格仁亲》《英雄陶克套》等。

鄂伦春族的摩苏昆也是“讲唱故事”的意思。它形成并流行于兴安岭鄂伦春族聚居区，最初形成于清代末期。摩苏昆是说唱结合的表演形式，曲调不固定，由表演者自由发挥。其语言生动，情节曲折，引人入胜。

## 舞蹈

舞蹈对于蒙古族而言，不仅是祭祀时萨满连接神明和凡人之间的通道，也是日常生活中娱乐和团聚时必不可少的项目。

蒙古舞蹈的特点是节奏明快，热情奔放，动作多变，风格独特。女子的动作多以欢快优美的抖肩、翻腕来表现热情开朗的性格。男子的舞姿造型挺拔豪迈，步伐轻捷洒脱，表现出剽悍英武、刚劲有力之美。

“筷子舞”原先是鄂尔多斯的民间舞蹈，已有150多年的历史。筷子舞自娱性很强，真切地抒发了牧民乐观、欢快的性格。发源于科尔沁草原的安代舞是群众性的民间舞蹈。它动作简捷明快，歌声流畅自然，由众人边唱边舞，气氛和谐而热烈。萨吾尔登虽是新疆蒙古族的民间舞蹈，但也在各个蒙古族居住区广为流传。如果好客的草原人民邀你共舞一曲，一定不要谢绝对方的美意，众乐乐才是最大的快乐。

鄂伦春人善于模仿动物，创作出如“黑熊搏斗舞”“野猪搏斗舞”和“树鸡舞”。同时，他们也热衷于表现劳动生活的主题，“依哈嫩舞”就体现了猎人收获猎物的喜悦，“红果舞”则表达了妇女采集红果时的快乐。

斯琴塔日哈，蒙古族舞蹈家。其舞蹈表演感情充沛，质朴豪放，刚劲有力，具有蒙古族舞蹈的独特风韵。早期她精钻舞蹈表演，后期则根据自己多年的艺术实践，总结了蒙古族民间舞蹈的规律，成为一代著名的舞蹈教育家。

## 绘画

最早的古代蒙古族绘画艺术是游牧人的岩壁画，它们大多是民间画家所作。虽然年代久远，但岩壁画真实地记录和反映了早期牧民生产和劳动的场景。岩壁画创作载体很多，在元代墓葬中就布满彩绘壁画。美岱召、大召、五当召、乌素图召等佛教寺庙也都有令人叹为观止的大型壁画。

元代之后，受汉族绘画艺术的影响，蒙古族中出现了一批知名画家：如和礼霍孙结合汉画技法，曾为成吉思汗和窝阔台等蒙古族先祖绘制肖像；玉出汗擅长画墨竹，其作《风烟翠图》被视为画中佳作；也先帖木儿则有《山水壁画》等。其后多年里，多种技法继续杂糅，明清时期的画家旺钦巴勒画有《青山》《白云》等名作；山水画家布颜图画有《潇湘图》，并撰写《画学心法回答》，对有关绘画的一些重要问题均作了精辟的论述。近代的著名蒙古族画家松年，曾于清同治八年（1869年）拜名画家如山为师，经名师亲授，技法精进。并于清光绪二十三年（1897年）写成《颐园论画》一书，成为美术论籍中的经典。

# 饮 食

**内蒙古饮食以传统蒙餐为最大特色，烤全羊、手把肉等肉食，奶酪、奶皮等奶食，蒙古包子、馅饼等面食，奶茶和奶酒等饮品都在蒙餐范围之内。蒙餐以羊肉、牛肉、各类奶汁为主要原料，烹饪方法相对简单。牲畜的宰杀、烹煮、保存都有一套完整和考究的方法，可谓集美味、营养、便携、易存等特点于一身。**

**内蒙古东西跨度很大，各地饮食习惯大有不同，并呈现出蒙汉融合的特点。东北部地区受东三省影响，饮食以咸、辣为主，菜食分量大。中部则受秦晋影响，面食丰富，饮食带有明显的农耕地区痕迹。西部地处荒漠地带，饮食保留了较多草原游牧时代的特征，以肉食、沙漠野菜为主。**

## 不能错过的羊肉

“内蒙古人在家是不是经常骑马，吃烤全羊？”这应该是内蒙古同胞被外地人询问次数最多的问题之一了，虽然每次被问到的人都略显无奈，但由此可见烤全羊的名气之大。烤全羊又称整羊席，是蒙古族最古老、最隆重的一种传统宴席，一般只在举行盛大宴会、隆重集会、婚礼或招待高级贵宾时摆设。

内蒙古烤全羊以优质的羊肉、独特的做法、繁复的用餐礼仪，成为众多旅行者来到草原最期待的大餐。内蒙古的羊肉品质一流，味道鲜美。选择膘肥体壮的绵羊，用蒙古宰羊法宰杀、去毛、去内脏，而后将作料填装在羊的胸腔、腹腔，再将羊吊在专用烤炉中烤4~5小时。慢火烤炙能使作料逐渐渗透于羊肉之内，同时也能使羊肉熟透，色泽红润，皮肉酥脆，味道香浓。

相对于隆重而讲究的烤全羊，手把（也作扒）肉才是寻常百姓家的待客佳肴。手把肉因食用时需要手撕、刀割而得名，是千百年来草原游牧民族最喜爱的传统食物。手把肉可用牛、羊、马、驼等家畜肉类烹饪，通常主要用羊肉。这道菜做法简单，保持了草原羊肉的原汁原味是手把肉最大的特点。选取刚刚宰杀的带骨羊肉放入开水中煮，待锅中漂起浮沫，撇去浮沫，捞肉即食。有时为遮盖羊肉膻味，也加入少许盐、姜和葱。

由于小肥羊、草原兴发等知名连锁品牌的推广，涮羊肉逐渐被引入全国各地，并结合当地饮食习惯加以改良。来到内蒙古一定不能错过正宗的涮羊肉。涮羊肉好吃在于它的讲究，选肉、锅具、吃法、蘸料，样样讲究。涮羊肉大多选用大尾绵羊的外脊、后腿、羊尾等部位，这些部位的肉肥瘦均匀，切片如纸，片片完整。正宗涮羊肉必选用炭火加热铜锅，锅里水沸腾对流的过程能让主料的营养溶于汤汁，也能让调料的味道更好地进入主料，这样既有享用传统美食的仪式感，也可以保证食物的营养和味道。羊肉要在水沸腾之后入锅，涮至肉色变白出锅，太早则肉不熟，太晚则肉太老。当下，涮羊肉的蘸料汇聚南北，越来越丰富，传统的芝麻酱、豆腐乳、糖蒜、韭菜花、酱油、辣椒等蘸料的“正统”地位逐步受到挑战。不过，来到内蒙古，一定要调一碗地道的传统蘸料，才能体会其精妙之处。

羊肉的做法被内蒙古人民演绎得淋漓尽致。家常的炖羊排、烤羊腿、烤羊背，甚至烧烤店的羊肉串、羊蝎子都带着草原羊肉特有的香味。对于食客而言，不论在内蒙古哪里，找一家顾客盈门的馆子都可以品尝到地道的草原羊肉。



## 其他肉类

牛肉也是草原人民食用的主要肉类。炖牛排、牛大骨汤都是当地流行的美味。牛肉干更是风靡全国的内蒙古代表美食之一。

血肠并非内蒙古独有，但却是来到内蒙古不能错过的美食。用新鲜的羊血配以白面、葱花、盐等辅料后灌肠，扎紧捆实，放入锅中蒸制即成。血肠要趁热亲手用刀切成小段食用，蘸以辣椒酱或食醋，油而不腻、回味无穷。

内蒙古中西部地区靠近陕西、山西北部，饮食习惯也随着人口流动而互有影响，猪肉、鸡肉这类农耕地区主要的食用肉出现在内蒙古百姓的餐桌上也就不足为奇了。猪肉烩酸菜和猪肉勾鸡是这一区域农家的招牌美食。猪肉烩酸菜尤其以秋季刚宰杀的猪肉最为爽口。宰杀当天，用现杀猪肉配以秋季腌制的酸白菜，犒劳前来帮忙杀猪的左邻右舍，是当地村子里的一种习俗。猪肉勾鸡把猪肉和鸡肉过油，主要配菜土豆和豆腐也过油，加上葱、姜、蒜，辅以花椒、大料，放在一起烩熟即可。阿拉善、巴彦淖尔、鄂尔多斯地区都可以尝到正宗的猪肉烩酸菜和猪肉勾鸡。

地处东北的呼伦贝尔降水充足，河湖众多，当地的饮食中也出现了河鲜，其中以呼伦贝尔全鱼宴最负盛名。呼伦贝尔的呼伦湖出产鲤鱼、鲫鱼、白鱼、红尾鱼等，肉质肥美，营养丰富。用呼伦湖的鲜鱼和湖虾烹制的全鱼宴最多时一桌可上百道菜。

## 毫不逊色的面食

如果说内蒙古居民对于牛羊肉的喜爱透露着游牧文化的影响，那毫不逊色的面食则彰显着农耕文化的昌盛。内蒙古地区自古就是汉、胡人口杂居之地，密切的来往不仅打通了中原腹地与蒙古草原的经济、文化通道，也传播了秦晋地区以面食为主的饮食习惯。

稍麦，也称稍美、烧麦、捎卖，是呼和浩特、包头地区最受欢迎的早餐之一，专卖稍美的小店也随处可见。把面擀成薄皮，再把肥瘦适中的羊肉馅和葱丝、姜末等作料拌匀后包起来，捏成石榴状，用笼屉蒸熟。吃起来香而不腻，形美味浓。

相比区域特色明显的稍美，焖面算得上内蒙古面食中的明星，在各地都广受欢迎。很多漂泊在外的内蒙古人都说：老妈做的焖面是最为想念的家乡味道。焖面的独特之处就在于一个“焖”字，将豆角、土豆、肉类等主料放入锅中，撒点面粉，将切成小段的面条置于顶层，覆盖其他食材，加水焖煮，待水干即可起锅食用。焖面以面为主料，可根据个人喜好放入猪肉、羊肉、酸菜等不同配料，搭配种类较为丰富。

面精，也称酿皮，类似陕西凉皮，是内蒙古人民面食制作手艺的代表作品之一。用河套地区的优质面粉和好面，放入水中揉洗，把洗过的面团和洗出来的淀粉分别放在特制的器皿里蒸熟，制成面精和面皮，再分别切成块状和条状，伴以醋、蒜、香菜、酸菜和各种调料即可食用。四季皆宜，制作迅速，对旅行者而言是不可错过、又省时省钱的一道美食。

蒙古包子和蒙古馅饼是蒙古族由游牧逐渐转向定居之后才产生的食物，在日常饮食中占有重要地位，多在早餐时食用。包子用开水和面，称为烫面。馅饼用荞面和面，干烙水煎而成。包子和馅饼一般都以肉馅为主，伴以葱、姜等作料。

莜面和荞面都属于北方特有的面食，营养价值极高，在内蒙古非常流行。莜面以燕麦磨成粉，通常做成面条、窝头食用，能提供比白面更多的热量、耐饿，适合在旅行中维持体力。荞面以荞麦磨成粉，做成饸饹，加入香油、蒜泥等调料。

## 奶制品

蒙古族的传统早餐一般有手把肉、炒米、奶茶，并配以少量的面食。把存储好的冷的手把肉撕成条，放入加了炒米的热奶茶中，再配以茶食或撒子等面食。滚烫的奶茶既加热了手把肉，也把奶味浸入其他食物中，使其味道更加香醇。黄油、奶皮和奶酪也常出现在早餐中。把黄油加入奶茶中，奶皮和奶酪可以直接吃，也可以泡在奶茶中。

自古以来，蒙古族饮食就有“红食”“白食”之分。顾名思义，红食是指用肉类加工制作的各种肉食品，白食是指以奶汁（以牛奶为主，兼有驼奶、羊奶）为原料制作的各类奶制品。奶制品是内蒙古饮食文化中不可缺少的、独特的一部分。

奶酪，大多呈黄色，半透明而有光泽，味道酸甜，老少皆宜。新鲜制成的奶酪口感柔软，较为湿润，不易存储。在此基础之上，还可根据酸甜口味的不同、配料的差别衍生出奶油奶酪、融化奶酪等。奶酪也可被制成水分较少的干酪，质地较硬，以水果味和酸奶味居多。干酪耐饿又便于携带、储存，游牧或出远门时常被当作干粮。

奶豆腐是用牛奶、羊奶、马奶等经过凝固、发酵而制成的食物，形状类似普通豆腐。味道有的微酸，有的微甜，乳香浓郁。奶豆腐不易保存，冷藏后口感更好。

奶皮的制法需要以大量的鲜奶为原料，微火烘煮，使水分慢慢蒸发，奶汁浓缩在锅底凝结成一个圆形的黄色奶饼，再放凉、阴干即成。奶皮色泽纯黄夹白，表面布满蜂窝沙孔，入口奶油溢香，酥柔味美，不油不腻。

奶渣算是酸奶的原型，味道较酸，质地较硬，不是所有旅行者都可以接受。奶渣可制成奶渣包子，奶渣饼、奶渣糕等食物。黄油也是奶制品中的精华，营养价值丰富。

## 小吃

如果来到内蒙古草原没有尝到牛肉干，就像成吉思汗打仗没有带军粮一样。蒙古牛肉干选料讲究，做法独特，嚼食有味，口感劲道，制成后也易于保存。内蒙古牛肉干的美味得益于干燥多风的气候特点。精选的腌制牛肉放在通风阴凉的房间里自然风干，方法简单原始，却又保留了牛肉的营养和味道。牛肉干的风干程度也可根据喜好加以控制，可以完全风干，也可以留有水分。有些地区还将风干后的牛肉干放入油锅中稍加泡炸。一般来说，散装风干肉比真空包装味道更好，留有一点水分的比完全风干的味道更好，长条形牛肉干比短块状的牛肉块更好。

炒米是另一种蒙古族特色小食，用糜子制作而成，吃法十分丰富。可以放入奶茶中泡软食用，也可加入酸奶中拌着吃，或直接放入口中嚼着吃。

赤峰地区常见的对夹，呼和浩特、包头及附近地区常见的焙子都是面食快餐的代表。这两种食物做法类似。用面粉制成中间空心的饼，烤熟后切开，加入各种肉类或蔬菜，吃法和做法都与肉夹馍相似。哈达饼流行于赤峰一带，把干果制成的甜馅放入面饼后擀成圆形，小火烙熟。对夹、焙子、哈达饼都可以现做带走，饱腹感明显，赶路中的旅行者不妨一试。

列巴是俄罗斯的一种主食面包。呼伦贝尔地区紧邻俄罗斯，这里的列巴做法原始，味道正宗，旅行者可以一尝。

## 蔬菜瓜果

蔬菜在内蒙古属于稀缺资源，天寒地冻的冬季只有靠秋天存贮的土豆、大白菜、干豆角、西红柿酱等度日。不过在旅行者众多的夏季，蔬菜种类比较丰富，可以搭配肉类做成各色菜品。

发菜和沙葱都属耐寒、耐旱的作物，在内蒙古中西部地区十分常见。发菜形状像头发，呈团状，采摘后用开水烫洗，可拌成凉菜。发菜谐音发财，加上味道鲜美，深受当地百姓喜爱。不过为保护植被，如今已禁止大规模采食。沙葱也是内蒙古人民喜爱的食材，与肉、蛋等一起可以烹调成各种菜肴，具有浓郁的地方风味。沙葱可以采摘即食也可腌制，质地脆嫩，口感极佳，是煲制各种营养汤，佐餐下酒的上佳伴侣。

在雨水较为充沛的东部和东北部，种类繁多的菌类常常出现在日常生活的餐桌上。一场雨水过后，成片的蘑菇从草地上和树林里冒出来。赤峰的黑木耳、锡林郭勒草原的白蘑、阿尔山的猴头菇都是营养丰富、味道鲜美的优质食材。

内蒙古人对于羊杂也不舍得丢弃，将羊内脏烫洗干净，用清水煮熟，切成丝或块，加入葱、姜、蒜末、土豆条等下锅熬煮，遂成杂碎汤。自家制作的羊杂碎汤一般出现在隆重的早餐宴席上，而经营羊杂碎的馆子随处可见。

内蒙古河套地区的红腌菜以心里美为腌制原料，做法类似四川泡菜，只是多了煮熟、晒干的工序。干吃、泡着吃均可，吃起来特别有嚼头。旅途中用它伴着泡面吃是不错的选择。

众所周知新疆的哈密瓜好吃，其实内蒙古的华莱士瓜也不差。它成熟时呈金黄色，黄绿瓤，肉厚汁甜。每到秋天，内蒙古中西部随处可见这种瓜，其中以磴口县的最为有名。

沙棘在内蒙古中西部是一种重要的防治风沙的植被，也是一种兼具食用、药用价值的植物。沙棘多制成沙棘汁饮用，味道酸甜，回甘醇厚。

大兴安岭地区分布着大量纯天然的蓝莓，直接食用口感上佳，营养丰富。当然，蓝莓也可以加工成蓝莓酱、蓝莓汁等成品。

## 饮品

蒙古族也爱喝茶，相对于南方繁复讲究的茶道，蒙古族的茶饮简单得多、原生态得多。内蒙古以砖茶为主，尤其喜爱青砖茶、花砖茶和黑砖茶。茶中的维生素也刚好弥补了蒙古族日常饮食中的不足。

喝咸奶茶是内蒙古传统的饮茶习俗。咸奶茶需用铁锅熬煮，加入捣碎的砖茶、奶、盐。煮奶茶是一项技术活儿，奶茶的味道与茶、水、奶、盐，以及加料次序都有很大的关系，这是当地衡量一位女子是否贤惠的重要标准。如果再加入手把肉、炒米、奶皮等，边煮边吃，即是蒙餐中常见的锅茶。

鲜奶也是蒙古族的日常饮品。游牧时代，牛奶、羊奶、马奶在不同地域被不同部落的蒙古族所喜爱，既简单易得，又营养丰富。为了便于保存，蒙古族同胞也将鲜奶制成酸奶，还可健胃消食。蒙古酸奶类似于当下流行的老酸奶，比一般酸奶更浓稠、酸味更重，饮用时一般不加糖。

蒙古族的粗犷豪放需要烈酒的烘托才能彰显，马奶酒的流行也就不难理解了。虽然牛奶也可发酵成酒，可是口感和功效远不及马奶酒。马奶酒色泽微白，奶香四溢，入口润滑甘甜。头道马奶酒度数较低，经过多次蒸馏后，烈度增加。一壶装在蒙古皮囊里的马奶酒也是馈赠亲友的不错选择。

# 环境

在中国版图上，内蒙古自治区自东向西横跨北方，118万平方公里的面积占去了国土的八分之一左右。长达2000多公里的内蒙古高原横亘境内，海拔1000~1400米，被大兴安岭、阴山、贺兰山等山脉环绕，为中国第二大高原。与雪山延绵的青藏高原、崎岖不平的云贵高原，还有千沟万壑的黄土高原不同，内蒙古高原地形坦荡而起伏和缓，中生代以来巨厚的沉积物在相对干旱的气候中不断堆积与剥蚀，形成了这片平坦而完整的高原。由东向西，有森林、草原、沙地和沙漠，河流蜿蜒其间，湖泊星罗棋布，共同组成了内蒙古大地上丰富多彩的景观。

## 绿色：生命的摇篮

绿色是蒙古高原上最富有生命力的颜色。东北的大兴安岭原始森林，据称是蒙古族的发源地，从东部到中部的大草原，则为游牧民族提供了生生不息的家园。从生长了数千年的树木到草原上一岁一枯荣的牧草，深深浅浅的绿色，构成了蒙古高原上的主色调。

### 草原：美丽的草原，我的家

内蒙古有不少地名都与颜色有关，比如呼和浩特（青色的城）、乌兰察布（红色崖口）、乌兰哈达（赤峰）、查汗布拉格（白色的泉）、哈日浩特（黑城）、希拉穆仁（黄色的河）、诺干诺尔（绿色的湖）。

在蒙古人的歌里，草原是慈爱的父亲；在诗人的笔下，草原是风吹草低见牛羊；要用植物学家的语言来阐述，典型的草原，是指一种植被类型，是由耐寒的旱生、多年生、丛生草本植物等组成的植物群落。在内蒙古高原上，分布着呼伦贝尔、锡林郭勒、科尔沁、乌兰察布、鄂尔多斯、乌拉特六大草原，内蒙古大草原的自然区域占到了中国草场面积的35%以上，是全国最为重要的陆地生态系统之一。

呼伦贝尔草原是中国最大、生态环境保护较好的草原。在大兴安岭西麓山前的丘陵上，有一个东西宽50~60公里、南北长300余公里的狭长地带，这里发育了多种类型的草甸草原生态系统。来自大兴安岭林区的暖湿气流经常迂回于此，也造就了中国北方草原中景观生态类型和生物多样性最为丰富的区域。据统计，呼伦贝尔草甸草原每平方米物种数量为15~22种，多于典型草原的8~13种，贝加尔针茅、羊草和线叶菊是这里的典型植物。

在锡林郭勒的乌珠穆沁东部也有这样的草甸草原。其实呼伦贝尔草原、锡林郭勒草原、蒙古国境内的邻近草原原本是一片连续的大草原，但曲折的国境线将其分隔，如果你要从呼伦贝尔草原的新巴尔虎左旗前往锡林郭勒草原的东乌珠穆沁旗，只能折回大兴安岭绕路而行了。锡林郭勒草原相对于呼伦贝尔草原要干旱一些，以典型草原为主，被国际植物界评为欧亚大陆的样本草原，大针茅和克氏针茅较为多见。每年6~8月，辽阔斑斓的草原花海如同上苍打翻的调色板，山丹花、蓝盆花、野罂粟、金莲花、银莲花、芍药等上百种野花争奇斗艳。

### 草原五畜

牛、羊、骆驼、马，草原五畜怎么只有四种？其实，羊包括山羊和绵羊。在牧民眼中，它们是完全不同的两种动物。山羊主要集中在内蒙古中部的鄂尔多斯和西部的阿拉善，绵羊则多见于东部的呼伦贝尔和锡林郭勒草原。草原五畜为牧民提供了肉、奶等食物，粪便可以作为燃料，皮毛则是制作生活用品的材料，而牛、马、骆驼也是他们的交通工具。尤其是马和骆驼，对游牧民族来说几乎就是家人。"石头多的地方有碍于马群，有山岭的地方有碍于羊群，山高林密的地方有碍于骆驼，矮小的草叶有碍于牛群。"蒙古族多年游牧生活总结出来的民间说法，形象地阐释了不同牲畜所适合的最佳牧场也是不尽相同的。



鄂尔多斯高原的中西部草原是荒漠草原的代表，以戈壁针茅、沙生针茅、多根葱等耐旱植物为常见品种。夏天的降水对荒漠草原的植物更为珍贵，一些蒙古荒漠草原的特有植物也在此时开花，如蓍状亚菊、三裂亚菊等。

草原上的哺乳动物有狼、黄羊、狐狸、旱獭、田鼠等，典型的草原鸟类包括草原雕、大鸨、百灵、云雀等。沙蜥和麻蜥是常见的爬行类动物，尤其在西部的荒漠草原上居多。草原的昆虫有蚊子、蝗虫，还有各种蛾蝶类，而鞘翅目的金龟类甲虫则扮演着"草原清道夫"的角色。

原生态的草原生物是这片土地上真正的主人，但当游牧民族在这片广袤的大草原上生活了上千年以后，草原不再只是大家共享的家园，它变成了争夺生态资源的"战场"。草原的植物组合实际上是在阳光、空气、水、土壤，还有牲畜的啃食、践踏的共同作用下慢慢形成的。"冬天，请定居于富饶暖和的地方；夏天，请照顾根深蒂固的地方；春天，请依靠丘陵地带；秋天，请游牧于平坦开阔的地方。"在草原上从事野外工作50多年的著名生态学专家刘书润教授认为，牧民才是真正的生态学家。优质的牧场总是有限的，因此，草原在历史上也是各游牧部落为了争夺肥沃牧场而彼此吞并的战场。而对于野生动植物来说，草原还是千百万年以来物竞天择、适者生存的赛场，直到后来人类也加入了这场游戏。游牧民族对于野生动物的态度是相当复杂的，以草原狼为例，牧民们对它有着既恨又爱的复杂情感，《狼图腾》一书就把人与狼之间亦敌亦友的关系呈现得淋漓尽致。

你喜欢拍的那片开满五颜六色野花的"草原"，其实不是典型的草原，在科学家眼里，它叫高山草甸。广义的草原实际上被分为草甸草原、典型草原和荒漠草原三种，内蒙古草原也是由这三种草原形态组成。

## 森林：有鹿出没的地方

穿林海，跨雪原，茫茫大兴安岭，一多半都在内蒙古东部。据全国第八次森林资源清查结果显示，内蒙古森林面积达3.73亿亩，居全国第一位，森林覆盖率也回升至21.03%。在大兴安岭北段，由兴安落叶松、樟子松、油松组成的寒温带明亮针叶林，是欧亚针叶林带在中国保存面积最大最完整的一个区域。往南则是中温带夏绿阔叶林，以高大的乔木如蒙古栎、山杨和桦树为主。每到秋天，落叶松、山杨等树木的叶子纷纷变黄，兴安林海一片金黄，白桦树银白色的树干闪烁在金色之中，尤其醒目，这是大兴安岭最好的季节。

事实上，作为中国重要的林业基地，大兴安岭林区在之前的数十年内经历过大规模的采伐，现在原始的落叶松林已经很少见，目前能见到的多数都是以桦树为主的次生林。值得庆幸的是，在内蒙古东北角额尔古纳河畔一个叫恩和哈达的地方，还保留着大兴安岭的最后一片原始森林，最后在《蒙古秘史》一书中，蒙古人的祖先是一头驯鹿和一匹苍狼结合而生下的孩子。后来，蒙古人走出森林、走向草原，但仍把森林里的驯鹿视为“老祖母”。



的狩猎者鄂温克人就生活在这片森林里。但是他们已经失去猎枪，大多数人都迁居到林区以外的城镇，只有极少数人还驻守在猎民点，以饲养少得可怜的驯鹿为生。

驯鹿是大兴安岭森林里特有的动物，此外这里还生活着马鹿、驼鹿、梅花鹿等鹿类，以及棕熊、紫貂、鸥鸮、花尾榛鸡、细嘴松鸡、松鼠等物种。森林里生长的各种植物为它们提供了充足的食物。例如，在超市能卖到几十块钱一小盒的蓝莓，就是大兴安岭森林里生长的一种浆果，是鸟类和鹿的食物，连棕熊也会吃这种颜色漂亮的果实，而随着大量人类涌入森林采摘野生蓝莓，森林中原有的生态平衡已经被打破。

## 蓝色：当河湖继承了天空的色彩

蓝色，是蒙古族最敬重的腾格里（天）的色彩，他们把蓝色看作是自然界中永恒的、美好的颜色。无论是水天一色、原始而粗犷的达赉诺尔，还是静静地躺在巴丹吉林沙漠沙山深处的海子，抑或是如同蓝色哈达一般在草原上蜿蜒曲折的莫日格勒，河流和湖泊一如既往地折射着天空的蔚蓝。

### 河流：一半流向大海，一半留在家里

内蒙古河流的分布很不均匀。东部河网密集，雨雪丰富的大兴安岭孕育了黑龙江、嫩江等大河，它们最终奔向了浩瀚的太平洋。中西部地区降水量少，河流多为间隙性河流，它们在草原和荒漠中九曲蜿蜒，或是注入湖泊湿地，或是消失在沙漠深处。其中著名的内流河哈拉哈河最终注入贝尔湖，而克伦鲁河的归宿是呼伦湖。呼伦湖和贝尔湖堪称是一对姐妹湖，由中间的乌尔逊河连接。而位于克什克腾旗的贡格尔河、沙里河、亮子河、耗来河同样是内流河，它们将达里诺尔和另外两个湖泊联系在了一起。

黄河在内蒙古高原拐了一个大弯，套出了一片富饶的河套平原，这里是内蒙古的大粮仓，也孕育了呼和浩特、包头和巴彦淖尔等城市。“话说那‘有百害’的黄河，挟着滚滚的泥沙，浩浩荡荡地向着东南奔注。中间，这浑水卷过了狼山以南的一片蒙古的牧场，决成万顷膏腴的土地”，这是作家冰心笔下所写的黄河，她形象地描述了创造河套平原的功臣。

### 湖泊湿地：鱼和鸟的天堂

内蒙古高原上究竟有多少个湖泊？这个数字一直没有确切的统计结果，一些小的湖泊因为气候的变化也许很快就消失了，而河流的改道又会形成新的湖泊。其中，黄河的数次改道就留下了许多牛轭湖（又叫河迹湖），位于乌拉特前旗的乌梁素海是风景最美的一个湖，这里也是全球范围内干旱草原及荒漠地区极为少见的大型多功能湖泊，每年都有从西伯利亚飞来的疣鼻天鹅在这里栖息。

著名的盐碱湖达里诺尔周边包括湖泊、湿地、沙地、草原及林地等多种生态系统，因此成为中国北方重要的候鸟迁徙通道。除了百灵、石鸡、大鸨等草原鸟类，在迁徙和繁殖季节都会有不同鸟类出现，雁鸭类、鸻鹬类和鹤类是常客，每年4月和10月还有数以万计的天鹅在此停留。而位于鄂尔多斯荒漠草原的波尔江海子则是濒危候鸟遗鸥在世界上最重要的栖息地之一。此外，达里诺尔还生活着一种瓦氏雅罗鱼，它们会在春天沿着河道洄游到淡水里产卵，成熟后再游回湖里，每年12月下旬，达里诺尔湖面结起了

厚厚的冰层，蒙古族传统的冬捕就开始了。这时的鲤鱼和瓦氏雅罗鱼与春天相比更加肉质肥美，营养丰富。捕捞前有相当隆重的醒网祭祀仪式，捕捞结束后还有放生活动。

在黄沙漫漫的巴丹吉林沙漠中，竟然也有超过100个湖泊，祁连山融化的雪水，经由深入地下的河流注入沙漠地底，为这些湖泊提供了水源。一些淡水湖同样生机盎然，湖边生长着茂盛的水草，有鸟类出没其间。



## 黄色：沙漠，不仅仅只是黄沙

黄色，在蒙古语中读作“夏热”。内蒙古高原上最纯粹的黄色，就来自西部的沙漠。事实上，沙漠这个概念有点复杂，称为“荒漠”更合适一些，它包括沙漠、沙地、戈壁等不同的类型。内蒙古东部是呼伦贝尔沙地和科尔沁沙地，中部有乌珠穆沁沙地和浑善达克沙地，西部是乌兰布和、腾格里、巴丹吉林三大沙漠，而南面是毛乌素沙地和库布齐沙漠，在中蒙边境还有一片世界著名的戈壁沙漠。

其实，沙漠和沙地并非我们所想象的那种不毛之地。阿拉善沙漠拥有相对丰富的地下水储量，这里生长着许多耐旱植物，它们为动物提供了庇护，一些动物也在沙漠中练就了独特的生存之道。腾格里沙漠一到夏天就会变样，荒凉的沙丘之间冒出不少植物，它们往往有着叶面小、扎根深、耐盐等适应干旱环境的特征，并会利用短暂的雨季顽强地生长，比如白刺、沙蒿、梭梭、沙拐枣、沙葱等。同样，生活在沙漠中的大多数动物都有“保水”秘籍，骆驼、沙百灵和角百灵会浓缩尿液而保存水分；子午沙鼠和长耳跳鼠为避开白天炎热的高温，通常都在夜间活动，而且很少直接饮水，它们能充分利用体内代谢的水分和食物中的水分；沙蜥的直肠能再吸收即将排出的粪便中的水，而排出含水量极少的粪便；沙蟒为了防止水分的散失干脆把自己埋在沙子里，而且能在沙下自由移动。

沙漠和沙地同样也是当地牧民“金色的摇篮”。巴丹吉林沙漠和腾格里沙漠都有一些淡水湖，在很多地方只要掘地几尺就能喝到干净的水了。对于蒙古族牧民来说，这里背风而温暖，草高而雪软，有丰富的水资源，是牧民和牲畜最温暖的家。

巴丹吉林沙漠的盐碱湖还为牧民提供了另一种生财之道。这些盐碱湖中生活着一种卤虫，每到秋季虫卵会染红湖面。自2000年以来，很多人来这里捕捞卤虫卵，因为它作为一种优质的鱼虾饲料，在市场上相当抢手，也正是这些卤虫，让很多巴丹吉林牧民的生活发生了天翻地覆的变化。卤虫有个很好听的学名，叫丰年虫。

### 正在消失的“沙漠之舟”

被称为“沙漠之舟”的阿拉善双峰驼，曾是阿拉善沙漠中的精灵。它们的耳鼻眼的构造能阻挡风沙，蹄大且趾上有厚皮，适合在沙地行走，厚实的驼峰能储存水和养分。在连接中原和西域的丝绸之路居延古道上，正是一支支驼队将东方的丝绸和瓷器运往西方，又带回珍贵的珠宝和香料。现在，虽然顶着“中国骆驼之乡”的头衔，但阿拉善地区的双峰驼数量其实一直在减少。其原因有草原退化严重以及山羊挤占等，近年来推行的退牧还草政策也在一定程度上加速了双峰驼数量的骤减，当地饲养骆驼的牧民越来越少。据了解，目前阿拉善盟双峰驼存栏数不足6万峰，专家认为已经跌破种群存续底线。

# 黑色：山脉连绵到天边

黑色，在蒙古语中为“哈日”或“喀喇”，著名的阴山在蒙古语中叫作“达兰喀喇”，意思就是“七十个黑山头”。蒙古高原上山脉众多，东部有南北纵向、覆盖着森林的大兴安岭；火山喷发而出的岩浆在地表冷却，形成了绵延千里、以黑褐色玄武岩石海为主的阿尔山；中部有横亘草原的阴山山脉，南部则有贺兰山将阿拉善沙漠和宁夏川分隔。

阴山山脉从古生代起就是陆地，从两三亿年前的华力西造山运动时开始不断抬升，并历经了多次构造运动。作为一条重要的自然地理分界线，它的北部是平缓的山地和草原戈壁，南部则是富饶的河套平原。千百年来，北方游牧民族和中原王朝在阴山南北进行了无数次争夺生存资源的拉锯战。因此，阴山同样也是一条内蒙古高原生命线。在阴山沟壑的黑色岩石中，游牧民族刻下了数以万计的图案，记录了他们的宗教信仰和日常生活。

作为古亚洲成矿域的一部分，阴山山脉一带矿产资源丰富，其中著名的白云鄂博矿区是享誉世界的“稀土之都”。覆盖内蒙古、陕西、甘肃、山西、宁夏的鄂尔多斯盆地为中国第二大沉积盆地，其中的长庆油田是现在中国第一大油气田，其天然气、煤层气、煤炭、石油储量均名列前茅。

相对于石油，内蒙古更盛产煤，著名的煤田有准格尔、伊敏、霍林河等。内蒙古的煤田多出自中生代白垩纪地层，因为内蒙古在中生代时期还是一个温暖潮湿植被繁茂的地区，而我们今天看到的煤正是这些植物的遗体。中生代也是恐龙雄霸内蒙古的时代，内蒙古境内12个盟市中有9个都发现过恐龙化石，其中二连浩特和宁城是著名的恐龙化石之乡。

# 环境之殇

## 垦殖、盗猎和野生动植物生存环境的衰退

大兴安岭林区的毁林开垦持续了几十年之后，据保守估计已导致内蒙古境内大兴安岭南麓的森林边缘后退了200公里，生态功能严重下降，林区出现水土流失、河流干涸等现象，而非法采金也是森林破坏的重要原因之一。多年的环境破坏与捕猎使得濒危动物东北虎已经在大兴安岭灭绝了。2000年以来，国家在大兴安岭林区实施了天然林资源保护工程，2015年起，内蒙古境内102个国有林场全面停止天然林商业性采伐，森林在一定程度上得到了恢复。然而，近年来对野生蓝莓等果实的过度采摘，又对森林生态造成了新的破坏，莓类植物急剧减少，而以莓果为食的驯鹿、花尾榛鸡等野生动物往往也是盗猎者猎杀的对象。

在草原和沙漠，人为的杀戮和破坏也从未停止过。呼伦贝尔草原曾经的优势种群黄羊因为疯狂猎杀，从20世纪90年代初的20万只锐减到如今的不足500只，有些地方原来以黄羊为食物的狼只能袭击牧民的家畜。另外一个例子是，鄂托克旗的西鄂尔多斯国家级自然保护区是古地中海孑遗植物四合木、半日花、绵刺、沙冬青等濒危旱生植物的集中分布地区，但因当地矿产、能源企业的发展，部分保护区也被侵占，使这些珍稀物种面临灭绝的险境，有些植物甚至尚未被辨识即遭受了灭顶之灾。

## 草原生态环境的恶化，是天灾还是人祸？

草原生态环境的恶化主要包括三个方面，草场的退化、沙化和盐碱化。内蒙古这些年来基于保护草场的目的而推行的“定牧”和“退牧还

草”，是否达到了预期的效果，还有待观察。但也有专家认为，这些措施在某种程度上甚至加剧了草原生态的恶化，而千百年来游牧民族遵循的转场放牧其实是在对草原进行有效而持续的利用。尤其是20世纪80年代以后，“草场牲畜承包到户”加剧了“蹄灾”的发生及一连串恶性循环，从而导致了草场的退化。实际上不合乎自然规律的草原利用方式已经持续了很长时间，一个世纪以来，大规模的农业开垦导致了上亿亩草原的破坏。在有些地方，外来人口租了牧民的草场，却以粗放和超负荷的方式来使用和经营，如采矿、种植经济作物等，承租者离开后留给牧民的只有贫瘠或是被污染的草地。尽管政府已经采取了不少措施恢复生态，然而这样“先破坏后治理”的方式往往治标而不治本。

不可否认的是，在当下全球气候变化的大背景下，自然灾害的发生频率日益增加，近两三年内蒙古草原普遍遭遇干旱天气，草场不复绿色，旅游业也遭受打击，一些草原度假村面临关停危机，人们又在急功近利地寻找新的旅游开发点。天灾和人祸的并发也许会给草原的生态环境带来更大的打击。



## 迫在眉睫的水资源和水环境问题

内蒙古地处内陆干旱半干旱地区，主要依赖降水，总体上水资源较为匮乏。近年来，干旱天气持续，更面临着严重的缺水挑战。与此对应的却是有些地方开发速度过快，地下水过度使用情况十分严重；忽视地下水源的保护，水污染事件时有发生；沿河修建水库截流，导致下游河水枯竭等。

在传统的蒙古族文化中，水是纯洁的神灵，蒙古族牧民非常忌讳污染河流。然而近年来，随着迅猛的城镇化建设和矿业、能源、化工等产业的飞速发展，内蒙古水体水质总体上呈急速恶化的趋势，平均每年有3亿吨以上的污水排入江河、湖泊及渗入地下。其中几个大型湖泊常年为劣五类水质，而流经城市、城镇的河流更是受到严重的污染。某些生态脆弱的沙漠地区也难逃此劫。典型的案例就是2014年发生的腾格里沙漠工业园污水排放事件。化工企业将未经处理的废水直接排入沙漠，严重污染了附近牧民的地下饮用水源。专家认为，一旦地下水被污染，不仅牧民们将失去千百年来生存、栖息的家园，更重要的是，腾格里沙漠独特的生态环境可能也将面临严重威胁，而这种破坏几乎是不可恢复的。好在当地政府已经意识到了水资源保护的重要性，2016年一年内蒙古政府针对各种环境污染问题就开出了共计2.6亿元的罚单，一大批不合格企业被关停，水污染问题得到了一定的遏制。

### 生态改善的行动派

**库布齐沙漠** 曾被称为“死亡之海”的库布齐沙漠，今天已经成为联合国环境署确定的“全球沙漠生态经济示范区”。从20世纪80年代开始，当地人开始植树固沙，他们发明的“水气法种植技术”，成功在穿沙公路两旁建起了宽达4公里的绿色走廊，也为改善沙漠环境建成了一道生态屏障。

**阿拉善沙漠** 每年春天，当沙尘暴染黄北京的天空，作为沙尘暴的源头之一，阿拉善就会一再被提起。阿拉善已经成为中国环境生态的“重灾区”。从2004年起，由国内房地产巨头发起的阿拉善SEE基金会，一直致力于改变阿拉善地区的生态环境，在沙漠种植梭梭林就是他们开展的活动之一。

# 生存指南

**出行指南 ......... 312**
住宿 .................. 312
证件 .................. 313
保险 .................. 314
银行 .................. 314
购物 .................. 314
电话 .................. 314
邮政 .................. 314
上网 .................. 314
工作时间 .............. 315
团队游 ................ 315
气候 .................. 315
旅游信息 .............. 316
课程 .................. 316
摄影和摄像 ............ 316
危险和麻烦 ............ 316
独自旅行者 ............ 317
无障碍旅行 ............ 317
女性旅行者 ............ 317
同性恋旅行者 .......... 317
志愿服务 .............. 317
活动 .................. 317

**交通指南 ......... 319**
**到达和离开 ........... 319**
飞机 .................. 319
火车 .................. 320
长途汽车 .............. 320
**区内交通 ............. 320**
飞机 .................. 321
火车 .................. 321
长途汽车 .............. 321
自驾游 ................ 321
拼车 .................. 322
搭车 .................. 322
**当地交通 ............. 322**
公交车 ................ 322
自行车 ................ 322
出租车 ................ 322
包车 .................. 322
地铁 .................. 322

**健康指南 ......... 323**
**出发前 ............... 323**
保险 .................. 323
其他准备 .............. 323
常备药品 .............. 323
**旅途中 ............... 323**
医疗服务 .............. 323
传染性疾病 ............ 323
环境引发的疾病和不适 .. 324
女性健康 .............. 325

**幕后 ............. 326**
**索引 ............. 328**
**地图图例 ......... 333**
**我们的作者 ....... 334**

# 出行指南

## 住宿

内蒙古的住宿类型丰富且颇具特色，但一年四季价格波动很大。7~8月的内蒙古东部和9月底至10月初的额济纳是绝对的热门区域，住宿价格飙至平时的3~10倍，若是碰上那达慕、赛马节，更是一房难求。此时已不能从价格来判断酒店的档次，但新开的酒店性价比更高。11月至次年4月，大部分景区住宿、蒙古包度假村和私人旅馆歇业，其他住宿价格跌至冰点。而在这一冷一热之外的季节，住宿价格用一条直线连接着波峰和波谷。相比之下，内蒙古中部的呼和浩特、包头、鄂尔多斯及周边的房价要淡定得多，暑期和节假日价格会上浮20%~50%左右。需要提醒的是，内蒙绝大多数的酒店都不禁烟，也未设置无烟房，中小型酒店和家庭旅馆尤甚。对空气质量有要求的旅行者建议先看房再入住。

在内蒙，比较"流行"的订房网站是**美团网**（www.meituan.com），**去哪儿网**（www.qunar.com）的资源也比较丰富，下列各种类型的住宿在这些网站都能找到。

### 房价范围

本书所列的住宿是按照作者推荐程度从高到低排列的。在书中，我们标注的价格均为调研时了解到的实际价格，一般为标间价，即包含一张双人床或两张单人床，以及独立卫生间。青年旅舍会加标铺位价格。除非特别注明，否则房价不含早餐。

热门景点的住宿我们分别标上了淡季和旺季的价格，但大多数酒店并没有严格的价格标准，老板往往根据入住率实时调整。

| 分类 | 价格范围 |
| --- | --- |
| ¥（经济） | 150元以下 |
| ¥¥（中档） | 150~350元 |
| ¥¥¥（高档） | 350元以上 |

### 青年旅舍

在青旅很容易获得旅游信息并迅速结交到志同道合的旅伴，同时提供电脑、上网、厨房、自助洗衣、订票、包车等一系列服务。但如果你喜欢私密、安静的环境，青旅并不是最好的选择。

内蒙古已加入**国际青年旅舍组织**（YHA China；www.yhachina.com）的青年旅舍都在呼伦贝尔。青旅床位50~60元，持有YHA会员卡（年费50元）各种房型皆可享受九折会员价。在呼和浩特、额济纳、乌海、呼伦贝尔和通辽的库伦，还有些未加盟YHA的青年旅舍或客栈，风格、价格类似。呼和浩特的青旅扎堆在万达广场周边的居民楼中，旺季时卫生间的使用难免让人着急，不安装空调也会在7~8月使住客感到闷热。不过这些青旅大多可以提供租车、拼车服务，不少还有自己组织的草原、沙漠一日游，即便不住在店里，也欢迎你来咨询参加。在呼和浩特和包头，还有太空舱式的青旅，私密性更强。

### 家庭旅馆和小旅馆

家庭旅馆主要集中在额

济纳，旺季一到，几乎每个小区的公寓楼都成了旅馆，你能找到些许“家”的感觉。但住宿条件有限，不是每家都能提供洗漱用品，有些可使用厨房。这些旅馆价格淡季仅100元出头，在“十一小长假”能达到800元以上。可以通过微信公众号**智游额济纳**（ZYTXEJN）了解各家住宿条件和预定。东部地区还有一些条件设施优于招待所、逊于酒店的旅馆，部分也是民居改造。房间通常不含洗手间，公用洗手间不能洗澡，旺季100元以内。有些带卫生间的标间旺季250元左右，很适合预算不多的旅行者。非旅游热门点的旅馆标间150元左右。这类住宿的好处是，只要没客满，你多使点嘴皮子功夫，价格往往还是有松动的可能。

## 连锁快捷酒店

在稍大一点的城市都能找到连锁快捷酒店，它们拥有标准化的配置和服务流程，加上在市中心或靠近交通枢纽的地理位置，宽带、停车位不缺，不失为既保守又放心的选择。大多数快捷酒店都安装了空调，这在内蒙古中部地区是个优势。不过部分酒店的房间设施已经老化，订房时建议留意一下开业时间或最后一次装修时间，尽量选择新装修的酒店入住。

设点比较多的有汉庭、如家、7天、格林豪泰等，在呼和浩特、包头、鄂尔多斯等城市旺季价格普遍在150~250元。但在7~8月的海拉尔、满洲里，价格也会不甘人后地涨到400元以上。呼和浩特还有锦颐连锁酒店等不错的本土品牌，但遇到没听过大名的，建议先看房再付钱。

## 星级酒店

大一点的城市才有星级酒店，二、三星级酒店120~250元，四星级300~500元，五星级酒店600元以上。建议了解一下酒店的新旧程度，一家新开的三星级酒店和一家经营了10年的四星级酒店相比，前者很可能更舒适。此类酒店通过网上预订可以获得更大的折扣。

## 蒙古包

在草原旅行可以选择住蒙古包。蒙古包有砖式和毡帐之分，也有普通蒙古包（不带卫生间，多人住）和标准蒙古包（类似酒店标间，带卫生间）的区别。蒙古包通常只在6月至10月初营业，最贵是7~8月。一间标包在呼伦贝尔草原500~800元，锡林郭勒草原和内蒙中部地区400~500元。普通蒙古包通常可容纳4~8人，200~300元/包，也有部分按床位收费，50~150元/人。一条铁打的规律是，景区内或景区周边的蒙古包度假村最贵，距离景区越远，价格越实惠。一些蒙古包也提供日间租赁，大概从10:00~15:00，普包约100元/包，大多给附近居民周末聚会用。如果你不堪忍受蒙古包的条件或价格又想体验，日间租赁不失为一个好方法。

## 木刻楞

这种用松木做的房子是传统的俄罗斯族民居，你可以在呼伦贝尔的室韦、恩和俄罗斯族自治乡和中东铁路沿线找到木刻楞改造的家庭旅馆，内部设施已具酒店标准，旺季价格在350~500元，淡季降价一半。

## 集装箱酒店

黄花沟、玉龙沙湖、额济纳的胡杨林沙漠地质公园等景区都建起了集装箱酒店，虽然面积不大，但有着可开合的外墙和整面的落地玻璃，利于观景，内部设施一应俱全，装修也十分精致，价格500~1000元。

## 精品酒店

精品酒店更注重设计感，也会融入一些环保理念，服务用心。响沙湾、七星湖有超豪华的沙漠度假村，价格在1500元上下，锡林郭勒正蓝旗的上都湖原生态旅游牧场约1000元。

## 露营

最适合露营的地方是草原和沙漠，不要去山林里露营，狼、熊等野兽会看你不爽。露营前得做全准备工作，才能枕着星空享受浪漫。草原和沙漠的早晚温差很大，做好防寒准备。草原上蚊子数量和个头都会让你瞠目结舌，所以药得下猛一点。

# 证件

身份证必须随身携带，大部分博物馆参观需登记。在一些敏感地区或特殊时期，它也可以有效证明你的身份。学生、军人等可以凭证件得到门票优惠，这些证件将为你省下一大笔费用。东部草原和西部沙漠都很适合自驾，打算租车的话请带好驾照，自驾车需携带行驶证。

如有前往邻国俄罗斯或蒙古国的计划，需事先准备好护照并办理签证。

## 保险

为了尽可能地降低旅行风险，购买保险非常重要。一份合理的旅行保险，可以对你在旅行中因人身意外、财物遗失、医疗急救乃至交通延误等导致的损失进行一定比例的赔偿。因此，在购买前还应仔细推敲每一项条款。

如果是参团出游，团费中一般都已包含旅行社责任险，但这个险种只承担因旅行社的过错给旅游者带来的损失，旅游意外险需自行购买。至于自驾游的旅行者，建议为汽车购买全车盗抢险或车辆损失险，比较昂贵的相机之类的装备也可以考虑购买财产险。由于非自驾旅行者去往各景点多需要包车，而大多数车辆为私人运营，这意味着一旦出事没有任何保障可言，所以买一份旅游意外险对自助游的旅行者十分必要。

在购买长途汽车票的时候，不少车站会主动搭售保险。根据投保自愿的原则，你有权拒绝（最好购票时提前声明）。即使没有另外购买保险，票面也已经包含了承运者的保险责任，因此如果发生意外，依然有权进行索赔。

美亚保险推出的“畅游神州”险种承保多种热门户外运动项目，如骑马、自行车、滑雪等（滑翔翼和跳伞活动除外）。另有针对驴友设计的“驴行天下”险种，承保范围包括了无海拔高度限制的登山、长途无人区（沙漠、戈壁等）、野外生存和自由攀岩等项目，保费也较低廉。华泰“安途”系列不仅承保团队成员各项户外运动的风险，还针对领队责任设置了特别风险保障，很适合团队进行户外活动的驴友选择。

## 银行

主要城市的商业街、旅游区、交通枢纽都有银行和银联的ATM机。建设银行、工商银行最普遍，县、镇、乡会有农村信用社和邮政储蓄。尽管手机支付在县市已经相对普遍，但如果要下到村镇，最好还是随身携带足够现金。

## 购物

城市里都有土特产商店，大一点的超市通常有特产专区，也可以去农贸市场购买奶食品、风干牛肉等。鄂尔多斯的羊绒一条街和羊绒工业产业园都是购买羊绒衫的好去处。阿拉善右旗能买到驼绒质地不错的毛衣毛裤，肉苁蓉和锁阳也是这里的特产。呼和浩特的制片厂巷、锡林郭勒和呼伦贝尔的商店可以买到蒙古国特色的靴子、皮具等民族手工艺品。俄罗斯纪念品和桦树工艺品是呼伦贝尔的特色。海拉尔的俄罗斯商城可以购买套娃、望远镜，但大多已非俄罗斯制造，相同的产品在满洲里买要贵得多。

沙漠、胡杨景区口有很多售卖戈壁石、“玛瑙”、沙漠玫瑰的摊贩，买几粒小的把玩一下就不用计较真假了。至于又大又贵的，理性地判它为假货吧。巴彦浩特和白云鄂博有很多奇石店可逛，多伦的玛瑙店也不少。

还可以购买些时令果蔬或干货，如各地的各种蘑菇、木耳，呼伦贝尔的蓝莓干、蓝莓酱等，沿途购买当地人自己晒的就很好。

## 电话

县城一级的地方基本都有各运营商的营业厅。在沙漠、森林公园、草原或乡间公路上，时常没有信号，此时电信和移动略有优势。

拨打报警电话尽量使用座机，方便警方迅速定位。有些宾馆、旅馆为住客提供免费畅打国内长途的座机。

## 邮政

县城一级都有邮局，寄包裹不是问题。**国家邮政局**（www.spb.gov.cn）的网站上可以查到供参考的邮政资费。包裹有普包、快包、EMS等多种服务，县级以下的网点送达时间会比较长。需要注意的是，在一些小乡镇邮政所寄信或明信片，最好亲手交给邮政局的工作人员，那里的邮箱或邮筒很多时候仅是个摆设。

在城市和县城能找到顺丰、申通等民营快递的网点，具体请参照各快递公司官网。

## 上网

内蒙绝大多数旅馆都能提供无线上网，带电脑的客房也在增加。你还会在一些城市公交、购物中心、博物馆和咖啡厅等地找到免费Wi-Fi。

## 工作时间

内蒙古商场的营业时间一般为9:00~20:00；银行和邮局一般是8:30~17:30；博物馆通常周一闭馆，也有少数在周末闭馆。但对乡镇来说，所有的营业时间都很随性。

大多数地区的公交车末班车在18:00左右，呼和浩特和包头到21:00。购买长途车票要尽早，一些班次少的线路往往人满就提前发车，小型客运站通常上午所有班次发完后就关门大吉。餐馆的营业时间多为11:00~14:00和17:30~21:00，旅游业火爆的城市总有烧烤夜市为你服务到深夜，但小乡镇基本20:00就都打烊了。

## 团队游

旅行者可以在当地（往往是大中城市和热点景区）报名参加旅行社组织的团队游，以一日游、二日游为主。团队游最大的好处是可以简单地解决交通，以及相对优惠的门票。但普遍的问题是路线选择不够独特，也可能会浪费不少时间在购物上。参团前务必签订正规的旅游合同。跟旅行社组织的团队游相比，一些户外俱乐部或青年旅舍组织的团队活动更符合背包客的口味。

## 气候

内蒙古夏凉冬冷，日夜温差大，东部和西部气候差异也很大。可参见18页的“行前参考”了解内蒙古各地区的最佳旅行时间。**中国天气网**（www.weather.com.cn）与微信公众号**天气在线预报服务**上能查到所有市县的天气情况，最多可预报7天。用手机自带天气APP或**墨迹天气**APP查询更方便。

### 呼和浩特

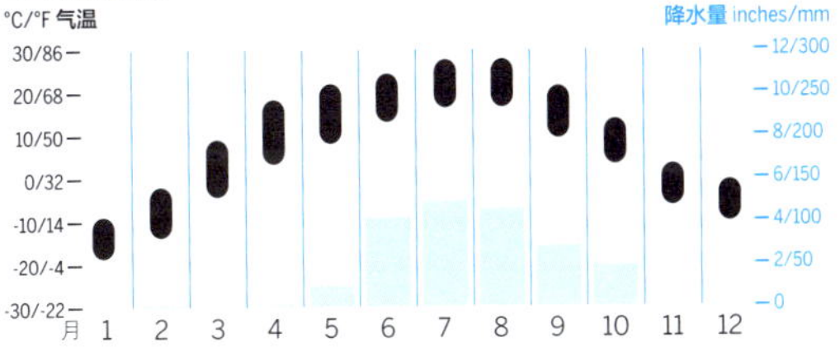


### 海拉尔

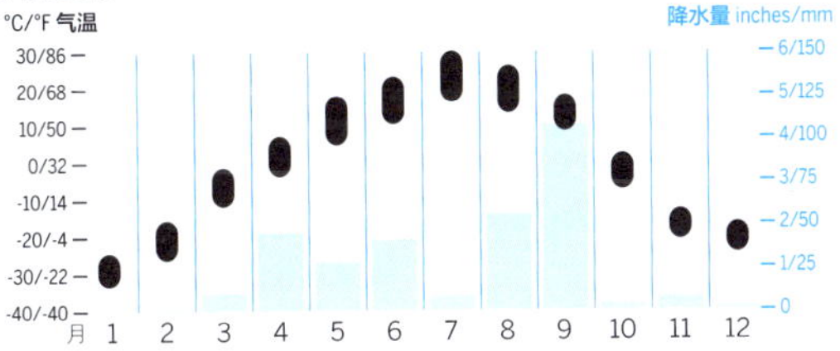


### 阿尔山

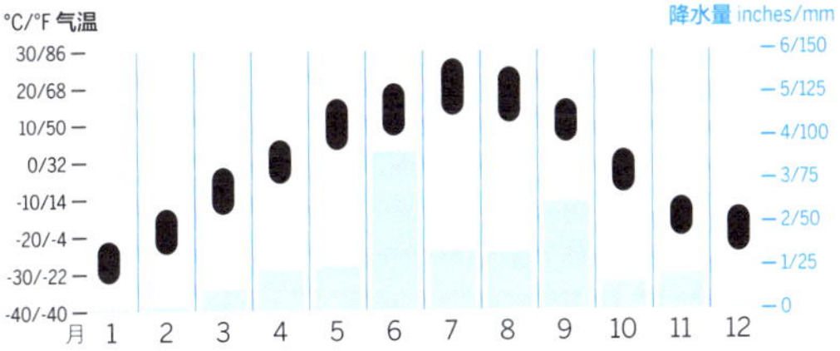


### 额济纳旗

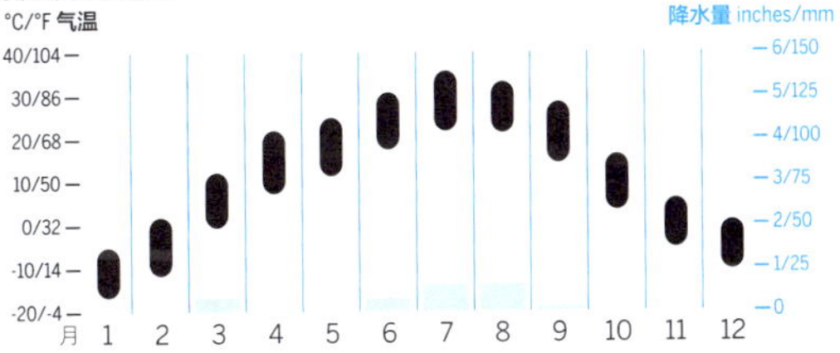


### 锡林浩特

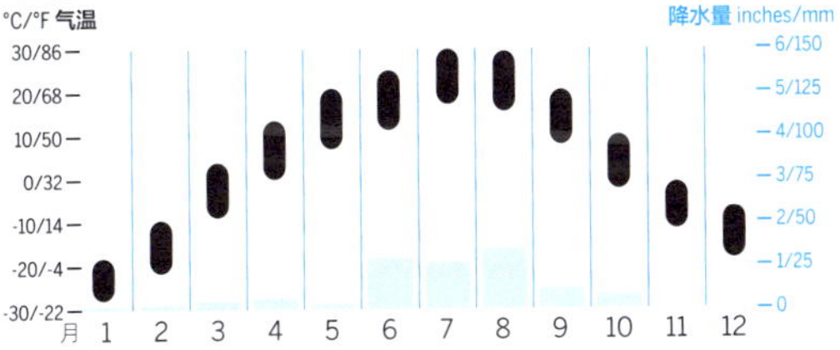

赤峰

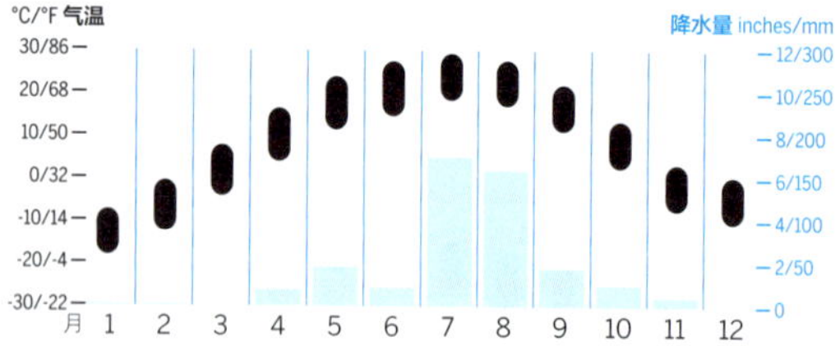


通辽

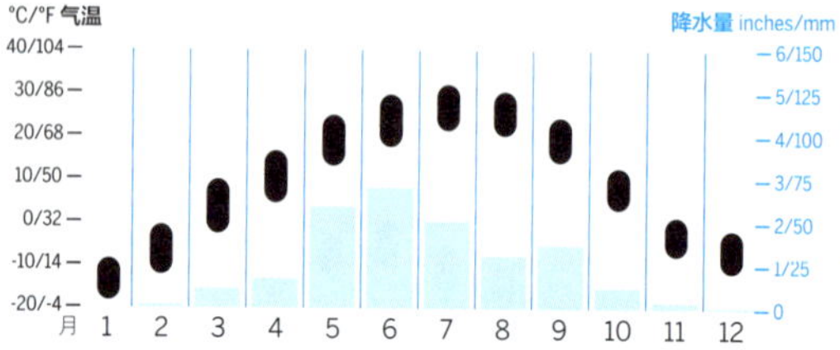


## 旅游信息

旅游局应该是最权威的旅游信息来源，在呼和浩特、鄂尔多斯、临河等地设有旅游集散中心，但大多是旅游局与旅行社合作，主推当地的一日游等旅游路线，也有一些旅游资料供免费取阅，对自助旅行者有一些帮助。各城市重要景点、车站都贴着旅游局的咨询投诉电话，高档酒店的大堂也常有旅游资料可取阅。最直接的办法是跟当地人沟通，出租车司机、导游、商贩，大都会热情地为你提供信息。此外，青年旅舍的布告板也是交换旅游信息的好地方。

## 课程

呼和浩特的内蒙古赛马场能提供各个级别的骑马课程，在素元皮艺店可学习蒙古族传统的手工皮艺制作。呼伦贝尔也有类似的马术俱乐部。

## 摄影和摄像

在沙漠旅行时，需准备好塑料袋或保鲜膜等防风沙道具，沙粒进入相机内部可能导致无法修复。内蒙古冬季平均气温在零下20℃以下，要注意为相机保暖，多带几块电池。

很多博物馆、佛教寺庙禁止拍照，即便拍照也不要使用闪光灯。在地形复杂的地方拍照需要审时度势，量力而行，不要为了一张好照片而酿成悲剧。在高速路桥停车拍照，对自己和他人都不负责任。如果要拍当地人文风俗，请在相机瞄准对方前先征得同意，拍完要表达感谢。如答应对方寄送照片，则应言出必践。

## 危险和麻烦

整体来说，这是个对旅行者很友好的地区。市县的治安都没有问题，不过还是要提高警惕。在少数民族聚居区，要尊重对方的宗教信仰。在县城及更小的地区，通常21:00商铺食肆就都打烊了，当地人也会提醒深夜不宜出门闲逛，女生在晚间尽量不要单独出行。

### 交通安全

虽然国道、省道设施基本健全，路况较好，也别因"路宽车少"而放松警惕，7~8月和冬季尤其要注意交通安全。部分地区雨后公路会出现塌陷，不定期修路也会引起交通堵塞，务必提前向当地人打听，并密切留意天气预报。夏季的呼伦贝尔、阿尔山和克什克腾旗等热门区域车流量大，是事故高发地段。草原公路常有牛羊上路，注意避让。包车或搭车尽量选择整体状况较好的车和稳重有经验的司机。冬季多数道路会有暗冰，有时班车也会停发。

没有过人的车技和高配的车辆，切勿把车开进沙漠。若一意孤行，请提前查询好救援电话。

### 偷窃和欺诈

一般来说，车站和景区是偷窃高发地点，需格外留意，在人流量较大的商业区也要注意防盗。近年来，青年旅舍的多人间已经成了小偷喜欢下手的新地点，所以现金和贵重物品如电脑、相机等一定不要随意留在房里，锁在储物柜里或寄存前台都是相对保险的办法。

在草原景区骑马需事先商议好价格、时间和路线，以防坐地起价。就餐前则需核对价目，尤其在蒙古包餐厅，吃到"天价羊肉"的情况仍时常发生。

库布齐沙漠景区多而杂，要注意旅行社或包车司机将景区名称鱼目混珠。出行前务必按“呼和浩特及周边”章节内容确认景区名称，“小响沙湾”“库布齐响沙湾”“库布齐沙漠”等模棱两可的名称绝不是你想去的那个目的地。包车前一定要讲清楚价格和路线，有些司机的报价并不包含过路费。如果行程中含有多个目的地，也要提前和司机说明，以免司机坐地起价。

出行前最好对一些常用的造假、敲诈伎俩多加了解。旅途中没有免费的午餐，切忌贪小便宜吃大亏。

### 掮客

和所有的城市一样，游客模样的人只要一抵达机场、火车站、客运站等游客集散地，就难免遭到掮客的打扰。少数情况下他们是有帮助的，更多情况下则是将你引向一处偏僻的客栈、一趟耽误你时间的班车或者物无所值的一日游。简单谢绝是合适的处理方式。

避免让初识的本地人（比如司机、导游、客栈主人等）带你去购买昂贵的药材或玛瑙奇石，如果不识货，你的部分花销有可能会不知不觉地进了他们的腰包。

## 独自旅行者

独自旅行可以和目的地有更多的互动，不过需要独自解决路上所遇到的问题，而且你可能需要为自己支付更多的包车费用。一个人在路上，记得及时把自己的行踪告知家人或亲友。

## 无障碍旅行

在呼和浩特和部分成熟的大型景区，有一些并不完善的无障碍设施，残障者在这些地方旅行还算勉强可行，但内蒙大部分地区都没有相关配套设施，无人陪伴难免困难重重。尽量选择乘坐飞机和入住高级酒店，到当地后或可寻求旅行社协助。

## 女性旅行者

整体来说，这里对女性旅行者是友好、尊重的，甚至还会提供更多关照。但在少数民族地区需注意习俗，在信奉伊斯兰教的地区进入清真寺之前请先征求同意。旅途容易让人产生浪漫的感觉，人与人的距离也很容易拉近，但和陌生人打交道还得留个心眼，注意事项跟你平时生活中一样。

## 同性恋旅行者

在内蒙古也如国内其他地区一样，城市相对乡村而言对同性恋者的态度日益宽容。一般来说，只要不太张扬，同性恋旅行者在内蒙古不会遇到太多麻烦。

## 志愿服务

将旅行和公益活动结合起来，会让你这趟行程更有意义，也会使你加深对旅行目的地的了解。生态危机是摆在内蒙古面前的严峻课题。作为旅行者，请践行环保，至少做到在景区不留下垃圾、不浪费食物、节约用水用电，更不能擅闯自然保护区的核心区域、非法捕猎等。更多信息请参见38页“负责任的旅行”。

## 活动

### 徒步

库布齐沙漠有三条成熟的徒步穿越路线，难度适中，1天至3天皆可安排。锡盟的浑善达克沙地有一条一天就能完成的徒步路线，35公里的路程沿着高格斯太河谷走。

### 观鸟

内蒙古有多处珍稀鸟类的繁殖地，也是西伯利亚候鸟的迁徙必经地，河套平原上大大小小的湖泊都不乏鸟类的身影。4~5月和9~10月是鸟类迁徙季，最适合观鸟。此时你能在腾格里沙漠的天鹅湖见到天鹅，在额仑草原的天鹅湖看到成群天鹅、大雁，在达里诺尔湖暂居着天鹅、白鹳和丹顶鹤。10月中旬到11月底，能在阿古拉湿地见到几千只天鹅集体觅食的壮观场景。

非迁徙季比较容易见到珍稀鸟类的地方有图牧吉国家级自然保护区，这里的大鸨占中国大鸨总量的一半。巴彦淖尔的乌梁素海有200多种鸟类在此栖息，根河湿地是丹顶鹤的重要繁殖地。

### 漂流

有湿地、有河流的地方大多会有漂流，呼伦贝尔的根河、激流河、伊敏河湿地、海拉尔河湿地、阿尔山的哈拉哈河都能漂流，价格80~120元。

### 骑马

骑马在内蒙古非常普遍，但凡有一片相对开阔的地方，就会发展骑马项目。有些乡村、林场也能骑马，城市里也不乏马场，但远离景区的骑马费用更实在。

## 滑雪

漫长的积雪期造就了内蒙古得天独厚的滑雪条件。阿尔山滑雪场、牙克石凤凰滑雪场拥有专业的比赛场地和初、中、高级雪道及高山速降雪道等。赤峰美林谷滑雪场利用自然地貌开发出各种级别的雪道和变化丰富的野雪道。满洲里达永山四季滑雪馆是国内唯一用天然雪铺制成雪道的室内滑雪馆，并设专业的滑雪教练。此外，内蒙古中部的岱海、哈素海、呼和浩特大青山和包头昆都仑水库都有适合初学者练手的滑雪场地。

## 沙漠项目

滑沙、骑骆驼、沙地摩托车等都是沙漠景区不可或缺的娱乐项目。库布齐沙漠的响沙湾，赤峰翁牛特旗的玉龙沙湖能让你玩个尽兴，后者还是极限越野的体验地。你可以乘坐专业的沙漠越野车，在初、中、高三个等级选择适合自己的越野赛道，在沙海里过一把瘾。还有沙漠滑翔伞带给你漠上凌空的感官体验。

## 温泉

火山地质群造就了阿尔山丰富的地热资源。市里的温泉博物馆环境一流，30眼温泉对不同疾病有疗效，疗养享受皆可。阿尔山还有两处设施简陋、相对更“野”一点的温泉，价格便宜得多。赤峰克什克腾旗的热水塘镇和敖汉旗的温泉同样有名，镇上的温泉度假村和宾馆更为成熟时尚，在客房浴缸里就能泡温泉。乌兰察布岱海附近的中水塘村也有多家温泉中心可选。

## 爬山

内蒙古的山很难满足专业登山者的需求。不过，很多自然景区的山不高却陡峭，台阶修得非常考验你的协调性和装备的专业性。赤峰巴林左旗的召庙、洞山风景区都能让你浅尝攀岩的乐趣。在阿拉善地区，可徒步登顶贺兰山第三高的巴音笋布尔峰和巴丹吉林沙漠中的必鲁图沙峰。

# 交通指南

## 到达和离开

内蒙古地域辽阔，建议根据你的目的地来选择不同的到达方式。一般来说，旅行者可以从东部、中部和西部三个方向进入这里。飞机进入呼伦贝尔最方便。旺季机票紧张，可以飞到哈尔滨后再坐一夜火车进入。赤峰和通辽铁路发达，从北京或沈阳前往都方便。中部的呼和浩特和包头是内蒙古交通最为发达的区域，飞机或火车都有很多选择。西部的阿拉善只和兰州、西安通航，不过离它较近的城市乌海、酒泉、嘉峪关、银川都有机场，接驳班车前往也十分便捷。

### 飞机

#### 机场

内蒙古有多大，从其区域内大大小小近20座机场的气势就能想象。首府呼和浩特是内蒙古最重要的航空门户，与国内和自治区内共60多个城市通航。鄂尔多斯、包头、海拉尔、乌兰察布和赤峰等地的机场也较为繁忙，其他支线机场也开通了往来少数国内城市及自治区内城市的航线。不过各机场的航线和班次都会随淡、旺季调整，需提前查询。

由外部进入内蒙古的主要机场有：

**呼和浩特白塔国际机场**（HET；☎0471-96777）目前通航城市有国内各大城市，以及蒙东地区的满洲里、海拉尔、乌兰浩特、锡林浩特、赤峰等，也有飞往乌兰巴托的国际航班。

**鄂尔多斯伊金霍洛国际机场**（DSN；☎0477-8901111）国内通航城市40余个，也有飞往莫斯科、曼谷的国际航线，是内蒙古第二大空港。

**包头二里半机场**（BAV；☎0472-4616100）通航城市近20个，包括北京、上海、天津、广州、深圳、西安、南京等。

**乌兰察布机场**（UCB；☎0474-2300902）目前有直达北京、天津、杭州、重庆等10多个城市的航班，夏季常有不错的折扣。

**海拉尔东山国际机场**（HLD；☎0470-96777）有往返于全国各大、中型城市的航班，每周二、周六有直飞俄罗斯赤塔的国际航班。

**满洲里西郊国际机场**（NZH；☎0470-6246114）每天有飞往上海、北京、呼和浩特、鄂尔多斯等地的国内航班。周四、周日有飞往俄罗斯伊尔库茨克的直飞航班。

**扎兰屯成吉思汗机场**（NZL；☎0470-3799779）目前有飞往海拉尔和呼和浩特的航班。

**乌兰浩特机场**（HLH；☎0482-868 2000）旺季有飞往北京、天津、上海、沈阳、深圳等城市和多个自治区内城市的航班。

**阿尔山机场**（YIE；☎0482-718 6000）有飞往北京、满洲里、呼和浩特、乌兰浩特、哈尔滨的往返航线，2017年还新增了“西安—包头—阿尔山”航线。

**锡林浩特机场**（XIL；☎0479-820 0935）与北京、呼和浩特、大连、天津、哈尔滨通航。

**二连浩特赛乌苏国际机场**（ERL；☎0479-752 7514）有飞往北京和呼和浩特等地的航班，夏季也有到蒙古国乌兰巴托和俄罗斯伊尔库茨克的航班。

**赤峰玉龙机场**（CIF；☎0476-833 3956）与哈尔滨、沈阳、天津、北京有直飞航班。华夏航空的航班已将赤峰与广州、深圳、上海、成都、西安、昆明、长沙等15座城市无缝衔接，通常只需在呼和浩特或大连经停，一票到底。

**通辽机场**（TGO；☎0475-96777）每天有飞往呼和浩特、北京、哈尔滨和霍林郭勒的航班。另外，每周还有飞往海拉尔、乌兰浩特、满洲里、长春、上海、西安等地的航班。

**额济纳桃来机场**（EJN；☎0483-6520026）有阿拉善左旗、右旗和西安往返航班。提前预购机票的折扣力度很大。

**阿拉善左旗机场**（AXF；☎0483-396 0199）与阿拉善右旗、额济纳旗及呼和浩特、兰州、西安等地有航班往来。

**阿拉善右旗巴丹吉林机场**（RHT；☎0483-602 6724）已经开通与额济纳旗、阿拉善左旗的航班。

**巴彦淖尔天吉泰机场**（RLK；☎0478-820 6888）与北京、呼和浩特、阿拉善盟、西安、重庆等地有航班往来。

**乌海机场**（WUA；☎0473-299 6823）有飞往北京、广州、呼和浩特、上海、西安等地的航班。

### 航空公司

经营内蒙古航线的主要航空公司：

**中国国航**（www.airchina.com.cn；☎95583）

**南方航空**（www.csair.com；☎95539）

**东方航空**（www.ceair.com；☎95530）

**海南航空**（www.hnair.com；☎95339）

**春秋航空**（www.china-sss.com；☎95524）春秋航空的廉价机票可能不包含托运，需要按行李重量另行支付，订票时需注意。

**幸福航空**（www.joy-air.com；☎400 868 0000）在乌海、包头、阿拉善左旗和额济纳旗设有航站点。

### 机票

内蒙古旅行淡旺季分明，即便航班较多的大城市，旺季的机票价格也大多居高不下。相比之下，支线的航班反而更有可能抢到折扣。

网络已成为购买机票的主流途径。**去哪儿网**（flight.qunar.com；☎95117）实时更新各代理商的机票报价，是很好的搜索比价平台，可直接预订。出票环节与代理商的信誉有关，可参考用户的历史评价。**艺龙旅行网**（flight.elong.com；☎400 933 3333）和**飞猪**（www.fliggy.com；☎400 168 8688）的订票服务也值得信赖。各大航空公司官方网站上的票价一般比机票预订网站上高些，但退改签更方便。

## 火车

进入内蒙古的铁路主要集中在内蒙中部和东部，西部的阿拉善地区暂时未开通连通外省的客运列车。

去往呼和浩特和包头的线路最密集，京包线、包兰线、包西线在包头交会，客运列车可通达全国大部分省会城市。大部分从东部和南部驶来的列车进入内蒙的第一站是乌兰察布，从这里可以西去呼包鄂，东往呼伦贝尔，或北至二连浩特。前往蒙东城市，也可以先抵达东北的哈尔滨、长春、大连、沈阳等站再转车进入。火车大多为慢车，T字头列车仅限于来往北京的几班。每年6～9月，还会临时开通北京—乌兰察布、沈阳—霍林郭勒等旅行专列。

内蒙古的首条高铁——呼（和浩特）张（家口）客运专线已于2019年底全线开通运营。呼张高铁和京张高铁全线贯通后，从北京到呼和浩特只需3小时。内蒙古东部的通（辽）新（民）高铁和赤（峰）喀（左）高铁分别与京沈高铁对接，2018年建成通车。包头至银川的高速铁路和巴彦浩特至银川的快速铁路也正在建设中。

## 长途汽车

乘长途车进入内蒙古的选择并不多，可以先乘飞机到达临近城市之后再转车进入。

海拉尔与乌兰浩特有省际长途车可以方便前往黑龙江；通辽去往吉林和辽宁的班车不少；锡林郭勒南部旗县、赤峰各旗县与北京和河北都相隔不远，两地都能找到互发的班车；内蒙中部的城市与北京、山西和陕西班车往来频繁。内蒙西部，从宁夏银川几个小时就能到达阿拉善左旗，也可以从甘肃酒泉坐6个小时班车直达额济纳。

# 区内交通

内蒙古境内，长途车是最常用的交通方式。距离遥远的旗、市之间可以选择航班，一些支线航班价格比长途车贵不了多少，却能大幅节省时间。内蒙古中部和东部铁路路网发达，向西也延伸至内蒙最西端的额济纳。火车虽然速度较慢，胜在大多数线路沿途风景颇佳。但是，绝大多数景区都无班车直达，还是要做好包车的准备。

## 飞机

基本上各旗各市的机场都有和呼和浩特的互飞航班。各市（盟）府间和市（盟）内的县（旗）互飞的航线也不少。其中，阿拉善三旗互飞航班含税约在300元，呼伦贝尔市海拉尔飞扎兰屯的航班常年含税仅需100元，通辽至满洲里淡季含税也常有不到300元的价格。

## 火车

截至2016年底，内蒙古全区铁路运营里程达到了1.37万公里，是全国率先迈进“万公里级”门槛的地区。

内蒙古中部，乌兰察布—呼和浩特—包头—鄂尔多斯的动车已经开通，往来这四大城市经济又便捷。呼和浩特是自治区的铁路枢纽，从这里始发的列车东至满洲里，西抵额济纳。也有频繁的客车通抵各市（盟），路上几乎逢站必停，且长距离的线路基本都是夕发朝至，性价比还算高。

内蒙东部不但铁路路网发达，沿途还有不俗的景色。海拉尔至满归的火车一路穿梭于大兴安岭，可谓赏景专列。满洲里到扎兰屯的“中东铁路”沿途则留有许多沙俄殖民时期和伪满洲国期间的遗迹。这两条路线都值得专程前往。从乌兰浩特可坐火车直抵阿尔山。

赤峰和通辽地区的铁路线也很多，两地有前往乌兰浩特、霍林郭勒、满洲里等地的多班快速列车和途经列车。锡林郭勒盟内，锡林浩特的火车可前往二连浩特、乌兰浩特、包头等地，其中二连浩特到乌兰察布的火车经过乌兰哈达火山地质公园，能看到草原上的火山群。

各大车站基本都已设有自动取票机，建议先在网上订好票，避免现场排队。小一些的火车站点如阿尔山、阿里河等，通常在火车到站前45分钟左右才开门，不必太早前往购票候车。市区内有代售点，少数酒店也提供购票、换票服务。

## 长途汽车

内蒙大多数车站都有固定的开放时间、车次时间表、咨询台，也有寄存处。暑假期间还会增开一些景区专线，可留意询问。部分小型车站只在发车前后开放。但由于客运班车大多是私人承包运营，管理不太规范，从客运站准点发车后，往往会龟速行驶或绕城拉客，到另一地点停车继续等客也是常事。如果车上只坐了几个人就爽快上路，那极有可能是把你送到在某地等候的另一辆班车上。

来往于各大旅游热门景点和大城市间的班车一般是大型客车，有空调、电视。普通班车车况差一些。从县城去往乡镇一般是中巴车，车上货物较多，扬手即停。这些班车往往是供村民进城而设，通常清晨从村中到镇上，下午从镇上返回。即便途经一些旅游点，对于旅行者来说也并不实用。乘坐班次较少的路线或过路车，最好先确认返程时间，留下司机电话，避免滞留当地。

我们调研时，部分城市和线路已开通网上查询和购票，在**中国公路客票网**（www.bus365.com）或**携程汽车票**（bus.ctrip.com）购票后，到车站自助售票机凭身份证换票即可。

## 自驾游

自驾或包车游内蒙古是最理想的旅行方式。北京至呼和浩特的G7国道横穿内蒙古，经乌兰察布、呼和浩特、包头、临河、额济纳旗进入新疆，西段是见识戈壁荒漠的绝佳地点。北京至加格达奇的111国道，由赤峰市进入，经通辽、乌兰浩特、扎兰屯至加格达奇，是内蒙古东部通往首都的主干线。G10绥满高速经牙克石、海拉尔、巴彦库仁至口岸重镇满洲里，它和203省道、202省道都穿越草原。201省道从草原向森林地带过渡，301省道可看森林。4卡至9卡的边防公路沿额尔古纳河走边界。绥中至经棚的306国道，为赤峰市西部山区北向锡林郭勒草原、南往辽西走廊的又一重要通道。在这个区域中，无论你选择公路还是铁路，都是景观大道。鄂尔多斯的215省道及东边的柴解线、乌漫线纵穿库布齐沙漠，可体验穿沙公路。

你也可以在抵达内蒙古后选择租车自驾，相关租车信息、自驾车路线和注意事项可参见53页“自驾游”。

## 拼车

拼车能为你的内蒙古之行节省不少支出。旅游旺季，在青年旅舍约伴同行成功率较大。也可试着打电话给本书和网络上公布的一些好司机，还能顺便打听他们是否已经有了可以搭伴的客人。如果有了出行计划，可以在出发前通过相关网站寻找同游者。

## 搭车

从个人安全角度考虑（尤其是女性独行者），我们并不推荐搭便车。但在错过了最后一班车，或其他不得已的情况下，搭车或许是离开当地的最佳选择。若实在无车可搭，农用车、拖拉机、摩托、驴车都可利用，走一程算一程。

想在途中搭车需注意以下几点：

- 搭车地点可选择景区停车场、加油站、路边餐馆等，在路边拦车要避免上下坡和弯道等地。
- 若有当地人同行，让他们冲锋在前，成功的机会更大。
- 上车之前应审慎判断一下司机和车上的人是否善良。主动向司机问询搭车费用，除表达自己的友好感谢外，也可避免司机坐地起价。
- 搭便车最好是在白天，并及时告知亲友自己的行程、方向、搭乘车辆的情况，甚至车牌号。若天色已黑建议直接在附近住宿，尽量避免搭车。

# 当地交通

在内蒙古，多数的旗府、县、镇的公交车线路都很少，甚至没有公交车，实惠的出租车是主要的代步工具。当然，在叫车困难的时候，也能找到摩的或三轮电动车作为替代，旅游发展较成熟的城镇也有自行车出租。

## 公交车

在县城以上的地方一般都有公交车，城区车站、景点和商业区都设有站点。市区公交车大多为无人售票，票价1~2元。需要注意末班车的时间，除呼和浩特和包头的部分线路到21:00以后，其他大多18:00左右就收车了。

## 自行车

内蒙古不少城市都能找到自行车租借点，城市旅行适合用自行车代步。我们调研时，只有鄂尔多斯和乌海有共享单车，呼和浩特数量很少，碰到一辆与中大奖概率相当。但游客较多的城市如锡林浩特、额济纳，都有自行车出租。

## 出租车

内蒙的出租车价格实惠，起步价一般在5~8元，每公里1.2~2元，夜间收费略有上浮。大城市基本打表运营，前往距离较远的景区、火车站、飞机场也会有一口价的情况。小城镇或按次数收费（无论人数，县城内5元/次），或按人头收费（县城内2~3元/人），这类车大多沿途载客，招手即停。

手机打车软件在各城市和部分旗府很流行。不管是市区内还是去往市区周边的景区，都比出租车更便利和划算。

## 包车

大部分景区都没有班车直达，包车在所难免。常见的线路都有统一的包车价格，不按里程收费。前往耗时较长的大型景区，返程致电司机来接比让司机等待的价格更实惠。大多数出租车司机都能承接这项业务。不过为了避免争端，最好和司机提前确认好景点名称、路线、价格是单程还是往返、等待时长，是否包含油费、过路费等细节。较热门的景区旺季价格会有浮动。长途包车建议事先打听比较靠谱的司机，一位精通当地情况的司机能为旅途带来意外收获。

## 地铁

呼和浩特的地铁已开工建设。不过在2020年建成运营前，还要忍耐一下交通拥堵和满城的工地。

# 健康指南

总体来说，内蒙古在健康卫生方面是一个安全的旅行目的地。需要额外注意的是这里的气候条件：昼夜温差较大，预备季节跨度较大的衣物，及时增减，避免感冒发烧影响你的行程；北方气候常年干燥，皮肤敏感人群适当准备常用药物；西部阿拉善盟风沙较大，需做好防沙尘的准备。另外，内蒙古之行有不少户外活动，以及与动物接触的机会，注意保护自己，预防意外伤害发生。

内蒙古的盟府、市府都有硬件较好的三级甲等医院。其余地方，医疗水平状况各有不同。总的来说，凡是旅行涉及的城镇都有医疗机构，也能方便地找到药店。

## 出发前

### 保险

谁也无法事先预料旅途中的事故与疾病，所以买一份保险还是有必要的，特别是如果你打算去进行一些特殊活动，比如户外徒步、沙漠旅行等越野项目，即使你经验丰富，也最好给自己多一份保障。具体内容可参考“出行指南”中的保险（见314页）部分。

### 其他准备

在出发前一定要确认自身的健康状况。如果长期旅行的话，最好在启程之前去看牙医。如果你戴眼镜的话，应该准备一副备用的，以及验光处方以便配镜。

如果你需要某种特殊药物的话，一定要多准备一些，因为当地很有可能买不到。为了避免麻烦，处方或医生提供的证明文件一定要字迹清晰，以证明你用药的合法性、经常性。在你的行囊中应该多带一些常用药品。

### 常备药品

推荐放入个人药品箱的医疗物品：

- 泰诺或阿司匹林——用于止痛或退烧
- 藿香正气水或十滴水、仁丹——防中暑
- 黄连素片——腹泻
- 晕海宁——晕车
- 外用驱蚊剂和风油精
- 防晒霜、保湿唇膏——防止晒伤、干燥
- 类固醇或可的松——用于治疗误食有毒植物或其他过敏性皮疹
- 剪刀、电子温度计（非水银温度计）、镊子——急救用品。注意，飞机上禁止携带水银温度计
- 绷带、纱布、创可贴和其他创伤敷料——处理小创伤
- 百多邦、达克宁——用于各种细菌、真菌性皮肤感染
- 多种维生素——长途旅行过程中，饮食中的维生素含量可能不足
- 镇痛剂（如布洛芬）
- 避孕药具

## 旅途中

### 医疗服务

在内蒙古的绝大多数市县，都有医疗服务。如果需要紧急救助，可以拨打医疗急救电话☎120。如需非处方药物，各地很容易找到药店。

### 传染性疾病

**流感**

症状包括高烧、肌肉疼

痛无力、流鼻涕、咳嗽和咽喉肿痛。流感对65岁以上老人，以及心脏病、糖尿病患者可能有严重威胁，建议注射流感疫苗。目前，没有针对流感的特效治疗方法，只有静养，服用止痛药减轻痛苦。

### 伤寒

伤寒症是一种危险的肠道传染病，受污染的水和食物是导致感染的罪魁祸首。一旦患病必须就医。

在患病初期，患者可能认为自己得了重感冒或流感。因为伤寒的早期症状表现为头痛、浑身疼痛、发烧，而且每天体温都会略有升高，直至达到40℃左右或者更高。患者脉搏缓慢，而正常发烧通常是脉搏加快。此外，还会出现呕吐、腹痛、腹泻、便秘等症状。

在患病后的第二周，高烧和脉搏缓慢的现象仍在继续，身体上可能会出现粉红色的斑点，会有发抖、神志不清、虚弱、体重减轻和脱水等症状。另外，病情严重的话还可能发生肺炎、肠穿孔或脑膜炎等并发症。

## 环境引发的疾病和不适

### 旅途腹泻

水土不服、饮食不洁以及气候变化都可能导致腹泻，这对于旅行者而言是家常便饭了。轻度腹泻可用药物解决，程度严重则可能是由细菌感染或其他病理原因引起的，应及时就医。在没有就医条件的情况下，建议先使用治疗细菌性腹泻的药物，诺氟沙星或环丙沙星。儿童则改用复方磺胺甲噁唑（复方新诺明）。孕妇可服用氨苄西林，但有必要进行医学观察。

腹泻的主要危险是脱水，儿童和老人尤其需要注意。因为脱水会在很短的时间内发生，所以无论在什么情况下，及时补充液体至关重要。较淡的红茶加少许糖、苏打水或饮料都非常适合用来补充水分。最好观察一下自己的尿液——如果有少量深色尿液的话，就应该多喝水。在身体恢复期间，要坚持吃清淡的食物。

严重的腹泻要及时补充身体损失的矿物质和盐，口服补液盐非常有效，可以将它加入开水或瓶装水中。如果情况紧急，也可以将6茶匙糖和半匙盐加入1升的开水或瓶装水中饮用。

### 中暑

行走在闷热、太阳辐射强烈的地区，人体很容易出现中暑现象。中暑是一种严重的急症，症状来得很突然，伴有虚弱、恶心、体热且燥、体温超过41℃、晕眩、迷糊、失去协调性、抽搐，严重时会昏迷和失去知觉。感觉有中暑症状时，要立即转移到通风、凉爽的地方休息，将衣服脱掉，扇风、用凉的湿毛巾敷在身上，特别是腹股沟和腋窝下，并服用藿香正气水、藿香正气丸、仁丹、十滴水之类的药物，在太阳穴、人中处涂抹风油精。

### 皮肤晒伤

内蒙古属于高原地区，紫外线较强。户外活动，特别是进入沙漠地带，需要注意防晒。即使是多云的天气，皮肤也可能被阳光晒伤。最有效的防晒措施是物理防晒——长袖衣裤、头巾、帽子和墨镜。尽量避免在每天最热的时候（上午10点到下午2点）暴露在太阳底下。另外，对于皮肤可能暴露在阳光下的部分，可以涂抹防晒霜，建议使用SPF30以上的护肤品，并及时补涂。如果你的皮肤已经晒伤，应进行冷敷和使用相关药物以缓解不适，并避免再受到阳光照射。

### 蚊虫叮咬

在内蒙古的草原和沙漠地区，蚊虫都是侵扰的主力。蚊虫叮咬之后往往肿胀严重，除了驱蚊剂，随身携带风油精等消炎止痒药品也很重要。

牧区的牲畜较多，如果接触频繁就应该检查一下全身，是否有跳蚤、扁虱等沾染在皮肤或衣物上。一些地方可能会有臭虫、跳蚤、扁虱等小虫子存在，尤其是在肮脏的床垫和被褥中。

如果床单或墙上有血迹，就很可能有臭虫，被臭虫叮咬过的身体部位会长出一片非常痒的疙瘩。它们通常会藏在人的体毛里、衣服上。如果与被跳蚤找上的人直接接触，共用梳子、衣服和其他类似物品都会染上跳蚤。药粉和洗发精能够杀灭跳蚤，染上跳蚤的衣服应该用热肥皂水洗涤，并在阳光下晒干。

如果有扁虱吸附在你的皮肤上，应该用镊子拉出，而不要拽扁虱的后部，因为这样会压迫它的肠道，使排泄物通过它吸附的嘴部进入皮肤。涂抹药物对扁虱不起作用，所以不建议这样做。

## 旅行健康提示

2020年，新冠冠状病毒肺炎（COVID-19）全球大流行。截至本书出版时，疫情尚未结束。我们建议旅行者结合实际情况谨慎出行，出发前了解目的地的最新防疫政策，以免旅行受阻。在做好自身防护的同时遵守当地的防疫要求，保持良好的卫生习惯。针对疫情期间的个人防护，可参考世界卫生组织（www.who.int/zh）的详细建议：

➡ 勤洗手。经常用含酒精成分的免洗洗手液清洁手或用肥皂和清水洗手。

➡ 佩戴口罩。公共场所请尽量佩戴口罩，口罩应经常更换。

➡ 保持安全距离。与他人保持至少1米的距离，尤其是与咳嗽、打喷嚏和发热的人保持距离。

➡ 避免触摸眼、鼻、口。如果用被污染的手触摸眼、鼻、口，就可能会被留在物体表面的病毒感染。

➡ 保持良好的呼吸卫生习惯。打喷嚏或咳嗽时，需用弯曲的肘部遮挡口鼻，或用纸巾遮挡并立即妥善处置用过的纸巾。

➡ 如果发热、咳嗽和呼吸困难，请及早就医。发热、咳嗽和呼吸困难可能是呼吸道感染或其他严重疾病导致的症状，因此，及时就医很重要。伴有发热的呼吸道症状可能有多种原因，应根据个人旅行经历和环境具体分析。

➡ 随时了解情况并遵循医务人员的建议。遵循医务人员、国家和地方公共卫生部门提供的关于你和他人如何防范新冠肺炎的建议。

# 女性健康

## 妇科

在内蒙古的城市旅行，女性卫生用品是容易获得的，但避孕药品的选择可能比较有限，因此应携带适量的适于自己的避孕药品。使用抗生素、穿合成纤维内裤、出汗和使用避孕药都可能会导致阴道真菌感染，特别是在炎热的地方。常规治疗药物有制霉菌素、硝酸咪康唑、克霉唑栓剂和阴道软膏。保持良好的个人卫生习惯、穿宽松的衣服和纯棉内裤有助于预防这些感染。尿道感染可能由脱水或者长时间乘坐汽车没有机会上厕所所致，应携带适应症状的抗生素。

性病是导致妇科问题的主要原因。症状主要表现为阴道分泌物有臭味，性交时感到疼痛，小便时有灼烧的感觉。如果有这些症状，应该去正规医院治疗，而且男性性伴侣也应该接受治疗。除了节制性行为之外，使用安全套是保证性安全的最佳办法。

## 孕妇

在旅行之前，孕妇应该接受医生的建议。理性的旅行时机是在孕期16周到28周之间，此间与怀孕有关的问题发生的机会最少。在此之前，存在流产的危险；而在此之后，有发生早产和高血压等并发症的可能性。结伴旅行是明智的选择。要随身携带一个名单，上面列出目的地拥有良好医疗设施的机构，确保可以在这些机构继续标准的孕期保健。应该避免到缺少交通和医疗设施的乡村旅行。其中最重要的是，要保证旅行保险涵盖所有与怀孕有关的可能情况，包括早产。

疟疾在孕期是高危疾病。WHO（世界卫生组织）建议孕妇不要到那些有疟疾疫情的地区旅行。任何比较有效的抗疟疾药物对于妊娠都不是绝对安全的。

旅途腹泻会很快导致脱水，从而引起不适当的胎盘血流供应，对胎儿发育不利。很多用于治疗各种腹泻的药物都不建议在妊娠期使用。阿奇霉素（Azithromycin）被认为是安全的。

# 幕后

## 说出你的想法

我们很重视旅行者的反馈——你的评价将鼓励我们前行，把书做得更好。我们同样热爱旅行的团队会认真阅读你的来信，无论表扬还是批评都非常欢迎。虽然很难一一回复，但我们保证将你的反馈信息及时交到相关作者手中，使下一版更完美。我们也会在下一版特别鸣谢来信读者。

请把你的想法发送到**china@lonelyplanet.com.au**，谢谢！

请注意：我们可能会将你的意见编辑、复制并整合到Lonely Planet的系列产品中，例如旅行指南、网站和数字产品。如果不希望书中出现自己的意见或不希望提及你的名字，请提前告知。请访问lonelyplanet.com/privacy了解我们的隐私政策。


## 作者致谢

### 何苗苗

感谢父母全方位的支持，感谢本书其他作者的配合，还要感谢呼和浩特的任先生和陈小姐，以及在路上为我提供信息和帮助的人。

### 何望若

感谢苏宁、乌日罕、中哲、冯帅，详细介绍锡林郭勒的美景、美食和游牧文化；感谢西乌旗的图力古尔、东苏旗的李师傅等诸多路上偶遇的热心人，带我从各个角度认识锡林郭勒。

### 楼学

感谢小可和黎瑾的信任，感谢各位作者的分享，让我的第一次Lonely Planet之旅顺利许多。感谢在旅途中遇到的大家：帅气而周到的巴尔虎摄影师苏德夫，年逾七旬仍独自上路的台湾奶奶王建家，驻守满归的护林员王永胜，令人感动的博克图文物保护者刘会清以及他善良热情的儿子刘恒宇，还有在阿里河让我搭车的当地人。感谢爸爸妈妈一如既往地支持，让我圆了一个小小的作者梦。

### 盛洋

特别感谢通辽蒙古族“土著”、人类学好友Anir一家的款待和不厌其烦地答疑解惑。谢谢为我破例的罕山林场工作人员、让我蹭吃蹭喝还蹭车的某下乡考察公务团队、开车又稳又好还请吃早饭水果的各位包车师傅等热心相助的陌生人。还要谢谢老丁从江苏赶来帮我分担大份东北菜和牛羊肉蒙餐带来的压力，也谢谢自驾路段里非常给力的“宝马”们。最后感谢“套汉子”团队的支持和合作，谢谢为本书耗费心力的所有人，也谢谢你的使用与对瑕疵的包容。

### 袁亮

内蒙古竟然是我最后一个踏足的省区，所以最感谢的是小可给我这个机会。谢谢前任董小姐的贴心指导，谢谢小鱼儿陪我在阿拉善沙漠（重点是分摊昂贵包车费），谢谢路上遇到的各位司机师傅，保证了我安全愉快地调研，最后还是要谢谢父母替我照顾家中宝贝。

## 声明

本书地图由中国地图出版社提供，审图号GS（2018）1976号。

封面图片：牧场里劳作的妇人，视觉中国提供。


## 关于本书

这是Lonely Planet《内蒙古》的第二版。本书的作者为何苗苗、何望若、楼学、盛洋和袁亮。在此一并致谢第一版作者董驰迪、冯帅、黄文洁、孙澍、陈默、顾磊、吕菡子和毛怡。

本书由以下人员制作完成：

**项目负责** 关媛媛
**项目执行** 丁立松
**内容策划** 黎　瑾　李小可
**视觉设计** 李小棠　佟雪莹
**协调调度** 丁立松　沈竹颖

**总　　编** 朱　萌
**执行出版** 马　珊
**责任编辑** 于佳宁

**特约编辑** 王　歆
**地图编辑** 刘红艳
**制　　图** 张晓棠
**流　　程** 孙经纬
**终　　审** 杨　帆
**排　　版** 北京梧桐影电脑科技有限公司

感谢陈丽对本书的帮助。

# 索引


## A

阿巴嘎博物馆 189
阿巴嘎旗 189
阿尔山 164, 12, **165**
阿尔山国家森林公园 169
阿尔山口岸 165
阿尔山天池 169
阿古拉草原旅游区 234
阿贵庙 272
阿拉善 242
阿拉善SEE自然历史博物馆 258
阿拉善博物馆 251
阿拉善奇石 252
阿拉善世界沙漠公园地质博物馆 264
阿拉善右旗 259, **259**
阿拉善左旗 250, **251**
阿日山宝力格巨石阵 192
阿荣旗 157
阿斯哈图石林 216
爱情湖 100
敖汉旗史前文化博物馆 213
敖鲁古雅使鹿部落 145
敖伦布拉格大峡谷 254

## B

巴丹湖 264
巴丹吉林沙漠 263, 9, **130**
巴尔虎博物馆 121
巴林石博物馆 223
巴林右旗 223
巴林右旗博物馆 223
巴林右旗民俗博物馆 224
巴林左旗 226
巴彦呼硕草原 117
巴彦淖尔 265, **265**
巴彦淖尔地质博物馆 267
坝上草原 219
白狼峰景区 166
白音哈达草原 119
白云鄂博 89
包头博物馆 82
包头市 80, **82**, **84**, **87**
宝德尔楚鲁草原石林 191
宝格达山林场 187
宝格德乌拉 121
宝古图沙漠旅游区 238
宝日陶勒盖 265
北炼丹炉（3号火山）106
北山森林公园 150
贝子庙 174
必鲁图沙峰 264
博克图 157
博王府 234
不冻河 169
布林泉景区 187
布苏里北疆军事游览区 148

## C

草原英雄小姐妹纪念馆 90
策克口岸 247
察尔森水库 162
察哈尔民俗博物馆 104
柴河 156
陈巴尔虎旗 118
陈巴尔虎旗民族博物馆 119
成吉思宝格都山 189
成吉思汗公园 160
成吉思汗瞭望山 182
成吉思汗陵 95
成吉思汗庙 159
赤峰博物馆 209
赤峰市 209, **210**
敕建善因寺 199
敕勒川博物馆 88
慈灯寺（五塔寺）65

## D

达尔吉林寺 113
达赉湖小河口 129
达来呼布镇 243, **244**
达里诺尔湖 215
达斡尔族博物馆 152
达西朋斯格庙 121
大坝沟 223
大乐林寺 229
大明塔（辽中京大塔）220
大漠胡杨景区 252
大青沟国家级自然保护区 233
大天鹅湖 78
大同城 247
大峡谷 171
大兴安岭资源馆 150
大召 65
代钦塔拉五角枫生态景区 163
岱海 105
当代中国书法艺术馆 274
灯笼河草原 228
定远营古城 251
东乌珠穆沁旗 183, **184**
东音沟 184
栋阔尔庙 180


**000** 地图页码
000 图片页码

洞山风景区 226
杜鹃湖 170
多伦 197, **200**
多伦湖 199

## E

俄罗斯民俗馆 140
额尔敦敖包山 175
额尔古纳 136, **137**
额尔古纳湿地 136
额济纳博物馆 243
额济纳旗 243, **12**, **243**
额日布盖大峡谷 259
鄂尔多斯博物馆 91
鄂尔多斯青铜器博物馆 92
鄂尔多斯市 90, **96**
鄂尔多斯图书馆 91
鄂尔多斯文化艺术中心 91
鄂伦春民族博物馆 148
鄂伦春自治旗 147
鄂温克博物馆 116
鄂温克族自治旗 116
恩格贝 100
恩和 140
二连白垩纪恐龙地质公园 195
二连浩特 193, **194**
二连浩特博物馆 195
二连浩特国门景区 195

## F

风蚀冰臼地质公园 270
福会寺 213
福沙岛 98
福因寺（北寺）256

## G

嘎仙洞 148
甘其毛都口岸 270
甘珠尔庙 120
高格斯台罕乌拉国家级自然保护区 227
格根塔拉草原 78
葛根庙 162
根河 144, **137**
根河源国家湿地公园 144
公主湖 218
怪树林 246
广慧寺 116
广宗寺（南寺）256
龟背岩 170
国门景区 123

## H

哈克遗址博物馆 113
哈民遗址 233
哈素海 79
哈音海尔瓦庙 204
海拉尔 110, **112**
海拉尔国家森林公园 111
海森楚鲁怪石城 259
罕山神泉 239
好森沟国家森林公园 166
浩特陶海城址 119
贺兰山 256
贺斯格乌拉牧场 188
黑城遗址 246
黑里河国家自然保护区 222, **222**
黑脑包（4号火山）106
黑山头古城 139
黑山头口岸 139
红城 247
红格尔敖包山 78
红花尔基樟子松国家森林公园 118
红山国家森林公园 209
洪格尔高勒 190
呼和浩特市 64, **66**, **76**
呼和浩特市博物馆 66
呼和诺尔草原 119
呼伦贝尔 110, **15**
呼伦贝尔民族博物院 111
胡杨林沙漠地质公园 244, **131**
桦木沟国家森林公园 219
黄岗梁国家森林公园 216
黄河三盛公水利风景区 272
灰腾锡勒天然植物园 179
辉特淖尔草原 235
辉腾锡勒草原 76
汇宗寺 198
荟福寺 224
浑善达克 189
霍林郭勒 235

## J

鸡鹿塞古城遗址 272
集宁战役纪念馆 104
加格达奇 150, **151**
金帐汗草原 118
居延海 247

## K

喀喇沁旗 212
喀喇沁亲王府 212
康巴什文化艺术长廊 91
康巴什新区 91
抗联英雄园 157
科尔沁博物馆 229
科尔沁右翼中旗博物馆 163
可汗山草原旅游区 235
克什克腾博物馆 215
克什克腾旗 214, **13**, **214**
克什克腾世界地质公园 125
库布齐沙漠 97
库伦旗 236
库伦旗安代博物馆 237
库伦三大寺 237
库图尔其广场 148
昆都仑国际滑雪场 83

## L

喇嘛库伦庙 183
老虎山 104
老牛湾堡 79
老牛湾国家地质公园 79
辽河公园 230
辽庆州白塔 225
辽上京博物馆 226
辽中京博物馆 221
临河 266, **266**
灵悦寺 213
龙梅玉荣旧居 90
龙泉寺 213
滦河源国家森林公园 199
骆驼峰 89

## M


满都宝力格 186
满归 146
满洲里 123，**124**
满洲里市博物馆 125
曼德拉山岩画 260
玫瑰峰石林 164
梅力更 89
梅力更召 89
美岱召 88
美岱召博物馆 88
美林谷 213
蒙古汗城 182
蒙古族家居博物馆 274
猛犸公园 129
明安图文化科学中心 204
莫尔道嘎 143
莫尔道嘎国家森林公园 143
莫力达瓦达斡尔族自治旗 152
莫力庙 230


## N


乃林郭勒 186
奈曼旗 237
南海湿地公园 81
南炼丹炉（6号火山）106
南兴安碉堡 165
内蒙古博物院 65
内蒙古科技馆 68
内蒙古民族解放纪念馆 160
宁城县 220
诺尔图 264
诺门罕战役遗址陈列馆 120


## P


盘龙峡谷 219
平顶山 179
平山沙地双面人雕塑 179
普会寺 77
七星湖（库布齐国家沙漠公园）100
清固伦恪靖公主府 67


**000** 地图页码
**000** 图片页码


庆云山景区 225


## R


日落山 139
荣升十八景 225


## S


萨县抗日游击队纪念址 88
塞上奇石林 269
赛罕乌拉自然保护区 225
赛罕乌拉自然博物馆 224
赛汗塔拉城中草原 80
三潭峡 170
僧格林沁 234
僧格林沁博物馆 234
沙俄监狱旧址 124
沙漠大峡谷游乐园 100
沙漠科学馆 100
沙漠植物园 100
沙漠自然博物馆 100
山地草原旅游区 239
山水岩壁画 156
神光响沙 102
神山 163
神树 247
盛乐博物馆 69
石门风景区 83
石塘林 170
石条山 205
世界反法西斯战争海拉尔纪念园 111
室韦 141
室韦口岸 141
双福寺 235
思歌腾博物馆 121
松枫山庄 223
苏卜盖陵 87
苏联红军烈士纪念碑 113
苏联红军烈士陵园 124
苏敏吉林 264
苏木山 105
苏尼特博物馆 191
苏尼特左旗 191
绥远将军衙署 67
索伦大桥 162
索伦牧场 162


## T


太后庙 88
太仆寺旗 205
腾格里沙漠 257
天鹅湖（正镶白旗）204
天鹅湖（腾格里沙漠）257
天沐温泉城 221
天眼瀑布 89
通辽市 228，**230**
同心天池 156
图牧吉国家级自然保护区 163
驼峰岭天池 171


## W


万部华严经塔 68
伪兴安东省历史陈列馆 153
温根塔拉草原 269
翁牛特旗 227
乌海湖 274
乌海科技馆 274
乌海市 274，**275**
乌海市煤炭博物馆 275
乌海市文化中心 274
乌拉盖 187
乌拉盖九曲湾 188
乌拉特中旗 269
乌兰布统 218
乌兰察布市（集宁）102，**76**，**103**
乌兰察布市博物馆 103
乌兰夫办公旧址 159
乌兰夫早期革命活动纪念址 88
乌兰浩特 159
乌兰木伦景观湖 91
乌兰恰特 74
乌兰五台 182
乌里雅斯台 190
乌里雅斯太山 184
乌梁素海 273
乌苏浪子湖 171
乌珠穆沁博物馆 183
五彩山 219
五岔沟飞机堡 166

五当召 87
五一会址 159

## X

西部梦幻峡谷 254
西拉木伦大峡谷 254
西乌珠穆沁旗 180
希拉木伦庙 78
希拉穆仁草原 77
希热庙 270
锡林郭勒草原自然保护区 179
锡林郭勒盟博物馆 176
锡林浩特市 174, **175**
锡林九曲 178
仙女瀑布 89
响泉 190
响沙湾 98
小天鹅湖 78
小扎格斯台淖尔 203
孝庄园 233
新巴尔虎右旗 121
新巴尔虎左旗 120
新忽热古城 270
兴安 158
兴安博物馆 160
兴安岭隧道 158
玄石坡和立马峰 191

## Y

雁栖湖 83
杨都庙 190
夜鸣沙 102
伊克萨玛国家森林公园 146
阴山岩画 271
音德日图（神泉） 264
银肯塔拉 99
游牧部落 182
玉龙沙湖 228
御马苑 205
元上都遗址 201
月亮湖 258
月亮天池 156

## Z

扎赉诺尔 129
扎赉诺尔博物馆 129
扎赉诺尔国家矿山公园 129
扎兰屯 152
扎兰屯市历史博物馆 153
扎鲁特旗 238
扎鲁特旗博物馆 238
昭君博物院 67
召庙（真寂之寺） 226, **15**
召烧沟岩画博物馆 275
正蓝旗 201
正镶白旗 203
中东铁路博物馆 153
中国达斡尔民族园 152
中国河套文化博物院 266
中国温泉博物馆 167
中炼丹炉（5号火山） 106
珠恩嘎达布其口岸 184
珠日河草原 234
紫蒙湖 223

# 地图图例

## 景点
- 佛寺
- 城堡
- 教堂
- 清真寺
- 纪念碑
- 孔庙
- 道观
- 世界遗产
- 博物馆
- 遗址
- 酒窖
- 动物园
- 温泉
- 剧院
- 一般景点

## 活动、课程和团队游
- 潜水/浮潜
- 划艇
- 滑雪
- 冲浪
- 游泳/游泳池
- 蹦极
- 徒步
- 帆板
- 其他活动、课程、团队游

## 住宿
- 酒店
- 露营

## 就餐
- 就餐

## 饮品
- 酒吧
- 咖啡

## 娱乐
- 娱乐

## 购物
- 购物

## 实用信息
- 银行
- 使馆
- 医院/药店
- 网吧
- 公安局
- 邮局/邮筒
- 公共电话
- 卫生间
- 旅游信息
- 无障碍通道
- 其他信息

## 地理
- 海滩
- 灯塔
- 瞭望台
- 山峰
- 栖身所、棚屋
- 森林公园

## 行政区划
- 首都
- 省级行政中心
- 地级市行政中心
- 自治州行政中心
- 县级行政中心
- 乡、镇、街道
- 村

## 交通
- 机场
- 过境处
- 公共汽车
- 渡船
- 地铁
- 停车场
- 加油站
- 自行车租赁
- 出租车
- 火车站
- 有轨电车
- 索道缆车
- 其他交通工具

## 道路
- 高速公路
- G213 国道
- S203 省道
- X013 县、乡道
- 铁路
- 地铁
- 收费公路
- 高速公路
- 一级公路
- 二级公路
- 三级公路
- 小路
- 未封闭道路
- 购物中心/商业街
- 台阶
- 隧道
- 步行天桥
- 步行游览路
- 小路

## 境界
- 国界
- 未定国界
- 地区界
- 军事分界线/停火线
- 省界
- 未定省界
- 特别行政区界
- 地级界
- 县级界
- 海洋公园界
- 城墙
- 悬崖

## 水系
- 河流、小溪
- 间歇性河流
- 沼泽
- 礁石
- 运河
- 湖泊
- 干/盐/间歇性湖
- 冰川

## 地区特征
- 海滩/沙漠
- 基督教墓地
- 其他墓地
- 公园/森林
- 运动场所
- 重要景点(建筑)
- 一般景点(建筑)

注：并非所有图例都在此显示。

## 我们的故事

一辆破旧的老汽车，一点点钱，一份冒险的感觉——1972年，当托尼（Tony Wheeler）和莫琳（Maureen Wheeler）夫妇踏上那趟决定他们人生的旅程时，这就是全部的行头。他们穿越欧亚大陆，历时数月到达澳大利亚。旅途结束时，风尘仆仆的两人灵机一闪，在厨房的餐桌上制作完成了他们的第一本旅行指南——《便宜走亚洲》(*Across Asia on the Cheap*)。仅仅一周时间，销量就达到了1500本。Lonely Planet 从此诞生。

现在，Lonely Planet在都柏林、富兰克林、伦敦、墨尔本、奥克兰、北京和德里都设有公司，有超过600名员工和作者。在中国，Lonely Planet被称为“孤独星球”。我们恪守托尼的信条：“一本好的旅行指南应该做好三件事：有用、有意义和有趣。”

## 我们的作者

**黎瑾**

内容策划 这是她参与的第18本Lonely Planet指南，2年多前由满洲里自驾出境时，广袤的草原、连绵的森林与热情的蒙古族人给她留下了难以忘怀的印象。如今走过了许多国家和地区，对陌生和未知始终抱有好奇心与探索欲，依然喜欢所有不切实际的东西和人。在微信公众号“2Lunatics”写有所见所想。

**何苗苗**

统筹作者；呼和浩特及周边 这次调研她带着老妈在“非典型内蒙古”走了一个多月，各有各的兴奋点。老妈因参观包钢园区回忆激情岁月而激动不已，她却对魔幻的鄂尔多斯新区情有独钟。旅途结束后，娘俩依旧对内蒙之旅回味无穷，下一次或许会到更奔放的草原和沙漠去看一看。

**何望若**

锡林郭勒 这是她第二次走入内蒙古草原，3年前为第一版《内蒙古》调研呼伦贝尔，让她对草原、游牧文化上瘾了。这一次，她为寻找草原的另一幅面孔走入锡林郭勒，她在这里找到了最美丽的草原和最美味的羊肉。她还参与了《西藏》《云南》《江西》《新疆》等17本Lonely Planet指南的调研和撰写。

**楼学**

呼伦贝尔；欢迎来内蒙；草原之旅 在认识Lonely Planet大概十年之后，终于完成了从读者到作者的奇妙转变。一个月的时间见证了从短袖到大雪的转变，遥远的森林和草原也不再是缥缈的梦境。质朴的万物有灵信仰和深沉的乡土情怀是呼伦贝尔留给他最深刻的记忆，离开时听着耳机里的蒙语歌曲竟已有“故土难离”的乡愁。他还写有一个名为“书途”的知乎专栏。

**盛洋**

赤峰和通辽；兴安；自驾游；今日内蒙古；历史 步履不停的人类学学徒，建筑设计和城市研究的业余爱好者与图书译者。旅行是她认识世界的方式，也是一种态度：理解并善待不同的观点，发现日常中的有趣。目前的生活在旅行和翻译之间来回切换，希望成为"踏踏实实的内容贡献者"。曾参与调研撰写Lonely Planet《青海》《江西》《东京到京都》。

**袁亮**

阿拉善及周边；节庆之旅；沙漠之旅；内蒙古人；环境 网名刀哥，前媒体从业者，猫奴、伪球迷、终身减肥未遂者，为Lonely Planet撰写过《四川和重庆》《新疆》《山西》《青海》《湖北》《广西》等十余本旅行指南。

**吕菡子**

建筑和艺术 20世纪80年代云南生人，2005年北上求学后居于北京至今，主业电影学，副业编剧。2013年因采风机缘邂逅内蒙，被草原大漠的广阔所震撼，因牧民真诚而欣然。后借蒙古史籍研读而陷入彼方地域民族文化艺术的瑰丽图景，唯愿日后以寸心寸足再次丈量草原。

**陈默**

饮食 生长于蒙古族聚集地的汉族，爱吃肉，酒量差，非典型内蒙古人。在成都混迹4年，又跑到厦门工作生活。瞎讲究，能折腾，外冷内热。

# 内蒙古

**中文第二版**



**图书在版编目 (CIP) 数据**

内蒙古 / 澳大利亚 Lonely Planet 公司编 . -- 2 版
. -- 北京：中国地图出版社，2018.7（2021.8 重印）
（中国旅行指南系列）
ISBN 978-7-5204-0533-1

Ⅰ . ①内… Ⅱ . ①澳… Ⅲ . ①旅游指南 – 内蒙古
Ⅳ . ① K928.926

中国版本图书馆 CIP 数据核字（2018）第 102490 号

| | |
|---|---|
| **出版发行** | 中国地图出版社 |
| **社　　址** | 北京市白纸坊西街 3 号 |
| **邮政编码** | 100054 |
| **网　　址** | www.sinomaps.com |
| **印　　刷** | 北京华联印刷有限公司 |
| **经　　销** | 新华书店 |
| **成品规格** | 197mm × 128mm |
| **印　　张** | 10.5 |
| **字　　数** | 571 千字 |
| **版　　次** | 2018 年 7 月第 2 版 |
| **印　　次** | 2021 年 8 月北京第 6 次印刷 |
| **定　　价** | 79.00 元 |
| **书　　号** | ISBN 978-7-5204-0533-1 |
| **审 图 号** | GS（2018）1976 号 |
| **图　　字** | 01-2015-1122 |

如有印装质量问题，请与我社发行部（010-83543956）联系